THE EVERYTHING® GIANT BOOK OF WORD SEARCHES VOLUME 11

Dear Reader,

It's hard to believe, but this is my eleventh volume of *The Everything® Giant Book of Word Searches*. That's a lot of puzzles! I think word search puzzles are popular because they give us a challenge that is engaging but never overwhelming. Our brain is rewarded every time a word is discovered. With enough dedication, all the words can be found. For a lot of us, this is a nice way to take a break from the rest of the world—and get some mental exercise at the same time.

Over the years I've learned a thing or two about how to make a good word search puzzle. As you can see in these pages, I don't skimp on words. There are lots of crisscrossing entries in every grid. And I've given each puzzle an interesting theme from a diverse collection of topics. The result is this new collection of word search puzzles that I hope you will enjoy!

Welcome to the EVERYTHING® Series!

These handy, accessible books give you all you need to tackle a difficult project, gain a new hobby, comprehend a fascinating topic, prepare for an exam, or even brush up on something you learned back in school but have since forgotten.

You can choose to read an Everything® book from cover to cover or just pick out the information you want from our four useful boxes: e-questions, e-facts, e-alerts, and e-ssentials. We give you everything you need to know on the subject, but throw in a lot of fun stuff along the way, too.

We now have more than 400 Everything® books in print, spanning such wide-ranging categories as weddings, pregnancy, cooking, music instruction, foreign language, crafts, pets, New Age, and so much more. When you're done reading them all, you can finally say you know Everything®!

PUBLISHER Karen Cooper

MANAGING EDITOR, EVERYTHING® SERIES Lisa Laing

COPY CHIEF Casey Ebert

ASSISTANT PRODUCTION EDITOR Jo-Anne Duhamel

ACQUISITIONS EDITOR Lisa Laing

EVERYTHING® SERIES COVER DESIGNER Erin Alexander

THE EVERYTHING® GIANT BOOK OF WORD SEARCHES

VOLUME 11

More than 300 word search puzzles for hours of fun!

Charles Timmerman

Founder of Funster.com

Adams Media

New York London Toronto Sydney New Delhi

Dedicated to my family.

adamsmedia
Adams Media
An Imprint of Simon & Schuster, Inc.
100 Technology Center Drive
Stoughton, MA 02072

Interior illustrations by Barry Littmann

Manufactured in the United States of America

9 2024

Library of Congress Cataloging-in-Publication Data has been applied for.

ISBN 978-1-4405-9594-3

Contents

Acknowledgments

I would like to thank each and every one of the more than half a million people who have visited my website, Funster.com, to play word games and puzzles. You have shown me how much fun puzzles can be and how addictive they can become!

It is a pleasure to acknowledge the folks at Adams Media who made this book possible. I particularly want to thank my editor, Lisa Laing, for so skillfully managing the many projects we have worked on together.

Introduction

THE PUZZLES IN THIS book are in the traditional word search format. Words in the list are hidden in the puzzle in any direction: up, down, forward, backward, or diagonal. The words are always found in a straight line, and letters are never skipped. Words can overlap. For example, the two letters at the end of the word "MAST" could be used as the start of the word "STERN." Only uppercase letters are used, and any spaces in an entry are removed. For example, "TROPICAL FISH" would be found in the puzzle as "TROPICALFISH." Apostrophes and hyphens are also omitted in the puzzles. Draw a circle around each word that you find. Then cross the word off the list so that you will always know which words remain to be found.

A favorite strategy is to look for the first letter in a word, then see if the second letter is in any of the neighboring letters, and so on until the word is found. Or instead of searching for the first letter in a word, it is sometimes easier to look for letters that stand out, like *Q*, *U*, *X*, and *Z*. Double letters in a word will also stand out and be easier to find. Another strategy is to simply scan each row, column, and diagonal looking for any words.

PUZZLES

Jack and the Beanstalk

K	C	A	W	I	H	S	H	V	P	S	J	M	Z	C	V	C	Z	Z	P
H	J	U	R	M	A	X	U	S	E	E	N	G	L	I	S	H	C	P	H
R	W	C	W	I	D	E	C	L	T	R	C	A	Y	K	S	P	Y	O	Z
D	M	Y	G	J	T	U	H	M	Y	I	S	G	L	Z	O	A	R	A	U
V	Y	J	X	P	P	V	S	T	G	S	U	I	K	R	M	A	O	A	E
H	W	Q	F	I	C	T	N	A	I	G	M	G	O	F	L	V	T	E	H
X	Z	K	E	S	R	I	M	C	T	K	B	A	G	N	E	E	S	P	G
K	G	Q	R	A	R	U	B	G	W	I	T	N	W	R	S	T	C	A	O
Y	E	D	D	P	E	L	Q	F	J	N	K	T	N	D	L	I	H	C	O
P	D	E	B	S	C	B	A	Q	A	D	F	I	C	T	I	O	N	S	S
K	K	P	V	I	B	L	T	L	C	I	G	C	H	A	S	E	T	E	E
K	H	D	Q	U	L	P	M	G	K	H	R	B	I	Y	I	E	R	Q	C
D	M	I	S	T	A	C	I	X	T	W	O	Y	O	V	A	U	G	A	L
B	W	G	V	A	T	G	O	V	A	I	U	U	T	L	S	U	S	K	E
B	I	Y	W	G	E	O	A	W	L	Y	N	M	S	A	O	T	B	W	G
J	T	I	N	U	R	L	O	B	E	G	D	A	E	K	L	W	M	N	E
G	Q	V	I	E	E	D	E	N	S	F	K	R	X	E	D	E	I	M	N
D	W	S	H	E	I	V	O	M	Y	J	T	K	O	K	V	D	L	F	D
K	P	B	T	W	O	M	R	B	O	A	X	E	C	H	I	I	C	O	E
A	C	E	B	I	Z	J	Q	Z	B	H	M	T	R	H	F	A	H	K	K

AXE
BAG
BED
BOY
CASTLE
CHASE
CHILD
CLASSIC
CLIMBS
COW
ENGLISH
ESCAPE
FAIRY TALE
FALL
FICTION
FILM
GIANT
GIGANTIC
GOLD
GOOSE
GROUND
HARP
HERO
HIDING
HOME
JACK TALES
LEGEND
MAGIC
MARKET
MILK
MONEY
MOVIE
ORAL
OVERNIGHT
PRINT
SKY
SOLD
STEALS
STORY
TRADE
TREASURES
VERSIONS
WIDOW
WIFE
YOUNG

Solution on page 330

Dating

M	H	A	J	N	J	Y	D	S	K	S	Q	L	M	V	E	I	R	Z	H
E	P	N	D	U	Q	R	X	U	P	O	W	G	S	N	T	C	G	L	U
A	O	L	S	N	U	G	G	L	E	T	T	E	R	D	A	T	E	B	G
Y	D	A	E	T	S	C	R	V	C	W	N	Z	N	E	T	T	I	M	S
E	G	L	O	D	H	D	I	S	C	O	V	E	R	Y	R	I	N	G	U
I	A	Y	I	A	G	T	M	A	R	R	I	A	G	E	E	C	N	A	D
H	F	K	R	A	A	E	U	G	I	R	T	N	I	W	A	P	L	S	A
Y	L	M	E	T	I	S	S	T	F	I	G	G	D	Y	D	R	S	Y	S
E	I	C	N	W	L	S	Y	Y	G	I	R	L	F	R	I	E	N	D	H
P	R	E	T	E	D	C	O	N	N	E	C	T	I	O	N	L	O	I	V
G	T	F	R	N	S	B	P	N	A	V	E	R	F	R	E	A	I	N	J
W	J	J	A	G	E	C	H	K	L	P	O	X	E	V	S	T	T	N	I
U	D	C	P	A	T	N	O	O	H	M	M	H	C	Q	S	I	N	E	N
X	D	F	U	G	A	X	N	R	A	Y	T	O	X	L	H	O	E	R	W
Z	O	S	R	E	L	L	E	N	T	E	N	P	C	C	U	N	T	M	A
K	J	R	S	M	O	X	C	K	G	F	L	O	W	E	R	S	N	L	V
Z	Z	R	U	E	C	E	S	O	P	O	R	P	M	Y	K	H	I	O	G
G	O	I	I	N	O	I	T	C	A	R	T	T	A	R	N	I	C	V	W
K	L	A	T	T	H	E	A	R	T	Y	F	S	K	R	A	P	S	E	E
E	L	P	U	O	C	K	U	L	A	J	G	T	W	X	D	H	K	S	E

ATTRACTION
BOYFRIEND
CHARM
CHOCOLATE
COMPANY
CONNECTION
COUPLE
DANCE
DATE
DINNER
DISCOVERY
ENGAGEMENT
ESCORT
EXCLUSIVE
FLIRT
FLOWERS
GIFTS
GIRLFRIEND
HARMONY
HEART
HUGS
INTENTIONS
INTRIGUE
KISS
LETTER
LIAISON
LOVE

MARRIAGE
PAIR
PARTNER
PHONE
PLEDGE
PROPOSE
PURSUIT
READINESS
RELATIONSHIP
RING
ROMANCE

SMITTEN
SNUGGLE
SPARK
STEADY
TALK
TENTATIVE
TOGETHERNESS

Solution on page 330

Going Abroad

L	V	I	S	A	T	H	G	I	L	F	A	M	I	L	Y	V	D	E	L
P	T	H	C	E	M	U	E	S	U	M	N	C	O	U	N	T	R	Y	Z
I	I	R	K	C	T	F	M	A	A	I	R	L	I	N	E	Q	U	Q	H
P	C	J	O	E	R	O	L	P	X	E	M	X	Y	D	U	L	O	R	W
X	K	C	P	P	T	C	V	F	Y	A	R	R	I	V	E	M	T	N	T
I	E	H	P	S	I	M	G	A	P	F	A	B	U	S	I	N	E	S	S
D	T	E	U	G	C	C	P	A	R	R	P	V	X	F	F	E	I	N	U
P	L	C	Q	D	E	H	S	G	E	L	A	N	G	U	A	G	E	R	T
A	A	K	S	L	N	S	E	N	C	L	E	G	N	A	H	C	X	E	O
D	N	S	F	D	E	A	I	D	A	T	H	I	Q	T	T	U	F	S	B
N	D	N	S	N	E	T	L	Y	U	N	N	T	S	U	T	L	V	I	F
U	M	A	G	P	I	S	O	S	T	L	C	E	R	S	E	T	F	U	S
C	A	E	V	I	O	V	T	H	I	N	E	E	M	A	P	U	T	R	U
O	R	C	A	S	E	R	X	I	O	I	A	J	S	E	P	R	Z	C	I
L	K	O	C	R	P	R	T	W	N	Y	Q	D	Y	T	T	E	Y	V	T
V	L	I	A	S	Z	V	O	G	S	A	I	X	N	Q	R	I	D	P	C
Y	R	O	T	S	I	H	B	F	J	B	T	T	F	E	T	Y	C	L	A
T	N	O	I	T	A	Z	I	N	U	M	M	I	L	K	T	X	M	X	S
E	Q	R	O	R	C	G	U	I	D	E	B	O	O	K	D	T	V	G	E
P	W	U	N	W	F	T	X	Y	T	E	R	M	I	N	A	L	A	E	U

AIRLINE
ANCESTRY
ARRIVE
ATTENDANT
BAY
BUSINESS
CHECKS
COUNTRY
CRUISE
CULTURE
CUSTOMS
DEPART
DESTINATION
EXCHANGE
EXCITEMENT
EXPLORE
FAMILY
FLIGHT
FOREIGN
GUIDEBOOK
HISTORY
HOTEL
IMMUNIZATION
ISLAND
ITINERARY
LANDMARK
LANGUAGE
LAYOVER
MONUMENT
MUSEUM
OCEAN
PASSENGER
PASSPORT
PRECAUTIONS
SAIL
SCHEDULE
SHIP
SIGHTSEEING
SUITCASE
TERMINAL
TICKET
TOUR
TROPICS
VACATION
VISA

Solution on page 330

The Hunger Games

K	N	Z	H	E	F	T	I	H	T	A	E	D	R	U	M	V	W	H	Z
T	R	I	B	U	T	E	S	G	N	I	P	A	E	R	O	Z	E	A	F
U	B	L	S	L	E	V	O	N	O	I	T	C	I	F	V	D	A	Y	X
D	Q	S	H	T	M	U	Z	D	J	Q	I	J	O	N	I	R	P	M	A
Z	K	E	S	S	I	N	T	A	K	C	P	O	T	L	E	A	O	I	L
J	B	N	D	N	K	Q	M	O	C	K	I	N	G	J	A	Y	N	T	Y
A	Y	T	V	I	C	T	O	R	S	B	H	F	N	M	R	K	S	C	R
E	T	E	E	L	P	O	W	E	R	S	C	C	K	Q	E	C	E	H	E
L	R	R	L	L	E	U	Q	R	E	T	R	A	U	Q	N	O	R	C	T
X	E	T	A	O	A	T	E	E	P	C	E	T	A	X	A	T	I	T	T
B	V	A	G	C	U	S	L	N	E	I	K	C	N	V	C	S	E	A	O
O	O	I	D	E	K	R	E	N	E	R	C	H	O	O	N	K	S	M	L
K	P	N	E	N	G	E	V	I	K	T	A	I	I	S	W	O	M	E	L
Y	A	M	S	N	L	K	R	W	E	S	R	N	L	P	O	O	L	C	C
C	Y	E	I	A	I	A	A	J	C	I	T	G	L	Y	D	B	I	N	A
V	L	N	V	Z	M	M	M	T	A	D	H	F	E	V	T	U	F	A	P
A	O	T	E	U	M	E	T	H	E	C	P	I	B	D	N	J	O	I	I
O	R	S	L	S	E	M	I	G	P	U	K	R	E	M	U	K	O	L	T
Q	Y	S	E	I	R	A	N	I	M	I	L	E	R	P	O	S	D	L	O
O	U	I	T	Q	V	G	W	F	Y	M	O	O	R	H	C	N	U	A	L

ALLIANCE
ARENA
BOOKS
CAPITOL
CATCHING FIRE
COUNTDOWN
DEATH
DEFIANCE
DISTRICTS
ENTERTAINMENT
FICTION
FIGHT
FILMS
FOOD
GALE
GAMEMAKERS
GLIMMER
HAYMITCH
KATNISS
LAUNCH ROOM
LOTTERY
MARVEL
MATCH
MOCKINGJAY
MOVIE
NOVELS
PAYLOR
PEACEKEEPERS
PEETA
POVERTY
POWER
PRELIMINARIES
QUARTER QUELL
REAPINGS
REBELLION
SERIES
STOCKYARD
SUZANNE COLLINS
TELEVISED
TRACKER CHIP
TRACKER JACKER
TRIBUTES
VICTORS
WEAPONS
WINNER

Solution on page 330

Astronaut

F E Q V F D X U M O R A L O S U N F P O
T I B R O V I S W A L K V V M L C Y H I
N M P O O F X B P D G T O D A E A G E T
K T S B R C V T R U A A T L Y M C O F Y
N W R P E P K I E A N O I S S I M A E D
S C B A V J N E S M V U L C T U R P P P
V A R N V S H U T T L E I Y X C N O B S
B T Z Z A E P S N Y L E I G A B Y L I T
H S G E W S L D E U N N H G B P E L C Y
R D E X V S A G M T F T N R E T S O O B
H I V P H N N C I O W C N T I D Q H N N
Q L U E L W E S R E G N E L L A H C T R
A M R D B O T M E E C X L A W R M N R L
V O J I Q D A A P G W E G N L M C U O A
N E O T G T P R X R T X J D P S H A L A
S M U I I N Z T E A J P N I J T R L T M
N X R O I U K F S V Q L L N O R Q A T T
R S N N F O V S H I P O N G B O D F T O
E Q E L M C W W V T T R M O O N I U E S
B F Y E N S T U D Y Z E O H V G N Z P H

ALDRIN
APOLLO
ARMSTRONG
BOOSTER
BRAVE
CHALLENGER
CONTROL
COUNTDOWN
CRAFT
CREW
DATA
EARTH
EXPEDITION
EXPERIMENTS
EXPLORE
FLY
GLENN
GRAVITY
HELMET
HERO
INFORMATION
JOURNEY
LANDING
LAUNCH
MISSION
MOON
NASA
ORBIT
PAYLOAD
PILOT
PLANET
PROBE
ROCKET
SATELLITE
SCIENTIST
SHIP
SHUTTLE
SMART
SOLAR
SPACE
STARS
STUDY
SUN
TRAVEL
WALK

Solution on page 330

Something Soft

I	U	U	G	Y	N	Y	K	K	A	J	N	H	C	O	V	Z	W	X	F
Y	P	C	L	J	P	T	D	K	O	S	W	E	A	T	E	R	J	F	G
K	Z	K	C	P	R	S	O	B	G	X	D	M	T	Y	A	E	S	L	S
T	I	U	U	I	W	I	N	T	E	R	J	A	C	K	E	T	C	E	A
K	S	P	H	C	U	O	C	O	Z	C	L	O	O	W	U	S	D	Y	M
L	I	Q	I	E	L	L	L	S	W	S	U	F	G	F	C	E	N	H	A
G	G	S	X	L	Z	F	H	L	T	V	S	S	F	J	U	Y	E	S	C
B	B	R	B	P	L	Q	P	U	A	N	O	E	H	S	E	L	T	I	G
C	S	Z	I	U	G	O	F	T	K	M	D	I	R	I	K	O	T	U	V
D	F	R	F	T	T	F	W	L	E	A	H	B	C	T	O	P	I	Q	E
S	T	F	Z	Q	I	T	I	L	N	M	Q	S	V	E	T	N	K	S	L
X	Y	T	F	N	N	S	E	I	N	N	U	B	R	C	E	A	Q	R	V
P	C	I	G	K	L	A	M	R	R	E	T	S	M	A	H	S	M	U	E
R	E	S	A	A	T	A	B	R	E	A	D	Q	P	F	M	O	P	F	T
Q	Z	C	T	H	L	B	Z	Q	P	R	R	I	R	R	E	P	A	I	D
X	R	E	E	L	T	N	E	G	S	R	G	E	J	U	Q	B	B	O	L
B	P	R	V	E	S	O	N	D	I	I	T	O	Q	S	R	B	G	Q	A
J	I	X	N	T	L	Y	Y	T	H	A	Z	H	G	I	A	C	M	U	B
I	W	N	F	S	P	F	X	N	W	H	R	S	C	R	S	G	M	Z	R
K	Q	M	E	B	E	M	A	B	M	D	K	G	W	A	P	M	Q	L	B

BED
BREAD
BUNNIES
BUTTER
CAT
COUCH
CUSHION
DIAPER
DOG
FABRIC
FLEECE
FLUFFY
FOAM
FUR
GENTLE
GUINEA PIG
HAIR
HAMSTER
KITTEN
LEATHER
LIPS
MARSHMALLOW
MATTRESS
PETALS
PILLOW
POLYESTER
PUPPY
RABBIT
RUG
SHOE
SILK
SNOW
SQUISHY
STUFFED ANIMAL
STUFFING
SUEDE
SURFACE
SWEATER
TOY
VELVET
VOICE
WATER
WHISPER
WINTER JACKET
WOOL

Solution on page 330

One Direction

S	R	V	S	D	E	S	I	V	E	L	E	T	S	S	V	M	E	S	I
W	E	P	O	E	H	S	T	S	G	L	U	B	E	S	A	S	T	Y	B
E	M	L	Y	C	L	Y	U	O	H	S	I	R	I	E	C	I	O	W	T
I	O	C	Y	S	A	A	H	S	R	O	T	X	R	C	H	N	X	A	O
V	H	K	X	T	W	L	S	I	I	Y	W	D	O	C	B	T	L	B	V
E	E	V	U	B	S	K	A	L	A	S	O	S	M	U	J	E	T	S	D
R	M	B	P	N	M	Y	H	B	A	T	I	F	E	S	N	R	Y	O	K
N	E	C	O	N	C	E	R	T	E	B	U	H	M	T	Y	N	N	C	U
D	K	I	P	D	T	O	U	R	S	L	O	S	T	Y	T	A	R	I	P
W	A	G	M	V	V	D	A	S	A	I	T	L	H	M	L	T	U	A	A
C	T	E	U	O	I	D	U	T	S	H	M	H	G	R	S	I	O	L	L
T	R	G	N	I	G	N	I	S	O	J	K	O	I	O	S	O	F	M	L
E	C	I	I	O	M	D	G	N	I	H	T	E	N	O	O	N	W	E	N
V	N	H	T	W	R	E	C	O	R	D	H	G	D	C	L	A	V	D	I
L	T	G	A	I	L	E	N	Y	A	P	M	A	I	L	O	L	G	I	G
Z	H	O	L	R	C	I	B	H	C	I	S	U	M	M	S	W	C	A	H
S	C	U	P	I	T	S	E	M	Q	R	O	T	C	A	F	X	E	H	T
S	N	E	E	T	S	S	U	M	U	L	M	S	Z	T	P	T	W	L	J
C	A	V	B	H	E	H	Z	A	Y	N	M	A	L	I	K	P	T	Q	L
F	E	M	Y	C	B	N	V	A	O	R	L	P	K	V	F	J	T	B	S

CHARTS
CONCERT
CRITICS
DARE TO DREAM
DEBUT
DVD
ENGLISH
FOUR
GLOBAL SALES
HARRY STYLES
HIATUS
HITS
INTERNATIONAL
IRISH
LABEL
LIAM PAYNE
MIDNIGHT MEMORIES
MUSIC
NUMBER ONE
ONE THING
PLATINUM
POP
RECORD
REVIEWS
SHOWS
SIMON COWELL
SINGING
SOCIAL MEDIA
SOLOS
SONG
STORY OF MY LIFE
STUDIO
SUCCESS
SYCO
TAKE ME HOME
TALENT
TEENS
TELEVISED
THE X FACTOR
THIS IS US
TOP TEN
TOURS
UP ALL NIGHT
VOCAL
ZAYN MALIK

Solution on page 331

Recycling Station

A	W	B	E	C	T	C	Z	M	C	S	H	L	G	B	U	M	L	C	X
D	Y	B	D	B	J	N	J	K	L	E	E	T	S	I	Z	X	Y	U	E
C	U	B	M	I	P	N	F	L	A	W	A	S	K	V	L	Q	V	S	U
E	S	A	Y	Q	A	C	A	R	T	R	P	O	Q	J	P	J	L	E	T
Q	T	H	W	K	B	O	O	U	E	E	T	P	Z	V	X	E	E	D	F
A	D	C	N	I	Z	S	L	S	M	C	O	M	K	V	R	Q	A	U	Y
A	H	Y	I	U	R	L	D	I	L	K	Y	O	J	R	E	U	D	W	G
V	O	U	R	D	V	E	P	U	Z	L	U	C	A	I	P	I	C	X	B
B	X	I	O	U	E	H	Z	E	M	T	U	B	L	F	P	P	R	U	F
A	R	G	N	W	B	B	S	E	D	P	A	G	I	E	O	M	U	L	H
M	H	O	D	Y	N	O	R	A	P	P	L	I	A	N	C	E	S	B	P
Z	A	F	S	M	D	E	T	O	R	M	U	R	R	E	N	N	H	I	X
U	P	D	S	X	T	E	A	T	K	T	M	I	B	P	S	T	L	C	J
O	E	F	X	T	D	T	S	M	L	E	I	M	C	W	L	E	X	Y	U
C	I	G	I	R	R	U	U	T	W	E	N	S	Y	B	W	A	D	C	E
S	G	L	R	U	E	V	A	N	R	O	U	F	C	O	R	E	N	L	W
I	T	A	W	C	R	O	N	D	S	O	M	G	A	R	B	A	G	E	M
C	L	S	W	K	B	O	F	E	G	F	Y	R	W	R	A	V	S	W	O
E	R	S	X	Q	I	I	P	F	L	E	K	C	I	N	P	P	A	S	X
C	U	F	U	Y	H	P	V	I	W	F	M	S	Y	M	X	D	H	I	Z

AIRPLANE
ALUMINUM
APPLIANCES
BARRELS
BICYCLE
BOAT
BOTTLE
BRASS
BROKEN
BURY
CAR
COMPOST
COPPER
CRUSH
DEBRIS
DESTROY
DOG
DUMP
EQUIPMENT
GARBAGE
GLASS
HEAP
IRON
LEAD
LITTER
METAL
NICKEL
OIL
OLD
OUTDATED
PILE
RECYCLE
RIMS
SCRAP
SEAGULLS
STEEL
TOY
TRASH
TRUCK
USED
VAN
WEEDS
WIRE
WRECK
ZINC

Solution on page 331

TV Through the Years

Y	I	G	F	O	R	S	M	L	M	V	I	F	H	I	Z	Z	W	B	V
M	D	S	Y	A	D	Y	P	P	A	H	A	N	E	W	S	P	A	O	S
O	C	Z	A	C	V	B	B	R	B	M	S	V	K	E	E	M	L	R	I
D	C	R	F	Z	V	A	I	S	I	R	S	L	C	P	R	N	L	C	Y
S	L	R	I	G	N	E	D	L	O	G	E	A	A	P	I	H	F	I	D
Q	D	P	K	O	T	A	Y	D	D	Z	N	H	R	P	E	F	O	P	F
U	E	I	F	Y	R	T	N	R	A	I	O	T	T	R	S	T	N	E	U
A	H	Y	A	I	I	T	A	O	M	M	T	I	H	O	R	T	Z	T	G
D	C	C	L	E	B	M	E	A	B	U	S	F	G	G	O	E	I	B	H
A	T	G	S	T	A	R	T	R	E	K	T	F	U	R	L	N	E	C	D
Y	I	F	A	Z	H	E	A	W	I	H	N	I	A	A	O	R	I	A	K
G	W	I	U	M	D	G	H	D	E	P	I	R	L	M	C	U	C	R	Q
D	E	Z	P	L	E	O	I	M	Y	I	L	G	M	W	I	B	U	W	W
L	B	U	R	W	L	S	E	N	V	B	F	Y	D	U	N	L	M	R	T
E	C	Y	U	E	I	H	H	G	F	D	U	D	X	E	H	O	Y	E	O
F	P	M	S	R	E	N	O	O	M	Y	E	N	O	H	C	R	M	T	F
N	O	O	T	R	A	C	G	U	W	V	A	A	C	T	E	A	H	S	Y
I	M	U	N	S	T	E	R	S	S	S	F	L	I	H	T	C	D	B	W
E	W	S	E	V	I	T	C	E	T	E	D	S	F	L	I	P	P	E	R
S	R	E	E	H	C	V	R	J	A	H	Q	N	R	E	T	S	E	W	S

ADDAMS FAMILY
AIR
ALF
ANDY GRIFFITH
ANIMATED
BEWITCHED
BONANZA
BRADY BUNCH
CAROL BURNETT
CARTOON
CHEERS
DECADES
DETECTIVE
DRAMA
EPIC
FAMILY TIES
FILMS
FLINTSTONES
FLIPPER
FONZIE
FULL HOUSE
GAME SHOWS
GOLDEN GIRLS
HAPPY DAYS
HONEYMOONERS
LAUGH TRACK
MOD SQUAD
MUNSTERS
NEWS
NIGHTLY
PROGRAM
RETRO
SEINFELD
SERIES
SITCOM
SLAPSTICK
SOAPS
STAR TREK
TECHNICOLOR
THEME
VARIETY ACT
WEBSTER
WESTERN
WHOLESOME
WINGS

Solution on page 331

Attending Harvard Law School

X	F	C	E	U	R	E	W	N	A	E	D	M	S	S	E	Z	G	Y	B
N	W	A	Y	L	W	L	J	Y	L	B	E	Q	P	D	L	T	N	T	G
T	K	F	N	E	B	E	N	I	A	Q	A	R	U	P	I	E	E	I	I
Y	I	G	A	A	N	N	B	R	L	E	I	C	G	R	T	C	E	S	O
J	E	L	D	R	N	R	E	X	V	V	A	C	Z	E	E	I	T	R	T
N	T	N	T	N	A	X	O	I	A	T	O	M	O	L	D	T	A	E	K
H	Z	Z	O	R	A	U	S	T	I	N	H	A	L	L	E	C	U	V	Y
N	L	P	Y	M	L	N	E	O	T	C	K	R	H	S	F	A	D	I	I
L	Q	R	M	H	E	L	N	R	E	A	D	T	U	E	H	R	A	N	T
D	R	O	Y	P	K	B	A	F	S	O	L	H	L	C	N	P	R	U	W
T	T	F	X	B	Y	C	T	H	J	N	C	A	A	E	O	E	G	Y	N
Z	L	E	A	O	T	S	O	N	D	A	O	M	W	G	I	G	H	D	Y
S	X	S	M	S	L	A	R	A	S	N	P	I	C	I	T	D	A	U	Q
M	K	S	A	T	U	L	S	S	E	U	U	N	S	T	A	I	R	T	S
W	G	O	B	O	C	U	A	H	S	C	A	O	L	S	G	R	V	S	E
U	Z	R	O	N	A	M	L	I	C	I	I	W	P	E	I	B	A	U	B
D	O	F	Y	B	F	N	A	G	O	I	R	T	T	R	T	M	R	O	N
J	S	G	O	B	D	I	G	R	U	C	R	Q	S	P	I	A	D	M	P
S	P	D	S	R	H	S	E	I	R	A	N	I	M	U	L	C	S	A	Y
O	S	K	H	G	G	W	L	N	T	S	E	G	D	U	J	Z	F	F	H

ADMISSIONS
ALUMNI
ATTORNEY
AUSTIN HALL
BAR EXAM
BOOKS
BOSTON
CAMBRIDGE
CAMPUS
CONTRACTS
COURT
DEAN
DEGREE
EDUCATION
ELITE
EXPENSIVE
FACULTY
FAMOUS
GRADUATE
HARVARD
JUDGE
JUSTICE
LAW
LEARN
LEGAL
LIBRARY
LITIGATION
LUMINARIES
MARTHA MINOW
MASSACHUSETTS
MONEY
OBAMA
OLD
POUND HALL
PRACTICE
PRESTIGE
PRIVATE
PROFESSOR
RICH
SENATORS
STUDY
TEST
UNIVERSITY
WEALTH

Solution on page 331

Sea Otters

C	J	S	R	E	K	S	I	H	W	A	U	B	V	M	C	E	F	N	I
C	H	C	A	E	B	J	F	X	H	D	H	L	A	M	I	N	A	I	T
C	F	H	F	I	B	S	S	W	Z	P	E	F	L	X	F	I	O	G	J
O	P	T	Y	W	V	B	F	L	O	P	R	Q	K	F	I	R	Z	S	Y
L	K	P	O	D	L	W	U	R	O	A	O	O	G	E	C	A	Y	E	Q
K	M	H	C	R	E	A	R	L	N	A	H	T	T	T	A	M	R	A	I
T	B	U	C	R	L	R	Y	P	B	D	S	Y	R	E	P	P	I	L	S
A	M	C	S	K	U	G	E	O	I	O	I	I	Z	R	C	C	S	K	M
E	Z	I	F	T	Y	S	C	G	D	I	N	S	U	L	A	T	I	O	N
Z	I	T	Z	N	E	E	T	U	N	D	I	V	E	L	S	N	E	K	P
E	K	A	O	T	A	L	S	A	E	A	Z	O	I	I	K	O	A	D	F
D	I	U	R	N	A	L	I	R	C	N	D	F	H	U	C	D	F	A	J
L	S	Q	G	O	H	I	X	D	C	E	O	N	O	S	O	E	T	L	Q
V	A	A	R	V	V	A	L	H	A	R	A	T	E	E	R	T	P	A	Y
U	S	Q	R	F	O	I	B	A	N	E	K	N	S	H	T	N	R	S	R
Q	H	R	E	T	A	W	N	I	B	J	C	L	S	Y	P	U	P	K	K
M	U	I	R	A	U	Q	A	R	T	L	L	I	P	H	E	H	C	A	I
K	Q	T	H	O	A	B	O	S	A	A	F	D	U	W	A	K	E	L	P
X	S	S	B	L	B	W	K	M	M	C	T	K	D	S	O	R	A	O	Y
D	C	H	M	F	N	I	S	S	W	A	P	Q	E	G	D	N	K	Z	J

ALASKA
ANIMAL
AQUARIUM
AQUATIC
BEACH
BROWN
CALIFORNIA
CARNIVORA
CLAMS
CRUSTACEANS
CUTE
DIURNAL
DIVE
ENDANGERED
FISH
FLOAT
FUR
GUARD HAIRS
HABITAT
HUNTED
INSULATION
KELP
KEYSTONE
MARINE
MUSTELIDAE
NO BLUBBER
OCEAN
PACIFIC
PAWS
POLYGYNOUS
PREY
PROTECTED
PUP
ROCKS
SEA
SHARK
SHORE
SKIN
SLIPPERY
SMALL
SPECIES
TAIL
WATER
WHISKERS
ZOO

Solution on page 331

Campfires

```
K L L Z W G D M I H G J L W T K H Q U U
T P E T A X A H E E X N S I H P B C J J
N N P B U R N V Y F D U I Y T E F A S H
Y F E R B V C L L G N I T S A O R K C E
D X B M G N I T S A O T J A C S I A F K
O W R B N M N T E S M O K E I S E H S A
O A G S A I G M Q P E G R K N B N M G S
W F Y F H F A E L P O E P F O O D K A V
M L B H K T C T J H M T N T M I S H G G
V A H J C S Y K R O S H O L R E L O O C
R M U H O W T M N E P E I R A E R I F E
G E E N I L O I I J T R T S H C P B K I
U S G J I D E R K E S N C S T H L M P C
A S S Z J S O A A S G E E Q T A H Q A A
M V I S I T S T G E O S L Z N I R C B C
X Q O A S L L I R G L S F K Y R C S P I
N X E F N K C U P S W C E G Y S O K G S
N C P Z S K P G P C L T R E D I C C S U
N M R U E U A H Q H T R E I R H V J K M
J L G C M J G B L X A O C O C D M U G S
```

ASHES
BEACH
BLANKET
BURN
CAMPER
CEREMONIES
CHAIRS
CIDER
CIRCLE
COCOA
COOLER
CUPS
DANCING
ENTERTAINMENT
FAMILY
FIRE
FLAMES
FOOD
FRIENDS
GAMES
GRILL
GUITAR
HARMONICA
LOGS
MATCHES
MUGS
MUSIC
MYTHS
PEOPLE
REFLECTION
ROASTING
ROCKS
SAFETY
SING
SKITS
SMOKE
SONGS
STARS
STICKS
STORIES
TOASTING
TOGETHERNESS
VISIT
WARM
WOOD

Solution on page 331

Principal's Job

X	G	C	C	A	P	T	A	I	N	E	T	S	I	L	K	A	G	F	Z
S	C	H	E	D	U	L	E	S	C	I	M	E	D	A	C	A	Y	Z	D
A	C	O	M	M	I	T	T	E	E	R	J	P	Y	R	D	D	J	H	A
F	E	P	E	N	O	I	H	D	S	A	O	U	T	M	E	R	E	T	P
E	M	N	E	O	R	P	R	O	F	E	S	S	I	O	N	A	L	X	P
T	C	B	T	I	E	N	T	E	R	I	H	N	L	M	D	O	V	D	R
Y	F	Z	I	T	G	O	R	X	K	I	I	P	I	U	L	B	I	U	O
B	O	I	N	A	U	I	O	P	X	S	T	S	B	L	L	B	S	I	V
F	P	V	G	Z	L	T	P	E	T	Q	R	Y	I	U	P	N	I	M	E
O	J	U	S	I	A	N	P	R	H	I	G	H	S	C	H	O	O	L	D
C	E	X	U	N	T	E	A	I	K	P	D	R	N	I	O	I	N	E	U
G	G	S	S	A	I	T	R	E	K	I	O	G	O	R	F	T	A	V	C
S	R	U	P	G	O	E	B	N	S	T	T	U	P	R	F	C	R	R	A
J	R	P	E	R	N	D	P	C	C	E	Y	I	S	U	I	A	Y	E	T
P	B	E	N	O	S	N	I	E	G	C	C	D	E	C	C	R	M	S	I
Z	E	R	S	R	M	P	R	D	I	O	V	E	R	S	E	E	R	B	O
P	K	V	I	K	L	I	U	L	K	E	V	A	L	U	A	T	I	O	N
Z	M	I	O	I	D	B	O	Y	C	O	N	F	E	R	E	N	C	E	G
X	V	S	N	A	P	P	O	I	N	T	C	I	R	T	S	I	D	O	B
G	J	E	G	D	E	L	W	O	N	K	V	F	B	J	T	T	J	M	Q

ACADEMICS
ADMINISTRATOR
APPOINT
APPROVE
AUTHORITY
BOARD
BUDGET
CAPTAIN
COMMITTEE
CONFERENCE
CURRICULUM
DETENTION
DIRECTOR
DISCIPLINE
DISTRICT
EDUCATION
EVALUATION
EXPERIENCED
GUIDE
HEAD
HIGH SCHOOL
HIRE
INTERACTION
KNOWLEDGE
LISTEN
MEETINGS
OBSERVE
OFFICE
ORGANIZATION
OVERSEER
POLICY
PROFESSIONAL
RAPPORT
REGULATIONS
RESPONSIBILITY
SAFETY
SCHEDULE
SUPERVISE
SUSPENSION
VISIONARY

Solution on page 332

Words with *IT*

N	P	J	H	W	N	J	F	W	C	K	S	H	O	P	H	B	T	J	K
P	E	K	Q	A	T	A	R	V	H	X	F	A	V	O	R	I	T	E	H
N	E	X	Y	Y	L	I	C	E	G	Q	D	S	N	V	T	S	I	W	P
L	Q	R	C	O	T	T	R	T	U	D	A	M	K	L	Y	C	A	R	K
C	N	Q	M	I	S	I	I	I	I	C	Q	G	E	E	B	U	B	I	L
D	I	G	N	I	T	Y	V	T	P	V	R	N	F	K	N	I	T	T	L
P	M	G	H	A	T	E	I	A	U	S	I	I	D	E	N	T	I	T	Y
H	A	Z	G	T	Y	O	S	W	R	D	A	T	T	I	T	U	D	E	J
U	T	E	T	I	N	I	F	E	D	G	E	I	Y	I	O	X	S	N	D
V	I	X	I	I	N	F	I	N	I	T	E	V	A	S	C	L	M	K	J
K	V	C	U	Y	U	N	I	C	I	T	Y	N	C	T	A	A	Y	X	Q
Y	E	I	C	T	T	S	E	T	C	Q	A	I	F	T	J	T	L	D	F
A	P	T	R	I	C	B	E	G	X	I	T	K	I	O	I	I	E	P	U
I	V	I	I	T	N	P	D	X	O	I	T	C	R	R	T	T	T	B	L
C	L	N	C	N	P	I	S	M	R	R	E	I	U	U	I	U	A	G	G
H	Y	G	N	A	A	Z	T	C	Y	R	T	C	Z	C	X	D	T	U	N
X	J	A	L	U	F	R	H	I	B	Y	E	I	X	E	E	E	I	R	H
E	P	T	X	Q	K	W	G	B	A	S	Q	E	N	D	N	T	M	P	L
N	Y	Q	S	R	U	P	I	T	A	L	I	C	S	X	A	I	I	K	F
G	P	N	H	I	W	P	X	T	E	T	I	C	E	R	E	W	D	E	E

ACTIVITY
ADDITION
ALTITUDE
APPETITE
ATTITUDE
BAIT
BISCUIT
CIRCUIT
CITIZEN
CITY
CRITICAL
CRITICS
DEFINITE
DIGNITY
EXCITED
EXCITES
EXCITING
EXIT
FAVORITE
GRANITE
GRAVITY
GUITAR
HERITAGE
IDENTITY
IMITATE
INFINITE
INITIAL
INVITING
ITALICS
KNIT
LATITUDE
MAJORITY
NITROGEN
PERMIT
QUANTITY
RECITAL
RECITE
SECURITY
SPIRIT
SUIT
TITLE
VITAMIN
WIT
WRITING
WRITTEN

Solution on page 332

Alive in the Rainforest

N	I	E	V	A	E	L	W	G	P	P	B	J	A	T	B	R	B	J	E
L	D	E	U	U	M	A	C	A	W	A	T	E	R	J	P	D	K	R	R
Q	C	C	B	J	O	P	P	I	H	U	O	M	B	K	R	F	H	L	S
B	Q	Z	H	O	P	W	O	Z	T	Q	N	G	O	R	I	L	L	A	J
U	M	T	F	M	B	T	A	D	N	O	C	A	N	A	N	A	U	G	I
G	L	A	X	O	R	E	T	S	N	H	X	N	C	V	M	J	O	L	L
S	K	S	A	G	N	O	E	A	G	S	Y	E	S	D	G	R	L	E	T
K	T	R	E	B	R	E	K	T	B	U	T	T	E	R	F	L	Y	X	O
V	Z	N	I	R	R	W	C	O	L	B	N	C	E	A	E	R	V	L	U
X	A	O	A	T	I	C	I	M	R	E	S	A	Z	A	O	D	L	X	C
S	T	P	L	E	M	U	R	N	O	F	I	P	N	T	O	I	I	Z	A
F	K	T	R	O	P	I	C	A	L	S	N	I	A	R	D	H	V	P	N
C	K	K	N	S	N	T	T	T	R	J	Q	G	P	A	D	C	N	K	S
H	A	Y	R	S	N	C	A	U	A	B	I	U	M	B	R	R	Y	R	S
T	G	D	E	U	S	L	A	G	O	L	O	R	I	A	A	O	Z	E	N
O	E	C	P	K	W	B	U	N	L	C	A	C	H	T	P	Q	V	G	A
L	T	Z	T	P	N	A	U	A	O	M	G	E	C	X	O	A	S	I	I
S	O	Y	I	G	R	O	H	R	Q	P	C	S	N	R	E	F	N	T	L
J	A	J	L	Z	U	J	M	O	H	Y	Y	C	N	L	L	R	W	L	M
Z	D	Q	E	D	S	O	L	C	G	S	D	R	I	B	Q	C	K	P	A

AARDVARK
ALLIGATOR
ANACONDA
ANTS
ARMADILLO
BAT
BEETLE
BIRDS
BOA
BUGS
BUSH
BUTTERFLY
CANOPY
CHIMPANZEE
COBRA
CRICKET
EXOTIC
FERNS
FROG
GORILLA
HIPPO
IGUANA
INSECTS
JAGUAR
LEAVES
LEMUR
LEOPARD
MACAW
MONKEY
MOSQUITO
ORANGUTAN
ORCHID
PARROT
RAIN
REPTILE
SHRUBS
SLOTH
SNAIL
SPIDERS
TIGER
TOAD
TOUCAN
TREES
TROPICAL
WATER

Solution on page 332

Justin Timberlake

X	S	U	O	M	A	F	N	Q	R	U	C	O	U	N	I	L	X	Y	K
N	X	R	Z	W	M	P	E	R	F	O	R	M	E	R	S	S	D	S	B
G	D	M	A	L	F	U	N	C	T	I	O	N	L	O	O	U	A	R	X
J	D	R	S	E	B	O	R	D	R	A	W	E	L	C	C	G	A	A	Y
B	D	U	O	E	H	T	O	A	Y	Y	I	O	I	K	E	N	K	E	P
S	T	R	E	C	X	L	G	F	T	B	M	A	R	Y	Z	M	Y	P	S
N	R	M	D	N	E	D	P	J	A	S	L	E	V	O	L	Y	M	S	O
N	E	R	I	A	Y	R	R	C	M	N	S	Y	A	U	T	D	Y	Y	N
E	C	O	V	D	D	E	I	O	E	U	X	P	V	R	S	C	I	E	G
Y	N	A	S	B	C	S	G	T	O	E	B	U	U	B	I	I	A	N	S
L	O	I	M	U	S	U	W	M	S	C	S	L	B	O	T	V	M	T	T
J	C	P	D	E	P	O	Y	M	J	H	E	S	A	D	R	E	E	I	M
F	B	O	J	G	R	E	B	M	E	U	P	L	E	Y	A	G	G	R	R
Y	R	P	B	K	K	O	R	N	A	M	S	S	E	N	I	S	U	B	B
P	M	C	Z	C	Y	A	N	B	L	W	P	T	E	B	N	D	S	E	N
P	O	M	I	B	N	S	M	D	O	W	K	H	I	I	R	E	W	M	B
A	M	M	A	D	C	S	R	U	I	W	N	W	I	F	V	I	T	T	V
T	B	N	A	R	E	G	N	I	S	A	L	U	P	S	I	O	T	T	D
E	D	L	M	Q	G	U	D	O	C	I	Z	N	P	R	R	E	M	Y	Z
X	L	C	F	S	Z	I	N	I	Z	H	C	X	S	X	L	O	D	I	W

ACTOR
ALBUM
ARTIST
AWARDS
BOY BAND
BRITNEY SPEARS
BUSINESSMAN
CAMERON DIAZ
CELEBRITY
CONCERT
CRY ME A RIVER
DANCE
EMMY
FAMOUS
GRAMMY
GROUP
IDOL
JESSICA BIEL
JUSTIFIED
MALFUNCTION
MEMPHIS
MICKEY MOUSE
MOVIES
MTV
MUSIC
MY LOVE
NSYNC
PERFORMER
POP
PRODUCER
RANDALL
RECORD
RICH
ROCK YOUR BODY
SEXY
SINGER
SNL
SOCIAL NETWORK
SOLO
SONGS
STAR
SUPER BOWL
TENNESSEE
VIDEOS
WARDROBE

Solution on page 332

Windows

F	N	Z	G	T	R	C	L	E	A	N	I	C	L	K	H	L	E	S	C
V	P	P	C	Q	F	S	H	A	D	E	S	G	C	R	S	Q	Z	Y	X
W	U	L	D	Y	W	F	O	L	P	E	Z	A	I	Z	Z	J	O	Q	H
X	V	X	X	H	Q	N	H	E	A	R	R	I	A	S	R	W	K	X	C
P	V	F	U	O	L	S	V	W	L	C	Z	C	D	H	A	H	Q	H	C
Z	R	D	S	U	A	C	N	F	J	S	B	L	R	U	L	D	W	G	O
L	W	O	V	S	P	I	B	H	D	S	G	L	A	T	O	A	G	D	J
Z	F	O	Q	E	N	T	Z	L	L	A	W	N	N	M	S	N	E	P	O
F	C	R	D	G	N	N	R	F	Q	L	P	E	I	H	R	T	S	L	Q
F	V	S	E	N	E	T	Y	A	Q	G	R	W	I	R	N	E	L	A	H
Y	N	I	T	I	I	Y	I	W	N	A	P	N	I	E	E	I	H	S	X
U	H	A	N	D	G	W	H	L	P	S	G	I	M	L	S	V	D	T	N
M	C	K	I	L	Z	C	F	S	A	N	L	E	C	T	Y	I	O	I	M
Y	N	C	T	I	R	R	N	O	I	T	C	U	R	T	S	N	O	C	G
F	E	O	P	U	Q	A	N	D	O	A	I	C	C	P	U	X	I	R	Q
B	R	L	H	B	R	C	I	G	L	R	D	O	L	E	N	R	I	V	C
S	F	C	B	T	F	L	K	P	I	J	A	A	N	O	N	D	E	P	I
E	X	A	R	U	S	W	E	I	V	S	Y	C	X	K	S	T	N	M	Q
U	Y	A	Z	P	O	R	T	H	O	L	E	I	R	O	G	E	A	F	M
Z	L	A	Z	M	E	D	Y	N	I	U	G	D	N	I	L	B	P	G	U

AIR
AWNING
BAY
BLIND
BUILDING
CAR
CHURCH
CLEAN
CLOSE
CONSTRUCTION
COVERINGS
CRACK
DESIGN
DISPLAY
DOOR
DOUBLE
FRENCH
GLASS
GRIDS
HOUSE
LOCK
OPEN
ORIEL
PANE
PICTURE
PLASTIC
PORTHOLE
REPLACEMENT
ROOF WINDOW
SASH
SCREEN
SHADES
SHUT
SILL
SLIDING
SOLAR
THERMAL
TINTED
TRANSLUCENT
TRANSPARENT
VENTILATION
VIEW
VINYL
WALL
WASHING

Solution on page 332

Husbands

```
K W T I S I N C E R E V C H A R M I N G
T I V P F U N E D Y R W A P A T I E N T
O S X G E V O E N I L U C S A M T I W H
C E N V A T T R A C T I V E S T R O N G
Z A S I F A E E O O A U D R E U U T E H
D T R U C T L D Q M L P F Q T B S O Z D
L H R I O E B I F P U T T R D E T Z T R
V A D O N P I V V A C H U I R D W K C I
V E Y C F G S O Z S O N S A V M O G O V
D W T O Y M N R U S N G E I R A R F S E
P O B M L R O P X I S D Z Q L X T R B N
W R U M L Y P C V O I T B E F L H I A E
V K O I A O S N S N D C D E A R Y E N R
F E G T R Y E L B A E G D E L W O N K G
A R S T E P R V B T R G N I T O D D G E
T E I E O C H E H E A T B I P S V O B T
H V R D N R T G E N T L E G Z M E E L I
E A E O E L B A D N E P E D P A K N D C
R R K I N D E R E D D P O Y L R M L O X
B B T L G S B D I O L D F Q C T S A G H
```

ALLY
AMAZING
ATTRACTIVE
BELOVED
BRAVE
CAPTIVATING
CARING
CHARMING
COMFORT
COMMITTED
COMPASSIONATE
CONSIDERATE
DEAREST
DEDICATED
DEPENDABLE
DOTING
DRIVEN
ENERGETIC
FATHER
FRIEND
FUN
GENTLE
HONEST
HUMOROUS
KIND
KNOWLEDGEABLE
LOYAL
MASCULINE
NICE
NURTURING
OPEN
PATIENT
PROTECT
PROVIDER
RESPONSIBLE
SILLY
SINCERE
SMART
SNORE
SPOUSE
STRONG
SUPPORTIVE
TRUSTWORTHY
WISE
WORKER

Solution on page 332

It's Legal

T	H	J	S	T	S	F	H	X	B	W	R	G	U	I	L	T	T	X	A
X	C	N	O	C	N	J	Y	N	C	O	C	S	N	C	K	Y	E	M	Z
A	G	O	I	I	U	O	E	R	T	U	E	O	X	I	F	T	R	Y	A
A	Y	H	U	D	B	X	I	I	A	N	S	R	S	N	L	I	M	S	I
D	T	X	G	R	P	A	C	T	T	T	K	T	S	D	O	L	S	Z	N
E	E	E	T	E	T	I	Y	E	C	N	E	C	O	N	N	I	I	S	B
E	X	F	R	V	L	E	N	N	F	E	I	R	B	D	S	B	T	B	K
H	P	T	E	O	T	C	N	V	O	H	J	S	C	T	Y	A	H	O	Q
Y	S	S	S	N	E	D	D	W	E	M	N	B	A	E	O	I	G	T	M
U	N	Z	E	W	D	Q	Y	C	K	S	I	N	O	T	S	L	I	C	A
U	N	I	A	U	N	I	I	R	E	L	T	T	E	S	V	S	R	A	R
D	L	L	R	G	Y	T	O	P	U	N	F	I	S	S	U	R	Y	R	U
C	S	A	C	I	S	W	R	A	C	J	J	Q	G	E	P	D	P	T	Z
G	M	E	H	U	R	E	P	R	E	S	E	N	T	A	T	I	O	N	O
W	U	P	J	E	C	C	I	A	E	N	F	S	U	M	T	V	C	O	B
S	D	P	P	E	C	M	R	L	I	T	I	G	A	T	I	O	N	C	I
G	Y	A	D	W	I	S	S	E	N	I	S	U	B	C	L	R	R	W	F
W	P	E	C	N	V	O	S	G	F	W	U	W	B	E	N	C	H	S	J
I	N	B	A	R	I	Q	P	A	A	F	E	A	R	G	U	E	P	Y	T
T	G	L	B	O	L	V	C	L	D	Q	O	Q	V	I	C	N	I	U	K

APPEAL
ARGUE
ASSISTANT
BENCH
BILLING
BRIEF
BUSINESS
CASE
CIVIL
CLIENT
CONTRACT
COPYRIGHT
COURT
CRIMINAL
CUSTODY
DEFEND
DIVORCE
ETHICS
EXPERTS
GUILT
INNOCENCE
INVESTIGATORS
JUDGE
JURY
JUSTICE
LAW
LIABILITY
LITIGATION
MOTION
OBJECTION
OFFER
PAPERWORK
PARALEGAL
PRECEDENT
REPRESENTATION
RESEARCH
SECRETARY
SENTENCE
SETTLE
SOLICITOR
SUE
TERMS
TESTIMONY
TYPE
VERDICT

Solution on page 333

Rhode Island

```
E R O H S E A S I D E Q U A H O G G I G
S Y A B Q Q C O L O N I A L S T E L N I
G S E L I T X E T E X T R O N S M A L L
S E G A L L I V P Q N C O V E N T R Y B
D M V M I F D C W O O N S O C K E T F J
S L A T E R M I L L I H H T O M I R E J
W F X K G A Q U I D N E C K I S L A N D
A Z A L P Y D E N N E K Y L R E T S E W
T W A R W I C K S H T A P E L C Y C I B
E G E L L O C R A W L A V A N E S N E D
R T C O N A N I C U T I S L A N D J Y L
P E I T B R O W N U N I V E R S I T Y E
L K R N O I T A C U D E S T U A R Y N I
A C O E A J W F T N O R F H C A E B O F
C U T C T E D N A L G N E W E N Z I T H
E T S C P R A R C H I P E L A G O O S T
P W I A I Y S T A T E K I N G S T O N I
A A H E R A C H T L A E H R O B R A H M
R P F B R I S T O L M S I R U O T F O S
K L I M E E F F O C R A N S T O N G J R
```

ACCENT
AQUIDNECK ISLAND
ARCHIPELAGO
BAYS
BEACHFRONT
BICYCLE PATHS
BRISTOL
BROWN UNIVERSITY
BRYANT UNIVERSITY
COFFEE MILK
COLONIAL
CONANICUT ISLAND
COVENTRY
CRANSTON
DENSE
EDUCATION
ESTUARY
HARBOR
HEALTHCARE
HISTORIC
INLETS
JERIMOTH HILL
JOHNSTON
KENNEDY PLAZA
KINGSTON
NAVAL WAR COLLEGE
NEW ENGLAND
PAWTUCKET
QUAHOG
RIPTA
SEASIDE
SHORE
SLATER MILL
SMALL
SMITHFIELD
STATE
TEXTILES
TEXTRON
TOURISM
VILLAGES
WAKEFIELD
WARWICK
WATERPLACE PARK
WESTERLY
WOONSOCKET

Solution on page 333

Astrology

Y	Y	S	X	I	M	V	F	O	R	T	U	N	E	O	M	A	R	S	S
A	V	E	N	U	S	N	M	O	O	N	J	D	P	T	C	L	T	E	U
P	E	D	P	U	T	X	L	T	R	E	T	I	P	U	J	C	I	B	Z
G	R	X	N	O	Y	R	U	C	R	E	M	S	V	L	E	R	H	D	E
I	L	E	G	Y	C	X	A	N	R	O	C	I	R	P	A	C	S	V	L
P	Q	R	G	N	P	S	M	H	O	B	P	A	S	T	E	N	A	L	P
Q	I	A	E	O	J	Y	O	I	C	I	S	A	S	U	S	E	T	O	Q
V	W	U	M	I	L	V	W	R	Z	R	T	Z	N	T	I	D	U	A	G
N	Z	Q	I	T	M	O	A	J	O	T	A	C	N	W	R	A	R	I	Y
U	N	S	N	A	A	S	R	S	G	H	R	T	I	T	E	R	N	G	S
H	D	A	I	N	H	U	E	T	U	P	S	N	D	D	M	G	X	C	I
P	Z	H	S	I	X	C	R	U	S	L	I	E	D	T	E	O	O	L	G
N	C	D	U	V	S	Q	L	U	D	A	S	M	B	K	H	R	E	X	N
B	A	T	I	I	N	B	B	I	S	C	S	N	E	P	P	T	P	I	E
D	I	J	P	D	W	R	S	P	E	E	L	G	C	I	E	E	X	R	N
M	D	Z	N	O	R	T	H	N	O	D	E	I	O	A	R	R	V	E	I
S	O	U	T	H	N	O	D	E	G	Z	O	L	D	N	N	A	D	I	R
C	Z	T	T	M	B	A	Q	O	E	T	N	A	D	N	E	C	S	A	T
G	C	T	R	A	N	S	I	T	S	E	S	U	O	H	W	C	E	E	P
A	N	E	P	T	U	N	E	L	R	M	W	T	W	P	L	I	B	R	A

ALIGNMENT
ARIES
ASCENDANT
ASPECTS
ASTROLOGER
BIRTHPLACE
CANCER
CAPRICORN
CHART
DESCENDANT
DIVINATION
EPHEMERIS
FORECAST
FORTUNE
GEMINI
HOROSCOPE
HOUSES
JUPITER
LEO
LIBRA
MARS
MERCURY
MOON
NADIR
NEPTUNE
NORTH NODE
PISCES
PLANETS
PLUTO
PREDICTION
RETROGRADE
SATURN
SCORPIO
SIGN
SOUTH NODE
SQUARE
STARS
SUN
TAURUS
TRANSITS
TRINE
VENUS
VIRGO
ZODIAC

Solution on page 333

Remember Watergate?

F	O	W	H	I	T	E	H	O	U	S	E	S	P	I	O	N	A	G	E
Y	J	A	R	T	N	E	M	N	R	E	V	O	G	R	R	Q	V	N	S
O	P	S	Y	N	B	O	B	W	O	O	D	W	A	R	D	Z	G	K	Y
J	O	H	N	E	H	R	L	I	C	H	M	A	N	S	U	O	N	O	J
M	L	I	N	M	F	B	I	N	V	E	S	T	I	G	A	T	I	O	N
I	I	N	E	H	T	R	U	O	C	E	M	E	R	P	U	S	P	R	O
T	T	G	F	C	I	S	Y	R	A	L	G	R	U	B	T	S	P	C	I
C	I	T	Y	A	I	D	U	A	R	F	N	G	I	A	P	M	A	C	T
H	C	O	S	E	D	F	S	E	L	K	S	A	O	T	T	O	T	K	A
E	S	N	R	P	N	F	F	R	B	R	M	T	N	H	N	K	E	D	N
L	B	P	E	M	U	O	O	O	E	Z	Q	E	T	I	E	I	R	E	G
L	R	O	B	I	F	Q	M	T	R	S	D	T	S	S	M	N	I	E	I
A	E	S	M	G	H	R	R	H	N	I	H	A	E	T	T	G	W	P	S
D	P	T	U	B	S	A	W	P	S	O	C	P	R	O	C	G	B	T	E
N	A	I	L	X	U	X	C	E	T	U	U	E	R	R	I	U	U	H	R
A	P	L	P	Q	L	V	R	E	E	X	H	S	A	Y	D	N	D	R	M
C	S	R	D	O	S	P	L	R	I	C	H	A	R	D	N	I	X	O	N
S	W	A	P	G	O	R	D	O	N	L	I	D	D	Y	I	O	H	A	X
R	E	P	U	B	L	I	C	A	N	S	M	A	R	K	F	E	L	T	Z
H	N	A	M	E	D	L	A	H	E	G	A	T	O	B	A	S	E	I	L

ARREST
BOB WOODWARD
BURGLARY
CAMPAIGN FRAUD
CARL BERNSTEIN
CROOK
DEEP THROAT
ESPIONAGE
FBI
GORDON LIDDY
GOVERNMENT
HALDEMAN
HEADQUARTERS
HISTORY
HOTEL
HUSH MONEY
IMPEACHMENT
INDICTMENT
INVESTIGATION
JOHN EHRLICHMAN
LIES
MARK FELT
MITCHELL
NEWSPAPER
OFFICE
PLUMBERS
POLITICS
PRESIDENT
REPUBLICANS
RESIGNATION
RICHARD NIXON
SABOTAGE
SCANDAL
SLUSH FUND
SMOKING GUN
SUPREME COURT
WASHINGTON POST
WATERGATE TAPES
WHITE HOUSE
WIRETAPPING

Solution on page 333

Small Stuff

J	E	V	U	A	F	W	G	G	W	O	K	M	O	T	H	Q	C	H	D
X	W	H	M	V	C	J	R	R	C	Q	C	D	O	R	D	N	K	F	U
Z	J	T	I	Z	X	B	E	Y	W	S	N	O	T	O	R	P	Z	N	G
M	K	W	I	X	T	L	K	K	C	A	T	Z	G	O	I	B	I	R	D
Y	Q	M	K	B	G	M	I	Q	Z	H	C	N	B	N	C	U	U	D	N
B	F	C	R	F	B	M	E	M	J	B	I	W	C	I	Q	B	T	C	Z
W	M	T	M	F	I	P	A	P	I	T	E	L	L	E	P	U	P	P	Y
H	O	J	G	K	I	H	C	T	A	N	G	M	S	G	L	Z	B	P	C
C	D	V	O	O	S	E	G	S	N	A	I	S	R	D	F	L	Y	D	T
R	W	N	P	A	Y	M	W	P	N	L	B	A	G	V	A	B	C	Z	V
R	A	D	L	M	T	M	U	R	L	U	I	P	T	P	M	Q	C	S	R
G	G	E	J	M	F	I	K	I	N	N	N	L	D	U	P	C	R	H	B
K	Y	H	O	W	D	T	M	N	Z	Q	E	I	K	U	R	E	E	U	X
E	L	T	E	U	M	E	Y	K	E	L	A	N	O	I	S	E	T	I	D
R	A	O	I	O	T	E	L	L	D	C	C	G	C	C	L	T	S	A	E
N	I	R	U	E	Y	E	B	E	H	W	I	K	X	E	O	I	M	Q	L
E	F	S	R	S	M	B	E	S	S	E	E	D	N	N	N	B	A	I	P
L	E	K	M	I	E	N	S	B	E	T	A	D	P	O	L	E	H	N	O
J	C	R	D	P	N	P	P	B	D	M	X	M	Z	Y	T	F	G	F	S
D	W	T	S	V	E	G	D	I	M	S	U	N	P	H	V	F	Z	N	P

ANT
ATOM
BEE
BIRD
BUNNY
BUTTON
CELL
COIN
CRICKET
DICE
DIME
DUST
EARRING
EGG
EYELASH
FLY
GENE
GNAT
GRAIN
GRUB
HAMSTER
KERNEL
LOUSE
MILLIMETER
MINIATURES
MITE
MOTH
MOUSE
NEEDLE
NEWBORN
PEBBLE
PELLET
PETAL
PIN
PROTON
PUPPY
SAPLING
SEED
SEQUIN
SMIDGE
SNAIL
SPRINKLES
TACK
TADPOLE
TOOTH

Solution on page 333

Going to Band Camp

R	P	G	K	Y	B	C	J	W	V	Y	G	N	I	L	R	I	W	T	K
Z	Q	J	Z	A	A	L	P	P	K	R	O	W	M	A	E	T	V	V	F
R	R	Y	N	E	S	S	R	E	C	I	T	A	L	U	C	L	D	P	C
Q	E	D	M	U	S	I	C	A	R	M	H	T	Y	H	R	Z	E	M	O
V	M	X	W	K	O	K	P	F	L	F	U	F	R	I	E	N	D	S	N
Q	M	F	C	C	O	N	D	U	C	T	O	R	I	B	A	O	U	T	C
E	U	T	S	N	N	S	P	O	H	S	K	R	O	W	T	P	G	U	E
P	S	L	C	N	O	I	T	I	D	U	A	R	M	P	I	M	C	N	R
R	S	R	H	G	N	I	T	S	U	A	H	X	E	A	O	E	O	I	T
A	G	B	A	M	S	O	T	J	T	H	S	R	S	H	N	T	M	F	P
C	A	O	I	E	C	R	W	A	S	N	C	P	R	C	I	C	P	O	X
T	L	K	R	L	H	O	X	E	M	U	E	T	L	R	F	I	E	R	F
I	F	A	I	O	O	E	L	V	S	R	R	M	A	A	L	N	T	M	M
C	L	N	R	D	G	U	R	S	K	U	O	B	U	M	Y	T	I	S	M
E	I	U	W	I	D	D	I	K	M	S	Z	F	B	R	T	E	T	E	S
C	O	I	S	E	N	O	H	P	O	X	A	S	C	X	T	N	I	M	I
N	N	B	H	S	N	E	E	F	S	T	N	E	D	U	T	S	O	A	P
D	W	C	O	D	A	T	T	F	J	Q	P	D	T	I	M	I	N	G	G
K	S	P	T	C	D	R	U	M	S	Y	O	K	B	E	L	V	P	I	R
Y	K	I	S	C	Y	N	B	Q	E	N	S	E	M	B	L	E	V	E	F

AUDITION
BAND
BARITONE
BASSOON
BRASS
CHAIR
CLARINET
CLINIC
COMPETITION
CONCERT
CONDUCTOR
DRUMS
ENSEMBLE
EXHAUSTING
FLAGS
FORMATION
FRIENDS
FUN
GAMES
INSTRUMENTS
INTENSIVE
MARCH
MELODIES
MUSIC
OBOE

PERCUSSION
PERFORMANCE
PLAY
PRACTICE
RECITAL
RECREATION
REHEARSE
RHYTHM
SAXOPHONE
SCHEDULES
STUDENTS

SUMMER
TEAMWORK
TEMPO
TIMING
TRUMPET
TWIRLING
UNIFORMS
WOODWIND
WORKSHOPS

Solution on page 333

Recipe Books

X	P	F	A	D	O	A	G	E	L	G	Y	S	D	H	H	Y	G	P	R
P	G	A	N	V	A	O	Y	Q	D	O	T	T	K	P	K	A	F	E	D
P	W	Q	E	C	I	R	T	T	A	E	N	T	S	B	Z	N	E	O	V
A	I	Z	W	X	T	G	G	C	W	V	H	T	L	A	E	H	O	M	B
K	J	U	S	L	I	E	Q	S	A	U	C	E	S	K	T	F	X	S	T
L	R	F	U	L	U	N	C	H	J	S	P	E	C	I	A	L	T	Y	D
Y	N	O	I	T	I	R	T	U	N	W	S	I	W	E	L	S	J	A	X
B	P	J	P	E	L	R	V	E	M	S	H	E	S	F	E	S	P	D	C
R	E	C	I	P	E	P	E	I	R	C	N	E	R	S	N	P	L	I	V
Z	X	Q	D	S	H	B	G	C	Z	N	H	O	R	O	Y	J	A	L	L
C	Y	R	S	I	A	A	E	R	W	S	A	U	I	C	L	D	T	O	Q
S	Q	E	E	F	W	S	T	E	I	D	O	T	I	T	Y	E	N	H	Y
T	D	O	Z	Z	A	P	A	D	C	C	C	N	I	E	C	H	E	A	H
A	M	X	C	L	I	J	B	F	I	U	H	I	M	O	P	E	I	E	C
E	Z	S	A	S	I	T	L	T	R	T	I	E	H	C	N	U	R	B	J
R	X	D	K	Z	A	H	E	T	E	A	A	S	O	D	S	A	O	I	X
T	S	O	E	Z	N	B	S	P	Q	E	U	L	I	P	A	F	L	S	D
N	M	E	T	D	A	N	G	G	P	M	P	D	I	N	N	E	R	F	U
V	X	J	I	I	I	G	N	I	K	A	B	D	J	A	E	E	R	T	X
A	O	I	D	P	C	R	J	G	V	J	A	S	I	A	N	B	A	B	C

APPETIZER
ASIAN
BAKING
BEEF
BREAD
BRUNCH
CAKE
CANDY
CASSEROLE
CHICKEN
COURSES
CUISINE
DESSERT
DIABETIC
DIET
DINNER
DIPS
DIRECTIONS
DISHES
ETHNIC
EXOTIC
HAWAIIAN
HEALTH
HOLIDAYS
INSTRUCTIONS
INTERNATIONAL
ITALIAN
LUNCH
MEAT
NUTRITION
ORIENTAL
PIES
PORK
POULTRY
RECIPE
RICE
SALADS
SAUCES
SEAFOOD
SOUP
SPECIALTY
STEWS
TASTY
TREATS
VEGETABLES

Solution on page 334

Bone Up

```
R Q E N W X L C V W J W H X L E A W O Q
E R F J P M M J O S T R E N G T H B Q S
I V A L A R E N I M B A Y M K I M K H H
G P T N C W O S T E R N U M B L O O D P
P I L B M U N T B B P T L M A L U B I F
R U D Y T I S N E D Z A E O R L Z I I R
B U S J X S S T H C M N T V D T I B I A
L D R N W U R K L I T O Y E N G U B G M
I C T W O E T U N I P I R M L E O R Z E
I Q H R V R D A G I G T O E O L C O A Q
Y G O L O P O R H T N A O N P T A K L D
J P I P E A G U T S A C M T L A A E U S
S W P W Y S M N Y J I I B E F V H N P N
J U R P F A Y R O Y E F M O N E Z S A O
S W I O N G K I T R Z I R U Z T M A C D
G K B D X E N I P S T S A Y I U S U S N
S R U D A T E O J W H S T R U C T U R E
Y I Y L B R E H L D O O F C I V L E P T
X F J Q L K T T E T T X K A D M H A N D
W W K D D B B M G T Z Y K K M D U O C K
```

ANATOMY
ANIMAL
ANTHROPOLOGY
ARM
BLOOD
BROKEN
CALCIUM
CAST
DENSITY
FEMUR
FIBULA
FRAME
HAND
HIP
HUMAN
JAW
JOINT
KNEE
LEG
LIGAMENTS
LONG
MINERAL
MOVEMENT
NECK
OSSIFICATION
PATELLA
PELVIC
POROUS
PROTECTION
RADIUS
RIB
SCAPULA
SHAPE
SHOULDER
SKULL
SPINE
STERNUM
STRENGTH
STRONG
STRUCTURE
SUPPORT
TENDONS
TIBIA
ULNA
VERTEBRAE

Solution on page 334

Travel Arrangements

E	I	F	F	G	C	U	K	P	A	M	P	H	L	E	T	F	S	P	R
A	T	T	E	P	O	R	U	E	R	Z	D	O	C	U	M	E	N	T	S
H	R	V	I	E	X	C	U	R	S	I	O	N	S	T	G	P	I	R	T
M	O	E	N	N	L	U	A	I	S	I	A	Z	S	A	O	A	A	G	E
V	P	X	S	S	E	T	A	R	S	T	R	E	K	O	X	U	G	L	K
Y	S	I	U	E	Q	R	T	W	S	E	R	C	L	B	E	E	R	M	C
D	S	J	R	Q	R	N	A	I	H	A	A	P	A	E	V	T	A	S	I
W	A	K	A	U	U	V	S	R	F	P	N	N	T	G	I	P	B	X	T
B	P	L	N	O	B	S	A	O	Y	D	G	O	N	D	T	T	N	R	H
X	V	D	C	W	A	M	O	T	E	L	E	I	E	E	A	X	A	F	P
R	W	S	E	C	I	F	F	O	I	D	M	T	R	L	T	I	Q	E	N
E	I	D	O	D	J	I	T	G	P	O	E	A	E	W	N	X	R	H	M
D	N	S	G	L	V	N	R	B	C	X	N	N	S	O	E	K	O	T	L
I	T	A	C	C	O	M	M	O	D	A	T	I	O	N	S	T	R	N	P
U	S	N	O	I	T	S	E	G	G	U	S	T	R	K	E	Q	A	T	G
G	V	K	N	A	P	T	U	N	F	E	E	S	T	L	R	L	T	K	A
M	E	E	T	I	N	G	K	A	W	A	R	E	S	P	P	L	E	H	X
Q	G	B	A	N	P	R	M	G	N	I	G	D	O	L	E	K	Y	P	C
I	A	E	C	I	V	D	A	S	E	R	U	H	C	O	R	B	O	O	K
G	Y	G	T	C	C	F	F	C	C	S	H	E	W	U	W	V	U	B	P

ACCOMMODATIONS
ADVICE
ARRANGEMENTS
ASSISTANCE
AWARE
BARGAINS
BOOK
BROCHURE
CAR
CONTACT
COST
CRUISE
DESTINATION
DISCOUNT
DOCUMENTS
EUROPE
EXCURSIONS
FARES
FEES
GUIDE
HELP
HOTEL
INSURANCE
ITINERARY
KNOWLEDGE
LODGING
MAP
MEETING
MOTEL
OFFICE
PACKAGE
PAMPHLET
PASSPORT
PERKS
PLAN
RATES
RENTAL
REPRESENTATIVE
RESERVATION
RESORTS
SUGGESTIONS
TICKETS
TOURS
TRAIN
TRIP

Solution on page 334

Big Stuff

Y	Y	Q	B	U	L	M	S	B	E	A	U	C	N	D	A	X	U	G	A
F	E	M	J	A	I	Z	R	E	Y	U	A	A	O	B	O	A	T	Q	O
F	E	A	T	E	F	F	A	R	I	G	X	T	S	E	R	O	F	E	J
Y	E	R	R	X	I	R	E	O	E	N	I	S	U	O	M	I	L	Y	C
S	C	C	H	C	T	D	S	L	J	P	L	E	T	O	H	I	D	M	J
X	N	S	I	H	W	E	V	O	L	C	A	N	O	R	Z	D	O	G	B
O	K	T	N	O	C	A	N	O	I	T	A	R	O	P	R	O	C	A	E
M	Y	V	O	A	L	I	O	U	M	H	L	J	C	C	N	W	L	L	N
V	S	D	P	L	O	W	J	K	P	D	I	N	O	S	A	U	R	A	B
B	U	S	E	E	U	D	D	E	R	R	B	O	N	E	Y	S	I	X	Y
H	A	Y	E	T	D	F	L	G	M	C	R	I	T	H	R	K	T	Y	R
W	U	H	A	R	Y	E	A	I	U	A	A	S	I	C	O	N	S	L	R
N	B	A	M	O	U	N	T	A	I	N	R	N	N	R	T	C	D	L	E
R	P	M	H	P	P	L	I	N	D	Y	Y	A	E	U	C	U	E	L	F
W	X	Y	M	R	I	W	P	T	A	O	F	M	N	H	A	Y	M	A	Z
E	O	J	R	I	H	K	S	H	T	N	N	U	T	C	F	J	C	M	N
Y	G	R	D	A	S	D	O	C	S	R	N	R	R	E	Y	R	U	M	D
C	B	A	L	E	M	F	H	A	J	U	E	I	A	K	L	Y	S	Q	S
W	L	E	A	D	K	I	V	Y	I	E	N	S	I	Z	F	L	M	Y	O
L	E	G	Q	I	O	B	D	D	A	C	S	J	N	B	F	S	D	G	S

AIRPORT
BOAT
BRIDGE
BUS
CANYON
CASTLE
CHURCHES
CITY
CLOUD
CONTINENT
CORPORATION
DINOSAUR
EARTH
ELEPHANT
FACTORY
FERRY
FOREST
GALAXY
GIANT
GIRAFFE
HOSPITAL
HOTEL
LIBRARY
LIMOUSINE
MALL
MANSION
MOON
MOUNTAIN
OCEAN
PYRAMID
REDWOOD
RHINO
SEA
SHIP
SKYSCRAPER
SPACE
STADIUM
SUN
TRAIN
TREE
VALLEY
VOLCANO
WHALE
WORLD
YACHT

Solution on page 334

Romance Is Alive

A	L	W	H	L	P	N	C	J	G	Y	O	F	O	C	Z	S	W	L	X
M	U	H	P	U	V	Z	H	X	K	R	D	P	F	X	Z	R	T	C	D
D	Z	E	C	I	G	D	E	Y	G	E	R	E	T	T	U	L	F	A	Q
A	N	N	O	F	P	G	R	N	L	L	I	L	T	L	W	I	T	I	D
F	C	L	U	B	J	L	I	A	X	A	N	A	D	N	N	E	N	M	E
A	I	O	P	B	E	N	S	N	F	T	K	T	Y	T	A	F	F	P	R
N	S	D	L	W	R	O	H	F	G	I	G	Y	E	H	A	H	A	J	U
C	U	Y	E	A	P	A	E	J	W	O	V	R	A	T	P	S	C	G	S
Y	M	J	E	O	Y	C	D	A	O	N	E	I	U	J	S	F	I	N	A
M	O	Y	R	S	T	Q	Y	S	O	S	F	A	A	I	K	E	N	I	E
L	S	P	M	I	R	D	E	G	T	H	T	F	O	O	V	C	C	N	R
C	E	I	O	U	D	B	T	H	G	I	L	N	O	O	M	N	I	I	T
R	H	N	O	I	U	J	U	E	O	P	M	L	L	B	W	A	P	D	M
W	C	M	G	M	S	S	E	N	E	S	O	L	C	A	N	D	Y	K	Q
T	A	F	P	A	X	G	O	T	Y	J	D	S	J	H	G	E	M	Y	E
O	E	S	H	A	P	P	I	N	E	S	S	K	S	I	A	I	T	C	R
F	B	A	Z	L	N	M	S	F	E	A	N	R	E	S	O	R	T	S	I
F	R	V	K	S	K	L	A	W	T	N	J	A	E	W	I	P	M	G	S
H	E	T	A	L	O	C	O	H	C	S	A	P	L	L	M	U	E	E	E
J	L	J	C	P	R	M	P	A	C	W	V	S	F	P	R	M	F	U	D

AFFECTION
AFLUTTER
AMOUR
BEACHES
CANDY
CHAMPAGNE
CHARMED
CHERISHED
CHOCOLATE
CLOSENESS
COUPLE
DANCE
DATE
DESIRE
DINING
DRINK
ENCHANTED
FAIRY TALE
FANCY
FLIRTY
GIDDY
GIFTS
GOOSEBUMPS
HAPPINESS
HUGGING
INFATUATION
INTEREST
JEWELRY
LOOK
LOVE
MOONLIGHT
MUSIC
PASSION
PICNIC
PLANS
PROPOSAL
RELATIONSHIP
RESORTS
SPARKS
TREASURED
VIOLIN
WALKS
WHIMSY
WOO
YEARNING

Solution on page 334

Humanitarian Aid

Y	O	D	S	B	M	C	K	F	L	Y	L	G	W	I	D	F	O	O	D
D	K	D	V	S	F	A	U	R	S	M	A	F	X	O	O	H	R	Y	E
H	F	I	I	T	E	L	T	Q	O	E	C	C	N	R	R	R	U	Z	E
Q	E	A	C	N	M	L	E	E	Q	W	L	A	E	F	V	K	C	B	N
D	C	Y	T	E	W	C	E	E	R	L	T	I	W	W	S	S	E	P	H
F	I	Y	I	M	L	L	A	M	I	I	G	E	D	R	K	E	S	R	O
P	N	Z	M	N	A	E	A	G	O	N	A	I	N	E	D	E	V	G	S
B	U	N	S	R	S	S	B	N	E	H	G	L	H	D	S	G	P	I	J
L	E	R	E	E	M	T	S	R	O	N	X	O	A	C	E	U	R	T	L
Z	V	T	P	V	A	O	I	I	I	I	C	M	S	R	R	F	O	A	H
M	A	E	W	O	A	B	R	T	S	T	T	I	G	O	A	E	T	A	U
W	S	S	P	G	S	J	Y	G	U	T	Y	A	E	S	C	R	E	W	J
R	M	U	N	I	T	E	D	N	A	T	I	O	N	S	I	A	C	U	J
R	I	F	B	L	I	C	R	I	I	N	I	N	H	R	R	C	T	J	D
W	F	F	A	P	C	T	O	D	P	S	I	O	G	Z	E	H	I	E	F
Z	A	E	P	E	I	I	U	N	O	Y	E	Z	N	N	M	T	O	C	Q
Y	A	R	N	O	L	V	G	U	I	K	O	S	E	S	A	L	N	W	Z
L	R	I	S	P	O	E	H	F	H	C	P	H	I	D	W	A	I	I	E
V	H	N	D	L	S	E	T	B	T	Q	E	M	E	R	G	E	N	C	Y
P	A	G	M	E	A	S	U	R	E	S	P	E	C	T	C	H	N	T	X

AGENCIES
AID
AMERICARES
ASSISTING
CELEBRITY
CRISES
DIGNITY
DONATIONS
DROUGHT
EMERGENCY
ETHIOPIA
FLEEING
FOOD
FOREIGN
FUNDING
GOVERNMENT
HEALTHCARE
HOMELESS
INSTITUTIONS
INTERNATIONAL
LIVES
MATERIAL
MEASURES
NEED
NETWORK
NEWS
NGOS
OBJECTIVE
ORGANIZED
OXFAM
PEOPLE
PROTECTION
PURPOSE
RED CROSS
REFUGEES
RESPECT
SAVE
SOLICIT
SUFFERING
UNICEF
UNITED NATIONS
VICTIMS
WARS
WATER
WORKERS

Solution on page 334

Do It Yourself

P	A	I	N	T	R	D	I	C	Y	I	L	K	A	R	H	D	X	X	Z
F	U	C	I	R	B	A	F	R	F	B	F	V	P	O	O	A	Q	L	O
R	I	M	N	O	P	O	L	O	G	H	K	C	G	I	I	U	N	I	E
D	E	B	K	F	H	E	A	C	P	W	S	I	C	S	I	T	I	D	T
L	D	S	S	F	W	W	D	H	M	E	D	M	T	L	R	H	A	Z	Y
I	A	A	N	E	K	T	N	E	H	E	O	F	T	N	O	R	J	P	S
U	C	N	J	C	L	N	J	T	C	O	A	S	A	M	G	I	V	E	P
B	C	D	D	P	C	A	O	K	R	R	E	S	E	P	M	H	V	I	N
I	O	P	O	S	N	L	A	H	C	I	L	M	U	P	L	L	S	V	A
V	M	A	B	Z	C	P	T	H	L	O	A	G	R	R	E	T	A	P	E
S	P	P	C	Y	S	A	E	P	O	D	C	O	C	H	E	A	P	E	R
O	L	E	K	X	B	V	P	T	E	Z	V	R	S	U	C	G	D	P	Y
V	I	R	A	F	T	U	J	I	G	E	D	C	Q	N	R	K	N	R	U
Q	S	Z	C	E	S	F	U	R	N	I	T	U	R	E	E	S	E	O	N
U	H	P	I	L	X	X	X	F	E	G	O	A	M	I	A	T	K	J	Z
P	M	I	S	T	A	K	E	S	L	B	B	F	V	V	T	Q	E	E	U
D	E	S	I	G	N	D	S	E	L	W	X	P	I	O	E	Z	E	C	R
D	N	R	M	R	O	F	S	N	A	R	T	N	P	X	N	I	W	T	J
C	T	H	W	O	R	K	E	N	H	I	G	L	I	T	T	E	R	O	F
C	I	V	W	R	R	L	B	I	C	S	Y	O	T	J	W	V	R	C	R

ACCOMPLISHMENT
BATHROOM
BOUQUETS
BUILD
CHALLENGE
CHEAPER
CLOTHES
CRAFTS
CREATE
CROCHET
DECK
DESIGN
EFFORT
FABRIC
FELT
FIX
FURNITURE
GLITTER
HANDY
HOMEMADE
IMPROVE
JEWELRY
KIT
LANDSCAPING
MEASURE
MISTAKES
PAINT
PATIO
PLANT
POTTERY
PROJECT
QUILTS
RENOVATE
SANDPAPER
SAVINGS
SHELVES
SUPPLIES
TAPE
TOOLS
TOYS
TRANSFORM
UPGRADE
WEEKEND
WOOD
WORK

Solution on page 335

In Pockets

P	T	G	T	K	H	N	F	V	P	K	P	S	J	Y	B	N	M	B	Q
P	C	Q	V	W	Y	P	Z	O	T	S	I	L	E	M	I	D	L	S	Y
A	S	X	G	J	P	A	B	P	I	J	N	O	W	L	I	N	T	W	P
E	Z	A	P	C	F	G	B	I	S	G	S	O	E	L	D	D	F	L	F
K	U	W	I	Z	L	E	C	B	E	S	I	T	L	N	E	T	O	N	O
U	I	J	J	Z	I	R	C	R	A	P	A	D	R	A	N	S	E	Z	C
P	B	T	S	R	U	W	E	D	M	L	S	P	Y	P	T	H	R	Z	L
B	M	Y	E	M	O	C	E	T	O	U	A	W	X	K	I	R	J	U	I
V	D	T	B	Y	E	G	L	C	R	Z	R	V	U	I	F	N	H	F	P
G	A	S	X	I	L	N	O	I	T	A	T	I	V	N	I	M	U	P	R
A	N	I	P	U	I	H	H	C	L	B	U	T	S	C	C	V	X	V	H
X	S	T	Y	N	C	S	L	L	I	B	E	Q	K	O	A	O	S	Z	G
D	J	X	V	E	E	C	O	I	N	S	N	F	U	N	T	N	M	S	N
F	C	T	Z	P	N	D	V	M	V	Q	O	G	V	K	I	X	D	B	W
E	I	I	D	Q	S	O	S	P	D	D	H	Q	L	O	O	F	Z	Y	J
H	F	K	H	P	E	I	M	D	I	D	P	K	D	O	N	W	E	H	E
P	U	Z	B	P	S	D	U	B	R	A	E	C	N	B	V	K	M	U	G
Y	H	F	R	J	X	L	J	O	T	A	A	W	A	L	L	E	T	C	D
G	L	P	V	W	I	Q	P	W	A	T	C	H	H	C	B	Y	S	J	A
E	A	M	S	E	S	S	A	L	G	E	Y	E	T	T	E	R	R	A	B

BADGE
BARRETTE
BILLS
BOOK
CANDY
CARDS
CHOCOLATE
CLIP
COINS
COMB
COUGH DROPS
CRUMBS
DIME
DIRT
DOLLAR
EARBUDS
EYEGLASSES
FUZZ
GLOVES
GUM
HAND
HOLE
IDENTIFICATION
INVITATION
JEWELRY
KEY
KNIFE
LICENSE
LINT
LIST
MONEY
NAPKIN
NOTE
PAGER
PASS
PEN
PHONE
PINS
PURSE
QUARTER
RECEIPT
STUB
TOOLS
WALLET
WATCH

Solution on page 335

He's a Rock Star

C	I	V	L	N	Z	H	P	T	F	R	I	M	O	B	W	F	V	K	A
O	D	O	Y	B	O	C	U	R	A	L	U	P	O	P	V	E	Z	R	H
N	O	I	T	C	N	I	T	S	I	D	I	O	A	J	Y	H	A	D	Q
T	L	C	I	N	L	R	T	A	E	V	B	R	T	T	C	E	O	K	D
R	I	E	R	I	J	E	M	A	N	I	I	Q	C	P	S	E	N	W	E
O	Z	T	B	K	E	W	X	M	T	T	P	L	R	R	Y	R	O	L	G
V	E	F	E	N	L	R	N	A	N	U	W	U	E	N	E	R	G	Y	Z
E	D	W	L	A	Y	E	N	O	M	P	P	K	O	G	C	L	F	C	F
R	C	X	E	N	T	I	P	W	W	P	A	E	W	R	E	B	V	E	A
S	K	N	C	S	S	F	U	Q	I	E	W	M	R	E	G	G	A	I	N
Y	T	J	E	A	E	I	E	B	P	D	U	B	A	N	D	H	L	S	S
M	T	H	E	N	F	L	K	S	T	R	M	U	A	U	T	A	D	T	S
Q	F	E	G	C	I	P	A	E	D	A	T	I	W	H	E	I	Z	A	B
U	N	A	I	I	L	M	M	N	Y	O	S	K	A	W	O	R	I	G	U
F	G	S	T	R	L	A	O	R	G	B	H	J	T	L	X	O	E	E	L
A	U	G	S	H	O	U	A	R	Q	L	O	G	B	K	C	G	R	G	A
M	E	D	E	W	V	T	A	M	P	L	N	A	C	O	N	C	E	R	T
E	Q	A	R	R	I	P	O	L	N	I	T	P	R	U	Y	U	A	E	E
J	N	L	P	U	H	S	G	N	S	B	K	U	R	D	G	C	P	O	M
H	J	R	G	T	J	A	I	H	S	O	N	G	K	T	O	B	C	Y	H

ACCLAIM
AMPLIFIER
AUTOGRAPH
BAND
BASS
BILLBOARD
CELEBRITY
CONCERT
CONTROVERSY
CROWD
DISTINCTION
DRUM
ELVIS
ENERGY
FAME
FANS
GLORY
GROUPIES
GRUNGE
GUITAR
HAIR
IDOLIZED
KEYBOARD
LIFESTYLE
LIGHTS
MAKEUP
METAL
MONEY
MUSIC
NAME
NOTORIETY
POPULAR
PRESTIGE
PRIVILEGE
PROMINENCE
PUNK
REPUTATION
RICH
SING
SONG
SPEAKERS
STAGE
TABLOIDS
TOUR
VOICE

Solution on page 335

Meryl Streep

F	V	P	I	V	E	O	W	B	N	E	W	L	S	A	D	G	Z	B	W
E	E	E	L	L	W	R	N	C	H	A	R	A	C	T	E	R	S	W	F
A	C	R	U	A	L	P	U	E	H	K	A	D	X	J	Y	M	F	B	X
T	N	F	A	R	Y	U	R	T	T	A	D	A	P	T	A	T	I	O	N
U	E	O	C	I	E	Z	G	O	C	R	M	N	Q	S	T	U	D	I	O
R	I	R	I	Y	L	T	T	A	F	I	U	E	E	M	M	Y	E	N	I
E	D	M	R	T	D	U	N	Y	E	E	P	E	L	E	G	A	C	Y	S
D	U	M	F	Y	A	A	J	U	J	S	S	N	T	E	R	W	W	N	I
P	A	A	A	A	A	M	L	N	H	S	E	S	O	H	O	C	I	O	V
N	M	R	F	C	M	W	R	N	E	R	P	H	I	I	I	N	S	I	E
O	S	Y	O	T	I	S	D	O	O	W	E	H	T	O	T	N	I	T	L
I	C	L	T	R	M	T	I	A	F	R	J	E	O	C	N	O	G	C	E
T	F	O	U	E	I	C	N	R	O	S	I	E	D	B	A	A	M	E	T
A	N	U	O	S	C	A	R	S	O	R	N	E	R	E	F	R	L	F	S
N	O	I	S	S	E	R	P	X	E	N	B	A	H	S	H	V	E	R	S
I	T	S	E	T	A	E	R	G	D	T	W	P	R	T	E	T	B	E	T
M	O	E	N	T	E	R	T	A	I	N	M	E	N	T	M	Y	F	P	R
O	L	H	V	T	I	M	M	U	S	R	Y	M	E	D	A	C	A	Z	A
N	O	I	T	C	U	D	O	R	P	T	B	U	O	D	R	A	M	A	F
E	A	H	F	O	M	P	C	R	E	G	O	N	Z	Y	A	L	E	X	Q

ACADEMY
ACTRESS
ADAPTATION
ARTS
AUDIENCE
BEST
BROADWAY
CAREER
CHAMELEONIC
CHARACTERS
DOUBT
DRAMA
EMMY
ENTERTAINMENT
EXPRESSION
FAME
FEATURED
FILM
GREATEST
INTO THE WOODS
IRONWEED
JULIA
LEGACY
MARY LOUISE
MIMIC
MOTION PICTURE
NEW JERSEY
NOMINATION
ONE TRUE THING
OSCARS
OUT OF AFRICA
PERFECTION
PERFORM
PLAY
PRODUCTION
PROFESSIONAL
SCREEN
STUDIO
SUMMIT
TELEVISION
THE DEER HUNTER
THE IRON LADY
THE SEAGULL
TRANSFORMATION
YALE

Solution on page 335

Day Off

```
C W D V Y M D O D E C K Q T O L A S Y B
Q I O C P E E D A O Y W E O N X B P K M
G M Y L N C R U T N S B M Y Z A L A V C
N P O H S I N N E T O M A B K L P C L Q
L Q Y C V C N F R K C D G E L A F E W O
F P C E E I D O G N I P M A C U A M N S
R R Z K R A P L G L A H B C J N O U A R
N O Y X P S J M O W L T F H A D F E T E
P O L Z Q L K H N M O I W R L R Z S R N
G N I Z I N A G R O O E E S E Y W U D N
W W M T P S N N F L I S U R D E T M R I
Q R A F A I E E Z J V S X C R N D K C D
X C F F M R M I Q W L K I K E A E O R I
Y H N M T E E K T S B N G V G B N I M Y
M C I N O S P P R I K B D A E C R D R I
V W E M O T Y J U T V A L H E L S A S F
S V Y Q P R O J E C T I V R K A E R B D
E N T E R T A I N M E N T T H E A T E R
D S J L K H Z L E V A R T C A O X F J D
O M K V L X A L E R E C R E A T I O N J
```

ACTIVITIES
ADVENTURE
BARBECUE
BEACH
BREAK
CAMPING
CLEAN
CONCERT
DATE
DINNER
DRIVE
ENTERTAINMENT
ERRANDS
EVENT
FAMILY
FOOTBALL
FREEDOM
FRIENDS
FUN
GAME
HIKE
HOLIDAY
LAUNDRY
LAZY
MOW
MUSEUM
NAP
ORGANIZING
PARK
PLAN
PROJECT
RECREATION
RECUPERATION
RELAX
REST
SHOP
SLOW
SOCIAL
SPORTS
SWIMMING
TELEVISION
TENNIS
THEATER
TRAVEL

Solution on page 335

See a Doctor

```
I C D D H J X Q V I D C T Z Z D D K P P
W T M E E M T T X K I M L S R O O Q B U
R P L V A C C I N E C I T C A R P P A C
X P P U L T R A S O U N D H T C E N N M
B T S F X I R D V H P S L H I D H O D E
X A Q C O L D J Y O T T O E I E T E A T
Z R Q S C U U L S E S P O A C R Y G G N
E E A P P O I N T M E N T M E M N R E S
F T S U S M U H G D T R O P E A C U R E
J E U P A C O G I S I N X Q I T R S P H
O M C F E S I C H C O E E C N O R K R C
P O O C C C S H I I G G I H L L E I E T
O M M O Y D I A T Q D S G O A O V S S I
L R P A G Q N A H E Y E G S R G E L C T
R E A T T E P M L H X I G I E I F X R S
R H S I W U R W P I S A N R N S T N I E
K T S A C U O M U T S E M A E T R C B Z
G I I C J N H O S P I T A L G E E A E U
V T O C K X L B P T E R U S T R A R W W
Y C N E G R E M E S O N G A I D T E N K
```

APPOINTMENT
BANDAGE
CARE
CAST
COAT
COLD
COMPASSION
COUGH
CURE
DEGREE
DERMATOLOGIST
DIAGNOSE
EMERGENCY
ETHICS
EXAM
EXPERT
FAMILY
FEVER
GENERAL
GERMS
HEAL
HELP
HOSPITAL
INTERN
KNOWLEDGE
LUNGS
NEUROLOGIST
OCCUPATION
OPTOMETRIST
ORTHOPEDICS
PEDIATRICIAN
PHYSICIAN
PRACTICE
PRESCRIBE
SPECIALIST
STETHOSCOPE
STITCHES
SURGEON
TEST
THERMOMETER
TREAT
ULTRASOUND
VACCINE
VISIT
WAIT

Solution on page 335

Marching Bands

L	R	X	Z	X	P	Q	E	G	E	L	L	O	C	T	I	I	R	Q	T
T	E	L	E	U	B	E	G	W	B	N	O	M	G	R	O	U	P	M	I
R	S	C	I	N	S	T	R	U	C	T	O	R	Q	O	W	E	C	P	C
E	S	P	N	A	O	M	E	C	M	U	H	H	M	M	W	C	Y	N	I
D	A	A	S	E	G	T	H	N	U	U	C	Q	P	B	Y	I	M	B	W
A	R	R	T	A	D	T	I	T	I	S	S	P	O	O	N	T	B	N	D
E	B	A	R	L	R	A	T	R	Y	R	S	I	E	N	X	C	A	I	Z
L	H	D	U	U	D	N	C	H	A	H	A	I	C	E	S	A	L	A	W
Y	P	E	M	G	A	M	E	S	F	B	R	L	O	P	L	R	S	W	G
N	R	P	E	V	R	C	R	O	C	I	O	Y	C	N	M	P	D	L	F
O	E	Y	N	C	B	O	R	P	R	O	T	C	E	R	I	D	N	F	Z
T	C	Z	T	A	D	M	L	D	R	H	C	R	A	M	P	V	I	Z	E
A	I	C	S	R	A	P	C	O	M	M	U	N	I	T	Y	E	W	F	M
B	S	S	U	T	S	E	A	G	C	V	D	A	K	V	L	S	D	R	G
J	I	M	I	L	I	T	A	R	Y	S	N	X	V	D	T	Y	O	L	L
S	O	O	V	S	U	I	E	S	R	O	O	D	T	U	O	F	O	V	P
M	N	K	C	N	I	T	L	P	S	D	C	K	B	S	I	V	W	F	Y
A	A	J	H	A	U	I	D	C	S	F	T	A	X	N	E	C	M	L	H
P	U	P	E	R	F	O	R	M	A	N	C	E	U	S	E	H	S	A	S
F	S	K	W	E	E	N	O	H	P	A	S	U	O	S	V	O	T	G	G

BARITONE
BASS
BATON
BRASS
CADENCE
CLARINET
COLLEGE
COLOR GUARD
COMMUNITY
COMPETITION
CONDUCTOR
CYMBALS
DIRECTOR
DRUM
FIELD
FLAG
FORMATION
GAME
GLOVES
GROUP
HAT
INSTRUCTOR
INSTRUMENTS
LEADER
MARCH
MILITARY
MUSIC
OUTDOORS
PARADE
PERCUSSION
PERFORMANCE
PRACTICE
PRECISION
RHYTHM
SASHES
SAXOPHONE
SCHOOL
SNARE
SOUSAPHONE
STEPS
TROMBONE
TRUMPET
TUBA
UNIFORM
WOODWINDS

Solution on page 336

Into Space

B	H	S	E	R	M	N	D	M	G	W	O	P	A	S	J	L	U	E	Q
W	U	S	P	A	C	E	L	V	S	L	L	S	O	U	H	K	M	N	G
A	O	U	J	S	R	X	F	T	E	N	A	L	P	Q	Y	C	D	U	P
F	V	G	O	L	L	T	E	G	T	N	A	I	D	A	R	T	O	T	U
T	N	O	S	U	T	C	H	L	G	R	T	N	S	S	E	U	L	P	T
X	Y	Y	N	P	M	R	O	J	F	E	M	T	O	B	U	A	B	E	E
H	I	A	R	K	U	R	L	M	R	B	E	E	O	D	P	N	L	N	B
B	R	W	C	Q	B	T	Z	Y	E	R	I	R	M	O	I	O	E	X	K
F	Q	P	Y	I	I	Y	N	M	O	T	P	G	S	A	H	R	X	V	M
L	X	F	T	G	F	U	K	I	F	S	E	A	D	K	S	T	P	N	N
X	H	J	X	I	T	N	D	A	K	U	C	L	C	I	A	S	L	B	Q
P	N	U	R	D	R	I	M	P	G	D	E	A	E	Y	P	A	O	I	M
X	U	V	C	O	A	V	L	O	Z	T	L	C	X	S	A	P	R	N	J
Q	I	R	C	W	N	E	V	L	I	B	E	T	T	U	C	R	E	A	A
D	Z	K	C	C	S	R	P	L	O	S	S	I	L	R	M	O	F	R	R
W	E	T	P	P	I	S	L	O	B	Y	T	C	S	A	I	E	P	Y	U
T	Z	Y	I	E	T	E	R	A	L	F	I	T	R	N	J	T	E	E	Y
P	Y	L	R	E	T	S	U	L	C	R	A	S	A	U	Q	E	O	K	F
B	C	W	P	A	R	L	W	D	N	R	L	P	U	S	U	M	Z	N	U
E	Q	O	S	T	U	D	Y	F	Z	P	Z	D	A	N	K	F	A	U	R

APOLLO
ASTEROID
ASTRONAUT
BIG DIPPER
BINARY
BLACK HOLE
CELESTIAL
CLUSTER
COMET
DUST
EARTH
ECLIPSE
EPOCH
EXPLORE
FLARE
INTERGALACTIC
JUPITER
LUNAR
MARS
MASS
METEOR
NASA
NEPTUNE
NOVA
ORBIT
PLANET
PROBE
PULSAR
QUASAR
RADIANT
ROCKET
SATELLITE
SHIP
SOLAR
SPACE
SPUTNIK
STAR
STUDY
SUN
TELESCOPE
TRANSIT
TRITON
UNIVERSE
URANUS
VENUS

Solution on page 336

Add Some Spice

A	T	Y	B	S	B	N	H	E	E	R	O	L	T	F	M	D	B	W	F
E	Q	C	F	U	V	Z	T	E	H	E	U	I	N	O	G	S	F	W	R
X	I	I	E	L	U	S	H	S	G	C	D	M	D	C	H	T	A	P	Z
Q	N	P	N	N	A	J	V	A	D	B	N	E	D	A	R	T	Y	L	P
N	G	S	N	T	L	V	S	F	Y	L	U	I	K	Q	D	H	I	G	T
S	R	X	E	I	R	Z	O	F	X	A	O	E	P	C	I	R	J	S	E
J	E	E	L	N	K	C	I	R	E	M	R	U	T	C	K	F	C	V	Z
V	D	A	P	V	U	P	I	O	U	P	G	O	I	N	Z	F	O	V	Z
Q	I	X	S	P	H	T	M	N	C	I	A	L	M	R	Y	L	O	R	X
Z	E	W	C	O	E	I	M	U	N	A	R	P	T	A	C	Y	K	O	H
C	N	V	O	U	N	P	L	E	P	A	Y	E	R	P	S	N	I	S	D
P	T	K	I	S	L	I	F	I	G	Y	M	E	D	I	C	I	N	E	J
S	W	E	E	T	S	I	N	L	H	O	P	O	N	M	K	I	G	M	A
C	C	E	I	A	I	B	N	G	M	C	R	E	N	N	R	A	Q	A	D
V	D	U	B	J	L	D	B	A	U	V	F	T	O	A	E	B	A	R	K
I	R	N	P	M	F	H	D	M	R	K	P	U	N	G	E	N	T	Y	A
F	S	J	G	G	A	R	I	A	C	Y	S	I	B	A	K	I	N	G	E
Z	S	K	W	G	A	N	K	A	J	Z	S	R	O	G	L	C	Z	A	K
V	O	K	G	C	U	R	R	Y	M	E	E	V	D	A	W	I	X	C	F
W	A	T	C	C	H	X	Y	P	B	H	X	S	A	O	N	U	C	K	M

ADDITIVE
ANISE
AROMA
BAKING
BARK
BASIL
CARDAMOM
CAYENNE
CHILI
CILANTRO
CINNAMON
CLOVE
COOKING
CULINARY
CUMIN
CURRY
FENNEL
FLAVOR
FOOD
FRUIT
GARLIC
GROUND
HERB
HOT
INGREDIENT
MEDICINE
NUTMEG
PAPRIKA
PEPPER
PINCH
PUMPKIN PIE
PUNGENT
RACK
ROSEMARY
SAFFRON
SAGE
SALT
SEASONING
SEED
SHAKER
SPICY
SWEET
TASTE
TRADE
TURMERIC

Solution on page 336

Y at End

S	K	A	E	W	I	S	E	L	Y	D	A	E	T	S	T	U	D	Y	H
Q	J	P	T	U	M	M	Y	E	R	Y	R	R	A	C	M	D	G	G	W
B	P	B	E	V	Y	T	R	N	E	L	S	E	Z	Z	O	R	Z	N	V
P	B	J	J	G	I	H	E	U	N	E	I	I	X	R	A	Y	G	I	B
N	F	B	A	L	L	I	S	U	E	E	M	J	Y	V	M	R	W	F	W
J	V	C	A	P	M	U	R	E	C	R	P	L	I	O	O	E	U	G	N
R	B	E	O	H	A	E	U	O	S	F	L	T	N	C	K	V	D	I	R
Y	R	D	H	L	G	D	N	D	J	A	Y	T	E	I	X	N	A	T	W
P	F	I	L	Y	O	O	Y	T	R	R	H	R	O	P	Y	T	F	I	F
J	R	Y	E	A	M	N	S	T	A	L	Y	S	W	Y	L	T	N	E	G
S	O	N	R	Y	A	A	Y	N	Y	L	J	T	E	R	R	I	B	L	Y
A	O	F	G	N	S	R	I	D	E	Q	L	B	Y	Y	E	M	Q	Y	F
M	R	C	M	G	A	D	F	D	N	R	O	Y	L	B	M	E	S	S	A
I	M	Y	T	P	R	U	J	I	D	M	N	L	K	M	R	Y	S	H	T
G	Y	M	I	O	D	J	G	H	P	O	A	N	C	V	O	L	N	O	T
H	L	D	C	G	U	H	Q	H	C	U	Y	R	I	F	F	D	X	R	Y
T	L	L	W	L	T	Y	K	L	T	R	R	O	U	G	H	L	Y	T	G
Y	U	V	X	L	Y	A	A	C	Z	Y	R	D	Q	M	A	I	N	L	Y
Q	F	B	Y	P	I	B	A	A	P	J	O	V	Q	U	N	W	G	Y	L
B	G	A	R	A	R	R	B	X	F	P	S	D	V	Z	A	W	F	W	E

ACTUALLY
ANXIETY
ANY
ASSEMBLY
BALCONY
BAY
CARRY
COLONY
ECONOMY
FATTY
FIFTY
FORMERLY
FREELY
FULLY
GENTLY
GRAVITY
GROCERY
MAINLY
MENTALLY
MIGHTY
MONEY
MONTHLY
NAUGHTY
NIGHTLY
NURSERY
OBEY
ORDINARY

PENNY
QUICKLY
RALLY
RAPIDLY
REALITY
ROUGHLY
SCENERY
SHORTLY
SIMPLY
SORRY
STEADY

STUDY
TERRIBLY
TUMMY
USUALLY
VERY
WILDLY
WISELY

Solution on page 336

Laughing

E	G	J	J	D	X	T	H	R	U	S	C	F	Q	J	N	T	S	B	G
Y	X	T	W	I	E	P	E	H	T	U	O	M	N	Y	U	K	B	O	Y
Y	C	P	F	A	L	J	G	R	C	E	A	W	B	J	R	C	F	G	M
E	K	H	R	A	G	U	E	O	L	E	L	K	C	U	H	C	I	R	X
N	X	S	Y	E	A	S	M	I	K	R	E	A	C	T	I	O	N	T	L
X	S	C	U	L	S	I	M	I	P	L	E	A	S	A	N	T	B	O	O
R	O	P	I	B	C	S	V	X	T	R	B	F	A	N	B	R	U	Y	T
I	C	O	N	T	A	G	I	O	U	S	L	L	T	O	A	D	G	K	P
C	I	S	Z	O	E	Y	C	O	N	T	E	N	T	I	E	O	E	U	A
U	A	I	O	C	I	M	P	M	N	T	A	I	N	T	L	H	O	E	A
I	L	T	H	U	X	T	E	E	E	X	I	C	X	O	G	R	I	C	F
P	D	I	B	D	N	R	C	N	O	C	P	C	T	M	G	E	M	N	S
X	L	V	G	E	F	D	W	A	T	P	H	O	K	E	I	D	E	E	U
D	J	E	E	Y	H	U	M	O	R	P	L	A	J	L	G	F	N	I	O
B	F	S	J	Y	H	A	M	U	S	E	M	E	N	T	E	S	B	D	V
C	C	A	C	K	Y	T	V	S	G	V	T	W	I	I	A	J	S	U	R
J	C	E	C	B	Y	D	L	I	E	O	C	N	L	T	S	X	S	A	E
Z	E	L	N	E	U	X	Y	A	O	L	X	E	I	J	Z	M	G	C	N
O	Z	E	E	S	N	O	P	S	E	R	R	O	Y	O	H	R	R	I	Y
R	L	R	W	L	J	K	E	B	H	H	N	U	F	F	D	G	H	A	J

AMUSEMENT
AUDIENCE
BEHAVIOR
BRAIN
CHILD
CHUCKLE
COMIC
CONTAGIOUS
CONTENT
CRY
EMOTION
EXCITEMENT
EXPRESSION
FACE
FEEDBACK
FUN
GELOTOLOGY
GIGGLE
GROUP
HEALTHY
HUMOR
INTERACTION
JOY
LAUGH
LOUD
LOVE
MECHANISM
MOUTH
NERVOUS
PEOPLE
PLAY
PLEASANT
POSITIVE
REACTION
RELEASE
RELIEF
RESPONSE
SENSATION
SMILE
SOCIAL
SOUND
STIMULI
STRESS
TEARS
TICKLE

Solution on page 336

Being a Parent

```
E I Q K U D K O K N D M Z Q Y C R S L T
V M T J S F W I R A J R H M C T Z L Z D
I X R M H M N E D I U G O B E Y C N D D
T J O N C D T O L S W M Q N T G B L E G
A C P E A L B H O T A T U F O W I R R H
T X P Z E Y Z I I P N P T K T H I A A K
I L U H T R L N O N F E N F C S N N H G
R E S P O N S I B L E A G A E D U O S I
O H S R O T N E M D O G O T P I C B S M
H N S D R F G V U A P G N B S S H Z I I
T L J U S E U C D K F P I I E C E C R K
U Y C P D F A O G C R R R C R I R V E X
A T A W E T R M S M T E W O A P I D H Z
D N M L I F D F W H O E V A V L S B T B
K B O O P J I O W F S Q P I T I H F A I
I V N Z S M A R R I E D C G G N D B F J
E R U T R U N T A D O P T I V E Y E Z O
X O E C E P K R R E E T A G O R R U S O
G P P B M W Q X L T R P A T E R N A L A
Z R Z G D N V O L T X R Q C K H V P C Q
```

ADOPTIVE
AUTHORITATIVE
BABY
BIOLOGICAL
BIRTH
CAREGIVER
CHERISH
CHILD
COMFORT
DAD
DISCIPLINE
EDUCATION
FAMILY
FATHER
GENTLE
GRAND
GUARDIAN
GUIDE
HONOR
INSTRUCT
KIDS
KIND
LOVE
MARRIED
MENTORS
MOM
NURTURE
OBEY
OFFSPRING
PATERNAL
PLAY
PROVIDE
RAISE
REAR
RESPECT
RESPONSIBLE
SHARE
SHELTER
SIRED
SON
STEP
SUPPORT
SURROGATE
TEACH
TWINS

Solution on page 336

Theatergoer

R	V	J	S	A	E	C	R	I	G	D	C	U	L	T	U	R	E	I	H
Y	Q	A	W	R	F	O	L	I	G	H	T	S	S	I	C	O	N	O	I
D	A	N	C	E	N	T	E	R	T	A	I	N	M	E	N	T	O	E	A
J	Q	T	S	P	R	A	R	Z	S	N	R	L	E	K	E	C	I	T	B
O	J	R	O	O	E	W	C	Y	G	U	I	A	C	R	T	E	T	U	C
Q	E	A	N	K	T	M	R	I	B	Z	N	C	M	O	B	R	I	N	P
A	F	G	D	B	S	R	N	E	R	I	M	I	A	Y	K	I	D	L	V
B	U	E	H	U	E	G	G	E	V	E	S	R	L	W	S	D	A	A	Q
W	Y	D	E	R	W	R	A	C	C	S	M	T	L	E	T	C	R	W	R
G	V	Y	I	L	O	L	Z	E	I	T	R	A	A	N	N	U	T	E	C
S	I	X	M	E	I	O	F	O	L	J	E	E	H	D	E	Q	W	H	I
P	C	D	G	S	N	M	N	A	L	L	G	H	S	T	V	R	O	T	S
O	E	E	M	Q	P	C	T	E	K	C	I	T	I	R	E	R	E	T	U
R	F	O	N	U	C	Q	E	M	R	C	O	V	W	A	U	L	A	N	M
P	O	Y	S	E	M	U	T	S	O	C	N	Q	E	S	A	E	L	I	T
M	G	R	R	Q	R	R	E	V	I	V	A	L	L	D	S	M	X	A	T
D	C	O	M	E	D	Y	T	T	S	M	L	I	F	C	U	F	A	T	B
I	K	T	F	P	F	M	H	U	R	V	N	Y	A	W	D	A	O	R	B
A	L	S	R	E	M	R	O	F	R	E	P	S	H	O	W	S	V	U	D
M	G	W	L	R	B	F	K	L	I	Q	T	W	V	T	R	O	T	C	A

ACTOR
AMERICAN
ART
AUDIENCE
BALLET
BROADWAY
BURLESQUE
CAST
CHORUS LINE
COMEDY
COSTUMES
CULTURE
CURTAIN
DANCE
DIRECTOR
DRAMA
ENTERTAINMENT
EVENTS
FILMS
GEORGE BURNS
INTERMISSION
LEWIS HALLAM
LIGHTS
MUSIC
NEW YORK
OPERA
PERFORMERS
PROPS
REALISM
REGIONAL
RENT
REVIVAL
SCENERY
SEATS
SHOW
SINGING
SONDHEIM
STORY
THE WALNUT
THEATRICAL
TICKET
TRADITION
TRAGEDY
VAUDEVILLE
WESTERN

Solution on page 337

Denmark

D	N	K	X	J	L	D	A	Y	L	B	M	Y	E	S	N	E	D	O	A
A	S	P	O	P	A	R	L	I	A	M	E	N	T	P	S	K	Y	G	E
X	R	R	C	L	J	V	W	L	C	A	R	L	S	B	E	R	G	R	Y
Q	E	L	A	B	D	V	T	P	U	C	K	E	J	N	S	G	N	O	M
H	R	O	S	G	E	I	I	E	O	R	E	E	O	T	R	K	Z	B	S
E	O	A	T	J	C	H	N	P	J	R	R	R	M	O	G	G	Z	L	E
D	L	V	L	S	S	A	E	G	T	G	K	L	B	D	R	K	Y	A	I
E	P	E	E	Y	D	N	H	H	F	K	S	S	E	N	I	P	P	A	H
B	X	A	B	D	H	S	C	N	O	I	N	U	R	A	M	L	A	K	O
Y	E	D	X	A	S	E	S	H	T	A	P	E	L	C	Y	C	I	B	R
M	A	R	G	R	E	T	H	E	I	I	Y	Z	J	Y	Z	M	Z	T	S
L	D	E	S	B	S	H	A	T	D	R	L	H	V	Y	C	D	J	I	E
E	N	F	P	A	C	S	S	D	N	A	L	L	Y	J	T	D	I	M	N
C	A	H	O	O	M	I	D	D	E	L	G	R	U	N	D	E	N	O	S
A	L	C	H	O	R	F	D	N	G	N	I	T	E	K	L	O	F	N	D
L	N	P	V	H	G	U	H	R	A	F	F	N	O	I	T	A	C	A	V
A	E	D	C	Q	U	E	E	N	O	L	V	P	C	O	U	N	T	R	Y
P	E	N	I	N	S	U	L	A	U	N	S	U	H	R	A	A	N	C	B
L	R	O	S	K	I	L	D	E	V	I	K	I	N	G	D	O	M	H	A
Q	G	N	I	R	A	F	A	E	S	Y	D	R	A	N	D	E	R	S	T

AALBORG
AARHUS
BALTIC SEA
BEECH TREES
BICYCLE PATHS
CARLSBERG
CASTLE
CHRISTIANSBORG
COASTS
COPENHAGEN
COUNTRY
DANE
ESBJERG
EUROPE
EXPLORERS
FISH
FOLKETING
GREENLAND
HAPPINESS
HEDEBY
HORSENS
HOVEDSTADEN
ISLANDS
KALMAR UNION
KINGDOM
KOLDING
KRONE
LADBY SHIP
LEGO
MARGRETHE II
MIDDELGRUNDEN
MIDTJYLLAND
MONARCHS
NORDIC
ODENSE
PALACE
PARLIAMENT
PENINSULA
QUEEN
RANDERS
ROSKILDE
SEAFARING
VACATION
VEJLE
VIKING

Solution on page 337

How Do You Feel?

P	Y	S	H	O	C	K	T	H	U	M	I	L	I	T	Y	V	V	Y	A
E	E	S	G	M	Y	P	A	M	U	S	E	M	E	N	T	G	D	L	L
C	A	X	U	D	T	Z	K	O	A	G	I	T	A	T	I	O	N	O	O
I	R	X	N	O	I	T	A	P	I	C	I	T	N	A	V	Z	T	H	N
T	N	U	J	Z	L	S	U	I	N	I	M	P	A	T	I	E	N	C	E
S	I	O	N	X	I	A	C	A	D	Q	P	N	N	H	T	Y	E	N	L
A	N	H	N	H	B	S	E	O	A	U	O	E	O	X	A	T	M	A	I
C	G	A	E	E	A	Q	S	J	N	S	M	M	Z	I	G	I	T	L	N
R	N	P	R	D	T	P	B	E	T	T	E	Q	R	J	E	L	N	E	E
A	O	P	V	I	I	L	P	A	N	S	E	O	F	K	N	I	E	M	S
S	I	R	O	R	R	F	L	I	I	D	H	N	S	E	Z	B	S	E	S
S	S	E	U	P	R	G	O	C	N	P	A	S	T	Z	I	A	E	C	A
E	S	H	S	Q	I	P	K	G	U	E	E	L	C	M	E	R	R	N	N
N	E	E	N	A	P	N	W	E	P	N	S	O	G	D	E	E	G	E	N
D	R	N	E	A	E	M	B	A	R	R	A	S	S	M	E	N	T	D	O
N	P	S	S	S	V	S	S	E	N	M	L	A	C	R	I	L	T	I	Y
I	E	I	S	O	M	C	T	N	O	I	T	A	R	T	S	U	R	F	A
K	D	O	E	D	U	T	I	T	A	R	G	U	I	L	T	V	F	N	N
I	F	N	N	O	I	S	S	A	P	M	O	C	E	G	A	R	U	O	C
P	A	Z	D	B	H	O	R	R	O	R	E	P	E	N	T	A	N	C	E

AGITATION
AMUSEMENT
ANNOYANCE
ANTICIPATION
APPREHENSION
BITTERNESS
CALMNESS
COMPASSION
CONFIDENCE
COURAGE
DEPRESSION
DISAPPOINTMENT
DISCONTENTMENT
EMBARRASSMENT
EUPHORIA
FRUSTRATION
GLADNESS
GRATITUDE
GRIEF
GUILT
HOMESICKNESS
HORROR
HUMILITY
IMPATIENCE
IRRITABILITY
JEALOUSY
KINDNESS
LONELINESS
MELANCHOLY
NEGATIVITY
NERVOUSNESS
NOSTALGIA
PRIDE
REPENTANCE
RESENTMENT
SARCASTIC
SHOCK
UNHAPPINESS
VULNERABILITY
YEARNING

Solution on page 337

Start a Conversation

K	L	I	A	A	N	O	Z	P	I	S	P	O	R	T	S	N	A	L	P
U	K	H	A	Y	E	K	I	T	R	N	B	O	O	K	S	D	R	D	A
A	A	P	F	I	W	S	F	G	U	O	V	O	N	Z	Y	M	I	N	X
L	G	F	G	X	S	S	E	D	H	O	L	I	D	A	Y	M	O	K	P
B	D	A	U	O	E	W	M	M	D	U	R	S	T	O	R	I	E	S	O
Q	Y	C	G	N	O	W	Y	A	A	D	A	V	C	A	T	S	U	O	L
O	E	H	I	R	G	D	C	F	L	G	L	I	B	A	T	N	A	F	I
V	L	L	K	S	W	U	A	O	S	L	P	L	C	Q	G	I	J	G	T
Z	I	F	W	O	U	E	R	F	I	O	T	U	E	N	H	E	O	C	I
Y	M	P	H	B	M	M	S	F	T	M	D	A	I	V	U	X	R	N	C
V	S	N	O	I	S	I	V	E	L	E	T	N	L	K	A	E	T	O	S
U	A	R	T	W	N	Y	I	C	E	B	R	E	A	K	E	R	S	I	C
X	C	C	E	E	P	F	G	P	T	O	O	N	D	N	O	C	T	T	H
A	L	H	A	V	J	S	N	R	M	A	D	J	O	D	A	I	S	A	O
B	E	D	I	T	O	O	B	D	E	W	O	I	U	O	I	S	J	P	O
I	R	P	M	L	I	R	O	N	X	E	T	C	L	I	N	E	P	U	L
R	U	X	D	H	D	O	T	D	I	S	T	R	E	S	S	G	E	C	O
Q	T	M	S	O	G	R	N	N	E	I	C	I	F	F	A	R	T	C	R
C	U	A	O	P	L	K	E	U	O	E	C	O	N	O	M	Y	S	O	A
C	F	F	H	R	H	E	Q	N	Y	C	N	O	I	G	I	L	E	R	V

BOOKS
CARS
CHILDREN
CONTROVERSY
DISTRESS
DRINKS
ECONOMY
EDUCATION
EXERCISE
FASHION
FOOD
FUTURE
GAMES
GOOD AFTERNOON
GOOD MORNING
GOSSIP
GREETING
HOLIDAY
HOWDY
ICE BREAKERS
INTRODUCTION
INVITATIONS
JOB
KIDS
LINES
MUSIC
NEWS
OCCUPATION
PETS
PLANS
POLITICS
QUESTION
RELIGION
SCHOOL
SMALL TALK
SMILE
SPORTS
STORIES
TELEVISION
TIME
TOPIC
TRAFFIC
TRAVEL
VACATION
WORK

Solution on page 337

Interesting Colors

M	E	S	E	I	Y	W	Q	F	M	E	R	S	B	L	C	Q	S	C	Y
P	R	Z	K	I	V	W	G	A	R	E	M	T	O	P	A	Z	Y	U	I
K	P	L	B	G	E	N	N	O	V	L	G	Y	G	A	R	R	N	R	C
X	D	N	D	Y	M	B	F	L	A	V	E	S	C	E	N	T	A	S	T
F	K	L	K	C	F	U	I	L	O	N	S	H	S	Z	E	V	G	O	A
I	O	C	A	W	Q	S	N	C	E	L	A	D	O	N	L	I	O	T	U
G	X	B	N	R	O	G	H	I	A	R	D	V	T	D	I	O	H	N	P
U	C	A	H	N	E	E	U	T	T	N	R	G	Y	M	A	L	A	A	O
A	R	A	M	E	R	M	E	R	V	A	R	O	R	B	N	E	M	L	C
G	Z	F	V	I	B	P	E	A	C	H	L	T	S	O	L	T	J	P	D
O	H	U	G	E	V	U	R	O	O	T	M	P	L	U	B	U	T	G	C
N	A	Y	R	V	S	C	L	N	G	N	X	Q	R	P	U	C	E	G	B
M	S	A	G	E	O	G	L	X	I	F	A	E	N	F	T	S	N	E	Y
Y	R	Z	U	R	B	S	C	E	D	O	C	Y	S	K	I	O	P	R	S
K	A	N	A	I	E	M	U	L	N	R	I	K	C	O	R	M	A	H	S
F	A	L	J	H	B	P	A	A	I	P	E	S	U	F	R	N	E	Y	A
T	B	U	C	P	Y	E	P	M	K	T	W	Q	F	U	A	M	U	P	B
S	M	I	Q	P	T	N	S	O	S	E	R	A	I	C	W	B	I	J	L
O	Q	S	J	A	R	O	Q	U	C	U	S	U	N	G	L	O	W	R	E
E	E	J	A	S	N	A	R	E	T	W	E	P	I	S	T	N	I	A	P

AMBER
AQUA
AZURE
CANARY
CARNELIAN
CELADON
CERULEAN
CHARTREUSE
COPPER
CORAL
CRIMSON
CYAN
EGGPLANT
EMERALD
FLAVESCENT
GOLD
INDIGO
MAHOGANY
MAUVE
NAVY BLUE
OCHER
PAINT
PEACH
PEWTER
PLATINUM
PRIMROSE
PUCE
RUST
SABLE
SAFFRON
SAGE
SAPPHIRE
SEPIA
SHAMROCK
SILVER
SLATE
SORREL
SUNGLOW
TAN
TEAL
TOPAZ
TURQUOISE
UMBER
VIOLET

Solution on page 337

Your Invitation

Y	B	Y	K	G	U	A	C	S	T	G	W	A	G	M	C	A	A	N	X
Z	T	E	Q	B	R	G	D	P	N	S	B	D	I	N	N	E	R	I	C
U	O	N	H	D	A	T	I	D	Y	G	E	R	E	T	T	E	L	I	G
W	L	R	F	L	I	N	G	G	R	A	D	U	A	T	I	O	N	P	D
P	Y	F	A	K	J	Q	O	O	K	E	D	E	G	L	N	O	A	R	I
C	T	L	Y	J	I	X	U	V	V	Y	S	H	M	S	R	I	X	E	A
H	X	I	H	F	T	P	V	S	R	F	V	S	T	T	D	E	R	S	W
F	B	A	P	T	I	S	M	A	X	W	O	E	C	R	K	F	I	P	X
R	V	M	A	N	N	O	U	N	C	E	M	E	N	T	I	V	A	O	V
V	D	I	R	E	C	T	I	O	N	S	L	D	E	G	D	B	F	N	B
E	I	K	G	B	P	U	N	A	W	E	R	X	M	N	R	R	F	D	W
R	N	O	I	T	A	R	B	E	L	E	C	P	A	R	I	A	A	G	E
A	V	D	L	P	P	L	I	A	S	L	M	L	N	N	E	L	V	C	T
W	I	V	L	E	E	J	L	S	U	A	A	B	G	P	D	W	C	E	A
C	T	U	A	C	R	W	C	S	T	M	E	I	O	G	N	T	O	E	D
A	E	L	C	C	S	O	I	S	R	I	S	L	C	S	E	I	N	H	D
E	I	Z	O	A	D	V	F	O	C	E	E	Z	O	E	S	M	X	H	S
U	I	L	I	E	E	H	F	O	D	V	Y	T	R	A	P	E	A	A	P
A	O	L	O	C	A	T	I	O	N	L	X	H	O	E	L	S	D	Y	H
R	M	Q	N	R	E	Q	U	E	S	T	N	E	V	E	K	Z	E	I	F

ACCEPT
ADDRESS
AFFAIR
ANNOUNCEMENT
ASK
BALL
BAPTISM
BIRTHDAY
CALLIGRAPHY
CARD
CELEBRATION
COLOR
DATE
DECLINE
DESIGN
DINNER
DIRECTIONS
DRESS CODE
ELECTRONIC
EMBOSSED
ENGRAVED
ENVELOPE
EVENT
EXCLUSIVE
FONT
FORMAL
GRADUATION
GROUP
GUEST
INVITE
LETTER
LOCATION
MAIL
NAME
PAPER
PARTY
PRINTED
REQUEST
RESPOND
RSVP
SEND
SHOWER
SPECIAL
STAMP
TIME

Solution on page 337

Take the Kids

T	R	X	J	A	B	M	R	I	T	J	N	A	F	N	H	A	L	V	T
G	J	G	O	V	C	P	U	A	W	I	N	S	V	G	Q	I	S	P	E
E	N	O	T	L	H	Y	O	S	E	A	B	O	A	B	A	A	K	L	D
L	T	I	F	F	A	Y	T	B	E	J	L	C	I	R	C	U	S	E	D
C	J	A	M	M	C	V	T	I	Z	U	X	K	T	T	P	E	V	T	C
R	O	E	K	M	F	A	I	R	N	Q	M	B	Z	Z	A	M	E	L	U
H	Z	N	F	S	I	G	H	T	S	E	E	I	N	G	R	C	P	E	L
F	Q	D	C	O	F	W	E	H	S	U	X	C	I	A	K	D	A	I	I
D	O	G	R	E	I	E	S	D	E	E	K	Y	B	T	R	K	N	V	B
C	H	I	L	D	R	E	N	A	I	T	F	C	G	H	E	U	N	O	R
R	O	C	P	I	E	T	G	Y	R	E	O	L	T	E	U	V	A	M	A
I	P	P	N	M	W	C	Z	Z	O	X	P	I	I	R	N	T	E	F	R
T	M	G	Z	Q	O	O	C	A	M	P	I	N	G	I	I	L	C	N	Y
T	L	V	P	B	R	U	O	C	E	L	Z	G	F	N	O	V	O	O	T
N	C	K	Z	I	K	N	N	I	M	O	Z	L	G	G	N	O	W	O	J
Z	M	I	G	B	S	T	A	T	M	R	A	F	M	A	L	L	Z	C	P
V	D	I	N	N	E	R	W	Y	A	E	K	A	L	T	M	K	R	M	T
R	B	E	A	C	H	Y	K	M	U	I	R	A	U	Q	A	E	P	S	G
H	Y	T	I	Y	I	U	Y	A	S	G	N	I	L	B	I	S	S	J	S
C	A	M	D	T	B	P	V	Z	V	V	A	S	K	I	I	N	G	H	B

AQUARIUM
BEACH
BICYCLING
BIRTHDAY
BOATING
CAMPING
CHILDREN
CIRCUS
CITY
CONCERT
COUNTRY
DINNER
EVENT
EXPLORE
FAIR
FARM
FESTIVAL
FIREWORKS
GAMES
GATHERING
HIKE
LAKE
LIBRARY
MALL
MEMORIES
MOUNTAINS
MOVIE
MUSEUM
OCEAN
PARK
PICNIC
PIZZA
POOL
REUNION
SIBLINGS
SIGHTSEEING
SKATE
SKIING
SWIMMING
TOUR
TRAIL
VACATION
VOLUNTEERING
WALK
ZOO

Solution on page 338

Eclipse of the Sun

O	E	D	S	Y	Y	Z	M	O	V	E	M	E	N	T	T	Q	P	D	O
M	O	H	L	X	T	C	D	Y	E	C	N	T	N	E	I	C	N	A	M
Z	E	Y	L	O	F	T	C	N	R	A	N	U	L	L	H	O	O	M	Q
U	E	Z	H	O	Q	Y	S	T	E	P	S	U	N	E	B	N	O	U	V
P	W	S	U	P	C	T	I	A	H	S	S	M	H	S	W	J	M	O	T
R	S	T	L	L	A	R	X	G	P	Y	Z	B	E	C	C	U	C	F	K
L	L	X	E	R	A	R	D	D	S	B	J	R	L	O	Z	N	F	U	T
H	A	F	Y	J	B	R	G	C	O	A	V	A	W	P	W	C	A	H	G
D	R	T	D	M	X	P	U	O	M	A	N	H	H	E	T	T	G	P	K
L	A	N	O	R	O	C	Q	T	T	T	G	N	I	D	N	I	L	B	F
M	I	Y	N	T	L	N	E	I	A	O	N	V	U	S	N	O	L	W	E
O	U	U	H	Z	Y	N	O	L	K	N	H	E	U	L	T	N	U	Y	C
X	M	V	F	L	A	N	I	R	Z	K	C	P	V	J	A	O	F	M	N
F	Y	B	O	L	J	G	E	B	T	W	R	C	A	E	E	R	R	P	E
H	K	K	P	M	N	L	S	R	E	S	A	H	C	R	P	R	S	I	I
A	L	V	R	N	B	H	P	I	U	T	A	L	A	E	T	H	O	N	C
T	Z	Z	X	I	A	D	L	G	S	C	I	R	A	V	I	I	L	H	S
I	E	X	S	D	N	T	K	H	T	P	S	R	J	O	B	N	A	O	F
X	U	I	O	K	M	G	L	T	S	J	T	B	A	C	R	J	R	L	O
Z	V	W	W	N	Y	X	A	E	C	H	P	I	O	L	O	O	M	E	N

ALIGN
ANCIENT
ANNULAR
ASTRONOMY
ATMOSPHERE
BLINDING
BRIGHT
CHASERS
CONJUNCTION
CORONA
COVER
CYCLE
DAY
EARTH
ECLIPSE
EVENT
FULL
HISTORIC
LUNAR
MOON
MOVEMENT
NATURAL
NIGHT
OBSCURE
OBSERVATION
OMEN
ORBIT
PARTIAL
PHOTOGRAPHY
PINHOLE
PLANET
RARE
RING
SCIENCE
SHADOW
SKY
SOLAR
SPACE
STAR
SUN
TELESCOPE
TOTAL
UMBRA
VIEW
VISIBLE

Solution on page 338

Life As a Dog

L	Z	R	B	C	I	S	K	T	A	I	L	M	Y	J	K	K	Y	X	L
F	E	O	N	R	T	C	I	R	R	F	X	S	F	H	O	O	A	T	G
I	L	Q	L	A	S	N	S	A	D	T	G	N	I	L	O	O	R	D	X
Z	D	T	Y	C	E	A	S	I	S	M	L	O	U	N	G	I	N	G	X
Q	A	Y	F	F	R	I	E	N	D	S	H	I	P	K	R	A	B	O	C
K	U	Z	K	S	D	R	S	I	I	P	G	T	R	N	O	O	O	S	M
Y	R	N	I	G	M	A	U	N	G	A	S	O	O	P	W	V	K	Z	X
M	U	Y	F	U	N	N	C	G	W	N	G	V	T	V	L	C	R	H	W
S	F	N	I	S	W	I	M	M	I	N	G	E	E	S	I	A	C	E	H
F	M	F	H	U	V	R	T	F	Y	S	D	D	C	R	L	T	H	D	K
D	V	E	X	Q	V	E	F	A	W	R	T	R	T	O	E	C	S	I	T
K	C	I	L	H	C	T	L	A	E	O	A	T	V	F	M	H	D	R	Q
J	N	R	S	L	E	E	P	E	Q	T	O	E	L	P	I	E	L	C	H
W	L	N	E	A	N	V	P	S	C	Y	O	P	F	P	X	L	D	M	O
H	B	E	G	N	I	N	I	H	W	M	N	F	L	H	P	E	W	T	F
A	K	T	E	K	O	C	L	T	N	U	H	G	I	Y	X	E	M	S	J
B	Y	K	X	H	Z	B	L	A	P	U	M	I	V	P	C	U	S	Q	H
C	X	I	O	R	O	A	O	B	L	V	R	S	E	Y	D	K	F	G	Z
K	Y	W	F	W	G	E	W	L	E	Q	J	L	V	R	D	X	P	Y	I
N	L	D	L	B	Q	O	G	J	N	E	N	K	V	J	D	I	W	B	J

BARK
BATH
BONE
BOWL
CATCH
CHEW
COME
DEVOTION
DIG
DROOLING
EATING
FETCH
FRIENDSHIP
FUN
GROWL
HEEL
HOWL
HUNT
KENNEL
KISSES
LICK
LOUNGING
LOVE
NAPS
PAWS
PET
PILLOW
PROTECT
REST
RIDE
RUN
SCRATCH
SIT
SLEEP
SMELL
SNIFF
STAY
SWIMMING
TAIL
TOY
TRAINING
TRICKS
VETERINARIAN
WAG
WHINING

Solution on page 338

Nightclub

Q	U	M	E	K	I	W	L	N	Z	S	N	S	S	S	K	F	K	W	W
Y	E	B	V	Q	V	L	I	Q	U	O	R	H	H	O	T	U	D	A	H
W	L	S	K	W	D	C	A	U	Y	H	O	E	D	J	R	R	I	L	I
H	I	Y	Y	K	Z	V	G	N	I	T	R	I	L	F	O	T	O	W	B
Q	I	W	V	M	F	Z	R	I	S	O	R	U	D	O	E	H	V	P	A
E	K	J	W	P	X	X	F	G	A	O	E	S	T	R	O	B	E	L	S
Y	S	J	B	I	H	L	R	H	X	B	E	G	W	C	W	C	A	E	J
R	P	Y	J	T	N	O	I	T	A	R	B	E	L	E	C	U	M	S	O
B	O	A	E	J	K	E	E	L	E	Q	J	A	V	A	G	A	E	R	L
N	V	W	P	E	M	Z	N	I	E	Y	F	I	M	H	G	G	Y	E	P
Y	P	Q	D	R	G	V	D	F	W	Z	L	A	T	T	A	G	B	E	R
R	S	O	I	Y	E	N	S	E	N	O	R	E	S	R	I	W	B	H	I
B	K	S	Z	N	E	T	U	I	B	A	R	T	E	N	D	E	R	C	Z
F	O	T	E	D	I	K	Z	O	D	V	O	V	P	W	B	E	E	V	K
B	U	U	D	R	Q	T	S	E	L	O	E	P	L	S	V	K	L	A	G
L	S	N	N	F	D	H	R	I	L	B	J	O	K	G	I	E	B	K	P
Z	L	A	F	C	A	I	G	A	H	S	I	N	R	A	G	N	M	A	W
R	E	E	N	K	E	H	D	M	M	W	I	T	Q	G	C	D	U	U	T
F	L	P	E	Q	T	R	F	D	A	R	T	S	J	P	A	R	T	Y	R
M	U	R	T	S	A	O	T	E	D	I	S	C	O	U	C	G	C	X	O

ALCOHOL
BARTENDER
BEER
BEVERAGES
BOOTH
BOUNCER
CAMARADERIE
CELEBRATION
CHEERS
COOLERS
DARTS
DISCO
DRESSY
DRINKS
FLIRTING
FRIENDS
FUN
GAMES
GARNISH
GIN
ICE
LAUGHTER
LIGHTS
LIQUOR
LOUNGE
MARTINI
NIGHTLIFE
OLIVE
PARTY
PEANUTS
PRETZELS
ROWDY
RUM
SHAKER
SHOTS
SPORTS
STOOL
STROBE
TAB
TOAST
TUMBLER
WAITER
WEEKEND
WHISKEY
WINE

Solution on page 338

Physically Fit

```
R Q E J Z X X T U H X V A Q S Y J W E F
I A K B H N O E G G L I H Q G O J M S D
I R C Y S I E H C J N U U T G N I K I B
M E D O M S L D E P U A B O L G T E I T
P V T G R Q D F I A T C U P E A T C B G
I E P A C R F M C S M I L R F G E W T T
D R G R K O U N M O C S U A H P N H I E
M O P E R S P I R A T I O N S A L A D R
Y A Z T C N L N E E A U P L E S Y D O B
P I V L D J I T D C A T H L E T E W P N
S G E E C N A R U D N E C I I G I S C C
Q N D R G R X E F A E G T M T N T P A Q
M I T W D E L C J I Q N E D G M E O L A
R K A Y D H T N M J U S R A Q A S R O Z
N L H L E O T A R D I H T E I R I T R G
K A R B S S G D B C P T S R P A W S I Y
L W X G R E W P R L M A T T I T U D E M
T Q K Q S N E E R G E J P U S H U P S I
Z W F J W D X P A E N S T T U O K R O W
V I S Z R E B I F T T N V M Y N U R V S
```

ATHLETE
ATTITUDE
BICEPS
BIKING
BODY
CALORIE
CLASSES
DANCE
DIET
DISCIPLINE
EFFORT
ENDURANCE
EQUIPMENT
EXERCISE
FAT
FIBER
GREENS
GYM
HEALTH
HYDRATE
IMAGE
JOG
LEAN
LEOTARD
MARATHON
MORNING WALK
MUSCLE
PERSPIRATION
PUSHUPS
REGIME
ROWING
RUN
SALAD
SIZE
SKATE
SPORTS
SQUATS
STRETCH
SWEAT
SWIM
TREADMILL
VEGETABLES
WALKING
WORKOUT
YOGA

Solution on page 338

Looking for Oil

X	Y	M	H	G	N	U	T	O	S	C	J	G	G	O	W	P	Z	C	B
W	T	P	Y	T	M	N	T	M	F	L	X	U	C	M	Y	E	U	P	E
E	Z	F	R	E	F	I	N	E	R	Y	L	E	R	R	A	B	Q	M	R
S	P	G	V	X	P	R	D	X	D	F	A	E	B	O	D	L	M	U	P
H	B	I	X	A	K	Y	S	D	V	N	X	O	W	F	T	Q	K	E	M
C	O	R	P	S	F	I	L	G	L	P	R	J	I	T	A	I	I	L	K
Y	A	K	R	J	B	H	N	E	L	E	X	T	R	A	C	T	I	O	N
W	T	R	E	N	V	I	R	O	N	M	E	N	T	L	D	A	N	R	H
Y	O	E	S	R	Q	S	S	L	I	X	N	A	I	P	L	O	C	T	L
C	O	O	S	B	O	I	A	O	T	T	R	O	S	B	I	M	E	E	A
J	H	Y	U	A	O	S	G	G	K	E	A	A	B	T	W	R	S	P	U
B	L	I	R	N	K	U	E	Y	M	C	A	R	C	W	O	P	I	F	X
Q	E	A	E	C	S	C	H	N	A	H	O	U	O	H	I	N	W	P	T
D	B	N	R	H	R	T	C	S	E	N	D	L	S	L	D	O	O	A	F
I	W	L	E	U	Q	S	I	X	B	O	F	F	L	U	P	U	R	P	B
F	A	R	O	R	T	N	J	B	R	L	F	K	S	A	E	X	K	R	J
K	C	S	F	W	G	A	E	P	F	O	A	T	F	A	F	I	E	L	D
H	E	H	Q	G	O	Y	N	P	D	G	R	C	R	U	D	E	R	S	S
R	U	U	B	W	W	U	J	H	S	Y	K	T	K	I	E	G	N	F	C
K	Z	F	W	E	A	L	T	H	F	H	H	L	J	F	G	L	I	D	X

BARREL
BIT
BLACK
BLOWOUT
BORE
CARS
CASING
CRUDE
EARTH
ENERGY
ENVIRONMENT
EXPLORATION
EXPLOSION
EXTRACTION
FIELD
FLOW
FUEL
GAS
GEOLOGY
GULF
GUSHER
INDUSTRY
KEROSENE
MIDDLE EAST
NATURAL
OCEAN
OFFSHORE
OIL
PETROLEUM
PIPE
PLATFORM
PRESSURE
PRODUCTION
PUMP
REFINERY
RESOURCE
RIG
SPILL
TAR
TECHNOLOGY
TEXAS
WEALTH
WELLS
WILDCAT
WORKER

Solution on page 338

Watching Football

O R V C M E M O R A B I L I A B N F U Q
W W D L E I F O L L O W E R I W K J B P
T A H D Q M E C N E R E F N O C U I F P
I N S O T P A J R D Y C R D P F D T B B
C C A F U E G G E T A G L I A T O O R V
K V B N X S L R J J L Y G N I T M R Y D
E J T O N N V E B O A S N O Y E U A Y U
T E K M T E I K V M K N D I C A I S S X
R R W E X F P O K I C K O S G M D G H D
Z O S Z W F T O N P S H P R C H A N O Y
Y C T M S O Y L L A R I B E I F T R U P
J S A J R Y L N Y Q D S O V A D S E T S
A Q K Y G E I O Y T R A P N M X I V D I
W X I Y Y O C C X T Y A A O K H E R D X
X V E W M N A O L M E T Y C P U A E G E
D Y W N S P F L A G I F L L G Y F S T S
Z H Z A A K I C V C Q C A A T E B B R W
S M R I T E V X I U H Y E S N U U O A W
N M E J Z C G Q R Y E L P S Y E S R E J
G W D N L C H E E R E F E R E E P K G C

BET
CHEER
COACH
CONFERENCE
CONVERSION
DEFENSE
DOWN
FANATIC
FIELD
FLAG
FOLLOWER
GAME
GEAR
GOAL
GRIDIRON
JERSEY
KICK
LEAGUE
MEMORABILIA
MONDAY NIGHT
OBSERVER
OFFENSE
ONLOOKER
PARTY
PENALTY
PENNANT
PIGSKIN
PLAYER
PUNTER
RALLY
REFEREE
RIVAL
ROOT
SAFETY
SCORE
SHOUT
STADIUM
SUNDAY
TAILGATE
TEAM
TELEVISION
TICKET
WATCH
YARDS
YELL

Solution on page 339

Very Nice

B	U	J	Y	R	K	O	D	R	M	P	S	N	M	J	M	P	Y	Z	X
G	I	W	J	W	E	X	S	A	Z	Z	Q	R	M	A	T	R	W	Q	S
C	S	U	F	M	U	T	K	C	D	W	E	D	D	I	N	G	M	D	E
T	E	E	G	G	I	V	H	H	S	F	U	J	B	I	E	N	N	K	L
U	S	H	G	B	O	O	J	G	T	K	B	M	F	S	M	E	E	S	I
P	I	T	B	R	C	L	V	G	U	G	H	F	T	K	I	Y	G	R	M
Q	A	A	Z	O	A	U	D	N	O	A	I	O	P	R	L	P	I	G	S
C	R	D	L	X	M	N	A	K	C	R	L	R	F	U	P	P	V	N	K
G	H	A	G	S	B	T	D	C	S	E	A	G	L	A	M	U	I	I	L
M	T	S	C	G	U	E	M	M	Y	Q	U	I	F	S	O	P	N	R	I
E	A	R	V	R	T	E	C	E	O	C	Q	V	N	U	C	D	G	A	S
S	J	E	E	D	U	R	T	O	B	T	H	E	E	B	N	O	O	H	G
S	L	H	G	M	J	I	R	B	M	C	H	N	C	E	O	N	U	S	S
I	E	C	S	U	Q	N	S	X	A	P	G	E	S	L	S	W	D	T	E
K	V	A	H	U	H	G	I	E	F	A	A	S	R	E	O	D	S	T	S
I	A	E	E	A	O	O	B	A	P	G	C	S	O	S	P	T	M	L	R
T	R	T	P	P	R	D	M	M	E	K	A	H	S	D	N	A	H	T	U
T	T	P	H	A	L	I	A	H	T	L	S	V	U	I	J	J	R	E	N
E	Y	K	K	U	L	H	T	S	S	A	X	U	N	R	O	X	F	T	S
N	Z	U	P	Y	C	V	X	Y	R	L	E	W	E	J	Y	N	D	F	Y

BEACH
BOY SCOUTS
CHAMPAGNE
CHARITY
CHOCOLATE
CLOTHES
COMPASSION
COMPLIMENT
CRUISE
ETIQUETTE
FAMILY
FORGIVENESS
FRIENDS
FUN
GIRL SCOUTS
GIVING
GOLD
GRANDMOTHERS
HANDSHAKE
HAPPY
HUG
JEWELRY
JOY
KINDNESS
KISS
KITTEN
LAUGHTER
MANNERS
NATURE
NURSES
PARTY
PETS
PUPPY
RABBITS
RAINBOWS
RAISES
SHARING
SHOES
SILK
SMILE
SUN
TEACHERS
TRAVEL
VOLUNTEERING
WEDDING

Solution on page 339

Shoes

S	G	W	F	T	G	E	Z	N	W	L	S	C	A	S	Q	B	O	O	T
I	M	Q	E	I	P	O	Y	F	Q	R	J	P	B	P	A	I	R	R	H
C	V	L	C	O	B	B	L	E	R	B	V	S	D	G	D	N	E	E	B
K	I	Y	K	L	C	I	D	E	P	O	H	T	R	O	I	A	D	W	L
P	U	T	R	Z	P	R	O	T	E	C	T	I	O	N	D	K	M	A	M
J	G	W	E	F	A	V	T	R	O	P	P	U	S	C	A	S	U	A	L
E	M	O	L	L	A	B	T	E	K	S	A	B	L	N	S	Y	E	N	U
T	A	O	H	V	H	W	R	W	C	L	E	A	T	H	E	R	S	X	Y
E	P	D	C	Z	A	T	X	C	O	F	R	Z	O	R	B	A	X	D	T
S	N	K	R	C	C	K	A	M	M	N	D	E	S	I	G	N	K	E	L
A	H	F	A	H	A	S	G	R	F	E	H	N	P	V	I	J	N	E	S
G	R	E	N	I	H	S	N	U	O	O	C	Y	U	P	L	N	C	T	R
K	N	X	E	J	E	E	I	N	R	D	G	N	W	O	I	K	Y	J	W
E	X	I	J	L	F	R	P	N	T	H	E	O	A	S	R	L	N	H	Q
O	K	O	K	L	R	D	P	I	Q	U	D	F	L	D	E	G	S	L	L
J	I	C	R	L	C	N	O	N	A	R	E	V	O	C	B	I	A	M	M
H	U	T	O	V	A	L	H	G	J	R	U	Z	P	M	L	R	V	C	I
B	C	B	W	S	F	W	S	Y	H	X	S	T	R	O	P	S	N	A	Y
V	U	A	S	N	G	N	B	B	R	X	O	E	P	T	F	L	A	T	F
G	Q	H	X	X	B	Y	U	W	S	F	O	O	T	A	E	L	C	Z	R

ADIDAS
ARCH
ATHLETIC
BASKETBALL
BOOT
BUCKLES
CANVAS
CASUAL
CLEAT
CLOG
COBBLER
COMFORT
COVER
DANCE
DESIGN
DRESS
FLAT
FLIP FLOPS
FOOT
GROUND
HEEL
LEATHER
LOAFER
MOCCASIN
ORTHOPEDIC
PAIR
POLISH
PROTECTION
RUNNING
SANDAL
SHINE
SHOEHORN
SHOPPING
SLIPPER
SNEAKER
SOCK
SPORTS
STYLE
SUEDE
SUPPORT
TENNIS
TREAD
WALKING
WOOD
WORK

Solution on page 339

The Peanuts Gang

```
G P U M P K I N X C H U C K K V Z J M P
C S B L X I O G Q I J O J P F Q B H Z S
G B Q E N R I A B S T U N A E P K C Q M
D E R L A T N C E S D Q I K W K P J G K
N Y F B Y I R L A A P L R O C L R N N E
U S D R M C R N G L S F I O V J O G O F
O E V A I A Y D L C H N T H M S T L I O
R W T I H E M H E T V S P E C I A L S O
Y E Y C L U Y X Y K D G F H Y L G A I T
D T P L H D M N O O T R A C G O O C V B
D A O A Q R B O O D I R E B O S N I E A
Y W O L P E I W R E A L N D X E I S L L
T S N B D S S S N C B Y G A E R S U E L
T Y S A G F W D T A O R X E C O T M T L
A F G R U Q S E V M I M S H S I R R I A
P I T C H E R O N E A A A K T W R H K B
S L U C Y D L Z F R A S L C B F A E C E
S M E O C O M I C H A L L O W E E N M S
M Z B Q P G A I P F X Q Y L Q T D F E A
G Z O W K E E R T F Q F T B N F U G J B
```

AMERICAN
ANIMATED
BASEBALL
BEAGLE
BLOCKHEAD
BOY
CARTOON
CHARACTER
CHARLES
CHILD
CHRISTMAS
CHUCK
CLASSIC
COMIC
DOG
FAILS
FILM
FOOTBALL
FRIENDS
GOOD GRIEF
HALLOWEEN
HUMOR
KITE
LOSER
LOVABLE
LUCY
MARCIE
MUSICAL
NEWSPAPER
PATTY
PEANUTS
PITCHER
PROTAGONIST
PUMPKIN
RED BARON
ROUND
SALLY
SCHROEDER
SNOOPY
SONG
TELEVISION
TREE
TV SPECIALS
WOODSTOCK
YELLOW

Solution on page 339

Home Movies

J U H F V Z K L L A B E S A B B F C A W
T T P E B A P T I S M E G D O U W H E I
F A Q L A I C E P S N X Q N N S Y I R W
B J P R O F V A P O O B Z N I E V L P A
X D I E U A I O T J M N Y D U D I D R T
J S V D M M D S I I O N I A H H D R N C
A E I R B I E C K I O G F C D G B E F H
K G Z O T L O C T J I N S G R H M N W I
M D U C I Y G A N T M E N P X E T D N N
T I S M D B R H A N N I V E R S A R Y G
F R O A E B A L Z T S E C I B Q W O I S
L T C C E Q P S I S J H T R Y F A C T B
H R C L G F H M A L R E I T O R A E N K
L A E U W O E R O I R J R R E P P R A A
A C R J O N R N S G F A E M L S H K J M
S G H T T A R T B H P U A Y T K S O Z A
L I U A B E M V T T N C Y Y U N I A N T
Y S L M E A J S E I R O M E M A E B C E
N W E L S I O K O N T D O P I R T V T U
R S A R Y L G N E G A T O O F P W H E R

AMATEUR
ANNIVERSARY
BAPTISM
BASEBALL
BBQ
BIRTHDAY
CAMCORDER
CAMERA
CARTRIDGE
CASSETTE
CELEBRATION
CHILDREN
CHRISTMAS
DIGITAL
EDIT
EMBARRASSING
EVENT
FAMILY
FOOTAGE
FRIENDS
FUNNY
LIGHTING
MEMORIES
MICROPHONE
MILESTONES
PARTY
PETS
PRANKS
RECORD
REEL
RETIREMENT
REUNION
SENTIMENTAL
SHOOT
SILLY
SOCCER
SPECIAL
TAPE
TRIPOD
UPLOAD
VACATION
VIDEOGRAPHER
VIEW
WATCHING
WEDDING

Solution on page 339

Costumes

V	U	G	O	Z	U	E	U	F	W	I	M	Y	M	H	S	A	C	J	B
J	S	P	G	F	A	R	E	T	O	U	R	V	U	G	E	H	N	V	V
L	U	R	J	B	R	E	E	Z	M	R	E	T	K	S	E	K	S	F	E
S	C	X	C	K	E	Z	W	M	B	Y	F	S	U	F	L	X	I	L	Z
F	G	E	M	X	K	G	Y	X	E	D	A	O	Z	A	V	G	I	E	T
N	E	T	L	N	M	A	G	O	E	M	M	H	N	O	I	H	U	I	R
F	O	N	Q	E	H	S	C	T	B	F	Q	G	B	K	S	S	E	R	D
W	V	K	A	N	B	T	A	K	S	W	E	K	P	R	I	T	E	Q	P
S	I	F	U	C	W	R	E	I	D	L	O	S	W	N	O	T	Z	T	U
L	F	M	S	I	I	O	I	E	W	S	J	C	U	Q	S	O	O	R	M
V	I	H	G	P	S	N	N	T	T	U	U	R	P	N	Y	S	M	G	P
W	Q	V	R	B	J	A	O	D	Y	P	S	P	O	K	P	R	B	O	K
N	Y	P	E	N	C	U	T	P	E	E	R	M	E	R	M	A	I	D	I
O	N	Z	P	D	A	T	E	N	N	R	J	S	J	R	W	W	E	A	N
M	A	T	P	U	T	M	L	S	I	M	W	B	A	L	H	T	W	A	F
O	E	C	A	T	H	L	E	T	E	A	P	O	L	I	C	E	M	A	N
R	P	R	L	H	I	V	K	R	S	N	P	O	M	T	L	Y	R	C	E
P	G	Z	F	A	O	G	S	J	I	C	V	R	W	A	M	O	U	O	I
E	I	Y	K	L	W	E	E	R	E	F	E	R	V	R	N	Y	R	V	L
F	T	J	G	D	V	S	U	R	P	U	E	K	A	M	N	I	N	J	A

ALIEN
ANGEL
ARMY MAN
ASTRONAUT
ATHLETE
BEE
BROOM
CAT
CELEBRITY
CHEF
CLAWS
COWBOY
DEVIL
DOG
DRESS
ELVIS
FAIRY
FIREMAN
FLAPPER
GHOST
GLOVES
HAT
MAKEUP
MASK
MERMAID
MONSTER
MOUSE
MUMMY
NINJA
NURSE
PAINT
PIRATE
POLICEMAN
PUMPKIN
REFEREE
SAILOR
SKELETON
SOLDIER
SUPERHERO
SUPERMAN
TEETH
TIGER
WIG
WONDER WOMAN
ZOMBIE

Solution on page 339

Book Report

G	A	G	Y	A	Y	V	T	W	E	X	E	F	V	F	R	H	G	R	R
O	R	E	W	P	O	H	E	R	R	D	A	N	A	L	Y	Z	E	E	O
H	Z	A	D	G	G	I	W	N	I	A	L	P	X	E	C	C	S	P	H
K	R	G	D	I	V	N	E	T	C	P	D	R	F	D	O	O	I	H	T
Q	I	E	S	E	R	O	I	O	Y	L	O	E	G	M	R	N	F	S	U
E	Q	N	R	T	S	E	N	N	I	W	Q	S	M	P	I	F	L	T	A
T	I	R	K	S	R	C	S	B	A	I	Q	E	T	O	E	L	E	N	B
H	A	E	C	H	L	A	R	O	H	E	N	N	N	G	V	I	R	E	X
E	P	E	U	U	F	A	E	I	L	D	M	T	C	L	A	C	U	V	C
M	N	V	S	T	R	N	K	G	P	U	S	A	N	G	L	T	T	E	H
E	N	I	N	Y	E	V	R	W	A	T	T	T	J	F	U	X	A	N	A
Y	O	T	S	K	A	B	O	S	Y	U	I	I	C	I	A	P	R	G	R
N	I	C	C	C	D	G	W	L	D	Z	G	O	O	L	T	L	E	L	A
Y	T	E	R	E	F	L	E	C	T	I	O	N	N	N	I	G	T	I	C
H	C	J	I	C	L	I	M	A	X	A	N	T	A	G	O	N	I	S	T
K	A	B	T	S	Y	N	O	P	S	I	S	C	A	L	N	I	L	H	E
K	C	O	I	L	O	O	H	C	S	T	C	U	L	Y	P	T	P	D	R
L	L	D	Q	H	C	R	H	K	F	V	J	J	Q	A	E	T	O	U	Q
P	U	Z	U	Y	Y	L	Q	S	T	O	R	Y	A	S	S	E	G	M	P
T	X	A	E	Z	D	L	A	Y	G	Y	R	A	M	M	U	S	X	U	M

ACTION
ANALYZE
ANTAGONIST
AUTHOR
CHARACTER
CLASS
CLIMAX
CONCLUSION
CONFLICT
CRITIQUE
DESCRIPTION
EDIT
ENGLISH
ESSAY
EVALUATION
EVENTS
EXPLAIN
GENRE
GRADE
HOMEWORK
IDEA
INSIGHT
LANGUAGE ARTS
LIBRARY
LITERATURE
MEANING
OBJECTIVE
OPINION
PLOT
PRESENTATION
PROSE
QUOTE
READ
RECOMMEND
REFLECTION
RESOLUTION
REVIEW
SCENE
SCHOOL
SETTING
STORY
STYLE
SUMMARY
SYNOPSIS
THEME

Solution on page 340

Picture This

H	K	G	D	E	R	W	W	H	U	M	L	W	S	G	E	N	D	E	U
Q	X	O	T	D	P	H	R	X	C	W	B	V	I	E	H	E	E	I	V
X	Y	I	F	R	I	E	N	D	S	X	X	J	I	A	C	G	V	M	C
I	P	P	C	Z	T	V	A	C	A	T	I	O	N	S	B	A	E	G	U
L	P	R	C	M	D	Z	R	G	C	H	S	G	N	I	H	T	L	F	W
L	A	F	O	R	G	E	L	P	E	D	I	T	E	S	B	I	O	P	M
U	H	N	J	P	E	C	O	S	R	N	T	R	E	T	K	V	P	O	R
S	I	L	D	N	S	R	O	Z	G	E	U	I	Y	E	Q	E	M	A	O
T	B	X	S	S	T	O	H	T	Q	T	R	J	N	J	M	E	N	N	L
R	E	H	M	F	C	P	C	L	R	O	S	E	Z	I	N	A	G	R	O
A	O	X	O	Z	M	A	S	E	M	H	S	H	U	T	T	E	R	O	C
T	D	L	O	K	D	P	P	E	G	S	P	H	S	A	L	F	I	F	G
I	I	O	M	D	S	A	M	E	P	D	Y	M	W	E	D	D	I	N	G
O	L	P	V	S	R	M	G	F	M	A	L	E	N	S	U	D	I	M	S
N	X	X	N	T	D	O	O	D	L	E	I	G	D	T	H	W	N	U	E
M	K	Y	U	N	T	I	C	L	I	H	M	N	S	C	A	E	O	B	Y
V	W	W	A	X	U	Z	K	E	F	P	A	M	T	R	W	M	C	L	N
A	T	D	Y	U	Z	N	K	D	R	X	F	E	D	I	G	I	T	A	L
H	I	P	H	B	F	B	H	O	P	C	K	I	M	T	N	T	X	T	F
L	N	U	R	S	Z	R	G	M	E	S	O	P	I	R	T	G	X	Q	M

ALBUM
APERTURE
ART
COLOR
CROP
DEVELOP
DIGITAL
DOODLE
DRAWING
EDIT
FACE
FAMILY
FILM
FLASH
FRAME
FRIENDS
HANGING
HAPPY
HEADSHOT
ILLUSTRATION
KIDS
LANDSCAPE
LENS
LIKENESS
MAP
MEMORIES
MODEL
MOMENTS
NEGATIVE
ORGANIZE
PAINTING
PLACES
PORTFOLIO
POSE
PROPS
RECORD
SCHOOL
SCREENSHOT
SHUTTER
SKETCH
STUDIO
THINGS
TRIP
VACATION
WEDDING

Solution on page 340

Computer Talk

U	S	B	P	O	R	T	E	R	M	I	N	A	L	X	C	T	J	F	B
Q	D	U	X	Q	A	X	F	C	T	R	O	P	E	S	U	O	M	X	C
E	R	A	W	D	R	A	H	U	N	E	T	W	O	R	K	C	A	R	D
D	I	A	L	O	G	B	O	X	N	K	A	W	L	C	L	G	I	M	X
E	O	I	P	P	A	P	P	L	I	C	A	T	I	O	N	A	Y	U	W
F	M	W	Q	N	H	T	E	N	R	E	T	N	I	H	T	M	L	L	V
W	R	I	N	E	P	A	C	S	E	H	N	I	C	R	R	E	V	T	K
I	O	V	C	L	T	F	N	M	Z	C	M	T	O	Y	O	P	R	I	A
R	F	B	R	R	O	S	L	U	U	L	I	S	E	N	P	O	D	M	G
E	T	E	G	K	O	A	A	O	M	L	S	N	N	R	P	R	R	E	Z
L	A	R	C	E	V	P	D	P	P	E	T	E	O	L	U	T	A	D	T
E	L	A	T	G	F	I	R	Q	C	P	R	I	A	R	S	Q	O	I	R
S	P	W	L	D	X	V	D	O	E	S	Y	I	T	F	T	W	B	A	E
S	R	E	V	I	W	Q	R	E	C	R	R	D	C	A	J	C	Y	P	H
A	I	R	T	R	T	P	E	D	O	E	A	P	R	X	S	J	E	V	A
W	N	A	E	T	D	L	V	B	S	C	S	W	V	I	U	K	K	L	G
N	T	H	A	R	D	D	R	I	V	E	A	S	T	B	V	Q	I	P	E
V	E	S	O	A	D	P	E	C	N	A	M	R	O	F	R	E	P	N	M
T	R	W	D	C	O	M	P	U	T	E	R	B	D	R	O	I	W	M	G
T	L	S	E	H	C	T	I	W	S	P	E	A	K	E	R	S	I	M	P

ALPHANUMERIC
APPLICATION
CARTRIDGE
COMPUTER
DIALOG BOX
DOWNLOAD
ELECTRONIC
ENTER
ESCAPE
FAX
FLOPPY DRIVE
FUNCTION
GAME PORT
HARD DRIVE
HARDWARE
HTML
INTERNET
KEYBOARD
MEGAHERTZ
MICROPROCESSOR
MOUSE PORT
MULTIMEDIA
MULTITASKING
NETWORK CARD
PASTE
PERFORMANCE
PLATFORM
PRINTER
SERIAL PORT
SHAREWARE
SOFTWARE
SPEAKERS
SPELL CHECKER
SUPPORT
SWITCHES
TERMINAL
USB PORT
VIDEO CARD
WIRELESS
WORD PROCESSOR

Solution on page 340

Very Pretty

S	I	T	J	I	K	L	L	C	V	S	W	G	Y	V	J	N	Y	L	T
O	H	E	E	H	N	R	H	B	N	E	E	C	L	F	P	L	J	N	D
X	O	O	W	S	A	I	D	O	I	S	S	R	V	O	C	E	A	N	D
X	H	M	E	G	N	R	F	P	E	R	E	I	U	R	E	W	O	L	F
A	Y	O	L	S	N	U	Q	T	Y	U	D	Y	R	T	K	M	S	C	I
L	Z	D	R	B	O	W	S	K	H	P	N	S	B	N	A	Q	H	E	X
S	X	E	Y	S	V	O	G	L	E	C	A	R	A	I	U	N	K	C	J
F	M	L	D	L	E	S	G	N	I	W	A	R	D	Q	A	S	T	A	C
C	H	I	L	S	F	S	F	B	Y	C	T	E	U	W	C	I	K	F	I
E	Z	M	L	S	K	R	O	W	E	R	I	F	B	U	F	L	S	Y	Q
F	S	V	L	E	D	Z	E	L	K	U	D	F	L	S	E	Y	E	S	F
C	I	U	M	R	J	E	E	T	S	I	G	P	A	I	N	T	I	N	G
G	A	L	O	D	I	T	C	E	T	E	T	N	K	I	R	E	B	O	R
N	D	E	U	H	P	G	R	O	M	U	G	T	I	P	O	L	A	B	E
M	R	L	N	D	R	U	V	S	R	Y	B	Q	E	R	S	Y	B	B	C
X	H	P	T	Z	T	J	T	E	Z	A	X	T	S	N	E	P	D	I	A
R	V	O	A	C	P	O	S	S	E	H	T	O	L	C	S	P	S	R	L
E	S	E	I	I	N	A	I	L	P	O	L	I	S	H	U	U	J	B	P
W	C	P	N	E	K	T	W	Z	L	S	S	H	O	M	M	P	D	Y	P
Z	L	K	S	R	Y	R	O	Y	N	S	S	C	E	N	E	R	Y	Z	T

BABIES
BEACH
BIRDS
BOWS
BRACELET
BUTTERFLY
CATS
CLOTHES
DECORATION
DIAMOND
DRAWINGS
DRESS
EYES
FACE
FIREWORKS
FLOWER
GEMSTONES
GIRL
HORSES
HOUSE
JEWELRY
KITTENS
LACE
MODEL
MOUNTAINS
MUSIC
NAIL POLISH
NATURE
OCEAN
PAINTING
PEOPLE
PICTURES
PINK
PUPPY
PURSES
RIBBONS
RING
ROSES
SCENERY
SCULPTURES
SHOES
SKY
SMILE
SUNRISE
SUNSET

Solution on page 340

Busy Bees

V	F	P	B	H	F	L	W	K	B	O	G	T	Z	H	Q	Z	G	X	U
D	B	D	Q	Z	I	X	M	Z	T	H	P	D	H	C	R	A	E	S	X
Y	J	X	V	C	F	A	N	N	I	N	G	C	X	E	S	R	U	N	D
M	W	A	U	R	U	O	D	H	I	V	E	M	P	F	M	B	P	M	X
D	U	Q	E	J	J	M	R	A	T	L	R	E	P	A	I	R	Y	L	H
E	V	Q	T	R	R	O	Y	A	L	J	E	L	L	Y	I	O	B	N	O
Z	F	I	R	X	U	R	B	S	G	K	B	K	P	W	C	O	H	F	B
D	J	B	P	R	A	T	C	E	N	I	C	L	Y	P	L	D	Z	U	M
C	M	C	Q	H	A	U	A	V	D	A	N	C	E	G	E	A	R	Y	O
E	B	X	E	E	E	A	R	R	G	R	X	G	M	G	F	V	B	M	C
M	Q	P	H	W	O	R	K	S	E	J	O	E	H	E	X	A	G	O	N
X	V	R	L	S	L	Y	O	D	G	P	P	N	E	K	C	A	L	B	R
Z	M	E	Z	Z	U	B	N	M	I	N	M	D	E	F	L	O	W	E	R
F	R	O	I	D	N	E	F	W	O	G	I	E	V	L	N	E	E	U	Q
M	O	P	L	Y	F	E	B	F	M	N	L	W	T	Y	S	U	B	T	E
Z	F	O	Y	E	M	S	L	E	G	I	E	D	L	I	U	B	Z	B	A
U	L	W	D	A	W	I	E	L	K	T	F	U	H	N	A	E	L	C	V
N	T	I	L	O	P	U	X	B	O	S	D	U	U	G	A	T	H	E	R
C	Q	E	H	L	M	U	X	P	M	P	A	D	F	B	X	G	E	N	A
I	R	J	G	X	S	X	P	L	S	D	Z	T	B	B	L	C	O	O	L

BLACK
BROOD
BUILD
BUSY
BUZZ
CELLS
CLEAN
COLONY
COMB
COOL
DANCE
DEFEND
DRONE
EGG
FANNING
FEEDING
FEMALE
FLOWER
FLYING
FOOD
FORAGING
GATHER
HEAT
HEXAGON
HIVE
JOB
KEEPER
LABOR
LARVA
MORTUARY BEES
NECTAR
NURSE
PHEROMONE
POLLEN
PUPA
QUEEN
REPAIR
ROYAL JELLY
SEARCH
STING
TASK
TEMPERATURE
WAX
WINGS
WORK

Solution on page 340

Storage Garage

I	S	R	O	O	L	F	G	U	V	Q	K	R	N	E	C	A	P	S	N
X	U	T	F	W	H	E	E	L	S	I	K	L	E	K	I	B	E	K	C
G	H	W	H	L	B	R	J	P	B	B	O	P	C	T	N	X	V	X	M
N	O	I	X	G	U	T	A	A	M	W	W	I	N	D	O	W	S	A	N
L	F	W	L	F	I	I	L	C	O	U	T	L	L	B	T	O	I	N	P
G	B	I	S	K	F	L	D	H	K	A	P	P	L	I	A	N	C	E	S
Z	K	U	R	R	S	I	X	S	X	Z	F	E	R	G	T	D	V	S	B
F	M	S	I	E	G	Z	Q	M	D	M	F	E	R	E	Z	E	E	R	F
R	U	I	A	M	F	E	B	O	R	P	S	J	N	O	H	K	X	L	T
P	D	U	H	M	S	R	D	U	A	R	R	A	C	L	W	A	S	K	S
Z	M	N	C	I	N	L	I	T	O	T	N	O	Z	A	I	R	S	B	C
K	U	H	N	R	S	F	O	G	B	C	S	L	O	D	A	C	T	P	O
D	N	P	W	T	S	O	K	O	E	S	T	T	H	D	Q	I	D	Q	Y
U	R	P	A	L	Y	H	G	L	T	R	H	F	O	E	S	O	H	W	T
T	H	A	L	R	O	H	K	P	A	L	A	O	C	R	A	H	C	F	E
I	H	I	X	K	T	C	X	R	K	B	N	T	V	E	A	U	E	D	C
P	R	N	F	H	A	S	C	Z	S	G	L	A	O	E	M	G	G	L	M
D	S	T	R	T	P	L	A	W	N	M	O	W	E	R	L	E	E	X	F
J	O	E	J	M	S	Q	R	U	I	H	G	B	T	L	R	Z	N	Y	B
U	E	V	Q	U	W	J	A	Z	B	K	V	L	F	K	C	U	R	T	W

APPLIANCES
BALLS
BIKE
BINS
BOXES
CAR
CEMENT
CHARCOAL
CLEAN
DOOR
DRILL
EDGER
FERTILIZER
FLOOR
FLUIDS
FREEZER
HOSE
LADDER
LAWN CHAIRS
LAWN MOWER
LIGHTS
MAINTENANCE
OIL
PAINT
PARTS
PUMP
RACK
RAKE
REFRIGERATOR
SAW
SCOOTER
SHELF
SHOVEL
SKATEBOARD
SLED
SPACE
STORAGE
TACKLE
TIRES
TOOLS
TOYS
TRIMMER
TRUCK
WHEELS
WINDOWS

Solution on page 340

Television Channels

H	W	T	E	Z	I	F	P	G	E	P	W	Z	L	H	Z	Y	M	D	T
B	B	Q	J	C	V	M	P	D	H	S	G	L	I	H	G	T	V	E	Q
M	Y	F	L	P	E	F	T	O	X	H	A	L	L	M	A	R	K	N	O
H	A	Y	I	B	K	Y	U	N	T	B	A	S	Y	A	L	U	C	N	N
K	N	D	I	S	N	E	Y	R	E	V	O	C	S	I	D	O	I	O	E
S	Y	E	W	Z	P	R	K	S	Q	M	H	T	F	A	Z	C	M	E	S
I	T	P	X	C	O	O	A	W	B	A	N	E	N	B	E	V	I	D	N
L	Y	G	A	A	T	B	P	T	N	I	T	I	B	T	Y	C	Y	O	E
N	D	X	S	S	G	G	H	N	S	I	M	L	A	G	K	O	Q	L	T
B	E	W	E	A	T	H	E	R	M	A	L	I	A	T	K	M	I	E	W
O	M	L	I	N	Q	L	O	E	L	E	L	Y	T	S	R	M	L	K	O
W	O	G	V	S	S	J	F	P	H	I	S	T	O	R	Y	E	M	C	R
L	C	N	O	O	Q	D	L	C	F	P	B	N	R	S	M	R	T	I	K
E	B	I	M	C	L	A	B	F	I	E	T	U	W	U	A	C	V	N	X
H	R	S	N	C	N	S	A	K	S	C	I	E	N	C	E	I	W	Y	E
W	A	U	S	E	T	E	E	S	H	W	N	D	R	A	M	A	Y	R	I
U	V	K	T	R	M	L	G	S	U	X	O	F	A	M	I	L	Y	H	A
J	O	I	O	A	V	A	C	Y	P	T	H	C	B	V	I	D	I	K	J
K	L	P	J	L	N	N	X	O	X	N	K	L	C	E	X	Y	P	U	Q
M	S	U	M	M	I	W	R	V	C	O	D	B	M	M	T	S	R	G	V

ABC
AFFILIATE
ANIMAL PLANET
BASEBALL
BET
BRAVO
CBS
CHANNELS
CINEMAX
CNN
COMEDY
COMMERCIAL
COURT
DISCOVERY
DISNEY
DRAMA
ENTERTAINMENT
ESPN
FAMILY
FOX
HALLMARK
HBO
HGTV
HISTORY
LIFETIME
MOVIES
MTV
NASA
NATURE
NETWORK
NEWS
NICKELODEON
OXYGEN
PBS
SCIENCE
SOCCER
SPIKE
SPORTS
STAR
STYLE
TBS
TELEMUNDO
TLC
USA
WEATHER

Solution on page 341

Vacation Adventure

J	N	Z	Y	S	J	W	U	E	L	O	E	D	K	S	T	Y	H	E	M
H	K	E	L	S	T	Q	E	N	G	Z	B	B	O	C	D	H	C	X	R
U	O	E	A	L	B	E	K	M	J	K	E	R	N	K	A	B	U	R	A
I	Y	T	L	Y	C	D	Z	C	V	K	V	P	E	M	E	P	L	I	W
C	J	L	E	V	A	R	T	U	O	G	Y	N	X	E	R	U	T	A	N
N	L	L	R	L	J	P	S	T	K	M	N	C	O	C	O	N	U	T	Q
Y	Y	J	J	J	N	P	A	Y	Y	G	M	I	Q	T	I	S	R	W	N
C	S	U	A	U	L	S	B	P	T	M	X	A	L	G	Q	U	E	R	Q
A	I	A	F	P	I	K	R	O	I	F	I	S	H	I	N	G	P	G	Y
W	A	Y	O	F	T	C	E	N	W	S	F	T	I	I	A	W	A	H	X
A	J	R	F	P	I	N	E	A	P	P	L	E	C	O	Q	S	E	V	B
B	N	L	A	K	C	H	Z	C	S	I	Q	A	F	J	D	D	G	S	E
U	L	L	N	Y	K	R	Y	L	F	K	S	G	N	I	F	U	N	E	R
C	M	X	H	F	E	E	C	E	U	S	N	D	N	D	L	U	U	A	F
S	E	A	V	S	T	T	N	K	L	E	I	I	I	I	S	D	O	S	S
H	R	U	O	T	S	A	W	R	P	V	N	G	R	V	K	Y	L	W	C
L	F	R	C	D	P	W	M	O	I	G	V	A	B	D	V	I	T	I	B
N	T	R	E	L	A	X	H	N	U	D	G	O	L	F	N	V	H	M	W
N	N	R	A	M	Y	S	G	S	U	W	Z	K	L	P	P	X	S	M	O
G	D	X	N	P	E	T	I	Y	E	G	A	N	B	V	O	D	Y	I	I

ARUBA
BREEZY
CANOPY
COCONUT
CULTURE
DINING
DIVING
DRINKS
FISHING
FUN
GOLF
HAMMOCK
HAWAII
HIKING
HOTEL
ISLAND
JUICE
LOUNGE
LUAU
NATURE
NIGHTLIFE
OCEAN
PACK
PALMS
PAPAYA
PINEAPPLE
PLANE
READ
RELAX
RESORT
SAILING
SAND
SCUBA
SEA
SHOP
SNORKEL
SPA
SUN
SWIM
TICKETS
TOUR
TRAVEL
WARM
WATER
WILDLIFE

Solution on page 341

Smiles

R	S	N	K	J	H	U	N	I	R	G	O	O	D	R	G	M	M	H	E
L	L	M	M	Q	Q	N	J	S	P	I	L	U	P	E	Q	T	S	Z	S
L	I	O	L	V	B	G	C	C	X	B	R	A	C	E	S	A	D	R	A
F	U	B	U	J	D	A	L	A	I	C	O	S	D	I	L	S	P	T	E
W	W	X	Y	F	V	N	S	O	K	H	O	X	T	F	G	P	T	L	R
L	P	E	V	I	T	I	S	O	P	I	A	N	S	N	T	R	O	T	C
I	A	R	T	I	F	I	C	I	A	L	E	M	I	E	A	P	V	E	B
Y	E	H	K	A	G	P	K	I	N	D	I	L	T	C	L	Y	A	L	P
O	L	L	X	P	C	H	K	C	O	R	E	K	T	N	Y	P	T	B	J
Z	G	D	B	V	M	I	T	N	K	E	C	I	G	P	G	B	M	P	N
B	N	A	N	A	A	A	N	U	F	N	V	I	P	H	O	T	O	I	U
O	I	M	E	E	H	M	S	U	O	E	N	A	T	N	O	P	S	C	D
D	T	B	Z	K	I	C	U	Q	M	M	H	C	O	N	T	E	N	T	S
D	E	M	B	A	R	R	A	S	S	M	E	N	T	E	A	U	I	U	T
W	E	S	Q	F	O	A	F	O	E	E	O	M	W	L	F	M	N	R	I
P	R	V	A	M	R	B	C	N	R	D	Y	C	H	C	J	Y	O	E	A
W	G	C	U	E	V	O	L	E	X	P	R	E	S	S	I	O	N	R	S
J	E	H	M	K	L	T	E	K	V	I	P	H	G	U	A	L	D	D	X
J	D	A	J	U	U	P	R	E	T	T	Y	A	B	M	R	M	V	U	P
S	C	O	O	D	R	B	Q	B	R	X	I	S	F	U	Z	G	W	A	Y

AMUSED
APPROACHABLE
ARTIFICIAL
ATTRACTIVE
BEAM
BRACES
CAMERA
CHILDREN
COMMUNICATE
CONTENT
CREASE
DENTIST
DIMPLE
EMBARRASSMENT
EXPRESSION
EYES
FACE
FAKE
FEELINGS
FLASH
FRIENDLY
FUN
GLAD
GOOD
GREETING
GRIN
HAPPY
HUMOR
KIND
LAUGH
LIPS
LOVE
MOUTH
MUSCLE
PEOPLE
PHOTO
PICTURE
PLAY
PLEASED
POSITIVE
PRETTY
ROMANTIC
SMIRK
SOCIAL
SPONTANEOUS

Solution on page 341

Too Loud

A	P	M	J	X	A	U	A	L	J	L	Y	S	B	K	W	K	C	D	R
V	A	C	U	U	M	A	L	S	H	R	I	E	K	S	M	V	J	W	M
M	R	H	Q	S	C	W	A	T	E	R	F	A	L	L	E	N	I	E	W
Z	T	E	M	D	I	A	R	R	E	K	R	K	Q	A	L	N	C	O	G
A	Y	E	C	Q	V	C	M	T	G	E	C	W	D	B	D	I	A	F	O
M	N	R	G	A	D	P	P	U	W	U	N	U	C	M	A	L	R	L	H
Z	J	L	I	K	J	O	P	O	R	T	M	O	R	Y	A	B	G	D	P
O	I	E	D	U	C	K	L	T	N	E	K	E	H	C	S	H	I	G	U
X	Y	A	B	I	L	B	A	S	R	D	O	W	N	P	O	U	R	E	S
S	D	D	L	N	W	B	Y	M	O	S	O	D	W	T	A	P	N	H	S
M	C	E	E	O	V	S	G	U	B	E	G	E	P	V	E	G	O	Z	T
E	H	R	N	B	L	P	R	R	Z	U	C	O	R	C	I	U	E	E	E
L	P	S	D	E	U	E	O	D	O	H	L	C	D	N	T	O	J	M	R
A	N	Q	E	L	S	A	U	Q	I	I	H	A	E	I	S	D	N	T	E
D	U	U	R	W	L	K	N	L	C	T	C	R	N	H	I	A	R	H	O
Z	N	E	Q	N	B	E	D	E	R	C	R	G	S	C	R	N	O	U	J
K	N	A	G	G	G	R	Y	O	O	V	H	A	M	M	E	R	I	N	G
D	P	L	B	U	E	S	R	Q	W	E	R	L	I	A	N	O	D	D	Q
K	M	S	T	N	E	N	B	D	D	C	H	O	R	N	Z	T	A	E	F
N	C	F	M	S	U	T	H	R	U	J	Y	N	K	I	K	N	R	R	A

ALARM
AMBULANCE
ARGUMENT
BABIES
BAND
BLENDER
CAR
CHEERLEADERS
CHILDREN
CRASH
CROWD
CYMBALS
DOGS
DOWNPOUR
DRILL
DRUMS
DUCK
ENGINE
GUNS
HAMMERING
HELICOPTER
HORN
JET
MEGAPHONE
MUSIC
PARTY
PLANES
PLAYGROUND
POLICE
RADIO
SHOUTING
SHRIEKS
SIREN
SNOWBLOWER
SPEAKERS
SQUEALS
STEREO
THUNDER
TORNADO
TRAIN
TRUCK
VACUUM
WATERFALL
WIND
YELL

Solution on page 341

Join the Navy

```
X L L U N I F O R M S O O T T A T Q T F
S H I P S U Z T Y Y M L P Z Q D F O C L
Z R L D P A C I F I C O C E A N R H S G
F A E F O G K L O F R O N R N P I R T U
R D S V L M M D E F E N S E E E N E N N
I A S Y I O I R R A R M E D F O R C E S
G R E A S D L D O I R L O D C S X R M I
A S V E H A I H D Q X P E Y E Z S U Y L
T A F L E E T N O M L S O N V L E I O O
E L J V D N A M M P T X I W A S N T L P
S U Q V H H R R M R M R N E E B A I P A
L T W W K L Y M O S A A S A L R L N E N
A E A C A G T Y C M M Y C B E I P G D N
R O E O V V E I B A V A O T R G R Q B A
I D V T B R E U E A P S M Y O C I S O Z
M G N I E E S S N T X L P A H O A E M S
D S M T R J F A A W Z A A T S W B S B K
A N A S R E C I F F O D S R O L I A S X
O W N G I S N E L R R E S I U R C B Y O
K A E H S C S T U E G M X R F H G I Z J
```

ADMIRALS
AIRPLANES
ANNAPOLIS
ARMED FORCES
BASES
BOMBS
BOOT CAMP
BRIG
CHIEF
COMMODORE
COMPASS
CRUISER
DECKHAND
DEFENSE
DEPLOYMENTS
DESTROYER
DIVERS
ENSIGN
FLEET
FRIGATES
GUNS
LIFEBOATS
MEDALS
MILITARY
NAVY SEALS
NORFOLK
NUCLEAR POWER
OFFICERS
PACIFIC OCEAN
POLISHED
RADAR
RECRUITING
SAILORS
SALUTE
SEA CAPTAIN
SEAMAN
SHIPS
SHORE LEAVE
SUBMARINES
TATTOOS
TORPEDO
UNIFORMS
VESSEL
WATER
WAVES

Solution on page 341

It's a Circus

U	W	K	G	O	P	L	A	U	S	U	N	U	I	H	X	Q	Q	N	I
B	I	K	D	Z	Q	G	D	P	S	V	V	H	N	Z	I	C	M	L	B
E	P	E	G	T	I	G	E	R	Y	W	S	I	E	U	F	N	E	T	P
M	N	J	C	H	S	C	X	Y	S	T	A	G	E	U	V	S	A	A	X
T	P	T	L	A	T	B	P	T	A	R	J	E	N	H	R	I	M	G	E
W	T	R	E	A	U	H	O	E	T	A	M	N	R	O	C	P	O	P	C
R	R	E	C	R	Q	D	S	N	G	C	Y	F	H	C	A	N	N	O	N
V	T	L	K	O	T	L	I	T	E	J	I	S	T	L	I	T	S	T	A
T	E	G	X	C	N	A	T	E	J	P	L	K	C	I	R	T	T	G	L
D	O	G	S	C	I	T	I	U	N	T	A	M	E	R	U	P	C	I	A
L	C	U	F	Y	Z	T	O	N	A	C	V	G	I	M	L	I	A	B	B
B	K	J	L	S	T	W	N	R	X	N	E	B	E	A	G	S	E	D	G
M	R	J	K	T	H	G	I	L	T	O	P	S	T	A	T	N	R	V	Q
Z	R	V	T	S	Q	A	G	N	I	I	G	F	M	R	N	B	I	Q	G
H	W	Q	H	I	B	E	A	R	S	L	O	N	E	K	G	T	A	A	Z
R	N	O	R	C	V	H	W	E	C	R	U	N	I	C	Y	C	L	E	P
Q	W	M	I	N	P	V	M	O	M	P	G	S	B	R	L	A	X	F	P
V	C	S	L	E	T	I	D	O	Y	T	I	L	I	G	A	O	O	J	P
X	U	N	L	D	M	O	I	D	H	N	Y	T	N	Q	M	W	W	D	A
M	E	E	X	C	D	J	J	F	R	K	Q	N	O	B	Z	X	S	N	W

ACTS
AERIAL
AGILITY
AUDIENCE
BALANCE
BEARS
BIG TOP
CANNON
CLOWN
CONTORTION
COSTUMES
DOGS
ELEPHANT
EMCEE
ENTERTAIN
EXPOSITION
FUNNY
GALA
HORSE
JUGGLER
LION
MAGIC
MIMES
MUSIC
NET
PAGEANT
PLATFORM
POPCORN
RING
SEATS
SHOW
SPECTACLE
SPOTLIGHT
STAGE
STILTS
STRENGTH
TAMER
TENT
THRILL
TICKET
TIGER
TRAIN
TRICK
UNICYCLE
UNUSUAL

Solution on page 341

Around the Coast

S	R	Q	D	I	X	S	C	O	J	V	H	W	T	H	R	Z	C	E	H
Y	W	C	A	G	K	O	R	T	H	C	A	Y	Z	O	A	E	S	I	H
C	R	B	D	B	K	U	S	A	N	D	Q	O	C	B	W	V	H	P	T
J	D	M	Z	N	R	G	R	A	R	K	L	K	C	O	D	N	I	E	I
G	U	J	D	Q	U	B	I	T	R	N	S	P	H	D	G	R	P	Z	U
H	W	F	B	U	O	Y	B	H	G	A	R	E	B	V	T	A	T	Z	Z
K	I	O	S	R	A	X	C	C	N	E	Q	E	M	L	C	A	Z	E	S
C	N	G	V	Q	E	C	L	O	U	D	S	U	T	O	U	R	I	S	M
Y	D	P	H	W	D	E	I	I	S	Q	E	J	A	A	H	F	R	L	V
F	D	C	E	W	Z	T	Z	P	T	R	S	S	N	T	W	N	F	B	S
P	P	A	K	B	A	M	G	E	D	E	T	R	B	R	I	D	G	E	S
Y	H	L	W	C	B	Y	W	N	R	L	I	V	D	J	W	C	F	A	R
U	E	Y	A	B	O	L	S	I	I	A	U	H	Q	F	F	I	L	C	F
F	C	V	V	C	Y	W	E	N	V	X	S	L	H	U	B	T	O	H	B
P	C	F	E	Y	I	I	E	S	E	A	M	J	F	O	Y	K	R	L	Y
V	Y	A	S	M	G	T	G	U	V	T	I	B	A	R	T	D	A	O	R
S	N	J	M	X	R	S	U	L	O	I	W	T	U	Z	B	E	S	L	R
B	P	I	M	O	Q	X	Q	A	C	O	S	C	N	Y	G	U	L	F	Z
N	N	V	P	F	I	Y	N	P	N	N	H	B	A	I	R	N	E	E	Q
G	F	F	J	L	O	X	M	A	R	M	Y	B	Z	F	U	G	L	F	Z

AQUATIC
BAY
BEACH
BLUFF
BOATS
BREEZE
BRIDGE
CAPE
CLIFF
CLOUDS
COASTLINE
COVE
DOCK
DRIVE
FAUNA
FLORA
GULF
HARBOR
HIGHWAY
HOMES
HOTEL
NAUTICAL
OCEAN
PEBBLES
PENINSULA
PORT
RELAXATION
ROAD
ROCKS
SALTY
SAND
SEA
SHIP
SURF
SWIMMING
SWIMSUITS
TOURISM
TOWN
TRIP
VACATION
WATER
WAVES
WET
WIND
YACHT

Solution on page 342

Water Supply

C	V	G	Z	P	X	N	Z	N	J	Y	Z	O	Y	H	W	W	B	J	F
D	L	P	U	N	R	V	P	D	G	R	H	X	D	L	S	A	L	Z	E
W	T	A	B	T	H	G	U	O	R	D	E	N	D	A	G	B	W	X	X
T	D	C	N	R	N	A	L	E	L	E	A	I	D	H	M	U	B	E	S
O	B	M	G	A	E	O	V	N	S	L	L	C	F	V	E	F	C	N	S
W	K	I	A	O	C	I	R	A	T	I	U	B	H	I	T	K	O	Q	X
G	D	K	E	E	R	C	N	E	H	Y	S	T	A	N	S	W	A	M	P
L	Q	C	D	N	R	Z	W	L	G	I	V	K	I	W	N	H	S	L	O
P	I	C	O	B	O	T	W	C	I	T	L	A	S	O	E	W	T	E	O
L	P	I	K	C	X	I	S	T	R	A	D	L	I	B	N	N	R	G	L
A	A	O	F	D	E	Q	T	E	H	P	W	T	I	Y	E	M	E	A	S
N	I	I	W	M	K	A	T	A	W	V	C	R	A	M	E	E	F	R	P
T	A	I	R	E	M	A	N	A	G	E	M	E	N	T	C	Y	I	O	R
S	H	S	H	T	R	V	T	O	T	I	C	O	S	A	D	T	U	T	I
L	N	H	O	O	S	E	Y	O	Q	I	R	Y	F	R	R	I	Q	S	N
Q	W	T	P	U	R	U	R	W	D	I	S	R	R	E	I	C	A	L	G
Q	H	A	V	S	R	P	D	G	V	O	U	K	I	T	N	O	L	E	Y
S	V	B	H	F	M	C	A	N	C	S	O	H	N	L	K	E	H	Y	K
E	E	E	W	T	W	X	E	E	I	P	J	L	I	I	W	Q	C	L	I
U	D	N	A	L	M	R	A	F	M	Z	Q	J	F	F	N	Y	L	Z	T

AQUIFER
BATH
CANAL
CITY
CLEAN
CREEK
DAM
DRINK
DROUGHT
ECOLOGY
ECOSYSTEM
ENVIRONMENT
EVAPORATE
FARMLAND
FILTER
FISH
FLOOD
GLACIER
ICE
INDUSTRIAL
IRRIGATION
LAKE
MANAGEMENT
MILL
OCEAN
PLANTS
POLLUTION
POOLS
POWER
PROTECTION
RENEWABLE
RIGHTS
RIVER
SALT
SNOW
SOURCE
SPRING
STORAGE
STREAM
SURFACE
SWAMP
TAP
WATERSHED
WELL
WETLAND

Solution on page 342

Look for *Rs*

D	Y	L	H	B	J	S	B	M	R	C	R	A	K	R	X	K	A	F	F
Y	F	H	Q	R	P	N	L	A	A	O	R	S	D	M	C	W	E	K	K
G	B	N	E	X	L	O	D	T	O	M	X	D	A	N	R	S	H	L	D
B	O	P	G	W	L	I	C	M	R	R	R	R	R	H	U	G	N	N	L
P	L	R	I	S	O	G	B	T	E	E	R	E	Y	F	C	O	I	H	A
Y	G	A	S	L	R	I	N	B	S	E	S	T	E	K	F	A	R	K	V
I	F	C	V	Z	A	L	M	O	I	P	H	R	R	H	T	C	J	R	I
T	L	I	C	O	L	E	U	N	O	M	S	E	I	E	R	A	D	A	R
N	F	A	A	B	M	R	D	N	C	C	T	A	R	V	P	X	R	M	C
R	H	L	C	E	C	E	D	N	U	S	C	T	C	P	E	L	H	E	Q
O	O	C	R	E	E	L	R	S	O	T	S	A	O	R	A	R	I	R	K
B	T	M	W	R	A	I	J	O	Y	U	O	O	R	E	P	L	I	E	D
I	P	K	A	E	V	A	R	E	V	O	L	V	E	C	L	C	B	C	S
P	C	I	V	N	H	B	P	U	A	G	C	D	P	O	R	R	F	K	D
M	S	E	R	R	E	L	A	T	E	Z	N	X	L	R	D	E	L	O	I
E	R	L	R	E	S	E	R	V	E	I	I	I	A	D	I	T	F	N	G
Y	K	G	W	S	S	J	N	F	M	D	N	D	C	L	S	U	Z	E	I
K	N	S	G	T	R	O	P	E	R	R	I	B	E	A	N	R	T	N	R
L	L	X	H	M	W	Z	R	H	M	U	Q	R	F	E	R	N	B	C	I
W	R	M	A	C	O	G	E	T	S	T	J	S	S	M	B	R	N	J	A

RACCOON
RACIAL
RACING
RADAR
RADIO
RADIUS
RAISE
RECKON
RECORD
REFER
REFUSE
REINDEER
RELATE
RELIABLE
RELIEF
RELIGION
REMARK
REMEMBER
REMIND
REMOVAL
REPLACE
REPLIED
REPLIES
REPLY
REPORT
RESERVE
RESORT
RESOURCE
RESPOND
RETAIN
RETREAT
RETURN
REVEAL
REVOLVE
RHYTHM
RIGID
RIVAL
RIVER
ROAR
ROAST
ROLL
ROMAN
ROOM
ROOSTER
ROUND

Solution on page 342

Do You Remember?

C	J	F	V	A	S	Y	R	G	N	I	N	R	A	E	Y	T	Q	X	M
Y	M	A	E	R	D	S	A	D	N	O	I	T	O	M	E	D	K	C	B
H	J	M	S	R	N	R	E	M	I	N	I	S	C	E	N	T	D	D	N
T	G	I	R	J	E	H	Y	R	T	S	O	T	O	H	P	R	X	H	G
P	O	L	E	Q	I	M	R	R	D	O	D	L	A	N	R	U	O	J	D
C	R	Y	T	S	R	L	E	J	C	G	X	I	H	R	E	C	A	L	L
E	T	Q	T	T	F	A	T	M	K	P	N	U	A	D	E	V	F	T	E
L	E	O	E	D	S	C	S	E	B	H	P	I	N	R	W	N	E	U	L
B	R	A	L	U	W	E	E	Z	E	E	B	I	D	S	Y	E	E	L	Z
Y	H	M	R	T	A	P	Y	M	O	V	R	H	K	D	W	M	L	G	L
R	C	E	G	N	S	V	I	P	E	G	I	H	E	S	E	D	I	L	I
L	S	P	R	A	S	G	L	C	T	M	T	T	R	I	O	W	N	D	C
E	C	X	K	S	O	E	O	A	S	R	O	E	C	O	R	S	G	C	I
W	I	E	M	A	U	D	I	R	A	D	T	R	H	E	T	L	P	Y	T
E	S	Q	O	E	V	S	T	D	B	T	N	D	I	N	L	Y	O	M	N
J	U	B	V	L	E	G	I	S	I	D	L	O	E	E	J	F	A	O	A
K	M	N	I	P	N	T	A	B	A	I	N	V	F	K	S	G	E	G	M
R	S	S	E	N	I	P	P	A	H	P	E	O	O	P	T	C	M	R	O
C	Z	A	S	O	R	G	S	C	H	A	R	M	I	N	G	N	O	P	R
D	B	G	N	I	G	N	O	L	U	F	T	S	I	W	C	I	O	O	F

BITTERSWEET
CARDS
CHARMING
CHILDHOOD
DIARY
DREAMY
DWELL
EMOTION
EVENTS
FAMILY
FEELING
FOND
FRIENDS
GENERATION
HANDKERCHIEF
HAPPINESS
HEIRLOOM
HISTORY
JEWELRY
JOURNAL
KEEPSAKES
LACE
LETTERS
LONGING
MEMORIES
MOVIES
MUSIC
OLD
PAST
PEOPLE
PHOTOS
PLEASANT
RECALL
REFLECTIVE
REMEMBER
REMINISCENT
RETRO
ROMANTIC
SOUVENIR
TRADITION
TREASURES
WEDDING DRESS
WISTFUL
YEARNING
YESTERYEAR

Solution on page 342

Book of Maps

R	R	E	O	T	X	E	P	O	R	U	E	T	I	V	Q	S	W	K	V
Q	O	R	S	C	B	W	P	E	D	F	Q	H	E	F	F	D	Q	V	N
I	X	T	I	E	E	A	T	G	A	Y	U	T	D	Y	X	L	X	K	E
C	Q	Z	R	N	C	A	R	S	Y	C	A	R	I	B	B	E	A	N	D
S	O	W	F	I	T	A	N	B	C	N	T	U	C	R	F	I	J	W	U
D	X	U	F	S	P	O	L	S	G	O	O	O	S	B	G	D	D	X	T
A	T	I	N	C	I	T	Y	P	D	I	R	E	C	T	I	O	N	S	I
O	C	Z	E	T	R	A	V	E	L	T	Y	H	P	A	R	G	O	E	G
R	P	I	A	S	Y	Q	G	W	S	C	H	I	G	H	W	A	Y	P	N
B	T	N	R	A	A	C	R	A	R	E	V	O	C	S	I	D	L	C	O
W	O	Q	R	E	G	I	O	N	A	S	V	G	Y	I	Z	W	H	I	L
H	P	U	S	E	M	C	T	E	R	R	I	T	O	R	I	E	S	T	A
I	O	E	N	L	D	A	C	I	R	E	M	A	H	T	U	O	S	E	F
C	G	O	I	D	D	U	H	S	D	T	V	F	R	E	T	A	W	G	R
F	R	P	A	D	A	N	T	T	T	N	S	B	O	Q	C	N	Q	D	I
Y	A	W	T	I	L	R	A	I	R	I	E	Z	U	A	R	C	T	I	C
M	P	K	N	M	K	R	I	L	T	O	A	G	T	Y	N	A	B	R	A
K	H	K	U	N	E	Y	O	E	H	A	N	R	E	V	V	I	R	B	I
M	Y	T	O	A	X	Q	L	W	S	A	L	K	T	L	M	S	C	K	R
F	W	K	M	O	B	B	Z	V	M	I	M	N	T	S	C	A	L	E	Q

AFRICA
ARCTIC
AREA
ASIA
AUSTRALIA
BOUNDARIES
BRIDGE
CARIBBEAN
CITY
COAST
COUNTY
DIRECTIONS
DISCOVER
EQUATOR
EUROPE
GEOGRAPHY
HIGHWAY
INTERSECTION
KEY
LAND
LATITUDE
LEGEND
LONGITUDE
MAP
MIDDLE EAST
MOUNTAINS
NATIONS
NEW
NORTH AMERICA
OCEANS
PACIFIC
PLACES
REGION
ROADS
ROUTE
SCALE
SOUTH AMERICA
STATE
STRAITS
TERRITORIES
TOPOGRAPHY
TRAVEL
TRIP
WATER
WORLD

Solution on page 342

Clean House

Y	C	D	V	K	Y	R	O	Y	T	K	X	O	R	I	A	K	W	A	D
D	A	B	H	E	T	B	Y	M	U	U	C	A	V	I	S	C	R	U	B
D	Y	P	J	G	Q	Z	F	I	L	T	H	E	B	X	L	Z	N	Y	O
A	I	A	A	N	R	F	C	L	V	N	S	B	Y	O	U	A	S	V	N
U	V	S	R	O	Z	Y	R	D	A	A	E	H	T	G	E	S	D	Z	W
X	F	P	C	P	S	U	P	E	T	D	R	H	I	L	E	M	U	K	Y
A	Y	A	O	S	S	U	E	W	S	S	G	N	C	N	G	M	S	S	G
V	R	R	B	K	T	Q	Z	U	U	H	U	K	I	T	E	K	I	B	G
G	E	K	W	B	R	A	J	N	D	D	S	D	A	S	I	R	A	R	E
G	H	L	E	G	H	M	I	Y	J	W	I	C	V	T	H	K	A	A	G
K	T	E	B	L	S	S	A	N	I	T	I	Z	E	T	I	D	F	G	D
B	A	E	S	O	Y	U	A	E	E	O	R	G	A	N	I	Z	E	E	S
M	L	V	V	V	W	N	E	W	L	D	S	S	G	M	T	V	O	N	O
Y	I	V	H	E	R	G	S	L	V	G	R	S	O	T	K	D	L	I	P
Q	P	R	S	S	A	L	R	W	S	U	O	O	G	S	O	X	B	V	B
C	L	E	U	B	B	A	B	E	O	D	R	D	W	R	L	U	T	U	R
O	O	T	R	A	S	Y	F	C	A	D	I	S	I	N	F	E	C	T	O
D	Z	A	B	N	D	I	S	H	E	S	N	Z	P	F	J	K	W	A	O
V	G	W	H	C	A	E	L	B	B	K	E	I	E	W	E	J	Z	O	M
K	M	X	M	U	J	C	W	Y	J	E	C	X	W	T	S	A	G	Q	T

BAKING SODA
BEDROOM
BLEACH
BROOM
BRUSH
BUCKET
BUFF
CLEAN
CLOTH
COBWEBS
DEODORIZE
DISHES
DISINFECT
DUST
ELBOW GREASE
FILTH
FRESH SCENT
GARBAGE
GLEAM
GLOVES
GRIME
KITCHEN
LATHER
MILDEW
ORGANIZE
RAGS
SANITIZE
SCOUR
SCRUB
SHINE
SOAP
SPARKLE
SPONGE
SPRAY
STAINED
SUDS
TIDINESS
TOWELS
VACUUM
VARNISH
VINEGAR
WASH
WATER
WINDOWS
WIPE

Solution on page 342

Ingredients

U	U	G	T	Y	D	B	O	V	C	N	N	W	X	B	W	A	H	Z	D
E	X	M	Q	A	A	N	A	N	A	B	E	A	N	S	U	G	A	R	M
Y	T	R	V	H	P	N	Z	I	I	X	C	V	Y	U	Y	P	N	H	Y
Q	U	D	H	E	I	V	B	T	A	O	M	X	F	O	H	N	O	L	H
D	A	Q	I	L	O	C	C	O	R	B	N	O	H	E	R	B	S	M	V
S	S	A	L	T	U	B	H	M	Y	E	A	S	T	Q	J	A	E	G	G
H	P	A	P	P	L	E	O	A	S	R	E	K	C	A	R	C	W	E	Z
A	T	R	U	O	L	F	C	T	E	E	S	E	E	H	C	O	O	C	F
Q	Y	Q	I	R	G	T	O	O	A	D	H	G	M	X	A	N	U	T	E
R	W	Q	U	N	U	B	L	E	S	W	A	Y	G	Q	K	S	I	T	M
N	S	X	F	R	K	S	A	J	O	O	M	K	N	L	O	K	S	D	Q
M	Q	J	K	Z	E	L	T	K	N	P	B	S	I	O	N	Z	I	S	S
S	W	E	E	T	E	N	E	R	I	G	U	M	N	A	O	T	C	T	H
O	Y	R	A	D	I	C	E	S	N	N	R	W	E	I	O	D	Q	W	N
U	B	D	E	K	C	B	L	Q	G	I	G	A	T	R	A	N	L	L	U
P	O	W	P	P	M	T	G	B	S	K	E	S	R	O	W	R	I	E	T
B	P	M	W	U	P	A	R	J	S	A	R	A	O	X	F	J	G	U	S
Y	U	F	C	H	Y	E	L	R	A	B	C	Q	H	D	F	U	Q	B	Q
P	H	U	Z	D	A	M	P	O	T	A	T	O	S	E	A	F	O	O	D
K	C	I	C	D	X	J	Y	S	Z	Z	K	P	Y	W	T	I	R	E	J

APPLE
BACON
BAKING POWDER
BAKING SODA
BANANA
BARLEY
BEANS
BEEF
BREAD
BROCCOLI
CARROT
CHEESE
CHOCOLATE
CRACKERS
CUCUMBER
DATES
EGG
FLOUR
GRAINS
HAMBURGER
HERBS
ICE
MEAT
MILK
NOODLES
NUTS
ONIONS
PEPPER
POTATO
PUMPKIN
QUINOA
SALT
SEAFOOD
SEASONINGS
SHORTENING
SOUP
SPRINKLES
SUGAR
SWEETENER
TOFU
TOMATO
TUNA
TURKEY
VANILLA
YEAST

Solution on page 343

Video Games

C	F	I	O	W	C	A	S	U	A	L	G	X	I	P	X	C	O	Q	L
N	R	C	Y	P	W	A	R	C	A	D	E	N	I	L	N	O	I	G	A
J	Q	A	I	V	I	R	T	S	I	S	T	N	I	A	L	N	A	L	V
W	E	L	A	U	S	I	M	V	T	E	D	N	Q	T	H	I	G	I	I
Q	K	W	S	H	O	O	T	E	R	R	V	O	F	F	H	V	K	P	V
Q	T	C	Q	N	Z	F	P	F	L	F	A	I	S	O	R	G	F	S	R
L	L	E	C	H	A	R	A	C	T	E	R	T	K	R	V	O	I	P	U
D	M	V	N	O	H	C	A	Z	Y	S	O	I	E	M	H	K	L	F	S
V	L	L	C	R	E	S	D	N	T	R	H	T	J	G	A	A	G	E	S
V	Z	J	H	R	E	O	V	P	Y	H	C	E	Y	N	Y	S	L	X	X
Y	R	L	A	O	V	T	E	P	N	G	W	P	N	O	L	C	R	V	T
U	I	Z	L	R	I	R	N	O	I	N	M	M	N	P	A	E	I	P	E
O	F	W	L	Y	S	Q	T	I	U	I	N	O	I	T	A	C	U	D	E
L	S	A	E	O	U	T	U	N	P	T	I	C	S	L	I	Z	R	H	N
B	E	I	N	Q	A	R	R	T	M	T	Z	B	I	H	Z	I	H	L	Q
E	N	V	G	T	L	O	E	S	C	E	O	S	P	L	V	I	B	Y	K
H	W	J	E	E	A	P	P	I	M	S	T	A	E	I	K	W	Y	O	Z
E	Q	J	B	L	E	S	F	L	S	I	R	T	N	E	L	O	I	V	F
G	T	L	M	Y	S	T	Y	K	C	G	O	G	N	I	C	A	R	O	N
I	H	I	B	U	R	P	C	E	L	O	J	T	T	R	I	M	M	Q	K

ACTION
ADVENTURE
ARCADE
CASUAL
CHALLENGE
CHARACTER
COMPETITION
DRIVING
EDUCATION
FANTASY
FICTION
FIGHTING
FIRST PERSON
FPS
GRAPHIC
HORROR
INTERFACE
INTERNET
LEVELS
MYST
OBSTACLES
ONLINE
PLATFORM
POINTS
PONG
PUZZLE
RACING
REALISTIC
ROLE
RPG
SEGA
SETTING
SHOOTER
SIM
SKILL
SPORT
STORY
STRATEGY
SURVIVAL
TEEN
TRIVIA
VIOLENT
VISUAL
WAR
WII

Solution on page 343

Sail Away

T	Y	F	I	Y	I	I	G	X	G	H	N	L	O	E	T	W	I	K	N
H	C	A	H	U	W	S	N	C	L	I	E	M	Y	L	R	J	R	L	L
E	T	L	C	S	E	P	X	A	G	A	R	D	D	P	K	G	X	L	D
Q	T	A	O	H	A	E	K	L	V	S	M	B	Q	K	W	Q	O	U	G
X	C	L	O	T	T	E	I	H	W	Y	H	R	V	T	Q	A	Q	W	M
R	K	Z	S	S	H	D	P	C	W	O	P	U	O	Z	D	V	G	G	R
A	F	S	T	E	E	R	D	F	R	O	P	A	F	T	G	N	F	G	R
P	E	C	A	F	R	U	S	D	B	E	O	D	C	A	S	H	I	P	K
M	R	R	W	T	P	S	L	I	A	S	W	C	Q	H	X	S	F	W	K
R	I	K	O	U	L	P	C	R	W	L	E	F	E	S	C	Q	Z	C	U
Q	Q	V	B	D	F	I	V	L	E	N	R	E	M	A	P	U	A	S	W
B	O	G	L	O	Y	N	W	E	V	T	T	C	R	E	N	A	D	E	T
S	X	G	F	A	W	N	K	F	R	B	A	R	Q	O	L	R	Z	C	S
A	Z	I	Q	O	N	A	A	A	L	N	Q	W	I	A	T	E	J	R	Q
R	E	D	D	U	R	K	V	M	V	O	L	T	C	I	E	O	F	O	I
J	O	P	F	H	K	E	B	A	I	O	A	I	R	R	X	P	R	F	B
N	J	P	Z	J	L	R	S	M	W	C	T	T	B	F	O	W	W	K	N
E	P	E	E	H	O	I	S	T	A	U	S	G	V	O	Y	A	G	E	W
N	D	R	I	D	C	Y	U	V	A	S	U	Z	L	I	P	V	A	N	C
L	M	G	P	F	W	B	H	N	R	Y	T	S	U	L	G	E	I	Q	D

AERODYNAMICS
AFT
AIRFOIL
BOW
BREEZE
CANVAS
CLOTH
CREW
DRAG
FLOAT
FORCES
FORESTAY
FUN
GLIDE
HOIST
KEEL
LAKE
MAST
NAUTICAL
NAVY
OCEAN
POWER
RIG
ROPE
ROTOR
RUDDER
SAILS
SEA
SHEET
SHIP
SLOOP
SPEED
SPINNAKER
SQUARE
STEER
STORM
SURFACE
TRAVEL
VACATION
VOYAGE
WATER
WAVE
WEATHER
WIND
YACHT

Solution on page 343

City Center

I	C	H	Q	L	G	M	F	C	V	X	J	L	I	Q	K	C	L	V	S
U	A	Z	V	K	E	S	M	O	G	P	O	P	U	L	A	T	E	D	A
Z	F	D	Z	G	X	S	S	G	N	L	T	N	A	R	B	I	V	Z	P
T	N	M	K	B	A	Q	I	A	I	Y	Q	W	U	R	B	A	N	Q	R
M	M	R	B	L	U	U	L	O	K	K	S	G	E	C	I	F	F	O	B
Q	Y	L	N	A	A	I	H	D	N	S	T	T	L	T	B	O	A	F	A
B	K	S	R	O	V	W	P	A	O	S	N	D	P	E	O	P	L	E	R
A	B	E	E	E	I	L	E	R	H	E	A	O	E	N	C	Y	U	C	S
B	H	R	C	R	E	T	C	D	C	O	R	E	D	C	I	L	B	U	P
G	I	O	R	U	E	L	C	A	I	Y	U	V	E	I	X	A	T	T	O
F	W	T	E	T	S	T	Q	E	R	S	A	L	S	T	C	C	M	B	H
I	A	S	A	L	O	T	E	C	S	T	T	J	T	C	O	O	B	Q	S
K	L	R	T	U	K	H	E	M	D	R	S	R	R	E	M	M	U	S	G
D	K	G	I	C	O	Z	R	E	G	V	E	C	I	L	M	M	I	T	O
Q	A	E	O	L	R	N	X	P	R	N	R	T	A	C	U	E	L	H	P
T	R	A	N	S	P	O	R	T	A	T	I	O	N	E	T	R	D	E	K
B	O	J	T	E	Y	A	W	B	U	S	S	K	D	I	E	C	I	A	B
B	U	L	C	L	R	T	X	D	G	O	V	E	R	N	M	E	N	T	B
C	N	H	S	T	H	G	I	L	S	S	I	G	N	A	L	Y	G	E	O
P	D	Q	K	I	H	B	Y	C	K	B	W	I	T	P	P	Q	S	R	N

ALIVE
ARTS
BARS
BUILDINGS
CENTER
CITY
CLUB
COMMERCE
COMMUTE
CORE
CROSSWALK
CROWDS
CULTURE
DISTRICT
ECLECTIC
ENERGY
GOVERNMENT
HONKING
HUB
INTERSECTION
LIGHTS
MAIN
NOISE
OFFICE
PARKING METER
PEDESTRIAN
PEOPLE
POPULATED
PUBLIC
RECREATION
RESTAURANTS
SHOPS
SIDEWALK
SIGNAL
SMOG
SQUARE
STORES
STREETS
SUBWAY
TAXI
THEATER
TRANSPORTATION
URBAN
VIBRANT
WALK AROUND

Solution on page 343

Rockabilly Music

U	Q	B	D	W	J	O	G	L	Z	L	P	W	U	K	C	I	R	H	E
E	A	A	U	I	X	G	C	F	A	N	S	I	N	G	E	R	I	N	F
C	B	S	Y	D	I	X	N	R	L	H	D	M	A	R	G	K	K	V	U
Q	C	S	P	A	D	K	Q	F	S	F	S	H	U	N	E	C	U	S	X
O	R	I	Q	B	K	Y	S	I	V	L	E	A	I	R	O	T	O	Z	G
K	O	O	S	P	X	M	H	R	E	B	B	W	C	R	D	I	S	R	A
O	C	H	L	U	E	P	L	O	B	I	S	K	X	Y	D	O	U	E	Q
H	K	P	C	L	M	X	K	C	L	L	N	Z	B	A	N	D	C	I	W
R	N	Y	O	E	G	O	C	A	R	L	P	E	R	K	I	N	S	G	M
B	S	D	M	R	D	J	A	R	O	H	Y	T	C	I	E	E	H	O	N
P	Y	W	L	U	T	G	B	E	B	A	R	L	U	U	T	C	S	O	C
N	R	X	Y	R	K	M	P	E	Z	L	E	Z	L	A	A	N	W	B	J
S	T	Y	L	E	A	Y	A	N	R	E	W	F	T	I	L	A	U	V	U
C	X	J	S	C	L	T	L	N	S	Y	N	S	S	O	B	D	M	G	D
N	A	Y	N	O	B	S	S	S	T	I	D	I	C	G	U	L	N	K	M
B	J	C	A	R	D	K	E	R	N	E	G	I	O	U	M	Q	L	H	O
A	E	L	E	D	G	N	K	R	T	W	A	N	G	I	N	A	T	I	F
Z	E	V	J	S	N	U	U	I	P	C	O	U	N	T	R	Y	B	A	H
O	E	W	M	E	O	P	N	O	I	S	U	F	L	A	H	H	K	J	K
R	Y	F	T	F	S	U	G	J	S	U	N	L	Y	R	I	C	S	I	T

ALBUM
BAND
BASS
BEAT
BILL HALEY
BOOGIE
BUDDY HOLLY
CARL PERKINS
COUNTRY
DANCE
DRUMS
ECHO
ELVIS
FANS
FUSION
GENRE
GUITAR
HILLBILLY
INFLUENCE
JEANS
JOHNNY CASH
LYRICS
MELODY
MEMPHIS
MUSIC
PIANO
PORTMANTEAU
PRESLEY
PUNK
RADIO
RECORDS
REVERB
RHYTHM
ROCK
ROLL
SINGER
SLAPBACK
SONG
SOUND
STYLE
SWING
TENNESSEE
TWANG
UNITED STATES
WESTERN

Solution on page 343

Freeways

B	A	E	F	I	B	Q	R	Z	L	T	Y	A	M	E	Y	Y	D	M	O
Y	T	C	Y	I	U	U	C	H	R	O	W	Z	H	I	S	D	N	D	P
N	R	T	L	A	H	P	S	A	R	S	E	C	I	L	O	P	Q	E	G
Q	I	A	S	C	T	I	V	E	T	U	M	M	O	C	O	H	G	X	C
C	P	K	L	T	Z	E	Y	K	L	V	N	Y	B	L	S	N	G	I	S
R	G	A	O	D	L	W	L	R	P	C	O	R	L	Q	A	N	R	W	J
M	Y	L	N	I	R	S	Q	O	A	N	I	U	D	H	O	Y	K	F	F
R	L	S	G	N	W	I	J	W	T	C	T	H	C	L	B	L	S	W	E
F	A	H	T	H	Y	D	V	T	R	I	C	R	E	S	R	I	H	C	Q
E	T	M	E	L	A	E	J	E	O	D	E	D	I	V	I	D	O	I	L
E	T	L	P	S	W	X	V	N	L	T	S	Z	L	X	D	N	U	F	H
Y	D	U	R	S	K	P	M	A	N	D	R	S	Y	Y	G	I	L	F	R
N	O	S	O	E	R	Q	G	I	T	O	E	T	A	E	E	M	D	A	I
G	A	T	T	R	A	N	S	P	O	R	T	R	S	P	N	U	E	R	T
A	U	I	G	P	P	U	B	L	I	C	N	T	E	T	Y	R	R	T	S
S	T	X	D	X	D	U	L	V	C	F	I	A	O	B	R	B	U	K	A
Y	O	E	M	E	J	F	M	O	T	O	R	W	A	Y	M	E	C	O	F
V	D	P	V	R	M	J	R	G	N	I	S	S	A	P	K	U	E	D	J
F	L	A	N	E	N	T	E	Q	A	Q	K	V	T	U	R	X	N	T	B
S	P	E	E	D	F	U	I	F	P	W	Z	K	T	T	B	U	T	T	O

ASPHALT
AUTO
BRIDGE
BUS
BYPASS
CAR
CITY
COMMUTE
CONGESTION
DIVIDED
DRIVE
EXITS
EXPRESS
FAST
INTERCHANGE
INTERSECTION
JOURNEY
LANE
LIGHT
LONG
MEDIAN
MOTORWAY
NETWORK
NUMBERED
PARKWAY
PASSING
PATROL

PAVED
POLICE
POLLUTION
PUBLIC
RAMPS
ROUTE
SHOULDER
SIGNS
SPEED
STREET
SUV

TOLL
TRAFFIC
TRANSPORT
TRAVEL
TRIP
TRUCKS
VEHICLES

Solution on page 343

Michael Phelps

X	H	P	D	E	C	O	R	A	T	E	D	E	V	L	G	W	P	E	D
P	X	Y	H	V	B	N	T	R	V	F	N	X	K	H	O	E	K	N	U
E	B	O	Q	I	S	K	A	G	T	T	S	A	O	L	L	O	A	N	A
N	Y	E	I	T	L	V	G	C	W	C	E	N	M	Y	D	L	P	K	B
C	C	K	R	I	N	A	H	N	I	T	O	C	T	W	Y	L	T	E	T
N	F	O	J	T	C	E	N	P	Z	R	V	S	H	R	O	E	E	C	N
P	P	R	F	E	E	P	M	T	S	J	E	R	A	N	A	B	H	A	Y
S	H	T	O	P	P	Y	X	E	H	E	K	M	G	M	I	I	B	R	E
S	P	S	U	M	L	Y	L	S	R	R	T	C	A	X	L	Q	N	O	C
H	M	U	N	O	I	L	I	F	O	I	O	K	H	D	C	H	U	U	B
K	D	R	D	C	H	F	W	D	M	U	T	P	R	A	R	E	S	E	W
H	E	D	A	I	G	R	E	E	R	J	O	E	Y	D	M	A	L	V	G
M	C	E	T	N	S	E	S	S	N	B	N	N	R	I	C	P	A	N	E
T	E	A	I	P	P	T	E	R	M	W	E	A	Q	U	A	T	I	C	V
H	K	Y	O	S	X	T	A	Z	E	P	F	I	H	H	K	M	R	O	E
U	L	V	N	C	C	U	I	N	A	C	I	I	J	L	M	Q	T	H	N
F	T	S	A	E	R	B	V	I	C	T	O	R	Y	I	R	G	K	Y	T
Z	I	P	R	L	A	D	E	M	Z	E	E	R	W	A	N	I	F	Y	E
R	J	J	X	Q	W	S	S	E	C	C	U	S	D	G	C	G	N	L	X
U	K	M	U	E	L	Q	J	A	S	S	I	B	S	K	F	A	M	D	A

AMERICAN
AQUATIC
ARMS
BEIJING
BOB BOWMAN
BREAST
BUTTERFLY
CHAMPION
CHILDREN
COACH
COMPETITIVE
CRAWL
DECORATED
DISTANCE
EVENT
FINA
FLYING FISH
FOUNDATION
FREESTYLE
GOLD
HONORS
KICK
LONG COURSE
MARYLAND
MEDAL
OLYMPICS
PHILANTHROPY
POOL
RACE
RECORD
RETIREMENT
SPEEDO
SPORTS
STROKE
SUCCESS
SWIMMING
TEAM
TECHNIQUE
TIMES
TRAIN
TRIALS
USA
VICTORY

Solution on page 344

Holiday Time

W S F Q K R Y F Q Y K A R K P F A B N E
N R L T Y U L E Y E T L P R E N N I D S
X T R A V E L A K N W R E A T H W B T D
Z D I H N C O A A A C S A Z Q N Q H E F
C Z Q N O U J S L A E M C P O F Y G J Y
B V D S S N H O G N L Y V I H O V N G I
F Y B S A E O A T R E N T E R T A I N C
B T L E E M L R P D B A G T E J C P I M
Z C U R S A M T S I R H C Y T T A P R B
Z U Y D E S E C M O A A F E A S T O E C
A B Y R R E M O C R T Z C Z F Q I H H O
Z A B E R U D E G N I K C O T S O S T Z
R Z J T Q C D N S A O B O W H U N V A O
A A V X Z I J M I M N D D N A L R A G C
P J J P V S H R N E V E I S R B A K E U
U Q Y R U U C G G N R X P T O E L V E S
D N G I E M I E I T G G K H N N O G D Y
Y N T Z X X B P N E X S I G E T U G K G
A A Y G S T F I G T L Y L I M A F F I P
E Y S B Z S L V E O S S Y L L O H E D R

BAKE
CARD
CELEBRATION
CHRISTMAS
DECORATION
DINNER
DRESS
ELVES
ENTERTAIN
EVE
FAMILY
FEAST
FOOD
GALA
GARLAND
GATHERING
GIFTS
HOLLY
HONOR
IVY
JOLLY
LIGHTS
MEALS
MENORAH
MERRY
MUSIC
ORNAMENT
PARTY
PRESENT
REINDEER
SANTA
SCENTS
SEASON
SHOPPING
SINGING
SLEIGH
STOCKING
SUIT
TINSEL
TRAVEL
TREE
TURKEY
VACATION
WREATH
YULE

Solution on page 344

Fun with Kites

D	K	W	G	G	S	H	P	Q	M	E	G	T	R	A	D	R	G	T	Z
K	G	I	T	O	D	D	D	C	P	I	M	A	E	W	N	L	K	Q	D
U	P	E	H	N	M	Y	A	M	O	C	P	A	C	A	I	R	L	X	Y
B	B	B	C	Y	Y	O	S	Y	A	M	A	P	R	D	W	T	A	S	Y
I	T	Y	E	S	A	I	Y	M	F	T	P	H	E	F	N	N	V	E	A
G	M	U	N	Z	F	H	G	I	H	W	E	E	A	U	D	N	I	L	L
V	S	K	F	M	X	X	X	G	O	Z	R	R	T	C	L	O	T	H	P
L	I	I	Q	W	P	A	I	N	E	T	U	S	I	I	Y	I	S	H	G
Z	Z	R	C	M	I	L	P	E	P	W	N	R	O	A	T	L	E	K	L
I	G	F	N	C	S	S	R	H	O	B	B	Y	N	U	L	I	F	V	Y
H	A	L	B	J	L	B	P	Y	S	A	N	I	D	B	G	G	O	D	G
R	N	J	J	K	S	R	F	O	F	I	H	E	O	H	V	A	O	N	T
V	F	L	G	P	O	V	X	A	R	C	A	X	T	U	S	R	I	O	Z
A	O	Y	E	N	X	G	M	J	C	T	B	D	K	S	T	D	Y	M	J
T	J	V	F	O	N	I	U	H	C	A	E	B	A	H	L	S	R	A	I
Z	F	M	I	L	L	W	A	P	W	S	E	T	R	O	F	B	I	I	L
F	M	P	Y	Y	N	S	G	N	I	R	T	S	H	A	P	E	S	D	B
P	O	R	C	N	E	T	H	G	I	F	I	F	L	E	O	A	K	P	E
K	Z	K	R	J	D	N	N	M	U	L	D	L	I	G	R	N	I	H	G
Y	Z	Y	U	B	S	J	K	N	K	W	W	R	E	L	A	S	U	V	D

AIR
ALTITUDE
ART
BEACH
BIRDS
BOX
BREEZE
CHASE
CHINA
CLOTH
COMPETITION
DESIGN
DIAMOND
DRAG
FABRIC
FALL
FAMILY
FESTIVAL
FIGHT
FLY
FRAME
FUN
GLIDE
HEIGHT
HIGH
HOBBY
HOLDING
LIFT
LIGHT
MATERIAL
NYLON
OUTSIDE
PAPER
PLAY
RECREATION
RUN
SHAPES
SILK
SKY
SPORT
STRING
STUNT
TETHERS
TOY
WIND

Solution on page 344

All *OLOGY*

Y	G	O	L	O	I	C	A	L	G	Y	N	E	C	O	L	O	G	Y	E
G	B	X	Y	G	O	L	O	H	T	A	P	O	I	S	Y	H	P	D	X
O	I	I	G	R	E	T	Y	M	O	L	O	G	Y	G	V	K	I	D	O
L	R	T	O	G	P	H	Y	G	O	L	O	I	S	E	L	C	C	E	B
O	I	O	L	M	L	I	Y	G	O	L	O	T	O	O	U	W	O	M	I
N	D	X	O	Y	E	S	C	G	O	L	R	H	Q	C	S	G	N	O	O
E	O	I	H	G	G	T	H	R	O	L	O	X	Z	H	O	H	O	N	L
R	L	C	C	O	Q	O	E	A	Y	L	O	T	W	R	P	G	L	O	O
H	O	O	Y	L	U	P	L	O	G	P	O	I	A	O	L	Y	O	L	G
P	G	L	S	O	Z	A	I	O	R	I	T	X	B	N	G	D	G	O	Y
N	Y	O	P	T	D	T	E	I	G	O	O	O	E	O	O	C	Y	G	G
E	G	G	O	A	E	H	N	T	L	N	L	L	L	L	I	E	N	Y	O
U	O	Y	R	M	N	O	T	Q	H	U	Y	O	O	O	F	D	N	V	L
R	L	G	U	R	D	L	O	C	C	O	T	R	G	G	G	E	A	I	O
O	O	O	E	E	R	O	M	X	D	E	Z	U	A	Y	Y	Y	R	R	C
L	R	L	N	D	O	G	O	I	M	M	U	N	O	L	O	G	Y	O	E
O	C	O	D	A	L	Y	L	S	E	I	S	M	O	L	O	G	Y	L	M
G	E	E	Y	G	O	L	O	N	I	M	I	R	C	U	C	T	F	O	R
Y	N	H	A	V	G	C	G	E	P	I	D	E	M	I	O	L	O	G	Y
C	Z	T	H	G	Y	G	Y	G	O	L	O	P	A	C	S	E	S	Y	M

BIOMETEOROLOGY
COSMETOLOGY
CRIMINOLOGY
CRYPTOLOGY
DEMONOLOGY
DENDROLOGY
DERMATOLOGY
ECCLESIOLOGY
ENTOMOLOGY
EPIDEMIOLOGY
ESCAPOLOGY
ETYMOLOGY
EXOBIOLOGY
GEOCHRONOLOGY
GLACIOLOGY
GYNECOLOGY
HAGIOLOGY
HISTOPATHOLOGY
ICONOLOGY
IMMUNOLOGY
IRIDOLOGY
MYRMECOLOGY
NECROLOGY
NEONATOLOGY
NEUROLOGY
NEUROPSYCHOLOGY
OTOLARYNGOLOGY
OTOLOGY
PHRENOLOGY
PHYSIOPATHOLOGY
RADIOBIOLOGY
REFLEXOLOGY
SEISMOLOGY
THEOLOGY
TOXICOLOGY
VIROLOGY

Solution on page 344

Made You Laugh

L	U	K	M	W	B	C	X	Z	M	C	V	K	Q	E	I	O	E	J	X
F	F	O	N	H	S	Q	T	Z	K	P	Z	I	E	L	G	G	I	G	S
Y	J	B	U	F	F	O	O	N	E	R	Y	S	A	R	C	A	S	M	T
N	O	M	P	Y	F	O	O	G	P	N	E	T	T	I	R	W	T	K	E
O	O	I	F	M	I	C	R	O	P	H	O	N	E	B	K	M	R	S	Y
R	J	G	U	L	K	N	L	V	O	D	D	D	I	V	I	F	O	Z	Y
I	T	L	N	K	W	I	S	E	C	R	A	C	K	S	G	D	U	P	P
G	R	V	N	C	T	S	O	E	O	N	U	N	C	P	N	E	T	D	G
N	I	O	Y	I	R	S	N	E	O	J	D	H	Y	E	I	L	I	M	R
I	C	N	C	T	G	A	E	C	Q	N	I	W	U	D	K	S	N	T	Q
K	K	A	R	N	G	R	L	J	Y	E	E	N	Z	J	O	W	E	Y	U
N	L	E	E	A	E	A	J	C	F	N	N	Q	Y	O	J	R	P	B	I
I	L	L	A	P	S	R	V	C	W	I	C	D	O	W	K	N	A	R	P
W	E	C	T	S	T	N	K	O	P	G	E	Q	C	A	P	E	R	P	G
D	T	H	I	B	U	L	L	M	R	M	W	Y	U	Q	L	R	N	H	F
O	F	C	V	P	R	C	B	I	O	P	A	T	S	D	W	I	A	P	R
O	W	L	E	V	E	U	Y	C	W	F	M	R	D	S	I	T	V	Z	M
H	Z	B	X	Y	L	L	I	S	L	G	N	I	M	I	T	A	V	Q	L
Q	M	S	O	C	A	O	X	F	B	A	R	D	F	B	T	S	M	G	A
I	N	T	M	A	W	W	B	O	U	W	G	S	W	Y	Y	E	J	V	N

ANECDOTAL
ANTIC
AUDIENCE
BAR
BUFFOONERY
CAPER
CLASSIC
CLEAN
CLOWN
CLUB
COMEDY
COMICS
CREATIVE
DIRTY
FUNNY
GESTURE
GIGGLE
GOOFY
HOODWINKING
HUMOR
IMPROV
INNUENDO
IRONY
JEST
JOKING
KNOCK KNOCK
MICROPHONE
MISCHIEF
PARODY
POLITICAL
PRANK
PUN
QUIP
RIDDLE
ROUTINE
SARCASM
SATIRE
SILLY
STAGE
TELL
TIMING
TRICK
WISECRACK
WITTY
WRITTEN

Solution on page 344

Ski Trip

T	E	F	Y	X	J	D	C	A	B	I	N	S	S	U	I	T	D	F	E
M	N	D	O	E	R	O	V	N	J	O	X	R	E	N	T	A	L	S	P
T	S	J	A	I	A	W	D	M	E	F	O	I	E	C	O	I	X	I	Q
C	Z	M	F	T	O	R	O	F	H	T	H	T	T	D	G	W	B	K	L
H	I	T	N	E	M	E	T	I	C	X	E	O	S	H	W	B	J	S	Q
N	S	L	E	D	J	K	S	U	N	S	C	K	T	F	S	O	Y	N	T
A	I	A	J	L	N	G	R	E	A	E	O	S	P	E	F	F	P	V	I
S	N	A	E	U	F	T	K	V	L	M	P	A	E	A	L	N	L	I	C
Q	D	O	T	L	S	I	M	Y	A	G	Z	M	P	V	R	U	C	H	K
D	B	Y	N	N	U	B	T	P	V	Q	G	R	R	S	O	K	A	B	E
E	T	R	I	P	U	S	N	X	A	G	G	O	N	D	O	L	A	F	T
G	X	K	K	W	E	O	H	P	M	U	J	G	G	L	E	E	G	H	L
X	H	E	P	E	R	S	M	E	O	A	H	R	G	T	S	L	L	I	H
C	Q	N	R	D	E	N	I	P	L	A	G	E	U	N	R	L	N	B	Q
C	J	F	I	C	O	O	Y	D	A	M	A	R	H	H	I	A	V	P	V
R	R	C	D	Y	I	S	J	G	L	R	E	S	O	R	T	D	I	O	D
F	E	H	Z	C	Z	S	M	N	S	G	T	T	H	X	C	X	G	L	W
U	Q	C	V	P	W	E	E	D	D	O	T	T	R	E	E	S	O	E	Y
Y	J	I	W	T	Z	L	Z	O	D	Z	L	R	B	G	E	C	A	R	E
X	T	G	Y	L	I	D	L	I	F	T	F	S	P	U	U	G	M	U	T

ALPINE
AVALANCHE
BOOTS
BUNNY
CABIN
CHALET
COAT
COLD
DRIFTS
EXCITEMENT
EXERCISE
FLIGHT
FREESTYLE
GEAR
GLOVES
GOGGLES
GONDOLA
HELMET
HILLS
HOTEL
INSTRUCTOR
JUMP
LEASH
LESSONS
LIFT
LODGE
MASK
MOUNTAIN
NORDIC
PARKA
POLE
POWDER
RACE
RENTALS
RESORT
SKIS
SLALOM
SLED
SNOW
SUIT
THRILL
TICKET
TRAIL
TREES
TRIP

Solution on page 344

Farming Crops

E W U H M T R P C A B Y F I W H T B K G
N R O T A T I O N K P C O T T O N B K B
G H C N R Y R T L Q R S R R C L B F J Z
X E B H U N R A T S V O S U G H X H Y Q
R U R O S C I T A E H W T T B A V T Z L
N U O S L S G O G G P N U C F W N B N E
M M F E E P A E P N I U N L A A A I V U
T C T Q A R T S Y A T S A R L R K T C I
E S S O W A E O R R I F E P L P T R E M
M D S U B Y M J M O L L P E M S B D G R
A N N L I A P R U A L A Y U E N E O P A
D L E I F T C I H Y T X P J C O F N Y F
A Q E D A O D C C G R O W D U I S K I V
M V Q G R G O E O T B L E M T N O T V V
T R W N H A O D J D M E Q S T O R R A C
G I R B P H G K A N S R E S E P A R G O
G L Q Y K H B U T M E L G T L L G N E M
F H K B M U P W A M P I L E A F Y O S E
C F Q Z E J D Y O P F Q B E B B K X Y L
I T K C K F W J A F G D N B E C N E Z U

ALFALFA
APPLES
BARLEY
BEETS
CARROTS
CORN
COTTON
CUT
FARM
FIELD
FIGS
FLAX
FOOD
GARDEN
GRAPES
GROW
HAY
HOE
IRRIGATE
LEAFY
LETTUCE
OATS
ONIONS
ORANGES
ORGANIC
PEANUTS
PLANT
POTATOES
PUMPKIN
RAIN
RICE
ROTATION
SEED
SOY
SPRAY
SUN
TILL
TOBACCO
TOMATOES
TRACTOR
VEGETABLE
VINES
WATER
WHEAT
YAMS

Solution on page 345

Wintry Weather

I	R	K	D	Z	R	B	G	T	H	Y	E	S	E	S	N	W	X	H	R
H	K	H	G	D	B	H	G	X	E	D	R	I	F	T	S	L	I	P	B
J	C	G	Z	R	E	E	V	L	L	I	H	C	W	P	X	V	M	N	Y
J	D	L	N	B	H	A	E	W	I	M	F	Y	A	A	B	Y	B	K	B
G	P	O	H	I	R	T	Y	B	H	Y	W	R	S	U	R	L	S	Y	I
N	L	V	F	V	B	E	S	Y	N	B	K	E	O	L	T	N	Y	O	T
Z	I	E	B	I	X	M	A	C	O	L	G	T	Y	S	U	I	I	G	I
C	A	S	J	A	R	P	U	K	I	I	V	S	L	G	T	S	O	N	N
W	T	K	D	W	R	E	A	N	T	Z	G	U	G	R	L	M	H	N	G
B	U	J	I	D	E	S	G	F	A	Z	Y	L	L	Y	C	C	R	D	A
J	E	T	G	W	T	T	E	L	T	A	E	B	G	L	O	O	M	Y	L
Q	N	H	I	N	T	Y	R	U	I	R	O	E	O	L	A	Y	V	R	E
Z	I	T	R	Q	I	F	A	R	P	D	N	S	D	O	Z	U	O	V	L
N	R	T	F	G	B	Z	P	R	I	P	U	E	C	I	K	S	Q	B	J
V	M	A	W	H	I	T	E	I	C	R	I	V	D	E	L	S	U	S	E
S	N	O	W	E	R	P	R	E	E	Q	G	E	N	D	E	S	F	W	Y
O	L	C	M	O	O	I	P	S	R	J	D	R	I	O	U	T	R	F	H
B	O	H	F	Q	X	F	G	O	P	F	H	E	W	P	T	S	A	L	B
L	H	M	C	M	O	J	L	E	Z	I	H	F	R	C	A	U	C	N	W
N	X	K	E	X	S	X	Q	S	M	U	V	M	C	C	H	G	S	G	C

BITING
BITTER
BLAST
BLIZZARD
BLOW
BLUSTERY
BREAK
CAUTION
CHILL
CLOSURES
COAT
COLD
DRIFTS
FIRE
FLURRIES
FORT
FREEZING
FRIGID
FROST
GALE
GLOOMY
GLOVES
GUSTS
HAT
HEAT
ICE
MIX
NUMBING
PRECIPITATION
PREPARE
SCARF
SEVERE
SKI
SLED
SLIP
SLUSH
SNOW
SNUGGLE
SPARKLING
SQUALL
SUDDEN
TEMPEST
WARNING
WHITE
WIND

Solution on page 345

Bike Ride

S	O	O	U	L	U	I	E	Z	H	I	O	J	K	U	K	R	Z	K	J
B	G	M	L	W	C	C	N	Q	A	N	B	C	G	N	C	W	P	Z	E
E	X	E	R	C	I	S	E	G	A	D	N	A	B	S	H	O	M	K	R
A	S	R	O	T	C	E	L	F	E	R	U	T	N	E	V	D	A	W	L
P	A	G	Y	Q	T	S	T	A	M	I	N	A	L	G	G	R	L	S	G
P	A	V	S	F	D	S	G	Y	O	J	L	M	Z	E	B	I	D	J	T
A	U	C	P	N	A	A	C	P	K	I	E	B	Z	P	F	D	A	J	R
A	T	F	E	K	Q	L	D	C	A	T	N	L	I	S	T	E	E	R	V
B	C	I	O	L	M	G	A	R	N	O	I	T	A	C	A	V	H	W	I
P	R	N	M	O	U	N	T	A	I	N	S	V	I	D	Y	V	H	A	N
F	D	K	K	C	S	U	D	T	R	G	B	N	Y	P	E	C	P	G	Y
P	K	C	F	K	Y	S	I	G	I	V	C	E	P	U	M	P	L	H	G
O	U	T	D	O	O	R	S	X	A	I	S	M	I	R	R	O	R	E	W
P	L	L	E	B	T	T	Y	A	P	R	Z	T	W	L	V	G	C	X	H
P	B	A	S	U	N	S	C	R	E	E	N	T	E	E	R	T	S	P	W
Z	D	S	N	H	D	I	C	J	R	R	R	Z	S	D	T	H	S	L	Z
K	I	A	R	G	T	W	A	I	R	O	U	T	E	W	E	I	O	O	H
L	E	X	E	H	I	A	M	H	A	L	F	T	R	A	E	G	R	R	L
Y	J	C	Y	P	L	S	P	D	C	K	K	T	A	Z	I	A	G	E	N
G	O	O	O	N	O	H	O	U	O	N	R	X	U	N	E	X	T	S	S

ADVENTURE
BANDAGES
BELL
BICYCLE
BRAKE
CAMP
CHAIN
CITY
COAST
EXERCISE
EXPLORE
FRIENDS
GEAR
GLOVES
HEADLAMP
HELMET
HORN
JERSEY
LOCK
MIRROR
MOUNTAINS
NATURE
NUTRITION
OUTDOORS
PACE
PATH
PEDAL
PICNIC
PUMP
REFLECTORS
REPAIR
RIDE
ROAD
ROUTE
SIGNAL
SNACK
STAMINA
STEER
STREET
SUNGLASSES
SUNSCREEN
SWEAT
TIRES
TRAIL
VACATION

Solution on page 345

Life on a Boat

S J N E F M T D U V H W O B B D A D I T
F N S P E Z T H E S E V A W K K O J J Y
Q R Y O H E N X C L O J X T P R D H O Z
A Y Q R G J S E X A Q S P Q E A B H O F
O S R W U T T U H I Y I F T H R B D X M
M J C A P X I G O C K N R F F L O D O L
X J U E O E U A N R T K O K O I Y O A I
C V A B N B E L U E U I C E R Y R N M A
Z I I T E E W L D M N T K E R E O D H S
M G R D X L R E S M E C N E D I S E R Y
N O X N P B K Y R O F T C E T F T E K R
P I T R L A C I T C A R P A V A Q E E I
I N K O O V G S F N H I C P P D A L R V
A N H S R O A E L F N A N H W T A A V E
V Y J S E M T Q O Q V X I E T X A N S R
Q M O B I L E P A C S E L R I K H I K Z
F T G Q T F G Z T E G L A N C H O R N U
Y X W P O O E V I L I V G I Q K M A U E
F H D A E R F C N N E H G Z X A E M B I
C R P B Z T T L G L A K E P X Q P K M G

ADVENTUROUS
ANCHOR
BED
BOW
BUNKS
CAPTAIN
CHAIR
COMMERCIAL
CREW
DECK
DRIFT
DWELLING
ESCAPE
EXPLORE
FISH
FLOATING
GALLEY
HOME
KITCHEN
LAKE
LIVE
LUXURY
MARINA
MOBILE
MOORED
MOTOR
MOVABLE
PORT
PRACTICAL
RELAXING
RENT
RESIDENCE
RETIRE
RIVER
ROOMS
ROPE
SAIL
SCENERY
SINK
SLEEP
TRAVEL
VACATION
WATER
WAVES
YACHT

Solution on page 345

Popular Music

P E V W T T K R R P E Y N S W B F L D K
X A I W E I D N I C N M D E D N A M E D
V D N O R M R A H T I M S O R E A N Z W
H E W G M F A V O R I T E W K S A A N Z
M S I K L B X Y E L S E R P S I V L E P
S V A N H A L E N D N E D A N C E Y P B
S G C O N C E R T T N W P B E A T D W O
I W S T S I L A C O V P O N J N N B H D
E N I Z G W B C B H E K Q D E H E O H S
T A G N I S T H I A J G U U O E M B M Z
P A G A G Y D A L R I R I J A L U U T T
S X N L X L K I L K U O N V S R R Q Z R
S O Y N E F S R Y G N O S A O D T A K E
D I U K O S G A J G T V T P R J S E C N
U L T L I D P M O L U E V B C T N N T D
L P K K H D A R E I F I L P M A I O S Y
P H T W Y C I M L I D J T S B R T S B F
B Z N D L K C O R E H C Q A P Z E C T J
O U A I Y A Z R O F N X N G R H Y T H M
J M P I K Q W Y D T A D O R B L S M C Y

AEROSMITH
AMPLIFIER
ARTIST
BAND
BEAT
BILLY JOEL
BOB DYLAN
BON JOVI
CATCHY
CHER
CONCERT
DANCE
DEMANDED
DOWNLOAD
DRUMS
EAGLES
ELTON JOHN
ELVIS PRESLEY
FAVORITE
FOLK
GIG
GROOVE
GUITAR
HOT
INDIE
INSTRUMENT
KISS
LADY GAGA
MADONNA
MARIAH CAREY
MASS APPEAL
PRINCE
QUARTET
QUEEN
RHYTHM
ROCK
SING
SONG
SOUL
SWING
TOUR
TRENDY
VAN HALEN
VIDEO
VOCALISTS

Solution on page 345

Library Visit

H	G	Y	D	R	M	F	I	M	T	C	A	T	A	L	O	G	J	S	X
K	P	K	K	Y	N	W	Y	R	K	H	A	S	H	E	L	V	E	S	Q
I	A	T	S	S	R	A	P	Q	H	Z	E	N	P	U	T	E	X	T	S
O	T	U	T	E	E	E	I	E	M	I	A	S	A	X	N	V	F	I	E
E	R	X	U	D	D	C	T	R	T	E	S	D	A	M	L	A	H	B	N
S	O	C	D	K	S	N	N	S	A	A	N	T	P	U	L	N	Y	I	C
N	N	O	E	L	N	E	H	E	Y	R	B	I	O	G	R	A	P	H	Y
E	S	P	N	A	G	R	C	R	I	M	B	L	Z	R	O	U	U	X	C
A	L	I	T	O	I	E	R	V	E	C	Y	I	E	A	Y	Z	S	E	L
M	A	E	S	Y	S	F	A	C	E	T	S	T	L	P	G	M	X	D	O
N	N	R	M	B	K	E	E	O	X	L	U	E	S	R	I	A	H	C	P
X	R	E	A	D	O	R	S	G	E	O	G	R	A	P	H	Y	M	R	E
G	U	T	R	N	O	V	E	L	S	Y	R	A	N	O	I	T	C	I	D
C	O	U	G	D	B	Y	R	P	N	O	I	T	A	M	R	O	F	N	I
W	J	P	O	X	L	I	M	P	A	S	H	U	Q	W	A	L	I	I	A
H	P	M	R	T	E	I	U	Q	E	P	E	R	I	O	D	I	C	A	L
L	F	O	P	A	R	C	H	I	V	E	S	E	Y	M	U	C	T	M	Z
S	K	C	A	R	Q	E	V	C	P	W	W	W	R	E	T	N	I	R	P
K	Q	T	H	E	B	O	L	G	E	J	J	P	E	Y	V	E	O	D	N
H	R	R	O	O	M	S	V	V	G	X	E	B	L	N	M	P	N	R	X

ALMANAC
ARCHIVES
BIOGRAPHY
BOOKS
CATALOG
CHAIRS
CHILDREN
COMPUTER
COPIER
DESK
DICTIONARY
ENCYCLOPEDIA
EXHIBITS
FICTION
GEOGRAPHY
GLOBE
HISTORY
INFORMATION
JOURNALS
LAW
LIBRARIAN
LITERATURE
MAGAZINE
MOVIES
MYSTERY
NEWSPAPER
NOVELS
PATRONS
PENCIL
PERIODICAL
PRINTER
PROGRAMS
QUIET
RACKS
REFERENCE
RESEARCH
RETURN
ROOMS
SCIENCES
SHELVES
SIGNS
STUDENTS
TABLE
TEXTS
THESAURUS

Solution on page 345

To Your Health

J	J	P	A	V	Q	S	M	T	T	M	X	O	Y	B	V	G	Z	A	U
S	X	D	H	G	B	B	W	U	Z	C	A	H	T	I	U	R	F	D	I
W	G	I	G	N	Y	B	O	C	S	A	Z	S	T	R	E	T	C	H	S
Y	N	S	B	I	F	L	R	Y	K	L	S	A	G	O	Y	M	G	R	B
B	O	U	M	N	E	S	K	U	T	C	M	T	G	Q	P	Y	A	B	X
A	R	O	G	I	N	J	O	G	G	I	N	G	E	Z	T	G	N	G	W
L	T	R	N	A	N	X	U	T	N	U	V	L	R	O	U	T	I	N	E
J	S	O	I	R	C	E	T	S	T	M	T	I	F	S	I	V	E	Y	I
N	O	G	N	T	C	U	R	H	Y	D	R	A	T	I	O	N	T	P	G
E	D	I	N	K	M	N	C	A	R	D	I	O	B	I	T	S	O	V	H
N	I	V	U	I	S	U	P	P	L	E	M	E	N	T	S	T	R	S	T
C	U	K	R	E	V	T	Z	E	D	S	Y	H	S	E	A	O	P	W	X
T	M	S	J	R	A	R	S	I	G	R	A	I	N	S	F	A	P	I	Z
F	V	T	E	E	E	I	E	U	G	B	J	I	S	C	K	A	M	M	T
B	E	D	W	I	C	T	L	S	A	J	P	I	L	I	A	W	T	U	D
F	G	S	A	R	R	I	A	L	Q	P	U	C	E	B	E	Z	I	S	F
G	G	I	E	L	T	O	A	W	A	M	Q	W	E	O	R	H	M	C	W
E	I	X	H	U	A	N	L	H	J	P	D	O	P	R	B	I	E	L	S
Z	E	J	D	E	C	S	T	A	U	Q	S	S	S	E	N	L	L	E	W
R	S	Z	K	E	R	E	C	Y	C	L	E	P	W	A	L	J	H	S	U

AEROBICS
BALANCE
BREAKFAST
CALCIUM
CALORIES
CARDIO
DIET
EXERCISE
FATS
FIT
FRUIT
GRAINS
GYM
HAPPINESS
HYDRATION
JOGGING
MINERALS
MUSCLES
NUTRITION
POSITIVITY
POTASSIUM
PROTEIN
RECYCLE
ROUTINE
RUNNING
SALAD
SERVINGS
SLEEP
SODIUM
SQUATS
STRETCH
STRONG
SUGARS
SUPPLEMENTS
SWEAT
SWIM
TRAINING
VEGGIES
VIGOROUS
VITAMINS
WATER
WEIGHT
WELLNESS
WORKOUT
YOGA

Solution on page 346

All Kinds of Pets

M	V	L	U	D	H	Q	S	E	M	O	P	C	R	E	T	S	M	A	H
D	M	S	O	T	P	O	L	O	X	X	M	A	R	M	V	D	U	S	T
O	C	G	P	X	U	L	S	N	C	P	X	E	H	G	I	R	I	Z	O
I	S	F	N	L	Z	R	P	A	V	E	T	E	R	I	N	A	R	Y	R
F	E	C	O	X	N	I	T	F	E	A	S	L	F	P	C	Z	A	E	R
D	K	Y	L	Q	G	F	T	L	W	L	A	Y	T	A	X	I	U	M	A
N	A	N	I	M	A	L	S	H	E	L	T	E	R	E	S	L	Q	J	P
L	N	S	E	T	Y	K	B	R	E	E	D	E	R	N	R	U	A	E	D
D	S	Q	C	O	M	P	A	N	I	O	N	S	H	I	P	R	T	R	R
R	R	D	A	L	L	I	H	C	N	I	H	C	G	U	E	F	E	W	T
E	H	O	U	S	E	H	O	L	D	A	Q	N	C	G	O	Z	B	F	M
T	R	E	N	W	O	S	I	B	D	D	I	P	R	O	J	I	R	E	G
U	A	A	T	N	E	M	Y	O	J	N	E	A	D	L	R	O	D	U	E
E	E	R	B	N	X	X	P	B	I	R	L	R	E	D	G	I	U	H	V
N	C	S	A	B	K	T	C	A	O	L	Y	A	U	F	C	S	R	U	F
V	T	M	R	N	I	I	R	T	O	I	P	K	K	I	T	T	E	N	S
Y	U	C	D	O	T	T	S	C	O	B	P	E	N	S	V	A	T	B	N
H	U	K	N	O	H	U	S	M	Y	R	U	E	U	H	D	C	T	A	J
X	H	Q	X	X	P	J	L	Q	R	E	P	T	I	L	E	S	I	K	R
Y	O	E	A	O	I	S	P	A	Y	G	I	L	G	C	W	A	L	K	U

ADOPTION
ANIMAL SHELTER
AQUARIUM
BIRD
BREEDER
CARE
CATS
CHINCHILLA
COLLAR
COMPANIONSHIP
DOGS
ENJOYMENT
EXOTIC
FERRET
FROG
FUR
GERBIL
GOLDFISH
GUINEA PIG
HAMSTER
HORSE
HOUSEHOLD
HUMANE SOCIETY
KITTENS
LITTER
LIZARD
LOYAL
MEDICINE
NEUTER
OWNER
PARAKEET
PARROT
PET FOOD
PUPPY
RABBITS
REPTILES
SNAKES
SPAY
STORE
TARANTULA
TRAINING
TURTLE
VETERINARY
WALK
WATER

Solution on page 346

Big Music Festivals

L	A	R	J	F	R	I	E	N	D	S	T	E	K	C	I	T	D	S	L
G	A	C	B	U	L	B	L	A	N	P	U	Q	F	N	A	X	O	M	J
Q	J	U	T	N	C	R	O	W	D	E	R	O	O	D	T	U	O	C	Y
R	R	P	N	S	C	N	L	A	R	A	G	A	O	L	T	H	F	S	O
T	B	B	E	N	H	V	L	X	T	K	A	P	R	B	B	E	E	R	T
X	X	T	V	I	A	X	A	L	L	E	H	C	A	O	C	I	O	H	X
S	R	O	E	C	R	V	P	V	D	R	S	N	N	R	P	R	D	K	Z
T	K	O	S	N	I	Q	A	M	S	S	D	H	N	U	T	V	N	I	W
N	C	U	G	W	T	N	L	L	P	M	D	U	O	L	J	Y	E	Y	Q
E	M	M	H	U	Y	S	O	A	C	U	B	R	B	W	E	A	K	D	F
M	W	M	H	I	I	H	O	R	G	S	G	C	Z	A	L	D	E	R	Y
U	R	F	E	G	S	T	Z	G	T	I	X	T	S	U	P	X	E	F	W
R	J	D	A	E	R	T	A	E	K	C	O	T	S	D	O	O	W	T	W
T	E	A	W	N	W	L	O	R	D	U	E	P	U	I	E	S	F	C	F
S	S	M	U	R	D	P	K	R	R	T	D	L	E	E	P	I	O	I	V
N	R	P	C	E	X	P	E	R	I	E	N	C	E	N	E	N	I	L	D
I	O	L	J	S	J	A	T	R	E	C	N	O	C	C	A	G	D	I	N
P	Y	J	A	K	G	L	I	O	Z	S	U	M	M	E	R	I	A	L	R
G	I	N	I	B	B	H	I	C	B	A	O	X	R	E	Y	N	R	Q	N
E	E	L	M	B	O	A	G	K	O	K	S	I	D	L	V	G	G	G	V

ACTS
AMP
ANNUAL
AUDIENCE
BAND
BEER
BONNAROO
CHARITY
COACHELLA
CONCERT
CROWD
DAY
DRUMS
ELECTRONIC
EVENT
EXPERIENCE
FAN
FOOD
FRIENDS
FUN
GENRES
GROUPIES
GUITAR
HISTORIC
INSTRUMENTS
LARGE
LOLLAPALOOZA
LOUD
MUSIC
OPEN AIR
OUTDOOR
PARTY
PEOPLE
POP
RADIO
ROCK
SHOW
SINGING
SPEAKERS
SUMMER
TENTS
TICKETS
TOUR
WEEKEND
WOODSTOCK

Solution on page 346

Movie Making

Y	A	I	F	Q	X	C	P	Z	M	Q	K	R	F	D	F	E	E	B	B
L	E	R	U	T	A	E	F	G	N	I	T	I	D	E	A	C	X	T	A
W	I	G	G	I	A	C	T	I	O	N	W	O	M	G	N	K	T	E	P
T	V	Y	Z	C	L	I	M	A	X	J	O	D	N	A	E	R	R	E	C
R	O	R	Z	K	B	F	R	W	I	W	I	T	M	N	A	C	A	N	U
E	M	A	Y	E	Y	F	E	Y	Y	S	T	O	T	I	P	N	S	I	R
D	A	T	R	T	Z	O	E	L	T	E	R	E	L	L	I	R	H	T	N
E	R	N	E	S	O	X	L	R	R	T	R	E	A	V	M	O	E	A	V
I	S	E	N	Q	V	O	I	U	J	T	R	N	N	I	A	C	T	M	V
V	M	M	G	X	H	B	T	C	A	V	O	O	I	D	G	P	X	E	D
A	C	U	I	R	U	N	N	I	N	G	T	I	M	E	E	O	G	D	S
L	L	C	S	T	E	N	N	N	O	R	Z	T	A	O	S	P	K	I	S
F	D	O	E	V	R	M	W	E	I	Z	K	A	T	G	N	I	T	A	R
U	I	D	D	E	E	H	C	M	T	E	B	T	I	R	G	D	G	R	L
D	S	A	T	N	I	A	I	A	A	Q	U	P	O	A	E	U	R	E	I
V	N	S	T	V	M	M	S	T	C	P	D	A	N	P	N	J	U	T	G
Y	E	U	V	E	E	A	U	I	O	N	G	D	N	H	R	Q	E	A	H
W	Y	E	O	Q	R	R	M	C	L	Z	E	A	A	E	E	C	T	E	T
Q	S	E	H	S	P	D	J	B	R	O	T	C	E	R	I	D	X	H	S
I	G	K	H	J	E	O	I	D	U	T	S	E	P	W	K	G	F	T	U

ACTION
ADAPTATION
ADVENTURE
ANIMATION
BOX OFFICE
BUDGETS
CAMEO
CINEMATIC
CLIMAX
DARK
DESIGNER
DIRECTOR
DISNEY
DISTRIBUTED
DOCUMENTARY
DRAMA
EDITING
ENTERTAINMENT
EXTRAS
FEATURE
GENRE
HOLLYWOOD
IMAGES
LIGHTS
LOCATION
MATINEE
MEDIA
MOVIE
MUSIC
POPCORN
PREMIERE
PREQUEL
RATING
REEL
ROMANCE
RUNNING TIME
SET
SOUND
STUDIO
THEATER
THRILLER
TICKETS
TRAILER
VIDEOGRAPHER
WESTERN

Solution on page 346

Yearbooks

M	A	X	L	U	H	N	I	V	T	A	X	S	M	R	I	K	S	W	T
E	I	I	Y	G	Y	E	L	A	H	S	D	D	T	Z	K	L	G	U	M
O	Z	C	D	F	V	E	M	V	V	A	I	P	J	U	C	A	X	C	B
G	T	G	S	E	T	O	S	C	F	S	W	H	D	I	D	N	A	C	Y
A	P	Y	N	J	R	D	U	E	X	E	V	O	L	D	R	E	A	M	S
C	D	T	N	P	N	O	J	G	W	N	F	T	L	A	U	N	N	A	A
T	S	M	O	E	M	N	M	G	N	I	M	O	C	E	M	O	H	T	S
I	S	T	I	A	R	T	R	O	P	O	T	S	N	B	R	K	Y	R	S
V	G	R	T	N	T	I	Y	J	H	R	N	S	E	G	A	S	S	E	M
I	F	F	P	S	I	I	O	L	A	P	R	L	A	M	T	N	R	N	Q
T	K	K	A	O	C	S	R	H	E	Z	O	N	C	A	S	U	D	D	P
I	B	O	C	C	J	I	T	I	C	K	I	S	F	G	T	A	A	S	W
E	S	U	O	L	U	I	M	R	P	Z	I	F	U	C	S	M	I	O	L
S	S	T	L	B	N	L	L	E	A	S	T	L	I	K	E	L	Y	H	H
S	F	O	O	C	I	B	T	T	D	T	S	P	T	M	T	Y	O	D	T
A	G	C	R	S	O	D	I	Y	S	A	O	D	O	S	N	N	G	I	S
L	M	S	Y	G	R	O	Y	K	Z	M	C	R	A	O	O	J	T	L	S
C	D	A	H	S	N	H	X	E	D	N	I	A	S	R	C	M	A	C	U
H	L	M	U	S	I	C	A	L	M	E	C	L	S	T	G	H	W	B	J
P	M	I	E	T	S	C	U	R	S	S	M	A	E	T	N	Y	X	P	X

ACADEMICS
ACTIVITIES
ADMINISTRATORS
ANNUAL
ART
BAND
BOOK
CANDID
CAPTION
CHOIR
CLASS
CLUB
COLOR
CONTESTS
DREAMS
EVENTS
FACULTY
FADS
FRIENDS
GRADS
HOMECOMING
HONORS
INDEX
JUNIOR
LEAST LIKELY
MASCOT
MEMORIES
MESSAGES
MOST LIKELY
MUSICAL
ORGANIZATIONS
PHOTOS
PICTURES
PLAYS
PORTRAITS
PROM
SENIOR
SIGN
SMILE
SOPHOMORE
SPIRIT
STAFF
STUDENTS
TEAMS
TRENDS

Solution on page 346

Make Something to Eat

E	F	S	X	G	H	V	M	D	C	F	E	Q	Y	H	S	I	D	L	I
X	Y	J	K	P	I	C	C	E	W	N	I	P	O	T	T	L	I	J	U
P	B	Z	Q	P	D	B	R	E	A	D	K	T	E	U	O	O	P	X	A
E	H	G	Z	W	Z	U	E	V	Z	T	P	A	N	R	Q	F	D	L	K
C	K	K	G	X	T	H	Z	F	Y	P	M	D	E	K	S	O	U	K	H
E	C	W	Z	H	P	K	I	S	S	C	E	Z	D	E	A	H	Q	W	O
Y	D	E	F	K	Y	R	T	S	I	K	T	M	C	Y	U	M	I	V	A
U	Q	S	K	I	L	L	E	T	M	L	L	I	H	C	C	P	O	I	L
M	M	E	B	A	S	R	P	S	M	H	P	C	B	F	E	E	B	V	T
S	J	E	L	R	V	H	P	I	E	S	T	R	G	V	R	V	O	R	P
G	C	H	E	I	P	R	A	S	R	N	U	O	X	R	Q	Z	K	S	R
V	Z	C	N	R	F	K	R	E	E	N	T	W	N	P	E	K	J	E	Y
J	U	G	D	D	Z	U	X	I	C	Q	S	A	R	E	E	E	B	D	X
P	S	Y	O	U	O	I	D	H	L	T	A	V	T	G	V	P	N	I	L
Q	K	O	O	C	M	E	X	K	U	Y	O	E	N	I	W	O	P	S	I
F	F	M	N	U	R	A	T	U	N	N	R	T	S	B	O	I	L	E	O
J	X	I	X	G	N	Z	S	N	C	I	E	F	L	D	I	N	N	E	R
E	A	F	N	X	H	Z	T	H	H	X	F	M	L	A	N	E	K	A	B
M	Q	I	C	S	O	D	G	W	P	O	O	E	O	E	S	Q	L	C	I
H	V	Y	M	Z	M	N	Y	A	O	T	S	J	R	R	I	W	Y	A	R

APPETIZER
BAKE
BEEF
BLEND
BOIL
BREAD
BROIL
BRUNCH
CHEESE
CHILL
COOK
DINNER
DISH
FISH
FOOD
FRY
GREENS
INGREDIENT
KNIFE
LUNCH
MAIN COURSE
MASH
MEAT
MENU
MICROWAVE
MIXER
NOODLES
OVEN
PAN
PEPPER
POT
PRESENTATION
ROAST
ROLLS
SALT
SAUCE
SERVINGS
SIDES
SIMMER
SKILLET
SPICES
STEAM
TOFU
TURKEY
WINE

Solution on page 346

Go Outside

F	L	S	G	R	V	Q	J	M	C	Y	I	V	K	K	H	X	M	B	W
T	L	J	I	H	S	M	W	J	F	E	E	V	Z	W	L	C	G	D	H
W	P	M	U	N	U	S	E	C	C	L	D	F	P	N	L	G	A	T	P
G	X	F	S	U	N	E	L	C	Y	C	I	R	T	G	A	R	D	E	N
F	G	W	O	D	A	E	M	O	J	Y	S	E	R	U	B	N	L	Y	B
S	K	C	O	R	O	R	T	O	J	C	T	S	A	T	E	S	E	S	L
V	E	N	C	X	E	O	S	K	T	I	U	H	C	N	S	H	G	L	P
F	E	R	D	C	W	S	W	O	S	B	O	A	K	E	A	U	A	J	B
P	E	V	C	L	U	R	T	U	C	J	R	I	N	M	B	B	P	M	W
A	R	E	H	T	A	E	W	T	L	C	J	R	D	N	T	N	I	A	R
S	T	U	G	Y	K	W	R	G	A	M	E	S	W	O	X	A	L	U	B
J	N	U	I	A	B	O	N	O	E	D	W	R	O	R	N	K	N	R	I
T	Z	V	L	W	P	L	N	C	L	G	R	F	G	I	R	N	E	E	R
I	F	N	H	O	L	F	B	I	S	P	C	A	M	V	I	E	W	C	D
M	H	P	J	N	I	Y	W	N	R	J	X	A	Y	N	Z	G	E	E	S
Q	F	S	R	S	V	T	F	C	V	H	L	E	G	E	Z	F	I	S	H
I	D	O	P	F	X	B	A	I	S	S	T	I	B	B	A	R	G	S	P
I	A	E	J	X	G	U	V	P	E	W	T	R	G	X	U	B	I	M	X
V	T	I	H	F	O	I	F	J	L	L	I	R	G	U	D	Q	N	O	X
P	V	U	M	W	K	F	P	Z	S	P	D	M	O	S	C	K	Q	Z	F

ANIMALS
BASEBALL
BEACH
BICYCLE
BIRDS
BREEZE
BUGS
COOKOUT
ENVIRONMENT
EXPLORE
FIELD
FISH
FLOWERS
FOOTBALL
FOREST
FRESH AIR
GAMES
GARDEN
GRILL
HUNT
LAKE
LAWN
MEADOW
OUTSIDE
PATIO
PICNIC
RABBITS
RAIN
RECESS
ROCKS
RUNNING
SNOW
SOCCER
SUN
SWIM
TAG
TENNIS
TRACK
TREE
TRICYCLE
WALK
WEATHER
WILDERNESS
WOODS
YARD

Solution on page 347

Have Some Garlic

E	X	E	Q	H	S	X	F	E	O	F	S	G	P	H	I	H	A	F	N
H	U	C	H	L	C	P	V	M	I	C	N	C	D	F	X	E	Y	C	U
S	N	I	V	L	B	A	O	B	F	O	I	X	A	R	R	X	F	U	V
D	A	P	R	E	S	S	U	N	R	M	A	N	E	E	C	A	U	X	K
I	E	S	P	M	H	T	I	T	I	P	W	M	R	S	A	U	C	O	N
E	N	B	X	S	T	A	S	Y	U	O	E	P	B	H	U	Y	M	Q	A
S	A	G	R	E	T	N	E	M	I	D	N	O	C	L	G	Y	Y	I	V
W	R	R	R	E	I	E	V	J	Y	F	X	N	G	A	U	K	V	L	O
L	R	E	S	E	H	A	L	I	T	O	S	I	S	M	O	B	A	G	S
Z	E	Q	P	A	D	S	O	B	D	X	Y	L	Y	O	D	T	M	O	W
Q	T	E	F	R	V	I	W	S	A	H	J	B	C	R	I	J	P	U	G
A	I	M	K	V	A	O	E	Y	I	T	A	L	I	A	N	U	I	R	W
F	D	I	R	M	Y	T	R	N	Q	L	E	E	H	U	N	K	R	M	V
R	E	S	O	E	E	A	E	Y	T	A	D	G	U	G	G	L	E	E	E
D	M	D	V	D	N	V	W	J	P	E	E	L	E	P	H	A	N	T	Y
S	O	X	A	I	A	W	O	P	R	H	I	N	E	V	I	H	C	S	D
R	B	O	L	C	S	H	A	L	L	O	T	S	F	A	F	Q	M	A	K
W	A	U	F	I	I	I	D	B	C	A	V	A	O	F	S	L	U	T	Z
J	C	C	N	N	A	T	U	U	Y	R	N	L	Q	X	J	G	O	M	C
P	O	W	D	E	R	E	C	O	F	K	B	T	P	M	O	E	X	D	G

AROMA
ASIA
BREAD
BULB
BUTTER
CHIVE
CLOVE
CONDIMENT
COOK
CULINARY
DRIED
ELEPHANT
FLAVOR
FOOD
FRESH
GOURMET
HALITOSIS
HEALTH
HERB
INGREDIENT
ITALIAN
LEEK
MEDICINE
MEDITERRANEAN
ODOR
OIL
ONION
PASTA
PLANT
POWDER
PRESS
PUNGENT
REMEDY
SALT
SAVORY
SHALLOT
SMELL
SPICE
STRONG
TASTE
VAMPIRE
VEGETABLE
WEREWOLVES
WHITE

Solution on page 347

Being a Coach

M	D	R	F	M	D	J	Y	E	K	C	O	H	J	V	S	P	R	M	I
P	E	E	R	M	J	Z	G	K	O	U	N	U	D	N	R	G	L	H	O
Q	M	E	D	E	T	E	R	M	I	N	A	T	I	O	N	F	I	E	R
D	G	R	T	I	E	S	M	E	P	V	D	E	F	E	N	S	E	F	E
E	Y	A	O	I	C	U	C	O	U	N	S	E	L	I	N	G	I	Q	G
V	M	C	J	F	N	A	C	P	T	R	S	N	V	W	I	N	E	R	A
E	N	B	E	I	N	G	T	N	H	S	Y	I	R	N	A	B	E	D	N
L	A	T	C	N	W	I	M	I	I	C	I	L	S	N	U	S	F	R	A
O	S	A	P	L	C	X	G	O	O	E	Z	P	C	P	U	F	O	N	M
P	T	O	E	E	L	O	N	O	I	N	I	I	R	L	Z	L	O	O	X
E	I	H	C	L	R	A	U	V	A	R	A	C	T	Z	E	T	T	I	N
A	C	T	H	C	L	S	B	R	E	L	P	S	O	M	C	I	B	T	X
D	S	E	C	Z	E	E	O	T	A	R	S	I	O	U	V	A	A	I	U
V	P	S	B	H	T	R	R	N	E	G	M	D	R	A	S	H	L	S	G
I	E	N	I	T	I	O	R	P	A	K	E	T	T	E	A	M	L	O	V
C	E	E	P	S	P	N	A	B	E	L	S	E	B	D	P	V	H	P	H
E	C	F	K	S	T	R	G	B	H	N	W	A	N	A	L	Y	Z	E	P
M	H	F	N	F	E	A	X	O	I	I	L	O	B	E	A	I	L	B	K
N	L	O	D	I	H	C	N	E	B	L	L	N	N	H	N	P	F	U	G
U	V	S	U	P	P	O	R	T	I	U	R	C	E	R	E	D	A	E	L

ADVICE
ANALYZE
ASSISTANT
BASEBALL
BASKETBALL
BENCH
CAREER
COMMUNICATE
COUNSELING
DEDICATION
DEFENSE
DETERMINATION
DEVELOP
DISCIPLINE
ENCOURAGE
FINANCIAL
FOOTBALL
GOALS
GYMNASTICS
HEAD
HELP
HOCKEY
INFORM
INSPIRE
INSTRUCT
LEADER
LIFE
MANAGER
MEETING
MOTIVATE
OFFENSE
PERSONAL
PITCHING
PLAN
POSITION
PREPARE
PROFESSIONAL
RECRUIT
RESULTS
ROLE MODEL
SOCCER
SPEECH
SPORT
SUPPORT
TEAM

Solution on page 347

Martin Luther King Jr.

Q	G	P	H	M	X	Y	Y	H	U	M	H	L	Y	M	M	I	O	F	D
O	R	A	T	O	R	W	A	I	G	R	O	E	G	L	Q	T	Y	E	V
S	Z	M	U	V	M	U	D	X	N	I	G	R	E	V	E	R	E	N	D
V	B	S	O	E	P	Q	N	O	B	E	L	P	R	I	Z	E	O	W	H
P	N	K	S	M	M	A	U	U	B	D	I	C	O	N	J	N	B	H	S
R	Y	R	M	E	E	S	S	E	N	N	E	T	H	O	V	H	P	I	E
O	R	A	A	N	N	B	Y	T	E	S	I	X	T	I	E	S	O	S	H
M	E	P	Y	T	O	N	D	S	O	I	R	P	O	T	M	E	T	T	C
I	M	A	P	Y	I	P	O	W	S	R	O	L	O	A	V	H	N	O	R
N	O	S	C	M	T	L	O	I	Q	T	E	F	E	N	G	A	I	R	A
E	G	O	C	K	A	S	L	E	T	N	H	R	V	I	O	M	A	Y	M
N	T	R	H	L	G	H	B	A	C	A	D	G	R	M	L	A	T	P	L
T	N	E	I	P	E	V	G	E	K	A	N	L	I	I	B	B	N	E	E
S	O	K	L	P	R	R	Y	N	E	I	I	I	A	R	I	A	U	A	S
I	M	A	D	G	G	E	G	V	I	V	L	J	S	C	N	L	O	C	H
T	S	E	R	D	E	V	A	Y	I	M	C	L	F	S	X	A	M	E	C
P	I	P	E	I	S	H	L	C	M	J	R	C	E	I	A	W	M	F	R
A	C	S	N	E	I	S	I	Q	H	A	B	I	N	D	C	S	L	U	U
B	A	L	C	L	L	L	L	H	H	E	N	P	B	V	O	W	S	L	H
U	R	O	U	N	O	I	G	I	L	E	R	A	T	N	A	L	T	A	C

ALABAMA
ASSASSINATION
ATLANTA
BAPTIST
BIRMINGHAM
BLOODY SUNDAY
BUS BOYCOTT
CHILDREN
CHURCH
CIVIL RIGHTS
CLERGYMAN
DISCRIMINATION
GEORGIA
HISTORY
HUMAN RIGHTS
I HAVE A DREAM
ICON
JAIL
KILLED
MARCHES
MONTGOMERY
MOUNTAINTOP
MOVEMENT
NOBEL PRIZE
NONVIOLENCE
ORATOR
PASTOR
PEACEFUL
PREACHER
PROMINENT
RACISM
RELIGION
REVEREND
ROSA PARKS
SEGREGATION
SELMA
SIXTIES
SOUTH
SPEAKER
TENNESSEE

Solution on page 347

Figure Skating

S	Y	Z	L	M	O	H	A	W	K	S	I	N	G	L	E	S	Z	R	G
P	O	P	U	L	A	R	T	Y	J	L	A	U	D	I	V	I	D	N	I
I	T	E	T	L	G	N	I	T	A	K	S	R	I	A	P	O	I	Q	E
R	D	E	Z	I	N	O	R	H	C	N	Y	S	K	X	T	C	V	G	M
A	G	S	J	L	Y	S	R	E	K	A	O	S	O	H	N	H	J	R	M
L	S	A	U	S	L	I	F	T	S	U	X	V	J	A	A	H	U	E	M
S	K	L	M	F	N	L	O	G	O	P	W	E	D	M	J	Q	D	V	S
W	C	C	P	B	J	O	I	G	N	I	M	E	L	F	Y	G	G	E	P
T	I	H	S	Q	R	N	T	M	H	I	C	U	Z	J	T	O	I	L	L
I	P	O	O	S	Q	A	M	L	A	I	P	G	J	A	U	R	N	I	I
X	E	W	R	R	J	T	C	S	I	H	S	S	J	E	B	M	G	T	T
O	O	S	Y	Z	E	I	F	K	N	M	Y	I	G	W	O	C	P	N	J
O	T	O	E	L	O	O	P	S	E	O	A	H	T	N	O	T	I	A	U
I	I	V	N	K	R	B	G	L	S	T	I	H	T	S	I	M	S	C	M
G	H	P	A	R	T	N	E	R	S	P	T	T	T	O	P	Y	Q	E	P
A	N	E	H	O	C	A	H	S	A	S	I	U	A	T	R	I	L	W	U
D	L	O	H	T	S	I	A	W	Z	P	M	L	R	T	O	O	N	F	C
A	R	A	W	M	A	R	K	S	Y	E	H	C	F	N	O	C	D	B	D
W	I	N	T	E	R	B	M	U	S	I	C	Y	H	F	W	R	S	Y	K
T	P	F	O	O	T	W	O	R	K	N	I	R	E	C	I	P	F	Y	G

ADAGIO
AXEL JUMP
BRACKET TURN
BRIAN BOITANO
CANTILEVER
CHOREOGRAPHY
COSTUMES
DOROTHY HAMILL
FLIPS
FLYING SPIN
FOOTWORK
ICE DANCING
ICE RINK
INDIVIDUAL
JACKSON HAINES
JUDGING
LIFTS
LUTZ JUMP
MOHAWKS
MUSIC
PAIR SKATING
PARTNERS
PEGGY FLEMING
POPULAR
RAW MARKS
ROTATIONS
SALCHOWS
SASHA COHEN
SCOTT HAMILTON
SINGLES
SIT SPIN
SOAKERS
SPIRALS
SPLIT JUMP
SYNCHRONIZED
TOE JUMPS
TOE LOOPS
TOE PICKS
WAIST HOLD
WINTER

Solution on page 347

Precious Infants

P	A	A	J	T	X	B	X	S	L	X	W	I	G	H	X	G	B	W	Z
R	A	Y	F	X	E	B	Y	O	J	T	M	I	T	M	L	D	A	E	S
L	Y	Y	O	L	I	S	Y	O	T	Y	R	C	V	X	N	V	J	I	B
A	E	B	T	X	R	Q	G	N	I	L	R	A	D	V	B	M	I	L	K
T	A	G	U	X	P	R	E	C	I	O	U	S	W	I	N	G	U	T	J
Z	O	C	Y	Y	I	C	V	B	A	B	B	L	E	S	L	E	E	P	Y
T	P	A	G	O	O	F	F	S	P	R	I	N	G	O	W	T	L	M	C
B	Q	R	Q	N	B	L	D	U	I	E	S	O	O	P	M	A	H	S	K
A	L	R	N	B	U	C	E	A	W	L	U	E	E	X	Y	L	L	M	N
M	F	I	R	W	R	O	H	D	N	L	T	B	A	F	A	G	I	V	I
C	U	E	E	O	P	C	Y	O	R	O	N	M	U	T	E	R	G	N	P
Q	U	R	I	W	H	M	X	R	Q	R	E	L	I	G	A	R	F	P	F
P	U	R	F	G	U	J	E	A	U	T	C	P	S	C	O	A	W	S	Z
L	A	V	I	R	R	A	Q	B	S	S	S	H	L	W	N	S	W	E	R
K	K	H	C	O	M	E	L	L	N	O	P	E	I	T	L	E	B	P	N
Z	D	E	A	T	U	A	P	E	H	S	O	N	L	L	E	T	B	I	H
P	C	N	P	D	N	S	K	A	M	E	G	T	A	T	D	H	X	W	B
F	I	K	B	K	I	L	O	T	I	O	N	M	H	M	T	D	U	U	Q
U	W	W	E	L	C	O	M	E	M	D	S	C	V	E	E	A	R	Z	X
C	U	T	E	S	F	H	T	X	C	O	O	P	H	Q	E	S	R	U	N

ADORABLE
ARRIVAL
BABBLE
BIB
BLANKET
BLUE
BOY
BURP
CAR SEAT
CARRIER
CHILD
CRY
CURIOUS
CUTE
DARLING
DIAPER
FRAGILE
GIRL
GROWING
HIGHCHAIR
HOSPITAL
INFANT
INNOCENT
LOTION
MILK
MIRACLE
NEW

NURSE
OFFSPRING
PACIFIER
PINK
PLAYFUL
PRECIOUS
RATTLE
SHAMPOO
SLEEPY
SMALL
SOOTHE

STROLLER
SWEET
SWING
TOYS
WELCOME
WIPES
YOUNG

Solution on page 347

Ending in *L*

```
H I H P R T M L A N O S R E P C G Q U L
Z T E W T U E H A P L A C I S Y H P Q Q
S E R O B N Q H U I A A S L E T O H X I
W T J I G N D P L N N C G U L L E W R Z
J K U H A E I F E T R O T F P H G A R K
S E Y C R L N R V E E U L R E A Q H L O
T L X D C S A E A R T N A O A X N Y H U
Y A G A U T Z I R V N C I L C P P E B S
P R E X I L L T G A I I C O E M P F L E
I U P O W E R F U L L L A C F K W E W F
C T N N K A R X L E L A R T U E N A A U
A A V C V H W T R O P I C A L A N I F L
L N I E I G D R T C H S X A L A Q E D A
Z N L L T W A S R K N O M I A A U D C D
V M S E A B I U I B B R C W U Q I N C E
K Q J Z L P E Y B V O N F L D K Q C N M
O U C C T L B Z A F E U G A A W L L O A
K L W P W E W M L P L T O V R Y O S D S
G J U L T Z S D B N I R Q A G T O B W S
B A X D Z L O O F P P T R N J S T R F I
```

ALCOHOL
ANNUAL
APPEAL
AWFUL
BARREL
COLONIAL
COLORFUL
COUNCIL
CRUEL
FINAL
FORMAL
GENERAL
GRADUAL
GRAVEL
HOTEL
INTERNAL
INTERVAL
MEDAL
NATURAL
NAVAL
NEUTRAL
NICKEL
PANEL
PEACEFUL
PENCIL
PERSONAL
PHYSICAL
PISTOL
POWERFUL
PUPIL
RACIAL
RATIONAL
ROYAL
SOCIAL
STEAL
TOOL
TRAVEL
TRIAL
TRIBAL
TROPICAL
TUNNEL
TYPICAL
USEFUL
VITAL
WELL

Solution on page 348

Lots of Energy

S	C	M	J	E	T	C	T	C	F	V	P	R	O	C	I	Y	J	B	U
L	Z	A	S	F	H	U	Q	E	I	O	L	E	U	F	H	S	U	P	J
U	V	S	R	A	R	N	A	R	T	M	R	N	A	N	P	U	C	U	R
R	K	S	R	B	G	E	C	I	N	G	A	C	P	E	N	O	O	Z	A
R	F	G	I	W	O	Z	N	Y	T	I	S	N	E	T	N	I	M	J	L
F	E	N	R	N	M	H	K	X	R	D	W	D	Y	S	L	M	N	A	O
S	E	N	B	U	M	J	Y	A	J	W	X	R	E	D	Q	O	R	G	S
A	M	F	E	F	E	G	D	D	L	Y	L	R	X	Y	I	U	E	I	O
G	O	G	D	W	H	I	O	U	R	W	V	A	B	T	T	H	N	V	N
S	V	E	P	F	A	M	E	C	H	A	N	I	C	A	L	E	G	V	X
M	E	N	O	N	G	B	U	V	T	U	T	U	N	I	T	A	I	C	V
E	M	E	T	A	B	O	L	I	S	M	D	E	C	I	M	T	N	C	H
N	E	R	E	B	G	E	O	E	U	O	V	I	C	O	G	E	E	G	P
D	N	A	N	M	G	N	U	V	R	M	R	H	A	J	P	H	H	R	H
R	T	T	T	D	B	R	V	P	E	T	R	O	L	E	U	M	P	C	Y
W	C	O	I	L	I	F	E	I	C	I	O	N	O	I	S	U	F	W	S
I	A	R	A	G	C	I	T	E	N	G	A	M	R	E	W	O	P	X	I
N	X	T	L	O	Z	V	L	Y	N	F	B	N	I	E	T	O	R	P	C
D	I	D	E	T	R	E	F	S	N	A	R	T	E	K	Q	J	R	B	S
V	O	U	A	R	A	S	R	I	A	Q	G	X	S	O	U	N	D	K	V

BATTERY
CALORIES
CARBOHYDRATE
CHARGES
CHEMICAL
CONSERVATION
DYNAMIC
ELECTRIC
ENGINE
FORCE
FUEL
FUSION
GAS
GENERATOR
GREEN
HEAT
INTENSITY
LIFE
MAGNETIC
MASS
MECHANICAL
METABOLISM
MOVEMENT
NATURAL
OIL
PETROLEUM
PHYSICS
POTENTIAL
POWER
PRODUCTION
PROTEIN
PUSH
RADIANT
RENEWABLE
RUNNING
SOLAR
SOUND
SPEED
SUN
TRANSFER
TURBINE
VITAL
WATER
WIND
WORK

Solution on page 348

Travel Stories

T	I	D	B	I	T	S	P	E	T	S	C	R	G	N	B	V	X	I	L
S	I	N	C	J	S	W	E	N	Q	A	N	E	C	D	O	T	E	S	B
I	J	D	M	T	N	E	M	E	T	I	C	X	E	K	R	U	O	T	D
S	N	J	E	N	B	I	X	J	E	L	Y	T	S	E	F	I	L	O	W
O	H	F	M	A	O	V	I	E	X	P	E	R	I	E	N	C	E	P	D
R	O	A	O	S	S	E	V	S	U	L	X	N	C	V	R	U	Q	E	Y
K	A	E	R	R	D	R	O	C	E	R	R	U	N	R	I	L	S	I	N
F	Q	T	I	E	M	E	N	D	O	R	S	E	M	E	N	T	P	P	O
L	L	K	E	M	G	A	O	W	P	E	O	P	L	E	I	U	I	K	I
I	E	A	S	N	O	I	T	A	T	R	O	P	S	N	A	R	T	E	S
G	N	I	N	N	A	L	P	I	E	N	D	N	A	I	T	E	P	R	S
H	S	P	Y	D	A	N	I	S	O	E	O	T	T	S	K	B	D	U	U
T	L	E	I	N	M	O	T	E	S	N	I	I	V	I	N	I	F	T	C
Q	E	R	R	R	A	A	J	C	Z	O	T	N	T	U	S	N	A	N	S
B	T	U	K	U	U	P	R	I	N	S	T	R	U	C	T	I	V	E	I
J	O	T	L	R	T	I	M	K	X	P	E	I	O	N	A	S	J	V	D
J	H	A	A	A	B	C	O	O	S	U	D	V	Y	S	A	R	P	D	E
J	R	N	B	E	K	C	I	S	C	H	E	D	U	L	E	L	T	A	D
G	T	L	Q	I	L	Y	H	P	A	R	G	O	E	G	U	R	O	T	M
U	E	C	E	E	X	J	E	R	Y	H	G	S	E	L	C	I	T	R	A

ACTIVITIES
ADVENTURE
ANECDOTES
ARTICLES
ATTRACTION
COMPANY
CUISINE
CULTURE
DESCRIBE
DESTINATION
DISCOVERY
DISCUSSION
ENDORSEMENT
EXCITEMENT
EXPERIENCE
FLIGHT
GEOGRAPHY
HOTEL
IDEAS
INFORMATION
INSTRUCTIVE
JOURNAL
LANDMARKS
LIFESTYLE
MAPS
MEMORIES
NATURE
NEWS
PEOPLE
PICTURES
PLANNING
RATE
RECORD
RESORT
RESTAURANT
REVIEWS
SCHEDULE
SHARE
STEPS
STOP
TIDBITS
TIPS
TOUR
TRANSPORTATION
TRIP

Solution on page 348

Financial Headquarters

Y	Y	C	L	O	B	M	Y	S	R	N	X	V	I	P	R	F	Y	L	I
Q	S	T	E	F	W	T	B	K	Z	R	J	K	W	Q	T	O	Y	M	E
N	R	E	K	C	I	T	V	A	G	E	M	Z	S	E	C	E	O	Z	V
E	H	S	L	U	B	N	D	I	N	V	E	S	T	F	A	N	D	T	S
D	I	B	Q	L	J	M	A	F	S	K	C	O	T	S	E	L	E	M	V
R	S	E	O	P	E	N	I	N	G	B	E	L	L	Y	P	A	T	W	O
S	T	R	E	S	S	F	U	L	C	Y	S	R	A	T	E	T	R	H	E
G	M	C	E	E	I	E	S	B	S	E	C	U	R	I	T	I	E	S	R
P	N	S	E	T	R	F	D	H	O	L	I	T	G	D	A	P	K	U	Y
R	O	O	L	V	R	Y	U	A	C	N	P	K	E	O	R	A	O	I	K
O	U	R	I	O	I	A	G	N	R	A	D	O	S	M	O	C	R	T	C
F	L	O	T	T	N	S	U	D	D	T	S	S	A	M	P	R	B	S	Y
I	S	C	E	F	I	G	S	Q	Y	S	E	N	L	O	R	E	R	A	E
T	N	U	M	M	O	T	H	E	D	N	P	K	A	C	O	Y	T	F	B
J	O	R	A	Y	I	L	E	O	R	A	A	S	R	M	C	W	K	S	I
H	I	R	R	I	P	T	I	P	U	G	E	M	Y	A	D	A	T	K	X
V	S	E	G	A	G	T	R	O	M	R	G	H	I	B	M	L	Q	U	Z
K	N	N	I	C	S	A	W	E	A	O	S	A	P	C	A	H	O	S	W
X	E	C	N	D	E	J	T	H	V	M	C	X	U	S	N	A	B	G	W
K	P	Y	U	B	Y	R	S	S	N	O	I	T	P	O	I	Z	L	M	I

AGGRESSIVE
BANKER
BEAR
BID
BONDS
BROKER
BUY
CAPITAL
COMMODITY
COMPETITION
CORPORATE
CURRENCY
DYNAMIC
EQUITY
FAST
FINANCE
FUNDS
GOLDMAN SACHS
HEADQUARTERS
INVEST
LARGE SALARY
LAWYER
LONG HOURS
MARGIN
MARKET
MONEY
MORGAN STANLEY
MORTGAGES
OPENING BELL
OPTIONS
OVERTIME
PENSIONS
PORTFOLIO
PROFIT
RISK
SECURITIES
SELL
SHARES
STOCKS
STRESSFUL
SUITS
SYMBOL
TICKER
TRADE
WEALTH

Solution on page 348

My Sons

E	F	Y	W	Y	V	W	R	L	M	M	F	S	E	T	X	E	B	I	T
U	V	P	O	O	Z	E	J	H	A	U	H	T	A	H	K	G	J	O	A
R	L	A	W	U	B	Q	T	O	P	C	E	I	N	G	R	I	H	A	R
D	I	T	Y	E	N	L	I	G	I	R	L	F	R	I	E	N	D	U	E
M	C	V	L	A	U	G	H	T	E	R	M	O	H	F	Y	O	D	T	P
R	E	L	A	T	I	V	E	H	S	H	M	T	Y	S	L	J	C	N	M
A	J	D	L	L	U	L	T	M	I	B	C	I	T	E	G	R	E	N	E
S	S	N	E	U	H	O	A	B	F	O	O	T	S	T	E	P	S	S	T
F	W	H	X	T	M	R	E	G	F	Y	E	C	H	A	R	M	I	N	G
O	G	I	A	I	T	L	E	F	O	E	E	A	P	L	B	S	H	C	O
L	U	N	E	C	T	A	S	H	W	N	N	M	R	L	T	C	W	Q	G
L	S	T	I	U	N	P	J	S	T	D	T	T	E	E	R	A	C	U	F
O	Y	G	S	R	R	I	M	W	S	O	E	W	R	S	H	H	T	V	Q
W	Q	T	N	I	A	O	A	O	Z	P	R	S	I	O	S	T	U	Y	D
Y	U	E	N	O	D	D	M	C	R	C	D	B	L	N	P	Y	A	E	A
I	E	G	Q	U	R	E	F	L	T	H	L	U	L	W	N	P	Z	F	X
T	J	L	H	S	Z	T	W	U	C	I	A	W	O	R	G	I	U	C	M
Q	T	B	K	W	Z	J	S	A	N	L	V	E	A	L	R	J	L	S	P
R	M	V	G	K	B	D	E	G	O	D	W	E	H	P	E	N	J	W	K
S	K	C	L	N	Y	T	R	W	W	I	L	D	L	D	V	P	N	P	M

ACTIVE
ADOLESCENT
ATHLETIC
BOY
BROTHER
CARE
CHARMING
CHILD
CURIOUS
DARING
ENERGETIC
FATHER
FIGHT
FOLLOW
FOOTSTEPS
FUN
GIRLFRIEND
GROW
HANDSOME
KID
LAUGHTER
LEARN
LOUD
MESSY
MOTHER
NEPHEW
OFFSPRING
OUTSIDE
PRIZED
REBEL
RELATIVE
RIVAL
ROMP
SIBLING
SISTERS
SMART
STRONG
SUPPORT
SWEET
TEACH
TEEN
TEMPER
TWIN
WILD
YOUNG

Solution on page 348

Pool Parties

H Z V R E M E H T A B L E D I L S S R I
E Y D E L K S A M X E D W Q T C S C E N
N J N I K S L T C W A T E R F O G F S B
A P G T Z K P V P H H D G U A O X Y E C
S N Z Q Z B B L S U A G C K R J O F Y K
O F V P E U A C A N O I T O L T L D S N
N B A D T C B J O S N R R P K O E L N T
H L S M I W S M T C H Z G W A C I O A J
S U X M I V E S A G K F E T O R K Q C B
O K P S X L E T D K D T S R M M A M K N
R N N Y Q U Y I N V I T A T I O N S S T
T R X I G C M O D G A T E I N L P U O T
U D E J R U O B D I I G R N L R N Q K L
A Z O T P D E S R O Q O N I I S T I U S
C G Q O L T M O N E X G R N C H E G D W
T I S E U E K S G H L G K R A S S M Y L
L J S N N T H N O R L L E B I K I N I K
D H L U E S U S D Q E E A M W N P M U J
J J O F M O E P I R N S A I T R U N K S
A Q M D L G Y S G O N N T K K T K C X E

BALL
BIKINI
CHAIR
COCKTAILS
DECORATIONS
DIVE
DRINKS
FAMILY
FLOATS
FOOD
FUN
GOGGLES
GRILL
GROUP
GUESTS
HOSE
INVITATIONS
JUMP
LEMONADE
LOTION
LOUNGE
MENU
MUSIC
NOODLES
PARASOL
RAFT
SHADE
SHELTER
SLIDE
SNACKS
SOAK
SPLASH
SPRINKLER
SUITS
SUNSCREEN
SUNSHINE
SWIM
TABLE
TALK
THEME
TOYS
TRUNKS
UMBRELLA
WATER
WET

Solution on page 348

Artistry

P	U	O	F	N	V	N	P	U	J	M	E	C	E	O	I	L	Y	A	A
A	N	Q	C	D	U	R	H	B	U	F	L	A	K	X	V	M	G	B	M
N	M	W	R	M	H	G	O	L	W	L	E	T	S	A	P	V	M	U	B
O	I	A	R	C	H	I	T	E	C	T	U	R	E	E	Y	I	N	K	R
A	W	M	T	Q	E	I	O	I	V	Y	O	O	I	L	L	S	W	E	U
G	H	E	O	P	M	V	G	Y	B	I	D	T	V	E	L	U	F	V	S
G	K	A	V	E	Z	X	R	P	E	O	T	C	G	J	V	A	T	I	H
S	I	Y	D	N	W	A	A	E	V	S	A	A	S	T	L	L	B	T	Z
J	R	I	R	S	R	L	P	S	A	C	L	R	R	E	A	K	O	A	T
D	A	E	X	E	E	A	H	C	V	L	O	T	D	O	O	L	X	E	X
F	A	Q	T	T	T	E	Y	E	O	S	C	S	S	S	C	C	S	R	G
F	X	I	T	A	A	T	A	C	S	R	J	B	A	P	R	E	H	C	M
J	L	E	O	R	E	W	O	I	P	O	O	A	O	A	A	U	D	A	J
A	Q	Q	S	A	O	H	C	P	N	L	W	R	F	M	H	Q	R	E	M
C	R	A	Y	O	N	S	T	O	B	O	D	T	M	W	C	I	C	Q	T
B	L	E	N	D	M	F	P	E	D	C	S	U	S	A	V	N	A	C	O
P	F	T	P	U	P	Z	L	T	F	M	S	E	D	B	A	H	L	S	K
F	T	U	D	M	W	K	U	R	P	I	M	O	L	D	M	C	E	I	U
M	R	G	N	W	E	H	C	Y	C	X	N	N	G	I	S	E	D	M	O
R	E	P	A	P	T	T	S	Z	K	L	Y	K	A	V	D	T	L	I	S

ABSTRACT
ARCHITECTURE
BALLET
BLEND
BOARDS
BRUSH
CANVAS
CAST
CHARCOAL
COLLAGE
COLORS
CRAFTS
CRAYONS
CREATIVE
DANCE
DECORATIVE
DESIGN
DRAW
DROP CLOTH
EASEL
INK
KNIFE
LITERARY
MIX
MOLD
MULTIMEDIA
MUSIC
OIL
PALETTE
PAPER
PASTEL
PENS
PHOTOGRAPHY
POETRY
POTTERY
SCISSORS
SCULPT
SHEARS
SKETCH
SMUDGE
TAPE
TECHNIQUE
TEMPERA
THEATER
VISUAL

Solution on page 349

Stanford

T	K	Q	X	Y	I	S	N	Q	I	R	Y	Z	C	M	O	P	T	Z	A
J	R	S	E	I	T	I	N	A	M	U	H	P	L	H	M	P	C	N	G
Y	I	R	O	S	S	E	F	O	R	P	E	D	U	C	A	T	I	O	N
K	O	Y	E	C	Y	L	L	A	B	T	O	O	F	A	N	N	M	I	I
W	K	U	H	H	S	Y	K	P	M	E	K	S	A	E	S	M	E	T	N
T	P	O	T	T	P	R	T	T	K	E	L	I	P	T	K	B	D	I	R
R	O	A	R	H	R	A	S	R	N	U	N	P	I	G	O	U	A	U	A
L	V	O	L	O	I	R	M	M	W	R	N	T	R	N	O	S	C	T	E
R	P	R	Y	O	V	B	J	A	O	E	U	I	S	I	B	I	A	X	L
S	A	V	K	V	A	I	L	F	R	T	V	V	V	R	Z	N	I	T	F
V	P	T	A	E	T	L	I	X	I	C	M	I	I	E	A	E	S	S	A
T	H	M	H	R	E	L	T	O	I	X	H	P	S	E	R	S	Y	A	C
F	Y	E	L	L	A	V	N	O	C	I	L	I	S	N	Y	S	Y	O	U
U	S	D	A	C	E	T	A	U	D	A	R	G	N	I	E	L	I	C	L
P	I	I	N	W	U	T	E	C	H	N	O	L	O	G	Y	P	V	T	T
S	C	C	I	W	S	C	I	E	N	C	E	Z	S	N	B	Y	X	S	Y
B	S	I	D	O	R	M	S	C	O	L	L	E	G	E	J	A	P	E	G
T	T	N	R	D	I	V	E	R	S	I	T	Y	D	U	T	S	N	W	R
H	R	E	A	L	U	M	N	I	V	W	N	O	I	S	S	I	M	D	A
S	A	V	C	O	U	R	S	E	S	U	P	M	A	C	C	J	L	Z	G

ACADEMIC
ADMISSION
ALUMNI
ARTS
ATHLETICS
BOOKS
BUSINESS
CALIFORNIA
CAMPUS
CARDINAL
COLLEGE
COURSES
DIVERSITY
DORMS
EDUCATION
ENGINEERING
EXPENSIVE
FACULTY
FOOTBALL
GRADUATE
HOOVER
HUMANITIES
INSTITUTION
LAW
LEARNING
LIBRARY
MARCHING BAND
MEDICINE
NOBEL PRIZE
PALO ALTO
PHYSICS
PRIVATE
PROFESSOR
SCHOOL
SCIENCE
SILICON VALLEY
SPORTS
STUDY
TEACH
TECHNOLOGY
TUITION
UNIVERSITY
WEST COAST
YOUTH

Solution on page 349

Full of Food

Z	T	N	S	S	P	I	N	A	C	H	O	H	C	A	P	Z	A	G	P
R	P	O	T	A	T	O	S	O	U	P	S	Y	D	D	E	E	Z	Z	N
G	E	M	T	U	N	J	J	A	M	I	M	E	A	T	L	O	A	F	B
O	G	T	I	U	R	F	W	X	D	L	K	L	E	U	N	K	Y	K	L
T	U	P	T	J	E	C	U	A	S	R	A	T	R	A	T	X	E	E	T
A	I	A	U	U	N	I	R	O	T	S	Y	S	B	U	F	S	N	S	T
Z	M	T	B	O	B	E	E	O	A	E	W	R	D	X	E	T	T	T	B
C	H	I	V	E	S	T	T	N	U	Y	R	G	E	E	I	O	U	U	Z
W	L	P	S	R	E	O	U	T	T	T	A	C	H	L	K	P	H	O	M
K	R	U	O	A	I	T	T	N	E	U	O	C	R	V	I	O	C	R	C
G	M	H	Y	M	V	F	R	A	A	R	D	N	K	E	D	S	M	P	D
U	I	Y	S	E	O	R	U	P	M	E	G	S	S	P	S	Q	H	S	L
K	Q	E	A	N	H	R	F	P	L	O	P	I	P	A	R	S	L	E	Y
Z	O	K	U	G	C	E	F	L	U	E	T	A	A	V	O	C	A	D	O
W	J	R	C	I	N	V	I	E	E	S	I	A	N	N	O	Y	A	M	T
A	E	U	E	N	A	R	Z	S	Q	F	P	R	X	G	I	H	X	F	N
C	F	T	E	G	G	L	L	A	B	T	A	E	M	A	O	V	I	O	E
M	A	L	S	E	A	Z	C	U	C	U	M	B	E	R	K	L	C	P	M
Z	H	T	O	R	B	N	X	C	I	N	N	A	M	O	N	A	O	Y	I
Q	J	A	X	Q	B	P	O	E	N	E	B	U	E	R	B	M	I	B	P

ANCHOVIES
APPLESAUCE
AVOCADO
BACON
BLT
BOLOGNA
BREAD
BROTH
CHIVES
CHUTNEY
CINNAMON
CROUTONS
CUCUMBER
FENNEL
FRUIT
GAZPACHO
GINGER
GRILLED CHEESE
HORSERADISH
JAM
LENTIL
MAYONNAISE
MEATBALL
MEATLOAF
NUTMEG
OREGANO
PARSLEY
PEANUT BUTTER
PIMENTO
PITA
POTATO SOUP
RAMEN
RELISH
REUBEN
SMOKED SALMON
SOY SAUCE
SPINACH
SPROUTS
STEW
TARTAR SAUCE
TOMATO SOUP
TUNA SALAD
TURKEY
VINAIGRETTE
WATERCRESS

Solution on page 349

Jaguar

M	K	D	N	M	H	Z	D	M	J	L	E	O	P	A	R	D	G	R	P
F	U	R	J	J	S	W	F	Q	S	S	P	E	L	B	Y	L	O	I	T
F	S	S	B	H	U	G	N	N	T	P	I	H	I	J	A	V	H	B	S
Q	C	S	C	T	O	V	O	S	O	L	I	T	A	R	Y	E	F	P	A
X	C	B	O	L	R	H	I	R	P	I	V	D	G	T	S	E	R	O	F
F	Q	H	H	X	E	P	T	Z	S	T	L	E	E	S	E	Q	W	B	O
G	Z	N	F	Q	G	U	A	T	N	U	H	T	E	E	T	E	I	L	T
V	H	U	C	M	N	E	L	W	Q	R	K	W	A	O	T	A	H	A	W
M	K	W	M	I	A	O	U	B	S	P	Y	U	T	I	K	G	L	C	W
M	Y	A	S	X	D	C	P	Z	I	V	I	H	P	H	S	U	L	K	V
L	L	T	A	Y	K	C	O	T	S	T	P	V	A	M	U	P	R	E	Y
D	I	E	H	R	C	O	P	O	D	E	E	P	S	U	B	F	B	D	O
C	N	R	B	O	E	N	I	L	E	F	S	W	A	L	C	A	R	H	L
Y	U	U	U	H	L	H	N	S	W	W	W	N	L	Z	E	U	M	U	G
F	M	G	W	I	E	O	T	R	E	G	I	T	Y	V	T	E	H	H	J
T	A	W	M	P	C	C	G	N	I	M	M	I	W	S	A	E	K	M	K
R	M	L	P	B	N	I	R	Y	A	T	U	Q	B	M	I	L	C	N	O
O	M	B	Y	R	U	X	U	L	A	P	W	C	A	D	L	I	W	C	X
A	A	B	I	E	O	E	B	Q	L	X	O	C	R	B	G	B	V	R	O
R	L	U	B	D	P	M	O	Z	Z	Y	C	P	K	W	M	S	W	E	B

ANIMAL
AZTEC
BITE
BLACK
CHEETAH
CLAWS
CLIMB
COUGAR
DANGEROUS
EAT
FAST
FELINE
FOREST
FUR
HUNT
LARGE
LEOPARD
LION
LUXURY
MAMMAL
MEXICO
MUSCLE
MYTHOLOGY
OPPORTUNISTIC
PANTHER
PAWS
POPULATION
POUNCE
PREY
PUMA
ROAR
SLEEK
SOLITARY
SPEED
SPOTS
STALK
STOCKY
STURDY
SWIMMING
TAIL
TEETH
TIGER
WATER
WILD
ZOO

Solution on page 349

Ride a Scooter

N	S	Q	L	J	G	I	I	K	I	L	K	Y	W	N	S	E	S	Q	C
Q	S	Y	Z	Z	Z	Y	B	B	E	G	H	P	L	B	R	A	K	E	C
K	L	R	C	M	D	Q	M	Y	S	A	F	E	R	A	D	D	J	B	T
M	K	B	L	R	T	P	W	T	Q	E	S	V	J	D	Q	X	U	B	D
V	Q	F	U	S	Q	D	B	R	K	D	V	Y	L	A	J	S	D	N	D
V	V	B	H	S	E	X	I	A	U	R	R	E	P	P	O	H	C	N	R
N	N	P	P	R	F	D	S	N	I	A	C	L	L	S	E	L	I	O	I
S	X	S	W	A	E	T	I	S	Y	O	P	R	L	E	L	W	E	M	V
Z	O	P	Z	B	R	U	R	P	N	B	L	A	D	A	C	N	N	H	E
B	Z	V	O	E	S	O	B	O	L	R	N	H	M	T	I	T	M	F	L
I	S	U	E	L	A	H	M	R	O	O	D	S	I	G	H	M	R	Y	C
T	D	T	K	D	O	I	L	T	S	O	E	B	N	X	E	T	O	I	Y
A	E	Z	P	N	C	I	O	R	F	L	L	E	Y	K	V	K	F	S	C
L	P	M	D	A	G	M	E	E	F	F	I	C	I	E	N	T	T	Y	T
Y	O	A	L	H	R	P	A	E	H	C	V	B	N	V	D	O	A	R	S
E	M	F	T	E	C	K	S	C	V	J	E	L	J	E	R	W	L	I	A
R	H	S	Y	F	H	P	I	E	P	O	R	U	E	A	H	H	P	X	F
S	B	W	Q	M	A	T	S	N	R	S	Y	P	G	G	O	E	L	X	E
G	T	F	F	D	Y	P	A	P	G	I	S	E	I	T	N	E	E	K	J
S	O	M	E	K	A	T	G	H	Z	U	T	H	K	U	Y	L	U	B	F

AXLE
BIKE
BRAKE
CHEAP
CHOPPER
CITY
CYCLE
DELIVERY
DRIVE
EASY
ECONOMICAL
EFFICIENT
ELECTRIC
ENGINE
EUROPE
FAST
FLOORBOARD
GAS
HANDLEBARS
HARLEY
HELMET
HIGHWAY
HONDA
ITALY
LIGHTS
MOPED
MOTOR
PARKING
PERSONAL
PLATFORM
RIDE
ROAD
SADDLE
SAFE
SEAT
SMALL
SPEED
STORAGE
STREET
TIRES
TRANSPORT
VEHICLE
VESPA
WHEEL
WIND

Solution on page 349

Pack Your Bags

M	X	G	M	F	T	W	Z	S	R	O	L	L	I	N	G	S	M	T	R
I	N	C	U	H	L	S	T	N	A	R	O	D	O	E	D	J	M	U	N
K	K	T	F	V	T	N	C	O	S	M	E	T	I	C	C	A	S	E	R
S	B	D	E	R	A	N	P	A	M	N	L	R	C	Y	G	V	Q	S	G
C	D	M	A	P	Q	W	H	E	T	S	A	P	H	T	O	O	T	E	T
N	G	P	O	U	C	H	D	I	W	A	N	T	O	Q	D	N	J	G	Y
H	F	D	Q	C	S	I	F	I	I	M	R	R	S	T	E	K	C	A	J
W	T	B	B	U	C	I	M	Y	I	A	U	A	B	M	O	O	T	G	N
X	I	K	R	I	C	S	F	A	C	J	O	B	U	C	A	E	L	G	A
F	W	B	N	A	U	M	L	O	L	A	J	C	S	T	H	A	V	U	Q
I	Z	E	T	I	E	C	H	U	L	P	O	G	I	C	S	E	A	L	K
T	S	I	T	S	U	W	D	E	D	D	A	P	N	S	F	F	C	C	X
I	O	I	P	S	S	E	R	D	A	T	A	M	E	I	N	P	A	K	A
N	F	A	W	P	T	A	X	E	N	V	O	S	S	E	H	L	T	N	R
E	M	U	A	O	E	E	B	S	D	B	Y	W	S	T	B	T	I	U	E
R	J	O	T	W	U	R	L	I	M	N	B	D	E	E	R	V	O	W	M
A	S	T	Z	Z	K	E	U	L	N	B	U	C	K	L	E	I	N	L	A
R	A	N	O	L	E	H	U	A	V	N	S	H	O	E	S	R	H	O	C
Y	S	I	L	H	M	E	W	V	W	A	F	C	S	V	A	D	B	S	I
M	N	S	W	C	O	S	F	G	P	W	K	I	O	K	P	I	R	T	H

BLACK
BRUSH
BUCKLE
BUSINESS
CAMERA
CHECK
CLAIM
CLOTHING
COAT
COMB
COSMETIC CASE
DEODORANT
DOCUMENTS
DRESS
FOLD
GLASSES
HEAVY
IDENTIFICATION
ITINERARY
JACKET
JOURNAL
LOCK
LOST
LUGGAGE
MAPS
MEDICINE
PADDED
PAJAMAS
PANTS
POUCH
ROLLING
SHIRTS
SHOES
SOAP
STRAP
SWIMSUIT
TOOTHPASTE
TOTE
TOWELS
TRIP
UNDERWEAR
VACATION
VALISE
WHEELS
ZIPPER

Solution on page 349

On Our Block

P	R	C	O	T	W	L	R	N	E	R	D	L	I	H	C	T	U	K	B
D	R	V	D	K	N	A	S	Y	D	T	O	J	A	O	R	F	N	F	O
S	D	R	A	Y	C	A	V	I	R	P	F	J	M	O	H	R	E	T	W
X	E	R	Y	M	M	Q	V	E	H	E	L	P	P	A	E	S	I	O	N
I	L	O	E	U	C	E	B	R	A	B	A	P	S	T	E	I	U	Q	C
F	W	C	W	E	L	C	O	M	E	N	U	S	S	I	A	H	X	O	B
S	Y	L	D	N	E	I	R	F	I	S	I	L	T	M	E	Z	O	O	P
L	L	O	E	D	B	C	Y	O	Y	S	B	R	G	N	I	K	R	A	P
X	Z	O	H	G	I	H	N	L	T	E	A	O	I	Z	O	R	R	R	R
E	Y	I	O	Y	C	S	A	A	S	P	B	S	N	U	O	X	G	M	Z
G	R	E	E	T	H	D	N	U	T	G	Y	I	T	W	C	A	R	E	I
W	P	V	A	I	T	C	N	N	F	N	S	S	R	R	Z	N	R	T	S
Z	F	W	P	N	E	A	R	E	V	H	I	D	O	C	E	A	E	Y	L
Y	S	I	U	U	A	R	U	A	O	H	T	A	D	K	H	E	A	B	H
U	D	K	U	M	E	D	D	V	E	R	T	T	U	S	V	W	T	H	K
X	T	N	S	M	S	S	E	N	D	N	I	K	C	Q	E	N	A	O	L
B	W	V	V	O	E	L	U	W	E	S	N	S	T	V	C	C	G	U	Q
H	Z	Z	U	C	I	A	V	I	I	L	G	Z	I	J	D	A	N	S	Y
Y	Z	K	D	N	N	U	L	V	M	Q	Z	R	O	Z	A	B	Q	E	L
X	Y	L	G	T	Q	H	T	Z	S	P	D	R	N	D	I	R	D	S	F

ACQUAINTANCE
ASSISTANCE
BABYSITTING
BARBECUE
BORROW
CARE
CHILDREN
COMMUNITY
COMPANIONSHIP
COOKOUTS
DRIVEWAYS
FENCES
FEUDS
FRIENDLY
GREET
HELP
HOUSE
INTRODUCTION
KINDNESS
LEND
LOAN
MEAL
NEAR
NOISE
OBSERVANT
PARKING
PARTIES
PRIVACY
QUIET
SHARE
SHOVELING
STREET
SUPPORT
TEA
TOOLS
VISIT
WATCH
WAVE
WELCOME
YARDS

Solution on page 350

In the Summer

G	A	S	P	U	I	L	U	M	F	G	S	C	I	I	F	Y	B	C	M
Q	F	Z	S	N	Y	E	C	H	L	M	D	B	O	I	F	M	Z	V	N
W	A	U	N	A	P	Y	Z	S	H	C	C	K	U	R	J	G	G	A	U
C	M	A	F	G	R	Z	O	G	Y	E	Y	I	I	G	O	Y	O	W	L
F	I	S	H	I	N	G	D	J	G	N	C	S	N	S	S	F	F	E	S
S	L	O	O	P	L	I	R	S	N	L	B	I	I	C	P	N	M	K	V
Z	Y	M	L	A	B	J	L	U	E	E	L	T	T	P	I	O	S	I	C
T	V	W	Z	W	J	C	S	F	E	L	L	I	E	S	N	P	W	H	W
Q	M	E	A	D	O	W	S	W	I	U	C	X	C	A	L	G	K	S	B
D	R	H	S	L	H	A	E	R	J	T	C	Y	D	E	O	O	R	E	I
G	V	E	J	E	K	C	G	B	E	K	S	E	C	D	C	E	S	L	F
C	Z	A	L	V	K	I	A	M	E	W	T	E	B	I	G	R	H	T	U
L	R	T	E	A	R	C	N	E	Z	W	O	K	F	R	B	V	E	S	G
L	T	P	C	R	X	A	S	G	B	T	H	L	U	T	A	N	C	A	F
X	K	A	N	T	S	D	M	K	E	Y	B	B	F	A	S	B	R	C	M
I	M	B	F	U	F	A	O	V	R	T	M	I	N	O	C	D	S	D	S
P	X	I	R	B	F	N	O	I	T	A	C	A	V	B	E	Y	P	N	C
Z	P	Q	W	L	I	T	L	F	H	E	P	N	G	N	I	L	I	A	S
D	D	E	A	S	T	S	B	U	H	W	O	U	T	D	O	O	R	S	Z
W	E	N	W	H	W	I	Y	V	J	S	D	R	U	D	V	V	T	E	J

ANTS
BALMY
BARBECUE
BEACH
BICYCLES
BLOOMS
BOAT RIDE
BUGS
CAMP
CICADA
ENJOY
FAMILY
FISHING
FLOWERS
FRISBEE
FUN
GARDEN
GRASS
GRILLING
HAMBURGERS
HEAT
HIKE
HOT
ICE CREAM
LAZY
LEMONADE
MEADOWS
OUTDOORS
PARKS
PICNIC
POOL
RELAX
SAILING
SANDCASTLES
SOLSTICE
STIFLING
SUNNY
SWEATY
SWIM
TAN
TEA
TRAVEL
TRIPS
VACATION
WALKING

Solution on page 350

Mexican Food

A	B	Q	F	Z	T	A	M	A	L	E	C	I	R	E	P	P	E	P	G
U	I	Z	M	A	I	Z	E	E	S	Z	I	O	C	A	S	L	A	S	P
H	F	H	Z	S	P	A	N	I	S	H	V	Q	M	O	L	E	G	S	F
D	N	A	Y	A	M	R	U	Q	I	A	L	I	U	Q	E	T	E	T	G
Y	F	Z	P	K	Y	H	D	Q	L	F	T	N	X	V	K	P	I	H	O
X	Z	T	O	M	A	T	O	F	T	D	S	I	A	J	I	C	N	N	C
M	T	E	R	N	U	B	R	T	B	T	B	R	N	C	A	D	D	F	I
V	X	C	K	P	M	O	S	T	N	E	I	D	E	R	G	N	I	B	X
M	A	L	K	X	Z	N	O	K	E	E	A	R	N	E	A	U	G	B	E
D	W	E	C	U	A	S	N	F	T	V	C	E	I	S	Q	C	E	D	M
P	G	L	M	E	A	G	E	Y	O	J	A	X	O	T	S	U	N	V	E
Z	M	N	B	F	A	O	P	C	T	S	E	U	U	A	Y	I	O	X	R
Q	V	Z	L	R	W	L	A	C	A	R	T	Z	T	U	M	S	U	B	U
L	K	T	L	E	W	D	L	D	A	H	A	I	N	R	J	I	S	U	T
J	Y	I	P	S	O	Z	A	I	W	N	D	D	A	A	Y	N	F	R	L
L	C	O	S	H	Z	N	J	E	T	R	R	J	I	N	V	E	Q	R	U
Z	I	H	S	Q	U	A	S	H	O	R	Y	O	R	T	N	A	L	I	C
Z	P	A	I	A	A	T	U	G	R	D	O	H	C	S	I	Y	C	T	V
Y	S	L	P	L	S	A	D	A	T	S	O	T	I	S	V	O	V	O	D
N	G	G	N	O	I	N	O	V	W	S	V	G	Q	M	T	R	N	L	J

AVOCADO
AZTEC
BEANS
BEEF
BURRITO
CARNE ASADA
CARNITAS
CHEESE
CHILI
CILANTRO
CORN
CUISINE
CULTURE
FLAVOR
FRESH
GARLIC
GORDITAS
HOT
INDIGENOUS
INGREDIENTS
JALAPENO
MAIZE
MAYAN
MENUDO
MEXICO
MOLE
ONION
PEPPER
PORK
RECIPES
RESTAURANT
RICE
SALSA
SAUCE
SOUTHWEST
SPANISH
SPICY
SQUASH
TAMALE
TEQUILA
TOMATO
TORTILLA
TOSTADAS
TRADITION
VARIETY

Solution on page 350

Back to School

D	S	E	M	A	G	F	F	Z	T	H	X	E	U	L	G	R	A	T	C
U	Q	U	C	R	J	F	S	V	W	B	D	Z	I	R	M	E	W	F	B
H	Y	T	B	N	J	A	W	V	R	P	J	C	K	A	L	P	P	Q	V
X	G	B	W	R	E	H	C	A	E	T	N	Z	K	F	F	A	T	S	A
T	O	H	O	C	H	I	L	D	R	E	N	R	S	U	Q	P	R	L	M
M	C	Z	B	O	A	P	C	P	P	V	G	C	C	U	P	H	T	I	T
U	O	G	Y	M	K	F	Q	S	Q	N	I	T	N	L	R	O	L	W	B
S	Q	I	Q	M	L	M	E	T	I	S	K	I	A	H	I	N	U	G	K
I	S	B	A	I	I	O	O	T	S	S	F	Y	I	J	N	I	N	N	L
C	U	E	M	T	M	W	S	O	E	O	G	P	G	L	C	C	C	O	A
S	F	D	C	T	Z	E	R	D	R	R	E	N	G	L	I	S	H	Y	M
D	G	A	D	E	T	S	F	M	O	S	I	K	C	A	P	K	C	A	B
W	P	R	O	E	R	P	U	U	F	M	S	A	T	R	A	M	B	R	S
E	S	G	M	W	S	N	N	G	N	I	D	A	E	R	L	O	R	C	P
R	F	D	L	Y	I	D	O	D	G	E	B	A	L	L	F	E	I	E	E
Y	L	Q	N	B	V	Q	N	I	R	B	H	K	I	C	K	B	A	L	L
J	Q	V	P	U	Z	Z	L	E	S	T	J	K	J	M	D	O	H	P	L
K	K	W	E	A	O	R	G	N	I	T	I	R	W	L	M	L	C	P	I
B	N	N	E	K	M	S	C	O	Y	R	O	T	S	I	H	G	J	A	N
D	Z	R	V	N	A	G	D	N	M	H	F	O	L	D	E	R	K	G	G

APPLE
ART
BACKPACK
BOOK
BUS
CAFETERIA
CHAIR
CHILDREN
CLASSROOM
COMMITTEE
CRAYON
DESK
DODGE BALL
ENGLISH
FOLDER
FRIENDS
FUN
GAMES
GLOBE
GLUE
GRADE
GYM
HISTORY
KICKBALL
LUNCH
MAP
MILK
MUSIC
PAPER
PENCIL
PHONICS
PLAYGROUND
PRINCIPAL
PUZZLES
READING
RECESS
SCIENCE
SCISSORS
SOUNDS
SPELLING
STAFF
TEACHER
TESTING
UNIFORM
WRITING

Solution on page 350

At the Mall

G	Q	B	S	S	T	I	F	T	U	O	P	B	Y	V	N	E	C	L	C
B	X	S	E	Q	R	Y	A	W	K	Y	A	C	D	E	T	A	F	J	E
N	Q	T	N	P	Q	E	G	R	K	R	N	K	N	E	E	M	A	E	R
N	E	S	O	B	A	N	K	S	G	G	T	E	E	C	D	V	B	W	O
S	A	E	H	L	U	G	G	A	G	E	S	N	R	A	A	W	R	E	T
D	D	T	P	Y	L	D	I	D	E	C	S	T	T	M	C	T	O	L	S
G	T	N	E	S	N	N	T	X	R	N	N	O	J	U	R	S	W	R	O
Q	Y	O	O	S	N	L	A	E	K	E	S	A	T	S	A	C	S	Y	C
M	J	C	P	X	E	S	D	C	M	I	T	O	K	E	G	I	I	C	K
X	U	H	L	V	R	I	C	T	C	N	E	E	S	M	U	N	N	E	S
J	E	V	E	O	T	S	R	L	A	E	A	S	O	E	H	O	G	Y	U
N	C	L	O	C	T	A	F	S	C	V	S	O	I	N	R	R	O	J	O
M	U	D	A	U	P	H	S	P	E	N	D	S	K	T	O	T	O	Y	C
A	N	R	S	E	U	Q	I	T	U	O	B	S	O	C	R	C	T	H	Q
I	D	E	D	O	A	K	X	N	Y	C	H	J	E	R	L	E	I	R	D
X	S	O	S	T	E	G	D	A	G	O	C	R	D	A	I	L	V	P	S
E	O	G	Q	Y	E	Q	A	T	E	R	I	O	E	R	D	E	N	D	G
F	L	M	C	O	H	S	E	S	S	E	R	D	A	R	X	K	S	Z	A
Y	W	A	S	H	R	O	O	M	S	V	R	V	E	T	L	Y	O	O	B
A	M	P	S	T	Z	N	R	S	P	F	Y	N	B	V	F	U	C	P	I

ACCESSORIES
ADVERTISE
AMUSEMENT
ARCADE
BAGS
BANKS
BARGAIN
BOUTIQUES
BROWSING
CHILDREN
CLOTHING
COAT
CONTESTS
CONVENIENCE
CREDIT CARD
CROWDED
DEAL
DEPARTMENT
DRESSES
ELECTRONICS
FOOD
GADGETS
GROCERIES
INDOORS
JEWELRY
KIOSK
LEVEL
LUGGAGE
MAP
OUTFITS
PANTS
PEOPLE
PHONES
SALE
SANTA
SHOES
SNEAKERS
SOCKS
SPEND
STORE
TEENS
TOYS
TRENDY
VARIETY
WASHROOMS

Solution on page 350

Lottery Winnings

H	P	L	H	U	W	U	N	N	A	D	Y	U	B	O	R	D	P	J	U
J	X	U	V	A	X	I	I	H	X	L	A	E	P	A	W	C	M	I	P
A	I	C	B	V	M	O	N	E	Y	X	C	V	N	I	E	T	T	A	S
B	R	K	V	J	W	X	I	N	N	H	H	R	I	T	Q	B	J	Q	C
P	A	Y	O	U	T	R	O	D	E	B	T	S	K	K	S	X	E	X	T
L	U	S	S	H	C	I	R	R	T	R	D	Z	R	B	K	G	J	L	Y
G	E	S	R	A	S	I	D	V	S	S	R	E	B	M	U	N	A	A	B
U	L	V	C	N	T	N	M	L	E	E	Y	U	C	H	A	N	C	E	Q
R	U	U	A	R	B	N	O	K	M	P	C	N	P	D	U	E	K	G	R
L	C	M	H	S	A	R	A	I	T	C	O	U	E	N	A	L	P	N	L
P	R	O	P	E	R	T	Y	F	L	Y	T	I	R	A	H	C	O	O	P
S	U	Y	Z	A	S	L	C	O	S	L	H	M	J	I	I	I	T	O	H
K	I	J	C	P	E	R	T	H	E	L	I	C	O	P	T	E	R	O	P
C	S	E	E	V	V	H	T	I	O	F	A	M	E	A	S	Y	Y	L	J
O	E	E	A	W	E	S	O	X	S	F	R	E	N	U	T	R	O	F	C
T	W	R	W	S	E	M	A	B	P	P	F	O	O	W	U	D	V	P	X
S	T	P	I	V	M	L	D	I	B	R	D	H	V	X	N	K	W	Z	P
S	A	S	N	T	E	K	R	T	U	I	F	I	U	E	L	T	G	E	M
N	O	I	M	R	E	T	B	Y	T	Z	E	L	P	Y	X	H	Z	D	Q
T	B	E	N	Z	T	R	K	F	J	E	K	S	P	L	U	R	G	E	F

BOAT
BUY
CAR
CHANCE
CHARITY
CLOTHES
CRUISE
DEBTS
DONATION
FAME
FANTASY
FORTUNE
HELICOPTER
HOBBIES
HOPE
HOUSE
INVEST
JACKPOT
JEWELRY
LUCKY
LUXURY
MANSION
MILLIONS
MONEY
NUMBERS
PAYOUT
PLANE
POOL
PRIZE
PROPERTY
RELAX
RETIRE
RICH
SAVE
SCRATCH OFF
SECURITY
SPEND
SPLURGE
SPREE
STOCKS
SWEEPSTAKES
TRAVEL
TRIP
WINNER
YACHT

Solution on page 350

At Night

W	V	L	D	L	P	Q	S	S	J	P	A	R	T	Y	X	M	K	Z	I
K	T	U	M	V	N	G	S	P	E	E	L	S	L	W	O	P	C	S	X
R	S	T	S	O	H	G	Q	T	H	X	E	A	V	O	Y	Z	G	G	Y
K	N	E	L	E	P	L	P	T	A	S	E	J	N	L	D	Q	N	O	C
T	I	U	U	U	V	Q	Y	N	U	R	M	E	T	E	K	C	I	R	C
M	I	A	M	R	C	L	H	O	U	R	S	P	A	E	T	L	N	F	X
N	Z	R	B	S	N	O	O	Z	E	Z	U	D	E	T	I	S	E	S	L
P	B	S	E	M	C	E	D	W	O	K	O	F	W	P	L	R	V	V	G
U	N	X	R	D	L	U	W	L	E	F	I	I	S	A	R	C	E	R	S
T	T	T	L	P	A	F	T	V	N	R	R	R	T	H	H	A	D	E	S
Z	H	P	U	I	N	R	U	I	Y	P	E	E	R	C	A	N	D	S	E
M	G	A	T	T	R	F	G	E	M	I	T	W	M	Y	E	D	L	T	L
V	I	S	H	C	U	H	R	J	D	R	S	O	C	I	E	L	O	O	N
Y	N	I	G	H	T	F	A	L	L	I	Y	R	D	B	T	E	C	W	U
I	D	L	I	W	C	G	C	N	T	P	M	K	N	A	M	D	N	A	S
C	I	E	L	P	O	B	Q	F	M	O	N	S	T	E	R	S	E	T	R
V	M	N	D	A	N	C	I	N	G	N	I	T	O	O	H	K	A	B	A
V	F	C	H	V	L	H	B	R	N	M	A	X	I	A	T	B	W	D	B
Y	V	E	E	U	S	M	L	O	D	P	G	A	O	G	J	R	S	W	H
O	Y	K	B	Z	V	Q	J	Y	L	S	E	L	S	K	U	J	I	F	B

BARS
BATS
BEDTIME
BIRDS
CANDLE
CLUB
COLD
CREEPY
CRICKET
DANCING
DARK
DEAD OF NIGHT
DIM
DUSK
EERIE
EVENING
FIREWORKS
FROGS
GHOSTS
HOOTING
HOURS
LATE
LIGHT
MIDNIGHT
MONSTERS
MOON
MYSTERIOUS
NIGHTFALL
NOCTURNAL
OWLS
PARTY
PITCH
PLANETS
REST
SANDMAN
SHADOWS
SHIFT
SILENCE
SLEEP
SLUMBER
SNOOZE
STARS
SUNLESS
TIRED
WEREWOLVES

Solution on page 351

Yarn

I	M	X	F	E	G	W	U	T	D	C	O	K	O	F	G	T	R	A	I
X	J	E	R	J	M	T	Z	O	A	P	P	T	S	J	I	K	L	H	I
F	C	W	R	T	G	B	P	B	A	L	L	D	H	N	Z	B	H	L	V
M	Y	E	R	B	A	C	R	Y	L	I	C	N	K	X	O	Z	E	Z	K
X	U	I	V	M	U	X	O	O	U	Z	O	K	L	O	I	F	J	R	V
W	I	V	V	A	G	Z	D	Q	I	V	B	L	T	T	G	F	S	Y	T
T	N	N	X	O	E	X	U	A	R	D	I	I	X	N	R	V	P	H	G
M	N	I	C	D	S	W	C	E	I	J	E	S	I	W	V	N	I	M	I
R	U	E	S	H	A	T	T	Q	D	S	G	R	T	E	S	C	N	K	O
O	R	K	M	N	A	S	I	W	L	E	U	S	Y	I	K	G	P	P	I
L	Y	S	S	A	E	M	O	T	G	T	L	W	G	G	C	N	K	S	V
O	A	J	V	Y	L	T	N	D	C	J	V	D	N	H	O	O	N	H	I
C	Y	M	L	C	N	I	T	A	I	H	T	R	E	T	S	L	T	E	T
I	I	O	F	W	W	T	F	I	S	K	E	D	T	E	N	G	U	E	H
W	P	R	F	G	E	U	H	K	M	T	H	O	Y	A	N	E	X	P	R
C	C	L	B	K	N	S	H	E	T	S	C	J	T	E	X	T	I	L	E
B	R	T	N	A	Q	O	H	A	T	O	O	U	L	H	U	L	F	O	A
I	V	A	M	G	F	H	P	Y	L	I	R	Y	U	R	N	R	C	O	D
T	L	A	F	G	A	L	H	G	X	A	C	Q	E	A	X	X	G	M	S
B	F	G	R	T	S	P	O	O	L	O	O	W	F	Y	S	I	O	Y	R

ACRYLIC
ART
BALL
BLANKET
BOOTIES
COLOR
COTTON
CRAFT
CROCHET
DYE
EMBROIDERY
FABRIC
FIBER
FILAMENT
GAUGE
HAT
KNIT
LENGTH
LONG
LOOM
MANUFACTURING
MITTENS
NATURAL
NEEDLE
PATTERN
POLYESTER
PRODUCTION
QUILT
SEW
SHEEP
SILK
SKEIN
SOCKS
SOFT
SPIN
SPOOL
STITCH
SYNTHETIC
TEXTILE
TEXTURE
THICK
THREAD
WEAVE
WEIGHT
WOOL

Solution on page 351

Pricey Gifts

H	Z	D	D	W	D	W	U	E	R	U	T	I	N	R	U	F	J	Z	M
A	S	K	T	L	Z	J	M	H	N	L	V	F	E	R	R	A	R	I	W
A	A	E	N	G	O	L	O	C	H	B	P	F	F	P	U	R	S	E	J
L	G	F	L	N	N	G	I	W	V	A	R	K	L	T	Z	W	E	U	Q
L	E	V	W	F	Q	H	N	I	I	I	G	L	O	R	H	A	S	B	X
C	G	N	I	R	F	B	S	N	G	H	A	M	W	A	L	O	O	P	B
N	S	G	S	L	T	U	T	E	V	P	O	O	E	E	D	A	R	E	E
Z	N	T	C	X	L	I	R	D	K	B	I	G	R	N	T	O	T	W	L
X	Y	H	I	L	N	A	U	T	I	L	E	A	S	I	C	A	X	E	A
K	U	C	N	G	T	F	M	L	K	E	I	U	N	F	L	X	R	T	J
C	K	A	O	O	A	T	E	L	E	V	I	S	I	O	N	E	E	A	P
U	E	Y	R	M	B	S	N	L	T	N	E	G	C	A	C	L	H	B	Q
N	M	U	T	J	P	U	T	L	C	U	J	O	Q	A	E	O	T	L	M
G	E	G	C	A	F	U	S	M	Q	Y	H	P	L	C	H	R	A	E	Q
V	R	X	E	P	I	R	T	I	F	C	C	K	A	T	O	P	E	T	W
B	A	V	L	X	P	W	T	E	N	E	C	R	N	E	R	T	L	W	L
G	L	S	E	H	T	N	J	A	R	E	B	L	O	P	S	I	Z	A	W
L	D	N	O	M	A	I	D	B	N	E	S	T	A	T	E	U	N	T	V
Y	W	N	J	K	F	K	S	Y	F	Q	L	S	O	V	O	D	O	C	L
R	E	F	A	A	Q	B	X	Z	Q	K	T	I	O	I	C	M	U	H	H

ANTIQUES
AUTOMOBILE
BOAT
BRACELET
BUSINESS
CHOCOLATE
COLOGNE
COMPUTER
DIAMOND
ELECTRONICS
EMERALD
ESTATE
FERRARI
FINE ART
FLOWERS
FURNITURE
GOLD
HORSE
HOUSE
INSTRUMENTS
JET
LAND
LEATHER
MOTORCYCLE
NECKLACE
PAINTING
PET
PHONE
PIANO
POOL
PURSE
REFRIGERATOR
RING
ROLEX
ROSES
SILK
SPA
TABLET
TELEVISION
TRIP
TRUFFLES
VILLA
WATCH
WINE
YACHT

Solution on page 351

Frightening

G	V	O	D	J	R	X	O	M	R	B	B	S	M	V	I	I	H	M	X
O	X	S	B	Q	U	P	Y	L	V	H	R	Y	D	L	M	G	F	S	B
D	S	A	F	N	U	L	H	G	G	B	F	R	E	A	K	Y	T	O	U
M	D	Z	Y	R	A	F	L	O	W	E	R	E	W	F	E	R	A	H	G
N	K	R	X	H	I	L	U	X	J	K	S	T	W	V	A	D	C	J	S
Q	E	I	O	A	G	G	A	E	I	R	E	E	N	N	G	R	N	K	X
A	B	C	M	U	N	U	H	R	O	N	Z	M	G	H	O	I	E	U	P
F	T	X	A	N	I	G	H	T	M	A	R	E	S	C	L	L	X	S	C
Z	V	P	O	T	Y	A	A	D	E	I	R	C	O	B	E	A	R	C	Y
W	O	I	R	E	F	G	F	A	W	N	N	D	O	T	M	T	R	R	Z
N	L	M	B	D	I	S	E	R	A	R	I	G	O	X	U	E	E	E	R
W	R	F	B	L	R	P	J	K	A	L	N	N	T	X	T	T	G	A	H
K	E	E	L	I	R	I	T	Y	E	I	A	S	G	S	S	F	I	M	S
T	D	A	N	G	E	R	L	H	L	M	D	N	N	Y	O	N	T	N	K
N	I	R	H	O	T	I	U	L	Y	P	I	O	M	E	C	H	A	B	R
N	P	S	T	Y	V	T	I	E	N	K	M	M	O	V	I	E	G	K	X
V	S	O	P	E	G	H	G	U	A	N	E	Y	H	D	S	L	I	P	E
M	U	M	M	Y	C	O	W	E	R	I	P	M	A	V	U	D	A	H	T
Q	U	E	K	I	B	K	R	A	H	S	O	G	U	V	M	F	G	Y	U
J	I	K	C	R	N	C	Z	F	S	N	N	V	G	M	W	H	B	C	H

AFRAID
ALARMING
ALIENS
ALLIGATORS
BEAR
BOGEYMAN
BUGS
CEMETERY
CHILLING
COSTUME
CREAKING
CROCODILE
DANGER
DARK
EERIE
EVIL
FEARSOME
FOG
FREAKY
FRIGHTENING
GHOST
GOBLIN
HAUNTED
HYENA
JUMPY
LION
MONSTER
MOVIE
MUMMY
MUSIC
MYSTERY
NIGHTMARES
SCREAM
SHARK
SKELETON
SNAKE
SPIDER
SPIRIT
STRANGER
TERRIFYING
TIGER
UNDEAD
VAMPIRE
WEREWOLF
ZOMBIE

Solution on page 351

On the Internet

P	X	E	L	I	B	O	M	S	S	V	X	C	T	Q	E	B	D	N	P
E	S	D	R	A	O	B	Y	E	K	C	O	R	E	T	U	P	M	O	C
B	X	O	T	U	N	E	S	U	O	M	O	L	C	X	F	I	H	G	X
W	V	S	W	S	T	D	P	O	M	Z	I	N	H	E	T	S	V	N	O
R	Q	S	I	O	P	E	I	U	D	A	O	L	N	W	O	D	I	I	P
C	D	A	T	A	I	V	N	N	M	W	S	O	O	E	K	A	J	D	F
O	S	N	T	S	C	I	F	E	G	S	H	D	L	N	C	X	K	A	Y
G	A	M	E	S	T	D	O	D	Q	P	L	G	O	G	E	T	C	O	B
F	P	O	R	Y	U	E	R	B	T	K	A	O	G	T	O	E	E	L	R
U	X	Q	O	H	R	O	M	R	S	X	N	G	Y	H	B	O	R	U	O
M	U	Y	T	T	E	S	A	B	T	I	O	N	E	O	G	F	G	C	W
W	V	R	I	D	S	M	T	O	A	A	I	I	O	R	F	Y	J	L	S
I	X	B	N	I	S	N	I	M	H	A	T	K	W	U	U	S	H	T	E
N	K	R	O	W	L	O	O	H	C	S	A	R	N	E	W	S	R	F	R
D	A	G	M	D	S	D	N	N	I	P	C	O	J	E	K	E	I	S	U
O	Q	R	C	N	T	E	L	B	A	T	U	W	E	Y	A	R	U	E	B
W	B	R	O	A	D	B	A	N	D	H	D	T	P	M	E	D	L	G	L
S	E	I	B	B	O	H	D	R	I	B	E	E	I	F	L	D	O	A	O
L	J	H	I	O	M	U	S	I	C	X	W	N	O	D	M	A	X	M	G
T	O	G	R	W	J	J	J	X	R	H	G	X	T	W	Z	C	J	I	S

ADDRESS
BANDWIDTH
BLOGS
BROADBAND
BROWSER
CHAT
COMMUNITY
COMPUTER
CONNECT
DATA
DOMAIN
DOWNLOAD
EDUCATIONAL
E-MAIL
FACEBOOK
FIREFOX
FUN
GAMES
GOOGLE
HOBBIES
IMAGES
INFORMATION
KEYBOARD
LANDING PAGE
LEISURE
LOADING
MOBILE
MONITOR
MOUSE
MUSIC
NETWORKING
NEWS
PICTURES
SCHOOLWORK
SCREEN
SEARCH
SHOP
SKYPE
SMARTPHONE
STREAMING
TABLET
TECHNOLOGY
TWITTER
VIDEOS
WINDOWS

Solution on page 351

Celestial Paths

F	O	G	K	O	T	S	R	V	E	E	W	S	A	E	N	X	D	C	Z
D	Q	M	R	R	J	Y	P	E	L	V	C	V	P	E	C	I	K	C	Q
F	S	U	A	R	P	S	V	N	V	L	J	A	K	M	E	R	E	R	X
F	A	C	D	T	R	T	M	U	R	E	T	I	P	U	J	S	O	I	A
U	K	D	I	O	R	E	T	S	A	S	L	G	E	S	L	T	C	F	W
T	F	G	U	H	I	M	C	L	X	J	G	O	I	Y	A	R	O	W	M
R	Q	N	S	U	T	H	W	C	R	P	L	X	C	T	S	T	A	R	I
O	D	I	N	E	P	T	U	N	E	S	A	A	E	I	A	H	O	X	Q
K	W	R	M	M	Z	B	S	V	C	N	I	P	B	V	T	I	C	J	T
K	V	O	M	W	D	C	O	I	O	S	T	F	X	A	E	Y	A	L	M
R	C	O	R	Q	I	M	M	T	S	U	S	R	K	R	L	E	E	P	Y
N	O	O	M	S	Q	A	W	O	A	Y	E	C	I	G	L	S	L	Y	P
N	D	C	Y	G	N	E	L	N	S	Q	L	O	I	C	I	U	Q	E	L
W	S	H	K	Y	N	A	O	W	I	I	E	A	R	S	T	N	R	V	A
L	P	F	D	E	R	R	A	O	R	V	C	I	N	O	E	I	Z	L	N
L	H	K	J	Y	T	N	E	L	B	E	C	D	W	A	O	D	O	O	E
S	E	T	E	S	P	I	L	L	E	Y	N	W	Q	D	F	L	O	V	T
Y	R	I	A	T	R	T	C	O	D	N	N	P	A	P	O	G	E	E	L
I	E	A	S	P	K	T	Y	F	Z	B	U	T	K	E	P	L	E	R	G
F	D	Q	M	Z	K	L	C	N	H	R	V	T	J	O	Z	W	I	V	D

ANALYSIS
APOGEE
ASTEROID
ASTRONAUT
AXIS
CELESTIAL
CIRCLE
COMET
CYCLE
DEBRIS
DYNAMICS
ECCENTRIC
ELLIPSE
FOLLOW
FORCE
GEODESICS
GRAVITY
JUPITER
KEPLER
MARS
MOON
MOVE
NEPTUNE
NEWTON
PATH
PERIOD
PHYSICS
PLANET
PLUTO
RADIUS
REVOLVE
RING
ROCKET
ROTATE
ROUND
SATELLITE
SOLAR
SPACE
SPHERE
STAR
SUN
SYSTEM
TRACK
VELOCITY
VENUS

Solution on page 351

The Trojan War

D	E	P	N	V	Q	E	Q	I	H	K	J	F	A	V	D	U	T	F	V
M	P	H	O	L	M	B	U	V	Y	E	E	K	T	R	G	I	N	V	Z
W	M	F	Y	W	I	W	A	Q	E	C	L	L	D	F	I	R	E	A	R
J	A	V	D	M	R	T	R	O	Y	I	A	E	A	S	E	R	I	T	X
R	F	M	H	O	M	E	R	K	K	T	O	T	N	T	S	H	C	H	G
B	I	A	K	Q	L	Y	E	S	S	Y	D	O	E	E	P	I	N	E	P
B	A	G	V	I	R	Z	L	Q	W	S	I	M	P	O	R	T	A	N	T
W	I	S	C	O	N	F	L	I	C	T	A	X	A	R	H	E	R	A	C
N	W	C	I	D	D	G	T	J	I	X	M	Y	T	H	O	L	O	G	Y
L	Z	S	A	R	G	O	L	D	E	N	A	P	P	L	E	G	O	S	P
Y	L	I	T	C	A	Y	E	H	M	R	U	U	F	I	O	D	W	A	R
F	L	E	T	E	H	P	L	Y	D	E	G	A	R	T	D	J	L	O	I
I	F	P	G	G	X	A	Q	R	U	S	M	E	N	E	L	A	U	S	A
W	R	I	T	E	R	S	E	D	R	K	T	O	S	R	P	H	T	J	M
E	H	C	S	I	N	T	I	A	V	B	K	S	W	A	O	J	B	E	K
I	K	R	O	S	U	D	L	R	N	S	E	E	N	T	E	J	D	O	Q
N	O	A	T	R	I	O	A	A	E	S	U	X	E	U	M	E	L	U	S
H	I	O	N	N	H	V	Y	R	W	H	A	P	H	R	O	D	I	T	E
L	R	S	E	C	R	I	C	P	Y	H	T	E	L	E	G	O	N	Y	Q
Y	L	N	S	K	O	O	B	V	J	I	L	V	S	H	Q	U	Q	H	M

ACHAEANS
ANCIENT
APHRODITE
ATHENA
BOOKS
CIRCE
CITY
CONFLICT
CYPRIA
EPIC
ERIS
EUMELUS
EXPEDITIONS
GODDESSES
GOLDEN APPLE
GREEK
HELEN
HERA
HEXAMETER
HOMER
HORSE
ILIAD
IMPORTANT
KING
LEGENDARY
LITERATURE
MENELAUS
MYTHOLOGY
ODYSSEY
PARIS
POEM
QUARREL
RETURNS
SCHOLARS
SIEGE
STORY
TALE
TELEGONY
TRAGEDY
TROY
VERSE
WAR
WRITERS

Solution on page 352

Bookkeeping

M	T	Y	F	U	N	D	S	J	X	J	O	I	J	L	R	B	Q	J	J
G	E	S	R	U	U	V	M	S	T	T	B	X	V	G	N	I	A	G	D
C	K	I	E	E	M	F	E	I	R	D	R	P	S	J	Z	K	C	N	Q
Z	S	C	V	R	B	R	D	U	E	T	A	C	O	L	L	A	C	X	K
K	V	E	E	K	E	E	S	F	J	C	O	L	L	A	T	E	R	A	L
W	Q	R	N	H	R	T	A	L	T	S	N	T	M	Q	D	M	U	M	G
A	B	I	U	C	C	U	N	N	I	R	H	A	N	R	N	N	A	O	L
G	U	A	E	O	L	P	E	I	D	Q	A	H	W	U	F	E	L	R	R
E	Z	D	L	T	Y	M	E	H	N	D	U	N	A	O	O	I	D	T	T
S	M	W	I	A	E	O	I	F	R	C	I	I	S	P	L	C	R	I	N
J	T	M	C	T	N	C	K	N	E	M	O	V	D	A	A	L	C	Z	E
T	E	S	A	D	O	C	W	S	V	C	X	M	I	A	C	Y	A	A	M
N	S	T	V	R	M	W	E	O	L	E	N	C	E	D	T	T	L	T	E
R	S	O	L	Q	G	L	R	E	F	S	N	A	R	T	E	I	I	I	G
Z	A	C	A	G	B	I	X	M	Z	A	O	T	I	O	I	N	O	O	A
B	F	K	T	A	N	P	N	D	N	Z	I	V	O	R	B	B	D	N	N
P	C	L	I	A	B	I	L	I	T	Y	S	A	O	R	A	A	E	I	A
W	B	R	P	T	L	E	F	I	B	O	N	D	S	H	Y	V	L	D	M
B	A	Z	A	D	I	U	H	X	J	T	E	G	D	U	B	H	V	I	X
V	G	N	C	Y	M	Q	M	A	J	A	P	L	H	A	H	P	K	W	F

ACCOUNT
ACCRUAL
ALLOCATE
ALLOWANCE
AMORTIZATION
ASSET
AUDIT
BALANCE
BANK
BONDS
BUDGET
CAPITAL
CHECK
COLLATERAL
COMPUTER
CREDIT
DEBIT
DEFAULT
DIVIDEND
FINANCIAL
FUNDS
GAIN
INCOME
INTEREST
INVENTORY
LABOR
LIABILITY
LIQUIDATION
LOAN
MANAGEMENT
MARGIN
MONEY
NUMBER
PENSION
REVENUE
RISK
STATEMENT
STOCK
TRANSACTION
TRANSFER
TRUST
VARIABLES
VARIANCE
WAGES
YIELD

Solution on page 352

Cooking Outside

U	E	M	K	K	C	O	X	P	A	Y	Y	T	R	A	P	X	B	G	T
Q	W	T	U	U	U	J	D	O	C	I	Q	D	T	E	C	O	R	N	J
C	U	N	C	Q	M	V	G	S	S	N	U	F	R	Q	M	I	M	T	N
G	D	P	T	G	S	M	P	S	R	P	B	R	F	C	L	M	B	T	H
M	U	N	P	R	M	I	M	E	A	T	I	Y	I	L	E	Q	U	U	Z
S	G	P	P	B	L	B	A	M	S	X	E	I	R	Y	A	M	R	S	D
F	W	T	O	F	I	H	C	A	B	I	H	N	E	U	Q	M	N	F	B
C	O	P	D	I	U	L	F	R	E	T	H	G	I	L	J	S	E	I	S
G	I	O	A	D	R	A	T	S	U	M	Z	B	U	R	G	E	R	S	V
T	V	R	D	P	W	B	O	H	S	P	W	K	S	U	S	G	F	H	C
J	S	A	T	U	E	K	B	M	D	E	K	O	M	S	M	A	T	C	H
T	B	E	U	P	T	R	I	A	Q	C	N	E	V	O	T	S	G	L	E
S	K	B	O	A	S	C	P	L	C	B	A	R	B	E	C	U	E	B	A
H	V	R	K	T	F	A	H	L	Q	K	E	Y	E	R	O	A	S	T	T
F	P	C	O	I	A	S	K	O	A	M	P	S	I	D	C	S	D	F	J
I	S	N	O	O	M	T	N	W	V	T	Y	A	A	N	L	I	O	Q	I
T	G	J	C	A	I	I	O	S	I	E	E	W	C	E	B	I	O	Y	N
S	F	L	L	X	L	R	B	P	N	C	N	S	X	K	R	B	W	V	I
U	A	J	W	Z	Y	O	P	J	S	E	L	B	A	T	E	G	E	V	T
Q	P	B	G	W	A	N	T	S	T	O	E	N	A	P	O	R	P	V	V

ANTS
BACKPACKER
BARBECUE
BEAR
BURGERS
BURNER
CAMP
CAST IRON
COAL
COOKOUT
CORN
DUTCH OVEN
FAMILY
FIRE
FISH
FLAME
FLIP
FOOD
FRYING
FUN
GAS
GREASE
GRILL
HEAT
HIBACHI
LIGHTER FLUID
MARSHMALLOWS
MATCH
MEAT
MUSTARD
PAPER PLATES
PARTY
PATIO
PIT
POTATOES
PROPANE
ROAST
SAUSAGES
SMOKE
STOVE
SUMMER
TONGS
VEGETABLES
WILDERNESS
WOOD

Solution on page 352

Recreational Travel

B	H	O	T	E	L	E	T	N	D	C	E	S	A	X	B	Z	A	A	P
D	V	T	Y	L	R	J	L	L	F	P	A	F	U	N	T	E	U	I	M
B	H	T	G	U	T	U	P	Z	L	K	C	D	W	M	I	P	A	N	R
Y	K	U	S	D	Z	P	T	C	Y	L	I	M	A	F	M	G	P	C	H
Z	A	I	A	E	I	I	Y	R	R	E	T	R	E	A	T	E	H	G	H
F	E	W	J	H	R	G	E	T	A	N	E	V	U	J	E	R	R	T	K
L	R	M	S	C	G	J	X	K	R	P	T	E	M	N	I	E	I	B	S
B	B	J	O	S	N	X	P	D	E	R	E	P	E	S	C	R	N	Z	J
E	D	F	C	T	I	R	E	K	N	Y	R	D	T	R	C	U	E	C	T
J	O	U	R	N	E	Y	R	C	I	A	N	M	E	O	L	T	V	G	C
E	C	N	Y	Y	E	L	I	S	T	P	A	A	M	S	O	N	U	X	S
L	D	Y	R	P	S	E	E	D	I	S	T	F	W	S	O	E	O	H	I
E	H	D	E	S	T	I	N	A	T	I	O	N	E	I	P	V	S	W	H
J	P	E	V	Z	H	K	C	E	O	R	A	E	S	W	G	D	A	D	D
C	L	A	O	J	G	T	E	N	T	V	R	R	K	G	N	A	E	E	Z
S	R	N	C	E	I	K	F	A	M	O	U	N	T	A	I	N	S	O	U
Z	E	U	S	S	S	T	B	L	L	C	K	R	S	V	P	E	R	K	V
S	L	J	I	Y	E	L	N	P	X	N	H	C	Y	H	M	T	E	G	L
Y	A	V	D	S	E	A	X	E	H	G	E	T	A	W	A	Y	V	F	V
H	X	Q	M	U	E	E	V	I	R	D	E	J	D	P	C	T	O	U	R

ADVENTURE
BEACH
BREAK
CAMPING
CHRISTMAS
COMFORTABLE
CRUISE
DAYS
DEPARTURE
DESTINATION
DISCOVERY
DRIVE
ESCAPE
EXCURSION
EXPERIENCE
EXPLORE
FAMILY
FLY
FUN
GETAWAY
HOTEL
ITINERARY
JOURNEY
LEISURE
MOTEL
MOUNTAINS
NIGHTS
OVERSEAS
PACK
PLANE
POOL
RECREATION
REJUVENATE
RELAX
REST
RETREAT
SCHEDULE
SHIP
SIGHTSEEING
SLEEP
SOUVENIR
SPA
SUMMER
TOUR
VISIT

Solution on page 352

Money Management

B	I	V	M	V	F	W	K	Z	Z	A	Y	N	B	B	D	Y	F	H	L
M	N	W	V	P	P	N	D	M	K	J	M	G	L	U	B	F	L	S	C
Q	X	R	Y	O	A	G	L	O	S	S	O	O	A	B	D	L	G	Y	F
P	S	S	U	B	T	R	A	C	T	I	N	G	U	O	X	G	F	G	S
Y	V	X	G	T	T	L	Q	G	V	S	O	O	Y	N	K	C	E	H	C
M	J	M	C	R	E	D	I	T	S	Y	C	S	P	D	T	X	Y	T	F
S	W	Z	T	F	A	R	D	W	I	L	E	R	P	T	P	V	O	O	N
B	F	F	U	R	T	O	F	F	N	A	R	E	C	E	I	P	T	S	F
M	G	D	A	Y	T	T	Z	O	V	N	Y	X	N	A	N	O	O	M	G
D	F	E	E	G	R	A	H	C	E	A	Y	S	B	K	P	D	N	J	F
B	K	E	T	E	D	L	X	C	S	T	E	C	D	Y	L	N	I	S	M
F	I	S	V	D	N	U	F	B	T	S	A	Q	B	G	A	C	W	N	B
A	A	L	I	X	A	C	U	E	M	O	Y	R	P	O	N	P	G	A	G
S	I	N	L	S	Q	L	N	K	E	C	O	E	L	Y	N	I	L	T	P
S	G	C	D	T	R	A	D	I	N	G	R	O	S	S	I	A	L	Q	R
E	O	T	S	E	Z	C	S	O	T	S	E	R	E	T	N	I	K	I	O
T	L	S	B	U	X	A	C	C	O	U	N	T	K	C	G	C	T	V	F
H	D	F	L	N	L	Y	S	N	E	F	M	R	E	C	O	R	D	S	I
F	R	S	G	N	I	V	A	S	O	Q	J	M	A	T	H	V	Q	J	T
O	A	V	Y	R	A	L	A	S	F	W	M	H	S	A	C	K	M	Q	I

ACCOUNT
ADDING
AMOUNT
ASSET
BALANCE
BANK
BILL
BOND
BUDGET
CALCULATOR
CASH
CHARGE
CHECK
COST ANALYSIS
CREDIT
DRAFT
ECONOMY
EXPENSES
FEE
FILING
FUNDS
GOLD
GROSS
INTEREST
INVESTMENT
LOAN
LOSS
MATH
NET
OPTIONS
PAY
PERSONAL
PLANNING
PROFIT
RATE OF RETURN
RECEIPTS
RECORDS
SALARY
SAVINGS
SILVER
SPENDING
STOCK
SUBTRACTING
TAX
TRADING

Solution on page 352

Poetry

X	B	Z	J	F	T	A	F	Z	D	V	Q	E	C	N	A	M	O	R	R
Q	K	S	B	P	O	Y	Z	R	L	S	L	P	I	B	F	R	I	T	F
Z	Z	I	P	F	V	R	H	N	D	A	D	A	K	O	N	W	T	U	N
A	S	O	N	N	E	T	M	B	A	T	R	R	X	U	T	I	T	L	E
R	R	A	U	T	T	E	R	N	Z	T	L	O	O	H	C	S	T	I	P
J	N	O	E	E	N	O	Z	N	A	C	S	V	T	W	U	W	K	M	I
O	T	M	B	C	S	P	L	U	F	T	H	G	I	S	N	I	S	E	C
P	M	U	G	E	I	R	Q	M	I	L	I	T	E	R	A	T	U	R	E
J	N	H	O	N	R	T	E	L	P	U	O	C	H	D	M	P	J	I	N
M	L	L	S	O	S	T	A	V	Q	N	M	Y	H	A	T	H	T	C	I
H	P	M	S	I	L	O	B	M	Y	S	P	J	Y	L	I	R	E	K	L
U	J	P	M	S	L	U	B	U	A	E	S	A	S	L	H	A	C	Z	V
F	O	I	C	U	E	G	I	G	R	R	A	Y	F	A	W	S	Q	U	D
C	L	U	V	L	Z	I	N	B	A	N	D	H	L	B	T	E	K	A	U
E	N	O	T	L	M	I	O	E	G	O	S	A	N	L	L	I	M	I	Z
F	L	Z	W	A	T	L	U	E	E	G	A	U	G	N	A	L	T	F	G
U	M	Y	G	I	E	Y	L	Q	T	I	J	O	B	H	W	B	O	T	M
N	C	E	R	T	H	O	U	G	H	T	F	U	L	M	I	V	L	A	E
N	R	W	E	I	U	A	Z	T	T	Y	X	Z	N	I	A	R	F	E	R
Y	E	B	I	I	C	V	J	V	J	K	Z	H	K	P	X	I	O	B	M

ALLUSION
ART
BALLAD
BEAT
CANZONE
COUPLET
DRAMATIC
ENGLISH
EPIC
FLOW
FORM
FUNNY
HAIKU
HYMN
HYPERBOLE
IAMB
IMAGERY
INSIGHTFUL
LANGUAGE
LIMERICK
LINE
LITERATURE
LYRIC
MAYA ANGELOU
METER
PASTORAL
PHRASE
POETRY
QUATRAIN
REFRAIN
ROBERT BURNS
ROMANCE
SCHOOL
SIMILE
SONNET
STANZA
SYLLABLE
SYMBOLISM
THOUGHTFUL
TITLE
TONE
VERSE
WALT WHITMAN
WORDS
WRITING

Solution on page 352

Business Look

I	A	C	Q	B	B	C	T	S	I	S	H	D	L	K	P	J	F	G	F
Q	R	U	O	L	W	E	S	T	Y	L	E	R	W	Z	A	A	Y	W	Y
Q	I	Y	P	O	B	Z	X	W	C	L	E	A	N	C	N	D	K	B	P
G	C	L	P	S	U	O	Y	S	E	Z	L	M	K	E	E	L	S	U	U
P	M	M	Z	C	G	L	X	N	A	A	S	E	S	D	J	B	I	Q	M
J	S	P	O	R	T	F	O	L	I	O	T	U	C	R	E	P	O	R	P
E	K	S	K	I	R	T	B	A	S	H	I	E	A	J	T	C	R	J	S
Y	C	A	L	E	N	B	Y	N	E	T	S	P	R	E	S	S	E	D	U
Q	O	I	L	A	L	U	X	O	X	H	N	V	F	H	U	Y	C	N	H
J	S	V	F	O	R	T	A	I	L	Z	C	A	I	S	C	A	C	D	T
Y	B	E	U	F	F	T	H	S	E	O	R	T	P	N	R	R	V	Z	X
V	J	S	D	Z	O	O	U	S	C	P	P	E	A	D	S	T	I	E	U
A	E	T	Q	P	R	N	Z	E	I	O	N	F	I	W	Z	W	T	S	L
D	E	C	C	L	M	S	V	F	N	D	T	G	S	I	K	A	H	K	P
G	A	O	K	E	A	H	H	O	E	S	A	C	F	E	I	R	B	C	K
K	A	L	D	A	L	U	Y	R	T	N	E	A	T	L	B	D	K	A	T
T	H	L	T	T	W	S	S	P	D	E	M	O	O	R	G	R	E	L	P
K	J	A	I	S	R	M	J	E	W	E	L	R	Y	A	R	O	J	S	N
C	K	R	R	Y	T	U	V	A	S	F	E	U	U	P	L	B	M	H	D
B	R	N	E	Z	P	N	N	F	T	D	L	N	Z	Y	R	E	E	C	H

ASCOT
BLAZER
BLOUSE
BRIEFCASE
BUTTONS
CARDIGAN
CLEAN
COLLAR
CRISP
DECENT
FANCY
FORMAL
GROOMED
HEELS
JACKET
JEWELRY
KHAKIS
NEAT
NEUTRALS
NICE
OFFICE
PANTS
PLEATS
POLO
PORTFOLIO
PRESSED
PROFESSIONAL
PROPER
PUMPS
SCARF
SHINY
SKIRT
SLACKS
SLEEK
SOCKS
STYLE
SUIT
SUSPENDERS
SWEATER
TAILORED
TIE
TOPCOAT
VEST
WARDROBE
WATCH

Solution on page 353

His Name

X	C	Q	R	Z	O	L	F	V	Q	U	K	Q	Z	F	F	G	S	D	R
F	S	S	C	L	E	D	B	Y	Z	P	U	L	D	M	C	P	P	N	Y
N	H	G	A	W	R	S	P	R	Y	Q	Q	Y	M	L	U	V	C	X	Z
S	F	D	Y	W	C	S	J	Y	F	R	Y	Y	V	B	V	J	P	A	G
X	Y	R	S	O	S	S	L	H	S	D	E	T	G	Y	K	A	B	L	H
H	S	E	T	J	E	N	R	C	D	A	L	W	R	C	U	K	X	F	B
U	A	T	A	V	M	T	O	E	W	C	S	N	A	L	A	N	E	Q	M
S	L	E	I	N	A	D	R	A	W	D	E	J	N	R	L	C	J	W	L
Q	O	P	L	M	J	A	A	O	H	H	W	Q	O	O	E	K	I	M	C
K	H	A	J	A	J	R	H	N	I	P	L	D	G	B	S	R	C	A	J
K	C	I	R	T	A	P	K	O	U	O	W	A	I	E	M	A	D	A	R
A	I	I	S	T	N	E	C	N	I	V	N	R	G	R	D	M	M	I	J
F	N	O	R	H	D	H	J	U	Y	T	I	M	O	T	H	Y	J	N	F
Q	A	D	I	E	Z	O	H	F	Q	C	H	E	R	M	A	N	O	K	X
R	L	S	R	W	D	A	N	I	H	J	O	R	D	A	N	N	H	L	D
Z	Y	H	M	E	A	E	P	A	E	L	J	M	O	F	J	I	N	L	F
A	D	A	C	R	W	L	R	N	L	J	R	E	N	A	U	D	V	S	J
G	S	W	O	X	I	D	T	F	O	D	V	N	S	B	T	Y	L	E	R
C	I	N	I	J	W	Q	J	E	O	K	J	O	O	V	D	L	F	I	K
C	S	B	S	Q	R	P	Y	C	R	K	N	Y	Z	E	M	F	Y	Y	Y

AARON
ADAM
ALAN
ANDREW
DANIEL
DONALD
DUANE
DYLAN
EDWARD
FLOYD
FREDERICK
GORDON
HENRY
HERMAN
IAN
JACK
JAMES
JARED
JASON
JEFF
JIM
JOEY
JOHN
JORDAN
KEVIN
LOGAN
MARK
MASON
MATTHEW
MIKE
NICHOLAS
NOAH
PATRICK
PAUL
PETER
RICHARD
ROBERT
SAM
SCOTT
SHAWN
TIMOTHY
TYLER
VINCENT
WALTER
WESLEY

Solution on page 353

Grownups

V R B L Q R E F I N E D B U Q B D B D S
E M S M M A R O F K P W E O Y Z C U A Y
I H Y S X E E E B I G G E R J Y F Z T G
I L D P E V C A E L H Q R O C R B I C O
L M W D W C N N D G I J E T O V R S M S
A S O M I M U X E T R G B M C O A U T E
G M R D P R G R V I M A A Y H W N P U W
E R K E S A R R E G R N H T J N D E W W
L T E M C I O E L D C E U C I J Y R I J
E O R W I T W S O E U A P G N O A V D E
N W Z H G W N P P P V C H X D I N I O M
B Z P L A N V O E H L T A O E F N S R J
R L Q W R P U N D E C R D T P E A O E W
D E N O S A E S N L E E E P E F I R E Z
A O L R S R Q I U Y L D O M N D D R R C
J R L L R E W B O T I W T U D C R E A X
J X L D A N S L T C E N O R E P A H C L
K I I L R T P E E R U T A M N B U T Z N
B E R Y F M S D E I R R A M T E G A J X
V M O V E O U T F D O N B U A T G F Y J

AUTHORITY
BEER
BIGGER
BILLS
BRANDY
CAREER
CHAPERONE
CIGARS
DECIDE
DEVELOPED
EDUCATED
EMPLOYER
EXPERIENCE
FATHER
FREEDOM
GET MARRIED
GROWN
GUARDIAN
IN CHARGE
INDEPENDENT
JOB
LEGAL
MATURE
MIMOSA
MOVE OUT
NIGHTCLUBS
OBLIGATIONS
OLD
PARENT
PLAN
POWER
REFINED
RESPONSIBLE
ROMANCE
RUM
SEASONED
SECURE
SETTLED
SUPERVISOR
TALLER
VOTE
WINE
WISDOM
WORKER
WORLDLY

Solution on page 353

Nice Folks

W	G	Y	D	M	O	P	C	O	G	E	L	B	A	E	K	I	L	M	I
S	C	T	H	K	N	E	P	O	I	K	C	I	V	D	N	I	K	Y	L
W	Y	L	M	G	T	L	X	M	Q	U	I	I	X	E	K	O	J	Q	V
S	H	R	O	I	U	B	M	N	C	I	T	S	I	M	I	T	P	O	X
O	A	A	L	S	E	A	F	V	O	P	E	G	U	A	Q	T	L	R	L
W	P	O	B	X	V	I	L	C	E	I	H	Y	M	O	E	M	E	K	G
R	P	E	Z	E	I	L	D	C	S	B	T	I	J	D	R	T	H	S	I
W	Y	R	W	R	T	E	E	U	O	X	A	A	J	Q	A	E	O	U	V
T	X	E	P	A	I	R	P	R	E	B	P	R	S	N	F	G	N	O	I
T	C	C	O	H	S	P	S	C	L	E	M	D	O	R	F	N	S	E	N
X	C	N	P	S	O	Y	I	E	I	L	E	I	V	E	E	I	S	T	G
H	A	I	M	R	P	N	M	X	M	S	S	Z	L	I	C	V	G	R	Q
Y	E	S	T	M	I	U	E	P	S	S	U	V	D	A	T	O	N	U	S
E	L	I	W	S	G	F	O	S	A	G	G	O	H	O	I	L	I	O	O
H	V	C	A	R	I	N	G	P	T	T	E	K	I	M	O	N	T	C	C
E	B	A	E	L	M	U	M	B	L	Q	H	N	L	C	N	G	E	F	I
T	R	U	S	T	W	O	R	T	H	Y	R	E	T	A	A	A	E	G	A
U	F	U	X	V	C	A	S	T	X	S	M	V	T	L	T	R	R	D	L
R	H	J	B	E	N	E	V	O	L	E	N	T	E	I	E	Y	G	Z	E
B	M	P	W	T	F	P	R	E	L	A	I	D	R	O	C	I	V	I	L

AFFECTIONATE
ALTRUISTIC
AMIABLE
BENEVOLENT
CARING
CIVIL
COMPASSIONATE
CONVERSATION
CORDIAL
COURTEOUS
EMPATHETIC
FUN
GENEROUS
GENIAL
GENTLE
GIVING
GOOD
GRACIOUS
GREETINGS
HAPPY
HELP
HONEST
JOKE
KIND
LAUGH
LIKEABLE
LOVING
NEIGHBORS
NICE
OPEN
OPTIMISTIC
POLITE
POSITIVE
RECEPTIVE
RELIABLE
SHARE
SINCERE
SMILE
SOCIAL
SUPPORTIVE
SYMPATHETIC
TALK
TRUSTWORTHY
WARM
WAVE

Solution on page 353

At the Lake

P	P	T	B	Z	Q	B	B	U	V	V	Q	S	I	C	E	S	U	L	S
F	G	H	W	L	S	U	R	S	T	N	A	L	P	V	R	P	N	Q	H
C	I	H	Y	F	F	I	G	S	R	I	A	T	S	E	T	E	O	F	K
F	C	M	K	E	B	F	A	L	B	O	A	T	J	Q	T	V	I	F	Q
F	R	S	A	F	W	V	E	F	C	C	O	D	H	J	I	S	P	P	K
R	Q	S	V	Y	L	F	N	O	G	A	R	D	U	H	H	O	M	E	U
P	A	X	K	A	W	E	I	V	K	U	G	I	T	N	L	P	K	Q	D
S	Z	M	C	C	C	C	R	R	S	A	N	D	C	U	E	G	D	O	L
O	K	A	P	C	P	A	V	N	E	T	I	R	A	K	O	S	Q	F	A
B	M	R	E	S	O	R	T	W	E	P	L	Y	T	R	E	P	O	R	P
P	S	S	A	D	M	S	W	I	M	M	I	N	G	L	H	T	R	I	C
O	I	H	O	P	S	O	R	L	O	W	A	T	T	E	T	A	S	S	C
J	S	C	O	E	V	G	R	D	A	N	S	R	P	R	A	S	R	B	A
R	K	F	N	R	N	E	N	L	B	S	U	R	P	E	B	B	L	E	S
P	O	O	L	I	E	H	K	I	G	T	N	P	U	T	N	W	L	E	D
U	T	P	K	A	C	E	R	F	T	S	F	I	F	R	U	A	Y	L	R
S	R	I	B	A	P	A	O	E	O	A	K	L	B	E	S	V	J	F	I
K	B	R	E	T	A	W	C	H	F	R	K	G	R	A	V	E	L	O	B
G	J	B	T	E	N	Q	K	A	Y	A	K	S	Y	T	C	S	C	X	C
G	G	R	R	T	T	M	S	Y	F	Y	F	K	B	S	B	V	L	O	V

BEACH
BIKING
BIRDS
BOAT
CABINS
CAMP
CRICKETS
DOCK
DRAGONFLY
DUNES
FIRE PIT
FISH
FRISBEE
GRAVEL
HOME
KAYAKS
LODGE
MARSH
OUTDOORS
PARKS
PEBBLES
PICNIC
PIER
PLANTS
PROPERTY
RAMP
RESORT
RETREAT
ROCKS
SAILING
SAND
SHORE
SKATING
STAIRS
STEPS
STONES
SUNBATHE
SWIMMING
TURTLES
VACATION
VIEW
WALK
WATER
WAVES
WILDLIFE

Solution on page 353

Mathematical

```
L M E R E H P S H A P E S E J R K T S S
V Y G Q K C K T A B L E Z Q L Q I D D H
U X V E W X M Q Z L S R E G E T N I I T
N W U G I O B E I P N U M B E R S L H U
B E O R D X R P R O O F S B I J F C M B
W T T E G U S A S A L U M R O F A U O Y
C A R V G E A C N R V A R I A B L E S F
M O P I P S O D C G O N N K E Y G G N T
S E F D N N E M D A E T V B F R O N L G
N X G A S O F E E I L Q C V V T R A I D
R P V T C I M S R T T C E E H E I H N D
E O A S M T E I N G R I U F V M T C E C
T N L N E A O N A O E Y O L O M H L A Q
T E U O A R X R A L I D C N U Y M O R A
A N E I N E Q U A L I T Y Q B S T G U L
P T W T J P V N G D P L A T P A R I T Y
S I Q C C O Y D E S O L C U T E A C H Y
E C N A I R A V A P N Y V E Q E Q I V X
S E I R O E H T E L G N A T C E R L W C
C L J F O D Z Y X J Q J I K A A U N M D
```

ADDITION
ALGORITHM
ASYMMETRY
CALCULUS
CHANGE
CLOSED
COFACTOR
CONSTANT
DEGREES
DISJOINT
DIVERGE
ELLIPSE
EQUATIONS
EUCLID
EXPONENT
FIGURE
FORMULAS
FRACTIONS
GEOMETRY
INEQUALITY
INTEGERS
LINEAR
LOGIC
MATRIX
MEAN
MODE
NUMBERS
OPERATIONS
PARITY
PATTERNS
PLANE
POLYNOMIAL
PROOFS
RANGE
RECTANGLE
SHAPES
SPHERE
TABLE
TEACH
THEORIES
TRINOMIAL
VALUE
VARIABLES
VARIANCE
VECTOR

Solution on page 353

Chess Competition

D	F	X	Z	Z	W	O	R	N	V	J	J	E	F	Q	H	J	M	T	X
N	K	A	E	I	Z	O	N	N	S	P	O	R	T	W	F	B	A	Z	I
H	X	X	N	B	O	A	R	D	O	B	V	N	W	A	P	J	E	N	Z
S	E	L	E	K	S	K	N	A	R	T	N	S	J	R	I	V	I	A	F
E	G	F	E	J	N	U	N	V	V	J	L	R	I	D	E	F	K	H	W
H	P	H	U	L	O	S	J	J	J	E	J	M	M	G	C	S	P	U	H
M	B	Y	Q	R	I	S	H	O	W	D	O	W	N	Z	I	I	I	D	R
M	B	G	U	I	T	M	T	E	O	Q	O	E	C	D	F	Z	O	G	V
F	L	I	R	J	I	F	I	R	B	M	L	E	H	D	I	P	S	N	N
B	O	D	F	P	S	Z	P	N	A	L	L	S	E	A	R	I	P	I	M
T	C	O	L	F	O	G	W	L	A	T	A	F	C	R	C	E	K	K	G
D	K	A	F	Q	P	I	A	H	S	T	E	C	K	B	A	C	B	T	N
R	N	N	T	B	P	N	C	A	I	A	I	G	K	I	S	E	C	F	I
Y	X	Y	I	T	O	H	C	G	T	T	W	O	Y	T	T	S	A	I	R
B	A	L	E	G	A	H	A	L	C	B	E	T	N	E	N	O	P	P	O
H	L	S	A	M	H	C	E	Q	J	C	I	O	P	R	E	O	T	U	C
K	T	I	P	V	W	T	K	K	F	L	L	M	I	M	H	M	U	Z	S
D	D	I	T	W	I	T	W	X	E	O	O	M	A	S	T	E	R	O	U
B	O	U	T	Z	J	R	Y	U	H	C	S	G	I	T	T	N	E	V	E
N	Y	B	T	M	U	H	D	W	U	K	S	B	U	X	E	X	G	B	M

ARBITER
ATTACK
BISHOP
BLACK
BLITZ
BLOCK
BOARD
BOUT
CAPTURE
CASTLE
CHALLENGE
CHAMPION
CHECK
CLOCK
COMPETE
DEFEAT
DIAGONAL
DRAW
DUEL
ELIMINATION
EVENT
GAME
KING
KNIGHT
LOSS
MASTER
OPPONENT
OPPOSITION
PAWN
PIECES
PLAN
QUEEN
RANKS
RESIGN
RIVAL
ROOK
ROUNDS
SACRIFICE
SCORING
SHOWDOWN
SPORT
STRATEGY
TEST
WHITE
WIN

Solution on page 354

Wear a Bracelet

A	N	T	E	C	X	V	M	Y	W	B	S	S	S	P	O	R	T	H	X
S	A	E	S	E	T	B	B	Z	C	C	T	I	I	O	S	U	T	J	S
A	L	K	C	I	X	U	R	J	K	Q	O	N	L	U	D	K	K	K	A
X	X	D	Z	K	R	O	U	N	D	U	N	N	V	M	K	B	L	D	Y
I	Q	N	A	D	L	W	Q	D	D	Z	E	E	E	U	Y	O	A	C	S
C	N	A	M	O	W	A	L	I	V	E	S	T	R	O	N	G	N	U	T
I	L	B	C	F	B	P	C	Z	R	P	E	R	S	O	N	A	L	F	Y
K	H	I	R	H	F	R	I	E	N	D	S	H	I	P	F	Q	Y	F	L
G	W	D	A	E	B	E	A	P	S	T	A	T	E	M	E	N	T	A	E
C	B	O	K	V	Y	S	P	C	G	C	A	L	L	E	R	G	Y	S	L
E	P	M	A	I	N	E	L	G	E	C	R	D	S	T	C	L	I	N	K
F	F	S	R	S	G	N	A	I	I	L	E	W	E	J	Y	C	E	A	N
Z	R	E	M	N	F	T	T	F	P	R	E	C	I	O	U	S	Y	R	A
F	S	P	X	E	U	M	I	T	N	H	D	T	K	T	A	B	E	D	M
S	I	L	C	P	G	T	N	X	R	I	Y	H	V	P	W	P	O	E	E
X	M	A	M	X	N	H	U	E	K	C	A	L	P	U	P	R	D	X	H
U	B	S	A	E	I	Z	M	R	F	A	S	H	I	O	N	I	A	T	G
Z	C	T	D	N	O	M	A	I	D	D	I	P	C	J	C	I	O	P	B
E	L	I	I	F	N	L	F	W	R	R	E	H	T	A	E	L	G	H	Z
T	Q	C	E	D	V	G	M	L	E	H	X	T	L	C	C	N	I	P	C

ADORN
ALLERGY
ANKLE
ARM
BAND
BEAD
BOX
BRACELET
CHAIN
CLOTH
COLOR
COPPER
CUFF
DIAMOND
EXPENSIVE
FANCY
FASHION
FRIENDSHIP
GEMS
GIFT
IDENTIFICATION
JEWEL
LEATHER
LINK
LIVESTRONG
MEDICAL
NECKLACE
PERSONAL
PLASTIC
PLATINUM
PRECIOUS
PRESENT
ROUND
RUBY
SAPPHIRE
SILVER
SPORT
STATEMENT
STONES
STYLE
TENNIS
WIRE
WOMAN
WRAP
WRIST

Solution on page 354

Watching *Saturday Night Live*

S	E	T	H	M	E	Y	E	R	S	T	E	V	E	M	A	R	T	I	N
I	C	L	K	T	R	G	R	E	B	M	A	S	Y	D	N	A	V	P	E
N	I	B	C	H	E	V	Y	C	H	A	S	E	P	H	G	D	K	A	S
G	S	B	I	L	L	Y	C	R	Y	S	T	A	L	C	N	A	E	R	I
I	U	S	T	C	H	G	C	K	P	T	Y	O	N	T	E	M	V	O	M
N	M	C	S	U	E	B	E	O	R	E	R	O	P	E	D	S	I	D	R
G	K	I	P	L	O	V	O	A	V	N	L	A	W	K	D	A	N	Y	A
D	C	T	A	T	P	F	C	R	E	L	L	I	M	S	I	N	N	E	D
Y	O	I	L	T	Y	Y	A	M	A	E	L	T	A	X	E	D	E	L	E
O	R	L	S	V	M	C	I	F	C	L	D	I	R	J	M	L	A	R	R
R	E	O	M	O	A	C	Y	B	F	O	Y	N	T	A	U	E	L	A	F
K	F	P	R	N	H	M	A	E	N	T	S	A	I	N	R	R	O	F	T
Y	F	G	A	A	M	L	R	P	E	S	O	F	N	E	P	T	N	S	M
A	A	D	E	I	D	R	A	I	C	O	N	E	S	C	H	X	E	I	U
N	H	L	J	W	E	R	R	T	J	H	G	Y	H	U	Y	U	B	R	S
A	S	G	I	L	D	A	R	A	D	N	E	R	O	R	G	U	A	H	I
D	L	N	L	O	V	V	P	H	I	L	H	A	R	T	M	A	N	C	C
U	U	E	C	N	A	M	R	O	F	R	E	P	T	I	X	Y	D	W	I
Y	A	R	R	U	M	L	L	I	B	M	N	E	K	N	A	R	F	L	A
O	P	O	C	S	I	P	E	O	J	O	U	R	N	A	L	I	S	T	N

ADAM SANDLER
AL FRANKEN
ALEC BALDWIN
AMY POEHLER
ANDY SAMBERG
BAND
BILL MURRAY
BILLY CRYSTAL
CHEVY CHASE
CHRIS FARLEY
CULT TV
DAN AYKROYD
DANA CARVEY
DENNIS MILLER
DON PARDO
EDDIE MURPHY
FRED ARMISEN
GILDA RADNER
GUEST
HOST
JANE CURTIN
JIMMY FALLON
JOE PISCOPO
JOURNALIST
KEVIN NEALON
LORNE MICHAELS
MARTIN SHORT
MUSICIAN
PARODY
PAUL SHAFFER
PERFORMANCE
PHIL HARTMAN
POLITICS
ROCK MUSIC
SETH MEYERS
SINGING
SKETCH
SLAPSTICK
SONG
SPOOF
STEVE MARTIN
TINA FEY
TRACY MORGAN
VARIETY
WILL FERRELL

Solution on page 354

Point of Sale

K	X	R	P	I	U	V	Z	V	H	B	R	U	U	I	L	X	Q	B	M
O	T	M	Z	W	R	S	H	M	I	D	E	Y	M	F	F	D	M	M	X
Z	J	W	C	L	B	E	M	L	H	U	T	I	U	A	G	L	M	O	P
T	Y	T	D	I	I	I	L	R	C	W	U	H	B	P	V	G	O	Z	C
T	T	C	N	G	C	Z	A	L	E	I	R	H	I	N	W	R	M	C	B
E	T	U	R	E	Q	R	B	R	E	T	N	U	O	M	A	O	E	A	T
O	H	D	X	D	M	W	E	C	U	S	T	O	M	E	R	C	T	L	J
N	K	O	L	O	P	U	G	D	A	T	E	Y	R	Z	B	E	S	C	G
H	J	R	B	C	U	W	C	O	I	N	V	E	N	T	O	R	Y	U	B
R	I	P	M	R	R	X	H	O	A	T	K	X	R	Z	C	I	S	L	Z
M	Y	V	Z	A	C	P	E	H	D	Y	L	A	E	P	R	E	P	A	M
Q	Y	E	J	B	H	R	C	S	R	E	N	N	A	C	S	S	L	T	F
X	T	N	R	T	A	I	K	A	I	S	T	Y	T	D	I	H	N	E	Y
A	I	D	E	W	S	C	O	C	A	U	P	N	L	G	O	O	D	S	M
D	T	O	D	Y	E	E	U	C	R	E	A	R	U	D	Q	C	V	Q	N
U	N	R	R	D	P	C	T	E	C	H	N	O	L	O	G	Y	I	N	S
Y	A	S	O	H	D	I	W	L	C	X	P	Z	Z	A	C	B	I	A	I
H	U	R	R	N	O	A	H	R	X	D	U	J	A	K	B	S	L	V	K
U	Q	U	F	N	R	Q	E	Q	S	H	F	S	C	A	L	E	I	N	I
P	M	I	O	D	N	M	V	O	F	F	G	X	T	Z	S	P	L	D	B

AMOUNT
BARCODE
BILL
CALCULATE
CASH
CHECKOUT
CREDIT
CUSTOMER
DATE
DISCOUNT
DOCUMENT
DRAWER
ELECTRONIC
GOODS
GROCERIES
HARDWARE
INVENTORY
INVOICE
LABEL
MERCHANT
ORDER
PAY
PRICE
PRODUCT
PURCHASE
QUANTITY
RETURN
SALES
SCANNERS
SELLER
SYSTEM
TAB
TECHNOLOGY
TERMS
TRANSACTION
VENDORS

Solution on page 354

Let's Celebrate!

```
J R Q F F R M M Q Z E C O S T U M E S O
G O K V W D U B Z N N E E W O L L A H I
I A L L I S J M Z O M B E L L S E M A G
E S X L I T L A V I T S E F E T S A E F
O T O C Y N N R S T A E B P U B K R B P
A L A M A E C T O A V G A T H E R I N G
G D V M D V L F N R M C A I P T O A S P
C E L Q H E N D I O N T D F R R W I T Y
V N O I T A C A V C I A S B A E E I H E
A H Y O R A X W A E V T M I U M R K A T
B B E T I G J R X D N E A E R F I F P A
G X K T B Q N C I A E T N U N H F L P R
C L R C A I I I S W I N E G D T C E Y O
F L U M V T D K L G P A G R A A S E T M
J H T A I C N M T Z G B M A T P R J B E
O T L N O I N U E R Z E R T P A M G A M
Y A G L R X Y X O C C A S I O N I A S M
O E O D R E S S K N J T D N G F N N H O
U R I V X B R R A T D X D J T H M M M C
S W V G G U D D H H C V K S K Y T R A P
```

BASH
BELLS
BIRTHDAY
BRIGHT
BUFFET
CARNIVAL
CELEBRATE
CHAMPAGNE
CHRISTMAS
COLORS
COMMEMORATE
COSTUMES
DANCE
DAZZLING
DECORATION
DRESS
DRINKS
ENTERTAIN
EVENTS
EXCITING
FAMILY
FEAST
FESTIVAL
FIREWORKS
GAMES
GATHERING
GIFTS
GRADUATION
HALLOWEEN
HAPPY
JOLLY
JOYOUS
MISTLETOE
MUSIC
OCCASION
ORNAMENTS
PARTY
PIE
REUNION
ROAST
TURKEY
UPBEAT
VACATION
WINE
WREATH

Solution on page 354

Words with *HE*

D	F	O	X	A	U	F	A	Y	A	N	M	B	N	I	J	A	P	Y	E
K	M	K	Z	D	S	W	I	T	C	H	E	D	O	S	D	P	J	U	B
W	A	T	C	H	E	D	Z	S	R	C	Q	E	B	E	D	P	P	D	R
E	T	Z	Q	J	N	H	T	K	L	H	I	H	H	E	L	Z	I	E	E
I	O	E	J	A	T	I	C	U	D	E	H	C	N	U	A	L	N	H	A
G	R	D	T	S	T	T	N	U	H	S	T	R	X	S	U	C	C	C	C
H	C	I	E	C	E	C	M	C	O	I	D	A	L	E	N	G	H	A	H
E	H	S	H	H	H	H	A	P	T	T	H	E	W	H	C	I	E	E	E
D	E	E	F	E	C	T	C	S	A	A	H	S	O	C	H	T	D	R	S
S	S	H	S	D	S	R	S	T	P	T	T	E	N	R	E	S	D	X	E
G	J	C	O	U	Y	Y	A	E	E	E	C	T	K	U	S	E	B	G	H
I	W	U	M	L	Y	Y	A	M	H	K	R	H	A	H	H	I	V	P	C
C	P	O	D	E	H	C	T	A	M	C	S	L	E	C	W	V	J	R	T
W	B	T	D	P	H	P	O	N	F	O	T	X	T	S	H	A	A	W	A
G	I	F	X	E	S	U	S	E	H	C	N	A	R	T	H	E	N	S	W
P	W	T	S	R	H	N	E	H	W	J	N	Y	M	S	H	H	D	C	C
G	L	B	C	C	Y	C	R	V	C	S	E	H	C	E	E	P	S	H	F
Y	V	A	E	H	R	H	N	E	H	G	U	O	T	H	G	I	E	H	C
R	A	D	N	E	E	E	L	U	J	F	V	C	O	C	L	C	W	K	I
R	R	E	M	D	T	S	B	H	P	O	J	O	V	C	K	Y	S	F	X

ATTACHED
BEACHES
CHECK
CHEST
CHURCHES
HEAR
HEAVIEST
HEAVY
HEIGHT
HENS
HESITATE
LAUNCHED
LAUNCHES
LUNCHES
MARCHED
MATCHED
MATCHES
MUSTACHE
PATCHES
PEACHES
PERCHED
PINCHED
PUNCHED
PUNCHES
RANCHES
REACHED
REACHES
SCHEDULE
SEARCHED
SKETCHES
SNATCHED
SPEECHES
STITCHED
STITCHES
SWITCHED
THE
TORCHES
TOUCHED
TOUCHES
TOUGHEN
WATCHED
WATCHES
WEIGHED
WHEN
WITCHES

Solution on page 354

Economics

K	O	W	E	N	D	V	T	K	B	D	N	O	B	X	P	P	W	Q	R
J	E	Y	E	N	M	I	S	H	A	R	E	S	U	J	G	S	E	E	N
B	Y	B	I	X	H	J	H	E	E	Q	V	J	D	E	A	T	C	A	D
H	W	I	P	E	P	S	P	T	L	S	H	L	G	V	U	E	O	A	X
O	X	B	L	S	L	E	A	N	E	T	N	N	E	P	S	L	N	V	B
E	G	A	N	A	M	D	R	A	V	O	I	O	T	S	U	T	O	F	Y
O	U	I	K	A	S	E	G	T	E	C	R	U	I	O	I	K	M	E	T
W	A	N	R	T	A	I	S	N	R	K	O	O	B	T	Z	L	Y	X	I
G	G	K	E	A	C	F	S	U	A	S	N	S	R	Z	A	I	Q	C	D
G	E	S	M	V	K	I	O	O	G	W	E	U	T	B	L	L	L	H	I
T	S	A	T	U	E	S	R	C	E	R	S	U	A	A	K	N	F	A	U
A	Q	F	D	U	T	R	G	C	V	T	I	F	T	N	W	F	I	N	Q
G	T	L	I	U	Y	E	H	A	S	H	R	I	N	K	A	G	E	G	I
K	K	H	O	L	Z	V	T	D	N	E	P	S	A	E	T	L	C	E	L
R	I	G	P	O	L	I	C	Y	Q	A	R	N	L	R	C	A	Y	E	S
H	M	P	R	L	O	D	U	S	C	G	E	V	O	R	H	B	C	S	O
P	U	D	O	N	S	T	A	T	I	S	T	I	C	S	I	O	L	J	T
S	C	S	F	L	A	N	O	I	T	A	N	G	A	T	N	L	E	L	E
J	S	D	I	K	K	E	D	N	A	M	E	D	L	N	G	G	S	G	N
A	X	C	T	R	K	L	I	D	K	K	Z	K	L	A	V	S	R	C	K

ACCOUNTANT
ANALYST
ANTITRUST
ASSETS
BANKER
BOND
BUDGET
CAPITAL
CYCLES
DEMAND
DIVERSIFIED
ECONOMY
ENTERPRISE
EXCHANGE
EXPERT
GAINS
GLOBAL
GRAPHS
GROSS
INFLATION
LEVERAGE
LIQUIDITY
LOAN
LOCAL
LOSS
MANAGE
MARKET
NATIONAL
NET
OBSERVATION
OUTPUT
OUTSOURCING
POLICY
PROFIT
RECESSION
REVENUE
SAVE
SHARES
SHRINKAGE
SPEND
STATISTICS
STOCKS
SUPPLY
WATCHING
YIELD

Solution on page 355

Madonna Fan

X	S	T	E	X	O	M	S	A	L	S	E	I	T	H	G	I	E	P	N
D	Z	A	L	B	U	M	I	C	H	I	G	A	N	Y	U	R	A	T	S
G	Z	T	T	S	T	R	A	T	M	H	Q	O	E	E	M	Q	O	I	E
T	I	Q	I	E	E	E	R	R	R	O	C	K	D	M	U	Q	N	N	M
G	H	C	Y	H	A	N	Q	E	T	I	O	U	N	R	N	G	I	T	U
R	U	O	T	U	D	G	S	S	E	I	Q	D	E	L	E	L	O	Z	T
E	P	O	P	W	O	I	N	S	I	G	S	N	P	R	R	M	N	V	S
F	M	R	W	F	P	S	C	Z	H	H	I	T	E	E	Y	Z	H	V	O
J	X	E	U	A	T	E	L	K	C	A	I	D	D	T	T	C	P	A	C
L	F	I	E	S	I	D	I	T	T	O	Y	R	N	T	I	E	F	M	Q
G	D	N	F	H	O	R	K	R	I	R	O	L	I	R	R	I	A	Y	O
C	G	V	G	I	N	Y	E	E	R	B	A	U	E	F	B	T	B	X	B
F	J	E	F	O	C	T	A	C	Y	X	D	C	O	R	E	I	S	C	F
J	T	N	Q	N	N	U	P	N	U	N	O	R	Y	R	L	T	H	D	E
D	M	T	U	E	A	F	R	O	G	R	M	X	I	L	E	A	I	S	Y
A	V	I	R	G	I	N	A	C	D	E	C	A	B	A	C	L	E	M	L
N	W	O	M	A	N	Q	Y	S	R	P	L	O	K	P	A	I	M	T	V
C	O	N	T	R	O	V	E	R	S	I	A	L	T	P	V	A	I	C	D
E	M	R	U	E	N	E	R	P	E	R	T	N	E	O	R	N	P	H	C
E	I	E	Z	S	N	E	O	E	D	I	V	I	M	G	J	G	X	B	B

ACTRESS
ADOPTION
ALBUM
ARTIST
BILLBOARD
BORDERLINE
CDS
CELEBRITY
CONCERT
CONTROVERSIAL
COSTUMES
CRUCIFIX
DANCE
DESIGNER
DICK TRACY
EIGHTIES
ENTERTAINER
ENTREPRENEUR
FASHION
GRAMMY
GUY RITCHIE
ICON
INDEPENDENT
ITALIAN
LIKE A PRAYER
MATERIAL
MICHIGAN
MOTHER
MOVIES
MTV
MUSIC
PERFORMER
POP
RECORDS
REINVENTION
RICH
ROCK
SINGER
STAR
TOUR
VIDEO
VIRGIN
VOGUE
WOMAN

Solution on page 355

Health Club

V	K	Q	Q	S	B	X	S	N	O	S	S	E	L	T	A	G	O	Y	U
Q	A	W	V	T	P	I	L	A	T	E	S	E	A	S	Y	N	X	M	S
W	A	T	E	R	C	H	C	N	E	B	F	V	C	I	T	I	P	F	I
H	E	F	Y	E	S	T	G	Y	M	F	M	W	I	C	I	L	I	R	I
B	X	U	T	N	E	X	E	R	C	I	S	E	T	P	L	C	H	D	S
P	O	E	I	G	E	V	Z	Q	B	L	D	T	P	A	I	Y	S	R	S
B	G	X	V	T	J	C	P	G	U	R	E	E	I	R	B	C	R	I	P
O	S	E	I	H	T	O	O	M	S	I	C	L	L	T	I	I	E	L	K
T	L	R	T	N	O	N	C	B	W	N	P	H	L	N	X	S	B	L	K
A	O	T	C	L	G	E	E	L	A	M	M	M	E	E	E	U	M	S	Z
Y	S	I	A	L	H	N	L	M	H	I	V	H	E	R	L	M	E	C	G
J	N	O	T	I	J	I	R	E	S	W	T	V	K	N	F	D	M	R	A
C	E	N	I	E	M	O	A	I	N	S	T	R	U	C	T	O	R	S	C
S	A	W	S	D	F	L	C	W	I	T	E	F	G	N	N	S	J	L	H
W	K	M	A	R	T	I	A	L	A	R	T	S	O	S	E	H	C	L	I
E	E	E	E	H	B	P	A	A	Y	A	E	R	S	S	M	O	L	E	U
A	R	P	C	O	S	C	A	L	E	I	F	W	N	A	E	W	A	B	H
T	S	L	R	E	T	T	O	P	S	N	N	I	O	P	V	E	S	R	U
I	U	E	R	S	L	S	C	T	F	E	M	I	R	R	O	R	S	A	G
B	A	D	X	N	T	S	M	C	A	R	D	I	O	R	M	U	Y	B	R

ACTIVITY
AEROBIC
ASSESSMENT
BARBELLS
BENCH
BICYCLE
BOXING
CALISTHENICS
CARDIO
CLASS
CYCLING
DRILLS
ELLIPTICAL
EQUIPMENT
EXERCISE
EXERTION
FLEXIBILITY
FRONT DESK
GYM
HEALTH CLUB
INSTRUCTORS
LESSONS
MARTIAL ARTS
MEMBERSHIP
MIRRORS
MOVEMENT
MUSIC
PARTNER
PASS
PERFORMANCE
PILATES
POOL
ROWER
SCALE
SHOWER
SMOOTHIES
SNEAKERS
SPOTTER
STRENGTH
SWEAT
SWIM
TRAINER
TREADMILL
WATER
YOGA

Solution on page 355

Web Commerce

U	P	C	V	P	F	B	R	H	P	R	K	F	K	A	N	P	H	J	C
M	Y	U	A	W	X	M	W	Q	C	X	T	J	K	Z	D	S	O	V	T
T	G	Y	R	R	E	A	G	E	S	L	U	P	M	I	T	H	M	N	F
Y	Y	U	B	C	D	G	N	I	P	P	I	H	S	C	N	Y	E	A	Q
B	U	Y	L	D	H	X	C	V	A	W	S	C	U	F	D	I	R	C	I
O	M	E	R	C	H	A	N	T	C	H	O	D	J	J	N	C	E	N	L
O	O	E	A	O	G	D	S	I	T	U	O	K	C	E	H	C	V	O	J
K	S	R	X	M	H	H	N	E	N	R	K	Q	V	Y	K	E	I	I	K
S	Y	L	D	P	G	O	W	T	P	Q	W	N	P	W	N	E	L	T	K
B	V	X	M	E	R	E	T	U	P	M	O	C	R	T	X	R	E	C	P
D	O	E	N	T	R	A	N	S	A	C	T	I	O	N	D	K	D	U	Y
N	I	L	C	I	Q	B	W	E	U	C	L	R	M	M	F	E	Z	A	C
U	S	E	S	T	H	O	L	I	D	A	Y	C	O	Q	M	V	B	M	L
F	L	T	E	I	W	R	E	T	U	R	N	U	T	R	S	E	C	I	O
E	R	N	V	V	T	T	Y	T	C	Y	G	N	I	S	W	O	R	B	T
R	L	E	Z	E	Q	E	R	F	S	C	T	S	O	C	N	E	E	C	H
O	E	I	B	Z	N	I	H	A	N	D	L	I	N	G	D	F	D	J	E
T	Z	L	L	A	V	D	E	S	E	S	E	L	L	E	R	E	I	C	S
S	J	C	A	C	T	L	O	T	L	P	Y	I	E	L	I	A	T	E	R
X	R	Y	U	S	V	E	O	R	L	L	O	M	M	U	W	D	P	O	B

ADDRESS
AUCTION
BOOKS
BROWSING
BUY
CARD
CHECKOUT
CLIENTELE
CLOTHES
COMMERCE
COMPETITIVE
COMPUTER
CONVENIENT
COST
CREDIT
DEBIT
DELIVER
DISCOUNT
EASY
ELECTRONIC
FAST
HANDLING
HOLIDAY
HOME
IMPULSE
INVENTORY
MERCHANT
ORDER
PAY
PRODUCTS
PROMOTION
PURCHASE
REBATE
REDEEM
REFUND
RETAIL
RETURN
SALE
SELLER
SHIPPING
SITE
STORE
TRANSACTION
VENDOR
VIRTUAL

Solution on page 355

Spooky Stories

W	M	H	T	I	R	I	P	S	P	B	A	S	E	M	E	N	T	S	D
P	E	R	N	J	Y	P	Y	K	T	G	L	S	F	C	B	E	T	M	U
J	K	O	O	P	S	S	U	P	E	R	N	A	T	U	R	A	L	X	K
G	W	A	I	L	I	N	G	M	G	O	A	I	C	U	J	P	U	A	O
H	O	U	S	E	S	O	X	T	M	N	R	N	Y	K	H	I	D	E	T
L	E	G	E	N	D	I	P	E	J	G	I	Q	G	F	B	O	M	F	Y
T	A	D	S	O	O	S	D	B	T	R	Z	L	M	E	I	E	J	I	G
I	O	C	R	J	O	N	Y	D	Q	H	E	D	L	W	W	R	A	L	T
G	S	M	I	E	W	A	O	Z	O	H	G	P	H	I	I	T	R	R	L
O	Q	T	B	G	A	M	D	E	A	D	W	I	S	B	H	A	F	E	D
B	O	H	K	S	O	D	T	L	Y	O	T	U	L	A	U	C	K	T	T
L	F	G	I	Q	T	L	L	W	J	E	O	P	A	H	C	K	S	F	H
I	A	I	G	A	G	O	O	S	S	I	S	E	V	Y	S	C	R	A	G
N	B	N	W	H	W	R	N	H	R	O	R	R	O	H	A	A	F	I	I
S	H	J	O	E	R	I	E	E	C	I	Z	Y	J	R	E	L	L	B	R
H	S	S	E	I	A	E	T	Q	F	Y	A	G	Y	F	T	B	X	F	F
K	T	N	S	H	T	S	U	P	E	R	S	T	I	T	I	O	N	D	F
S	U	O	C	Q	Y	O	M	U	N	E	X	P	L	A	I	N	E	D	K
F	M	Z	J	M	F	A	M	S	P	E	S	S	R	R	J	C	U	V	Q
E	C	N	T	S	C	Y	R	E	T	E	M	E	C	R	E	E	P	Y	M

AFTERLIFE
BASEMENTS
BLACK CAT
BLACKBEARD
CAMPFIRE
CASPER
CEMETERY
CHAINS
CHILLING
CREEPY
DEAD
DEMONS
DREAD
EMOTIONAL
FEAR
FLASHLIGHT
FRIGHT
FUN
GHOSTS
GOBLINS
HALLOWEEN
HIDE
HORROR
HOUSE
LEGEND
MYSTERIOUS
NIGHT
NOISES
OLD MANSIONS
PSYCHOLOGICAL
SCARY
SPIRIT
SPOOK
STRANGE
SUPERNATURAL
SUPERSTITION
TALE
TERRIFYING
TOMBSTONE
UNEXPLAINED
WAILING
WHITE SHEET
WOODS
WORRISOME
YARNS

Solution on page 355

At Auburn University

W	R	S	S	U	E	S	N	A	C	A	D	E	M	I	C	O	E	D	Q
H	I	E	F	N	S	O	R	O	R	I	T	Y	N	H	L	K	A	Z	F
P	R	R	G	D	O	Z	C	M	B	J	V	M	M	S	A	W	L	S	Q
Q	Z	M	Z	I	O	I	E	E	C	N	E	I	C	S	S	T	U	D	Y
F	A	C	U	L	T	Y	P	A	M	A	B	A	L	A	S	P	M	F	G
D	E	G	R	E	E	D	K	M	R	K	D	A	P	W	M	W	N	N	C
Z	G	Y	L	A	M	J	Q	T	A	K	H	C	B	A	A	J	I	O	C
O	C	H	Z	S	G	P	S	C	B	H	H	N	C	R	J	R	L	A	M
R	T	O	M	O	R	R	I	L	L	A	C	T	E	V	E	L	M	N	L
A	G	Y	N	Y	M	H	I	G	N	B	S	A	I	E	E	N	M	L	E
N	M	Y	C	F	T	E	C	C	E	L	G	K	N	G	E	U	A	Z	A
G	T	Z	T	U	E	I	T	P	U	L	W	I	E	W	U	B	J	S	R
E	U	N	O	I	L	D	N	H	E	L	G	I	T	T	T	O	O	C	N
Z	I	S	E	B	S	C	E	R	O	N	T	O	D	O	B	J	R	H	I
E	T	A	U	D	A	R	G	R	E	D	N	U	O	M	K	A	S	O	N
C	I	P	O	I	W	G	E	O	A	T	I	F	R	S	C	C	L	O	G
R	O	G	B	Y	Q	O	Z	V	G	T	A	S	M	E	G	K	N	L	C
N	N	F	X	E	U	L	B	L	I	P	E	R	T	C	C	S	P	T	Q
P	H	E	D	U	C	A	T	I	O	N	V	P	F	S	P	O	R	T	S
A	T	U	I	D	C	X	H	E	I	B	U	A	D	G	Z	N	W	S	P

ACADEMIC
AGRICULTURE
ALABAMA
ALUMNI
ARTS
ATHLETIC
AUBIE
BASKETBALL
BLUE
BO JACKSON
BOWDEN
CAM NEWTON
CAMPUS
CHAMPIONS
CIVIL WAR
CLASS
COED
COLLEGE
CONFEDERATE
DEGREE
DORM
EDUCATION
ENGINEERING
FACULTY
FOOTBALL
FRATERNITY
LEARNING
MAJORS
METHODIST
MORRILL ACT
NCAA
ORANGE
PUBLIC
SCHOOL
SCIENCE
SEC
SORORITY
SOUTH
SPORTS
STUDY
TIGER
TUITION
UNDERGRADUATE
UNIVERSITY
WAR EAGLE

Solution on page 355

Free Time

U	Q	K	Z	E	F	G	A	R	T	U	L	T	E	F	C	O	W	H	G
S	X	Z	D	B	N	N	O	I	T	A	N	I	G	A	M	I	W	J	W
G	E	M	Z	I	M	S	C	X	U	B	C	X	Y	Y	W	J	E	B	C
M	I	A	G	Y	K	K	D	G	V	U	Y	T	R	E	B	I	L	A	N
M	G	N	P	T	L	B	H	P	A	I	N	T	I	N	G	C	M	J	N
U	I	H	Z	E	N	I	S	F	M	L	M	C	V	V	R	P	A	U	G
S	X	O	B	D	N	A	S	U	R	D	O	P	V	E	I	I	R	N	N
I	E	K	U	G	T	C	P	G	M	I	D	E	A	N	W	T	I	G	C
C	U	L	A	M	V	X	L	Q	N	M	E	T	G	R	K	C	I	L	E
H	L	N	Z	E	E	G	A	M	E	I	E	N	R	L	N	D	A	E	E
E	C	A	R	Z	R	E	S	X	R	D	R	R	D	A	E	Y	X	G	S
B	A	T	T	O	U	B	H	T	B	E	F	O	D	S	S	P	E	Y	U
S	T	R	O	P	S	P	N	M	S	K	C	O	L	B	L	N	C	M	O
C	C	K	Y	G	I	N	D	O	O	R	S	R	O	O	D	T	U	O	H
E	H	T	S	O	E	K	A	M	E	E	M	H	R	J	C	U	V	X	L
T	O	G	G	K	L	Z	Y	A	L	E	S	I	C	R	E	X	E	P	L
O	Q	S	C	A	L	C	D	B	M	G	N	I	W	A	R	D	R	T	O
S	V	F	N	U	A	I	B	L	P	G	R	M	W	A	E	O	S	V	D
B	N	P	Q	W	N	U	V	H	X	X	M	X	B	D	L	B	S	T	K
P	W	I	U	G	B	O	U	N	C	E	S	A	H	C	R	A	F	T	G

ACTIVITIES
ART
BAT
BEACH
BLOCKS
BOUNCE
BREAK
BUBBLES
BUILD
CAMPING
CATCH
CHASE
CLAY
COLORING
CRAFT
CREATE
DANCING
DOLLHOUSE
DRAWING
EXERCISE
EXPLORING
FREEDOM
FRIENDS
GAME
IMAGINATION
INDOORS
JUNGLE GYM
LAUGHING
LEISURE
LIBERTY
MAKE
MUSIC
OUTDOORS
PAINTING
PUZZLES
RACE
READING
RUN
SANDBOX
SINGING
SPLASH
SPORTS
SUMMER
TICKLE
TOYS

Solution on page 356

Hard Driving

H	N	B	V	A	R	K	C	E	N	E	L	T	T	O	B	R	B	A	V
C	X	F	R	O	A	D	B	L	O	C	K	E	C	A	U	T	I	O	N
Y	R	C	R	A	S	H	E	C	I	L	O	P	B	O	I	D	A	R	Z
K	L	O	V	Q	K	M	P	Z	T	T	G	C	H	S	S	A	P	Y	B
D	Y	A	W	H	G	I	H	E	C	X	A	H	D	N	G	C	K	H	D
E	H	L	B	D	P	J	N	Q	E	R	S	A	I	W	S	A	C	H	K
L	L	V	S	L	S	J	R	G	S	U	N	G	Z	O	N	M	L	A	O
A	N	E	G	A	R	D	A	O	R	G	P	F	B	D	O	A	W	F	J
Y	W	H	D	B	R	U	B	B	E	R	N	E	C	K	I	N	G	V	N
S	R	I	A	P	E	R	S	R	T	E	M	N	B	A	T	I	L	A	P
B	Y	C	E	D	F	T	O	E	N	S	V	D	U	E	I	A	N	W	W
H	C	L	L	M	E	U	E	H	I	X	K	E	M	R	D	C	G	D	A
Z	N	E	Y	K	S	S	Y	C	R	C	S	R	P	B	N	Q	N	I	R
R	I	S	C	A	G	F	L	L	U	L	N	B	E	K	O	U	I	Y	N
Y	Y	I	S	P	W	O	N	L	O	O	K	E	R	C	C	A	V	H	I
X	T	Q	O	P	S	E	F	W	T	C	O	N	G	E	S	T	I	O	N
E	Z	T	Q	U	P	H	E	Y	E	O	D	D	F	R	T	P	R	R	G
C	S	T	R	E	E	T	X	R	D	F	M	E	W	W	E	A	D	N	H
V	A	E	S	P	O	C	C	I	F	F	A	R	T	X	V	M	L	S	E
R	Q	E	I	Z	D	M	R	Z	R	F	J	W	E	A	T	H	E	R	V

BOTTLENECK
BRAKING
BREAKDOWNS
BUMPER
BYPASS
CARS
CAUTION
CLOSURE
CONDITIONS
CONGESTION
CRASH
CROWDS
DANGEROUS
DELAYS
DETOUR
DRIVING
EMERGENCIES
FENDER BENDER
FLAGS
FOG
FREEWAY
HIGHWAY
HORNS
INTERSECTION
JAM
LATE
MANIAC
ONLOOKER
POLICE
RADIO
REPAIRS
ROAD RAGE
ROADBLOCK
RUBBERNECKING
RUSH HOUR
SLOW
STOP
STREET
TICKETS
TRAFFIC COPS
VEHICLES
WARNING
WEATHER
WRECK
YIELD

Solution on page 356

Electricity on Demand

Z	F	P	R	D	N	X	Y	B	Z	R	V	Y	N	I	P	A	T	R	P
A	B	T	I	E	Y	L	G	G	Y	D	L	W	U	W	O	L	F	H	Y
Y	W	R	Z	A	F	P	R	I	U	T	I	L	I	T	Y	E	A	L	X
I	G	A	E	H	L	S	E	C	N	A	T	S	I	D	G	S	P	N	R
G	B	N	X	A	T	S	N	A	D	A	O	L	K	A	E	P	I	S	T
N	D	S	Z	H	K	Y	E	A	E	B	I	V	T	R	U	I	B	C	K
C	O	M	G	M	T	E	G	T	R	V	I	L	E	S	O	R	I	Q	Y
K	R	I	B	K	H	E	R	W	G	T	O	C	K	R	O	W	T	E	N
R	L	S	T	Y	L	S	L	B	R	V	Y	E	I	K	H	D	K	N	Z
D	C	S	U	U	C	U	S	T	O	M	E	R	S	R	E	E	L	O	P
C	C	I	T	O	B	N	B	Y	U	X	G	I	U	M	T	Y	A	D	Z
U	O	O	S	A	R	I	E	Y	N	O	G	W	A	N	U	C	P	D	C
R	R	N	R	G	T	E	R	U	D	J	K	N	E	B	O	O	E	O	O
R	E	M	D	D	W	I	G	T	Q	H	D	I	I	E	K	T	M	L	S
E	P	W	S	U	O	Y	O	N	S	E	C	E	W	T	C	P	V	Q	E
N	T	D	O	R	C	H	E	N	A	I	R	T	E	G	A	T	U	O	M
T	E	N	T	P	E	T	B	P	F	D	D	F	I	N	L	E	N	U	O
V	X	E	Y	P	F	T	O	F	I	J	U	O	Y	W	B	C	H	V	H
G	G	H	R	A	O	Z	E	R	A	E	L	C	U	N	S	H	O	C	K
L	D	B	I	G	J	F	A	M	P	S	N	A	U	U	S	A	F	B	J

AMPS
BLACKOUT
BREAKER BOX
BULK
COMPANY
CONDUCTOR
CORD
CURRENT
CUSTOMERS
DANGEROUS
DEMAND
DISTANCE
DISTRIBUTION
EFFICIENT
ELECTRIC
ENERGY
FLOW
FREQUENCY
GREEN
GRID
HEATING
HOMES
LIGHT
METERS
NETWORK
NUCLEAR
OUTAGE
OUTLET
OVERHEAD
PEAK LOAD
PHASE
PLANT
POLE
POWER
SHOCK
STATION
SUPPLY
SWITCH
TESLA
TRANSFER
TRANSMISSION
UNDERGROUND
UTILITY
VOLTAGE
WIRE

Solution on page 356

Professional Chef

T	J	S	K	F	P	G	H	I	N	P	L	E	A	Z	O	B	Y	Y	F
L	F	C	V	U	L	G	N	I	R	E	T	A	C	O	L	L	E	G	E
B	Z	L	A	B	A	Y	S	O	I	B	M	Q	G	A	R	N	I	S	H
D	I	U	G	K	T	N	F	Y	G	O	L	O	N	H	C	E	T	E	Y
O	S	B	N	W	E	E	O	V	N	U	T	R	I	T	I	O	N	L	V
V	T	Y	I	E	S	S	I	I	N	P	B	A	T	X	B	X	V	B	K
N	G	S	N	S	M	S	K	F	T	Y	P	P	A	U	E	S	T	A	C
K	B	L	I	F	U	E	S	N	Y	A	L	R	R	E	V	H	A	T	Y
G	G	O	D	A	L	T	N	Z	Q	E	T	O	O	V	E	K	A	B	G
Q	N	O	L	D	V	A	V	G	T	C	E	N	C	L	R	R	Z	L	F
N	U	T	U	W	L	C	V	O	N	X	H	G	E	E	A	I	G	Y	O
L	G	V	M	R	U	I	H	O	A	I	E	E	D	S	G	M	B	E	O
V	B	L	C	S	M	L	H	Z	R	K	N	I	F	E	E	C	R	R	D
M	Z	N	G	I	S	E	D	C	U	Y	E	I	D	U	L	R	Z	O	P
B	W	X	K	K	C	D	T	K	A	T	M	I	A	A	P	W	P	R	F
M	S	Q	I	N	R	K	B	F	T	I	S	U	S	R	O	T	O	A	Q
Q	M	L	E	D	J	Y	Z	Q	S	H	L	S	V	N	T	G	N	N	N
Z	L	I	Y	E	C	I	V	R	E	S	E	U	C	Y	R	I	E	F	K
L	C	Z	Y	R	O	V	A	S	R	S	L	P	J	A	K	V	Y	Q	Z
S	A	U	C	E	F	Q	Z	Q	O	C	E	M	M	T	O	B	F	L	V

APRON
BAKE
BEVERAGE
CAKES
CATERING
CHEF
CLASSES
COLLEGE
DECORATING
DEGREE
DELICATESSEN
DESIGN
DIET
DINING
DISHES
FLAVOR
FOOD
FORMAL
FRY
GARNISH
GOURMET
HOTEL
JULIA CHILD
KNIFE
KNOWLEDGE
MENU
NUTRITION
OVEN
PAN
PLATE
POT
PRESENTATION
PROFESSION
PROGRAM
RESTAURANT
SAUCE
SAVORY
SCIENCE
SERVICE
SKILL
TABLES
TECHNOLOGY
TOOLS
TRAINING
VISUAL

Solution on page 356

Very Smart

T	Y	R	O	M	E	M	W	Z	A	L	K	D	V	V	A	C	L	G	B
H	T	N	E	L	A	T	H	E	O	R	Y	D	U	T	S	M	T	R	M
O	M	O	O	S	V	L	I	R	D	R	O	R	I	G	I	N	A	L	J
U	D	M	T	E	X	H	I	G	H	I	Q	Q	Z	E	K	I	A	T	W
G	R	E	A	C	T	I	O	N	T	I	M	E	N	G	N	N	R	I	H
H	R	T	N	A	I	L	L	I	R	B	D	O	O	N	O	T	S	A	X
T	N	E	R	E	F	F	I	D	Z	G	S	R	I	I	W	E	B	H	W
T	R	E	P	X	E	N	A	N	W	P	C	V	T	S	L	L	I	K	S
X	L	E	F	Z	V	Q	O	A	K	S	I	P	A	S	E	L	D	S	J
T	Q	J	A	E	W	I	B	T	L	Y	E	H	R	E	D	E	Q	V	L
E	A	W	N	S	T	K	H	S	J	C	N	I	I	C	G	C	A	O	M
S	I	T	R	A	O	G	W	R	X	H	C	L	P	O	E	T	G	I	H
T	O	N	C	E	I	N	A	E	O	O	E	O	S	R	U	Z	N	Q	G
R	E	U	S	S	V	V	I	D	V	L	Q	S	N	P	Q	D	I	D	H
J	D	U	N	T	B	O	W	N	D	O	Y	O	I	H	I	Y	D	U	M
E	V	I	T	A	E	R	C	U	G	G	R	P	P	Y	N	A	A	R	B
P	U	T	N	G	N	I	I	S	Y	Y	R	H	N	S	U	R	E	O	M
S	G	P	E	R	S	O	N	G	I	G	S	Y	G	I	D	O	R	P	L
M	E	S	Z	K	D	Q	X	M	H	D	L	A	I	C	E	P	S	K	G
Z	M	S	E	D	A	R	G	I	F	T	E	D	N	S	K	O	O	B	M

ABLE
BOOKS
BRAIN
BRIGHT
BRILLIANT
CREATIVE
DIFFERENT
DISCOVER
EDUCATION
EINSTEIN
EXCEPTIONAL
EXPERT
GIFTED
GRADES
HIGH IQ
INSIGHT
INSPIRATION
INTELLECT
INVENTOR
KNOWLEDGE
MASTER
MATH
MEMORY
MIND
ORIGINAL
PERSON
PHILOSOPHY
PHYSICS
PROCESSING
PRODIGY
PSYCHOLOGY
REACTION TIME
READING
REASONING
SCIENCE
SKILL
SPECIAL
STUDY
TALENT
TEST
THEORY
THOUGHT
UNDERSTANDING
UNIQUE
WISE

Solution on page 356

Animals

K C H P S H E S U R L A W O C Q Y K U D
F T W T Y K C S G N E S T A O G P I S Z
R P I A E R J N H B I N E M O B L K Y O
Q U L K K O A L A K F R I L A H D R E H
L P D H R E X U C R A A O A V N L W K U
E Z Z J T N V E T E R I N A R I A N P M
S G F F M T D X B C B Y N C B T U T E A
A A C M C H I C K E N S K R I M M R E N
T F W N A U L Y N B O A E A P E E W H E
V L I F H S E I D S E G S I A S R B S L
R T X G K I R U N U H F H Y P P U P S T
A N B R N A R O C C I C F E E T F F C R
P Y L O M S I B O S W C C A N A V B U U
S L I O N T U G H R E T T I R C B L D T
N H S M C P Q E K M A R F B M I N Z D G
B P O E O W S J N I U G N E P O G W L W
D Y F R A P Y S Q U T D N U R T U R E G
Q F Y A S L T Y Z X H T K A P R B S X U
A K A W T E R B M O N K E Y K K E D E Y
B M J T P H X T H M O P L N M P C T U M

AFFECTION
BEAR
CAT
CHICKENS
CHIPMUNK
COW
CRITTER
CUDDLE
ENTHUSIAST
FANCIER
FERRET
FISH
GERBIL
GIRAFFE
GOATS
GROOMER
HERD
HORSE
HUMANE
KANGAROO
KITTEN
KOALA
LION
MANATEE
MARINE BIOLOGY
MONKEY
MOUSE
NURTURE
PENGUIN
PETS
PLAY
PUPPY
RANCH
RESCUE
RESPECT
SANCTUARY
SEAL
SHEEP
SQUIRREL
TRAINER
TURTLE
VETERINARIAN
WALRUS
WILD
ZOO

Solution on page 356

Finding Minerals

Z E Q Q M N F J N L M Q N R M P N N H L
L O L M O G Z U L H M U O D D M D M Z P
G W C C T V H S N Y Y M S C T D J Z O A
Z H A L I T E W C S R R A D A E L N W O
G Y P S U M W N O R I R U G Z J N V L A
O E B M A S I S A C V L E C N T E R R P
L R S U L Z P S U A F O V P R E R T A I
D I W I R E B Y G L A O C E P E S A Q G
B H J V L E C I R C F C C H R O M I U M
B P V W S Y S J A I I U O T M U C Y A Q
H P V T O A T A P T T N R C I L H J M T
C A O L U B M D H E Y E N S L N C L A T
P S A A I R W E I X S F S A V S W N R V
I W B B N N Q X T R J A P M B V Z K I J
U J L O O E O U E H T O U R M A L I N E
M W P C J T L B O O Y L E O N E R C E C
E N R U C M M A P I A S D I A M O N D I
S I M L N A R O G K S E T I M O L O D X
Z V P P P D L A R E M E N I V I L O H M
P U Y Q I X L K J E W U L G E H D E L H

ALUM
AMBER
AMETHYST
AQUAMARINE
ASBESTOS
BISMUTH
CALCITE
CHROMIUM
CINNABAR
COAL
COBALT
COPPER
DIAMOND
DOLOMITE
EMERALD
GALENA
GARNET
GOLD
GRAPHITE
GYPSUM
HALITE
ICE
IRON
JADE
LEAD
MAGNESIA
MERCURY
OLIVINE
ONYX
OPAL
ORE
POTASSIUM
PYRITE
QUARTZ
RUBY
SAPPHIRE
SILVER
SULFUR
TALC
TANZANITE
TIN
TOURMALINE
TURQUOISE
ZINC
ZIRCON

Solution on page 357

Sue Me

A	W	T	D	T	Y	H	P	P	D	L	D	L	E	E	Z	R	X	Y	B
S	E	G	R	A	H	C	R	Y	O	Y	J	P	K	S	B	L	R	U	M
B	E	N	C	H	X	O	O	S	T	I	E	P	J	A	A	U	P	J	W
T	L	A	I	R	T	N	S	R	M	S	N	U	B	C	J	U	D	G	E
R	B	A	L	N	G	S	E	E	I	O	R	D	I	N	E	Y	X	C	G
S	A	L	E	A	B	P	C	E	N	I	N	D	I	C	T	M	E	N	T
T	I	L	V	P	O	I	U	A	S	T	E	E	Q	V	B	V	I	F	S
A	L	E	A	R	P	R	T	D	V	M	E	O	Y	B	I	O	S	V	C
N	L	G	P	A	B	A	I	L	I	F	F	N	W	S	D	D	F	F	O
D	U	A	R	F	L	C	O	Y	T	U	H	L	C	G	F	P	U	U	M
O	A	T	H	P	T	Y	N	R	K	N	J	S	N	I	L	X	L	A	P
R	H	I	T	I	V	A	D	I	F	F	A	O	S	F	N	W	E	E	L
U	H	O	O	U	P	A	K	K	A	J	R	D	I	E	M	G	R	C	A
F	A	N	B	M	M	G	S	M	U	W	Q	N	N	J	N	S	V	I	I
R	E	E	O	A	P	E	N	A	L	L	A	W	M	E	O	I	T	T	N
J	I	C	G	B	A	T	T	O	R	N	E	Y	L	N	F	E	S	S	T
P	J	E	V	L	O	S	E	R	C	K	P	L	A	T	K	E	M	U	V
V	S	A	T	D	I	S	M	I	S	S	A	L	O	C	T	P	D	J	B
F	C	R	I	M	I	N	A	L	S	H	S	R	O	R	U	J	F	P	Y
S	M	A	X	L	E	L	F	E	C	N	E	D	I	V	E	C	C	V	O

AFFIDAVIT
ALLEGATION
APPEAL
ATTORNEY
BAILIFF
BENCH
BUSINESS
CASE
CHALLENGE
CHARGE
COMPANY
COMPLAINT
CONSPIRACY
CRIMINAL
DAMAGES
DEFENDANT
DISMISSAL
DOCKET
EVIDENCE
FINANCIAL
FRAUD
GAVEL
INDICTMENT
INDIVIDUAL
INJURY
JAIL
JUDGE
JURISDICTION
JURORS
JUSTICE
LIABLE
LOSS
MEDICAL
MONEY
OATH
PENAL LAW
PERSONAL
PLEA
PROPERTY
PROSECUTION
RESOLVE
SENTENCING
STAND
TRIAL
WRONGDOING

Solution on page 357

Around the Farm

R	K	C	L	G	I	H	R	X	C	Z	B	D	M	S	L	U	V	M	N
E	D	T	H	N	N	I	E	E	O	H	Q	Q	J	I	F	U	I	T	C
K	W	L	J	G	F	F	J	N	T	G	I	B	O	L	L	N	O	D	R
K	Q	F	E	N	C	E	G	G	S	S	C	C	V	O	K	K	Q	H	N
D	O	D	W	I	B	D	R	E	H	G	O	N	K	U	B	U	C	V	T
Q	F	W	C	G	F	A	C	T	W	P	W	O	P	E	E	H	S	U	X
E	H	N	O	V	O	W	R	V	I	F	V	Y	R	U	N	F	B	J	D
F	I	P	G	A	R	D	E	N	R	L	G	R	A	I	N	E	L	H	W
E	L	R	T	L	T	A	C	R	A	I	I	O	E	R	R	R	S	J	B
E	F	O	P	E	P	U	O	Y	W	E	C	Z	K	S	A	P	R	X	D
P	R	B	T	L	B	M	A	L	S	D	D	E	E	F	A	Q	E	V	E
R	O	T	C	A	R	T	A	W	Y	R	C	O	H	R	H	D	H	B	G
A	O	W	T	B	E	W	U	H	R	Y	T	G	N	O	S	O	D	Y	S
M	P	O	N	D	C	H	M	G	E	A	U	R	N	N	R	T	B	L	L
Y	R	L	J	E	L	I	W	L	M	O	D	Y	A	H	A	S	E	H	E
P	I	P	D	R	B	E	B	O	R	N	P	E	N	I	F	A	E	E	X
G	N	I	R	A	M	A	T	T	A	Y	B	R	V	T	L	Z	G	I	B
E	Z	G	O	O	T	X	X	R	F	X	U	C	W	R	I	E	U	T	Z
D	Z	M	R	S	M	H	B	H	O	D	N	A	L	A	P	O	R	C	E
R	Y	S	N	P	D	N	C	Y	K	Z	Q	Q	M	Y	U	X	Q	D	J

ACRE
BARN
BEANS
BEETS
BERRIES
BRAND
CAT
CHICKEN
COW
CROP
DOG
DUCK
EGGS
FARMER
FEED
FENCE
FERTILIZER
FIELD
GARDEN
GRAIN
HAY
HENS
HERD
HORSE
INCUBATOR
LAMB
LAND
MAIZE
MILK
PEN
PIG
PLOW
POND
RICE
ROOSTER
SADDLE
SHEEP
SILO
STABLE
TOMATOES
TRACTOR
TRAILER
TROUGH
TUBERS
WHEAT

Solution on page 357

Eat and Drink

V R H E L U N C H Z R S P A C Z X C D I
D A Q B O G S T O R E T W Y U F W I Q E
P K F W T G U E M M T I U R F J O B B M
D J A G I E K G F S B A N D E W T V H C
L A A J E A N T R A M O E R P P X A W N
W W E G H S A E R O I O E R E V P R A F
O C M S A V X C V T C Z O I T P V U T W
Y K N E E T A I A R I E N T Y U Y Y S L
C P X R D Q H R E T E E R H H H C W A O
C I N V X G B E E L U E O I E I R H P G
N W N I W E B P R F P U F Y E V E N T A
K X F C L Q P K N I R D T F O S C R S Z
C H A E I A E U Z D N E W E O E E A A Z
K W C G Z P S S O E A G S A K C P B L I
Q L L I F E R V H S R E E H L Y T R A P
M Z I O W T G C D G E C R E M C I P D X
Q M F M E D T Z L H N I U B X E O G O M
L O D K R I N V C J N U Z T E Z N H S F
S N A C K D L A E M I J B U F F E T O L
L C V X E E G G S F D F P D E G N U O L

ALCOHOL
APPETIZER
BAR
BEER
BREAD
BUFFET
CAKE
CELEBRATION
CHEESE
COFFEE
COMBO
DINNER
EGGS
EVENT
FRUIT
GATHERING
GROCERIES
HAPPY HOUR
JUICE
KITCHEN
LOUNGE
LUNCH
MEAL
MILK
PARTY
PASTA
PICNIC
PIZZA
RECEPTION
REFILL
REFRESHMENT
RICE
SALAD
SANDWICH
SERVICE
SHAKE
SMOOTHIE
SNACK
SODA
SOFT DRINK
SOUP
STORE
SUPPER
TAVERN
TREAT

Solution on page 357

Cells

M	O	T	M	E	T	S	P	M	E	U	W	N	W	B	F	U	N	S	G
S	R	C	I	C	I	D	N	H	G	O	A	A	E	M	O	N	E	G	B
C	G	L	Q	S	B	B	U	U	E	L	L	E	N	A	G	R	O	X	G
O	A	Q	O	E	S	M	E	V	C	V	L	S	L	I	U	N	I	T	V
M	N	T	C	C	A	U	N	A	H	L	O	L	R	T	M	X	I	R	R
L	I	J	Y	N	D	S	E	C	D	M	E	L	C	A	O	A	E	K	B
M	S	T	T	E	F	D	F	U	N	G	I	U	U	R	Q	S	L	M	L
L	M	P	O	I	R	I	R	O	A	F	R	I	S	T	E	E	X	E	G
F	N	L	S	C	A	C	Z	L	S	T	S	N	P	A	I	M	T	I	G
K	W	A	K	S	H	A	F	E	S	B	L	M	R	N	Q	O	L	O	H
Z	T	N	E	M	P	O	L	E	V	E	D	C	O	G	Y	S	N	S	K
T	I	T	L	Z	R	N	N	C	P	I	H	I	K	R	H	O	G	I	J
R	I	L	E	V	O	I	L	D	D	O	S	Q	A	O	A	B	E	S	F
O	E	D	T	M	T	M	I	V	R	I	C	K	R	W	I	I	N	U	S
R	W	C	O	X	E	A	P	L	V	I	U	S	Y	T	R	R	A	N	L
L	W	Y	N	K	I	B	I	I	J	E	A	Z	O	H	E	C	R	O	U
B	T	B	O	A	N	E	D	V	F	N	F	C	T	R	T	I	B	U	C
A	W	O	M	N	C	O	S	I	D	E	P	I	E	S	C	L	M	B	S
P	H	D	J	R	P	M	S	N	G	B	I	I	L	R	A	I	E	X	T
B	C	Y	H	S	T	A	C	G	Y	G	O	L	O	I	B	A	M	T	N

AMINO ACIDS
AMOEBA
ANIMAL
BACTERIA
BIOLOGY
BODY
CANCER
CILIA
CYTOSKELETON
DEVELOPMENT
DIVISION
DNA
EGG
EUKARYOTE
EVOLUTION
FLAGELLA
FUNGI
GENOME
GROWTH
HOOKE
HUMAN
LIFE
LIPIDS
LIVING
MEIOSIS
MEMBRANE
MICROSCOPE
MITOCHONDRIA
MITOSIS
NUCLEUS
ORGANELLE
ORGANISM
PLANT
PROKARYOTE
PROTEIN
RESEARCH
RIBOSOME
RNA
SCIENCE
STEM
STRUCTURE
TISSUE
UNIT
VACUOLE
WALL

Solution on page 357

Be Happy

O	A	J	V	P	H	X	M	X	X	C	N	D	D	L	M	C	X	V	K
A	P	P	R	E	C	I	A	T	I	V	E	E	T	A	V	F	I	I	J
H	N	O	W	P	V	Z	A	T	H	L	U	S	T	N	E	T	N	O	C
R	U	Z	D	X	N	I	E	D	K	R	V	A	Z	P	L	D	K	H	K
D	A	Y	W	W	V	G	T	C	A	K	I	E	P	F	E	E	I	G	X
Y	T	H	G	I	R	B	I	R	G	C	U	L	H	R	C	P	M	R	F
U	L	B	D	E	V	T	C	B	O	A	U	P	L	I	P	F	P	Y	F
V	T	I	N	L	A	H	N	M	C	P	M	H	N	E	U	L	N	Y	F
U	J	E	M	B	E	I	N	Y	X	T	P	E	R	N	D	N	A	P	V
V	I	B	R	A	N	T	D	J	O	Y	O	U	S	D	U	K	O	Y	E
J	O	L	L	Y	F	R	D	W	C	D	T	U	S	S	K	S	M	Q	E
E	L	T	C	O	M	I	C	E	V	E	E	T	A	N	I	W	V	C	V
T	H	I	V	J	C	H	C	T	T	T	N	S	T	T	H	Y	S	R	M
Y	I	G	V	N	O	X	J	I	U	A	M	S	I	M	I	T	P	O	C
A	J	U	U	E	E	V	O	L	L	M	L	V	S	R	A	M	U	L	B
A	L	H	D	A	L	D	I	I	Q	I	E	E	F	T	P	E	R	I	H
Z	T	H	G	I	L	Y	B	A	C	N	E	L	I	M	S	R	G	T	M
P	K	P	O	K	E	U	N	Y	L	A	V	C	E	M	W	R	U	X	A
Q	B	G	X	P	J	D	A	L	G	N	I	D	D	I	K	Y	A	S	Z
D	P	G	U	M	E	A	M	F	S	G	L	J	O	K	R	E	Z	H	Z

ANIMATED
APPRECIATIVE
BRIGHT
CHIPPER
COMIC
CONTENT
ECSTATIC
ELATED
ENERGETIC
ENJOYABLE
FAMILY
FRIENDS
FUN
GAMES
GLAD
HEALTHY
HOPE
HUG
JOKE
JOLLY
JOVIAL
JOYOUS
JUBILANT
KIDDING
KIND
LAUGH
LIGHT
LIVELY
LOVE
MERRY
NICE
OPTIMISM
PEPPY
PLAY
PLEASED
POSITIVE
PROUD
SATISFIED
SMILE
SUNNY
SUPPORTIVE
SURPRISED
THRILLED
TICKLED
VIBRANT

Solution on page 357

Sometimes Black

C	K	C	O	M	J	L	H	Y	G	J	W	T	Q	Y	Y	M	B	B	V
F	F	K	S	J	K	G	L	E	C	J	C	E	Y	R	N	B	C	H	O
M	G	Q	E	K	O	L	I	Y	F	G	D	B	E	C	A	P	S	G	V
O	A	U	J	N	T	N	I	G	H	T	Z	P	U	K	F	V	N	P	W
Z	D	Z	P	Y	S	L	H	Y	R	S	P	F	W	G	I	R	R	J	B
A	B	D	L	S	I	O	T	A	B	E	O	H	H	G	P	Z	F	E	H
I	H	R	T	M	L	G	E	D	P	V	A	O	A	K	D	E	P	U	Z
B	I	K	S	E	O	H	S	I	A	I	J	B	T	L	L	U	B	L	R
D	X	B	N	D	B	W	O	R	C	L	A	R	B	J	P	F	H	T	R
C	A	I	E	E	L	E	E	F	F	O	C	U	W	I	T	C	H	C	A
B	A	K	H	H	W	Z	A	F	Y	B	K	I	L	E	M	M	O	T	V
K	C	R	G	N	W	R	X	R	D	R	E	S	S	Y	S	A	A	R	Z
F	B	A	K	K	D	S	R	D	I	R	T	E	G	E	L	R	G	S	A
W	L	N	C	X	P	A	K	A	R	N	S	S	T	O	O	B	O	I	Q
O	T	N	L	I	C	O	R	I	C	E	K	K	Z	L	H	L	H	H	C
I	P	S	D	D	R	I	B	K	C	A	L	B	N	Z	E	E	I	L	E
T	W	E	N	A	A	P	D	X	N	O	I	P	R	O	C	S	I	O	Y
M	R	B	V	J	Y	N	X	Y	B	E	L	T	S	K	R	H	L	T	H
A	N	E	F	X	O	X	T	X	X	A	S	D	A	X	J	I	H	K	J
O	N	Y	X	E	N	G	U	S	P	U	J	S	I	F	I	N	E	N	H

ANTS
BAT
BEAR
BEETLES
BELTS
BLACKBIRD
BOOTS
BRUISES
BULL
CAR
COAL
COFFEE
CRAYON
CROW
DARKNESS
DIRT
DOG
DRESS
EYE
FRIDAY
HAT
HEART
HOLE
HORSE
INK
IRON
JACKETS
LICORICE
MAGIC
MARBLES
NIGHT
OIL
OLIVES
ONYX
PEPPER
PUPILS
RAVEN
SCORPION
SHOES
SOOT
SPACE
SPIDER
TAR
TIE
WITCH

Solution on page 358

Big Events

F	J	L	A	T	I	C	E	R	W	A	B	R	O	J	H	Z	G	U	X
I	E	C	Z	U	Z	E	V	K	A	H	S	T	A	D	I	U	M	M	O
Y	K	S	K	S	P	L	T	Q	N	M	J	T	C	N	G	V	J	L	Y
S	H	U	T	B	J	E	P	T	O	J	L	H	H	A	I	W	Y	U	R
X	C	P	A	I	Z	B	R	Q	I	M	A	I	L	G	E	M	R	T	F
I	T	H	E	G	V	R	O	C	T	R	I	A	F	N	P	O	E	M	H
A	T	K	R	C	H	A	M	P	I	O	N	S	H	I	P	E	T	S	F
Q	E	Y	T	H	W	T	L	T	B	X	T	H	C	M	Y	Z	A	T	C
L	U	A	E	R	N	I	Y	P	I	V	I	O	V	O	N	R	E	R	M
G	Q	C	R	I	E	O	O	A	H	S	F	W	C	C	O	B	H	O	Z
E	N	A	L	S	E	N	I	R	X	K	E	O	I	E	M	E	T	P	R
I	A	R	A	T	W	S	D	T	E	F	N	F	Y	M	E	W	D	S	K
C	B	N	D	M	O	C	U	Y	I	V	E	W	Z	O	R	E	R	O	V
F	J	I	I	A	L	K	O	P	E	T	B	G	N	H	E	D	C	Y	R
M	Z	V	R	S	L	E	C	N	E	R	E	F	N	O	C	D	I	B	X
D	B	A	B	T	A	G	T	F	Q	R	U	P	O	U	I	I	R	D	T
J	H	L	R	S	H	I	O	S	X	I	B	Y	M	L	V	N	C	L	P
M	H	A	L	X	O	D	T	R	E	C	N	O	C	O	I	G	U	Z	B
A	C	F	U	N	D	R	A	I	S	E	R	C	W	Z	C	A	S	E	Z
K	E	F	G	R	N	T	N	Y	B	G	N	H	S	L	V	E	O	Q	R

BANQUET
BENEFIT
BIRTHDAY
BRIDAL
CARNIVAL
CELEBRATIONS
CEREMONY
CHAMPIONSHIP
CHARITY
CHRISTMAS
CIRCUS
COMPETITION
CONCERT
CONFERENCE
CONVENTION
EXHIBITION
FAIR
FESTIVAL
FILM
FUNDRAISER
GALA
HALLOWEEN
HOMECOMING
OLYMPIC
PARTY
PROM
RECITAL
RETREAT
REUNION
RODEO
SEMINAR
SHOW
SPORTS
STADIUM
SUPER BOWL
THEATER
TRACK
VAULT
WEDDING

Solution on page 358

Verbs

I	O	K	P	Y	Y	V	D	G	Y	G	J	R	X	H	P	Q	Q	M	K
N	X	A	X	S	T	U	W	A	K	N	Q	P	T	H	F	U	Y	E	N
P	L	J	U	Q	Z	N	T	I	H	W	E	S	C	A	P	E	J	M	H
R	T	Z	M	K	O	G	D	I	V	A	N	I	S	H	N	S	R	O	S
Z	X	Y	P	C	B	S	P	F	L	Y	M	L	R	J	E	T	U	R	N
U	U	G	G	R	R	N	A	O	K	W	E	M	O	G	M	I	N	I	O
A	Q	U	I	T	P	A	U	X	E	E	G	Y	E	B	P	O	I	Z	R
K	A	E	C	H	R	K	C	A	P	N	G	U	A	R	A	N	T	E	E
M	I	I	K	R	Q	A	N	N	O	Y	P	Y	O	E	G	K	E	X	T
N	W	Q	Y	O	H	T	V	D	W	W	O	M	H	B	Z	J	E	E	A
P	H	Y	C	W	A	T	N	E	V	N	I	B	I	M	B	J	X	R	P
L	V	Z	K	X	F	C	I	M	L	S	B	W	E	E	C	L	D	C	I
N	I	W	U	N	O	T	I	C	E	S	A	Y	D	M	I	H	A	I	C
Q	L	I	Q	U	X	H	C	O	K	E	T	H	O	E	J	R	E	S	I
D	T	S	G	T	C	O	O	J	M	L	H	S	L	R	R	J	T	E	T
Z	U	H	C	T	I	P	A	L	I	B	E	I	P	Y	T	A	U	J	R
M	O	H	A	T	E	I	D	F	D	B	T	P	X	I	E	S	C	N	A
J	O	W	X	F	J	K	J	J	F	A	S	T	E	N	N	Y	E	E	P
P	M	S	V	S	R	S	F	P	K	V	X	N	E	E	R	I	M	D	A
Q	E	X	Y	W	Z	H	Q	E	W	Z	M	W	G	Y	V	X	A	U	S

ADMIRE
ANNOY
BAKE
BATHE
BLESS
CARRY
CHEER
CHOP
COUGH
DESTROY
EAT
ENJOY
ESCAPE
EXERCISE
EXPLODE
FASTEN
GUARANTEE
HAMMER
HIT
HOLD
INVENT
MEMORIZE
NOTICE
PACK
PARTICIPATE
PITCH
PROMISE
QUESTION
QUIT
RACE
REMEMBER
RUN
SKIP
SLEEP
SNORE
SPIN
TAKE
THROW
TICKLE
TRAVEL
UNITE
VANISH
WATCH
WISH
YAWN

Solution on page 358

Painters

W	S	O	M	K	H	B	A	L	A	N	C	E	H	G	E	S	J	T	W
M	L	K	T	Q	R	C	D	W	S	V	X	R	O	S	E	T	T	A	M
L	A	O	I	L	O	F	T	R	O	P	S	C	U	S	U	I	C	R	Y
M	T	A	C	L	S	S	O	E	R	Q	R	M	O	L	X	R	I	P	E
V	E	D	T	A	L	T	U	E	K	I	Q	A	I	L	T	R	B	B	L
R	X	D	G	C	A	E	S	P	N	S	D	O	Y	A	O	E	M	X	K
W	J	P	I	E	B	S	D	T	P	O	O	K	C	W	S	R	I	T	B
P	E	D	R	U	I	M	I	S	J	L	I	R	F	N	O	Z	N	U	X
R	P	C	C	O	M	M	N	D	P	I	I	T	W	T	K	H	I	R	U
S	N	K	N	E	H	F	P	L	P	A	S	E	A	E	T	G	M	P	P
T	E	I	S	T	V	P	I	R	V	M	C	R	S	R	R	G	A	E	T
T	S	A	R	T	N	O	C	E	E	N	T	K	A	E	I	U	L	N	E
T	L	C	P	E	H	E	G	L	A	S	J	B	L	M	M	P	I	T	C
A	L	R	T	L	P	N	L	N	U	Q	S	C	U	I	X	G	S	I	H
O	A	Y	Q	A	O	S	I	L	N	T	C	I	Y	R	N	Z	T	N	N
C	R	L	T	P	V	M	L	B	R	A	M	A	O	P	O	G	A	E	I
I	E	I	S	N	O	I	T	A	P	U	C	C	O	N	S	L	T	E	Q
H	V	C	Q	D	U	O	C	R	E	I	H	V	L	D	I	E	L	W	U
S	O	S	L	A	R	T	I	S	T	D	C	D	W	L	E	S	A	E	E
Q	C	Q	D	T	C	F	A	R	M	Y	A	R	E	P	M	E	T	L	R

ABSTRACT
ACRYLIC
ARTIST
BALANCE
BRUSH
BUCKET
CAN
COAT
COLOR
CONTRAST
COVERALLS
CREATOR
DOMINANCE
EASEL
EXPRESSIONIST
ILLUSTRATOR
IMPRESSIONIST
INSPIRATION
LATEX
MATTE
MEDIUM
MINIMALIST
MUSE
OCCUPATION
OIL
PALETTE
PORTFOLIO
PRIMER
ROLLER
SEAL
SKETCH
SKILLED
SMELLS
SPACKLING
SPONGE
SPRAY
STIRRER
SUPPLIES
TAPE
TARP
TECHNIQUE
TEMPERA
TRIM
TURPENTINE
WALLS

Solution on page 358

Fun Toys

A	O	A	C	T	I	O	N	F	I	G	U	R	E	S	K	C	A	J	E
O	H	F	N	L	A	N	W	W	Q	Q	D	T	U	G	T	J	M	R	P
D	B	J	A	F	M	I	O	U	R	A	C	P	E	O	C	C	Q	I	F
P	P	T	C	K	E	N	L	P	H	E	E	D	B	L	E	T	A	I	C
D	R	O	N	X	N	T	C	G	A	R	D	O	B	N	G	N	N	G	T
C	Q	R	S	K	D	E	Q	D	H	I	R	R	O	L	O	O	I	W	M
P	L	U	S	H	C	N	I	E	O	M	N	H	O	O	C	G	M	D	G
Z	S	F	L	S	R	D	R	A	A	W	P	T	L	C	X	A	A	M	V
O	G	A	I	H	W	O	L	R	P	O	L	L	R	N	E	W	L	R	E
E	L	Y	N	G	Y	R	B	M	L	S	O	L	D	I	E	R	S	T	H
L	O	N	K	G	U	L	O	Y	I	D	T	F	A	L	N	R	I	E	S
U	P	B	Y	N	E	R	X	M	G	E	Y	I	E	B	E	K	Y	M	S
A	C	P	U	S	L	W	I	E	A	B	Z	G	C	K	S	N	E	U	T
M	E	I	T	K	Z	S	I	N	M	B	O	R	R	K	T	I	B	T	E
L	D	A	T	O	Z	J	P	P	E	M	A	A	C	L	E	A	Q	S	S
Z	H	W	T	O	U	U	V	L	R	Y	M	O	T	I	K	R	I	O	A
P	Y	K	E	B	P	A	U	A	O	O	L	H	B	C	C	T	S	C	E
L	L	U	Z	Y	F	Z	E	N	D	B	K	R	U	P	U	P	P	E	T
B	A	N	T	Z	J	B	S	E	R	B	A	D	K	S	R	C	U	N	C
F	B	N	M	F	T	D	L	S	G	B	Z	S	J	Z	T	J	Z	C	F

ACTION FIGURES
ANIMALS
ARMY MEN
BALL
BARBIE
BEAR
BLOCKS
BOAT
BOOKS
BUS
CAR
CLOWN
COSTUME
CRAYONS
DOLL
DUCK
FIGURINE
GAME
HATS
JACKS
KITE
LEGO
LINCOLN LOGS
MARBLES
MARKERS
MODEL
NINTENDO
PAINT
PIANO
PLANES
PLUSH
PUPPET
PUZZLE
RECORDER
ROBOT
SLINKY
SOLDIERS
STICKERS
SUPERHERO
TEA SET
TRAIN
TRINKETS
TRUCK
WAGON
XYLOPHONE

Solution on page 358

Basketball

S	L	L	A	R	R	Y	B	I	R	D	R	A	O	B	E	R	O	C	S
R	N	L	L	A	K	C	O	L	C	E	M	A	G	M	S	K	B	I	S
O	W	O	F	O	G	N	I	L	B	B	I	R	D	B	H	O	O	S	A
O	O	R	I	Y	G	S	N	O	I	T	U	T	I	T	S	B	U	S	P
D	D	D	E	C	H	E	E	R	L	E	A	D	E	R	S	E	N	A	P
K	D	N	L	P	S	U	M	R	W	C	K	G	E	O	O	B	C	P	M
C	N	A	D	R	O	J	L	E	A	H	C	I	M	P	Y	R	E	T	U
A	A	K	G	E	L	D	I	G	F	N	O	V	T	A	G	Y	P	S	J
B	P	C	O	G	N	X	F	N	R	I	L	E	N	T	B	A	A	E	E
U	U	I	A	G	B	O	A	I	E	C	C	A	I	R	A	N	S	H	L
H	S	P	L	I	R	S	S	F	E	A	T	N	A	I	C	T	S	C	B
O	L	E	G	E	T	S	T	N	T	L	O	D	P	C	K	P	K	S	O
O	A	R	N	M	O	A	B	R	H	F	H	G	E	K	B	Z	N	F	W
K	I	I	I	I	H	P	R	E	R	O	S	O	H	E	O	Q	U	O	P
S	C	M	L	L	S	K	E	F	O	U	J	O	T	W	A	H	D	U	A
H	I	E	E	L	K	O	A	E	W	L	J	C	N	I	R	G	M	L	S
O	F	T	V	E	N	O	K	R	D	D	B	L	I	N	D	P	A	S	S
T	F	E	A	R	A	L	L	E	Y	O	O	P	B	G	E	S	L	H	D
W	O	R	R	M	B	O	V	E	R	H	E	A	D	P	A	S	S	O	H
Y	S	X	T	B	T	N	I	O	P	E	E	R	H	T	U	M	D	T	H

ALLEY-OOP
BACKBOARD
BACKDOOR
BANK SHOT
BLIND PASS
BOUNCE PASS
CHEERLEADERS
CHEST PASS
DRIBBLING
ELBOW PASS
FAST BREAK
FIELD GOAL
FINGER ROLL
FOUL SHOT
FREE THROW
GAME CLOCK
GIVE AND GO
HOOK SHOT
IN THE PAINT
JUMP PASS
KOBE BRYANT
LARRY BIRD
MAGIC JOHNSON
MICHAEL JORDAN
NO-LOOK PASS
OFFICIALS
OVERHEAD PASS
PATRICK EWING
PERIMETER
PICK AND ROLL
REFEREE
REGGIE MILLER
SCOREBOARD
SHOT CLOCK
SLAM DUNK
SUBSTITUTIONS
TECHNICAL FOUL
THREE POINT
TRAVELING
UP AND DOWN

Solution on page 358

My Friends

X	P	C	D	T	C	E	P	S	E	R	V	O	A	F	Y	N	L	P	E
T	C	T	L	R	S	E	C	R	E	T	S	T	T	W	O	S	O	M	E
S	E	E	Z	O	X	Z	P	H	Q	A	I	D	R	W	L	S	I	N	J
U	U	X	V	F	S	E	T	G	H	I	Y	U	Y	O	I	T	C	O	U
R	N	P	G	L	D	E	T	C	E	N	N	O	C	T	F	H	Y	M	O
T	J	J	P	N	G	P	L	A	Y	U	B	F	I	N	E	M	J	M	K
A	M	Q	B	O	I	M	J	B	R	F	E	V	G	E	L	G	O	O	K
V	Q	T	T	C	R	D	P	Q	A	E	E	R	R	N	O	J	P	C	D
V	N	A	B	N	A	T	N	C	O	D	P	I	V	D	N	O	B	E	B
P	N	B	U	D	D	Y	V	A	A	U	N	O	L	K	G	N	V	H	J
U	W	N	G	L	V	Y	N	N	T	G	U	E	O	T	F	O	F	K	M
C	W	G	O	F	E	L	L	O	W	S	H	I	P	C	T	J	T	P	U
V	N	Y	O	I	N	V	C	A	M	A	R	A	D	E	R	I	E	R	T
Z	A	O	V	T	T	C	N	R	O	S	E	E	D	A	D	A	L	M	U
L	D	X	N	E	U	C	E	Y	T	I	R	A	D	I	L	O	S	Y	A
A	R	H	V	A	R	V	E	M	S	M	A	B	S	N	E	T	S	I	L
E	N	I	U	N	E	G	P	F	T	I	H	B	V	S	U	X	S	J	A
C	G	Z	C	R	C	L	F	A	F	L	S	L	T	I	I	V	R	J	U
S	K	L	O	V	E	D	H	M	U	A	J	C	Z	S	W	S	U	E	G
R	M	F	O	H	U	C	O	H	O	R	T	S	Q	K	L	A	T	L	H

ADVENTURE
AFFECTION
ASSIST
BOND
BUDDY
CAMARADERIE
CHAT
CHEERING
CLOSE
COHORT
COMFORT
COMMON
CONNECTED
COOPERATE
DEPENDABLE
DEVOTED
DUO
FELLOWSHIP
FOREVER
FUN
GENUINE
GIVE
HELP
JOY
LAUGH
LEAN ON
LIFELONG
LISTEN
LOVE
LOYAL
MUTUAL
PLAY
POSITIVE
RESPECT
SECRETS
SHARE
SIMILAR
SOLIDARITY
SUPPORT
TALK
TIME
TOGETHER
TRUST
TWOSOME
UNDERSTANDING

Solution on page 359

Home Away from Home

J	S	V	S	T	N	A	Z	V	S	U	I	T	E	N	E	B	Y	E	Y
U	T	Z	J	C	Q	A	D	O	S	G	H	M	W	G	R	R	T	O	V
U	E	D	V	Y	A	L	L	I	V	P	O	O	L	S	A	E	V	M	A
X	R	H	A	O	J	M	Y	B	D	S	L	B	T	R	L	T	I	P	C
U	D	G	L	S	O	B	P	N	R	A	P	S	O	E	I	U	T	N	A
C	K	S	E	R	V	I	C	E	G	J	P	P	V	C	L	L	S	O	N
R	A	A	T	B	H	W	T	N	R	L	M	I	K	Z	F	H	H	H	C
F	J	O	E	V	C	R	U	I	S	E	S	H	I	P	J	H	E	X	Y
P	P	O	F	H	A	B	T	Y	T	I	L	U	O	W	O	L	L	I	P
B	I	Z	T	U	J	J	R	T	O	A	S	E	C	U	R	I	T	Y	Y
O	H	O	Q	R	A	M	A	N	A	G	E	R	V	N	S	R	E	L	R
F	A	O	I	B	O	C	I	L	A	J	T	H	C	A	Y	E	R	E	A
H	E	F	F	O	H	S	L	R	E	V	X	H	P	L	T	Z	W	W	N
K	P	V	R	O	N	O	E	J	X	T	A	W	F	L	O	O	R	O	C
Q	F	V	H	B	B	T	R	R	W	L	O	R	A	T	H	D	R	T	H
K	Q	M	L	B	A	I	O	U	E	H	A	M	A	S	O	I	G	U	Z
G	Q	T	Y	E	F	T	R	T	Y	X	P	T	H	C	Y	A	T	E	M
Q	M	P	H	W	L	B	H	C	Y	S	M	A	N	C	Z	M	O	P	M
Z	C	P	I	Y	Q	J	N	Q	R	Y	C	P	A	E	Y	J	L	N	V
S	M	W	Z	N	P	J	J	J	J	K	E	X	F	G	R	S	D	K	U

BATH
BUNGALOW
CAMPER
CARAVAN
CHALET
COTTAGE
CRIB
CRUISE SHIP
ELEVATOR
FAN
FLOOR
GYM
HEATER
HOTEL
HOUSE
HUT
INN
LAMPS
LOBBY
LODGE
MAID
MANAGER
MOTEL
PAD
PILLOW
POOL
QUARTERS
RANCH
RENTAL
RESORT
ROOM
SECURITY
SERVICE
SHACK
SHELTER
SHOWER
SUITE
TELEVISION
TEMPORARY
TOWEL
TRAILER
VACANCY
VALET
VILLA
YACHT

Solution on page 359

Cute Cats

B	J	Y	Z	E	R	K	G	E	V	I	T	I	S	I	U	Q	N	I	B
B	H	A	J	E	M	E	Y	T	T	N	A	N	G	E	R	P	A	A	I
D	D	R	P	E	Q	O	T	C	T	T	E	V	A	R	B	J	F	K	K
E	A	V	P	U	Y	R	U	T	W	E	R	R	U	P	D	T	S	K	T
P	A	T	Y	H	J	E	H	S	I	L	P	L	Q	N	P	A	Z	H	J
O	W	B	U	Q	L	C	U	T	E	L	B	B	C	K	A	I	Z	W	E
Y	R	P	Q	W	R	B	F	S	N	I	E	Q	T	H	B	L	N	Q	B
T	O	Y	S	F	E	Z	V	F	I	G	S	O	F	T	R	D	B	G	R
C	Y	T	R	X	H	H	O	Z	C	E	N	P	E	J	S	E	I	R	S
Q	Q	W	T	R	C	H	U	W	I	N	M	I	O	J	K	B	M	O	C
S	L	N	D	L	U	Y	O	G	D	T	B	L	N	U	D	S	S	O	H
D	F	W	F	G	D	F	R	Y	E	L	O	U	D	A	N	H	D	M	Z
P	D	O	O	O	D	E	U	O	M	N	R	F	O	D	E	C	I	S	K
K	S	E	O	C	L	B	H	K	W	S	R	L	Q	D	I	L	E	S	I
S	W	M	L	L	Y	E	U	C	I	Z	S	U	O	I	R	U	C	A	T
E	A	I	A	O	B	N	N	N	Q	G	C	F	L	D	F	R	K	D	T
D	P	D	P	V	B	O	G	Y	Z	Z	U	F	S	I	A	M	E	S	E
V	K	Q	D	I	A	R	R	W	A	K	W	Y	R	T	C	E	Y	N	N
C	D	O	N	N	T	V	Y	V	S	D	D	Z	C	N	F	K	E	S	J
Q	N	G	P	G	U	O	Y	Y	P	D	G	H	I	O	D	S	S	I	H

ALLERGIES
ALOOF
BED
BRAVE
CLEANING
CLIP
COMB
CUDDLY
CURIOUS
CUTE
EYES
FEED
FLUFFY
FRIEND
FURRY
FUZZY
GROOM
HISS
HUNGRY
INQUISITIVE
INTELLIGENT
KITTEN
LAP
LICK
LITTER
LOUD
LOVING
MEDICINE
MEOW
MOODY
MOUSE
NAPPING
NURSING
PAWS
PET
POUNCE
PREGNANT
PURR
SCRATCH
SHED
SIAMESE
SOFT
TABBY
TAIL
TOYS

Solution on page 359

Finding Flowers

J	R	X	B	N	U	K	F	I	A	V	U	O	E	X	R	J	T	L	H
K	T	C	I	V	O	G	Z	Z	X	Y	N	E	G	S	P	R	I	N	G
A	O	S	R	K	G	R	J	L	K	P	O	I	E	V	O	Z	A	O	R
C	T	A	L	A	V	C	A	N	D	L	S	E	K	O	E	T	I	S	E
R	T	N	A	X	P	I	I	V	D	F	D	C	T	Q	U	R	A	A	E
X	W	Y	T	R	G	H	L	R	W	O	J	S	R	R	V	V	A	E	N
F	J	Q	E	I	V	B	O	U	I	E	G	S	E	I	C	E	P	S	O
M	S	T	P	R	C	S	N	T	N	S	W	Z	W	O	R	C	H	I	D
R	T	E	A	L	T	X	G	F	O	V	I	Z	O	O	A	S	S	O	D
Y	K	D	Z	A	Y	S	A	R	I	S	V	D	L	E	B	N	B	R	I
X	E	T	M	I	U	N	M	U	T	W	Y	A	F	L	A	W	T	M	S
C	V	E	C	N	L	G	A	I	U	A	K	N	Z	S	P	O	O	E	N
A	N	L	B	N	B	I	A	T	L	L	F	D	T	D	P	O	V	R	S
F	V	O	T	E	T	T	T	R	O	Q	F	E	L	H	L	A	A	U	G
T	R	I	D	R	N	G	E	R	V	B	M	L	I	B	E	O	C	A	H
R	I	V	E	E	I	T	U	O	E	X	Y	I	O	L	Y	S	N	A	P
R	O	E	C	P	A	M	Q	L	W	F	J	O	S	R	I	S	I	Z	C
W	E	S	A	W	H	Z	U	O	J	N	Y	N	B	B	I	W	U	S	S
D	S	U	E	S	M	I	O	C	R	F	E	M	I	U	S	S	A	R	G
D	O	D	H	F	F	Q	B	I	T	N	E	H	O	K	D	V	T	M	V

BEE
BLOOM
BOTANY
BOUQUET
BUD
COLOR
CRABAPPLE
DANDELION
DIRT
EMBRYO
EVOLUTION
FERTILIZE
FLORIST
FLOWER
FRUIT
GRASS
GREEN
GROW
HIBISCUS
IRIS
LEAVES
MAGNOLIA
NATURE
ORCHID
PANSY
PERENNIAL
PETAL
PHOTOSYNTHESIS
POT
PRETTY
ROOTS
ROSE
SCENT
SEASON
SEED
SOIL
SPECIES
SPRING
STAMEN
STEM
SUN
TREE
TRIM
VIOLET
WATER

Solution on page 359

Buy Insurance

Y	B	D	F	I	P	S	L	L	I	B	L	A	C	I	D	E	M	A	W
T	F	Z	Q	U	T	E	M	E	C	I	R	O	R	Y	D	X	U	Z	Q
E	R	R	E	I	M	B	U	R	S	E	M	E	N	T	K	S	I	R	M
F	V	O	M	C	O	T	E	Y	A	P	S	S	E	I	J	E	M	Z	L
A	W	I	A	L	Y	W	H	N	R	I	R	S	E	L	Q	L	E	Y	C
S	L	A	S	D	Z	L	E	E	A	L	E	E	D	I	B	B	R	R	C
C	S	E	T	N	S	C	H	R	F	Y	V	N	E	B	V	I	P	O	T
D	R	O	K	Y	E	E	P	T	E	T	I	T	D	A	X	T	R	T	L
T	N	A	L	S	N	P	R	M	N	W	R	I	Z	I	P	C	C	A	A
N	P	O	S	S	A	A	X	V	P	O	D	A	I	L	S	U	U	D	G
E	O	A	I	H	A	X	P	E	I	D	M	L	S	O	G	D	Y	N	E
M	R	V	T	T	Q	G	B	M	M	C	O	L	L	A	T	E	R	A	L
Y	E	S	R	U	U	R	R	S	O	W	E	N	E	R	B	D	O	M	J
A	Q	E	O	C	O	A	I	E	X	C	L	U	S	I	O	N	S	W	N
P	U	B	P	K	T	L	C	G	E	E	N	O	I	S	I	L	L	O	C
R	I	H	E	E	A	I	W	E	P	M	Y	V	O	U	O	I	U	Z	R
O	R	R	R	D	T	E	L	L	R	R	E	P	A	I	R	S	P	J	Z
O	E	B	N	H	I	B	A	B	E	P	R	N	C	L	A	I	M	D	P
F	D	A	F	C	O	N	T	R	A	C	T	R	T	J	D	O	O	L	F
P	V	Y	S	T	N	E	D	I	C	C	A	Y	L	T	S	O	C	A	J

ACCIDENT
AGREEMENT
APPRAISER
BROKER
CLAIM
COLLATERAL
COLLISION
COMPANY
COMPREHENSIVE
COMPULSORY
CONTRACT
COSTLY
CRASH
DEDUCTIBLE
DRIVERS
ESSENTIAL
EXCLUSIONS
EXPENSIVE
FLOOD
LEGAL
LIABILITY
LIMIT
LOSS
MANDATORY
MEDICAL BILLS
MONTHLY
NECESSARY
NEEDED
PAYMENT
PLAN
PRECAUTION
PREMIUM
PROOF
QUOTATION
RATE
REIMBURSEMENT
RENEW
REPAIRS
REPORT
REQUIRED
RISK
ROAD SERVICE
SAFETY
THEFT
VANDALISM

Solution on page 359

Party Time

X	C	S	E	S	S	E	R	D	P	G	K	A	T	H	E	M	E	D	I
N	O	U	E	S	D	H	A	I	N	P	N	K	O	G	S	D	I	K	E
O	O	D	A	O	G	N	O	I	N	T	C	U	S	B	B	E	A	C	H
N	K	I	V	C	C	U	N	C	H	V	S	L	C	U	S	C	R	W	H
T	I	W	T	I	U	N	E	E	C	E	I	E	N	F	U	O	Y	D	X
K	E	D	N	A	A	L	Y	S	W	A	L	T	N	F	R	R	C	W	B
T	S	G	S	L	E	C	F	A	T	E	S	O	A	E	P	A	L	O	V
P	N	V	P	I	U	R	R	K	B	S	I	I	N	T	R	T	F	R	T
Z	U	E	S	Z	F	M	C	R	S	T	C	U	O	J	I	I	R	C	C
K	K	O	M	I	I	O	A	E	A	R	R	R	S	N	S	O	O	E	H
V	L	E	R	N	C	T	N	U	R	R	E	E	B	N	E	N	N	E	H
L	F	L	G	G	I	B	D	A	T	M	K	Z	C	T	V	S	D	S	B
V	A	X	E	O	I	A	T	N	E	W	F	R	I	E	N	D	S	I	E
B	M	F	N	W	R	A	T	D	I	N	N	E	R	T	P	E	C	O	C
K	I	S	F	G	E	D	A	R	E	U	Q	S	A	M	E	T	V	N	U
U	L	E	T	A	L	R	S	R	E	G	A	N	E	E	T	P	I	E	P
X	Y	T	R	A	P	Y	A	D	H	T	R	I	B	N	P	T	P	O	U
J	D	G	C	P	H	X	K	F	I	S	N	O	O	L	L	A	B	A	N
U	D	C	O	O	Y	F	O	O	D	S	R	E	M	A	E	R	T	S	C
H	E	B	S	E	L	D	N	A	C	A	R	D	S	B	S	T	S	O	H

APPETIZERS
BALLOONS
BEACH
BEER
BIRTHDAY PARTY
BUFFET
CANDLES
CARDS
CELEBRATION
COCKTAILS
CONVERSATION
COOKIES
CROWD
DANCING
DECORATIONS
DINNER
DRESSES
ENTERTAINMENT
EVENT
FAMILY
FAREWELL
FOOD
GRADUATION
GROUP
GUESTS
HATS
HOST
HOUSEWARMING
INVITATIONS
KEG
KIDS
LATE
MASQUERADE
NEW FRIENDS
NOISE
OCCASION
PLANNING
PUNCH
RECEPTION
RECREATION
SOCIALIZING
STREAMERS
SURPRISE
TEENAGERS
THEMED

Solution on page 359

Eat Right

H	B	D	I	F	Q	D	R	M	V	M	H	D	S	P	I	N	A	C	H
J	Y	L	O	Q	E	T	L	A	C	I	D	E	M	E	N	D	H	E	S
K	K	O	O	N	A	X	M	I	N	E	R	A	L	S	M	Y	L	X	I
G	D	W	G	O	R	E	B	I	F	M	C	V	K	J	Y	U	Y	U	F
Y	L	S	C	U	D	D	I	A	B	E	T	E	S	G	P	Y	G	U	V
P	K	O	A	A	R	P	V	Q	E	I	S	B	A	L	A	N	C	E	N
V	J	D	A	N	L	T	R	K	C	R	E	T	A	W	D	H	P	A	L
D	R	I	N	K	O	C	S	E	T	A	R	D	Y	H	O	B	R	A	C
Q	P	U	D	F	G	I	I	N	S	R	L	E	H	L	Z	B	E	A	T
I	F	M	O	Y	Q	P	T	U	I	S	B	O	E	A	E	X	V	F	F
B	H	N	I	A	T	N	I	A	M	E	U	S	R	H	B	G	E	F	B
F	Y	R	Z	C	I	N	A	G	R	O	T	R	L	I	M	I	N	R	E
M	R	V	S	A	T	U	R	A	T	E	D	O	E	O	E	O	T	E	R
T	G	U	I	M	B	T	V	S	R	H	D	A	R	V	R	S	I	S	G
F	X	Q	I	T	R	S	W	O	O	U	R	O	C	P	O	T	O	H	X
V	E	G	E	T	A	B	L	E	A	Q	D	N	M	O	K	R	N	J	Z
W	C	W	F	L	C	M	A	J	Y	D	Y	F	X	M	V	J	P	O	R
X	H	I	A	C	W	E	I	G	H	T	I	N	Y	R	I	A	D	M	C
T	G	D	T	S	O	C	O	N	S	U	M	E	E	H	F	L	S	S	I
J	I	F	T	N	L	O	B	E	S	I	T	Y	T	O	G	Y	K	D	Y

AVOCADO
BALANCE
BLOOD PRESSURE
BRAN
CALCIUM
CALORIES
CARBOHYDRATES
CHOLESTEROL
CONSUME
CONTROL
DAIRY
DIABETES
DIET
DRINK
EAT
FAT
FIBER
FISH
FOOD
FRESH
FRUIT
HABITS
IMPROVE
LEGUMES
LIFESTYLE
LOW CARB
LOW SODIUM
MAINTAIN
MEDICAL
MILK
MINERALS
MODERATION
NUTS
OBESITY
ORGANIC
PREVENTION
PROTEIN
SALAD
SATURATED
SPINACH
VEGETABLE
VITAMINS
WATER
WEIGHT
YOGURT

Solution on page 360

Oh, What Fun!

R	B	S	T	R	O	P	S	A	I	E	U	F	U	Q	H	Y	A	L	P
Z	A	R	P	T	I	C	K	L	E	T	I	K	Z	S	C	G	H	L	U
A	K	U	R	U	B	P	Y	E	L	H	L	I	Y	Z	T	S	U	Q	Z
G	I	O	B	H	H	I	D	Y	O	D	Y	O	M	D	M	T	R	A	Z
N	N	T	L	O	G	Y	I	N	O	I	T	A	C	A	V	H	W	M	L
I	G	I	O	D	N	N	V	M	Z	G	N	I	L	C	Y	C	I	B	E
F	H	C	P	Y	S	W	I	M	M	I	N	G	X	K	E	U	A	X	Q
R	P	M	H	P	H	N	N	V	Z	S	L	A	V	I	T	S	E	F	W
U	P	A	G	E	O	P	G	N	I	T	I	R	W	Q	K	R	H	C	G
S	N	F	C	E	C	H	A	E	K	D	J	D	O	E	C	E	R	F	G
F	Z	N	S	J	T	K	S	R	H	C	A	W	T	I	V	A	E	N	S
R	A	A	P	M	U	J	E	E	G	N	U	B	S	D	F	D	I	A	I
D	A	I	O	F	F	D	Z	R	B	O	A	E	U	T	R	K	E	H	C
C	Y	C	N	S	A	A	R	Q	S	L	T	J	S	C	I	F	L	O	G
W	Z	O	I	T	J	N	B	A	L	X	X	O	O	B	S	V	L	B	K
K	I	C	I	N	C	I	P	U	W	S	A	J	H	K	B	L	M	B	E
Y	W	N	U	H	G	O	Z	G	N	I	L	L	E	P	E	R	M	I	S
E	G	N	I	I	K	S	K	A	T	I	N	G	E	C	E	S	V	E	A
P	M	X	F	Q	P	E	M	F	G	X	O	G	T	R	S	O	T	S	E
U	L	K	E	Z	L	G	I	H	Y	G	V	G	K	N	M	M	J	Z	T

ART
BAKING
BASKETBALL
BICYCLING
BIKING
BUNGEE JUMP
CHECKERS
COLLECT
CRAFTS
DANCE
DATING
DOMINOES
DRAWING
EXERCISE
FESTIVALS
FRISBEE
GOLF
HOBBIES
JOKES
KITE
LAUGH
MOVIE
PHOTOGRAPHY
PICNIC
PLAY
PUZZLE
RACING
READ
RELAX
REPELLING
SCUBA DIVING
SHOPPING
SKATING
SKIING
SKYDIVING
SPORTS
SURFING
SWIMMING
TEASE
TICKLE
TOURS
TOYS
VACATION
WRITING
ZOO

Solution on page 360

Horse Race

F	F	Q	U	H	K	F	E	V	W	S	C	L	P	Z	H	V	A	N	V
Y	O	F	K	C	Z	C	F	J	E	X	C	F	F	H	C	V	G	O	X
O	F	F	A	K	L	C	U	P	R	H	I	C	V	D	I	Y	B	Y	B
R	X	R	O	V	A	U	U	B	T	N	I	R	P	S	X	F	G	C	E
L	T	G	L	C	H	C	B	S	E	R	E	P	M	U	J	J	S	S	E
L	R	W	C	P	A	D	N	H	R	J	E	D	T	R	O	P	S	R	Q
T	Q	C	O	N	D	I	T	I	O	N	L	T	I	F	L	L	A	T	S
K	Y	Y	T	T	E	S	Y	Y	Y	U	V	F	L	A	I	M	W	D	W
Y	B	E	K	R	L	E	K	G	D	O	S	Z	C	A	M	L	T	L	O
R	R	W	O	H	S	Z	E	B	S	T	R	E	T	C	H	E	L	H	M
R	E	P	F	R	U	L	N	F	R	H	R	H	T	D	F	C	R	Y	H
C	D	G	O	T	D	R	E	U	R	I	W	S	A	U	B	I	E	O	P
H	X	H	A	I	C	L	D	R	A	J	D	M	T	R	R	T	J	B	U
V	I	C	N	W	D	Q	W	L	R	C	O	L	N	I	N	N	M	G	R
J	K	G	S	D	D	O	J	O	E	A	T	C	E	F	R	E	P	U	S
V	I	Z	A	B	C	T	B	N	I	I	B	I	K	C	V	R	S	B	E
X	V	S	G	K	R	O	H	G	A	O	R	Q	O	E	A	P	U	S	H
X	R	M	E	J	Z	R	L	G	O	M	E	A	S	N	Y	P	Z	P	O
J	D	P	L	D	F	T	N	T	G	Y	E	Z	W	R	E	A	T	H	I
M	M	I	A	F	J	I	H	C	R	R	D	J	C	Y	E	Y	Z	D	S

ACTION
APPRENTICE
BARRELS
BOOTH
BREED
BRIDLE
BUCK
BUG BOY
CANTER
CLUBHOUSE TURN
COLT
CONDITION
CUP
DAM
DERBY
FILLY
FURLONG
GAIT
GELDING
HALTER
HARNESS
HORSE
HURDLE
JOCKEY
JUMPER
MAIDEN
MARE
ODDS
PACE
PLACE
PURSE
REINS
SADDLE
SHOW
SPORT
SPRINT
STALL
STIRRUP
STRETCH
SUPERFECTA
TACK
TRACK
TROT
WAGER
WREATH

Solution on page 360

Preachers

R	H	O	S	W	N	N	Z	K	O	C	C	N	C	T	J	B	I	I	U
E	U	I	H	U	B	O	C	U	N	B	A	Y	Q	R	G	A	T	C	Q
Y	M	S	R	E	N	O	I	H	S	I	R	A	P	U	U	P	R	R	P
Z	D	J	L	O	L	O	I	T	G	P	B	I	Q	S	I	T	Z	T	A
C	T	I	Q	F	T	U	I	O	A	S	S	I	S	T	D	I	M	E	R
N	E	T	S	I	L	S	L	T	E	R	W	P	C	H	A	Z	L	X	K
F	A	I	B	C	D	O	A	R	A	P	I	O	U	S	N	E	S	S	M
P	C	P	R	C	E	T	M	P	R	G	U	P	A	A	C	M	Y	T	U
Q	H	L	E	H	A	O	X	P	Y	N	E	C	S	C	E	L	B	I	B
T	V	U	T	C	N	T	N	H	S	B	R	R	L	N	O	G	N	Y	D
C	Y	P	S	R	C	M	H	E	A	E	M	E	G	H	I	O	H	A	F
P	L	B	I	U	Y	O	L	E	D	Y	R	L	S	N	I	P	E	D	H
H	I	R	N	H	K	R	M	R	D	G	I	V	A	T	O	L	T	N	W
Z	G	B	I	C	F	A	E	M	Y	R	W	H	I	S	K	C	S	U	A
K	N	W	M	J	A	L	S	H	U	I	A	D	O	C	P	P	E	S	H
H	K	K	S	A	I	I	S	S	K	N	A	L	T	C	E	R	I	D	J
V	O	G	M	G	T	T	A	S	C	R	I	P	T	U	R	E	R	Q	I
L	H	Y	I	G	H	Y	G	K	T	H	E	T	L	W	E	H	P	N	Q
H	A	O	L	E	S	R	E	V	P	U	U	A	Y	E	B	R	L	J	S
G	N	W	E	Y	R	W	D	W	F	M	G	O	D	P	H	U	M	A	E

ASSIST
BAPTIZE
BELIEF
BIBLE
CATHEDRAL
CHURCH
CLERGY
COMMUNITY
CONGREGATION
COUNSEL
DIRECT
FAITH
FLOCK
GOD
GUIDANCE
HELP
HOLY
HYMN
INSPIRATION
LEAD
LISTEN
MESSAGE
MINISTER
MORALITY
PARISHIONERS
PASTOR
PEW
PHILOSOPHY
PIOUSNESS
PRIEST
PSALM
PULPIT
READ
RELIGION
SACRED
SCRIPTURE
SERMON
SERVICE
SMILE
SUNDAY
TEACH
THEOLOGIAN
TRADITION
TRUST
VERSE

Solution on page 360

Roller Skate

G	B	L	J	S	A	V	O	U	R	K	G	S	N	F	V	Q	I	G	S
Y	Y	T	H	P	B	O	S	E	T	A	D	S	F	E	F	B	S	H	J
J	Q	E	J	O	P	U	D	D	S	T	D	E	L	S	O	E	Z	U	W
K	D	K	X	C	L	T	D	A	W	N	L	M	K	I	O	J	M	V	Y
B	V	C	H	D	V	D	X	C	R	K	W	U	A	C	T	U	R	O	T
O	H	I	O	Y	Y	O	H	R	N	Y	H	T	E	R	W	M	H	R	Q
K	R	T	T	M	D	O	P	A	H	V	E	S	S	E	O	P	A	V	R
R	L	R	G	S	P	R	D	N	N	C	E	O	Y	X	R	C	H	N	I
E	A	C	F	F	Y	E	S	X	N	D	L	C	H	E	K	I	D	S	Z
P	C	T	U	L	N	L	T	A	D	X	S	A	C	V	M	P	N	N	J
P	E	N	I	I	I	R	D	I	Q	L	R	I	N	L	I	N	E	K	W
O	S	P	A	F	I	M	U	L	T	D	S	E	L	X	A	Y	C	B	P
T	O	R	Q	L	T	L	B	T	W	I	R	O	T	A	T	I	O	N	W
S	P	L	K	P	A	U	Y	O	O	S	O	N	W	I	N	M	U	S	L
S	E	M	S	T	R	B	O	N	U	C	Y	N	L	D	S	V	P	E	J
E	C	K	N	N	R	D	G	D	H	O	T	I	O	T	M	H	L	O	S
X	U	E	A	E	A	Y	Z	E	T	B	B	O	H	E	L	M	E	T	S
W	R	N	D	R	Y	C	Q	E	V	A	R	G	I	T	E	L	S	D	Y
L	A	Y	B	F	B	Z	K	P	T	L	I	U	P	Q	C	N	A	M	T
A	D	G	S	E	T	A	K	S	F	L	O	O	R	J	F	P	Z	F	P

ARCADE
AXLES
BALANCE
BRAKES
COMPETITION
COSTUMES
COUPLES
DANCE
DATES
DERBY
DISCO BALL
EXERCISE
FALL
FLOOR
FOOTWORK
FUN
HARDWOOD
HELMET
HOLD HANDS
INDOOR
INLINE
JUMP
KIDS
LACES
LIGHTS
LIMBO
OUTDOOR
OUTFIT
PADS
PARTY
PRECISION
RENTAL
RINK
ROTATION
SKATES
SNACKS
SPEED
SPRAINED ANKLE
STABILITY
STOPPER
TICKET
TOES
TRACK
TURN
WHEELS

Solution on page 360

Purse

W	M	F	A	L	S	T	Q	P	V	K	L	M	Q	O	I	Z	F	H	C
G	R	J	K	K	U	N	E	M	O	W	U	P	Y	Z	P	B	F	B	M
F	G	F	O	V	E	X	T	B	O	C	E	D	B	A	L	G	N	L	Y
V	Q	X	M	R	D	S	O	R	C	N	E	A	R	F	A	K	E	Y	S
G	B	S	V	A	E	G	T	W	S	F	E	T	R	G	I	G	C	T	G
L	V	Z	M	H	K	N	K	O	T	X	S	Y	L	I	N	H	Y	E	S
V	R	J	A	A	V	E	G	A	N	E	R	E	M	I	E	E	E	L	Z
M	R	J	N	K	L	Y	U	I	R	O	K	Q	H	C	S	S	L	L	C
L	B	H	D	O	B	L	I	P	S	T	I	C	K	R	R	F	D	A	W
E	U	K	C	S	T	W	D	S	W	E	T	S	U	E	A	Q	N	W	U
A	H	T	M	U	B	T	E	H	B	A	D	P	G	B	Y	V	A	R	C
T	C	A	P	M	O	C	I	O	M	I	M	N	R	R	A	G	H	A	Z
H	T	Z	G	J	C	P	U	U	P	V	E	I	R	S	E	G	R	A	L
E	U	W	C	A	C	R	H	L	V	S	C	E	S	A	Z	R	Z	Q	P
R	L	E	P	L	C	P	O	D	S	S	B	C	S	T	Y	L	I	S	H
Q	C	L	A	N	O	S	R	E	P	R	I	I	T	C	O	O	C	I	S
Z	N	G	S	C	A	T	M	R	U	S	Z	U	B	H	J	R	L	Q	U
X	I	N	K	H	C	B	H	B	M	Q	N	E	O	E	B	D	A	F	L
Y	H	E	Z	O	H	K	C	A	P	K	C	A	B	L	Q	M	S	G	B
S	T	Q	T	D	M	Z	X	G	U	C	C	I	P	X	M	B	P	S	E

ACCESSORY
BACKPACK
BLUSH
BUCKET
BURBERRY
CANVAS
CARRY
CHECKS
CLASP
CLOTH
CLUTCH
COACH
COMPACT
DESIGNER
FABRIC
FAKE
GUCCI
HANDLE
KEYS
LARGE
LEATHER
LIPSTICK
LOUIS VUITTON
MAKEUP
MATCHING
MESSENGER
MONEY
PENS
PERSONAL
PLAIN
POCKET
POUCH
PURSE
SATCHEL
SHOULDER BAG
SMALL
SNAP
STORAGE
STRAP
STYLISH
SUEDE
THIN
TOTE
WALLET
WOMEN

Solution on page 360

Catch a Show

U	T	N	H	Z	J	V	P	U	E	K	A	M	Y	X	W	N	C	J	B
L	A	E	E	R	N	O	P	H	E	S	Y	M	P	H	O	N	Y	Z	C
P	R	S	K	E	P	C	O	M	E	D	Y	R	W	R	Y	O	S	G	L
D	E	V	T	C	S	T	U	D	I	O	O	K	E	E	A	A	C	I	R
C	P	R	O	U	I	T	N	O	L	G	V	W	V	T	L	C	E	D	R
I	O	R	F	D	S	T	U	A	R	E	P	F	E	A	P	T	N	D	L
T	N	I	I	O	A	N	V	A	F	T	C	P	N	E	S	O	E	S	N
I	N	H	C	R	R	I	M	X	E	L	P	U	T	H	I	R	S	J	L
R	A	E	P	P	T	M	G	L	S	U	V	H	R	T	D	S	E	V	E
C	W	W	M	S	I	P	E	N	P	O	X	M	A	T	B	H	N	A	V
C	B	N	E	N	I	V	I	R	I	P	U	S	O	L	A	O	I	A	I
F	P	F	G	U	I	L	B	R	S	G	I	N	E	U	Y	I	L	M	L
W	F	K	O	S	Q	A	A	Y	C	V	N	A	D	G	A	I	N	A	I
S	N	R	I	F	L	I	T	C	O	S	C	I	S	H	W	W	S	R	G
K	U	O	C	L	G	E	N	R	O	H	E	M	S	T	D	R	D	D	H
D	N	C	E	V	I	T	P	H	E	N	A	P	P	L	A	U	S	E	T
G	I	T	R	R	E	M	J	R	C	T	C	B	Z	E	O	E	H	G	S
K	C	M	A	I	I	G	S	E	H	E	N	E	H	X	R	K	S	A	N
R	M	V	N	S	C	H	A	R	A	C	T	E	R	S	B	H	O	T	Y
F	M	B	F	J	G	Q	F	S	E	T	R	A	C	T	I	N	G	S	V

ACTING
ACTORS
APPLAUSE
AUDIENCE
BALLET
BLEACHERS
BROADWAY
CHARACTERS
CIRCUS
COMEDY
CONCERT
COSTUME
CRITIC
CURTAIN
DISPLAY
DRAMA
ENTERTAINMENT
EVENT
FESTIVAL
IMPROVISATION
LIGHTS
LINES
LIVE
MAKEUP
OPERA
PERFORMERS
POPCORN
PRODUCER
PROGRAMMING
PUPPET
REHEARSAL
SCENES
SCRIPT
SEATS
SINGING
SOUND
STAGE
STUDIO
SYMPHONY
TECHNIQUE
TELEVISION
THEATER
TICKET
VARIETY
VEGAS

Solution on page 361

White Things

X	M	L	C	K	J	K	Y	M	O	E	N	Z	H	G	H	R	V	H	S
U	A	A	K	X	D	B	C	Z	P	K	F	F	F	P	E	T	E	Q	V
P	F	P	O	G	V	B	J	Y	W	Y	S	Y	B	Q	Z	L	E	F	Y
Y	V	G	L	Q	X	R	P	E	V	O	D	D	Y	S	W	A	N	E	A
D	E	Y	R	N	R	O	C	I	N	U	F	V	P	J	V	S	M	X	T
S	Z	W	G	I	W	E	W	L	C	O	J	R	O	Q	N	A	K	D	N
N	L	K	P	L	A	S	T	E	R	H	B	R	O	U	R	L	Y	R	I
Y	Z	A	W	K	B	P	S	S	E	R	D	D	T	S	A	B	J	R	A
J	O	X	C	F	E	I	E	P	A	C	S	D	H	H	T	I	X	A	P
M	F	W	Y	E	N	Q	U	A	Y	B	A	M	C	Q	C	N	G	O	I
V	W	N	H	J	N	N	N	N	R	E	A	Y	L	I	L	O	W	V	D
D	T	S	U	Q	Z	G	D	L	R	L	A	L	L	L	T	D	O	O	X
L	Y	U	A	G	U	L	E	B	L	B	D	I	A	P	E	R	S	Q	G
B	R	G	L	J	N	P	R	O	M	M	R	B	D	R	Y	U	I	G	H
M	F	A	I	C	O	A	W	H	M	A	F	L	O	S	S	S	F	C	C
B	Q	R	N	L	T	P	E	S	C	L	Y	C	Q	T	H	N	W	X	E
U	S	W	E	O	T	E	A	P	O	P	C	O	R	N	S	I	O	V	G
R	F	V	N	T	O	R	R	G	K	A	S	O	Z	E	L	G	R	W	L
E	N	I	S	H	C	K	D	Z	G	T	P	Y	S	I	A	D	U	T	H
E	X	X	O	O	B	Y	Y	N	X	E	C	B	K	L	I	M	G	W	A

ALABASTER
ALBINO
BELUGA
BONE
BREAD
CAR
CHALK
CLOTH
COTTON
CREAM
DAISY
DIAPERS
DOVE
DRESS
EGG
ENVELOPE
FLOSS
FROST
GOLF BALL
GOWN
IVORY
LACE
LILY
LINENS
MARSHMALLOW
MAYO
MILK
PAINT
PAPER
PEARL
PLASTER
POPCORN
POWDER
RICE
SALT
SHEEP
SHIRT
SNOW
SOAP
SUGAR
SWAN
TEETH
TOGA
UNDERWEAR
UNICORN

Solution on page 361

Muffin Bakery

R	A	I	S	I	N	U	U	K	V	F	L	Y	G	U	U	R	Z	L	F
M	U	Z	T	E	F	A	C	A	S	E	Q	I	H	A	X	U	K	J	J
W	D	P	R	L	Y	A	U	V	M	A	T	L	C	C	O	R	N	Z	V
N	O	M	A	N	N	I	C	O	O	T	O	X	U	K	N	L	U	J	G
D	H	X	W	S	I	Q	N	I	K	P	M	U	P	N	H	U	Y	G	W
S	Y	S	B	I	H	Y	D	I	Y	S	A	N	T	J	Z	Y	L	A	X
F	I	R	E	X	H	M	T	R	H	S	P	E	L	P	A	M	L	Q	Y
P	D	T	R	E	E	V	R	S	B	C	V	F	S	D	M	N	E	E	Z
O	B	S	R	E	R	E	T	T	A	B	C	H	N	E	U	Z	J	E	F
H	B	P	Y	E	B	E	J	F	N	T	B	U	T	T	E	R	T	Y	F
D	S	R	M	N	A	E	G	R	A	D	R	C	Z	L	M	H	R	L	Y
Q	X	I	A	L	G	T	U	N	N	A	W	E	E	F	F	O	C	X	G
N	W	R	L	N	E	O	A	L	A	E	M	T	A	O	V	L	U	D	Z
L	C	A	K	G	L	T	V	E	B	R	L	H	X	A	N	Z	V	R	O
U	M	A	G	F	N	R	S	I	H	B	O	P	S	E	V	N	P	V	P
S	A	S	R	W	P	E	A	C	H	W	M	P	P	T	I	L	E	S	J
G	B	J	B	A	M	S	L	G	X	Z	V	I	J	A	M	V	Q	V	W
Y	W	E	W	R	M	S	T	A	U	H	W	S	L	D	N	R	Y	A	O
Z	Q	X	J	M	C	E	W	K	N	S	H	P	K	K	S	E	D	R	G
P	R	A	N	P	A	D	L	M	X	F	V	W	J	V	E	Z	E	I	V

APPLE
BANANA
BATTER
BLUEBERRY
BRAN
BREAD
BUTTER
CARAMEL
CHEESE
CINNAMON
COFFEE
CORN
CRANBERRY
DATE
DESSERT
EGGS
ENGLISH
FLAX
FLOUR
JAM
JELLY
LEMON
LUNCH
MAPLE
MILK
OATMEAL
ORANGE
OVEN
PAN
PEACH
PLAIN
PUMPKIN
RAISIN
SALT
SAVORY
SMALL
SNACK
STRAWBERRY
SUGAR
TASTY
TREAT
WALNUT
WARM
WHEAT
ZUCCHINI

Solution on page 361

Nelson Mandela

A	M	D	S	V	U	M	R	O	F	E	R	O	Y	A	L	I	B	L	P
Z	E	E	M	O	N	Y	H	P	S	O	I	A	C	T	I	V	I	S	M
H	T	T	T	I	U	Y	C	A	P	E	T	O	W	N	T	X	I	S	Z
G	H	C	N	A	Q	T	E	F	O	U	N	D	A	T	I	O	N	E	J
V	O	I	E	V	P	L	H	N	E	G	O	T	I	A	T	I	O	N	S
E	D	V	M	E	E	A	L	A	P	A	I	R	O	T	E	R	P	E	E
C	I	N	E	R	L	K	R	R	F	O	T	M	M	L	I	Y	Q	V	G
K	S	O	V	R	M	E	E	T	N	R	A	N	T	A	N	R	L	I	R
T	T	C	O	O	N	S	C	A	H	D	I	N	R	I	T	A	I	G	E
M	T	E	M	N	I	M	L	T	I	E	L	C	I	S	E	N	M	R	G
W	A	L	I	D	R	U	E	B	I	U	I	B	A	R	R	O	E	O	A
A	D	L	E	H	N	A	A	N	W	O	C	D	L	E	N	I	Q	F	T
D	E	N	O	I	T	U	T	I	T	S	N	O	C	V	A	T	U	T	I
A	T	A	T	A	Y	H	P	A	R	G	O	I	B	O	T	U	A	H	O
E	S	Y	E	B	W	F	Y	R	O	T	C	I	V	R	I	L	R	E	N
X	E	O	E	Z	I	R	P	E	C	A	E	P	S	T	O	O	R	M	E
S	R	R	H	G	N	C	H	I	L	D	R	E	N	N	N	V	Y	B	F
A	R	D	F	X	N	F	Y	S	S	O	W	E	T	O	A	E	Q	U	K
C	A	M	P	A	I	G	N	O	S	I	R	P	D	C	L	R	E	I	J
P	V	N	O	B	E	L	X	X	K	L	V	K	V	E	Q	Q	N	G	B

ACTIVISM
APARTHEID
ARRESTED
AUTOBIOGRAPHY
CAMPAIGN
CAPE TOWN
CELL
CHILDREN
CONSTITUTION
CONTROVERSIAL
CONVICTED
ELECTION
FORGIVENESS
FOUNDATION
FREE
GOVERNMENT
INTERNATIONAL
LAW
LIME QUARRY
MADIBA
METHODIST
MOVEMENT
NATIONAL UNITY
NEGOTIATIONS
NOBEL
PEACE PRIZE
PRESIDENT
PRETORIA
PRISON
QUNU
RECONCILIATION
REFORM
RELEASE
REVOLUTIONARY
ROYAL
SACP
SEGREGATION
SOUTH AFRICA
SOWETO
TATA
THEMBU
TRIAL
VICTORY
WINNIE
XHOSA

Solution on page 361

Sleep

H	J	Z	M	D	Y	Z	C	O	G	N	I	P	E	E	L	S	Y	P	Q
O	L	H	N	I	A	R	B	R	E	B	M	U	L	S	M	Y	Z	I	U
Y	H	T	L	A	E	H	O	G	N	I	R	O	N	S	S	N	G	L	A
S	B	W	R	W	O	K	U	M	E	V	W	C	T	E	G	A	N	L	G
W	C	O	E	O	N	M	S	R	E	J	U	V	E	N	A	T	I	O	N
O	N	R	S	N	F	Q	A	R	J	M	V	M	I	T	Y	U	N	W	K
R	I	G	T	I	N	M	Y	M	U	G	O	K	R	I	L	R	R	C	H
D	E	J	Z	G	T	X	O	Y	M	O	L	R	Z	A	W	A	O	T	B
E	R	R	H	H	I	J	S	C	R	A	H	M	V	L	W	L	M	E	M
D	S	A	G	T	C	M	L	D	W	D	L	T	C	D	C	S	D	H	N
E	I	I	P	T	D	E	E	P	G	N	I	S	H	M	N	T	Y	O	D
E	N	Y	Y	I	D	B	E	L	A	K	O	S	R	G	I	A	I	M	R
N	S	C	L	M	D	E	P	R	A	U	B	A	O	M	I	T	Z	E	E
A	O	N	A	E	L	E	C	U	B	T	L	L	E	R	A	E	M	O	A
P	M	F	A	S	H	O	Y	K	G	A	O	U	A	N	D	S	M	S	M
S	N	T	F	M	L	N	C	E	G	N	G	N	R	N	L	E	U	T	I
O	I	L	I	E	U	A	L	N	D	I	I	E	I	E	K	E	R	A	N
Y	A	N	P	R	L	H	E	O	T	K	B	K	E	N	S	E	O	S	G
N	S	S	P	A	E	N	P	A	B	I	B	P	A	N	T	Q	T	I	S
J	Y	D	O	B	J	D	F	E	H	F	P	C	A	W	A	K	E	S	X

ALARM CLOCK
APNEA
AWAKE
BEDROOM
BEDTIME
BLANKETS
BODY
BRAIN
COMFORT
DEEP
DISORDERS
DREAMING
DROWSY
EIGHT HOURS
ESSENTIAL
FATIGUE
GROWTH
HEALTHY
HIBERNATION
HOMEOSTASIS
HUMANS
INSOMNIA
LACK
MAMMALS
MELATONIN
MEMORY
MORNING
NAPS
NARCOLEPSY
NATURAL STATE
NEEDED
NIGHTMARE
NIGHTTIME
PILLOW
RAPID EYE
REJUVENATION
REM SLEEP
REST
SLEEP CYCLE
SLEEPING
SLEEPWALKING
SLUMBER
SNORING
TIRED
WAKING UP

Solution on page 361

Time at the Park

M Y R K R M E R V P R E X L V J H N Y Y
Y G M H G Y S E M A G H E L I B I S C E
X S C W D T U G H N Z S E L B A T F S Y
T M N U F I S H I N G H F A S R A J Z T
M C P Z U C F X M N A Y T U O U E L R F
K K E G L X A A P G T R N L N T F T E L
R F T R P L O Y M A A S L A M I N A A O
N T S N E D R A G I H A B I T A T K X W
T F C R G C R T L I L D T Z T K E F Z G
Y D V E Y G R H N U R I N N P E O P L E
J J W A T G N E S P A C E Z S A S H X F
S X L A N O I T A N H V M S Q T D E L G
H P H L X D R Y V T E X Y F L O R A O N
H I F G D P A P A G I M O U H C I O O I
A S H Y T V E P A P R O J S I T B W P W
O D O O H R O B H G I E N S K E Q R V S
R S R T U L E E C W M C E F I L D L I W
B P T T M D Q E N Z R Q N N N P Q I B I
F U A B V Y L T E F L F Q I G S H X L W
S N Y T V B P I B A F E S K C O R Q B S

ANIMALS
BENCH
BIRDS
CITY
DOG
ENJOYMENT
EVENT
EXERCISE
FAMILIES
FAUNA
FISHING
FLORA
FUN
GAMES
GARDENS
GREEN
HABITAT
HIKING
LAKE
NATIONAL
NATURE
NEIGHBORHOOD
PATH
PEOPLE
PETS
PICNIC
PLAY
POOL
PROTECT
RECREATION
RELAXING
ROCKS
RUN
SIT
SLIDE
SPACE
SPORTS
STROLL
SUNSHINE
SWING
TABLES
TRAIL
TREE
WATER
WILDLIFE

Solution on page 361

Scientific Procedures

J	K	I	N	E	U	N	V	S	K	D	C	H	T	E	U	D	K	C	X
R	P	P	Y	S	V	O	V	W	P	B	X	U	F	T	K	Z	Z	C	X
A	P	H	E	T	S	R	S	X	Y	E	W	R	C	N	J	K	B	C	W
T	B	U	R	N	E	R	E	M	O	D	E	L	E	S	A	T	Q	P	T
E	D	L	F	S	Z	R	L	S	O	Z	Y	N	O	I	T	C	I	R	F
D	S	I	U	I	W	J	O	Z	B	S	T	C	E	F	F	E	G	O	C
I	S	L	T	B	H	R	F	C	N	O	I	S	U	L	C	N	O	C	W
L	T	A	C	S	A	Y	I	Y	S	Y	C	S	O	L	I	D	G	E	Q
S	A	E	E	P	E	Y	P	R	E	D	I	C	T	I	O	N	G	D	Y
Z	B	L	S	V	U	T	E	O	S	Q	R	E	F	W	L	Q	L	U	Q
E	L	B	S	E	I	P	S	E	T	S	T	N	E	M	E	L	E	R	D
D	E	A	I	M	L	D	N	H	D	H	C	Y	T	E	F	A	S	E	R
O	C	I	D	I	T	E	E	T	C	H	E	M	I	S	T	R	Y	S	A
L	O	R	C	V	X	Y	D	N	X	I	L	S	B	M	E	G	Y	A	Z
P	N	A	F	B	J	N	N	J	C	N	E	A	I	G	Z	R	T	U	A
X	T	V	Y	G	O	L	O	I	B	E	L	R	E	S	E	A	R	C	H
E	R	T	Y	D	R	O	C	E	R	R	A	S	E	N	D	V	T	K	J
L	O	V	P	I	K	Z	P	Z	P	T	C	P	H	Y	S	I	C	S	V
R	L	S	A	G	Y	Y	E	Z	E	I	S	P	E	E	D	T	A	K	N
H	I	F	A	O	K	S	O	V	P	A	R	T	N	E	R	Y	F	W	C

BIOLOGY
BURNER
CHEMISTRY
CONCLUSION
CONDENSE
CONTROL
DATA
DISSECT
EFFECT
ELECTRICITY
ELEMENTS
EVIDENCE
EXPLODE
FACT
FAIR
FRICTION
GAS
GOGGLES
GRAVITY
HAZARD
HYPOTHESIS
INERTIA
LAB
MODEL
OBSERVE
OSMOSIS
PARTNER
PHYSICS
PREDICTION
PROCEDURES
RATE
RECORD
REPLICATE
RESEARCH
RESULTS
SAFETY
SCALE
SCORE
SLIDE
SOLID
SPEED
TABLE
TEST
THEORY
VARIABLE

Solution on page 362

Cross-Country Race

N O O W Y H W Y J W G M U H B X G E O T
P Z E V G P T L V T S N H D A O R H O O
I N D I V I D U A L C C I S M U S M A F
H J H J D M I H S T R E N G T H V E I B
S H M C T W F C Y S C C G A G N L T K F
N F N I A M F M G N O S N E P O N E K Z
O R O O Y O I P A W W C D I L E J P T E
I W H H R U C R M E O I K E S L R M I L
P B T U O T U K A A S O P S S O O O O V
M S A E J D L T M T I D D F R O W C B U
A B R X N O T E U H E A T S S H O E K L
H V A E S O C O S E L D Q S P C S E M F
C G M R T R V R C R V E N T K S P O R T
G N Z C K S E U L E D E F A A R A K X S
Y I E I E K I S E N F P N R E E C A R A
U R C S A M C L S N R S G T W N E I Y F
F O R E S T O L B U D Q A Q I E L P X P
H C N E I T L K U R V W A K O R W Q L J
S S B M N I Q X L T M A E T H Q E B Z M
U E E X H A T J C R L J K G X Q I D W R

BLISTERS
CHAMPIONSHIP
CLUB
COACH
COLLEGE
COMPETE
DIFFICULT
ENDURANCE
EVENT
EXERCISE
FAST
FITNESS
FOREST
GRASS
HEAT
HILLS
INDIVIDUAL
JOGGING
MARATHON
MUSCLES
NATURE
NIKE
OPEN
OUTDOORS
OUTSIDE
PACE
RACE
ROAD
RUNNER
SCHOOL
SCORING
SHOE
SNEAKERS
SOCKS
SPEED
SPORT
START
STRENGTH
SWEAT
TEAM
TIME
TIRED
WATER
WEATHER
WOODS

Solution on page 362

Good Times

A	R	V	I	Q	S	W	L	F	Q	N	M	U	A	E	F	T	N	Z	D
O	D	N	E	K	E	E	W	N	F	T	C	G	T	L	R	M	T	I	Z
E	E	A	R	C	S	M	X	M	U	A	X	T	N	C	T	K	L	A	D
W	K	A	N	A	T	A	B	O	W	L	I	N	G	I	C	A	M	P	G
K	P	P	H	C	Y	G	E	I	D	Q	B	R	L	D	K	R	L	D	Z
G	J	C	A	Y	I	N	S	E	D	I	L	S	R	E	T	A	W	K	N
T	H	E	V	Q	I	N	T	E	R	A	C	T	I	O	N	O	B	R	Z
C	C	V	E	D	L	S	G	H	M	R	T	S	W	A	L	K	I	N	G
Z	N	K	W	B	L	R	U	H	A	S	A	O	H	S	B	E	R	U	N
T	N	R	L	S	A	E	O	P	T	N	E	M	Y	O	J	N	E	Y	V
Z	S	E	D	I	B	V	B	P	W	A	K	A	H	G	P	S	M	A	Q
G	I	U	N	A	T	O	L	G	T	O	D	S	P	N	P	I	N	T	P
K	N	N	W	E	O	P	Y	O	N	I	W	I	G	O	N	M	Q	R	X
N	G	I	Q	K	O	E	G	B	L	I	C	H	R	I	S	T	M	A	S
T	I	O	I	A	F	E	E	O	M	N	K	T	G	N	V	Z	R	V	O
F	N	N	C	Z	T	L	H	M	I	R	S	O	A	N	H	I	E	E	C
P	G	N	C	H	Z	S	I	C	E	A	L	C	O	Y	R	O	N	L	C
O	I	B	E	Z	E	N	O	R	K	F	K	C	Y	C	L	I	N	G	E
M	S	R	U	L	G	S	W	T	I	S	I	V	I	M	O	V	I	E	R
J	W	P	T	X	P	I	S	W	H	Z	L	K	Y	D	O	S	D	I	K

BAKING
BOWLING
CAMP
CHASE
CHESS
CHRISTMAS
COOKING
CYCLING
DANCING
DINE OUT
DINNER
EAT
ENJOYMENT
FAIR
FOOTBALL
GAME
HIKE
HOLIDAYS
INTERACTION
KARAOKE
KIDS
LAKE
MINI GOLF
MOVIE
PARKS
PICNIC
PUZZLE
REUNION
SCRAPBOOKING
SHOP
SINGING
SLEEPOVERS
SNACKS
SOCCER
SPORTS
SWIMMING
TALK
THANKSGIVING
TOGETHER
TRAVEL
TRIP
VISIT
WALKING
WATERSLIDES
WEEKEND

Solution on page 362

All Organic

M	I	L	E	I	E	V	I	T	A	N	R	E	T	L	A	P	M	B	W
J	A	A	L	H	A	R	V	E	S	T	S	E	S	N	X	L	C	K	E
M	J	N	B	X	I	C	U	L	T	I	V	A	T	I	O	N	S	R	N
E	O	D	A	I	E	R	U	T	A	N	G	W	I	B	W	U	O	O	R
T	P	V	T	G	O	H	I	M	L	C	O	M	P	O	S	T	I	E	T
H	Y	Y	E	N	E	D	R	A	G	U	R	V	R	T	A	T	Z	X	F
O	G	P	G	M	X	M	I	R	S	A	C	G	A	T	A	I	S	M	A
D	O	H	E	B	E	G	E	V	F	N	P	I	I	V	L	I	S	E	U
S	L	O	V	E	T	N	T	N	E	M	N	O	R	I	V	N	E	B	P
K	O	P	H	F	V	I	T	G	T	R	N	E	T	G	L	S	X	T	F
Z	C	M	R	E	T	H	S	D	E	E	S	R	A	F	A	E	P	N	N
O	E	E	P	O	A	C	N	U	A	N	E	I	R	S	C	C	E	F	I
D	S	C	S	I	D	L	S	O	O	F	D	U	T	E	I	T	N	U	X
H	N	H	O	E	W	U	T	C	I	M	I	A	R	Y	G	S	S	U	Z
M	Z	E	L	S	N	M	C	H	G	T	N	T	Z	P	O	I	I	P	I
U	V	M	A	F	Y	O	E	E	R	D	I	N	A	E	L	C	V	J	M
S	U	I	C	E	O	S	M	C	A	F	C	R	O	P	O	C	E	Y	C
Z	K	C	O	G	O	O	T	R	I	D	D	L	T	K	I	Q	C	Z	D
Q	U	A	L	I	T	Y	D	E	O	R	A	I	N	U	B	C	X	M	Y
N	Z	L	L	N	C	S	D	I	M	H	P	M	R	Y	N	I	W	W	X

AGRICULTURE
ALTERNATIVE
BIODIVERSITY
BIOLOGICAL
CERTIFIED
CHEMICAL
CLEAN
COMPOST
CONSERVATION
CROP
CULTIVATION
ECOLOGY
ECOSYSTEM
ENVIRONMENT
EXPENSIVE
FARM
FERTILIZER
FOOD
FRESH
FRUIT
GARDEN
GROW
HARVEST
HEALTH
HORMONES
INSECTS
LAND
LOCAL
MANAGEMENT
METHODS
MOVEMENT
MULCHING
NATURE
NUTRITION
PESTS
PRICE
PRODUCE
QUALITY
RAIN
ROTATION
SEEDS
SOIL
STANDARDS
SUSTAIN
VEGETABLE

Solution on page 362

Data Disc

I	I	S	P	E	E	D	T	R	Z	Z	V	O	Z	F	I	L	E	S	C
G	J	K	A	V	Z	N	Q	R	E	B	N	S	L	I	J	V	V	P	F
U	G	E	D	A	A	I	T	G	A	S	A	J	C	K	K	Y	I	H	L
J	B	H	B	S	B	Z	E	E	P	N	A	G	J	O	S	K	R	M	B
D	O	N	W	E	N	S	C	L	R	U	S	L	P	Z	M	F	D	U	T
I	N	G	Y	Z	D	A	H	Y	D	T	X	F	S	F	E	P	R	S	V
B	C	U	P	R	P	C	N	I	E	Q	A	R	E	A	D	F	A	I	W
I	O	G	O	A	Z	Z	O	R	O	L	G	I	O	R	O	R	D	C	A
N	D	C	C	R	D	V	L	M	Y	A	L	P	N	R	R	R	N	A	T
A	E	I	L	G	E	S	O	S	P	I	C	O	M	M	D	A	A	C	A
R	T	X	L	A	T	I	G	I	D	U	A	A	W	J	E	I	T	C	D
Y	H	V	A	I	T	M	Y	N	R	P	T	O	S	B	U	N	S	E	V
O	E	C	T	D	S	E	N	S	R	Y	Y	E	Y	E	O	B	T	S	D
Y	B	B	S	E	Y	M	S	O	F	T	W	A	R	E	O	O	M	S	J
H	R	P	N	M	B	O	G	K	O	O	B	E	T	I	H	W	K	I	K
S	I	T	I	W	E	R	A	R	O	P	D	E	N	R	U	B	V	B	J
N	H	W	Z	D	A	Y	M	E	E	B	T	S	E	C	T	O	R	L	S
M	M	F	I	M	O	H	E	F	O	I	X	I	J	Y	N	O	S	E	U
W	A	V	C	I	T	X	S	O	R	D	S	U	C	W	H	K	U	F	Q
Z	E	X	F	K	V	M	K	W	N	E	G	A	R	O	T	S	X	G	L

ACCESSIBLE
AUDIO
BINARY
BURN
CAPACITY
CASE
CODE
COMPACT
COMPUTER
COPY
DATA
DIGITAL
DRIVE
ENTERTAINMENT
FILES
FORMAT
GAME
INSTALL
LASER
MEDIA
MEMORY
MUSIC
OPTIC
PLAY
PROGRAM
RAINBOW BOOKS
READ
RECORD
RED BOOK
ROUND
SAVE
SECTOR
SOFTWARE
SONY
SPEED
SPIN
STANDARD
STORAGE
TECHNOLOGY
TRANSFER RATE
VIDEO
WHITE BOOK
WRITE
YELLOW BOOK

Solution on page 362

Homes

J	L	K	W	N	X	M	G	U	S	S	W	F	R	A	Y	S	Y	J	M
N	L	C	S	G	E	M	S	E	N	O	S	P	O	R	C	H	W	L	A
A	G	N	E	Z	S	W	B	P	D	I	Z	W	O	D	N	I	W	V	L
I	G	M	D	E	E	T	K	J	R	R	K	M	B	Q	S	S	N	T	K
R	U	M	W	E	T	I	U	S	O	T	Q	C	H	U	B	T	N	F	M
O	M	Q	P	L	G	G	C	D	D	C	Y	Y	A	A	R	O	O	F	S
T	I	O	L	A	W	N	N	T	I	L	W	E	L	H	B	R	F	C	T
C	N	P	T	R	Y	O	G	R	R	O	H	A	G	I	S	I	T	E	R
I	O	E	K	B	C	R	I	G	L	Y	A	R	D	A	M	C	T	C	E
V	G	C	M	R	L	L	T	A	M	O	L	F	L	R	T	A	V	A	E
P	C	N	H	T	O	C	G	N	I	L	L	E	W	D	T	T	F	U	T
I	G	A	Y	O	R	N	H	A	U	N	T	E	D	S	Y	V	O	V	T
H	D	N	Q	H	U	A	A	F	J	O	I	K	E	T	I	I	E	C	G
S	U	E	Y	B	K	S	P	M	B	D	C	Y	R	E	A	L	T	O	R
R	P	T	Y	R	R	L	E	A	J	E	E	E	F	A	T	L	V	E	R
E	L	N	I	B	A	C	D	B	D	P	P	S	E	S	T	A	T	I	T
N	E	I	G	H	B	O	R	H	O	O	D	R	A	P	A	L	A	C	E
W	X	A	O	X	R	W	A	O	R	A	E	C	O	E	E	C	N	E	F
O	O	M	X	M	H	B	L	P	O	Y	T	O	Y	H	L	U	L	S	C
S	D	M	R	C	P	W	F	M	Z	S	U	Z	S	B	R	U	B	U	S

APARTMENT
BUNGALOW
CABIN
CASTLE
CONDO
COTTAGE
COUNTRY
DECK
DORM
DUPLEX
DWELLING
ESTATE
FAMILY
FENCE
FOR SALE
GATE
HABITAT
HALL
HAUNTED
HISTORIC
HOUSEBOAT
LAWN
LEASED
MAINTENANCE
MANOR
MOW
NEIGHBORHOOD
OWNERSHIP
PALACE
POOL
PORCH
PROPERTY
REALTOR
ROOF
SHACK
SHELTER
STREET
STUDIO
SUBURBS
SUITE
SWEEP
VICTORIAN
VILLA
WINDOW
YARD

Solution on page 362

Pay a Compliment

D	P	L	E	A	S	A	N	T	S	T	R	O	N	G	E	L	E	U	R
S	E	B	Q	E	T	A	N	O	I	T	C	E	F	F	A	F	N	E	H
J	D	S	Y	T	T	E	R	P	I	L	N	U	T	I	M	R	F	J	Y
D	B	F	G	F	R	A	V	M	N	T	W	I	C	T	E	U	T	M	U
P	S	M	A	R	T	N	L	A	N	I	A	E	C	U	A	G	C	T	D
A	X	R	J	I	E	E	J	E	R	L	P	D	O	E	O	L	E	R	W
M	Q	A	C	E	D	A	G	T	N	S	U	P	N	R	W	E	F	I	D
A	E	W	S	N	G	I	T	T	M	T	T	F	G	E	W	H	R	B	D
Z	M	I	I	D	L	M	R	I	N	I	E	E	R	S	M	S	E	U	I
I	O	K	K	L	C	Z	A	T	M	A	O	D	A	E	G	M	P	T	U
N	S	O	E	Y	U	L	O	I	L	U	I	D	T	F	E	N	O	E	P
G	D	T	S	M	C	F	S	Y	S	U	M	L	U	J	M	H	L	C	H
N	N	O	U	C	O	T	R	Z	W	I	F	N	L	F	J	B	C	F	T
I	A	E	A	E	I	S	G	E	R	B	N	I	A	I	I	Z	U	K	S
M	H	S	L	C	R	E	E	A	D	Y	R	B	T	D	R	A	S	C	C
R	B	R	P	Y	N	F	T	W	J	N	U	E	E	U	D	B	L	M	O
A	R	O	P	R	A	I	S	E	A	L	O	R	N	O	A	E	N	H	P
H	E	D	A	L	O	C	C	A	O	G	C	W	O	M	V	E	O	K	C
C	Z	N	A	N	L	I	S	U	I	N	E	G	O	E	O	E	B	Z	X
Y	R	E	P	U	S	G	S	S	I	N	C	E	R	E	G	A	M	O	H

ACCLAIM
ACCOLADE
ADMIRATION
AFFECTIONATE
AMAZING
APPLAUSE
AWESOME
BEAUTIFUL
BRILLIANT
CHARMING
CHEERFUL
CLEVER
COMMENDATION
CONGRATULATE
ENDORSE
FABULOUS
FLATTER
FRIENDLY
FUNNY
GENIUS
GOOD
GORGEOUS
GREAT
HANDSOME
HOMAGE
INCREDIBLE
INTELLIGENT
KIND
NICE
OPTIMISTIC
PERFECT
PLEASANT
PRAISE
PRETTY
RAVE
SINCERE
SMART
SPECIAL
STRONG
SUPER
SWEET
TALENTED
TRIBUTE
WARM
WONDERFUL

Solution on page 363

Read about the Past

I	B	M	Q	S	S	E	I	P	O	L	I	T	I	C	S	T	A	O	B
N	A	F	D	S	G	H	N	B	U	C	N	L	U	M	D	N	U	Y	T
A	L	N	M	E	O	M	H	D	S	E	I	N	O	L	O	C	N	M	D
O	L	S	F	C	J	C	C	C	M	Z	R	P	T	I	K	E	I	R	A
L	I	U	F	A	Y	N	I	P	T	T	E	W	T	G	U	I	O	A	T
E	B	T	I	E	I	E	O	E	E	J	D	A	A	R	H	C	N	E	E
R	B	S	T	P	R	L	F	I	T	S	N	Y	O	L	E	N	C	G	A
G	A	A	A	U	E	B	U	I	T	Y	H	P	A	R	G	O	I	B	K
K	T	W	T	V	K	Y	L	R	G	A	E	I	D	C	N	I	R	L	S
S	F	L	E	T	Y	T	A	R	E	H	R	E	D	O	H	T	R	Q	V
C	U	D	X	H	L	A	V	B	G	T	T	O	M	L	B	U	N	L	U
C	H	A	T	H	N	E	E	L	S	Q	B	I	L	S	R	L	R	S	B
U	D	R	B	T	M	R	I	U	U	A	C	P	N	P	I	O	O	C	Z
Y	I	B	O	A	I	T	D	E	W	S	P	A	M	G	X	V	W	H	H
F	E	P	O	N	L	N	E	Y	C	O	U	N	T	R	I	E	S	O	B
N	E	C	K	C	I	N	M	R	N	O	I	G	I	L	E	R	T	O	S
A	A	M	I	I	T	C	W	P	I	F	T	C	N	N	E	E	U	L	P
R	L	V	C	E	A	P	L	E	L	P	O	E	P	P	O	F	D	C	A
Y	I	U	Y	N	R	K	N	E	J	Y	M	C	D	L	D	Z	Y	O	X
L	O	S	H	T	Y	E	A	R	S	M	K	E	L	C	Q	H	G	J	O

ANCIENT
ARMY
ASIA
BATTLE
BIOGRAPHY
BOATS
CHRONICLE
CHURCH
CIVIL
COLONIES
COUNTRIES
CULTURE
DATE
DEVELOPMENT
ECONOMICS
EMPIRE
EUROPE
EXPLORATION
FAILURE
FIGHTING
INDUSTRIAL
KING
LAW
MAPS
MEDIEVAL
MILITARY
NATION
NAVY
PEACE
PEOPLE
POLITICS
QUEEN
RECORD
RELIGION
REVOLUTION
SCHOOL
SOCIETY
STATE
STUDY
TEXTBOOK
TREATY
UNION
WAR
WORLD
YEARS

Solution on page 363

Medical Work

Y	P	M	I	H	D	T	X	F	Z	N	S	Y	J	Y	A	Z	P	W	N
L	P	F	I	L	E	P	A	P	H	G	P	R	A	G	J	L	I	U	I
A	J	W	E	T	D	A	X	D	I	A	G	N	O	S	E	E	R	T	A
T	P	P	G	P	R	E	R	U	T	C	A	R	F	T	P	S	N	Y	R
I	A	P	G	E	R	I	A	T	R	I	C	S	T	O	E	S	C	R	P
P	T	R	O	U	M	E	D	I	C	I	N	E	C	H	Q	A	T	U	S
S	H	E	A	I	R	V	V	I	V	T	E	S	T	S	V	Y	N	Y	W
O	O	S	E	D	N	N	R	E	Y	G	O	L	O	I	D	R	A	C	E
H	L	C	D	X	I	T	E	R	N	H	C	O	R	A	J	T	T	N	I
C	O	R	E	Y	A	O	M	Y	T	T	P	P	N	L	N	A	S	E	G
R	G	I	Q	I	C	M	L	E	M	S	I	E	N	E	D	I	I	G	H
A	Y	B	D	N	E	S	T	O	N	Z	S	O	I	E	G	H	S	R	T
E	F	E	K	J	B	S	S	O	G	T	A	T	N	T	Q	C	S	E	O
S	P	Z	V	U	U	M	I	C	H	Y	A	T	S	Q	I	Y	A	M	V
E	K	I	R	R	M	T	I	E	O	P	I	F	B	C	K	S	G	E	A
R	V	C	G	Y	S	N	S	R	S	S	E	N	L	L	I	P	I	O	C
S	S	E	U	E	I	I	Y	R	T	E	M	O	T	P	O	E	V	V	C
M	R	F	U	L	A	B	O	R	A	T	O	R	Y	F	H	O	N	J	I
Y	F	Q	C	J	F	C	Y	T	L	A	I	C	E	P	S	Z	D	C	N
R	T	L	P	F	O	O	M	B	S	Q	X	W	I	O	P	U	L	S	E

ANESTHESIA
APPOINTMENT
ASSISTANT
BLOOD
CARDIOLOGY
CLINIC
DENTISTRY
DIAGNOSE
EMERGENCY
EXAM
FILE
FLU
FRACTURE
GERIATRICS
GURNEY
HEART
HOSPITAL
ILLNESS
INJURY
LABORATORY
MEDICINE
NURSE
OPTOMETRY
PATHOLOGY
PATIENT
PEDIATRICIAN
PRESCRIBE
PREVENTION
PRIVACY
PSYCHIATRY
PULSE
QUESTIONS
RADIOLOGY
RESEARCH
SCIENCE
SCRUBS
SHOTS
SPECIALTY
SPRAIN
STETHOSCOPE
SURGERY
TESTS
VACCINE
VISIT
WEIGHT

Solution on page 363

Garage Sale

V	E	T	P	P	D	R	C	S	O	D	R	R	S	G	T	N	J	Y	T
I	U	E	Q	P	T	I	M	R	E	P	I	P	F	Y	C	I	W	X	F
E	L	R	H	T	T	X	Q	B	A	T	H	R	I	F	T	G	J	S	R
Z	A	K	D	O	Z	L	V	T	A	F	A	I	A	K	N	R	U	A	G
Q	V	P	O	Y	I	Y	E	A	F	R	T	L	S	O	L	D	O	S	P
T	E	L	P	C	U	I	N	L	T	N	T	S	P	D	K	U	C	T	F
H	S	A	R	L	B	T	K	C	E	X	M	E	X	A	R	N	O	H	H
R	T	E	M	B	I	C	P	T	V	C	V	N	R	X	U	O	U	E	H
V	E	J	T	Q	T	A	P	A	I	N	T	I	N	G	S	K	C	J	K
Q	D	D	U	A	E	N	N	R	S	O	A	R	Q	W	E	S	H	E	E
Z	W	E	U	H	K	H	E	C	N	V	Y	U	O	U	T	D	O	O	R
S	S	C	C	C	Q	S	A	M	E	P	N	G	C	N	B	I	N	K	U
P	U	Z	Z	L	E	S	A	R	P	S	M	I	I	H	I	N	G	L	M
U	T	Q	J	H	H	D	U	R	X	I	Q	F	A	A	A	C	I	W	M
C	A	G	T	V	E	T	E	O	E	X	U	Q	U	G	X	I	S	T	A
V	B	O	I	C	I	M	V	C	N	M	Q	Q	A	G	R	L	R	R	G
X	L	T	O	N	X	D	I	E	I	R	A	M	E	L	A	A	P	B	E
C	E	R	R	K	H	Z	E	T	N	R	E	C	O	E	X	O	B	R	K
W	N	U	N	Z	U	S	E	O	H	S	P	B	D	V	N	W	E	G	E
C	F	J	I	N	M	G	J	Y	S	Y	O	T	N	M	E	P	Q	W	K

ANTIQUES
APPLIANCES
BARGAIN
BARTER
BIN
BOX
CAMERAS
CASH
CHAIR
CHEAP
CLOTHES
COUCH
CRAFTS
CUPS
DEALS
DECOR
ELECTRONICS
EQUIPMENT
FIGURINES
FURNITURE
GAMES
HAGGLE
INEXPENSIVE
JUNK
MOVE
OUTDOOR
PAINTINGS
PERMIT
PLATES
PRICE
PUZZLES
RECORDS
REDUCED
RUMMAGE
SHOES
SIGN
SKATES
SOLD
TABLE
TENT
THRIFT
TOOLS
TOYS
VALUE
VIDEOS

Solution on page 363

At the Movies

F O K N P C B S Z T H E A T E R M C S S
C Q F H Q I T E G D U B Y F E A T U R E
K G W B L T C L I W F W A C T N E G A N
A S I S Y N Q T T I G M U I E T W U S I
M E K Y A E X K U R A D N F N A T Z B L
V L H M X L C S I R O E F C R R H A G V
Y O O M J I A P D R E E J D T R R N K I
H R I W L S S E P O C X R O E O I J O D
Z E O F H I T C M T Y O E E C T L I O V
K F X T U J F T S C B R L P H I L A I E
N F E C S S P A E E P A O G N D E X D T
R A T S G Z F C H R N U I T I E R R U Q
R G P C O T N U T I V L E S C R I P T S
T A O Z A E R L M D O L K K I E S D S K
E M Y B I R C A R E M A C V A U J I E P
M N D D I S T R I B U T I O N M O O G M
T H U W E I I O T L G N I D R O C E R V
Q A N J O M F C O C E O J Y A R T R O P
S C E N E H O P Q N D R V Y S E T U H L
Z V D W H H S C D O S H B Z N V L F Q P

AGENT
ANIMATION
AUDIENCE
BUDGET
CAMERA
CARTOON
CAST
COMEDY
DIRECTOR
DISTRIBUTION
DRAMA
EDITOR
EFFECTS
FEATURE
FILM
FLICK
GAFFER
GRIP
LEAD
LIGHTING
LINES
MAKEUP
MATINEE
PICTURE
PORTRAY
PRODUCER
PROJECTOR
RECORDING
REEL
ROLES
ROMANCE
SCENE
SCRIPT
SET
SHOW
SILENT
SPECTACULAR
STAR
STORY
STUDIO
TECHNICIAN
THEATER
THRILLER
TRAILER
WARDROBE

Solution on page 363

Words with *HI*

M	W	D	G	Q	B	D	D	D	G	D	T	T	X	J	N	V	D	I	V
L	E	G	L	W	N	E	F	Y	L	H	R	F	I	P	E	Z	O	W	H
K	T	L	G	U	L	V	G	H	C	I	N	H	C	H	E	K	F	Q	C
H	R	H	N	R	P	K	O	N	H	G	H	H	I	N	T	L	T	K	Z
R	T	H	I	E	V	E	S	S	I	H	N	C	U	D	A	W	I	R	Z
G	F	H	H	R	A	S	O	N	B	H	L	I	H	S	H	I	M	X	K
P	W	G	G	X	D	N	U	T	F	E	G	T	H	I	R	T	E	E	N
F	C	N	U	H	E	P	K	C	I	H	T	I	R	G	C	F	K	G	T
W	D	E	O	T	I	W	U	F	T	B	N	L	E	V	U	K	M	N	W
I	X	M	C	R	A	S	H	I	N	G	I	H	P	W	H	A	E	I	N
S	A	I	C	S	H	E	K	S	X	N	I	H	P	L	O	D	L	N	I
H	K	H	H	I	X	I	C	H	G	H	O	T	X	Y	O	S	P	I	H
I	I	I	O	K	C	T	P	I	R	R	D	I	T	E	O	P	H	H	T
N	N	N	H	H	I	R	B	N	E	U	P	R	H	S	U	W	Q	S	O
G	N	R	I	I	P	I	K	G	T	S	I	W	O	S	H	L	H	I	P
V	C	E	V	E	I	H	C	A	G	H	G	P	H	Z	A	I	I	I	G
I	F	A	O	H	H	T	C	M	T	I	I	I	M	I	N	F	N	L	P
H	Q	V	X	C	C	Z	A	T	W	N	N	E	W	E	L	T	D	Y	E
E	P	S	J	V	Q	G	N	I	H	G	I	S	F	P	X	E	D	F	Z
E	M	C	J	T	T	Z	B	A	O	S	D	C	E	R	H	Q	F	B	T

ACHIEVE
CHICKEN
CHIEF
CHILD
CHIN
CHIP
COUGHING
CRASHING
CUSHION
DOLPHIN
EXHIBIT
FASHION
FISHING
FLASHING
HID
HIGH
HIM
HIND
HINT
HIPS
HIS
LAUGHING
PUSHING
RUSHING
SHINE
SHINING
SHINY
SHIRT
SIGHING
THICK
THIEF
THIEVES
THIN
THIRD
THIRTEEN
THIRTIES
THIRTY
VEHICLE
WASHING
WEIGHING
WHILE
WHIP
WHIRLED
WHIRLING
WISHING

Solution on page 363

Cruise Ship Vacation

M	Y	A	F	V	P	H	J	H	G	L	S	H	R	P	P	S	M	Y	G
M	U	F	B	J	F	C	B	K	O	H	Y	H	W	I	T	O	A	N	P
X	E	G	X	M	S	X	A	L	E	R	E	T	A	E	H	T	I	D	S
S	R	A	B	I	G	C	Z	C	U	C	V	B	A	L	L	R	O	O	M
O	U	U	L	W	A	Q	L	X	N	A	S	G	B	D	E	E	D	L	N
X	O	W	O	S	G	U	U	A	C	R	U	C	K	P	H	C	D	P	V
X	T	B	I	T	B	L	D	A	I	I	U	A	M	X	G	N	R	H	A
S	O	N	L	S	E	R	T	N	D	J	R	A	G	O	U	O	A	I	Z
M	O	O	W	E	M	I	E	E	N	V	P	C	D	I	S	C	O	N	T
P	O	L	G	T	O	V	X	X	Z	S	D	T	S	D	N	A	B	S	A
P	O	J	T	N	U	P	P	C	W	R	I	I	G	G	O	C	E	A	N
J	C	H	I	O	I	K	L	U	Q	M	V	V	N	M	H	W	L	R	J
H	R	W	S	C	R	B	O	R	U	X	I	I	A	T	E	F	F	U	B
Y	E	Z	I	O	M	X	R	S	D	Q	N	T	H	E	P	N	F	F	F
R	T	L	V	I	Q	I	I	I	R	I	G	I	Q	E	G	N	U	O	L
C	A	O	P	O	N	C	N	O	D	K	C	E	D	T	D	W	H	O	W
F	W	Z	Y	O	X	N	G	N	I	E	E	S	T	H	G	I	S	D	O
U	Y	S	X	R	E	A	L	S	R	E	M	R	O	F	R	E	P	M	L
S	Z	F	S	R	M	P	Y	V	L	X	I	Z	R	D	A	Y	V	N	P
Q	U	H	N	E	W	F	V	S	Z	N	X	F	O	L	X	U	R	E	N

ACTIVITIES
BALLROOM
BANDS
BARS
BINGO
BUFFET
CASINO
CLUBS
CONCERT
CONTESTS
DANCE
DECK
DINING
DINNER
DISCO
DIVING
DOLPHINS
EXCURSIONS
EXPLORING
FOOD
GAME
GUIDE
GYM
LOUNGE
LUXURY
MEALS
MUSIC
OCEAN
PAMPERING
PEOPLE
PERFORMERS
POOL
RELAX
SHOP
SHUFFLEBOARD
SIGHTSEEING
SOUVENIRS
SPA
SWIM
TAN
THEATER
TOUR
VACATION
VISIT
WATER

Solution on page 364

Tasty Dinners

F	A	R	E	N	W	O	N	G	M	E	F	C	X	Z	M	L	P	T	C
Q	J	I	P	F	C	B	L	A	L	W	W	I	O	Y	W	I	Z	J	F
A	U	S	U	M	I	A	N	N	K	D	R	R	E	O	Z	A	P	A	I
Y	S	G	O	Z	V	N	E	K	C	I	H	C	B	Z	K	N	M	P	C
D	M	G	B	U	E	Q	K	O	C	U	Q	N	A	P	K	I	N	O	A
B	R	L	B	R	P	U	H	S	A	W	Q	S	V	A	L	C	N	B	C
L	E	L	S	M	F	E	E	B	H	U	N	G	R	Y	P	V	A	G	S
D	L	N	G	W	O	T	N	E	M	H	S	E	R	F	E	R	R	I	J
Y	R	E	L	T	U	C	H	E	F	B	O	Y	A	R	D	E	E	C	J
C	A	H	B	C	J	H	R	E	C	U	A	S	S	W	S	V	Q	U	N
M	V	C	A	I	R	E	G	R	U	B	M	A	H	T	I	E	Y	J	M
Q	I	T	R	Y	C	O	I	S	F	U	T	S	A	B	L	N	F	X	I
E	O	I	T	I	E	M	C	C	U	I	P	U	I	R	V	I	G	H	I
W	L	K	P	R	F	O	R	K	O	O	R	C	E	O	E	N	Y	S	S
I	I	E	N	T	E	M	H	N	E	A	I	L	I	C	R	G	Q	G	P
K	C	T	H	I	R	S	T	Y	N	R	B	C	R	C	W	I	S	L	O
U	K	H	Q	M	O	S	S	T	J	A	Y	P	I	O	A	D	A	D	O
P	S	S	U	P	P	E	R	E	T	H	G	U	A	L	R	T	H	H	N
K	H	I	O	X	S	A	L	A	D	D	F	C	T	I	E	B	V	P	C
S	W	F	T	A	H	N	Y	H	R	G	B	U	F	O	O	D	A	X	C

BANQUET
BEEF
BELL
BOWL
BROCCOLI
CHAIR
CHEF BOYARDEE
CHICKEN
CONVERSATION
COOKING
CROCKERY
CUTLERY
DAD
DELICIOUS
DESSERT
EVENING
FAMILY
FARE
FISH
FOOD
FORK
HAMBURGER
HUNGRY
KITCHEN
KNIFE
LAUGHTER
MANNERS
MOM
NAPKIN
PIZZA
PLATE
RAVIOLI
RECIPE
REFRESHMENT
RESTAURANT
SALAD
SAUCER
SILVERWARE
SOUP
SPOON
SUPPER
TABLE
THIRSTY
WASH UP
WINGS

Solution on page 364

In the Country

B L J D X W N K R B J T O W N O Y V T B
N Z B F I H G E L P M I S R S W O O D S
Q T M E D P P F D I S T A N C E N W P E
I T Z X C W D L E I F B K Q E O R X S R
H T D A I O E Z S K I E S E I E Q C S E
P G C J T Y U X K Q E T S T M Q R N A N
L Z U M S C O N S E R V A T I O N G R E
Q H M O U S W H T Z X R I R Y M H H G T
I J I D R D P I V R E R F S B L A Q Q A
C D L L V A R L H P Y P H X N M E K Q V
N X Z A N C I L O C U B A C L A J D I I
J G S P N S O O T H I N G E N D P L S R
V D F L P D C N Q O N A T U R A L X D P
D H M O G K I E N I H S N U S A R T E Q
X N R E Q A B A R A P A B T G E W A T C
V C A S U P S S X C B O O E M F C J A O
X E F Q I E M O D E E R F X U E M T L W
S W L H E S N E D R A G R U F N S H O Z
Q F T R T R C I L L Y D I U M C Y S S B
N U T O G F I M W I L D L I F E C G I I

ACRES
BARN
BUCOLIC
CATS
CONSERVATION
COOPERATION
COUNTRY
CROPS
DISTANCE
EXPANSIVE
FARM
FENCE
FIELD
FREEDOM
GARDEN
GRASS
GREEN
HAMLET
HILL
HOME
IDYLLIC
ISOLATED
LAND
LIFESTYLE
LODGE
MUD
NATURAL
PASTORAL
PEACEFUL
PRIVATE
QUAINT
QUIET
RANCH
ROUGH
RUSTIC
SERENE
SIMPLE
SKIES
SOOTHING
SUNSHINE
TOWN
TREES
VILLAGE
WILDLIFE
WOODS

Solution on page 364

Very Emotional

M	L	P	A	D	G	C	P	U	M	T	H	E	Z	Y	I	I	D	P	O
Y	S	O	O	Q	L	D	S	R	G	S	H	E	H	K	B	D	J	I	B
R	B	O	V	R	J	G	C	H	W	W	Q	T	A	A	W	U	R	V	U
T	M	W	M	E	N	T	A	L	S	T	A	T	E	K	P	N	U	E	Z
N	O	I	S	S	E	R	P	X	E	P	E	L	B	Y	C	P	R	N	R
E	E	U	N	N	L	V	Z	M	M	D	A	P	G	G	S	F	Y	W	Y
T	X	A	V	D	D	D	P	Y	I	T	A	O	N	E	U	Y	O	G	V
N	P	Y	N	L	H	E	S	R	E	X	L	I	T	R	G	R	D	E	E
O	E	D	A	G	R	T	P	D	O	O	L	U	I	R	R	K	I	S	H
C	R	T	E	A	E	A	H	R	H	E	R	O	A	O	E	A	S	T	I
E	I	D	M	R	J	R	K	C	E	N	U	T	S	Z	D	X	G	U	D
V	E	E	B	D	I	T	Y	F	H	S	I	J	H	U	N	X	U	R	E
I	N	T	L	G	B	S	A	N	Y	T	S	E	S	N	O	P	S	E	R
T	C	I	N	C	P	U	E	E	U	L	C	E	N	I	W	V	T	C	A
I	E	C	E	H	C	R	U	D	U	S	E	G	D	S	B	I	R	I	C
S	U	X	L	A	F	F	E	C	T	I	O	N	D	M	S	P	T	E	S
O	L	E	L	T	P	L	E	A	S	U	R	E	O	I	H	V	Z	F	N
P	B	M	R	E	Y	T	T	Q	J	U	R	P	W	L	A	U	G	H	N
E	O	M	X	G	R	I	E	F	Y	O	K	V	A	E	M	B	I	M	V
O	Y	U	Q	X	C	B	N	R	B	E	Y	A	S	N	E	Z	D	N	H

AFFECTION
ANGER
BLUE
BORED
CALM
CONTENT
CRY
DEPRESSED
DESIRE
DISGUST
ECSTATIC
ELATED
ENVY
EXCITED
EXPERIENCE
EXPRESSION
FEELING
FRUSTRATED
FURIOUS
GESTURE
GRATITUDE
GRIEF
HAPPY
HATE
JOY
LAUGH
LONELY
LOVE
MENTAL STATE
MIND
MOOD
NERVOUS
PLEASURE
POSITIVE
PRIDE
PSYCHOLOGY
RESPONSE
SCARED
SHAME
SMILE
SORROW
SYMPATHY
TEMPERAMENT
UPSET
WONDER

Solution on page 364

Fancy Jewelry

D	J	B	E	R	I	H	P	P	A	S	E	L	G	N	A	B	N	O	B
M	P	U	C	G	L	A	M	O	U	R	Q	D	A	T	E	N	R	A	G
N	R	U	B	Y	A	O	A	O	N	I	T	O	L	D	L	H	Z	Y	C
J	I	T	D	N	E	M	I	Q	X	W	C	L	Y	A	K	O	H	R	B
N	C	K	H	L	E	C	W	K	Y	P	A	K	C	S	R	S	S	O	R
G	E	B	P	T	E	D	A	J	L	Z	N	R	O	P	A	E	C	V	K
C	L	X	H	R	L	Z	O	A	Z	V	O	P	J	L	P	E	M	I	N
Z	E	Y	P	B	G	R	T	P	U	W	H	B	F	T	S	U	M	E	G
W	S	M	D	E	I	I	A	N	N	I	V	E	R	S	A	R	Y	C	F
T	S	Y	I	E	N	S	F	E	S	S	T	C	J	A	J	N	O	A	D
N	H	S	A	U	D	S	K	T	P	O	G	N	K	P	C	V	C	L	Y
E	I	T	M	A	K	D	I	N	F	P	S	E	A	S	P	E	O	K	X
S	N	M	O	R	G	C	U	V	I	U	F	U	A	I	T	G	L	C	W
E	Y	R	N	P	A	N	T	T	E	L	M	L	O	A	L	E	D	E	A
R	C	C	D	T	A	H	I	Z	S	E	F	F	F	I	E	L	S	N	T
P	Y	H	I	H	T	Z	C	D	W	N	N	F	X	R	R	E	I	L	C
N	E	O	N	G	F	I	W	E	D	C	J	A	U	I	H	U	K	R	H
G	N	K	L	I	T	N	A	D	N	E	P	J	C	C	J	P	X	V	B
U	Q	E	V	R	W	O	O	R	T	Z	W	R	I	N	G	V	J	U	S
X	U	R	N	B	G	M	M	L	A	T	A	R	A	C	X	N	Z	N	L

AFFLUENCE
AMETHYST
ANNIVERSARY
BANGLES
BRACELET
BRIGHT
BRILLIANT
CARAT
CHARMS
CHOKER
CROWN
CUFFLINKS
DIAMOND
EMERALD
EXPENSIVE
FACET
FLASHY
GARNET
GEM
GIFT
GLAMOUR
GOLD
IVORY
JADE
LUXURIOUS
NECKLACE
OPULENCE

PEARL
PENDANT
PLATINUM
PRECIOUS
PRESENT
PRICELESS
RICHES
RING
RUBY
SAPPHIRE
SHINY

SOPHISTICATION
SPARKLE
STUDDED
TIARA
TOPAZ
WATCH
WEDDING

Solution on page 364

News Media

L	V	W	O	Y	F	H	B	O	Z	R	R	Q	J	Y	R	O	T	S	E
D	G	P	I	Q	Z	W	P	A	E	O	S	O	T	O	H	P	Q	L	S
I	P	T	B	E	G	R	R	S	T	O	G	U	H	A	C	O	S	A	A
R	A	D	I	O	I	T	E	A	N	M	I	C	R	O	P	H	O	N	E
T	N	E	M	N	I	A	T	R	E	T	N	E	L	O	W	T	E	O	L
Y	H	T	T	C	R	N	S	Z	L	A	M	U	R	R	E	N	S	S	E
L	A	X	L	C	E	T	W	I	S	A	M	I	E	L	I	G	R	R	R
A	W	E	H	M	U	N	V	T	C	N	A	R	E	L	N	E	B	E	X
U	S	F	M	D	W	O	R	L	D	N	U	V	N	I	H	I	L	P	Y
N	H	O	I	N	F	O	R	M	A	T	I	O	N	S	T	C	A	F	N
D	C	O	T	Q	P	B	H	L	A	S	F	E	I	R	B	S	W	E	N
R	Z	A	C	S	X	E	Y	E	I	I	P	L	N	N	X	A	Q	G	S
Y	S	R	A	M	A	S	F	O	K	P	B	U	S	I	M	K	U	J	E
O	E	E	Y	D	I	C	N	J	A	U	I	P	N	C	Z	E	O	N	A
S	T	V	L	S	W	Y	D	H	P	E	S	C	V	B	S	A	I	Y	I
P	O	I	T	C	R	E	P	A	P	S	W	E	N	T	I	L	G	R	D
E	N	E	H	E	I	A	C	C	O	U	N	T	S	A	D	A	B	A	E
E	A	W	G	N	T	E	E	T	A	R	U	C	C	A	Z	O	S	B	M
C	X	S	I	E	E	A	Z	W	F	R	B	R	E	T	R	O	P	E	R
H	D	M	N	K	R	T	T	N	E	V	E	D	I	T	O	R	Q	G	D

ACCOUNTS
ACCURATE
ANALYSIS
ARTICLES
BROADCAST
CAMERA
COLUMN
COMMENTATOR
DEADLINE
DIRTY LAUNDRY
EDITOR
ENTERTAINMENT
EVENT
FACTS
FEATURE
GUESTS
HAPPENINGS
HEADLINE
INFORMATION
MAGAZINE
MEDIA
MICROPHONE
NEWS BRIEF
NEWSPAPER
NIGHTLY
NOTES
ONLINE
PERSONAL
PHOTOS
PRINT
PUBLISHER
RADIO
RELEASE
REPORTER
RESEARCH
REVIEWS
SCENE
SPEECH
SPORTS ANCHOR
STORY
STUDIO
TELEVISION
UNBIASED
WORLD
WRITER

Solution on page 364

Darwin

Y	N	L	S	H	S	I	L	G	N	E	C	A	L	L	A	W	W	U	E
X	M	Q	N	R	S	L	I	S	S	O	F	P	G	L	S	W	J	H	H
M	E	Z	N	O	I	T	A	T	P	A	D	A	A	I	E	P	K	U	C
Y	Y	F	O	O	B	D	W	M	A	I	J	I	V	H	L	Y	G	M	R
E	H	I	I	K	I	T	U	D	I	R	T	D	P	R	E	W	A	A	A
Z	Z	D	T	L	O	T	E	E	C	N	E	I	C	S	C	N	L	N	E
L	Y	L	A	T	L	M	C	G	E	V	A	N	Y	V	T	D	A	S	S
Y	R	O	E	O	O	F	T	U	D	R	O	E	H	G	I	I	P	P	E
D	O	U	R	R	G	H	L	Y	D	I	V	G	A	Z	O	S	A	E	R
G	T	V	C	T	Y	F	F	M	T	O	R	Y	A	F	N	L	G	C	E
F	S	K	K	O	N	G	O	A	L	U	R	B	L	P	O	A	O	I	L
W	I	W	Y	I	Q	N	T	U	B	T	M	P	M	E	I	N	S	E	I
T	H	N	G	S	K	U	T	N	S	E	W	S	E	A	T	D	A	S	G
H	I	I	C	E	M	I	I	E	A	H	A	N	I	R	C	S	B	E	I
E	R	E	Y	H	O	D	C	U	P	Y	B	R	O	N	N	R	N	E	O
O	X	S	I	N	E	N	A	G	E	A	S	V	D	I	I	E	P	R	N
R	O	H	T	U	A	S	D	E	S	C	E	N	T	T	T	W	C	U	Z
Y	D	U	T	S	L	A	V	I	V	R	U	S	I	I	X	B	R	T	P
O	G	G	Y	R	E	V	O	C	S	I	D	S	C	J	E	K	Q	A	D
F	N	X	B	O	T	A	N	Y	Y	D	H	S	E	N	G	L	A	N	D

ADAPTATION
ANCESTRY
ANIMALS
APES
AUTHOR
BEARD
BIOLOGY
BOTANY
BRITISH
CAMBRIDGE
CONTROVERSY
CREATION
DARWINISM
DESCENT
DISCOVERY
EDINBURGH
ENGLAND
ENGLISH
EVOLUTION
EXTINCTION
FINCHES
FOSSILS
GALAPAGOS
GENETICS
GEOLOGY
HISTORY
HUMANS
INFLUENTIAL
ISLANDS
LIFE
MONKEYS
MUTATION
NATURE
ORIGIN
RELIGION
REPRODUCTION
RESEARCH
SCIENCE
SELECTION
SPECIES
STUDY
SURVIVAL
THEORY
TORTOISE
WALLACE

Solution on page 365

At the Beach

I	W	G	S	Q	N	C	Y	Q	I	O	W	P	Z	O	L	X	X	S	Z
S	P	D	R	N	X	U	X	A	A	C	L	A	M	S	I	M	K	U	B
N	Q	S	L	A	W	A	H	B	J	D	U	E	S	W	D	P	G	W	Y
A	O	W	C	K	S	S	X	E	I	B	M	Y	L	I	N	I	K	I	B
C	N	I	I	F	T	S	L	A	D	L	B	O	L	M	I	L	N	N	E
I	N	M	N	G	A	P	P	C	W	K	R	L	U	M	W	A	U	W	S
L	Z	T	C	F	O	O	D	H	H	L	E	N	G	E	J	S	T	A	H
E	O	R	I	E	B	J	W	B	L	I	L	A	A	R	D	U	N	E	S
P	K	U	P	T	L	K	F	A	M	I	L	I	E	S	N	X	S	L	I
Y	F	N	N	F	I	O	B	G	L	R	A	D	S	F	A	P	H	T	F
J	M	K	Z	G	F	Y	T	O	E	W	S	W	R	H	S	Q	E	S	H
Z	R	S	C	E	E	Z	Z	I	W	V	T	A	I	E	K	K	L	A	L
B	P	B	R	L	G	C	P	H	O	E	N	V	R	N	N	I	L	C	F
H	N	O	L	B	U	A	H	Q	T	N	A	E	F	A	I	D	S	W	I
E	H	O	C	M	A	M	Z	A	N	D	L	S	L	L	R	X	Y	K	S
S	V	M	V	Y	R	E	D	Z	I	O	P	B	D	S	D	R	I	B	K
S	I	B	D	K	D	R	A	V	O	R	C	X	A	S	E	M	A	G	C
V	D	O	C	K	S	A	E	C	W	S	B	E	K	S	G	R	J	Z	O
I	G	X	K	H	B	E	P	B	J	V	J	R	A	O	C	Z	H	H	R
S	V	R	S	G	T	G	K	K	C	X	Q	I	N	N	T	D	A	D	H

BEACH BAG
BIKINI
BIRDS
BLANKET
BOATS
BOOM BOX
CAMERA
CASTLE
CHILDREN
CLAMS
COOLER
CRABS
DOCKS
DOGS
DRINKS
DUNES
FAMILIES
FISH
FOOD
GAMES
GRASS
HATS
LIFEGUARD
LOTION
LOUNGE CHAIR
OCEAN
PELICANS
PEOPLE
PICNIC
PIER
PLANTS
ROCKS
SAND
SEAGULLS
SHELLS
SHORE
SUN
SWIM TRUNKS
SWIMMERS
TOWEL
UMBRELLA
VENDORS
VOLLEYBALL
WAVES
WIND

Solution on page 365

Coffee Break Time

U	F	J	S	Y	E	Z	J	V	U	I	K	H	Z	Z	K	F	S	A	O
V	U	G	J	V	D	P	K	C	K	J	P	C	R	L	C	L	C	D	B
V	J	R	F	T	P	R	B	J	X	J	C	O	O	M	A	A	I	A	O
J	Y	O	T	E	L	E	V	I	S	I	O	N	S	L	F	V	M	M	B
C	P	U	C	J	W	J	T	J	M	B	B	A	S	F	C	O	R	D	F
P	O	N	I	C	C	U	P	P	A	C	B	C	E	O	R	R	I	W	C
F	I	D	H	O	N	V	V	X	R	G	A	I	R	A	R	E	T	A	W
Q	N	J	D	L	M	E	A	D	O	S	N	R	P	L	H	D	S	B	E
D	S	S	E	X	M	N	N	B	V	E	P	E	S	X	J	C	K	S	O
E	T	Z	C	X	G	A	I	S	N	P	J	M	E	E	R	H	O	T	I
K	A	V	I	W	W	T	L	E	M	A	R	A	C	H	G	O	T	M	N
H	N	N	K	H	T	E	L	B	U	W	T	O	V	O	B	L	A	C	K
E	T	C	J	A	G	N	A	J	G	S	F	C	S	A	F	P	B	S	B
K	I	B	S	T	U	N	O	D	I	V	A	S	Z	Q	N	F	L	L	T
C	R	K	R	E	D	N	I	R	G	X	I	B	E	A	N	C	E	D	G
U	M	A	I	R	J	J	A	K	A	P	T	I	R	L	H	G	S	E	Q
B	B	H	A	L	N	B	J	L	L	N	A	P	K	I	N	N	N	K	E
O	R	G	H	Z	R	P	E	T	T	A	L	L	P	U	E	P	A	A	J
Y	U	T	C	E	I	R	S	D	T	P	T	S	O	Z	C	F	C	C	C
S	E	B	W	P	H	O	Z	Z	I	E	W	L	T	E	M	Y	K	A	M

AMERICANO
AROMA
BARISTA
BEAN
BLACK
BREW
BRIEF
CAFFEINE
CAKE
CAPPUCCINO
CARAMEL
CHAIRS
CHIPS
CLOCK
COFFEE
CUP
DONUTS
ESPRESSO
FLAVORED
GOSSIP
GRINDER
GROUND
HAZELNUT
HOT
ICED
INSTANT
JAVA
LATTE
LOUNGE
MILK
MOCHA
MUG
NAPKIN
REJUVENATE
RELAX
ROAST
SNACK
SODA
STIR
SUGAR
TABLES
TALKING
TELEVISION
VANILLA
WATER

Solution on page 365

Music Performance

J	K	A	S	N	D	X	M	M	W	N	H	B	T	P	D	X	V	C	J
X	S	E	E	T	S	M	G	E	G	P	K	I	A	W	R	F	N	A	W
V	Q	T	Z	Z	A	J	T	I	C	K	E	T	O	N	Q	U	E	D	C
T	E	J	G	L	F	E	G	Q	P	X	X	R	O	O	D	T	U	O	C
T	X	J	I	U	X	C	S	V	P	O	C	A	F	C	D	O	K	M	D
L	N	S	B	P	O	Y	T	E	V	E	N	T	F	O	L	R	O	A	C
Y	U	E	I	L	M	P	N	T	J	V	E	S	M	U	R	D	A	L	O
E	N	K	M	P	A	S	E	N	B	I	E	R	U	I	T	M	A	Y	U
O	D	U	H	N	I	M	M	N	E	L	O	Q	E	O	P	S	E	U	N
J	A	O	I	V	I	B	U	G	I	A	Y	L	U	T	S	B	O	R	T
W	N	P	E	D	W	A	R	S	R	N	N	R	A	I	A	G	R	C	R
Y	C	W	B	S	E	E	T	E	I	I	G	E	C	V	P	E	C	U	Y
A	I	X	O	A	L	K	S	R	P	C	G	A	R	L	I	M	H	W	I
V	N	N	R	H	X	R	N	U	E	R	L	H	C	A	R	T	E	T	T
P	G	U	G	V	S	G	I	N	A	T	A	A	R	T	S	R	S	N	K
S	O	C	F	H	E	G	C	T	I	L	N	T	S	I	O	R	T	E	T
O	X	P	I	A	N	O	I	R	L	R	P	E	S	C	V	R	R	A	F
D	L	Q	K	I	R	U	Q	Z	Y	J	R	P	K	E	N	N	A	O	Z
K	I	N	S	E	G	E	C	N	E	I	D	U	A	R	E	G	R	A	L
Q	A	N	B	T	X	H	D	R	U	N	Q	Y	C	G	D	D	R	I	M

AMP
APPLAUSE
ARENA
ARTS
AUDIENCE
BAND
CLASSICAL
COUNTRY
CROWD
DANCING
DRUMS
ENCORE
ENTERTAINMENT
EQUIPMENT
EVENT
EXPENSIVE
FESTIVAL
FUN
GENRE
GIG
GUITAR
HALL
INSTRUMENTS
JAZZ
LARGE
LIVE
LOUD
MUSIC
OPENING ACT
ORCHESTRA
OUTDOOR
PERFORMER
PIANO
POP
RECITAL
ROCK
SEATS
SHOW
SING
SONGS
STAR
SYMPHONY
THEATER
TICKET
TOUR

Solution on page 365

Awesome Stuff

M	C	P	S	Q	H	U	V	V	Q	F	X	S	C	G	I	F	T	S	G
U	C	N	H	T	I	A	F	Q	R	E	I	Z	Q	J	E	B	M	U	N
W	O	B	N	I	A	R	C	H	I	L	D	H	O	O	D	H	E	C	Y
W	M	S	I	M	I	T	P	O	K	R	I	A	H	S	E	R	F	C	L
Q	C	R	R	E	V	N	V	S	N	S	E	Y	F	R	Z	K	S	E	L
M	B	K	N	A	A	E	U	N	A	T	U	R	E	E	H	P	U	S	A
I	G	D	I	D	C	L	L	F	A	L	E	S	F	T	O	O	O	S	C
F	S	H	R	Z	A	L	X	L	M	F	E	N	M	U	B	K	L	U	Q
A	G	O	O	H	T	E	O	J	W	I	I	A	T	P	B	I	U	O	M
M	W	N	S	G	I	C	W	A	B	S	R	E	G	M	I	N	B	L	Q
I	B	E	E	T	O	X	N	A	P	R	L	N	B	O	E	D	A	E	E
L	B	S	S	H	N	E	B	O	I	B	I	L	B	C	S	N	F	V	P
Y	I	T	C	O	R	W	R	A	I	N	E	L	K	E	O	E	T	R	H
M	R	Y	N	D	M	D	G	D	R	S	C	A	L	I	Y	S	D	A	J
U	T	O	L	Q	N	E	E	A	S	J	S	M	T	I	V	S	G	M	Z
S	H	I	M	I	G	R	E	I	R	E	M	A	R	K	A	B	L	E	E
I	H	P	A	A	C	L	N	J	L	N	S	Z	P	N	K	N	S	G	U
C	H	R	Q	N	N	G	W	C	D	N	Y	I	X	M	O	S	T	E	P
O	U	M	I	U	S	C	Q	K	E	W	O	N	D	R	O	U	S	R	A
S	U	R	P	R	I	S	E	S	N	H	Y	G	W	T	E	C	A	E	P

AMAZING
AWESOME
BABIES
BIRTH
BLESSINGS
BRILLIANT
CARS
CHILDHOOD
CHILDREN
CHOCOLATE
COMPASSION
COMPUTERS
CONTENTMENT
EXCELLENT
FABULOUS
FAITH
FAMILY
FRESH AIR
FRIENDS
FUN
GIFTS
HOBBIES
HONESTY
INCREDIBLE
KINDNESS
LEARNING
MARRIAGE
MARVELOUS
MUSIC
NATURE
OPTIMISM
PEACE
PETS
RAINBOW
RAINDROPS
REMARKABLE
ROMANCE
ROSES
SENSATIONAL
SILK
SNOW
SUCCESS
SURPRISES
VACATION
WONDROUS

Solution on page 365

Lots of Fiber

S	V	H	T	R	P	Z	Q	B	I	C	Z	U	L	E	C	A	J	E	N
G	D	E	W	Y	N	F	Y	C	O	P	L	A	R	U	T	A	N	M	C
Q	I	M	G	B	V	V	O	C	H	T	S	E	G	A	H	G	U	O	R
D	K	P	Z	E	T	T	O	P	N	I	M	J	U	G	P	Z	T	A	E
G	V	V	S	E	T	G	U	E	S	H	L	R	V	G	U	L	Y	P	B
X	P	Q	U	O	T	A	M	Y	S	O	L	U	B	L	E	R	R	L	T
A	T	N	N	Z	N	A	B	A	N	Y	F	N	T	F	Y	H	T	I	Z
S	M	I	B	M	L	B	C	L	R	S	N	V	C	O	A	T	S	C	Y
I	D	A	B	I	O	D	G	Y	E	R	O	T	W	O	G	S	S	A	V
P	S	R	F	C	Q	A	I	M	T	R	I	T	H	C	U	T	R	C	G
C	Q	G	A	R	N	F	J	G	S	T	T	A	S	E	I	N	A	R	B
B	J	E	S	O	L	U	L	L	E	C	I	W	H	E	T	R	T	B	T
M	F	G	Y	F	B	R	R	M	Y	S	R	U	O	P	B	I	B	Z	G
T	G	A	H	I	X	R	A	T	L	P	T	B	R	O	A	S	C	A	R
F	R	K	Y	B	N	T	E	A	O	F	U	I	N	F	D	P	A	S	F
Y	J	Q	I	E	E	X	M	B	P	T	N	P	O	L	Y	M	E	R	K
T	Q	D	N	R	T	I	J	S	I	A	R	O	G	N	A	L	S	R	J
O	T	I	I	I	N	Z	W	N	S	F	A	P	R	O	P	E	V	P	R
A	L	A	L	A	B	F	K	L	I	S	P	Z	P	P	T	B	O	A	L
V	L	E	I	Y	M	A	H	K	O	O	B	M	A	B	G	Y	T	N	P

ANGORA
ANIMAL
APPLES
ASBESTOS
BAMBOO
BRAN
CARBON
CASHMERE
CELLULOSE
COTTON
COUNT
DIET
DIGESTION
EAT
FABRIC
FELT
FIBERBOARD
FILAMENT
FRUIT
FUR
GRAIN
HAIR
HEMP
KNIT
LINEN
MATERIAL
MICROFIBER
NATURAL
NUTRITION
OATS
PAPER
POLYESTER
POLYMER
RAYON
ROPE
ROUGHAGE
SILK
SISAL
SOLUBLE
SYNTHETIC
TEXTILE
TISSUE
VEGETABLE
WOOD
YARN

Solution on page 365

Her Name

J	F	F	P	L	Y	T	B	M	I	P	G	C	X	F	B	O	X	D	Q
E	B	X	R	Y	M	A	Z	L	T	Z	J	B	R	I	D	G	E	T	S
A	H	E	S	X	F	N	H	E	A	T	H	E	R	U	W	C	Y	I	T
H	T	E	N	T	E	Y	K	V	A	S	F	A	L	C	H	T	U	R	O
L	S	I	F	O	F	A	E	N	Z	I	S	A	R	A	S	L	V	H	R
X	V	G	L	E	N	D	A	C	N	H	E	E	R	A	T	V	N	K	D
J	A	H	C	M	P	I	D	N	A	R	E	L	N	A	S	S	P	W	O
O	C	C	Z	M	D	N	E	R	I	R	O	L	I	A	B	Y	Y	S	V
D	T	Y	V	A	Z	J	O	E	L	T	T	H	Y	Z	V	R	W	R	E
K	Y	P	I	L	A	N	N	P	T	D	S	Q	E	N	A	E	A	C	C
C	N	I	T	W	S	A	A	E	M	A	D	I	S	O	N	B	J	B	K
P	H	O	W	Y	J	T	T	C	E	O	L	Y	R	D	E	V	E	Y	A
F	C	H	G	G	K	O	A	X	A	L	M	H	Y	H	D	E	O	T	E
O	N	X	Y	U	B	Y	L	C	E	D	L	T	B	L	C	A	M	C	H
U	G	L	U	J	C	R	I	G	E	O	O	O	E	W	V	S	A	A	C
O	B	M	L	J	Z	A	E	I	A	Y	V	R	C	A	R	R	I	E	R
D	J	T	R	I	T	M	U	N	C	E	F	O	K	H	G	V	G	O	O
W	H	P	F	M	L	B	N	A	D	M	A	D	Y	A	I	H	P	O	S
Z	X	S	H	L	E	A	H	Z	K	A	T	I	E	L	A	U	R	A	E
Z	B	C	Q	X	Z	H	G	H	H	D	E	Z	O	E	T	X	Z	T	Z

AMY
ANNA
AVA
BARBARA
BECKY
BRENDA
BRIDGET
CARRIE
CHARLOTTE
CHLOE
CHRISTINA
COLLEEN
CRYSTAL
DIANA
DOROTHY
ELIZABETH
ELLIE
EMMA
EVE
GINA
GLENDA
GRACE
HEATHER
JANE
JENNIFER
KATIE
LAURA
LEAH
LILA
LYNN
MADISON
MARY
NATALIE
OLIVIA
ROSE
RUTH
SARAH
SHARON
SOPHIA
STACEY
TANYA
TRACEY
VANESSA
WENDY
ZOE

Solution on page 366

Crocodiles

```
H H S E E H U M I W S U U Y T V O I N B
N K V E D R I P M A W S C A E T H W C E
Z R R B L G J V J L F F E L G N U J J M
I A K T K A S B A L T L Q V J Y I O F J
A K X P W G C N U E I U O H Y X F K N B
F E O P B B I S Y T J J S R C G C R S S
P I Z N S M P P P M O U T H I X I O G T
U M E B A T O E F E B A M B Y D T T E L
A D E L D D R L H M C B P U T T A A N H
I W P V D S T V A V G I E M D Z U D K D
H M H G M R O S N K H E E L E S Q E P Z
R N A N F S O V D R E L C S T Q A R A X
O O E R D A R T B E I S R R C S A P O Z
P S U A F R I C A N W S A M E T W R E I
Q K D G S A A Z G G W L W E T L A N D S
H P R E H I S T O R I C L A O I T A I Y
H K O O M S B E A A L L C O R C N J H D
G H J A M A E E J I D K L E P G R E E N
S H N H N Q J T N Y L J F A E I X F S L
X S P K U U Y H L K G N O R T S B U C F
```

AFRICA
ALLIGATOR
AMBUSH
ANIMAL
AQUATIC
ASIA
ATTACK
AUSTRALIA
BANK
BELTS
BIG
CAIMANS
CRAWL
CROC
DANGER
EAT
FLORIDA
GREEN
HANDBAG
HIDE
JAW
JUNGLE
LAKES
MOUTH
MUD
NILE
PREDATOR
PREHISTORIC
PROTECTED
REPTILE
ROUGH
SCALE
SHOES
SKIN
SNOUT
SPECIES
STRONG
SWAMP
SWIM
TAIL
TEETH
TROPICS
WALLET
WETLANDS
WILD

Solution on page 366

Look for *ME*

T	D	A	R	A	E	W	S	N	E	M	M	E	R	I	N	G	U	E	F
G	N	I	R	E	T	E	M	A	R	E	E	M	E	N	T	O	R	S	Z
D	E	A	I	Z	F	M	M	S	R	O	M	N	M	E	D	L	E	Y	S
X	W	T	H	E	T	A	C	I	D	E	M	E	A	S	U	R	E	S	O
S	S	T	M	C	U	E	D	S	G	I	A	E	W	C	Z	W	W	M	M
E	H	S	E	F	R	I	S	A	I	T	A	M	A	A	I	W	W	E	D
E	A	E	N	G	A	E	V	R	L	S	E	M	E	N	E	N	D	L	N
L	I	I	O	N	L	O	M	O	A	M	O	M	R	G	N	I	G	L	G
E	S	S	R	T	L	K	A	O	I	T	P	I	I	E	A	E	E	O	S
M	S	S	A	T	Q	F	M	T	W	P	S	A	E	T	M	W	S	W	L
E	E	E	H	X	U	E	N	I	W	M	V	A	O	M	L	L	A	S	O
T	M	M	S	M	E	A	T	H	E	A	D	R	G	S	A	A	M	T	H
H	L	H	W	K	E	S	Y	E	Y	T	Y	L	R	E	G	A	E	M	T
I	Y	G	N	M	B	T	T	E	N	I	C	I	D	E	M	V	A	M	N
N	M	E	G	A	L	I	T	H	L	M	E	A	T	I	E	S	T	E	E
K	S	D	O	J	N	B	R	J	O	J	G	N	I	L	D	D	E	M	M
S	R	G	C	G	F	A	X	W	M	E	A	N	D	E	R	S	S	B	K
Y	R	K	S	J	A	G	P	M	M	E	D	I	T	A	T	E	B	E	P
K	C	U	B	A	G	E	M	E	L	T	D	O	W	N	F	V	G	R	O
T	S	E	K	E	E	M	E	T	A	L	L	I	C	Y	J	N	G	S	A

MEAGERLY
MEALTIME
MEANDERS
MEANNESS
MEANTIME
MEASURES
MEATHEAD
MEATIEST
MEATLESS
MEATLOAF
MEDDLING
MEDIATOR
MEDICATE
MEDICINE
MEDITATE
MEDLEYS
MEEKEST
MEEKNESS
MEETINGS
MEGABITS
MEGABUCK
MEGADEALS
MEGALITH
MEGASTARS
MEGAVOLT
MEGAWATT
MEIOSIS
MELEES
MELLOWS
MELTDOWN
MEMBERS
MENACING
MENORAHS
MENSWEAR
MENTHOLS
MENTORS
MERCHANT
MERIDIAN
MERINGUE
MERMAIDS
MESSIAHS
MESSIEST
METALLIC
METERING
METHINKS

Solution on page 366

Art Museums

H	G	M	T	W	N	D	N	Y	R	O	T	S	I	H	S	Z	N	M	H
F	A	E	A	S	Q	E	R	U	H	C	O	R	B	N	G	X	P	U	U
Q	L	R	B	S	I	E	R	U	T	P	L	U	C	S	E	M	A	R	F
L	L	U	V	H	T	T	O	U	R	S	A	Y	S	U	T	K	I	A	P
A	E	T	A	I	C	E	R	P	P	A	A	R	T	L	C	E	N	L	E
U	R	C	Y	P	I	T	R	A	E	O	S	A	G	R	A	A	T	V	V
S	Y	I	R	N	L	E	E	P	M	T	T	R	N	O	R	T	R	B	T
I	E	P	E	I	Y	C	U	K	I	S	U	O	B	E	T	E	E	S	E
V	P	I	T	Q	R	N	G	F	S	E	I	P	P	B	S	O	I	L	X
D	E	V	T	S	C	A	X	H	H	T	C	M	S	B	B	I	H	N	T
S	O	U	O	I	A	S	A	G	A	F	E	E	O	P	A	Z	V	P	I
X	P	C	P	C	V	S	N	L	O	T	Y	T	I	R	U	C	E	S	L
O	L	N	E	S	L	I	L	K	T	B	S	N	L	Y	G	U	I	D	E
B	E	D	I	N	W	A	T	J	F	N	S	O	U	V	E	N	I	R	S
C	M	D	E	A	T	N	S	C	G	G	E	C	M	E	V	E	N	T	S
V	A	D	R	S	B	E	J	S	A	D	M	I	S	S	I	O	N	A	E
Q	A	D	N	A	I	R	T	T	I	J	G	H	C	F	F	N	V	K	T
Z	X	I	Y	U	U	G	M	U	W	C	L	S	V	N	S	N	L	F	O
Q	D	N	U	K	E	G	N	D	T	U	E	R	O	T	A	R	U	C	N
N	E	X	E	M	H	W	F	Y	Z	R	O	L	O	C	S	F	Q	T	Q

ABSTRACT
ACRYLIC
ACTIVITIES
ADMISSION
ANCIENT
APPRECIATE
ARTIST
BROCHURE
CANVAS
CLASSIC
COLOR
CONTEMPORARY
CURATOR
DESIGN
DOCENT
DRAWING
EVENTS
FRAME
GALLERY
GUARD
GUIDE
HISTORY
INSTALLATION
MASTERPIECE
MURAL
NOTES
OBSERVE
OIL
PAINT
PEOPLE
PHOTOGRAPHY
PICTURE
POTTERY
RENAISSANCE
SCULPTURE
SECURITY
SKETCH
SLATE
SOUVENIRS
STATUE
STUDY
TEMPERA
TEXTILES
TOURS
VISUAL

Solution on page 366

Enjoyable

M	B	G	O	K	D	T	B	A	S	K	E	T	B	A	L	L	T	U	L
I	F	R	N	W	C	C	M	J	T	O	Y	S	U	R	F	I	N	G	U
Z	N	Q	N	I	B	C	I	I	R	C	A	R	N	I	V	A	L	U	N
G	F	S	N	D	K	L	S	R	E	N	M	W	G	R	F	H	M	A	C
T	E	C	W	N	O	I	T	A	C	A	V	A	E	D	L	R	G	P	O
W	I	H	O	E	T	M	H	A	N	U	S	T	E	U	J	E	N	P	S
P	L	A	Y	C	A	R	T	O	O	N	S	C	J	D	G	C	H	P	I
T	O	D	L	Y	D	L	I	Q	C	A	E	H	U	A	P	O	O	L	E
E	K	R	A	P	E	L	T	P	O	X	C	I	M	T	V	R	B	V	M
G	N	I	T	N	I	A	P	C	S	H	E	N	P	E	T	A	B	A	A
N	Y	Q	O	H	C	B	R	E	L	G	R	G	I	S	K	I	I	N	G
I	H	D	I	S	N	E	Y	L	A	N	D	T	N	P	V	Q	E	R	U
M	F	F	S	E	L	S	O	U	U	I	H	V	G	N	I	H	S	I	F
M	H	O	H	L	K	A	W	A	G	V	X	G	B	M	N	C	S	N	D
I	V	P	O	C	E	B	B	O	H	I	E	N	R	E	A	D	I	N	G
W	M	R	P	T	A	D	M	E	T	D	Y	I	L	M	A	S	N	E	A
S	Y	Q	P	B	B	E	D	D	E	Y	H	V	P	V	G	T	G	J	T
R	B	Z	I	N	J	A	B	I	R	K	V	I	S	K	A	T	I	N	G
G	N	I	N	N	U	R	L	V	N	S	N	R	Z	T	F	F	N	N	E
T	J	M	G	H	Y	U	O	L	P	G	C	D	S	W	I	N	G	S	G

BASEBALL
BASKETBALL
BEACH
BUNGEE JUMPING
CAMPING
CARNIVAL
CARTOONS
CIRCUS
CONCERTS
DANCE
DATES
DISNEYLAND
DRIVING
EATING
FISHING
FOOTBALL
GAME
HIKING
HOBBIES
LAUGHTER
PAINTING
PARK
PICNIC
PLAY
POOL
READING
RECESS
ROLLER COASTER
RUNNING
SHOPPING
SINGING
SKATING
SKIING
SKYDIVING
SLEDDING
SPORTS
SURFING
SWIMMING
SWINGS
TAG
TOYS
TRIPS
VACATION
VIDEO
WATCHING TV

Solution on page 366

Types of Dogs

E	R	A	P	K	R	L	P	Z	Z	H	J	D	I	R	B	Y	H	A	V
E	Y	H	C	O	U	Q	E	L	D	A	C	H	S	H	U	N	D	T	A
R	C	W	C	O	M	S	Y	I	C	U	P	O	O	D	L	E	O	D	K
G	I	G	I	B	L	E	H	K	N	H	B	H	V	B	L	O	B	P	H
I	T	N	T	D	P	L	R	G	S	A	U	J	T	B	D	I	E	Z	C
D	S	B	S	U	D	U	I	A	H	U	P	N	E	F	O	N	R	K	P
E	E	L	I	T	S	D	G	E	N	H	H	S	T	F	G	D	M	I	O
P	M	R	R	S	Q	D	E	S	T	I	A	R	T	I	E	T	A	O	C
B	O	S	E	I	C	E	P	S	E	H	A	L	V	T	N	S	N	N	U
Z	D	L	T	T	L	P	Y	G	F	C	N	N	T	S	I	G	R	J	E
I	L	J	C	G	S	E	T	Y	I	P	R	E	J	A	N	Q	E	P	G
D	Y	A	A	M	M	I	R	A	K	D	P	E	D	M	A	P	I	J	W
F	M	E	R	L	C	T	G	A	R	A	K	R	V	U	C	T	R	I	G
R	B	K	A	P	S	N	P	E	P	O	I	N	T	E	R	A	R	S	B
P	X	E	H	E	I	X	H	E	R	O	T	T	W	E	I	L	E	R	M
X	R	N	C	D	H	P	R	S	C	H	N	A	U	Z	E	R	T	O	C
O	J	N	R	S	E	S	B	E	A	L	E	K	K	R	E	T	T	E	S
L	A	E	P	H	M	W	P	A	X	Q	W	C	R	E	S	C	U	E	Y
L	H	L	S	O	S	N	D	N	U	O	H	T	C	L	L	A	M	W	R
V	Z	Y	T	W	N	J	I	E	L	A	B	A	S	P	Y	E	O	L	O

AKC
ANCESTRY
BEAGLE
BOXER
BULLDOG
CANINE
CHARACTERISTIC
CHIHUAHUA
COAT
COLLIE
DACHSHUND
DANE
DOBERMAN
DOMESTIC
HERDING
HOUND
HUNTING
HUSKY
HYBRID
JACK RUSSELL
KENNEL
LAB
MASTIFF
PAPERS
PEDIGREE
PIT
POINTER
POMERANIAN
POODLE
PUG
REGISTERED
RESCUE
RETRIEVER
ROTTWEILER
SCHNAUZER
SETTER
SHEPHERD
SHOW
SPANIEL
SPECIES
STUDBOOK
TERRIER
TRAITS
TYPE

Solution on page 366

A Words

A	N	H	R	F	T	P	S	L	R	T	E	K	I	L	A	X	H	I	G
A	O	T	B	H	Y	L	D	E	T	P	O	D	A	T	U	D	L	U	X
E	D	P	V	S	D	R	C	F	I	V	N	D	B	A	T	L	D	Y	E
U	L	I	K	Y	A	U	U	M	H	A	E	P	I	B	H	H	I	E	Z
Y	T	N	W	O	I	J	M	N	V	N	T	I	L	O	O	E	G	K	E
F	H	Z	B	J	R	P	H	V	G	N	I	V	I	R	R	A	L	F	L
C	M	A	C	T	X	L	Y	I	N	E	M	X	T	C	D	L	Q	A	A
O	A	B	P	P	B	A	S	L	F	A	D	P	Y	A	A	U	N	S	E
H	L	O	P	Y	D	S	T	S	B	E	A	V	A	A	Y	M	S	G	A
J	O	U	I	V	A	N	U	H	V	M	U	J	G	S	D	I	G	C	B
K	N	T	A	L	C	O	H	O	L	A	E	A	T	P	S	N	C	A	S
X	E	N	E	Z	I	E	R	J	C	E	I	S	B	T	I	U	Q	Q	O
A	C	Z	G	X	X	P	J	C	M	N	T	I	S	S	R	M	R	O	L
E	I	B	N	T	P	M	E	T	T	A	S	I	U	A	E	I	A	E	U
C	V	A	A	A	Y	S	C	X	B	X	D	M	C	Q	T	N	K	R	T
C	D	W	R	I	S	I	F	L	W	I	A	Y	L	M	G	E	T	V	E
F	A	K	R	O	T	F	E	I	A	L	S	O	B	E	O	H	U	F	S
X	W	W	A	T	T	A	C	K	O	I	I	K	L	Y	O	K	M	T	I
X	D	W	A	W	A	K	E	N	N	N	D	D	Y	O	S	Y	X	I	R
L	R	O	R	A	H	D	G	B	Y	O	E	S	E	Y	X	R	Q	O	A

ABILITY
ABLE
ABOARD
ABOUT
ABSENT
ABSOLUTE
ACCESS
ACCURACY
ACROBAT
ADD
ADMIT
ADOPTED
ADVANCE
ADVICE
AGAIN
AGE
AID
AIM
ALCOHOL
ALIKE
ALL
ALONE
ALONG
ALSO
ALUMINUM
AMUSING
AND
ANGEL
ANXIOUS
APPROVE
ARISE
ARRANGE
ARRIVING
ASIDE
ASSEMBLY
ASSIGNED
ASSIST
ASSURE
ATE
ATHLETIC
ATTACK
ATTEMPT
ATTIC
AUTHOR
AWAKE

Solution on page 367

Terrific Teachers

T	K	W	T	S	U	R	T	N	L	E	S	U	O	R	E	N	E	G	P
F	N	C	H	S	S	U	P	P	O	R	T	I	N	G	Q	N	N	R	Q
Q	H	E	G	A	D	V	O	C	A	T	E	O	Y	Q	M	I	E	P	C
M	A	N	I	M	A	T	E	D	Y	X	I	K	L	Q	G	P	R	P	K
A	C	A	R	T	X	V	O	V	P	S	N	D	C	A	A	O	C	D	O
P	C	R	B	W	A	R	M	E	S	O	E	M	G	R	F	O	P	U	F
P	R	E	K	X	N	P	R	A	W	Z	E	N	E	E	N	D	G	U	G
R	E	D	I	S	C	I	P	L	I	N	E	D	S	S	X	E	N	N	N
O	D	A	N	X	E	M	E	N	T	H	U	S	I	A	S	T	I	C	I
A	I	E	D	N	O	D	A	O	U	Z	I	D	S	T	E	T	G	W	R
C	T	L	C	C	G	G	R	M	O	O	E	E	M	C	S	I	A	L	U
H	E	E	Y	E	R	R	O	L	N	R	E	N	A	E	I	M	R	S	T
A	D	O	A	O	J	R	W	A	A	V	L	R	R	P	W	M	U	H	R
B	O	B	D	L	D	C	L	T	I	H	E	E	T	S	S	O	O	G	U
L	L	E	V	I	T	N	E	T	T	A	T	C	P	E	B	C	C	S	N
E	F	M	O	T	I	V	A	T	I	N	G	N	O	R	N	K	N	F	E
A	G	M	T	X	X	E	L	B	I	S	N	O	P	S	E	R	E	Q	T
G	E	S	O	B	R	E	V	D	E	T	A	C	I	D	E	D	B	Y	S
E	E	D	U	C	A	T	E	D	F	L	E	X	I	B	L	E	E	K	I
R	I	A	F	O	I	D	W	R	B	P	C	V	V	E	C	U	S	J	L

ACCREDITED
ADVOCATE
ANIMATED
APPROACHABLE
ATTENTIVE
BRIGHT
COMMITTED
COMPASSION
CONCERNED
CONSIDERATE
CREATIVE
DEDICATED
DISCIPLINED
EAGER
EDUCATED
ENCOURAGING
ENGAGING
ENTHUSIASTIC
EXPERIENCED
FAIR
FLEXIBLE
FUN
GENEROUS
HUMOR
INTERESTING
KIND
KNOWLEDGEABLE
LEADER
LISTEN
MENTOR
MOTIVATING
NURTURING
OPEN
ORGANIZED
PATIENT
PREPARED
PROFESSIONAL
RESPECT
RESPONSIBLE
SMART
SUPPORTING
TRUST
VERBOSE
WARM
WISE

Solution on page 367

Survival Gear

M	R	P	O	N	C	H	O	E	M	E	R	G	E	N	C	Y	K	U	E
C	H	R	T	I	N	D	E	R	V	B	B	K	O	R	M	W	K	W	L
P	G	E	Q	R	E	N	E	P	O	N	A	C	P	R	A	X	B	B	T
T	Z	V	L	I	D	Q	Z	S	O	U	N	G	G	K	P	L	B	O	S
W	E	C	A	P	V	K	A	Z	Q	W	T	N	M	D	C	R	F	N	I
A	E	H	T	S	E	F	F	H	K	N	I	F	E	E	E	T	O	B	H
R	U	C	C	A	E	Z	T	P	G	P	B	S	P	P	N	I	F	N	W
M	C	S	O	T	N	R	U	G	M	L	I	U	A	E	T	B	I	J	Q
T	I	I	Y	Y	A	P	N	A	Z	V	O	P	M	A	N	T	R	A	S
H	B	R	Y	E	C	H	C	C	G	L	T	P	R	F	G	E	E	I	H
C	S	U	R	V	I	V	A	L	S	E	I	L	L	E	T	K	G	T	E
F	L	Z	S	O	R	F	P	X	L	U	C	I	O	S	P	N	L	H	P
N	O	O	D	J	R	K	C	I	Q	V	N	E	A	N	A	A	Y	S	H
T	O	H	Y	R	U	T	O	E	O	T	P	S	O	L	E	L	R	R	J
Z	T	N	Y	K	H	T	M	G	R	A	I	C	C	H	C	B	Y	E	K
N	A	Y	W	F	Y	R	P	W	T	D	A	I	Z	R	G	N	Q	T	D
S	E	T	J	S	N	A	A	P	T	S	R	E	Z	E	E	W	T	H	O
A	K	P	W	W	C	T	S	D	H	L	R	E	S	C	U	E	R	G	O
E	Q	G	O	K	E	T	S	T	I	Q	H	M	F	Z	M	E	N	I	F
G	B	H	N	R	C	I	A	O	A	O	K	N	R	X	G	C	T	L	I

ANTIBIOTIC
ASPIRIN
BAG
BLANKET
CAMPING
CAN OPENER
CASH
COMPASS
DISASTER
EARTHQUAKE
EMERGENCY
EQUIPMENT
FIRE
FLARE
FLINT
FOOD
GAUZE
HATCHET
HEALTH
HELP
HURRICANE
KNIFE
LIGHTER
MAP
MIRROR
PACK
PONCHO
PREPARED
RADIO
RATIONS
RESCUE
ROPE
SAFETY
SIGNAL
SUNSCREEN
SUPPLIES
SURVIVAL
TAPE
TINDER
TOILET PAPER
TOOLS
TWEEZERS
WARMTH
WATER
WHISTLE

Solution on page 367

Pocket Watches

R	N	X	T	D	J	X	B	D	N	O	C	E	S	R	E	B	M	U	N
B	N	B	R	X	Z	E	N	E	P	O	K	F	U	N	V	M	U	O	F
B	J	O	M	H	M	W	O	Z	V	G	A	O	L	A	I	F	A	Y	Z
L	T	B	T	H	I	N	G	E	G	B	H	B	A	P	S	T	E	M	O
L	Q	Q	X	X	V	M	R	A	R	O	T	C	U	D	N	O	C	I	C
Y	E	L	F	X	A	C	C	U	R	A	C	Y	D	N	E	U	C	X	N
V	K	Z	G	P	O	O	L	T	L	E	B	C	I	A	P	G	I	U	E
A	I	T	E	K	C	A	J	O	S	U	G	H	G	R	X	D	S	R	M
W	Q	E	B	B	T	U	R	S	C	E	P	A	I	G	E	R	S	Z	Y
S	T	Z	H	S	T	A	O	C	T	K	M	I	T	V	A	I	A	Q	N
M	E	T	Y	Y	T	R	E	U	Q	I	T	N	A	I	S	J	L	C	B
Y	K	R	B	W	Y	O	N	F	H	E	I	R	L	O	O	M	C	Q	H
L	C	A	E	Z	D	I	I	E	L	N	G	R	N	U	L	U	D	W	X
A	O	U	R	C	M	I	Y	Y	S	N	O	P	X	T	T	E	S	Q	H
D	P	Q	V	A	L	I	T	G	E	A	Y	I	S	T	R	A	P	M	C
M	G	R	P	O	W	S	R	D	D	H	C	E	H	C	P	E	R	A	T
A	H	G	B	M	D	W	Z	C	N	W	V	C	U	S	K	D	I	A	L
Z	Z	G	E	O	N	I	T	O	A	I	T	A	E	G	A	T	N	I	V
H	O	L	Z	C	L	S	L	Q	H	A	W	F	P	D	B	F	G	N	M
M	R	V	S	Y	X	S	T	X	W	A	R	J	K	Z	T	T	F	U	Z

ACCESSORY
ACCURACY
ANTIQUE
BELT LOOP
BEZEL
CASE
CHAIN
CLASSIC
CLOCK
COAT
CONDUCTOR
COVER
CRYSTAL
DIAL
DIGITAL
ENGRAVED
EXPENSIVE
FACE
FASHION
FOB
GRANDPA
HAND
HEIRLOOM
HINGE
HOUR
HYPNOSIS
JACKET
LAPEL
LID
MINUTE
NUMBERS
OPEN
POCKET
QUARTZ
RAILROAD
SECOND
SPRING
STEM
STRAP
STYLE
SWISS
VEST
VINTAGE
WATCH
WIND

Solution on page 367

Lighting

K	M	Q	W	V	C	W	G	D	P	J	D	Y	V	Y	X	E	U	A	W
Z	A	U	O	P	E	S	U	O	H	I	N	L	A	M	P	Z	Q	Y	T
O	D	H	G	J	Q	X	S	O	L	A	R	S	C	O	N	C	E	R	Q
A	O	P	S	T	T	A	W	F	F	G	L	T	J	U	T	W	P	O	Z
I	R	D	Y	M	H	R	Y	D	C	S	C	O	S	N	X	O	H	C	Z
R	Y	W	O	T	P	G	L	Y	E	D	H	D	G	T	W	D	C	P	G
J	W	O	U	L	E	R	I	W	J	X	A	T	B	E	T	E	T	Y	T
C	R	L	U	M	V	O	G	N	L	E	I	R	R	D	N	G	I	L	L
Q	T	G	Z	T	X	N	H	K	S	J	N	F	K	Q	E	N	W	U	L
M	C	V	N	E	H	C	T	I	K	R	D	J	L	X	C	I	S	A	Z
S	Y	S	N	I	H	R	E	C	E	S	S	E	D	A	S	L	A	V	C
N	V	I	O	E	T	N	X	T	Y	Q	Z	S	N	A	E	I	M	T	O
G	T	E	T	V	G	T	N	T	L	J	O	D	U	L	R	E	O	I	R
N	E	B	N	Q	E	A	I	A	I	V	E	Y	O	K	O	C	W	M	D
R	K	J	A	I	L	R	T	F	P	S	U	T	R	Y	U	A	V	E	C
Q	C	O	D	Z	U	E	H	L	C	D	K	U	G	W	L	L	S	R	I
B	O	X	N	C	M	H	M	E	O	C	N	X	K	L	F	I	I	L	X
L	S	W	E	R	C	S	N	O	A	V	S	O	C	F	G	U	F	U	X
A	S	S	P	X	Z	T	L	R	M	D	S	H	A	N	G	I	N	G	N
W	V	X	Q	J	U	F	T	D	A	B	U	L	B	R	I	G	H	T	J

BACKGROUND
BRIGHT
BULB
CEILING
CHAIN
CORD
DARK
DESIGN
DIM
FAN
FITTING
FIXED
FLOOD
FLUORESCENT
GLOW
HALOGEN
HANGING
HOUSE
INCANDESCENT
KITCHEN
LAMP
LANTERN
LIGHT
METAL
MOUNTED
NIGHT
OVERHEAD
PENDANT
PLUG
POWER
RECESSED
ROOM
SCONCE
SCREWS
SECURITY
SOCKET
SOLAR
STRIP
SWITCH
TIMER
TRACK
VOLTAGE
WALL
WATTS
WIRE

Solution on page 367

Scrapbooks

S	A	N	N	Z	R	F	E	W	C	R	Y	S	E	T	O	N	E	Q	B
T	C	O	G	W	V	F	N	Y	P	R	O	T	E	C	T	E	O	G	E
E	Q	I	I	B	O	R	D	E	R	S	A	S	T	G	Z	F	I	R	C
K	G	T	S	P	I	A	N	H	Y	I	L	F	D	E	A	V	U	N	D
C	N	A	E	S	C	R	E	A	T	I	V	E	T	R	X	S	S	G	J
I	D	C	D	N	O	I	T	A	U	D	A	R	G	L	A	E	S	N	T
T	O	A	H	K	Y	R	S	H	H	B	N	E	X	E	I	C	S	E	J
I	U	V	F	O	F	B	S	P	D	S	G	U	R	R	V	M	T	H	M
P	W	C	J	S	B	H	H	L	R	A	Q	T	O	W	B	A	N	M	V
A	A	S	E	R	U	T	C	I	P	U	Y	M	U	R	C	P	E	N	K
S	S	P	M	E	M	E	N	T	O	S	E	M	G	I	G	M	M	E	V
T	K	H	E	F	U	E	G	T	D	M	B	G	F	L	O	K	E	W	Y
E	E	O	I	R	V	L	E	S	E	L	C	I	T	R	A	P	C	S	M
I	T	T	D	U	B	S	G	M	D	Y	T	P	A	M	S	R	N	A	U
K	C	O	O	K	I	J	S	Y	E	R	B	B	H	A	I	Y	U	R	B
Y	H	S	I	L	L	E	B	M	E	C	I	A	K	B	A	R	O	T	L
X	E	M	E	H	T	B	A	C	F	L	O	E	B	T	W	O	N	W	A
U	S	D	E	C	O	R	A	T	I	V	E	O	G	U	A	T	N	O	X
Q	P	A	O	H	F	I	I	A	A	N	N	I	V	E	R	S	A	R	Y
V	H	F	D	G	U	T	L	L	U	K	N	W	W	B	D	P	Q	K	N

ALBUM
ANNIVERSARY
ANNOUNCEMENTS
ARTICLES
ARTWORK
AWARD
BABY
BACKGROUND
BIRTHDAY
BORDERS
CARDS
CERTIFICATE
CRAFT
CREATIVE
CUT
DECORATIVE
DESIGN
EMBELLISH
FRAME
GLUE
GRADUATION
HOBBY
KEEPSAKE
MEMENTOS
MEMORABILIA
MEMORIES
MESSAGES
NEWS
NOTES
PAGE
PAPER
PASTE
PHOTOS
PICTURES
PROTECT
QUOTES
RIBBON
SCISSORS
SKETCHES
SOUVENIRS
STORY
THEME
TICKETS
TREASURE
VACATION

Solution on page 367

Automobiles

F	H	I	P	E	H	C	S	R	O	P	K	I	M	P	A	L	A	I	E
C	X	O	D	U	P	H	O	L	S	T	E	R	Y	B	U	I	C	K	T
F	W	A	R	R	E	L	I	O	P	S	K	C	E	R	W	X	C	I	D
J	Y	S	A	N	T	H	G	I	L	G	N	I	K	R	A	P	O	U	E
F	O	S	O	W	U	B	E	A	R	I	N	G	S	R	O	R	R	I	M
G	Y	W	B	T	O	P	A	S	S	E	N	G	E	R	S	W	D	V	W
U	T	H	H	F	R	S	D	J	Y	T	H	G	I	L	L	I	A	T	H
H	S	B	S	M	C	M	E	T	S	Y	S	T	S	U	A	H	X	E	E
Z	M	E	A	U	I	L	G	W	V	R	E	L	S	Y	R	H	C	B	A
K	A	S	D	S	N	E	R	R	S	U	S	P	E	N	S	I	O	N	D
J	Z	G	L	C	E	S	A	D	I	F	F	E	R	E	N	T	I	A	L
H	D	U	E	L	C	E	H	E	C	N	A	M	R	O	F	R	E	P	I
W	A	Z	I	E	S	I	C	Q	Y	K	C	I	N	A	H	C	E	M	G
H	R	V	H	C	B	D	O	W	N	S	H	I	F	T	A	B	U	C	H
E	U	W	S	A	E	L	B	I	T	R	E	V	N	O	C	R	R	H	T
E	C	B	D	R	I	B	R	E	D	N	U	H	T	T	Q	A	H	A	S
L	A	U	N	A	M	A	U	T	O	M	A	T	I	C	U	K	K	S	U
S	H	S	I	G	N	I	T	I	O	N	Y	A	R	G	N	I	T	S	X
H	T	U	W	E	L	T	T	O	R	H	T	P	A	F	X	N	S	I	E
T	I	R	E	S	N	E	C	U	V	Z	L	J	L	M	J	G	I	S	L

ACCORD
ACURA
AUTOMATIC
BEARINGS
BRAKING
BUICK
CHASSIS
CHRYSLER
CONVERTIBLE
COOLING SYSTEM
DASHBOARD
DIESEL
DIFFERENTIAL
DOWNSHIFT
EXHAUST SYSTEM
HEADLIGHTS
HORN
IGNITION
IMPALA
JAGUAR
LEXUS
MANUAL
MAZDA
MECHANIC
MIRRORS
MUSCLE CAR
PARKING LIGHT
PASSENGERS
PERFORMANCE
PORSCHE
SCENIC ROUTE
SPOILER
STINGRAY
SUSPENSION
TAILLIGHT
THROTTLE
THUNDERBIRD
TIRES
TURBOCHARGED
UPHOLSTERY
USED
VW BUS
WHEELS
WINDSHIELD
WRECKS

Solution on page 368

Fascinating Physics

E	R	P	B	W	L	L	R	D	X	C	F	F	R	A	E	L	C	U	N
N	S	M	O	T	A	A	B	C	K	Y	R	E	V	O	C	S	I	D	O
E	C	E	Y	S	C	I	M	A	N	Y	D	O	M	R	E	H	T	R	D
R	I	E	L	G	H	P	S	E	B	K	E	E	R	G	T	A	S	M	A
G	N	B	E	F	V	C	M	J	T	Y	D	E	E	H	P	W	I	O	C
Y	A	X	L	O	I	J	G	M	R	S	L	M	E	P	K	K	N	X	Q
T	H	Z	W	T	W	S	S	E	O	A	Y	O	R	A	S	I	E	L	S
I	C	P	P	F	O	E	S	T	T	M	R	S	N	L	H	N	L	O	G
V	E	O	O	H	B	E	X	I	U	Y	E	M	R	I	I	G	L	E	K
A	M	L	Q	S	A	P	V	P	O	D	U	N	S	A	A	G	E	M	I
R	S	Z	E	R	O	I	J	K	E	N	Y	T	T	B	L	N	H	I	R
G	P	T	C	G	T	L	Y	M	P	R	O	N	K	U	R	O	S	T	F
E	I	H	T	Y	A	F	I	A	A	R	I	E	N	O	M	W	S	S	B
C	E	L	Y	W	A	H	R	H	Y	T	K	M	I	Y	Y	K	H	P	B
B	C	N	S	S	C	T	J	Z	P	N	H	E	E	A	P	Z	H	A	X
X	N	O	A	R	I	S	T	O	T	L	E	V	T	N	O	I	T	C	A
S	E	T	A	C	E	C	R	O	F	D	M	O	S	C	T	F	F	E	A
V	I	W	L	Y	Q	U	A	N	T	U	M	M	N	Y	X	U	I	K	C
A	C	E	F	N	T	H	A	L	E	S	G	N	I	K	R	O	W	H	P
D	S	N	B	Z	M	O	W	A	V	E	S	R	E	V	I	N	U	R	Y

ACTION
ARCHIMEDES
ARISTOTLE
ATOMS
BABYLONIANS
BOYLE
BUOYANCY
DISCOVERY
EINSTEIN
ENERGY
EXPERIMENT
FISSION
FORCE
GRAVITY
GREEK
HAWKING
HELLENISTIC
HISTORY
LAWS
LIGHT
MATH
MECHANICS
MOMENTUM
MOVEMENT
NEWTON
NUCLEAR
OPTICS
PARTICLES
PHILOSOPHY
PHYSICAL
QUANTUM
RELATIVITY
RESEARCH
SCIENCE
SOLAR SYSTEM
SPACE
SPEED
STUDY
THALES
THEORY
THERMODYNAMICS
TIME
UNIVERSE
WAVES
WORKINGS

Solution on page 368

Newscaster

A	A	G	O	J	S	U	W	X	E	P	C	U	D	R	S	C	C	F	Q
Y	H	U	D	R	C	E	A	S	O	A	P	E	N	I	L	D	A	E	H
D	P	U	E	K	A	M	H	L	M	D	V	B	S	S	R	C	R	U	R
D	U	P	G	T	G	Y	I	E	A	T	B	Y	W	G	P	L	E	S	X
I	A	G	H	X	T	S	R	T	G	O	L	A	S	I	T	O	E	U	W
P	F	E	R	O	H	A	E	N	G	A	G	I	N	G	S	C	R	I	K
P	R	O	F	E	S	S	I	O	N	A	L	E	D	T	I	A	B	T	N
G	T	R	D	Z	T	Y	T	A	B	K	C	Q	S	O	E	L	O	I	S
O	X	E	N	O	H	P	O	R	C	I	M	C	O	H	E	R	E	N	T
E	G	T	L	C	I	E	M	F	Y	T	I	R	B	E	L	E	C	T	O
D	F	N	T	E	T	D	J	O	U	R	N	A	L	I	S	M	S	E	B
I	I	E	I	N	V	T	U	B	R	O	A	D	C	A	S	T	E	R	Q
V	E	S	P	N	E	I	Z	T	E	P	N	T	N	R	O	M	E	V	H
M	L	E	C	A	R	D	S	C	S	Q	E	N	N	R	F	A	D	I	Y
U	D	R	Q	U	H	A	I	I	E	L	O	L	Y	E	K	V	E	E	R
K	E	P	C	Q	S	O	W	F	O	U	A	U	E	I	M	P	M	W	E
L	S	L	W	B	V	S	R	E	N	N	Y	Q	N	T	Q	M	O	Y	P
A	N	E	S	I	C	N	O	C	W	O	T	G	G	N	I	V	O	R	O
T	N	S	D	J	Q	E	E	T	S	A	C	S	W	E	N	E	R	C	R
Q	L	H	A	C	W	R	O	T	I	N	O	M	I	N	S	I	G	H	T

ANALYSIS
ANNOUNCER
BANTER
BREAKING
BROADCASTER
CAMERAS
CAREER
CELEBRITY
COHERENT
COMMENTARY
CONCISE
CONFIDENT
DESK
DISCUSS
ENGAGING
FIELD
GROOMED
HEADLINE
INSIGHT
INTERVIEW
JOURNALISM
LOCAL
MAKEUP
MICROPHONE
MONITOR
NEWSCAST
PAPERS
POLISHED
PRESENTER
PROFESSIONAL
REPORT
ROVING
SPORTS
STORY
STUDIO
SUIT
TALK
TELEPROMPTER
TELEVISION
TIE
UPDATES
VIDEO
VOICE
WARNING
WEATHER

Solution on page 368

Hear the Symphony

Q	B	E	S	V	M	S	E	T	O	N	E	X	S	M	H	N	I	S	D
T	S	I	O	L	O	S	I	R	B	C	W	G	A	O	A	S	C	X	Y
M	N	Q	W	V	D	U	T	E	O	H	N	J	X	V	A	Y	B	O	W
B	O	O	R	Y	E	I	E	C	E	O	Q	F	O	E	T	M	L	M	K
N	I	Z	H	F	R	F	N	N	S	R	J	F	P	M	B	P	O	R	I
B	T	L	A	R	N	R	I	O	S	U	P	B	H	E	E	H	C	Z	M
F	C	I	R	R	P	E	R	C	U	S	S	I	O	N	E	O	K	H	P
A	E	W	M	H	T	N	A	I	Z	F	M	S	N	T	T	N	C	O	E
W	S	C	O	F	T	C	L	S	F	L	U	T	E	S	H	I	L	O	M
Y	T	S	N	J	I	H	C	U	S	C	I	T	S	U	O	C	A	G	L
B	R	D	Y	A	Z	H	E	M	F	H	R	P	R	R	V	I	S	V	O
D	I	N	D	S	M	O	T	M	Q	I	O	O	V	O	E	T	S	M	X
E	N	I	N	S	T	R	U	M	E	N	T	S	O	R	N	N	I	C	V
G	G	W	A	A	K	N	O	M	A	C	I	U	C	C	B	A	C	H	B
A	S	D	B	R	I	J	F	F	U	B	D	V	A	H	R	M	A	C	K
T	R	O	M	B	O	N	E	D	R	D	U	N	L	E	W	O	L	V	A
S	S	O	U	N	D	S	N	A	O	E	A	T	I	S	B	R	I	V	Y
D	R	W	R	E	S	O	P	M	O	C	P	T	S	T	Z	O	E	O	Y
N	O	L	L	E	C	Y	I	N	A	P	M	Y	T	R	L	L	A	H	K
U	H	S	F	I	V	G	X	Q	F	E	M	P	I	A	N	O	A	H	E

ACOUSTICS
AUDITORIUM
BACH
BAND
BEAUTIFUL
BEETHOVEN
BRASS
CELLO
CHORUS
CLARINET
CLASSICAL
COMPOSER
CONCERT
CONDUCTOR
FLUTE
FRENCH HORN
HALL
HARMONY
INSTRUMENTS
MODERN
MOVEMENTS
MOZART
MUSIC
NOTES
OBOE
ORCHESTRA
PERCUSSION
PERFORMANCE
PIANO
ROMANTIC
SAXOPHONE
SECTIONS
SOLOIST
SONG
SOUNDS
STAGE
STRINGS
SYMPHONIC
THEME
TROMBONE
TUBA
TYMPANI
VIOLA
VOCALIST
WOODWINDS

Solution on page 368

Study Literature

H	W	V	X	O	U	P	S	Z	Z	C	T	H	E	M	E	Z	T	W	N
U	N	U	I	X	K	O	X	V	H	R	A	D	J	S	Y	K	R	W	H
L	O	O	H	C	S	O	M	T	O	C	E	G	C	D	W	I	A	I	Q
F	K	A	S	M	T	I	V	S	H	C	E	R	U	M	T	N	G	L	Z
O	J	C	S	I	D	O	P	A	N	L	I	T	H	E	T	W	E	D	B
Y	O	K	F	M	R	E	R	A	E	P	S	E	K	A	H	S	D	E	Y
H	Y	F	H	I	L	A	S	I	T	G	M	T	G	P	B	L	Y	O	K
H	C	O	I	L	C	S	P	X	A	I	M	O	F	D	Q	Y	I	J	F
W	E	E	I	T	I	T	I	M	N	N	N	E	E	Y	A	M	R	W	G
S	K	N	E	A	Z	I	I	G	O	I	Y	V	D	M	A	E	C	O	E
R	G	R	N	P	H	G	W	O	S	C	I	M	N	I	S	S	I	S	N
J	S	E	O	R	S	A	E	T	N	T	I	T	L	E	E	F	S	H	R
L	R	H	I	M	Y	F	Y	R	A	L	U	B	A	C	O	V	S	E	E
W	U	C	T	C	J	B	S	R	A	Q	T	R	N	U	C	Z	A	L	S
G	M	A	U	N	H	S	R	J	E	L	C	O	A	U	S	U	L	L	O
W	I	E	L	M	U	A	H	L	W	H	D	F	L	H	K	T	C	E	R
B	Y	T	O	C	N	Y	P	L	D	T	Q	K	Y	P	O	E	E	Y	P
F	J	X	S	O	M	Y	R	T	E	O	P	G	S	O	O	M	A	N	T
T	E	I	E	U	C	O	L	L	E	G	E	N	I	E	B	S	E	T	Y
U	D	Z	R	E	C	U	A	H	C	R	Y	N	S	M	D	R	Z	R	S

ANALYSIS
ANTAGONIST
AUSTEN
BLAKE
BOOKS
BYRON
CHAPTER
CHARACTERS
CHAUCER
CLASSIC
COLLEGE
COMPARISON
DESK
DISCUSS
ESSAY
FICTION
FITZGERALD
GENRE
HEMINGWAY
HOMER
JOYCE
KEATS
MEDIEVAL
NARRATIVE
PLOT
POETRY
PROSE
RENAISSANCE
RESEARCH
RESOLUTION
SCHOOL
SCRIPT
SHAKESPEARE
SHELLEY
SPEECH
SPELLING
STUDY
TEACHER
THEME
TITLE
TRAGEDY
VICTORIAN
VOCABULARY
WILDE
WRITE

Solution on page 368

Playing Politics

I	M	Z	S	E	V	C	X	N	Z	P	A	R	T	Y	E	F	R	O	V
B	W	F	E	F	T	L	N	N	Y	C	I	L	O	P	O	W	E	R	D
S	T	O	L	R	N	E	C	G	T	L	H	E	U	S	U	N	U	E	U
O	O	G	O	C	A	F	G	A	I	S	L	V	V	E	N	B	M	V	T
K	W	Y	S	P	H	F	B	D	J	A	Y	A	L	A	C	O	L	L	X
B	A	S	T	Y	P	T	F	O	U	W	P	G	R	R	C	H	P	I	V
M	B	G	I	S	E	O	V	I	S	B	G	M	O	R	L	O	S	S	C
G	N	Q	M	N	L	A	S	N	L	S	E	T	A	G	E	L	E	D	S
S	K	L	I	D	E	T	I	E	G	I	A	T	S	C	I	H	T	E	T
E	P	B	L	X	E	H	J	C	E	L	A	P	S	A	W	T	Q	T	A
L	A	E	R	N	L	C	O	N	S	T	I	T	U	E	N	C	Y	A	T
C	U	A	E	B	A	N	I	I	N	H	A	S	I	E	B	P	U	N	E
Y	C	Y	K	C	G	M	G	F	S	M	S	N	M	O	R	I	I	E	V
E	T	P	A	R	H	E	R	R	F	E	R	T	I	E	N	D	L	S	R
T	Y	Z	E	J	L	G	E	I	S	O	N	E	S	M	Z	U	A	L	E
T	U	S	P	S	U	D	B	I	A	I	A	I	T	R	O	P	P	U	S
A	S	G	S	Y	A	D	M	K	O	H	D	X	V	D	O	N	K	E	Y
R	O	N	R	E	V	O	G	P	R	E	C	I	N	C	T	S	T	Q	R
Q	J	Y	L	A	R	X	P	E	N	W	Z	N	U	I	Z	O	R	W	I
N	K	Q	X	P	E	A	P	T	E	G	A	V	K	N	V	V	N	Q	L

AFFILIATION
APPOINTMENT
BILLS
BOSS
BUDGET
CABINET
CAMPAIGN
CHAIRMAN
CONGRESS
CONSTITUENCY
DELEGATES
DEMOCRAT
DONKEY
ELEPHANT
ETHICS
GAVEL
GOVERNOR
JUDGE
LEADERSHIP
LEGISLATOR
LIMITS
LOCAL
MAYOR
NOMINATE
OATH
OFFICE
OPPOSE
PARTY
POLICY
POWER
PRECINCTS
PRESIDENT
PROMISES
PUBLIC
RACE
RALLY
SENATE
SERVE
SPEAKER
SPEECH
SPONSOR
STATE
SUPPORT
TERM
VOTE

Solution on page 368

Look for *C*s

J	N	K	V	J	K	P	K	J	L	Y	F	E	I	H	C	U	R	V	E
R	X	C	Z	C	C	R	U	S	H	E	D	C	O	P	I	E	D	A	X
A	E	T	G	H	M	U	D	P	K	E	E	R	C	K	T	G	S	S	Y
S	J	N	F	K	P	R	C	H	U	N	K	S	T	Z	I	C	D	G	N
S	T	X	H	K	E	G	A	R	U	O	C	N	H	N	Z	R	T	T	O
H	M	M	S	D	C	E	Y	L	D	O	U	C	H	X	E	O	F	R	L
N	U	J	T	W	H	L	V	F	L	O	H	F	L	D	N	W	J	C	O
L	P	M	V	N	T	G	U	N	C	O	C	G	N	I	L	D	D	U	C
D	T	R	F	I	J	R	N	M	K	B	C	I	O	Z	F	U	W	J	O
H	C	H	M	K	E	M	U	I	S	R	L	E	I	J	E	C	V	L	L
F	J	O	G	J	S	G	N	O	T	Y	I	Q	T	O	S	H	A	S	L
A	L	Z	I	U	U	G	R	E	C	A	C	O	A	S	T	U	R	N	E
G	N	I	G	N	A	H	C	E	Q	D	E	C	E	M	S	C	A	E	C
H	O	C	Z	H	C	C	T	O	B	O	U	R	R	A	X	K	C	K	T
D	I	O	O	X	W	T	C	O	N	F	L	I	C	T	B	S	U	C	E
U	P	X	T	N	E	S	N	O	C	C	O	N	J	U	R	O	R	I	C
Y	M	J	C	S	T	B	N	T	C	A	R	T	N	O	C	R	B	H	N
B	A	Z	S	U	U	E	D	U	R	C	D	E	N	I	F	N	O	C	A
W	H	A	Q	A	R	I	S	K	C	R	E	S	T	Z	E	P	Z	N	H
S	C	R	I	C	K	E	T	T	R	Y	Z	G	R	E	U	Q	N	O	C

CASSETTE
CASUAL
CAUGHT
CAUSE
CHAMPION
CHANCE
CHANGING
CHICKEN
CHIEF
CHOKING
CHUCKED
CHUCKS
CHUNKS
CITIZEN
CLUMSY
COAST
COIN
COLLAR
COLLECT
COLONY
CONCRETE
CONFINED
CONFLICT
CONJUROR
CONQUER
CONSENT
CONTEST
CONTRACT
COPIED
COUNT
COURAGE
COURT
CREATING
CREATION
CREEK
CREST
CRICKET
CROW
CRUDE
CRUSHED
CUDDLING
CURB
CURE
CURVE
CYLINDER

Solution on page 369

Places to Go

G	E	O	X	C	F	Q	P	W	F	L	P	G	T	M	K	O	N	B	S
Q	R	S	X	P	L	A	C	E	R	E	G	I	O	N	H	C	T	O	C
V	X	C	I	Y	C	N	K	G	A	B	C	P	O	R	O	P	S	H	L
G	I	Q	H	U	R	E	P	Y	N	A	M	R	E	G	R	E	E	C	E
S	T	A	T	E	R	L	W	P	C	H	C	W	E	I	H	N	F	G	T
B	A	M	H	Z	M	C	I	T	E	A	X	Q	R	R	E	K	H	X	O
T	L	S	O	O	O	I	N	Y	P	M	I	L	O	O	H	C	S	Y	H
U	Y	O	O	U	P	R	D	J	P	A	A	R	L	C	I	T	Y	S	O
R	Q	H	N	I	N	A	I	V	A	S	M	D	P	T	E	S	J	H	A
K	M	T	A	D	P	T	A	D	C	M	F	X	X	O	F	A	H	U	N
E	R	J	I	Z	O	A	A	I	N	J	A	L	E	D	R	N	N	N	I
Y	O	I	S	N	S	N	R	I	L	A	C	I	P	O	R	T	S	G	H
E	B	U	S	T	E	R	M	I	N	A	L	S	C	L	W	S	D	A	C
N	R	S	U	H	H	W	P	R	S	S	R	R	E	A	Q	G	N	R	R
R	A	U	R	A	C	C	Y	T	A	E	R	T	E	R	Z	G	A	Y	Y
U	H	T	L	I	A	L	T	O	W	N	S	L	S	Z	O	K	L	R	E
O	B	Q	O	L	E	Q	G	L	R	O	T	I	B	U	T	M	S	Z	N
J	E	I	G	A	B	Z	Q	O	H	K	R	R	T	T	A	I	I	C	D
W	G	Y	Z	N	F	C	M	O	H	K	Q	H	I	D	E	A	W	A	Y
D	F	C	O	D	L	E	R	V	R	L	Y	P	F	P	V	E	P	S	S

AIRPORT
AUSTRALIA
BAHAMAS
BEACHES
BUS TERMINAL
CHINA
CITY
COUNTRY
CRUISE
EGYPT
EXPLORE
FRANCE
GERMANY
GREECE
HANGOUT
HARBOR
HIDEAWAY
HOSTEL
HOTEL
HUNGARY
INDIA
ISLANDS
ITALY
JAMAICA
JOURNEY
LONDON
MOUNTAINS
NEW YORK
OCEAN
PARIS
PERU
PLACE
REGION
RETREAT
ROME
RUSSIA
SCHOOL
STATE
SWITZERLAND
SYDNEY
THAILAND
TOWN
TRIP
TROPICAL
TURKEY

Solution on page 369

Woven

G	F	D	G	Q	T	V	S	U	Z	I	G	S	W	V	I	P	K	Z	S
S	K	S	P	B	B	O	S	G	F	T	R	L	D	B	J	W	O	O	L
L	X	I	R	I	F	K	N	A	M	O	W	L	E	L	D	U	Z	O	L
C	N	A	M	S	S	B	Z	Y	T	R	B	I	P	M	W	G	O	A	I
H	D	D	R	G	E	K	C	D	B	I	L	M	L	J	J	M	I	S	K
Q	S	J	H	U	W	Q	Z	G	U	B	N	C	O	L	O	R	E	Y	S
N	R	T	Z	R	E	D	N	U	Y	N	O	I	T	A	E	R	C	E	R
P	Q	F	P	L	A	I	A	N	P	D	I	H	D	T	L	F	M	O	E
R	E	A	B	P	W	H	T	T	D	Y	T	E	A	Z	I	H	P	L	P
F	X	R	A	E	L	G	K	R	B	A	C	M	A	B	T	E	D	N	E
Z	Z	C	S	T	O	N	K	L	T	O	U	A	E	O	X	E	G	C	R
W	N	Q	K	I	Z	I	A	D	R	Q	D	R	L	R	E	V	A	E	W
C	Q	H	E	B	A	N	Z	A	A	E	O	C	T	N	T	L	N	S	W
R	G	C	T	Y	K	N	T	X	L	J	R	E	E	D	Q	R	P	V	P
N	G	I	S	E	D	I	L	E	A	T	P	V	S	Y	E	W	E	F	T
M	L	R	T	T	V	P	E	V	H	S	E	L	T	T	U	H	S	V	Z
P	C	B	M	E	I	S	A	R	M	C	U	L	T	U	R	E	M	C	O
J	F	A	Q	D	T	N	E	T	E	E	O	A	Q	C	M	A	Y	P	Q
B	Y	F	F	L	F	A	K	I	Z	T	P	R	S	Y	V	R	W	D	N
J	R	I	Q	D	D	D	H	N	O	T	T	O	C	G	J	F	P	B	W

ART
BASKET
BLANKET
CLOTH
COLOR
COTTON
CRAFT
CROCHET
CULTURE
DECORATIVE
DESIGN
DYE
FABRIC
FIBER
HOBBY
KNIT
KNOT
LACE
LOOM
MATERIAL
MILL
NAVAJO
NEEDLE
OVER
PATTERN
PERSIAN
PRODUCTION
RECREATION
REED
ROPE
RUG
SATIN
SEWING
SHUTTLE
SKILL
SPINNING
STRAW
TEXTILE
THREAD
TWILL
UNDER
WEAVER
WEFT
WOMAN
WOOL

Solution on page 369

Children's Celebration

Y	B	W	I	G	W	U	G	S	Z	X	N	G	F	P	D	F	C	K	M
U	V	S	A	L	T	L	M	N	P	N	O	T	K	D	H	V	W	L	L
Z	Z	N	I	T	N	C	H	S	I	O	I	A	K	B	R	P	P	J	S
C	L	O	W	N	C	H	R	G	O	M	O	V	I	E	S	A	D	K	W
C	A	B	W	V	N	R	N	O	S	N	M	N	P	L	Q	X	C	X	A
G	U	B	T	R	S	Y	A	D	H	T	R	I	B	O	V	A	P	A	B
R	G	I	U	I	T	T	E	F	N	O	C	H	W	V	N	L	H	W	Q
M	H	R	S	B	J	U	Y	O	T	R	R	J	T	S	A	Y	A	R	P
R	C	R	N	G	B	L	Z	J	S	S	P	S	R	T	T	T	P	A	G
F	N	P	B	T	I	L	F	K	L	R	B	Y	E	S	E	A	P	P	Y
K	U	H	B	M	P	I	E	M	E	H	T	O	A	R	G	G	Y	P	F
X	P	N	A	R	A	L	P	S	E	A	A	T	S	E	I	S	D	I	K
Q	B	F	I	J	K	E	E	J	P	H	P	L	U	M	K	D	X	N	P
R	S	Z	P	G	C	N	R	F	O	G	I	X	R	A	S	A	E	G	T
U	E	D	I	S	T	U	O	C	V	D	J	C	E	E	K	Q	M	P	R
Y	M	N	K	S	K	R	A	P	E	F	A	V	O	R	S	B	U	A	V
L	A	Y	N	X	X	N	F	L	R	C	A	K	E	T	A	O	T	P	S
U	G	O	I	A	D	G	N	I	G	N	I	S	W	S	M	W	S	E	I
W	D	S	R	Y	B	T	P	E	Y	O	R	G	N	I	T	S	O	R	F
Z	J	F	D	P	I	N	G	M	I	G	O	D	L	O	O	H	C	S	S

BANNER
BIRTHDAY
BOWS
BUBBLES
CAKE
CANDY
CARD
CLOWN
CONFETTI
COSTUME
CRAFTS
DRINK
FAMILY
FAVORS
FROSTING
FUN
GAMES
HAPPY
HORSE RIDE
ICE CREAM
KIDS
LAUGH
MASKS
MOVIES
OUTSIDE
PARK
PLATE
PONY
PRESENTS
PRIZE
PUNCH
RIBBONS
SCHOOL
SINGING
SLEEPOVER
SNACKS
SPOON
STREAMERS
SWIMMING
TAG
THEME
TOYS
TREASURE
WATER SLIDE
WRAPPING PAPER

Solution on page 369

Employed

H	C	F	N	S	R	R	B	Z	E	O	P	Z	H	G	Y	V	F	Q	J
Q	T	Y	L	E	G	E	O	A	V	Q	R	E	Q	O	A	R	P	I	U
T	B	R	G	C	L	I	E	N	T	E	F	O	Y	C	P	E	G	J	F
C	W	A	Y	L	V	X	N	Y	V	F	E	T	A	N	I	M	R	E	T
K	W	L	P	O	S	I	T	I	O	N	I	T	T	E	M	O	C	N	I
F	J	A	N	A	P	J	E	G	R	L	I	U	Y	X	M	T	D	K	J
S	C	S	C	G	U	W	Y	Q	I	O	P	F	F	A	T	S	P	E	I
E	O	I	E	O	V	C	B	B	N	E	B	M	R	T	R	U	X	F	R
S	H	C	W	I	N	T	I	F	O	R	P	A	E	S	A	C	I	E	C
T	X	K	V	E	T	S	N	B	G	I	Z	I	L	U	D	R	T	H	E
L	J	D	G	S	N	U	U	O	E	H	E	E	G	P	E	I	S	Z	C
G	T	A	G	O	T	S	D	L	I	A	C	G	B	E	U	N	N	H	I
H	A	Y	P	F	I	K	U	X	T	N	E	M	E	R	I	T	E	R	F
O	X	S	D	N	L	D	C	H	A	A	U	F	C	V	W	E	D	C	F
U	E	R	E	C	E	R	L	R	E	S	N	E	M	I	T	R	E	V	O
R	S	S	Q	H	A	O	E	E	B	E	R	T	S	S	D	V	G	D	S
S	S	K	C	I	V	V	B	O	J	L	S	H	E	O	K	I	A	O	K
M	O	S	S	N	E	L	N	O	I	T	O	M	O	R	P	E	N	Q	P
M	B	E	K	S	Q	U	O	T	A	I	J	Y	O	J	W	W	A	X	Z
C	O	Z	J	U	S	B	V	L	G	T	G	W	Y	E	N	O	M	Q	Y

AGENCY
BONUS
BOSS
BUSINESS
CLIENT
CONSULTANT
CUSTOMER
DUTIES
EMPLOYEE
FIRE
HIRE
HOURS
INCOME
INTERVIEW
JOB
LABOR
LEAVE
MANAGE
MONEY
OFFICE
OVERTIME
PAY
POSITION
PROFIT
PROMOTION
QUOTA
RAISE

RECRUITER
RESPONSIBILITY
RETIREMENT
REVIEW
SALARY
SCHEDULE
SEVERANCE
SICK DAYS
STAFF
SUPERVISOR
TAXES

TERMINATE
TITLE
TRADE
UNION
VACATION
WAGE
WORK

Solution on page 369

Edible Onions

A	X	L	F	R	J	B	P	J	F	U	Z	Y	Z	M	Y	S	V	I	R
R	R	M	G	R	O	P	D	C	A	E	Z	S	I	F	M	I	U	Y	Y
U	C	P	J	N	E	O	J	G	C	W	K	Z	C	P	D	N	E	Q	K
H	E	O	T	W	O	C	T	U	H	I	X	G	C	A	E	L	Q	R	Q
U	O	L	Y	F	Y	R	C	I	N	T	N	A	L	P	L	E	Q	Z	Z
M	U	M	D	B	D	V	T	P	S	N	G	I	Z	O	B	L	L	O	S
F	L	S	F	W	K	E	A	S	H	L	A	R	W	N	A	T	I	D	Y
E	E	G	E	L	K	N	T	N	A	D	I	X	O	I	T	N	A	O	P
O	P	T	R	U	Z	P	A	T	E	N	E	C	X	W	E	E	L	R	N
F	C	S	M	B	Y	S	O	Z	E	Y	D	T	E	W	G	G	O	P	S
U	D	I	K	X	U	G	I	H	E	G	C	W	A	X	E	N	T	O	Y
P	A	D	W	T	B	L	C	S	C	K	N	U	I	R	V	U	U	C	P
S	W	I	Q	T	E	T	B	T	U	T	Q	I	H	C	D	P	R	U	W
H	L	P	E	M	I	D	E	W	S	E	S	Z	M	R	H	Y	B	T	E
D	F	E	A	K	D	A	J	L	H	C	D	N	U	O	R	P	H	R	T
B	W	R	E	G	R	U	B	M	A	H	G	N	I	N	O	S	A	E	S
S	A	Q	I	K	P	E	A	R	L	I	H	A	S	W	V	L	S	D	D
C	Z	L	S	E	S	H	R	T	L	V	N	E	D	R	A	G	B	U	T
Z	Q	O	L	T	D	H	L	O	O	E	J	E	S	A	L	A	D	W	E
B	Z	A	F	U	Y	C	U	Z	T	Q	R	T	L	A	F	G	Q	I	G

ANTIOXIDANT
BLOOMING
BULB
CARAMELIZED
CHIVE
CHOP
CRY
CUT
DEHYDRATED
DIP
EYES
FLAVOR
FOOD
FRIED
GARDEN
GROW
HAMBURGER
KITCHEN
LEEKS
ODOR
PEARL
PEEL
PLANT
POWDER
PUNGENT
RED
ROOT
ROUND
SALAD
SANDWICH
SCALLION
SEASONING
SHALLOT
SKIN
SLICE
SOUP
STEW
STRONG
SWEET
TEAR
VEGETABLE
VIDALIA
WHITE
WILD
YELLOW

Solution on page 369

It's a Carnival

S	C	F	Z	D	X	L	D	R	I	N	K	S	N	E	K	O	T	B	R
T	S	B	P	C	A	F	L	E	L	E	P	H	A	N	T	I	Z	F	E
A	T	O	L	E	X	A	H	T	C	B	G	G	I	N	G	C	P	O	C
L	A	K	T	A	U	U	S	A	M	C	A	N	T	W	I	R	L	O	I
L	E	X	M	G	D	E	R	E	B	F	M	M	O	P	I	M	R	D	R
S	R	P	H	V	N	O	T	E	E	S	E	H	R	Z	I	O	A	Y	C
H	T	T	R	I	U	I	S	R	A	M	S	E	E	N	L	N	G	L	U
I	E	O	L	S	C	X	R	I	R	E	T	S	E	L	C	S	U	O	S
R	A	E	E	K	D	I	S	F	D	Z	G	C	E	I	R	R	R	S	B
I	K	L	E	U	S	N	U	I	E	O	H	R	N	M	F	I	N	A	U
B	G	T	Z	W	D	N	S	L	D	I	C	G	I	R	A	O	W	V	M
J	S	U	H	D	L	R	S	N	L	O	X	D	I	F	I	C	O	E	P
M	V	E	S	X	E	G	R	D	A	C	W	E	Y	T	A	O	L	N	E
Y	E	C	G	K	Y	O	R	S	D	A	N	T	C	H	O	N	C	D	R
L	Y	N	R	K	C	E	T	T	Y	D	N	A	C	N	O	T	T	O	C
I	Z	A	J	P	N	E	Q	T	S	U	R	I	S	H	A	E	A	R	A
M	B	M	O	O	R	M	B	O	O	T	H	S	W	S	M	S	G	S	R
A	A	P	S	K	Y	I	Z	C	T	Y	R	I	A	F	E	T	A	T	S
F	L	L	I	K	S	D	N	A	B	T	S	I	R	W	I	D	J	X	O
V	S	K	T	E	K	J	B	N	Y	Q	R	L	N	L	V	F	Q	S	Y

ANIMALS
ATTRACTIONS
BARKERS
BEARDED LADY
BOOTHS
BUMPER CARS
CAROUSEL
CHILDREN
CIRCUS
CLOWN
CONTEST
CORNDOGS
COTTON CANDY
COUNTY FAIR
DANCING
DRINKS
ELEPHANT
ENJOY
FAMILY
FERRIS WHEEL
FIRE EATER
FOOD
FRIENDS
FUN
GAMES
LAUGHTER
LINES
MIDWAY
POPCORN
PRETZELS
PRIZES
RING TOSS
ROLLERCOASTER
SIDESHOW
SKILL
SODA
STALLS
STATE FAIR
TICKETS
TOKENS
TOYS
TREATS
VENDORS
WIN
WRIST BANDS

Solution on page 370

Stories

N	S	R	E	T	C	A	R	A	H	C	A	M	P	F	I	R	E	C	R
R	O	R	R	O	H	R	L	A	C	I	R	O	T	S	I	H	E	O	O
F	O	I	U	U	G	G	L	L	P	J	F	M	D	D	R	A	M	A	W
L	X	H	T	T	D	D	E	T	E	C	T	I	V	E	L	A	L	Z	K
V	H	X	N	C	V	R	Y	U	N	R	C	P	R	I	N	C	E	Y	H
V	T	N	E	M	I	P	E	R	T	N	E	B	U	C	X	H	P	B	C
F	Y	W	V	D	M	F	J	U	E	E	B	D	E	L	T	S	A	C	T
W	M	I	D	N	H	U	M	O	R	T	T	Z	N	D	P	M	J	H	I
P	G	P	A	W	R	Z	C	U	T	T	S	I	N	I	T	C	R	M	W
X	L	O	M	O	M	B	R	H	A	W	R	Y	C	E	C	I	I	N	I
M	R	K	I	J	U	V	E	N	I	L	E	T	M	E	L	S	M	N	W
V	S	K	O	L	R	Q	M	L	N	L	U	R	V	L	R	S	A	E	A
I	H	S	N	O	S	S	E	L	L	R	D	Y	E	O	F	A	G	C	C
J	V	G	D	E	B	G	M	L	E	I	L	R	F	A	I	L	I	L	O
B	G	N	M	S	E	A	B	S	B	O	B	A	E	O	D	C	N	C	M
E	Z	I	B	N	G	G	E	E	X	A	N	R	R	N	P	U	E	S	E
O	R	P	D	I	X	O	R	I	Q	T	F	E	A	E	S	O	P	S	D
C	D	P	C	N	O	I	T	C	A	H	H	T	T	R	A	G	E	D	Y
E	L	A	T	N	R	E	T	S	E	W	J	I	P	C	Y	H	H	S	M
X	L	N	P	T	I	P	Y	Q	U	X	W	L	E	X	X	M	T	B	W

ACTION
ADVENTURE
AESOP
BEDTIME
BOOK
CAMPFIRE
CASTLE
CHARACTERS
CHILDREN
CINDERELLA
CLASSIC
COMEDY
CRIME
DETECTIVE
DRAMA
ENTERTAIN
FABLE
FANTASY
FICTION
HERO
HISTORICAL
HORROR
HUMOR
IMAGINE
JUVENILE
LEGEND
LESSONS
LIBRARY
LITERARY
MAGICAL
MYSTERY
NAPPING
PICTURES
PRINCE
READ
RECITE
REMEMBER
ROMANCE
TALE
THRILLER
TRAGEDY
TRUE
VOICES
WESTERN
WITCH

Solution on page 370

Smelly

W	W	S	X	T	I	A	C	P	R	R	Y	N	I	O	C	Q	Z	A	J
J	W	E	D	L	I	M	H	L	I	B	A	U	B	Z	E	C	S	C	N
P	F	W	D	G	G	P	L	T	I	N	C	E	N	S	E	G	D	H	R
Y	L	A	O	T	N	R	M	R	F	G	E	C	R	Q	I	A	J	P	C
I	K	G	A	I	I	M	D	R	N	A	D	Z	S	K	J	V	B	P	P
N	D	E	R	T	K	C	I	G	A	R	E	T	T	E	S	A	O	S	Y
H	W	R	T	T	A	S	L	F	I	L	D	U	M	P	S	T	E	R	S
S	A	Z	W	G	B	S	T	E	L	I	O	T	B	E	P	K	D	E	E
H	K	W	E	T	D	O	G	L	P	C	P	E	M	O	R	N	N	W	L
F	W	G	K	I	D	N	Z	G	O	E	S	E	U	C	U	N	O	O	D
U	O	L	N	U	J	I	Z	S	L	P	N	R	T	A	O	P	C	L	N
D	M	X	K	R	N	O	K	M	I	T	R	I	L	S	S	O	A	F	A
N	N	U	H	F	N	N	D	C	S	I	W	F	L	G	L	F	B	O	C
Q	A	L	S	E	U	S	E	I	H	R	H	B	R	O	E	Y	K	K	S
K	S	M	Z	K	O	S	E	G	A	B	R	A	G	E	S	E	E	H	C
Y	G	U	S	C	Y	G	X	C	M	P	S	N	T	E	S	A	F	R	F
L	J	R	K	J	G	G	W	E	P	S	E	R	U	N	A	M	G	N	U
M	Z	S	C	J	W	E	M	R	O	N	A	R	A	G	E	N	I	V	Q
W	G	J	L	V	N	U	S	M	O	K	E	Q	S	S	F	E	R	N	E
I	A	L	R	A	O	N	R	H	K	T	H	U	O	U	X	A	P	V	T

ARMPIT
BACON
BAKING
BASEMENTS
BIRDCAGE
CANDLES
CHEESE
CIGARETTES
COLOGNE
DECAY
DIAPERS
DUMPSTERS
EGGS
FEET
FLOWERS
FRUIT
GARBAGE
GARLIC
GASOLINE
GRASS
INCENSE
LAUNDRY
MANURE
MILDEW
MINT
MUSK
NAIL POLISH
NEW CAR
ONIONS
PETS
PINE
POTPOURRI
ROT
SEWAGE
SHAMPOO
SKUNK
SMOKE
SOAP
SOCKS
SOUR
SPICES
SWEAT
TOILETS
VINEGAR
WET DOG

Solution on page 370

Into the Forest

H	O	L	P	M	Q	D	W	S	E	B	M	S	I	L	M	X	O	D	L
E	Q	E	J	V	N	J	A	O	I	E	N	K	S	R	S	N	E	P	P
B	Q	V	I	B	N	A	O	W	E	D	D	S	H	K	I	C	X	E	P
B	X	O	M	G	W	M	T	C	O	I	Q	Z	C	P	X	U	S	Q	N
D	R	A	T	E	I	U	Q	G	P	B	Z	O	L	W	S	Q	L	E	D
W	E	S	V	H	C	T	I	B	B	A	R	E	V	I	R	W	T	I	A
K	R	P	J	G	A	U	E	T	P	S	L	A	M	M	A	M	X	T	N
S	Z	O	K	F	P	A	R	A	C	C	O	O	N	R	B	T	N	Y	G
V	M	S	W	O	R	X	R	P	R	B	Q	A	U	C	A	N	O	P	Y
O	O	P	R	L	O	U	Q	E	S	S	O	M	S	H	H	L	O	H	F
M	A	M	J	Y	S	R	E	W	O	L	F	D	L	I	W	E	S	O	R
L	I	A	R	T	N	K	B	P	V	T	H	T	A	P	D	S	S	R	F
F	F	C	L	E	R	S	T	R	S	M	B	R	A	M	B	L	E	S	Z
D	C	I	E	S	E	M	O	T	A	S	E	H	S	U	B	A	T	E	J
O	N	Y	R	E	F	D	A	B	M	T	A	H	R	N	S	C	I	W	P
G	F	M	R	U	L	B	K	P	N	I	R	H	Y	K	E	N	G	L	N
S	N	T	C	B	G	K	B	U	L	E	S	M	I	S	E	V	A	E	L
M	H	T	L	J	C	P	H	G	W	E	L	G	N	U	J	N	P	K	F
A	W	P	D	Y	Q	W	E	S	O	O	M	I	U	O	T	S	I	D	E
T	B	B	L	U	Q	S	J	U	Z	X	L	O	G	S	A	X	U	P	F

ASPEN
BATS
BEAR
BRAMBLES
BRANCHES
BROOK
BUSHES
CAMP
CANOPY
CHIPMUNKS
CREEK
DEER
DOGS
ELK
FERNS
FIR
HORSE
HUNTER
INSECTS
JUNGLE
LEAVES
LOGS
MAMMALS
MAPLE
MICE
MOOSE
MOSS
OAK
OWLS
PATH
PINE
PLANTS
QUIET
RABBIT
RACCOON
RIVER
ROCKS
RUSTLING
SHREWS
SHRUBS
SNAKE
SPRUCE
TRAIL
TREES
WILDFLOWERS

Solution on page 370

Market Trading

J	J	I	X	N	Y	A	S	K	Y	P	P	L	R	Q	A	X	R	Y	F
W	I	A	S	E	D	D	Y	R	E	T	U	R	N	I	E	C	M	N	F
Z	T	N	F	E	D	X	G	T	P	U	B	L	I	C	S	X	A	P	H
B	J	B	N	Y	Y	N	N	W	I	I	X	Y	E	C	D	I	Y	I	S
O	O	M	Q	S	Y	B	I	T	O	K	Y	O	F	F	E	R	N	N	L
U	T	N	P	Q	M	O	T	T	H	F	U	T	U	R	E	S	O	G	D
X	U	V	Z	O	R	W	A	L	L	S	T	R	E	E	T	I	Z	I	G
R	J	C	U	N	O	G	R	L	M	K	N	G	V	I	T	K	V	Z	A
G	L	M	S	Y	S	V	A	A	S	E	V	I	T	A	V	I	R	E	D
R	I	M	W	T	T	L	Y	I	T	E	N	U	L	N	D	W	A	Z	W
E	B	W	O	L	N	T	U	C	N	Y	T	U	D	E	A	L	E	R	Z
Q	Y	C	D	C	I	O	V	N	E	I	G	A	N	S	D	S	B	C	F
S	K	A	O	U	O	R	G	A	O	E	V	D	R	S	E	A	D	C	A
S	I	T	Q	R	P	O	R	N	R	K	S	H	D	O	F	S	R	A	L
E	Y	E	V	V	B	N	S	I	I	N	I	E	S	I	P	E	C	T	Q
L	D	I	E	E	I	T	H	F	O	G	T	T	N	E	C	R	E	P	M
L	W	K	E	N	Y	O	V	I	H	S	D	V	Y	S	E	A	O	U	U
F	T	U	G	L	A	U	T	R	I	V	E	E	Q	Y	D	H	J	C	D
G	X	S	K	U	D	P	B	L	L	S	L	D	H	N	S	S	O	R	G
A	E	M	U	L	O	V	A	F	T	E	K	R	A	M	U	T	U	A	L

BEAR
BUY
CORPORATE
CURVE
DEALER
DERIVATIVES
DIVIDENDS
EARNINGS
EQUITY
FINANCIAL
FUTURES
GAIN
GROSS
HEDGING
HIGH
INDEX
INSTITUTIONS
INVEST
LISTED
LOW
MARKET
MUTUAL
NASDAQ
NET
NYSE
OFFER
OPTIONS
PERCENT
POINTS
PRICES
PUBLIC
RATING
REGULATIONS
RETURN
RISING
SELL
SHARES
STOCKS
TOKYO
TORONTO
TRADE
VIRTUAL
VOLUME
WALL STREET
YIELD

Solution on page 370

Reader

R	E	E	Q	S	U	E	J	N	C	S	N	I	U	I	A	H	R	Q	W
M	G	S	E	Y	O	R	U	L	Q	W	B	W	J	M	H	U	M	O	R
A	E	L	E	C	R	V	C	I	P	E	L	C	I	T	R	A	O	G	T
T	A	C	K	T	N	A	M	O	A	N	O	Z	E	R	G	V	O	E	H
T	J	N	J	C	T	A	R	F	R	C	G	U	T	A	O	R	R	N	G
G	C	A	T	S	Q	I	M	B	D	T	T	C	Z	I	L	H	H	R	I
A	F	G	Q	O	T	Y	N	O	I	T	C	I	F	R	E	T	T	E	L
T	N	Z	L	B	L	U	W	G	R	L	N	D	O	C	A	G	A	U	N
S	P	O	E	M	U	P	D	A	T	E	R	S	L	N	R	N	B	A	A
P	F	D	V	E	H	E	I	Y	I	O	U	A	T	H	N	I	D	P	A
H	Y	A	O	A	P	Y	R	O	T	S	S	A	G	A	O	V	A	A	R
T	D	E	N	X	L	D	A	A	P	S	R	V	R	G	E	P	H	A	O
T	J	M	U	T	O	K	R	E	R	X	C	E	R	N	E	U	N	F	R
E	H	I	I	J	A	T	N	E	M	N	I	A	T	R	E	T	N	E	R
P	A	R	I	U	S	S	T	O	O	A	P	U	B	C	H	D	Q	T	O
W	E	C	I	U	E	P	Y	R	T	H	R	A	N	O	A	U	G	S	H
O	A	T	L	L	A	S	E	E	Y	E	C	V	L	O	I	R	A	A	K
A	G	L	R	H	L	L	B	O	O	K	S	O	N	R	K	I	A	E	I
Y	I	H	C	R	A	E	S	E	R	D	G	W	E	T	L	K	B	H	F
J	K	K	Z	X	Y	D	R	Z	U	Y	T	D	Y	G	K	O	I	I	C

ACTION
ADVENTURE
ANTHOLOGY
ARTICLE
AUTHOR
BATHROOM
BED
BIOGRAPHY
BLOG
BOOK
CHAPTERS
CHARACTERS
CLASS
CRIME
ENTERTAINMENT
EPIC
FANTASY
FICTION
GENRE
HORROR
HUMOR
ILLUSTRATOR
LEARN
LETTER
LIBRARY
LIGHT
MAGAZINE
NEWS
NOTES
NOVEL
PAPERBACK
PLOT
POEM
RELAX
REQUIRED
RESEARCH
ROMANCE
SAGA
SETTING
STORY
STUDY
SUSPENSE
TALES
THRILLER
UPDATE

Solution on page 370

Instagram

G	C	Y	B	C	P	R	A	N	H	O	T	H	F	Z	M	V	A	F	R
R	S	G	N	I	T	A	R	P	N	I	R	S	O	S	V	O	O	A	G
U	X	R	L	I	K	E	S	G	X	F	A	N	S	E	N	B	U	N	L
F	O	H	E	N	J	B	C	S	K	R	E	S	O	L	U	T	I	O	N
G	F	E	A	T	U	R	E	I	E	E	H	P	I	X	E	D	F	C	S
P	Z	O	Y	Z	L	R	D	S	V	G	X	N	H	P	A	A	O	E	X
Y	L	T	Z	A	A	I	C	M	I	E	E	H	R	O	C	O	R	L	T
B	U	A	Z	W	D	T	F	D	N	I	D	E	L	E	T	V	H	E	N
M	D	S	T	C	Z	V	A	C	S	R	P	P	B	S	I	O	X	B	H
X	I	F	E	F	R	Y	E	G	Y	K	U	O	V	C	B	T	E	R	F
D	O	R	J	R	O	G	L	R	S	E	O	F	E	C	O	W	T	I	I
S	R	Y	A	D	S	R	U	H	T	K	C	A	B	W	O	R	H	T	I
O	D	H	C	W	T	F	M	C	R	I	C	N	S	P	M	J	S	I	Q
C	N	M	C	I	S	Y	O	S	O	M	S	E	I	F	E	E	G	E	M
I	A	G	O	O	O	M	A	S	M	G	G	E	Y	F	R	L	N	S	U
A	O	V	U	H	P	O	P	U	L	A	R	I	R	U	A	I	I	B	K
L	P	I	N	U	O	O	R	A	M	A	B	E	T	S	N	B	R	K	A
J	D	D	T	P	U	B	L	I	C	B	E	C	R	F	G	O	A	G	C
G	O	E	S	U	H	K	Y	C	A	V	I	R	P	P	A	M	H	E	S
K	R	O	W	T	E	N	A	A	M	P	R	O	F	I	L	E	S	B	C

ACCOUNTS
ADVERTISERS
AMARO
ANDROID
APP
BOOMERANG
BUZZ
CELEBRITIES
COMPUTER
DEVICE
FACEBOOK
FANS
FEATURE
FILTERS
FREE
HEART
IMAGES
KEVIN SYSTROM
LIKES
MIKE KRIEGER
MOBILE
NETWORK
ONLINE
PERPETUA
PHOTO
PICTURES
PLATFORMS
POPULAR
POST
PRIVACY
PROFILES
PUBLIC
RATINGS
RESOLUTION
SERVICE
SHARING
SOCIAL
SOFTWARE
TAGS
TEXT
THROWBACK THURSDAY
UPLOADING
USERS
VIDEO
WEB

Solution on page 371

Apartments

W	K	U	H	A	Z	D	M	V	V	Z	V	C	C	Q	D	N	U	Z	G
Z	X	Y	W	U	S	T	A	I	R	S	W	O	D	N	I	W	J	W	S
M	T	J	E	R	F	A	P	S	T	U	D	I	O	L	B	K	D	M	Y
R	K	L	W	K	D	L	A	O	Y	R	D	N	U	A	L	W	F	E	O
U	C	R	D	B	P	F	R	N	E	H	C	T	I	K	E	A	D	F	D
A	T	P	O	A	O	A	K	S	R	E	N	T	A	L	A	R	M	Y	B
R	E	I	S	T	G	L	I	V	I	N	G	D	L	S	A	S	A	S	V
F	C	L	L	E	A	D	N	G	T	Q	Y	I	U	Y	F	Y	C	Y	G
F	A	C	G	I	E	V	G	F	U	R	N	I	T	U	R	E	O	H	W
K	B	Q	U	N	T	F	E	H	M	G	L	R	L	C	W	K	N	L	V
L	L	E	C	S	I	I	F	L	P	Y	U	M	O	O	R	H	T	A	B
G	E	E	D	D	E	S	E	I	E	O	M	N	F	M	O	J	R	N	U
F	X	A	M	R	H	C	A	S	C	S	E	E	T	M	H	F	A	D	I
S	S	E	S	O	O	L	U	D	H	I	U	W	C	U	V	L	C	L	L
H	T	R	L	E	H	O	E	R	G	A	E	O	L	N	Z	O	T	O	D
U	N	E	D	P	H	P	M	H	I	K	R	N	H	I	A	O	C	R	I
E	A	U	P	N	M	L	B	S	W	T	B	E	C	T	X	R	I	D	N
H	N	M	W	A	O	O	E	U	A	U	Y	K	U	Y	N	S	T	D	G
M	E	O	R	L	R	O	C	X	C	I	R	T	C	E	L	E	Y	N	K
A	T	C	A	R	X	P	Q	P	T	H	H	J	R	E	C	A	P	S	E

BATHROOM
BEDROOMS
BUILDING
CABLE
CITY
COMMUNITY
COMPLEX
CONTRACT
COURTYARD
CRAMPED
DWELLING
EFFICIENCY
ELECTRIC
ELEVATOR
ENTRANCE
FLAT
FLOORS
FURNITURE
HOME
KEYS
KITCHEN
LANDLORD
LAUNDRY
LEASE
LIVING
LOFT
NEIGHBOR
PARKING
PENTHOUSE
PETS
POOL
RENTAL
RESIDENCE
SECURITY
SHARE
SINGLE
SMALL
SPACE
STAIRS
STORAGE
STUDIO
TENANTS
TOWNHOUSE
UTILITIES
WINDOWS

Solution on page 371

Rich Life

H M L R P Q Q S H K O V L J J V S N X D
M S A T L E I H E E A Z D O N A T E F S
G T J N S R A B T Y S R H L B B O N D S
C E H I S E A C E F O R T U N E G E G T
Y N I C F I N V E S T I N G B P I O R L
Z N E R A J O I I P U D G S I F U A L Z
J I A I S Y D N F E A O S L S R V H R D
M S K C O T S Q N N X E H I M E O P E N
R X W H L H N T C D E M T E L Q C F L H
S R L P J D R E L A X A T I O N A C T Z
X S A N O O C L M T S F H C E O R L U O
D U M L F O P U L E N T H C Y H A U B S
P O Q M U P L L L K V I N R W E A L T H
D W O K S P R I V I L E G E H F N P F E
O C U F S D O V R D U N I O D R G O P X
A C H O I J N P R L Q Y Y H S A C Y M Y
Z C A O L T I E F C H N S E C U R I T Y
O R X H B R N F I A A N O I T A C A V I
X C A X G B A Z Y R L E W E J I L J U U
G A P A R T Y O J S F A Y V U T R X F T

ABUNDANCE
ACHIEVEMENTS
AFFLUENCE
BLISS
BONDS
BUTLER
CARS
CASH
CHILDREN
COMFORT
DONATE
FAME
FINEST
FOOD
FORTUNE
FRIENDS
GOLD
GOURMET
HAPPY
HEALTH
HOBBY
HOUSE
INVESTING
JEWELRY
JOY
MANSION
MONEY
OPULENT
PARTY
PEACE
POOL
POPULAR
PRIVILEGE
RELAXATION
RICH
SATISFIED
SECURITY
SPEND
STOCKS
SUCCESS
TENNIS
TRAVEL
VACATION
WEALTH
YACHT

Solution on page 371

Start a Business

D	I	F	R	V	O	I	L	K	U	S	Z	D	L	L	E	K	V	X	Y
E	T	F	C	R	E	D	I	T	N	A	R	U	A	T	S	E	R	B	E
B	C	U	L	T	U	R	E	N	D	E	D	R	U	C	I	T	E	O	L
T	E	P	I	O	G	G	G	V	Q	D	E	L	D	T	H	A	N	H	A
A	R	U	V	G	N	N	I	U	M	T	I	U	I	J	C	R	N	X	M
X	U	B	E	I	O	S	I	J	A	Q	E	U	V	W	N	E	A	G	A
E	T	D	L	H	O	T	T	L	U	D	S	L	I	A	A	P	L	N	N
S	N	L	I	R	Y	I	L	I	L	R	E	O	D	C	R	O	P	I	A
L	E	J	H	T	G	O	D	O	U	A	Z	C	N	C	F	Q	E	Y	G
S	V	P	O	S	C	A	W	P	W	S	C	A	I	O	X	K	E	U	E
T	A	A	O	C	T	O	U	E	Y	T	I	L	A	U	Q	S	Y	B	N
O	W	R	D	I	S	T	R	I	B	U	T	O	R	N	I	T	O	O	I
R	U	T	O	I	N	D	E	P	E	N	D	E	N	T	L	C	L	O	L
E	Y	N	R	X	Y	W	S	H	O	P	G	Y	A	A	E	U	P	K	N
N	H	E	E	H	N	E	C	I	V	R	E	S	I	N	N	D	M	K	O
H	U	R	E	T	A	V	I	R	P	Q	A	C	S	T	D	O	E	E	T
O	J	S	R	W	P	R	O	P	R	I	E	T	O	R	E	R	V	E	I
X	H	H	A	O	M	L	A	T	I	P	A	C	I	Q	R	P	P	P	B
O	E	I	C	R	O	K	I	O	S	K	S	F	Q	O	S	O	N	E	I
H	R	P	T	G	C	G	E	N	T	R	E	P	R	E	N	E	U	R	N

ACCOUNTANT
ADVISOR
AUDIT
BOOKKEEPER
BUYING
CALLING
CAPITAL
CAREER
COLLATERAL
COMPANY
CORPORATION
CREDIT
CULTURE
DEBT
DISTRIBUTOR
EMPLOYEE
ENTREPRENEUR
EQUITY
FRANCHISE
GROWTH
INDEPENDENT
INDIVIDUAL
KIOSK
LENDERS
LIQUIDATION
LIVELIHOOD
LOCAL
MANAGE
ONLINE
OPERATE
PARTNERSHIP
PLANNER
PRIVATE
PRODUCTS
PROPRIETOR
PURSUIT
QUALITY
RESTAURANT
SELLING
SERVICE
SHOP
SPECIALTY
STORE
TAXES
VENTURE

Solution on page 371

Treasure Chest

Q	K	S	I	T	I	G	O	H	I	C	C	L	I	S	V	E	P	K	G
T	J	T	T	Z	P	A	N	I	C	I	J	Y	F	P	I	V	M	G	K
R	M	T	Y	P	S	R	F	O	I	B	V	W	Q	O	Q	A	G	A	Y
R	P	M	K	E	A	F	I	K	C	O	R	J	Z	R	I	C	H	E	S
U	U	I	W	M	N	M	G	Z	X	S	A	I	J	R	X	G	N	J	F
Z	H	S	D	O	D	O	S	T	E	G	G	U	N	X	N	U	S	S	N
M	U	I	T	I	O	E	M	E	R	A	L	D	S	G	T	A	L	E	H
Q	Y	C	E	E	U	D	H	D	C	D	H	C	M	R	S	R	D	C	A
I	H	P	G	P	A	R	E	N	I	A	T	N	O	C	A	D	A	G	S
Z	Q	S	K	M	I	L	C	N	B	O	L	F	V	E	I	E	J	I	T
H	N	L	N	E	A	R	N	R	Q	N	C	K	P	H	B	D	L	P	U
L	D	N	A	E	C	O	A	K	Z	V	B	A	C	S	T	V	U	Z	R
B	Y	D	C	T	M	C	D	T	A	S	D	U	Y	E	E	O	X	H	D
C	U	N	S	U	E	J	N	L	E	T	O	P	R	R	N	K	O	Q	Y
Q	O	O	M	L	C	M	U	I	A	W	P	K	I	I	L	L	R	L	J
C	M	P	E	G	L	A	B	F	H	E	A	V	Y	H	E	E	F	R	U
C	G	T	G	O	B	U	A	Y	F	A	L	O	R	P	S	D	W	J	N
E	S	T	S	L	R	O	Z	X	K	L	S	J	T	P	L	O	K	E	Y
W	I	T	E	D	N	G	G	F	S	T	A	N	Z	A	N	I	T	E	J
N	I	T	Q	S	M	N	Y	X	R	H	M	C	A	S	H	P	O	C	Y

ABUNDANCE
BEACH
BRACELETS
BURIED
CASH
CAVE
CONCEALED
CONTAINER
EMERALDS
FORTUNE
GEMS
GOLD
GUARDED
HEAVY
HIDDEN
HOLE
JEWELRY
KEY
LOOT
LOST
MAP
METAL
MONEY
NECKLACES
NUGGETS
OCEAN
OPALS
PEARLS
PIRATE
PRIZE
RICHES
RINGS
ROCK
RUBIES
SAND
SAPPHIRES
SEA
SHIP
SILVER
STEAL
STURDY
TANZANITE
VALUABLE
WEALTH
WOODEN

Solution on page 371

Musical

R	S	N	V	Q	C	A	H	H	M	C	Q	F	N	Z	D	S	M	T	B
F	M	Q	V	O	Z	C	Q	J	M	R	T	S	H	O	R	N	T	U	U
Q	E	A	O	V	E	W	X	H	Z	W	R	E	F	O	O	W	G	S	Y
B	W	I	A	C	E	E	A	L	E	I	Z	P	Y	E	C	L	N	Z	H
H	X	A	D	C	I	L	T	N	E	M	Y	O	J	N	E	A	L	Q	K
Z	V	I	M	E	Z	D	S	O	W	Q	D	P	F	X	R	A	S	E	L
R	U	C	O	N	N	D	T	I	R	E	E	X	D	E	F	Y	Y	U	C
W	N	C	R	T	H	I	E	S	L	B	E	L	W	Z	T	R	T	H	F
D	C	C	C	E	R	F	R	S	W	D	R	A	O	B	Y	E	K	B	C
I	U	T	H	P	Z	E	E	U	G	B	U	C	V	W	N	K	R	J	H
K	L	X	E	M	I	I	O	C	O	E	T	I	R	O	V	A	F	A	J
D	H	G	S	U	H	I	S	R	C	B	U	S	T	L	S	E	R	Z	Y
D	Z	K	T	R	I	T	E	E	M	F	M	S	S	S	I	P	Q	Z	F
H	B	W	R	T	R	O	I	P	H	T	A	A	I	A	G	S	A	L	K
C	V	A	A	I	N	I	D	U	I	T	O	L	T	L	H	M	T	I	B
N	E	C	N	A	D	J	N	S	G	P	N	C	R	O	N	H	C	E	T
H	E	G	I	D	T	S	I	M	Z	Q	G	Y	A	I	L	E	L	D	N
K	S	P	Z	L	E	N	O	H	P	O	X	A	S	V	N	L	U	J	L
R	A	Z	O	F	O	O	B	O	E	Q	T	A	B	U	T	B	O	A	R
J	Y	I	P	M	B	Y	Y	R	B	I	B	U	T	U	F	L	S	E	Y

ARTIST
BAGPIPE
BAND
BELL
BOOM
BRASS
BUGLE
CELLO
CLASSICAL
DANCE
DUB
ENJOYMENT
FAVORITE
FIDDLE
HARP
HORN
INDIE
JAZZ
KEYBOARD
LISTEN
LUTE
OBOE
ORCHESTRA
PERCUSSION
PIANO
POP
RECORD
REED
SAXOPHONE
SNARE
SOUL
SPEAKER
STEREO
STRINGS
SYNTHESIZER
TAMBOURINE
TECHNO
TONE
TRUMPET
TUBA
TUNE
VIOLA
WOOFER
YODEL

Solution on page 371

Bike Tire

B	I	K	E	V	I	S	N	E	P	X	E	X	R	N	G	I	B	R	L
S	D	R	P	O	P	K	I	E	P	R	N	I	E	F	F	I	Q	F	A
Y	H	W	D	V	E	L	G	Y	M	E	O	G	B	Q	S	M	K	J	I
X	X	F	L	I	D	G	P	P	R	F	W	P	B	U	L	J	T	S	M
J	V	U	I	F	A	I	P	U	R	L	Y	T	U	R	N	I	N	G	J
U	Z	P	Y	E	L	M	T	A	T	E	S	G	R	L	C	V	O	F	U
K	L	H	N	S	K	C	E	T	R	C	S	B	A	R	S	M	R	I	A
K	F	B	G	I	N	E	K	T	B	T	I	S	A	T	V	I	F	U	N
I	P	G	I	U	G	Q	S	C	E	O	S	R	U	L	H	R	O	G	A
P	M	U	P	N	O	I	T	C	A	R	T	B	C	R	L	O	C	N	D
L	W	B	A	O	Z	T	L	J	O	L	E	I	B	L	E	O	A	I	E
D	R	H	E	E	L	A	I	L	C	X	B	K	R	T	E	S	O	C	J
D	C	N	E	V	H	N	M	R	O	H	C	T	A	P	I	P	D	N	F
U	H	N	K	E	I	R	U	G	V	R	G	T	K	D	G	D	D	A	H
J	C	P	E	P	L	Q	W	D	A	F	O	R	E	H	C	N	I	L	C
C	O	Y	S	P	O	X	L	E	L	R	J	W	G	M	A	X	L	A	Q
S	R	V	T	S	K	F	R	A	V	B	A	A	A	M	S	T	O	B	E
N	I	E	E	I	B	I	T	Y	E	L	C	Y	C	C	I	Q	S	B	L
M	K	A	M	N	M	W	Q	A	L	S	P	E	E	D	N	U	O	R	J
H	K	P	J	W	A	S	D	F	E	K	U	L	T	J	G	K	N	S	R

AIR
BALANCING
BALLOON
BEAD
BIKE
BLACK
BRAKE
CASING
CHANGE
CIRCLE
CLINCHER
CYCLE
DIAMETER
DUNLOP
EXPENSIVE
FLAT
FRONT
FUN
PARTS
PATCH
PEDAL
POP
PRESSURE
PROPULSION
PUMP
PUNCTURE
REAR
REFLECTOR
RIM
ROLL
ROTATE
ROUND
RUBBER
SIDEWALL
SIZE
SOLID
SPEED
SPIN
STEM
TOUGH
TRACTION
TUBE
TURNING
VALVE
WHEEL

Solution on page 372

Printing Machine

N	D	F	T	U	E	M	Y	K	E	Q	N	S	A	K	J	S	F	V	L
R	A	X	N	C	X	T	F	R	Y	V	M	L	Q	A	I	V	U	C	C
M	E	P	U	O	Y	M	P	T	M	E	C	H	A	N	I	C	A	L	E
T	L	C	M	P	I	W	O	R	D	S	R	S	K	G	S	W	E	O	T
L	Y	A	E	Y	F	T	E	A	E	G	I	H	X	U	E	D	U	T	A
L	H	A	M	A	T	L	A	A	P	S	L	L	X	T	S	E	Y	H	L
G	W	U	S	Z	E	E	L	C	R	C	S	W	A	E	S	E	G	A	P
F	Y	T	W	X	C	P	N	B	I	S	J	U	R	N	E	P	M	C	T
K	D	H	X	A	H	B	R	R	H	N	U	N	R	B	R	S	U	X	K
E	V	O	S	A	N	U	C	E	Z	O	U	K	B	E	P	U	N	O	P
O	Y	R	B	I	O	U	E	M	F	I	U	M	D	R	W	F	O	N	T
V	K	E	R	L	L	O	R	G	A	S	F	N	M	G	E	B	I	J	F
N	T	S	V	A	O	B	Q	N	D	S	N	N	E	O	R	Y	T	V	U
S	G	E	T	E	G	N	U	E	U	E	S	A	Y	W	C	U	C	Y	Y
R	I	I	K	S	Y	D	L	P	F	R	L	U	R	A	S	Z	U	V	A
T	O	N	S	S	R	B	V	G	F	P	T	W	R	T	Y	R	D	E	K
N	F	Q	G	E	I	E	F	O	R	M	E	E	O	F	B	L	O	C	K
B	Q	M	P	B	D	R	Q	F	X	I	T	Z	C	N	A	S	R	Z	N
O	W	A	X	I	H	H	F	E	C	I	V	E	D	T	K	C	P	L	B
K	P	K	T	M	O	V	A	B	L	E	I	B	R	E	T	T	E	L	X

ALPHABET
ART
AUTHOR
BIBLE
BLOCK
BOOK
CIRCULATION
CLOTH
COMMUNICATION
COPY
DESIGN
DEVICE
EDIT
FAST
FONT
FORME
FRISKET
GUTENBERG
IMPRESSIONS
INK
JOURNALISM
KNOWLEDGE
LEAD
LETTER
LITERACY
MASS
MECHANICAL

MOVABLE
NEWS
PAGES
PAPER
PLATE
PRESSURE
PRODUCTION
PUBLISH
ROLL
SCREW PRESSES
SPEED

SURFACE
TECHNOLOGY
TEXT
TRANSFER
TYMPAN
TYPE
WORDS

Solution on page 372

The Earth

X Z G G F A Q S C I P O R T N W U I B Z

A O I F R E V I R O T A T E S N A M U H

M X I E I Q K P S C U O E L T N A M M O

T S V N F V V D E O D N L P O S W K K J

H Z Q X S I O I V N Y V T Y Q N V K P Z

S X L I Y E L L A V C M N R F A U N A P

A E J P B A C L C A D A E U I K F V K E

B R R F Y X A T P E C A N B M E A D O W

J N D D L N N T S L A M I N A S S S M S

J G M N O O O E L A I R T S E R R E T P

Q I M C U M R V K Q D Z N J Y P T L I H

W X W O U T K A A S R B O O M S P O B E

Y C S R N W F N I E R Z C W Y H I P R R

X R B E A U U T S D U P D S K Y W H O E

T G O G E S N O I T A M R O F E V T Q T

C C A T C R U H I S L A M M A M A U A A

P J M N O R T H P O L E M T O U V O X W

U C F C C R S D U O L C H O Q I E S U M

V J K E A X S F S C E E N E M U J M B N

U S S E S L D C W C R U S T Z M R C L T

ANIMALS
BIRDS
CANYON
CAVES
CLOUDS
CONTINENT
CORE
COUNTRIES
CRUST
DESERT
EARTH
EQUATOR
FAUNA
FISH
FLORA
FORMATIONS
HUMANS
INSECTS
LAND
LIFE
MAMMALS
MANTLE
MEADOW
MOON
NORTH POLE
OCEAN
ORBIT
RESOURCES
RIVER
ROCKS
ROTATES
SKY
SNAKES
SOLAR SYSTEM
SOUTH POLE
SPHERE
TERRESTRIAL
TREES
TROPICS
TUNDRA
VALLEY
VOLCANO
WATER
WEATHER

Solution on page 372

Driving Around

E	T	K	B	Y	S	Z	P	R	P	O	R	D	C	Z	P	J	R	G	R
Q	Z	T	C	P	S	S	I	T	G	G	K	Q	M	U	S	I	C	I	M
I	H	A	N	U	S	Y	A	V	E	N	U	E	C	F	L	R	O	W	I
Y	A	L	M	F	R	I	E	N	D	E	I	X	V	J	O	E	A	S	Y
L	B	T	P	I	R	T	N	X	J	D	T	C	A	A	O	N	S	M	F
Z	G	I	J	G	L	I	M	A	P	G	D	U	D	P	D	B	T	X	P
G	R	M	Y	D	S	S	A	G	Y	E	N	R	M	E	S	P	E	E	D
O	S	H	O	P	P	I	N	G	S	T	R	S	R	M	L	I	R	Q	A
S	M	I	I	F	A	V	O	T	E	G	N	I	T	U	O	U	O	T	J
V	F	G	E	I	U	F	I	V	S	E	N	O	E	B	T	C	U	U	I
I	W	H	S	Y	V	N	T	G	I	G	T	N	M	N	G	V	T	X	L
K	G	W	U	S	A	R	I	E	U	U	L	S	E	N	C	T	E	S	V
L	Y	A	M	T	N	W	D	Y	R	I	H	V	I	X	R	E	N	A	L
P	R	Y	I	R	T	X	E	R	C	N	D	R	O	E	P	U	J	J	G
N	T	O	L	A	Z	X	P	E	M	A	O	Y	K	Z	M	T	O	A	C
A	N	U	E	I	Y	L	X	L	R	L	D	O	A	S	D	Y	Y	T	K
K	U	G	A	L	I	V	E	A	P	F	S	D	N	A	R	R	E	E	H
V	O	M	G	N	I	P	S	X	C	I	U	B	R	I	D	G	E	I	T
A	C	U	E	V	Y	O	E	I	J	G	W	N	D	A	A	Y	S	O	I
Q	V	I	U	C	Z	Y	T	R	X	Y	M	E	S	R	C	Q	J	H	E

ADVENTURE
AFTERNOON
AVENUE
BRIDGE
CAR
COAST
COMMUTE
COUNTRY
CRUISE
DESTINATION
EASY
ENJOY
ERRANDS
EXCURSION
EXPEDITION
EXPERIENCE
EXPLORING
FREEWAY
FRIEND
FUN
GAS
HIGHWAY
JAUNT
JOYRIDE
LANE
LINE
MAP
MILEAGE
MUSIC
OUTING
RAMP
RELAX
ROAD
ROUTE
SHOPPING
SPEED
SPIN
TOUR
TRAIL
TREK
TRIP
TRUCK
VAN
VISIT
WANDERING

Solution on page 372

Study Time

V	R	O	S	J	Q	N	I	K	Q	T	U	T	O	R	E	V	I	E	W
W	S	H	S	E	D	I	I	L	L	A	H	K	E	I	K	M	G	S	Q
V	L	S	M	L	L	T	V	O	E	T	G	R	V	L	T	S	H	S	W
D	E	M	A	X	E	B	O	H	E	A	A	P	U	E	E	C	Y	A	K
X	V	N	R	L	V	H	A	S	E	C	R	U	O	S	E	R	R	Y	E
R	I	E	C	U	C	L	T	T	N	E	M	N	G	I	S	S	A	S	P
F	V	Z	B	S	T	A	T	I	S	T	I	C	S	E	K	X	R	B	U
G	J	I	T	L	A	T	E	N	I	G	H	T	S	Z	R	U	B	A	O
X	L	R	T	I	M	E	L	I	M	I	T	U	E	L	O	V	I	L	R
K	S	O	T	F	O	C	P	U	G	R	B	A	I	C	W	A	L	I	G
Q	T	M	S	T	E	A	C	H	E	R	J	T	D	K	E	P	S	A	R
U	U	E	A	S	S	W	L	N	K	H	S	I	L	P	M	O	C	C	A
E	D	M	H	R	A	I	T	H	H	O	N	O	R	R	O	L	L	H	M
S	Y	H	I	L	G	R	E	F	E	R	E	N	C	E	H	Q	F	I	M
T	I	B	S	H	A	A	Y	C	P	S	T	L	U	S	E	R	G	E	A
I	N	L	T	P	K	M	I	D	T	E	R	M	S	E	X	C	R	V	R
O	G	E	O	M	G	U	I	D	E	S	L	G	R	A	D	E	S	E	E
N	R	X	R	G	Y	N	W	T	A	N	S	W	E	R	S	F	I	A	A
S	L	E	Y	D	W	N	Z	D	R	I	L	L	E	C	T	U	R	E	D
S	N	H	P	K	A	T	P	E	M	R	W	D	C	H	R	F	E	R	G

ACCOMPLISH
ACHIEVE
ANSWERS
ASSIGNMENT
CLASS
COURSE
CRAM
DIAGRAMS
DRILL
ESSAYS
EXAM
FINAL
GLOSSARY
GRADES
GRAMMAR
GROUP
GUIDES
HIGHLIGHTERS
HISTORY
HOMEWORK
HONOR ROLL
LABS
LATE NIGHTS
LEARN
LECTURE
LIBRARY
MEMORIZE
MIDTERMS
PARTNER
PUNCTUATION
QUESTIONS
READ
REFERENCE
RESEARCH
RESOURCES
RESULTS
REVIEW
SCHOOL
STATISTICS
STUDYING
TABLES
TEACHER
TEST
TIME LIMIT
TUTOR

Solution on page 372

Lots of Grains

O	A	V	O	M	Z	A	K	D	N	Y	N	H	U	C	P	O	D	O	U
D	P	B	V	M	U	H	G	R	O	S	E	F	R	P	N	M	T	T	M
C	C	V	T	Y	K	Y	E	L	R	A	B	F	M	D	B	Y	M	I	L
N	I	I	B	U	Q	F	N	I	E	T	O	R	P	T	U	F	N	P	I
L	S	O	I	X	I	R	D	G	R	S	N	H	B	Y	T	E	E	O	P
H	G	V	A	N	U	T	R	I	E	N	T	S	E	V	R	A	H	L	W
T	R	C	E	T	O	R	T	I	L	L	A	S	S	A	R	B	A	M	L
M	V	D	T	F	S	I	G	A	I	J	R	C	L	L	E	N	R	E	K
Z	G	A	D	V	C	R	A	C	K	E	R	S	E	G	T	A	I	A	B
T	A	D	Z	A	E	R	O	L	L	S	N	D	R	R	F	A	U	Q	N
G	D	U	L	L	U	M	N	Q	P	I	A	A	W	D	E	L	L	U	H
S	S	E	L	B	B	L	V	X	M	F	S	M	O	E	B	A	N	I	C
O	T	A	Y	I	S	K	L	A	T	S	O	F	L	O	U	R	L	N	O
O	D	Y	N	P	A	S	T	A	E	U	C	O	P	H	O	Y	E	O	M
U	T	E	E	Q	Y	I	E	E	W	L	H	L	D	C	X	F	L	A	X
E	Y	L	K	O	V	H	D	O	Z	W	E	I	T	M	M	X	I	V	D
A	T	S	N	O	W	V	W	A	O	A	Y	M	O	S	R	Z	I	T	Y
P	K	M	L	E	O	G	Z	E	K	D	S	R	Q	I	E	O	R	V	K
B	P	M	S	C	P	C	Y	A	W	W	K	Y	C	L	G	R	O	W	W
P	M	G	I	Z	W	S	U	Q	X	H	Q	E	Y	O	O	I	N	H	X

ALLERGIES
BARLEY
BRAN
BREAD
CEREAL
COMBINE
COOKED
CORN
CRACKERS
FARM
FLAX
FLOUR
FOOD
GERM
GRASS
GROW
HARVEST
HULLED
IRON
KERNEL
MAIZE
MILO
MINERALS
NUTRIENTS
OATS
PASTA
PEARLED
PLANT
PLOW
PROTEIN
QUINOA
REFINED
RICE
ROLLS
RYE
SEED
SILO
SORGHUM
SPELT
STALKS
TORTILLAS
TRITICALE
VITAMINS
WHEAT
WHOLE

Solution on page 372

Educational Talk

I	Y	N	Y	L	E	S	S	O	N	O	I	T	A	C	U	D	E	B	P
N	T	E	A	A	T	Y	Q	R	D	C	E	Y	E	V	N	O	C	H	M
M	O	C	G	J	H	S	M	Y	X	E	Q	U	A	T	I	O	N	S	Z
R	S	T	G	E	Q	N	O	I	T	A	R	T	S	N	O	M	E	D	K
O	R	V	E	K	L	T	J	R	D	G	U	T	O	R	M	K	R	S	G
F	E	S	I	S	Y	L	A	N	A	B	U	I	K	A	O	A	E	T	C
T	E	D	P	J	P	H	O	U	G	D	T	N	S	E	T	E	F	A	A
A	H	N	I	I	C	O	D	C	E	A	L	T	P	L	I	P	N	G	R
L	C	L	I	V	E	I	D	N	C	L	B	E	R	P	V	S	O	E	T
P	T	A	P	L	T	L	T	I	A	Y	W	R	O	O	A	S	C	C	I
S	I	R	D	O	T	S	N	H	U	J	S	P	F	L	T	U	C	N	C
W	P	O	R	E	E	U	A	L	X	M	S	R	E	I	I	C	X	E	U
N	O	I	T	A	M	R	O	F	N	I	E	E	S	T	O	S	O	I	L
R	U	Q	G	M	A	I	R	O	T	A	R	T	S	I	N	I	M	D	A
M	R	M	O	N	Z	H	C	A	E	T	D	A	O	C	A	D	H	U	T
H	C	C	G	C	O	U	R	S	E	A	D	T	R	S	L	Q	D	A	E
A	S	U	B	A	L	L	Y	S	O	L	A	I	G	B	P	M	G	D	E
D	E	X	P	R	E	S	S	X	A	K	N	O	W	L	E	D	G	E	Q
B	A	W	Q	F	V	I	P	R	E	S	E	N	T	A	T	I	O	N	G
E	I	F	C	Z	Q	S	H	B	H	X	I	Z	B	B	S	H	U	V	K

ACADEMICS
ADDRESS
ADMINISTRATOR
ANALYSIS
ARTICULATE
AUDIENCE
AUDITORIUM
BLAB
CHART
COLLEGE
COMMUNICATION
CONFERENCE
CONVEY
COURSE
DEMONSTRATION
DISCUSS
EDUCATION
EQUATIONS
EXPRESS
GAB
HALL
HARANGUE
INFORMATION
INTERPRETATION
KNOWLEDGE
LEARN
LESSON
MOTIVATIONAL
NOTES
ORAL
OUTLINE
PITCH
PLATFORM
PODIUM
POLITICS
PRESENTATION
PROFESSOR
SPEAK
SPIEL
STAGE
STUDENTS
SYLLABUS
TALK
TEACH
VIDEO

Solution on page 373

Bus Ride

V L U O T R O H S O P Y S T J V N K O P
T R I D Q E V C C I T I O A Y T A E C O
E M R Y O L H C H Q E U P O Y D P M F F
U B S E G O U R E T R A H C O M M U T E
V J M L O M R X D E N F G H J E Y A I Q
E C W L A V G S U E Z Z W Q M L C Z S U
N A M O T O R D L R B L Y S Y C K E N O
M O I W T U T S E T Y V U E E I R O A D
L F I E V D T T R S Q B N S Y H S E R E
N E Q T N R A O Z T T I S U T E K V T N
E E U T A E L P M R G I T I I V R W H O
F J R F S T P E O N B Y N J C O A C H R
I S F D C A S P E L I I E A P L P D T T
Q I G B L V R D E H M B D L T F A R E E
C A M P A I G N C I W P U R L I S R V M
S Q U C A R H T E K C I T S I O O I G M
V M H K J P R C R A L E S E I D R N A E
X O U Z P U L P G I B N P F F D E T I K
S B Q J C X L Z J T P A F O U H X D G M
E K R K E I U F D J P D Q U J J H C H Z

ACCESSIBLE
AIRPORT BUS
BIG
CAMPAIGN
CHARTER
CHILDREN
CITY
COACH
COMMUTE
DESTINATION
DIESEL
DOORS
DRIVE
ENGINE
FARE
FUEL
GAS
LARGE
LUXURY
METRO
MINI
MOTOR
OMNIBUS
PRIVATE
RIDE
ROAD
ROSA PARKS
SCHEDULE
SCHOOL
SEAT
SHORT
STATION
STOP
STREET
STUDENTS
TICKET
TOUR
TRAFFIC
TRANSIT
TRIP
TROLLEY
TRUCK
VEHICLE
WHEEL
YELLOW

Solution on page 373

Keep a Diary

L	K	E	K	C	C	S	E	H	S	I	W	R	I	T	E	M	D	N	R
W	S	W	N	B	R	P	Z	H	G	M	I	J	R	I	P	D	O	I	V
I	J	N	T	I	J	U	Q	V	P	J	D	R	O	C	E	R	S	I	C
S	O	Q	O	C	L	J	S	P	S	T	N	E	M	E	T	A	T	S	J
D	E	M	P	I	U	N	S	H	S	N	A	L	P	G	T	W	E	T	C
O	E	T	V	A	T	K	O	A	E	S	O	G	N	P	U	I	R	N	O
M	M	L	A	K	C	O	N	F	E	S	S	I	O	N	S	N	C	E	B
U	D	S	C	V	V	O	M	O	I	D	D	E	T	L	B	G	E	V	A
H	B	A	A	U	I	B	R	E	I	N	I	S	I	A	E	S	S	E	A
K	S	O	T	O	Z	R	T	Y	I	T	E	J	K	R	L	L	G	D	W
W	X	G	I	E	Q	L	P	B	L	R	A	L	T	C	O	E	M	K	F
C	H	R	O	N	I	C	L	E	I	I	V	R	F	J	S	M	V	H	E
S	G	A	N	P	Y	I	F	S	T	L	A	K	A	O	N	L	E	E	A
T	E	T	C	R	O	A	E	S	C	G	R	D	T	L	I	Q	Z	M	R
Y	V	I	O	C	G	D	E	T	E	R	D	N	O	S	C	U	C	H	S
Z	U	T	R	E	X	T	L	D	L	S	E	N	T	I	M	E	N	T	L
D	S	U	N	R	O	S	I	R	F	M	X	S	Y	R	A	I	D	U	A
P	A	D	A	U	O	E	N	K	E	Z	I	N	A	G	R	O	X	O	O
W	A	E	Q	S	S	W	G	M	R	N	E	I	N	B	L	T	Z	Y	G
G	S	F	R	A	O	M	S	T	H	G	U	O	H	T	T	K	F	T	A

AGENDA
BOOK
CHRONICLE
COIL BINDING
CONFESSIONS
CRUSHES
DAILY
DATE
DECLARATION
DESIRES
DIARY
DRAWINGS
EMOTIONS
EVENTS
FEARS
FEELINGS
GOALS
GRATITUDE
IDEAS
LISTS
LOG
MEMENTOS
MEMOIRS
MEMORIES
ONLINE
ORGANIZE
PLANS
PRIVATE
QUOTES
READ
RECORD
REFLECT
REVELATIONS
SECRETS
SENTIMENT
STATEMENTS
STORY
THOUGHTS
TRAGEDIES
VACATION
WISDOM
WISHES
WORRIES
WRITE
YOUTH

Solution on page 373

In San Diego

A	Q	I	L	H	M	X	O	Q	Y	R	U	E	J	K	G	B	E	V	G
J	N	E	L	P	O	E	P	Q	E	V	V	G	S	B	H	C	A	E	B
F	I	J	C	Y	M	S	X	N	S	A	F	A	R	I	P	A	R	K	A
G	A	P	R	E	S	I	D	I	O	O	S	S	E	O	T	L	Q	T	Y
E	E	J	U	Q	R	Y	L	L	C	M	X	L	P	T	T	I	S	I	V
S	S	C	Y	R	O	T	S	I	H	O	R	A	A	E	D	F	N	Y	T
B	I	H	Z	E	B	N	F	Y	T	I	C	M	R	C	H	O	K	S	H
S	U	T	L	D	R	U	S	A	S	A	O	P	C	H	M	R	W	O	W
U	R	S	Y	R	A	O	P	V	P	L	R	R	S	N	D	N	P	S	P
I	C	E	H	O	H	C	A	C	T	S	O	Y	Y	O	N	I	E	O	H
H	M	W	G	B	G	R	N	N	L	L	N	M	K	L	A	A	R	O	A
Y	T	I	S	R	E	V	I	N	U	L	A	E	S	O	L	T	T	F	G
F	E	U	S	L	A	O	S	T	N	I	D	J	Z	G	O	S	R	S	U
A	K	X	T	S	P	H	H	O	T	H	O	I	O	Y	G	A	O	M	X
P	A	C	I	F	I	C	C	N	W	S	L	P	O	L	E	O	L	U	F
T	L	N	J	J	V	O	O	C	U	E	T	A	M	I	L	C	L	E	E
O	L	C	U	N	E	W	N	U	C	S	D	L	R	O	W	A	E	S	P
L	W	E	A	T	H	E	R	E	T	A	W	A	R	M	Y	G	Y	U	U
E	C	V	N	K	Q	Z	L	W	I	X	U	T	O	U	R	I	S	M	A
E	Y	J	A	W	G	D	Q	N	A	H	F	T	D	L	A	P	D	X	F

BAY
BEACH
BIOTECHNOLOGY
BORDER
CALIFORNIA
CHARGERS
CITY
CLIMATE
COAST
CORONADO
COUNTY
CRUISE
GASLAMP
HARBOR
HILLS
HISTORY
HOT
LA JOLLA
LEGOLAND
MEXICO
MILITARY
MISSION
MUSEUMS
NAVY
PACIFIC
PEOPLE
POINT LOMA
PORT
PRESIDIO
SAFARI PARK
SEAWORLD
SKYSCRAPERS
SPANISH
SUN
TIJUANA
TOURISM
TROLLEY
UCSD
UNIVERSITY
VISIT
WARM
WATER
WEATHER
WEST
ZOO

Solution on page 373

Lunchtime

Q	J	C	N	J	X	M	U	E	J	D	H	H	T	N	T	F	X	J	O
J	H	O	O	F	C	D	Z	T	M	V	G	U	S	E	Y	Q	I	D	I
Q	T	M	Y	N	S	T	I	G	B	U	F	F	E	T	U	N	A	T	K
A	U	M	E	I	C	U	J	W	Y	V	S	M	O	L	D	R	A	H	R
E	S	I	Y	S	R	E	K	C	A	R	C	N	G	O	P	Y	T	B	M
V	A	S	C	F	L	X	S	C	Y	P	O	S	O	H	C	P	S	T	C
F	J	S	G	L	U	W	H	S	K	M	N	F	P	C	T	R	A	Y	T
C	Y	A	I	R	Z	E	R	E	I	O	J	D	S	I	V	J	P	O	A
W	Q	R	F	C	E	I	H	T	O	O	M	S	O	W	H	A	H	S	B
C	G	Y	S	S	E	I	R	F	M	R	N	R	O	D	A	C	T	T	L
L	V	I	E	T	W	I	E	W	M	H	C	U	L	N	W	L	S	A	E
B	H	S	S	V	T	N	M	M	I	C	R	O	W	A	V	E	L	L	H
H	H	A	Z	Z	I	P	A	N	I	N	I	V	Y	S	R	H	B	O	H
H	F	L	W	D	J	K	H	M	W	U	Y	E	K	E	Z	B	E	B	W
E	W	A	H	Q	C	I	C	D	G	L	K	D	R	I	O	G	K	S	R
U	B	D	P	J	Y	N	K	I	A	R	X	E	I	G	A	O	H	R	A
Z	R	P	H	X	S	F	U	I	U	S	G	Y	O	G	U	R	T	B	P
W	C	G	U	B	G	S	C	T	E	Q	U	Y	A	E	L	B	B	I	N
N	C	X	S	O	S	O	X	Y	S	M	O	B	C	V	A	C	A	T	Q
Q	Q	L	V	R	S	O	H	T	N	I	Z	R	L	W	C	T	K	E	D

APPLE
BAG
BITE
BUFFET
CHEESE
CHIPS
COMMISSARY
CONCESSION
CONSUME
CRACKERS
DEVOUR
DINE
EAT
FAST
FOOD
FRIES
FRUIT
GOBBLE
GRILL
GYRO
HAM
HOAGIE
LUNCHROOM
MEET
MICROWAVE
NIBBLE
NUTS
PANINI
PASTA
PIZZA
QUICK
REST
SALAD
SANDWICH
SMOOTHIE
SOCIAL
SOUP
SWALLOW
TABLE
TRAY
TUNA
TURKEY
VEGGIES
WRAP
YOGURT

Solution on page 373

Morning Rituals

L	C	G	M	J	A	M	U	C	S	R	X	R	L	E	G	C	J	J	D
X	L	O	Q	L	M	T	K	U	T	Y	A	W	N	T	P	Y	G	E	T
E	E	F	P	I	L	L	O	W	A	M	R	A	O	G	O	J	K	I	U
K	Q	H	W	A	R	A	D	O	R	O	R	R	K	W	R	W	J	F	Y
Z	W	S	N	M	S	T	R	Q	T	Y	D	M	O	U	I	M	E	U	R
G	C	E	D	E	B	Q	E	N	O	H	P	O	T	S	T	R	E	L	A
R	G	D	O	O	K	B	S	X	T	M	B	O	P	Y	S	A	L	O	D
R	I	N	S	D	E	H	S	E	R	F	E	R	E	A	M	L	J	C	I
P	J	A	D	K	G	B	S	E	G	O	Y	H	U	T	G	A	H	Q	O
A	S	Z	M	M	S	U	N	L	I	G	H	T	D	S	W	M	P	O	O
U	N	Y	H	C	N	I	P	Y	L	I	M	A	F	A	H	O	Y	S	T
H	O	A	S	R	I	T	E	K	N	A	L	B	K	F	C	R	O	E	Y
R	O	J	I	W	Q	T	P	K	K	W	J	E	A	K	L	N	S	R	M
E	Z	S	W	D	O	E	S	E	Y	Z	N	S	C	A	O	I	L	O	N
W	E	A	T	H	E	R	U	R	O	U	T	I	N	E	C	N	E	H	G
O	S	V	X	F	E	P	D	U	O	E	F	V	I	R	K	G	E	C	Q
H	C	E	F	V	R	O	K	L	E	F	G	P	E	B	Q	D	P	T	Y
S	A	O	O	G	T	J	I	H	A	J	I	X	E	A	R	L	Y	D	A
S	C	C	M	Q	E	M	S	R	X	T	E	N	I	H	S	N	U	S	U
Q	T	A	D	B	D	V	T	I	X	D	E	B	A	P	R	R	T	O	D

ALARM
ALERT
AWAKEN
BATHROOM
BED
BLANKET
BREAKFAST
CHORES
CLOCK
COFFEE
COMB
COVERS
DRESS
DROWSY
EARLY
E-MAIL
EXERCISE
FAMILY
JOG
LATE
MAKEUP
MORNING
PHONE
PILLOW
PINCH
RADIO
REFRESHED
ROUTINE
SHEETS
SHOWER
SLEEPY
SNOOZE
START
STIR
SUNLIGHT
SUNRISE
SUNSHINE
SWIM
TOOTHBRUSH
TOWEL
TRAFFIC
WARM
WASH
WEATHER
YAWN

Solution on page 373

Supermarket Shopping

N	V	V	I	V	S	I	O	I	D	O	P	V	N	X	J	N	O	O	J
O	S	E	E	A	W	F	D	G	D	Y	O	B	S	K	D	L	H	O	G
R	C	P	W	A	T	E	R	U	S	P	A	O	C	D	P	E	Z	F	X
R	D	F	A	K	Y	G	Y	O	M	I	D	J	T	R	O	M	L	G	R
O	G	Z	N	O	N	D	C	T	Z	A	G	M	I	L	K	O	C	I	K
F	M	H	O	I	R	O	R	I	E	E	A	N	A	J	U	N	G	V	H
P	J	J	K	N	U	O	M	D	R	I	N	K	S	R	G	E	O	L	T
M	T	R	R	P	B	F	I	L	S	P	R	A	B	A	K	Y	L	G	O
P	A	O	O	E	P	M	H	P	E	I	S	A	M	P	L	E	S	A	S
P	H	N	N	G	T	R	J	T	L	E	T	M	V	R	R	S	T	K	S
V	P	Y	A	L	P	S	I	D	L	S	N	V	M	O	W	A	R	E	S
W	H	Y	H	G	C	D	I	C	E	E	E	Y	P	D	A	E	R	B	E
R	B	A	S	E	E	H	O	G	E	G	N	G	R	U	L	E	O	T	W
A	Y	W	R	R	P	R	A	R	E	T	N	U	O	C	T	S	I	L	E
C	H	E	C	K	E	R	G	T	V	R	S	F	R	E	H	T	R	C	P
F	A	F	G	D	E	P	A	R	T	M	E	N	T	E	C	C	F	C	S
L	R	A	F	V	C	B	A	D	O	P	P	G	L	M	T	H	R	E	P
P	B	S	E	N	L	Q	K	I	E	C	J	V	G	W	E	A	U	V	Y
Y	U	B	C	E	M	N	J	Z	D	R	E	I	Y	S	T	A	I	W	L
U	X	J	S	U	P	P	L	I	E	S	M	R	L	F	D	D	T	L	S

BAG
BEVERAGES
BREAD
BUY
CEREAL
CHECKER
CLERKS
COUNTER
COUPON
CREDIT
DELI
DEPARTMENT
DIAPERS
DISPLAY
DRINKS
EGGS
FLOUR
FOOD
FROZEN
FRUIT
GOODS
GROCER
LIST
MANAGER
MARKET
MEAT
MILK
MONEY
PARKING
PIES
PRICE
PRODUCE
REGISTER
RETAIL
SAFEWAY
SALE
SAMPLES
SHELVES
SIGNS
SODA
SUPPLIES
VARIETY
VEGETABLES
WARES
WATER

Solution on page 374

Taking Care of Your Teeth

W	A	W	H	Z	K	B	H	T	L	L	P	E	W	A	S	H	E	G	I
F	P	B	V	L	I	R	G	S	O	N	X	G	P	P	U	V	U	P	X
E	F	D	S	Q	C	A	B	I	I	N	E	T	I	H	W	D	Q	G	D
Q	L	G	M	C	H	C	U	T	X	L	G	T	D	E	N	T	A	L	Q
C	O	O	Q	A	E	E	R	I	P	D	O	U	R	R	O	I	L	Y	R
E	S	I	H	V	C	S	C	V	S	R	H	P	E	O	A	W	P	G	V
T	S	S	M	I	K	S	S	I	V	T	S	T	T	D	E	C	A	Y	J
U	S	N	P	T	U	C	A	G	M	X	A	H	A	P	F	R	L	E	G
P	O	N	W	Y	P	M	F	N	R	W	P	I	I	R	G	K	L	K	G
Z	H	A	D	O	S	G	N	I	K	A	B	S	N	L	T	I	U	C	C
S	B	O	D	S	R	M	K	G	S	A	G	M	E	S	M	A	P	I	Q
C	M	F	S	U	P	C	J	T	C	F	V	U	R	S	T	O	R	P	U
G	U	K	L	L	F	W	E	T	S	E	L	T	S	I	R	B	U	H	H
K	N	F	Z	U	B	P	E	D	S	D	D	Q	E	S	N	I	R	T	L
J	T	I	Y	C	O	R	D	M	I	S	P	A	C	Q	S	K	A	O	H
D	P	L	N	L	I	R	U	D	E	X	E	D	I	W	N	E	P	O	J
S	P	L	B	A	L	G	I	S	R	S	O	A	G	L	R	N	L	T	Q
D	A	I	S	C	E	V	P	D	H	H	X	R	B	B	Y	Q	J	E	Z
V	D	N	Z	J	F	L	T	E	E	T	H	H	E	A	L	T	H	Y	X
U	G	G	R	Z	K	R	C	R	K	V	G	O	F	P	U	M	U	K	B

ABSCESS
BACTERIA
BAKING SODA
BRACES
BREATH
BRISTLES
BRUSH
CALCULUS
CAPS
CAVITY
CHECKUPS
CLEANING
CROWNS
DAILY
DECAY
DENTAL
FILLING
FLOSS
FLUORIDE
GARGLE
GEL
GINGIVITIS
GUMS
HEALTHY
LESS SUGAR
MOUTH
NUMB
OPEN WIDE
PEROXIDE
PLAQUE
POLISH
RETAINERS
RINSE
SCRUB
SMILE
SPIT
STAINS
TARTAR
TEETH
TONGUE
TOOTHPASTE
TOOTHPICK
WASH
WATER
WHITEN

Solution on page 374

Drinking Gatorade

R	S	Z	S	A	I	V	B	X	Y	M	P	B	T	V	F	F	M	R	D
S	W	G	S	F	R	F	R	F	U	Q	G	U	Y	H	T	Z	V	M	Z
B	E	V	E	R	A	G	E	I	C	U	P	S	S	Y	G	B	T	L	M
R	A	F	I	L	B	V	S	O	Y	D	J	L	U	F	R	O	L	O	C
A	T	N	O	N	E	S	A	T	L	L	A	B	T	E	K	S	A	B	H
N	S	D	S	U	A	C	U	H	R	I	P	R	O	T	E	I	N	G	G
D	Z	U	P	T	H	X	T	I	C	T	R	U	W	I	V	W	B	A	E
W	P	X	O	R	E	X	E	R	C	I	S	E	R	O	V	A	L	F	N
S	O	P	R	I	N	O	E	S	O	N	W	E	C	F	L	K	I	M	F
T	W	R	T	T	C	M	R	T	Z	L	S	K	O	C	T	L	A	S	H
D	E	R	K	I	M	S	W	Y	A	G	Y	O	W	M	O	E	E	A	E
D	R	U	S	O	C	V	E	B	E	L	T	T	O	B	T	S	Z	Y	C
S	R	P	C	N	U	O	G	M	U	B	A	S	E	B	A	L	L	E	E
Y	E	M	I	L	S	T	I	A	A	K	D	T	T	S	L	Y	Y	C	B
P	L	E	D	I	U	Q	I	L	I	G	E	F	A	A	U	G	I	I	Z
D	O	R	R	S	G	N	L	J	R	L	H	M	R	O	F	R	E	P	T
K	O	F	I	G	A	O	Z	A	H	P	T	U	D	Q	U	E	N	C	H
A	C	Y	N	W	R	M	P	T	F	X	T	G	Y	E	G	N	A	R	O
R	W	K	K	W	Z	E	A	D	V	A	W	O	H	P	R	E	T	A	W
B	W	X	Z	E	U	L	B	S	N	S	F	N	Z	T	K	N	M	R	A

ATHLETE
BASEBALL
BASKETBALL
BEVERAGE
BLUE
BOTTLE
BRAND
COACH
COLORFUL
COMMERCIALS
COOLER
DRINK
ELECTROLYTES
ENERGY
EXERCISE
FLAVOR
FOOTBALL
G SERIES
GAMES
GRAPE
HOT
HYDRATE
LEMON
LIME
LIQUID
NATURAL
NUTRITION
ORANGE
PEPSICO
PERFORM
POTASSIUM
POWER
PROTEIN
QUENCH
RED
SALT
SOCCER
SPORT
SUGAR
SWEAT
TEAM
THIRST
WATER
WORKOUT
YELLOW

Solution on page 374

Words with *ON*

N	Z	C	U	E	X	T	J	A	C	O	N	N	N	O	Z	I	R	O	H
S	M	N	O	I	S	S	I	M	Y	N	O	H	P	M	Y	S	E	E	S
P	B	N	N	N	N	O	I	T	C	I	F	Y	Y	U	K	N	S	Q	I
B	J	P	Y	E	S	P	O	N	G	E	Z	T	P	F	L	O	P	N	H
F	Y	R	D	T	C	U	N	I	E	H	L	O	C	A	T	I	O	N	L
T	F	H	B	E	S	O	L	U	G	T	A	N	Y	S	C	N	N	O	I
T	R	K	K	S	C	E	N	T	E	A	E	R	O	H	A	I	S	I	N
C	F	B	D	E	R	I	L	O	Y	D	L	R	M	I	R	P	E	T	L
Z	R	R	X	I	T	B	S	E	M	X	U	L	C	O	T	O	S	A	G
H	E	A	N	N	S	N	D	I	C	Y	C	L	O	N	N	C	W	L	D
E	C	R	O	O	A	R	G	M	O	T	Y	J	C	N	O	Y	I	E	Q
R	K	C	I	P	R	I	B	B	O	N	I	S	O	N	C	C	V	R	N
C	O	T	T	F	T	N	O	I	T	U	L	O	S	O	O	O	D	N	F
C	N	L	I	Y	N	O	C	L	A	B	T	Y	N	L	T	C	O	D	Y
M	L	H	S	M	O	O	E	B	A	R	N	T	O	I	H	I	R	P	R
S	A	S	O	O	C	D	B	L	A	O	R	N	O	I	T	A	E	R	C
U	N	O	P	A	E	W	L	C	N	A	I	N	Y	A	G	Z	Z	X	P
V	R	E	T	S	N	O	M	Y	R	A	N	E	C	O	N	T	A	C	T
T	E	N	S	I	O	N	M	Y	L	I	A	A	N	A	T	I	O	N	K
V	T	F	D	N	O	M	A	I	D	Z	V	H	G	Q	W	U	U	L	T

BALCONY
BALLOON
BONFIRE
CARTOON
COLONIAL
CONCLUDE
CONCRETE
CONSULT
CONTACT
CONTINUE
CONTRACT
CONTRARY
CONTRAST
CREATION
DECISION
DEVOTION
DIAMOND
DRAGON
ECONOMY
ELECTION
FASHION
FICTION
FRICTION
GALLON
HARMONY
HORIZON
LOCATION
MISSION
MONSTER
NATION
OPINION
PONIES
POSITION
RECKON
RELATION
RELIGION
RESPONSE
RIBBON
SOLUTION
SPONGE
SYMPHONY
SYNONYM
TENSION
VACATION
WEAPON

Solution on page 374

Dial Room Service

Z	R	A	U	B	P	S	R	K	O	F	D	B	H	D	B	X	A	S	W
Y	R	H	F	V	G	W	Z	O	D	C	P	Y	R	E	V	I	L	E	D
R	X	P	O	M	S	P	R	Y	E	J	F	B	E	N	O	H	P	I	H
X	Z	E	L	S	B	V	E	R	U	T	A	N	G	I	S	B	C	R	N
R	J	V	W	I	P	H	W	J	F	L	G	H	R	C	F	O	E	F	Z
D	I	F	D	G	N	I	P	E	E	K	E	S	U	O	H	Q	D	Q	X
J	S	T	D	C	Z	E	T	X	T	B	C	A	B	N	N	T	O	A	N
P	D	O	T	L	E	D	N	A	E	H	O	W	M	V	A	Z	A	L	S
O	R	Z	K	Y	B	L	M	S	L	P	C	F	A	E	F	P	C	D	K
K	N	L	F	R	K	G	X	D	A	I	K	L	H	N	J	O	K	F	C
M	F	V	U	D	E	N	I	W	V	T	T	N	Q	I	V	P	O	I	A
L	C	N	R	N	E	J	G	G	Q	G	A	Y	R	E	W	O	L	F	N
K	C	X	Z	U	F	S	G	S	L	J	I	S	R	N	D	V	S	D	S
H	L	H	T	A	F	Q	S	U	D	A	L	M	U	T	I	P	W	U	C
P	E	R	R	L	O	D	X	E	V	I	S	N	E	P	X	E	O	X	R
U	A	U	U	S	C	U	R	M	R	K	N	S	J	A	P	F	L	L	U
Y	N	N	H	A	R	E	E	A	N	T	K	N	E	U	L	L	L	H	B
O	C	E	R	Y	J	A	D	I	A	X	W	E	E	S	I	A	I	A	E
H	U	T	M	Q	J	P	R	D	O	C	C	X	T	R	C	C	P	E	D
Q	Q	L	A	Q	W	D	O	Z	M	P	Z	A	E	T	O	W	E	L	S

BED
BRUNCH
CALL
CART
CLEAN
COCKTAILS
COFFEE
CONVENIENT
COVER
DELIVERY
DESSERT
DINNER
DRINKS
EXPENSIVE
FLOWER
FOOD
FRIES
GLASSES
HAMBURGER
HOSPITALITY
HOUSEKEEPING
JUICE
LAUNDRY
LINENS
LUNCH
LUXURY
MAID
MEAL
MENU
NAPKIN
ORDER
PHONE
PILLOWS
SCRUB
SIGNATURE
SNACKS
SODA
SUPPLIES
TEA
TIP
TOWELS
TRAY
VALET
WASH
WINE

Solution on page 374

Electronic Communications

H	G	T	Z	A	T	A	D	L	H	F	G	B	I	U	L	W	E	G	I
K	R	O	W	T	E	N	C	O	I	D	A	R	K	D	A	L	N	Z	U
C	D	B	R	O	U	T	E	R	I	N	G	P	R	O	V	I	D	E	R
P	S	Y	S	O	V	D	V	M	D	N	E	O	X	I	N	N	Q	G	E
H	G	C	B	G	R	O	E	W	A	L	T	S	L	N	I	T	I	A	V
D	Q	N	R	W	U	Y	I	R	D	I	H	E	A	A	C	E	M	S	I
P	I	E	I	E	L	D	S	C	E	I	L	C	R	D	N	R	A	S	E
Y	A	U	W	X	T	T	N	A	E	V	S	A	A	N	M	A	G	E	C
Q	L	Q	T	H	E	U	K	O	T	K	R	T	R	E	E	C	E	M	E
G	Y	E	E	W	L	L	P	Y	P	E	T	E	A	Q	R	T	H	K	R
N	G	R	C	V	A	G	P	M	V	S	L	Q	S	N	A	I	P	Y	P
P	O	F	H	W	N	V	O	I	O	C	E	L	B	C	C	V	R	H	W
U	L	G	N	N	G	Y	E	U	T	C	O	R	I	I	K	E	O	K	S
T	O	X	I	R	I	C	T	S	E	L	O	N	R	T	W	N	T	F	X
E	N	W	C	B	S	B	J	Z	V	A	U	F	N	O	E	W	O	U	P
Z	H	I	I	N	O	U	R	E	D	M	A	M	T	E	C	N	C	D	C
Z	C	X	A	U	B	H	T	B	M	X	P	L	A	N	C	Y	O	L	B
S	E	R	N	W	Y	T	A	O	E	K	L	A	T	S	B	T	L	L	X
I	T	D	B	N	V	N	C	S	M	E	T	S	Y	S	P	A	S	Q	G
P	R	I	M	E	D	O	M	K	C	O	N	V	E	Y	C	G	A	E	C

ANALOG
BANDWIDTH
BROADBAND
CALL
CELL TOWER
COMMUNICATE
COMPUTER
CONNECT
CONVEY
CORRESPOND
DATA
DISTANCE
E-MAIL
FAXES
FREQUENCY
HUB
IMAGE
INBOUND
INTERACTIVE
INTERNET
LINES
MESSAGE
MODEM
MULTIPLEXING
NETWORK
OUTBOUND
PHONE
PLAN
PROTOCOLS
PROVIDER
RADIO
REACH
RECEIVER
ROUTER
SATELLITE
SCANNING
SERVER
SIGNAL
SYSTEMS
TALK
TECHNICIAN
TECHNOLOGY
TRANSCEIVER
VOICE
WAVES

Solution on page 374

The Beatles

N	L	R	Q	J	X	D	D	S	I	P	B	E	R	R	R	R	J	H	N
W	C	G	J	D	P	A	F	H	J	U	J	Y	R	S	V	A	F	H	F
T	T	I	O	Z	N	A	A	I	I	O	M	N	V	E	E	D	A	A	S
W	C	S	S	C	N	A	L	S	T	R	E	C	N	O	C	I	M	G	R
C	B	U	E	S	R	F	B	U	D	G	M	Y	C	T	N	O	V	W	N
D	A	R	L	B	A	I	N	V	A	S	I	O	N	A	U	Z	R	O	H
O	V	P	R	T	E	L	F	O	E	P	T	R	M	S	R	R	E	D	M
P	S	T	U	S	U	T	C	L	I	F	F	E	G	U	I	T	A	R	S
Y	O	K	O	W	O	R	E	Q	U	S	L	C	A	J	O	H	N	R	B
U	U	P	F	I	R	T	E	P	S	T	I	H	E	D	U	J	Y	E	H
S	E	A	B	B	E	Y	R	O	A	D	E	V	O	L	X	P	E	D	Y
L	I	E	A	K	V	N	E	E	Y	A	D	R	E	T	S	E	Y	S	B
A	U	X	F	Z	L	K	B	W	S	T	A	R	S	L	S	V	I	R	C
C	T	G	T	Y	O	D	S	Q	U	A	R	R	Y	M	E	N	I	U	B
O	X	G	E	I	V	M	N	S	L	B	I	O	L	C	G	T	O	C	A
V	B	V	M	O	E	R	O	C	L	B	N	C	W	L	I	N	K	C	D
F	N	R	X	H	R	S	N	W	I	S	G	K	E	S	P	E	U	D	I
H	E	T	L	U	S	G	N	U	V	I	O	S	H	X	U	L	N	G	N
G	G	T	O	A	R	R	E	B	A	S	G	N	C	F	G	A	C	K	C
D	E	T	B	W	C	R	L	M	N	R	Z	N	G	K	R	T	X	O	M

ABBEY ROAD
BAND
BASS
BEATLEMANIA
BRITISH
CLASSIC
CONCERT
CULTURE
DANCE
FAB FOUR
FAMOUS
FANS
GEORGE
GROUP
GUITAR
HEY JUDE
HITS
ICONS
INVASION
JOHN
LENNON
LOVE
MCCARTNEY
MOVIES
PAUL
PETE BEST
POP
QUARRYMEN
RADIO
RECORDS
REVOLVER
RINGO
ROCK
SINGLES
SIXTIES
SONG
STARS
STU SUTCLIFFE
SULLIVAN
TALENT
TELEVISION
TOUR
VOCALS
YESTERDAY
YOKO

Solution on page 375

Pizza Place

N	E	R	O	P	V	L	H	Q	H	T	D	O	I	H	U	X	Z	J	Q
Y	L	N	A	G	E	U	A	P	R	N	L	A	T	N	H	D	U	D	L
L	R	V	C	I	A	P	T	W	V	I	Z	R	T	M	N	V	U	I	T
L	T	G	H	A	M	R	P	X	V	H	N	S	A	V	E	S	K	R	T
P	I	N	E	A	P	P	L	E	X	T	U	Y	Q	S	E	N	E	V	O
L	A	I	W	U	L	S	T	I	R	R	F	A	E	M	O	P	J	F	E
F	B	T	Y	W	S	L	Q	R	C	O	R	H	A	I	A	C	Y	R	K
V	T	A	S	S	G	N	E	O	N	S	I	G	N	S	K	A	A	J	X
R	C	E	T	P	N	G	O	R	J	F	M	O	T	X	F	H	K	M	V
Q	W	A	G	T	I	O	T	N	A	R	U	A	T	S	E	R	O	F	N
P	W	D	L	S	P	N	R	R	A	Z	S	M	R	L	E	P	J	A	E
X	X	C	T	Z	P	L	A	T	A	G	Z	O	D	I	B	T	P	P	Y
Q	K	E	O	N	O	N	O	C	A	B	E	O	D	J	N	U	A	S	J
H	R	P	H	D	T	N	X	Y	H	P	U	R	M	A	K	A	S	L	C
X	T	C	H	I	C	K	E	N	L	G	I	H	O	I	B	E	R	A	P
E	Z	O	T	A	B	L	E	S	H	N	A	S	E	M	R	A	P	A	O
K	C	L	I	A	S	U	I	E	K	I	M	U	Z	T	Y	E	S	X	B
F	B	U	S	R	S	U	M	S	G	N	N	M	I	S	R	V	I	I	Q
W	O	T	A	M	O	T	F	Q	A	I	T	A	W	S	T	A	E	M	L
K	X	P	V	S	I	L	Y	V	P	D	W	J	W	J	G	I	U	N	R

BACON
BASIL
BEEF
BOX
CALZONE
CAPERS
CHEWY
CHICKEN
CRUST
DINING
DOUGH
DRINKS
EATING
FUN
GAMES
GARLIC
HAM
HOT
MARINARA
MEATS
MOZZARELLA
MUSHROOM
NEON SIGNS
OLIVE
ONION
OREGANO
OVEN
PARMESAN
PARSLEY
PASTA
PATRONS
PEPPER
PINEAPPLE
PLATES
REGISTER
RESTAURANT
SAUCE
SODA
SPINACH
TABLES
TASTY
THIN
TOMATO
TOPPINGS
WAITRESS

Solution on page 375

Airline Customer

F	C	M	S	T	G	P	J	B	S	P	O	T	S	N	O	N	R	C	C
W	A	T	P	L	E	A	S	U	R	E	L	H	C	A	O	C	O	S	S
P	B	L	B	Y	A	D	L	R	O	W	O	T	R	I	P	M	C	X	O
H	I	I	L	V	Z	E	I	V	E	T	P	W	S	I	F	O	E	F	N
X	N	H	T	O	U	R	D	J	A	R	Y	R	T	O	M	S	T	O	R
G	V	P	S	D	U	S	Y	D	Z	C	U	X	R	M	T	E	I	C	S
Q	F	T	P	R	W	N	R	M	N	C	A	T	U	U	N	T	C	O	L
O	A	R	A	W	E	A	G	E	X	T	A	T	N	Z	C	O	K	U	E
U	R	T	H	D	W	B	U	E	R	B	E	A	I	E	M	X	E	N	Z
J	E	E	Q	E	H	Q	M	A	L	O	E	S	N	O	V	S	T	T	T
S	Y	P	R	B	E	X	V	E	I	P	L	N	Z	B	N	D	I	R	E
O	D	R	J	R	E	E	O	H	M	F	O	P	B	D	E	L	A	Y	R
D	F	S	F	M	L	V	V	Q	L	C	B	A	X	F	U	Y	U	H	P
W	U	K	A	W	A	U	E	I	T	N	A	D	N	E	T	T	A	H	X
B	K	W	M	V	G	G	G	R	W	M	L	O	Y	A	L	T	Y	F	V
P	C	V	P	I	I	H	A	G	A	A	Y	U	B	E	R	A	N	B	Y
C	Q	E	X	I	T	N	O	Z	A	G	O	L	A	U	T	I	B	A	H
Q	K	F	L	Y	I	N	G	P	I	G	E	K	Q	K	B	Q	A	H	Z
Y	T	O	C	W	W	B	U	S	I	N	E	S	S	T	A	N	D	B	Y
C	J	R	L	W	E	R	P	L	A	N	E	S	E	L	I	M	W	U	D

ADVENTURERS
AIR
ATTENDANT
BEVERAGES
BUSINESS
CABIN
COACH
COMFORTABLE
COMMUTE
CONNECTION
COUNTRY
DEALS
DELAY
EXCURSION
EXIT
EXPLORERS
FARE
FLIGHT
FLYING
FREQUENCY
HABITUAL
HOP
LOUNGE
LOYALTY
LUGGAGE
MAGAZINE
MEMBERSHIP
MILES
NONSTOP
OFTEN
PEANUTS
PLANES
PLEASURE
PRETZELS
RATES
REWARD
SAVINGS
STANDBY
TICKET
TOUR
TRAVEL
TRAY TABLE
TRIP
VACATION
WORLD

Solution on page 375

Graphic Composition

C	E	N	T	E	R	E	P	E	T	I	T	I	O	N	N	T	L	D	U
C	J	R	E	R	U	T	C	U	R	T	S	N	O	I	S	U	L	L	I
Z	G	G	R	M	L	I	W	S	Q	U	Q	I	X	T	T	V	G	K	J
D	O	H	A	E	M	E	H	T	M	H	T	Y	H	R	Q	L	N	M	T
M	J	C	T	J	E	L	R	V	G	A	L	L	E	R	Y	I	E	E	T
C	F	N	I	C	X	G	Z	U	Z	T	B	B	A	A	Y	G	C	V	A
K	O	K	O	H	B	Y	Y	I	T	M	N	E	R	G	F	H	N	R	G
D	M	L	M	I	P	A	N	U	H	P	U	E	V	U	N	T	A	U	J
N	U	N	O	I	T	A	C	I	F	I	L	P	M	I	S	T	L	C	N
W	E	J	I	R	G	R	R	K	L	Y	P	U	Q	E	T	H	A	W	O
V	P	P	V	R	C	H	O	G	G	I	J	U	C	W	C	A	B	S	B
D	A	N	O	I	O	D	Y	P	C	R	E	G	E	S	U	A	E	R	J
E	H	S	P	R	S	Y	O	T	O	A	O	F	C	Y	B	N	L	R	E
W	S	T	I	S	T	U	U	P	U	R	M	U	U	I	O	F	J	P	C
C	G	Z	P	Z	J	R	A	N	J	N	P	E	N	T	U	R	O	B	T
A	O	A	F	E	E	Y	A	L	P	S	I	D	R	D	D	A	X	R	S
N	C	H	K	W	D	E	S	I	G	N	F	T	D	A	L	M	R	A	M
E	U	L	A	V	E	Z	Y	R	T	E	M	M	Y	S	O	E	I	T	Q
V	H	K	O	M	L	I	A	X	H	C	O	N	R	K	J	J	I	W	Q
M	J	M	Y	Z	S	S	V	X	K	V	Q	X	U	S	U	C	O	F	P

ART
BACKGROUND
BALANCE
BRUSH
CAMERA
CENTER
COLOR
CREATIVE
CURVE
DEPTH
DESIGN
DISPLAY
FIELD
FOCUS
FORM
FRAME
GALLERY
GRAPHIC
HORIZON
ILLUSIONS
INK
LIGHT
OBJECTS
ORGANIZATION
PICTURE
PLACEMENT
PORTRAIT
PROPORTION
RATIO
REPETITION
RHYTHM
SCULPTURE
SHAPE
SIMPLIFICATION
SIZE
SPACE
STRUCTURE
SYMMETRY
TECHNIQUE
THEME
TONE
UNITY
VALUE
VIEW
VISUAL

Solution on page 375

Watching Television

I	J	E	G	N	K	K	U	C	N	T	F	J	A	D	Z	Z	S	B	A
C	Y	A	N	W	E	I	V	O	I	W	E	A	T	H	E	R	S	K	R
U	U	M	I	G	G	D	I	T	N	T	N	L	D	R	A	M	A	R	J
D	U	O	X	L	V	S	H	C	H	A	N	G	E	I	J	Y	T	P	H
R	C	L	A	H	I	O	M	J	D	H	Y	A	T	V	D	E	E	F	C
O	H	N	L	C	S	A	S	H	O	W	S	Y	M	E	I	R	L	O	A
C	C	M	E	T	G	P	X	H	G	S	E	C	M	O	K	S	L	F	B
E	T	D	R	I	O	O	Y	A	I	N	F	O	M	E	R	C	I	A	L
R	A	O	N	W	D	P	M	Z	I	F	C	M	E	Q	G	G	T	O	E
S	W	A	U	S	C	E	G	R	T	M	T	M	P	U	H	R	E	J	N
I	S	I	G	X	L	R	N	X	I	S	Z	E	I	T	N	S	S	X	E
T	R	L	U	D	C	A	I	S	J	L	A	R	S	O	R	G	P	Y	T
C	E	Z	I	Y	R	A	T	N	E	M	U	C	O	D	A	P	M	Q	W
O	Y	L	D	S	E	D	S	E	K	D	G	I	D	I	N	R	I	E	O
M	S	P	E	S	H	V	E	T	N	C	M	A	E	A	D	O	L	K	R
G	U	E	X	T	D	D	R	S	A	I	I	L	S	V	O	G	G	B	K
F	K	H	M	R	H	U	E	U	W	T	G	S	D	W	M	R	Z	I	S
C	N	T	J	O	G	O	T	L	S	O	I	H	U	T	Z	A	B	T	C
L	J	B	I	P	G	C	N	Q	A	V	R	O	T	M	N	M	A	S	A
D	M	I	K	S	E	S	I	D	E	R	O	B	N	U	R	E	R	G	N

BORED
BROADCAST
BROWSE
CABLE
CHANGE
COMEDY
COMMERCIALS
DECISION
DOCUMENTARY
DRAMA
EPISODES
FIGHTS
GAME
GLANCE
GLIMPSE
GUIDE
INFOMERCIAL
INTERESTING
KIDS
LATE NIGHT
MUSIC
NETWORKS
PROGRAM
RANDOM
RECORD
RELAXING
RERUN
ROMANTIC
SATELLITE
SCAN
SEEK
SHIFT
SHOWS
SITCOM
SKIM
SOAP OPERA
SPORTS
STATION
SURVEY
SWITCH
TELETHON
TELEVISION
VIEW
WATCH
WEATHER

Solution on page 375

Italian Cuisine

```
C W R A V I O L I U C H E E S E C M M M
A S P S N N Y O T S E P I A D I N A Q N
P L F N S G E L A T O S S O B U C O B U
R O L A V R A H A L F R E D O A Z Z I P
E V U S E R E S A T A D D I R U B J I L
S C P E R N B N A T T Z Q O A O N I R X
E Y D M M Y I N O L L E N N A C M T A G
L G G R I W M C A R C I H P O T O T M A
L E G A C D O J C E T A A C F G Z O A K
A N U P E L Q H I U O S P E S E Z C L H
F I N I L L E T R O T M E I N U A S A I
R W T E L A I Z F A T T A N C S R I C W
A R T T I Z N L P L U K E R I O E B A E
F I X A E M I T I X I P N F I M L R R M
V G C L L H A N B L C N U K O N L L B A
L A R C C Y G L R I S O T T O V A K O M
N T O C A U P A A L O A S E R B V R N A
P O O N I C A C P S R C I A B A T T A R
A N A N R E O V Z S P A N C E T T A R G
G I E B C F W F N Q S G F O N D U T A L
```

ALFREDO
BISCOTTI
BRESAOLA
BRUSCHETTA
BURIDDA
CALAMARI
CANNELLONI
CAPICOLLO
CAPRESE
CARBONARA
CHEESE
CIABATTA
EGGPLANT
FARFALLE
FETTUCCINE
FOCACCIA
FONDUTA
GELATO
GNOCCHI
LASAGNA
LINGUINE
MACARONI
MARINARA
MINESTRONE
MOZZARELLA
OSSO BUCO
PANCETTA
PARMESAN
PASTA
PENNE
PESTO
PIADINA
PIZZA
PROSCIUTTO
RAVIOLI
RIGATONI
RISOTTO
SALAMI
SAUCE
SPAGHETTI
TORTELLINI
VERMICELLI
VITELLO
WINE
ZITI

Solution on page 375

Learn to Drive

Z	L	A	M	K	W	C	E	Q	C	B	N	W	I	P	E	R	S	T	K
L	V	T	K	G	U	N	M	T	Q	S	R	Z	C	X	B	E	L	T	M
J	D	G	A	X	E	Y	C	A	U	U	K	H	I	G	R	M	G	Q	J
L	U	E	R	L	T	A	J	I	X	K	Z	T	Z	I	K	D	G	H	O
V	A	C	C	E	L	E	R	A	T	E	R	D	T	T	Y	J	L	K	R
H	I	N	F	E	H	H	L	Q	R	A	R	C	R	B	C	I	L	E	O
I	X	A	E	Z	L	C	T	O	M	I	M	C	L	S	M	A	I	N	R
A	S	K	E	A	E	E	A	P	V	O	L	O	E	I	L	I	G	G	R
C	K	D	F	R	E	D	R	E	P	U	I	S	T	E	G	Y	H	I	I
X	N	O	D	U	H	T	R	A	T	Z	S	S	R	U	Z	D	T	N	M
G	Z	J	U	E	W	E	S	C	T	A	H	T	M	E	A	U	S	E	A
I	Y	J	C	C	F	S	H	B	L	I	N	D	S	P	O	T	S	K	L
P	R	I	L	D	E	E	G	C	F	E	O	N	R	O	R	S	M	A	B
T	E	K	N	N	J	I	N	T	S	L	E	N	B	U	M	P	E	R	R
S	V	R	G	J	N	M	I	S	A	C	M	D	C	L	I	Z	U	B	O
U	E	E	M	Y	R	S	S	W	I	E	L	T	R	A	F	F	I	C	R
X	R	V	V	I	U	D	S	L	P	V	O	I	U	D	A	L	V	O	A
N	S	D	M	X	T	O	O	A	T	R	E	K	L	E	S	I	G	N	S
P	E	N	G	G	S	W	R	I	T	T	E	N	E	P	E	T	S	E	T
I	F	C	Z	B	H	K	C	E	G	G	Y	A	S	W	X	Q	Q	S	R

ACCELERATE
ALERTNESS
AUTOMATIC
BELT
BLIND SPOT
BRAKE
BUMPER
CLASSES
CLUTCH
CONES
CROSSING
DECELERATION
DEFENSIVE
DRIVER
ENGINE
EXAM
EXIT RAMP
INSTRUCTOR
LANE
LAWS
LICENSE
LIGHTS
LIMITS
MIRROR
PARK
PASSENGER
PEDAL
PERMIT
REVERSE
ROAD
RULES
SAFETY
SHIFT
SIGNS
STOP
STUDY
TEACHER
TEST
TIRES
TRAFFIC
TURN
VIEW
WHEEL
WIPERS
WRITTEN

Solution on page 376

Fly-Fishing

Z	P	K	K	Q	K	T	Y	A	X	Y	G	Y	K	A	M	M	W	Q	M
Z	Z	U	Q	S	O	W	H	M	P	U	B	E	K	C	G	P	T	K	K
W	J	K	Y	H	Z	C	O	K	R	Y	H	B	Y	B	M	E	A	S	T
C	N	C	Y	Z	C	P	T	N	I	F	W	R	O	C	C	L	E	E	R
O	A	P	F	E	R	G	Y	O	C	E	A	N	G	H	F	I	S	H	K
F	A	T	W	O	P	M	I	W	J	U	W	U	N	V	L	H	U	G	O
W	M	A	C	Y	P	S	N	R	T	Q	G	I	M	F	R	K	S	A	O
V	Q	C	A	H	X	R	G	S	P	I	Q	L	L	E	X	T	A	D	N
A	N	K	S	I	N	O	E	R	G	U	T	A	R	G	E	T	Q	G	S
P	E	L	T	F	V	T	A	T	E	W	I	U	Z	E	I	L	U	E	T
M	T	E	T	T	S	C	F	S	R	C	L	F	L	N	E	F	A	T	R
N	M	U	K	D	G	A	Z	L	I	I	R	H	S	D	H	W	T	S	O
I	I	O	V	I	E	R	J	F	O	S	E	E	S	L	A	E	I	H	P
S	O	J	E	M	R	T	I	E	O	A	C	V	A	T	L	E	C	S	S
H	D	R	N	J	A	T	H	T	D	T	T	N	E	T	R	I	R	D	B
N	L	T	I	T	R	A	S	G	S	W	D	R	E	D	I	E	N	H	I
J	L	E	R	A	P	P	A	S	I	E	K	I	P	S	D	O	A	E	T
W	X	F	A	O	U	D	A	Y	D	E	K	F	B	A	P	H	N	M	E
O	S	E	M	U	U	B	A	A	F	X	W	A	W	Q	Z	K	N	I	S
M	G	X	J	O	A	T	C	B	C	E	Q	N	L	X	I	N	V	Z	F

APPAREL
AQUATIC
ARTIFICIAL FLIES
ATTRACTORS
BASS
BAYS
BITE
CARP
CAST
CATCH
ESTUARY
FISH
FLOAT
GADGETS
HOBBY
HOOK
INSECT
LAKES
LANDED
LINE
LURE
MARINE
NYMPH
OCEAN
PIKE
PONDS
RECREATION
REEL
RETRIEVED
SEAWATER
SINK
SNOOK
SPEY
SPORT
STEELHEAD
STREAMS
STRIKE
TACKLE
TARGET
TECHNIQUES
THREAD
TROUT
TYING
WADERS
WEIGHTED

Solution on page 376

Child's Play

W	I	K	I	F	G	S	H	Y	O	M	U	E	R	A	V	Q	R	R	T
Z	V	N	E	O	C	G	R	G	G	U	S	R	U	O	T	C	Q	G	T
V	S	P	R	E	T	E	N	D	F	R	E	T	I	T	G	F	W	R	I
U	O	L	K	O	H	I	P	I	I	W	K	N	F	N	U	R	E	P	K
E	L	A	K	B	K	I	O	H	K	M	O	V	I	E	S	A	B	R	Z
S	B	Y	F	I	C	L	I	M	B	O	J	R	B	H	S	G	N	O	S
Y	D	C	H	N	S	D	I	A	G	B	O	L	A	U	G	H	T	E	R
N	G	N	I	D	D	E	L	S	T	L	L	C	R	S	G	T	K	O	V
Z	A	C	C	S	O	L	L	K	O	F	C	E	V	I	T	A	E	R	C
S	L	T	S	S	U	G	N	C	S	P	H	C	T	A	C	K	M	R	G
E	B	G	U	E	R	M	W	O	O	U	T	D	O	O	R	S	A	E	N
H	S	Y	T	R	K	E	C	R	N	S	P	O	R	T	S	F	D	R	R
G	C	A	S	H	E	I	C	T	B	R	T	N	A	S	T	G	E	U	V
I	I	E	H	Y	R	W	B	C	A	E	B	U	R	S	N	T	D	H	S
T	G	V	L	C	D	O	A	E	O	G	A	N	M	I	A	P	I	K	F
I	O	J	U	G	N	S	W	L	D	S	D	C	W	E	A	J	L	I	V
S	K	S	O	O	G	M	N	L	K	I	S	A	H	I	S	O	S	T	L
A	V	X	N	S	E	I	R	O	T	S	R	T	N	A	T	H	H	E	P
H	U	G	G	H	W	W	G	C	F	D	C	T	K	C	I	K	U	D	J
Z	D	V	V	I	R	S	M	C	X	R	K	T	R	R	E	Q	V	Q	L

BAKE
BALL
BEACH
CATCH
CHASE
CIRCUS
CLIMB
COLLECT ROCKS
COLORING
COOKING
COSTUMES
CRAFTS
CREATIVE
DANCE
DRAWING
FISH
GAME
GIGGLE
HIKING
JOKES
KICK
KITE
LAUGHTER
MOVIES
MUSIC
NATURE WALK
OUTDOORS
PAINT
PICNIC
PLAY
PRETEND
RIDE BIKES
RUN
SLEDDING
SLIDE
SOCCER
SONGS
SPORTS
STORIES
SWIM
TAG
THEATER
THROW
TOURS
TREASURE HUNT

Solution on page 376

Time to Eat

D	S	Z	Z	S	R	S	C	Q	K	W	Z	Z	Y	K	T	S	A	P	T
A	E	O	E	Z	A	R	G	S	E	W	Y	S	E	B	R	I	B	S	W
H	C	N	U	L	J	M	G	F	A	E	S	R	U	O	C	K	E	T	L
B	T	G	P	P	B	E	K	I	T	G	D	N	V	W	Q	G	F	W	X
A	V	M	O	L	C	B	T	X	N	I	V	J	O	L	N	E	B	P	Z
V	T	U	E	U	A	E	I	I	N	B	O	T	S	I	H	I	D	C	V
Q	F	S	R	G	R	T	M	N	P	R	E	N	K	M	T	N	E	Q	K
J	A	I	E	A	A	M	E	G	A	U	K	A	C	E	O	R	V	P	K
D	M	C	Z	L	I	R	E	S	S	N	S	R	I	I	L	A	O	B	K
W	I	K	I	R	D	H	E	T	T	C	V	U	T	C	C	W	U	P	S
X	L	G	T	P	L	N	A	V	A	H	P	A	S	Y	E	N	R	T	L
R	Y	J	E	C	D	E	A	S	E	C	R	T	P	D	L	C	C	V	N
Y	G	E	P	S	S	S	S	C	O	B	Q	S	O	A	B	U	A	M	B
P	C	I	P	H	T	E	W	O	E	C	S	E	H	L	A	M	S	C	E
Q	E	R	A	W	R	E	V	L	I	S	I	R	C	A	T	L	U	L	F
K	F	R	U	O	B	Q	E	W	O	L	L	A	W	S	T	I	A	F	D
I	E	F	L	N	U	C	R	U	G	O	B	B	L	E	S	H	L	O	C
X	D	E	S	S	E	R	T	A	R	T	O	P	P	I	N	G	S	K	P
I	S	Q	R	H	E	M	Q	N	S	P	O	O	N	I	Z	U	B	K	C
E	M	R	F	V	Z	V	A	K	N	I	F	E	W	H	S	E	D	I	S

APPETIZER
BEVERAGE
BITE
BOWL
BRUNCH
CANDLES
CASSEROLE
CASUAL
CELEBRATION
CHOPSTICKS
COURSE
CUISINE
DESSERT
DEVOUR
DIGEST
DINNER
EAT
FAMILY
FIXINGS
GOBBLE
GOURMET
GRAZE
INGEST
INHALE
KNIFE
LUNCH
MENU
MUSIC
NIBBLE
PASTA
PLATES
PORTION
RESTAURANT
SALAD
SHARE
SIDES
SILVERWARE
SOCIALIZE
SOUP
SPOON
SWALLOW
TABLECLOTH
TOPPINGS
TRIMMINGS
WAITER

Solution on page 376

Doorknobs

E	N	V	L	P	L	A	G	S	U	W	S	N	D	F	V	Z	U	N	C
C	C	Y	M	C	X	K	L	I	Y	Y	R	A	C	Z	B	K	G	N	Z
X	E	O	T	N	O	L	F	O	U	U	W	O	R	R	O	U	N	D	R
K	E	O	M	I	U	Q	T	Z	T	F	T	X	O	E	L	I	I	P	I
E	N	C	M	B	F	V	D	L	N	G	E	E	A	M	T	N	D	R	P
T	T	O	F	K	O	O	Q	F	J	U	M	U	Q	O	L	S	L	I	L
S	M	Y	B	I	O	Y	M	M	U	D	E	C	O	R	A	T	I	V	E
P	S	M	Z	R	B	J	E	R	S	L	E	M	B	H	I	A	U	A	R
U	L	Z	O	E	O	S	B	O	E	Z	L	T	E	C	C	L	B	C	A
A	T	E	G	T	D	N	I	I	C	D	D	U	T	U	R	L	H	Y	W
F	F	Q	V	N	L	P	Z	R	U	Y	N	W	P	C	E	P	A	F	D
Y	C	R	G	E	I	G	L	E	R	W	I	I	L	V	M	A	N	P	R
I	D	L	L	R	R	L	T	T	I	S	P	O	L	D	M	S	R	B	A
Y	R	M	G	U	A	A	J	X	T	E	S	G	R	Y	O	S	R	B	H
M	J	M	N	T	N	S	D	E	Y	E	T	E	S	K	C	A	B	L	H
I	Y	O	C	R	J	S	P	N	C	P	P	R	Y	C	S	G	K	M	J
T	T	H	O	B	L	X	N	X	A	P	U	M	J	S	R	E	O	Q	T
S	P	J	K	B	X	E	S	U	O	H	V	S	L	A	T	E	M	L	Q
D	R	L	T	R	P	L	D	C	C	V	A	N	H	H	M	W	W	R	D
J	E	L	N	O	I	U	M	C	B	B	P	I	R	E	V	L	I	S	I

BACKSET
BOLT
BRASS
BRONZE
BUILDING
CAR
CHROME
CLOSE
COMMERCIAL
COPPER
CYLINDER
DECORATIVE
DOOR
DUMMY
ENTER
EXTERIOR
GERMS
GLASS
GOLD
GRASP
GRIP
HAND
HARDWARE
HOUSE
INSTALL
JAM
KEY
KNOB
LATCH
LEVER
METAL
OPEN
ORNATE
PASSAGE
PRIVACY
PULL
PUSH
ROOM
ROUND
SCREWS
SECURITY
SILVER
SPINDLE
TURN
TWIST

Solution on page 376

Shopping

O B J U G U C O L O R S E H C T A W V T
F T V T Z A S D Q S A L E U S T O Y S Z
N B I L D P L E B S E Z I S M P L V N D
F G A K G P R P L C W F D Y E I B P H U
A C V E A L G A T D L D R C N E O D Q G
D M F G T I R R P I N E D I S C O U N T
L V W R E A O T F C I A A P W E K N T D
M K I A S N C M S H P T C R E R S D N P
J H A H I C E E C B L U E O A P L E J W
S E O C U E R N I I E I Q M R N P R N P
P E S L C S I T T S S D A O S S C W U O
S T E C J E E Q E U F U D T B S G E Q S
J Y I S E H S H M R B S M I E S E A D Y
P Y L Y W N T S S K A A T O N R C R M Q
I J P E E O W E O T T W R N I G A A D H
E T P B L Y J S C R S R D G A C R Z G W
C R U C R R A Z K W I L E R A P P A G Y
E Y S N Y T H S A C W E C N A I S L V F
S D O O G G N I T R O P S E D H N P L O
B O P I V H N Z M J T S R S T Y L E X F

ACCESSORIES
APPAREL
APPLIANCES
BARGAIN
BEDDING
BOOKS
BUY
CANDLES
CARDS
CASH
CHARGE
CLEARANCE
CLOTHES
COLORS
COSMETICS
DEPARTMENT
DISCOUNT
DRESS
ELECTRONICS
GROCERIES
HARDWARE
ITEMS
JEWELRY
MENSWEAR
MUSIC
PANTS
PIECES
PLAZA
PROMOTION
RECEIPT
RETAIL
SALE
SHIRT
SHOES
SIZES
SOCKS
SPEND
SPORTING GOODS
STYLE
SUPPLIES
TOYS
TRENDY
TRY ON
UNDERWEAR
WATCHES

Solution on page 376

United States Marine Corps

I	B	Z	T	V	V	V	S	N	L	U	N	B	W	G	H	L	K	P	P
T	D	E	H	S	E	C	U	R	I	T	Y	P	A	F	S	B	B	W	N
N	A	N	E	A	C	T	I	V	E	I	L	G	O	N	N	L	G	D	A
E	O	M	E	S	N	R	F	L	S	U	J	U	O	W	D	S	E	R	M
M	R	I	K	C	E	S	N	E	F	E	D	I	A	D	E	P	D	S	E
P	B	P	T	S	R	L	N	S	D	U	T	I	E	S	L	R	F	K	L
I	A	R	E	N	R	O	C	F	R	I	T	H	I	O	S	I	H	X	F
U	L	R	T	N	E	I	F	I	D	E	R	R	Y	X	K	A	V	I	I
Q	V	E	R	M	T	V	S	A	H	T	C	S	T	I	U	R	C	E	R
E	E	A	A	S	E	A	R	Q	D	E	N	I	A	A	Y	R	L	P	D
B	W	G	I	D	D	T	G	E	I	H	V	C	F	S	B	A	S	E	S
L	T	G	N	K	E	D	Z	O	T	P	N	C	U	F	K	N	T	N	D
F	O	U	I	K	S	R	W	F	N	N	O	O	N	E	O	K	Y	O	A
L	D	A	N	O	I	S	S	I	M	K	I	M	I	R	A	G	C	P	E
E	F	R	G	T	V	Q	H	H	G	B	L	M	T	U	E	T	I	A	H
S	Q	D	U	Y	R	O	T	S	I	H	A	A	S	Z	R	X	L	E	R
M	Q	R	G	U	E	L	B	H	I	P	T	N	Y	I	I	K	O	W	A
X	F	L	O	R	T	A	P	B	S	L	T	D	N	E	A	W	P	N	J
L	Z	K	D	C	O	M	B	A	T	X	A	E	R	S	L	O	W	J	T
M	I	L	I	T	A	R	Y	T	D	Z	B	R	V	L	E	U	U	W	E

ABROAD
ACTIVE
AERIAL
AMPHIBIOUS
ASSAULT
BAND
BASES
BATTALION
COMBAT
COMMANDER
CRISES
DEFENSE
DEPLOY
DETERRENCE
DEVIL DOG
DOCTRINE
DUTIES
EQUIPMENT
FORCE
GUARD
HISTORY
INTERVENTION
JARHEADS
LEADERSHIP
LOGISTICS
MAGTF
MILITARY
MISSION
OFFICERS
PATROL
PENTAGON
POLICY
POWER
RANK
RECRUITS
RESERVE
RIFLEMAN
SECURITY
SEIZURE
TRADITIONS
TRAINING
UNITS
VEHICLES
WAR
WEAPON

Solution on page 377

Interior Design

F	X	Y	Q	N	K	R	T	O	S	J	R	E	V	Z	A	P	B	U	J
M	V	E	B	D	P	E	N	H	R	J	R	S	Q	R	Q	O	V	U	Z
K	A	S	G	U	W	R	T	U	E	F	N	L	M	D	E	S	I	G	N
I	S	T	D	A	O	G	G	T	S	M	D	A	N	D	H	T	R	F	R
V	E	N	H	D	T	S	C	H	E	M	E	R	L	V	R	E	P	P	E
C	S	E	A	S	O	N	A	L	H	L	A	U	X	G	T	R	H	G	T
N	W	C	N	A	I	S	I	O	R	N	A	M	E	N	T	S	B	N	F
C	O	C	N	H	B	L	U	V	T	W	S	P	I	I	S	E	I	I	A
I	L	A	F	F	A	S	L	I	L	A	O	O	E	T	R	R	G	R	B
I	L	O	C	L	E	N	Q	E	A	L	P	V	D	A	O	U	P	O	R
L	I	W	C	Y	O	U	C	S	B	L	X	N	C	N	R	T	E	O	I
Z	P	S	H	K	E	W	M	E	A	M	U	C	F	I	R	I	N	L	C
M	B	W	I	S	S	U	E	C	A	Y	E	L	N	D	I	N	U	F	Y
L	A	A	L	N	Q	S	O	R	W	S	I	E	U	R	M	R	C	S	D
W	S	T	T	F	H	F	H	X	S	G	S	S	R	O	O	U	W	E	S
I	E	C	C	T	O	M	E	O	H	S	P	W	S	O	L	F	C	O	P
N	P	H	A	H	C	U	R	T	A	I	N	S	E	C	M	A	T	G	M
D	A	E	W	Z	I	I	I	L	T	C	E	S	R	O	L	O	C	U	A
O	R	S	G	X	E	N	G	N	R	M	T	D	Y	S	H	N	O	A	L
W	D	N	F	S	G	H	G	T	A	Q	W	W	D	P	N	T	J	R	E

ACCENTS
ACCESSORIES
ADORN
ANTIQUES
ART
CLOCKS
COLORS
COORDINATING
CURTAINS
DECALS
DESIGN
DRAPES
EMBELLISH
ENHANCE
FABRIC
FIGURINES
FLOORING
FLOWERS
FOCAL POINT
FURNITURE
GLASS
HOUSE
LAMPS
LIGHTING
MATCHING
MIRRORS
MURALS

NURSERY
ORNAMENTS
PALETTE
PHOTOS
PILLOWS
POSTERS
ROOM
RUGS
SCHEME
SEASONAL
SWATCHES

THEME
TIPS
VASES
VINTAGE
WALL
WINDOW
WREATHS

Solution on page 377

Inexpensive

X	X	N	V	G	F	V	X	B	W	O	C	R	Z	V	T	R	I	D	H
M	F	B	G	I	S	B	Z	X	F	I	N	I	M	H	T	M	F	A	F
Z	B	Z	F	S	D	O	O	U	B	E	E	F	F	O	C	O	K	E	H
N	N	C	P	L	K	L	C	S	H	C	S	S	T	E	K	N	I	R	T
R	F	I	Y	L	Y	O	O	K	I	G	G	O	N	N	U	U	T	B	G
F	H	T	F	D	S	G	I	V	S	Y	G	V	O	J	R	N	V	D	P
C	B	S	N	T	E	N	D	O	N	C	E	P	O	T	A	T	O	E	S
D	R	A	C	Y	R	A	R	B	I	L	U	V	I	N	Y	L	N	O	O
I	C	L	K	P	O	A	U	Z	O	O	P	Z	P	M	L	S	A	G	D
C	M	P	B	G	T	D	M	P	C	R	W	R	I	A	I	P	Z	M	A
S	Y	O	K	R	S	E	E	E	R	O	T	S	R	A	L	L	O	D	H
P	K	M	S	E	T	S	C	O	N	X	D	M	T	L	B	J	K	V	E
A	M	C	U	P	F	U	P	U	T	N	E	S	E	I	K	O	O	C	H
G	H	O	I	A	I	E	Y	S	P	N	O	Q	N	H	C	L	O	G	A
H	C	C	P	P	R	L	V	N	U	A	U	O	S	O	R	K	A	K	V
E	F	U	M	F	H	K	R	A	Q	W	S	O	D	C	I	A	E	T	S
T	L	A	U	O	T	T	T	E	X	T	M	T	C	L	C	N	J	R	Y
T	U	M	G	M	I	S	O	B	A	N	A	N	A	S	E	G	O	T	S
I	E	K	D	C	R	A	Y	O	N	S	A	L	E	O	I	S	X	P	F
G	Y	N	X	V	S	E	T	Z	T	Z	B	B	T	S	M	D	G	E	Q

ADVICE
AIR
BANANAS
BEANS
BOLOGNA
BOOKS
BREAD
CANDY
CHIPS
COFFEE
COOKIES
COUPON
CRAYONS
DIRT
DISCOUNT
DOLLAR MENU
DOLLAR STORE
EGGS
ENVELOPES
GUM
JUNK
LIBRARY CARD
MILK
ONIONS
PAPER
PASTA
PENS
PERFUME
PLASTIC
POTATOES
RAMEN NOODLES
RICE
SALE
SOAP
SOCKS
SODA
SPAGHETTI
STICKERS
TALK
TEA
THRIFT STORES
TOOTHPICKS
TRINKETS
USED
VINYL

Solution on page 377

Sewing Machines

```
K R T O T D T P T F R C L N D M R C Y L
P C K E L H E Y C E L A D E P E S L N H
K K P P I Y X E G L Z D A L R U T Y L Z
I J W M U E T N F E O W R D Q L N B Z K
Y A B R Q H I W L P A T T E R N J B C P
V L M I R S L H E E O G H E S T O O F R
E G S A S E E Z C T V R L N T S L H Z O
P A P P C H S C E Y R E D I O R B M E T
A A D E J H B N M B C U R S E L B L Y O
N K C R L A I R E T A M G V O Y O F V M
T R U M S B M N R T P K O O B H Y A E D
S A K T A C N I E F Q E P O N G O C L K
E V I C F S C N S C I S S O R S H T D L
W N F L Z A S I N D U S T R I A L O A A
G H R T O I B G A X Y T Z N N E U R E K
T O Z A O R Q R J P U N G I S E D Y R J
Y U A N Y E N O I B E I S B P V R I T Q
V P Y S T I T C H C O M V B T P M H U S
G N I D N E M C T G R M Y O M R E P E G
T J G G A Z G I Z U M B O B Q L H R C E
```

BASTING
BOBBIN
BUTTONHOLE
CABINET
CLOTH
DARNING
DESIGN
DRESS
DROP FEED
ELECTRIC
EMBROIDERY
FABRIC
FACTORY
FOOT
GUIDE
HEM
HOBBY
INDUSTRIAL
JAM
LEVER
MACHINE
MATERIAL
MECHANISM
MENDING
MOTOR
NEEDLE
OVERLOCK
PANTS
PATTERN
PEDAL
QUILT
REPAIR
SCISSORS
SEW
SINGER
SPOOL
STITCH
TAILOR
TENSION
TEXTILE
THIMBLE
TREADLE
YARN
ZIGZAG
ZIPPER

Solution on page 377

Teach Me

N	E	G	D	E	L	W	O	N	K	J	M	R	O	F	N	I	P	B	A
N	Q	Z	N	D	X	E	X	A	M	S	L	L	E	B	Y	R	P	Q	N
Z	K	G	U	I	D	E	S	K	N	S	N	O	I	T	A	C	U	D	E
P	P	C	A	F	D	Y	N	I	P	E	T	G	W	C	U	I	A	N	P
X	Z	P	H	I	X	A	G	U	A	U	C	C	T	T	Z	P	I	L	A
Z	U	Y	L	C	E	C	E	E	T	D	O	I	E	B	Z	L	M	O	B
P	E	A	S	A	N	G	R	R	E	M	C	R	H	J	P	R	M	O	E
C	G	N	O	T	N	U	A	E	M	E	Q	T	G	I	B	Z	H	H	C
G	Z	A	C	I	U	S	L	U	A	B	V	U	C	Y	S	U	B	C	I
E	C	C	I	O	H	T	N	F	G	T	O	S	E	K	D	T	S	S	F
A	V	W	A	N	U	I	O	O	G	N	I	L	E	S	N	U	O	C	F
S	H	R	L	L	C	R	U	R	I	D	A	V	I	Y	T	M	T	R	O
T	A	I	S	A	K	L	A	H	C	T	U	L	I	O	A	I	A	S	Y
U	N	T	T	H	Z	X	M	G	Q	F	C	F	U	T	Z	Y	O	A	R
D	D	I	U	S	A	N	S	W	E	R	W	U	H	X	Y	A	S	N	E
E	O	N	D	Z	K	R	O	W	E	M	O	H	R	C	I	S	U	M	S
N	U	G	I	W	O	R	K	S	H	E	E	T	K	T	I	S	R	X	A
T	T	V	E	K	E	Q	U	A	T	I	O	N	S	S	S	E	Z	B	R
N	T	P	S	Q	R	K	G	S	W	L	W	X	T	A	Z	N	C	M	E
C	K	B	C	D	P	V	J	T	L	D	I	S	C	U	S	S	I	O	N

ANSWER
ART
ASSIST
BELLS
CHALK
COMMUNICATION
COMPUTER
COUNSELING
CREATIVITY
DESK
DISCIPLINE
DISCUSSION
EDIFICATION
EDUCATION
ENCOURAGEMENT
EQUATIONS
ERASER
ESSAY
EXAMS
GUIDE
HANDOUT
HISTORY
HOMEWORK
INFORM
INSTRUCTION
KNOWLEDGE
LANGUAGE
LUNCH
MATH
MUSIC
OFFICE
PEN
PLANS
PRACTICE
QUESTIONS
QUIZ
READING
SCHOOL
SOCIAL STUDIES
STUDENT
STUDY GROUP
SUBJECTS
TUTOR
WORKSHEET
WRITING

Solution on page 377

The Life of John Glenn

```
N T T O T E K O E Z Y P U C V I Q Z W Z
X Q G S W N T R G J B R P L L A U N C H
H S F F O F A B S S T F U K P H H O A G
J D O O G E B I F Y I S G C C Y V A N N
D R M H G E M T R R B O V N R T F C D I
I A N H I D O S S E L T H G I E W R I N
S W Y T T S C T M V T G Z E Y Y M X D I
T A U J S A T A C O M Y E W R K L H A A
I M V D B A F O Y C T T B H D O N F T R
N E F Z L F V T R S N O I S I V E L E T
G R N L O A N I G I M L C Z E C U G D P
U I Q L I F D G A D C I U J R R E M O X
I C L C S G X E M T T P S O Z M P S P T
S A V I Q E H E M U O D F S I V T H A E
H I N M I L I T A R Y R U N I F O R M L
E C A P S I C N W R I O I H O O C W R T
D O L H O N O R S A T A S T R O N A U T
T E K C O R E S J W C H M E M O I R X U
Y Q V P E E C W A L V E T E R A N A M H
Q S R A T S K Y S J V Z D Q E T A N E S
```

AERONAUTICS
AIR FORCE
AIR MEDAL
AMERICA
ASTRONAUT
AVIATOR
AWARDS
CANDIDATE
COMBAT
DEMOCRAT
DISCOVERY
DISTINGUISHED
EARTH
FIRST
FLIGHT
FLYING
GEMINI
HALL OF FAME
HERO
HISTORIC
HONORS
LAUNCH
MAN
MEMOIR
MERCURY
MILITARY
MISSION
MOON
NAVY
NEWS
OHIO
ORBIT
PILOT
PRESBYTERIAN
ROCKET
SENATE
SHUTTLE
SKY
SPACE
STARS
TELEVISION
TRAINING
UNIFORM
VETERAN
WEIGHTLESS

Solution on page 377

At Auction

L	O	T	D	N	A	G	F	U	X	N	F	Y	G	J	C	I	K	P	P
P	E	N	U	K	O	U	A	I	Q	L	U	G	Q	G	O	L	U	U	O
M	S	O	L	L	G	C	M	V	G	A	N	T	I	Q	U	E	S	N	T
I	O	I	A	I	D	O	F	W	E	U	D	H	P	R	I	C	E	W	N
N	D	T	S	M	N	N	S	E	L	L	R	B	V	G	Z	O	P	E	E
Z	A	C	O	E	Q	E	T	V	U	F	A	I	U	V	D	M	B	V	L
C	M	A	Y	R	L	W	S	S	G	N	I	T	N	I	A	P	R	R	I
O	D	S	S	C	C	B	E	U	A	N	S	W	B	E	O	E	O	P	S
U	S	N	X	H	U	Y	I	I	O	F	E	T	E	U	S	T	K	F	L
Q	U	A	Q	A	V	C	C	T	V	H	R	Z	C	E	K	E	E	D	B
M	S	R	J	N	P	X	C	L	C	E	W	M	R	B	O	T	R	L	Z
F	Y	T	F	D	M	P	T	G	E	E	R	V	E	Y	O	A	Z	P	R
F	L	F	U	I	F	D	L	N	Y	S	L	P	M	L	B	T	G	S	E
S	I	F	R	S	E	C	O	I	E	I	Y	L	M	P	M	S	D	N	L
X	M	K	N	E	E	I	R	N	A	M	K	C	O	T	S	E	V	I	L
A	D	E	I	L	T	M	Y	E	U	N	Y	O	C	C	A	M	R	O	A
K	Q	A	T	C	J	A	I	P	N	P	C	A	E	L	A	S	U	C	C
B	R	S	U	I	U	J	A	O	T	N	O	E	P	A	D	D	L	E	H
T	U	A	R	T	R	W	C	O	M	M	I	S	S	I	O	N	E	L	B
H	M	Y	E	Z	O	O	Y	D	I	S	J	W	D	L	N	G	S	Q	Y

ANTIQUES
APPLIANCES
ART
AUCTIONEER
AUTO
BID
BOOKS
BROKER
BUY
CALLER
CATALOG
COINS
COLLECTIBLES
COMMERCE
COMMISSION
COMPETE
DEAL
ESTATE
FAST
FEE
FIGURINES
FUNDRAISER
FURNITURE
GAVEL
HOUSE
HUSTLE
ITEMS
LIVESTOCK
MERCHANDISE
MONEY
MOTORCYCLES
ONLINE
OPENING
PADDLE
PAINTINGS
PAYMENT
PREVIEW
PRICE
RESERVE
RULES
SALE
SELL
SILENT
TRANSACTION
WINNER

Solution on page 378

Pleasant Things

T	J	K	Z	C	A	S	N	C	C	R	Y	Y	R	O	T	C	I	V	G
F	T	N	D	C	N	D	B	H	O	O	P	I	Y	L	H	H	H	B	G
T	N	O	N	O	U	J	O	I	C	L	P	B	T	R	N	E	D	Q	X
W	A	W	E	G	C	S	A	R	O	M	A	S	I	N	N	E	F	H	D
A	R	L	R	N	E	S	E	P	A	B	H	S	S	O	O	R	C	I	T
A	E	E	D	I	M	U	S	I	C	T	T	Q	O	I	I	T	O	J	L
M	B	D	L	R	P	U	X	N	P	M	I	S	R	T	N	B	N	E	N
G	U	G	I	A	L	W	O	G	A	P	I	O	E	A	U	Z	F	O	K
Q	X	E	H	H	X	I	S	S	H	N	U	G	N	U	E	Y	I	C	K
T	E	H	C	S	T	A	B	S	G	U	A	P	E	D	R	T	D	D	W
E	H	U	M	O	R	I	T	I	E	C	Z	T	G	A	A	S	E	O	X
Z	S	S	V	V	E	G	N	I	D	N	A	T	S	R	E	D	N	U	Y
Y	R	E	A	B	S	G	E	S	O	I	R	R	B	G	A	D	C	F	T
Y	D	I	Y	W	U	Q	X	Z	C	N	E	E	U	I	E	N	E	O	E
K	C	K	W	G	A	Y	W	E	E	V	L	T	H	R	I	L	L	P	F
G	V	O	A	N	L	R	R	C	I	E	S	J	M	T	O	Y	S	K	A
P	U	O	R	I	P	P	D	N	C	P	R	E	S	S	E	C	C	U	S
F	S	C	M	K	P	T	N	S	A	A	N	B	K	H	U	G	S	L	O
G	A	A	T	A	A	A	L	D	E	T	R	O	F	M	O	C	O	Q	V
E	F	N	H	B	I	R	D	S	T	Y	W	O	W	G	R	O	W	T	H

ADORATION
ANNIVERSARY
APPLAUSE
APPRECIATE
AROMAS
AWARDS
BABY
BAKING
BIRDS
BREEZE
CELEBRATION
CHEER
CHILDREN
CHIRPING
CHRISTMAS
COCOA
COMFORT
CONFIDENCE
COOKIES
DEVOTION
EXUBERANT
FAMILY
GENEROSITY
GRADUATION
GROWTH
HAPPY
HUGS
HUMOR
KNOWLEDGE
LIFE
MUSIC
PUPPIES
RELAXATION
REUNION
SAFETY
SHARING
SINGING
SUCCESS
THRILL
TOGETHERNESS
TOYS
UNDERSTANDING
VICTORY
WARMTH
WONDERMENT

Solution on page 378

Your Anniversary

C	A	I	S	Q	B	A	L	L	O	O	N	S	B	T	J	L	I	B	Z
L	S	F	G	H	G	T	R	E	L	A	T	I	O	N	S	H	I	P	U
S	V	M	U	N	I	T	A	L	P	O	F	G	G	I	U	E	F	I	W
I	D	G	H	H	D	A	L	A	C	H	E	R	I	S	H	G	N	G	C
L	A	U	N	N	A	C	L	Q	T	T	D	T	L	A	Y	V	X	I	L
V	B	T	J	O	H	H	S	W	H	S	U	R	P	R	I	S	E	F	Z
E	Z	O	F	U	L	M	U	E	C	O	M	M	I	T	M	E	N	T	T
R	Z	Q	N	M	E	E	R	D	H	V	E	T	A	J	L	G	G	S	K
Q	Z	I	F	D	R	N	F	D	S	S	Y	T	E	M	O	L	E	Y	I
J	T	B	A	N	E	T	M	I	O	F	I	W	A	C	V	C	K	H	S
Y	W	T	Y	S	M	D	A	N	L	O	E	W	O	L	E	D	A	N	S
F	E	S	S	X	E	R	R	G	N	L	C	N	D	L	O	R	C	F	E
R	C	Q	T	E	M	E	R	S	R	G	N	Y	E	O	M	C	M	K	S
I	H	V	S	L	B	N	I	Y	P	E	E	B	L	O	O	E	O	T	W
E	O	A	U	P	R	N	A	F	C	A	R	C	N	I	M	G	N	H	H
N	L	J	A	U	A	I	G	T	C	A	R	Y	N	O	M	E	R	E	C
D	I	A	M	O	N	D	E	Z	T	C	U	T	R	A	S	A	V	R	A
S	D	J	S	C	C	D	J	E	A	K	C	I	Y	E	M	B	F	E	R
G	A	O	B	S	E	R	V	A	N	C	E	P	R	F	G	O	L	D	D
P	Y	V	B	V	T	W	O	V	P	S	R	P	V	J	X	E	R	Q	L

ANNUAL
ATTACHMENT
BALLOONS
BONDED
CAKE
CARD
CELEBRATE
CEREMONY
CHERISH
CHOCOLATE
COMMITMENT
CONNECTED
COUPLE
DATE
DIAMOND
DINNER
FAMILY
FRIENDS
GIFTS
GOLD
GOOD WISHES
HARMONY
HOLIDAY
HUGS
INVITATIONS
JEWELRY
KISSES
LIFELONG
LOVE
MARRIAGE
MEMORIES
OBSERVANCE
PARTY
PLATINUM
PRESENTS
RECURRENCE
RELATIONSHIP
REMEMBRANCE
ROMANCE
SILVER
SURPRISE
TOGETHERNESS
UNITY
WEDDING
WIFE

Solution on page 378

Machine Tools

Q	C	D	L	O	D	E	B	L	G	N	F	B	O	G	P	Z	T	W	J
O	H	O	O	L	E	E	F	T	M	Y	T	C	U	R	T	S	N	O	C
E	P	F	N	A	O	T	F	C	G	X	L	I	N	D	U	S	T	R	Y
Z	N	O	I	T	C	U	D	O	R	P	P	T	D	I	E	L	G	Q	S
W	K	N	H	E	R	U	L	E	R	Q	X	A	R	F	D	H	U	R	W
Q	A	Y	C	M	B	O	W	J	W	M	V	M	I	B	C	L	O	O	R
D	G	E	O	I	N	O	L	H	H	O	A	O	L	I	T	U	O	T	W
J	D	R	D	H	P	I	L	T	H	A	L	T	L	H	T	D	I	A	C
E	F	L	C	I	E	P	M	T	L	M	N	U	I	E	W	C	S	R	U
Z	C	E	R	M	L	K	R	X	C	E	A	A	R	O	S	C	R	E	W
R	T	Q	P	A	Q	S	S	L	M	R	B	B	R	S	N	A	C	P	D
R	J	P	N	N	E	H	S	P	D	C	M	K	U	U	E	L	I	O	M
U	C	E	S	U	E	G	I	Y	I	A	I	G	N	I	N	I	A	R	T
H	R	W	A	A	E	U	H	B	C	N	F	R	M	I	L	L	I	N	G
Y	G	A	R	L	Q	N	M	H	G	A	D	M	T	L	X	D	E	T	A
C	U	T	T	E	R	A	I	A	A	N	R	L	P	C	G	M	Q	I	J
E	S	S	D	O	V	N	B	G	T	M	T	U	E	R	E	R	O	B	W
P	N	S	T	E	E	L	O	N	N	I	M	A	C	V	E	L	I	W	B
C	R	O	N	H	W	P	U	Y	D	E	C	E	O	C	C	S	E	N	E
F	M	K	H	E	H	K	E	P	V	M	V	M	R	R	A	F	S	M	D

ACCURACY
AUTOMATIC
BELT
BIT
BOLT
BORER
BUILD
CONSTRUCT
CONTROL
CUTTER
DEFORMATION
DIE
DRILL
ELECTRIC
ENGINE
EQUIPMENT
GEAR
GRIND
HAMMER
HONE
HYDRAULIC
INDUSTRY
MACHINE
MANUAL
METAL
MILLING
MOTOR
MOVEMENT
OIL
OPERATOR
PLANER
PNEUMATIC
POWER
PRESS
PRODUCTION
ROUTER
SAW
SCREW
SHEAR
SLIDE
SPINDLE
STEEL
TECHNOLOGY
TRAINING
WOODWORKING

Solution on page 378

Count the Votes

N	E	E	T	H	G	I	E	F	S	T	N	E	M	D	N	E	M	A	A
I	M	S	E	T	A	R	E	D	O	M	V	W	T	U	O	N	R	U	T
I	T	Z	T	P	B	Q	Y	B	I	I	E	Y	Q	S	H	E	B	N	Q
J	C	C	K	N	S	X	S	T	T	L	N	T	G	V	R	T	E	N	Z
C	N	B	I	X	E	T	S	A	R	U	S	U	W	A	O	M	O	V	V
K	I	L	L	R	N	D	V	S	E	A	U	D	L	O	N	I	E	O	U
G	C	O	I	R	T	R	I	I	P	P	P	C	N	R	T	S	C	T	B
F	E	C	C	B	E	S	D	S	R	U	E	I	E	A	O	L	P	E	O
G	R	A	O	S	E	S	I	A	E	D	T	V	C	O	L	A	O	R	I
V	P	L	N	U	M	R	P	D	S	R	O	I	H	K	R	I	P	E	N
Z	E	O	S	L	N	F	A	O	E	G	F	C	N	E	S	C	U	P	D
K	C	V	T	P	E	T	V	L	N	I	C	T	N	O	A	I	L	U	E
U	H	R	I	L	G	N	Y	V	T	S	D	N	J	V	F	F	A	B	P
F	O	E	T	A	D	I	D	N	A	C	I	E	O	J	H	F	T	L	E
M	I	G	U	T	U	W	E	A	T	W	B	B	M	M	S	O	I	I	N
Z	C	I	E	F	J	D	W	E	I	P	A	M	I	O	I	Y	O	C	D
S	E	S	N	O	I	O	H	P	V	Q	L	U	K	L	C	N	N	A	E
H	I	T	T	R	T	C	E	L	E	K	L	C	X	L	I	R	E	N	N
Q	Q	E	W	M	J	G	N	A	T	I	O	N	A	L	B	T	A	E	T
J	P	R	O	P	O	S	E	O	C	I	T	I	Z	E	N	S	Y	T	G

ABSENTEE
AMENDMENTS
BALLOT
BOOTH
CANDIDATE
CHOICE
CHOOSE
CITIZENS
CIVIC DUTY
CONSERVATIVE
CONSTITUENT
COUNTY
DECLARE
DEMOCRAT
DISTRICT
EIGHTEEN
ELECT
GOVERNMENT
IDENTIFICATION
INCUMBENT
INDEPENDENT
JUDGE
LANDSLIDE
LIBERAL
LOCAL
MODERATE
NATIONAL
NOMINEE
OFFICIAL
PARTY
PICK
PLATFORM
POPULATION
PRECINCT
PROPOSE
PUT IN OFFICE
REGISTER
REPRESENTATIVE
REPUBLICAN
RESIDENTS
RESPONSIBILITY
TURNOUT
VOICE
VOTER
WINNER

Solution on page 378

Motherhood

```
U R E O W P G U B F R S I R T G C U M I
Y H T R O W T S U R T Y E U G L O Q L T
M C A V S R E R V S D U B I E O N W U X
C M N U Y K N W P M C R E A T I V E F F
V Q O X M I I I O O I G N P B B R U T I
B R I M P E L D N M T P R E F F U A H C
I H T O A L P S S O E E Y I I Y H J G G
U N C W T D I T S N H M T C R Y P K U I
L V E P H D C E V I T N E T T A P Y O P
P L F B E U S R E G A R U O C N E L H R
A U F R T C I M X V P A S S I O N A T E
T F A A I F D S I I M G U K T N Y U R G
I T Q V C H U W I S E P E V G K T N A N
E C Z E L O Y A L N P S N R N T T D M A
N E P E R L W T T O R G A N I Z E R S N
T P R E I D U L R U S E E C W T R Y L T
J S N A C G E T N L D T H D O M P N P I
N E K O C I I B O S S A W V N O Y N I R
G R V S N V N Y K I N D E Z K O K R A E
I K T N E R A P L K H D R E S S F R F D
```

AFFECTIONATE
ATTENTIVE
BABY
BOSS
BRAVE
CARE
CHAUFFER
CLEAN
CONSIDERATE
COOK
CREATIVE
CUDDLE
DEAR
DEVOTED
DISCIPLINE
DRESS
EMPATHETIC
ENCOURAGER
FOND
GENEROUS
GENTLE
HOLD
KIDS
KIND
KNOWING
LAUNDRY
LISTEN
LOYAL
MOM
NICE
NURSE
ORGANIZER
PARENT
PASSIONATE
PATIENT
PREGNANT
PRETTY
RESPECTFUL
SMART
SUPPORTIVE
SYMPATHETIC
THOUGHTFUL
TIRED
TRUSTWORTHY
WISE

Solution on page 378

Ecological

Q	S	Z	C	B	H	O	R	I	P	U	L	R	M	D	G	P	J	X	I
L	P	H	I	P	C	N	R	Z	B	E	W	D	O	O	F	O	Z	F	F
E	A	O	G	E	N	E	T	I	C	S	O	I	L	Q	R	B	U	T	G
R	M	I	A	R	C	T	T	O	M	D	N	R	Q	U	E	D	N	L	J
E	Y	N	C	Y	I	M	S	I	N	A	G	R	O	O	H	A	O	Y	C
H	D	D	C	O	R	Y	Y	I	H	A	B	I	T	A	T	B	G	Y	Q
P	T	L	U	S	S	C	T	W	G	B	D	V	V	U	A	R	U	Z	A
S	E	S	Y	T	R	O	I	Q	A	O	S	A	R	L	E	Y	Y	D	S
O	H	A	E	X	S	N	S	M	C	T	L	E	P	N	W	T	B	T	T
C	F	M	R	A	T	S	R	K	H	A	E	O	E	T	I	T	C	N	P
E	O	O	R	T	G	E	E	H	A	N	R	R	C	N	A	N	Q	H	H
G	S	M	R	E	H	R	V	C	D	Y	L	B	U	E	N	T	Y	L	U
L	U	E	P	E	L	V	I	Y	N	M	I	M	O	M	O	S	I	R	M
X	X	E	C	O	S	A	D	C	S	E	M	P	S	N	I	R	O	O	A
G	R	T	H	R	S	T	T	F	U	O	I	P	W	O	T	D	G	I	N
T	N	D	T	C	U	I	R	I	C	L	E	C	L	R	A	Q	Z	V	I
R	N	I	Y	I	I	O	T	Y	O	C	T	O	S	I	R	I	A	A	M
E	I	A	V	H	N	N	S	I	I	N	G	U	Y	V	G	G	M	H	A
E	I	C	L	I	M	A	T	E	O	Y	S	J	R	N	I	X	A	E	L
S	T	W	K	P	L	U	S	V	R	N	L	I	F	E	M	A	D	B	T

ADAPTATION
AGRICULTURE
AIR
ANIMAL
BEHAVIOR
BIOME
BOTANY
CARBON
CLIMATE
COMMUNITY
COMPOSITION
CONSERVATION
DIVERSITY
EARTH
ECOLOGIST
ECOSPHERE
ECOSYSTEM
ENERGY
ENVIRONMENT
FOOD WEB
FORESTRY
GENETICS
GLOBAL
HABITAT
HUMAN
LIFE
LIVING
MIGRATION
NATURE
NICHE
OCEAN
ORGANISM
PHYSIOLOGY
PLANT
RECYCLE
RELATIONS
RESOURCES
SCIENCE
SOCIAL
SOIL
SPECIES
STUDY
TREES
WATER
WEATHER

Solution on page 379

Cherished Things

C	M	K	J	E	X	I	F	H	V	O	R	S	E	I	N	N	U	B	B
D	H	A	M	S	E	I	B	A	B	Y	Y	A	R	X	W	V	H	M	H
L	A	I	C	E	P	S	L	S	S	E	N	R	E	H	T	E	G	O	T
U	T	H	N	E	D	U	A	O	T	N	E	M	E	M	J	X	X	O	L
W	W	F	K	A	A	U	U	I	X	P	R	E	T	H	G	U	A	L	A
O	F	D	L	B	O	B	C	E	L	U	S	E	I	P	P	U	P	R	E
E	J	S	L	O	C	N	C	A	K	I	F	A	M	I	L	Y	M	I	H
S	Q	E	H	O	V	C	C	M	T	A	B	Y	P	B	J	K	O	E	R
F	I	K	W	P	G	E	S	Y	I	I	M	A	O	E	B	N	D	H	A
A	C	A	F	E	A	X	X	T	S	S	O	O	R	M	B	O	S	S	Z
J	U	S	X	B	L	R	H	P	N	N	K	N	T	O	W	W	I	H	G
S	Y	P	L	A	G	R	G	S	E	S	O	W	A	H	M	L	W	S	U
F	M	E	A	A	N	A	Y	O	T	R	M	I	N	V	V	E	J	J	J
X	O	E	N	Y	I	P	Q	H	T	A	I	Q	T	E	D	D	M	S	L
O	G	K	G	O	R	T	E	C	I	O	E	E	R	O	A	G	N	D	B
Y	C	P	C	J	M	V	N	T	K	R	H	R	N	R	V	E	N	N	E
U	V	A	N	T	I	Q	U	E	S	R	H	P	T	C	M	E	W	E	J
B	Q	P	I	C	T	U	R	E	S	P	O	U	S	E	E	F	D	I	W
I	I	B	O	M	R	L	I	G	H	S	I	R	E	H	C	E	J	R	W
Z	U	R	L	O	J	J	E	W	Y	E	E	T	I	R	O	V	A	F	T

ANTIQUES
ART
BABIES
BOOKS
BUNNIES
CHERISH
CHINA
DEVOTION
EDUCATION
ESSENTIAL
EXPERIENCE
FAITH
FAMILY
FAVORITE
FRIENDS
GEMS
GOLD
HEALTH
HEIRLOOM
HOME
IMPORTANT
IRREPLACEABLE
JEWELRY
JOY
KEEPSAKE
KITTENS
KNOWLEDGE

LAUGHTER
LOVE
MEMENTO
MEMORABILIA
MONEY
PETS
PHOTOGRAPHS
PICTURES
PUPPIES
RING

SILVER
SPECIAL
SPOUSE
TIME
TOGETHERNESS
TREATS
VALUABLE
WISDOM

Solution on page 379

Package It

V	K	O	L	J	W	R	V	M	I	W	R	I	N	G	I	S	E	D	D
X	T	N	Q	A	D	C	W	X	T	E	N	A	H	P	O	L	L	E	C
N	Z	R	O	I	B	P	O	J	G	V	U	S	E	J	I	A	Q	G	O
Y	Y	U	C	I	A	E	Z	U	E	U	A	X	G	G	K	U	S	P	S
F	T	T	D	P	T	I	L	N	Z	G	W	H	A	C	N	M	S	G	S
B	I	E	E	V	P	A	T	M	M	N	A	R	K	O	O	S	N	K	E
L	R	R	Z	C	T	O	C	J	K	I	F	K	C	N	I	I	H	Q	N
N	U	B	O	I	R	S	E	I	L	T	A	E	A	T	T	S	P	P	I
X	C	D	O	Y	T	V	T	B	F	N	C	I	P	E	U	E	L	M	S
C	E	N	E	I	G	O	O	D	S	I	N	F	K	N	B	D	P	A	U
U	S	G	C	S	F	X	R	U	F	R	T	R	T	T	I	O	N	T	B
Q	E	K	N	O	U	M	P	F	F	P	A	N	A	S	R	C	O	S	Y
M	E	N	A	I	N	O	O	V	H	M	E	H	E	T	T	R	T	W	P
R	E	M	V	Y	L	T	H	G	I	E	W	A	A	D	S	A	R	L	S
G	Z	Q	H	E	S	L	A	E	O	Y	L	N	N	N	I	B	A	P	E
L	K	R	P	O	L	K	E	I	R	L	T	K	I	U	D	S	C	L	A
K	O	A	P	T	R	O	P	S	N	A	R	T	P	F	T	L	A	U	L
A	T	L	E	C	R	A	P	D	Y	E	W	S	B	I	W	S	I	O	I
A	F	S	T	O	R	A	G	E	P	A	R	W	C	S	V	A	W	N	N
P	O	Z	O	I	T	Q	L	V	P	G	W	L	L	M	E	U	F	J	G

BARCODES
BOX
BUSINESS
CARTON
CELLOPHANE
CONTAINER
CONTENTS
DESIGN
DISTRIBUTION
ENVELOPE
FOAM
FRAGILE
GOODS
HANDLING
IDENTIFICATION
IMPORTANT
INVENTORY
LABEL
LOGO
MARKETING
PACKAGE
PAPER
PARCEL
PEANUTS
PLASTIC
POST OFFICE
PRINTING
PROTECT
REGULATIONS
RETURN
SALE
SEALING
SECURITY
SELLING
STAMP
STICKER
STORAGE
TAPE
TRANSPORT
UPS
USPS
WAREHOUSE
WEIGHT
WRAP
ZIP CODE

Solution on page 379

Where To?

L	I	I	I	S	O	U	T	H	G	R	C	J	O	I	V	Y	S	O	H
O	A	L	T	D	C	D	E	T	O	U	R	G	X	W	F	F	C	V	V
F	I	N	I	K	C	H	D	P	H	A	H	C	B	R	G	F	I	E	M
K	G	V	E	I	O	T	O	E	E	G	X	U	L	D	G	H	U	I	I
Y	D	K	S	K	U	S	H	O	S	P	I	T	A	L	A	S	L	M	H
W	Y	T	U	E	N	W	H	B	L	L	Z	A	O	O	T	E	X	I	T
C	C	X	O	O	T	J	Q	O	D	E	B	B	R	O	T	U	R	N	A
E	K	E	H	X	Y	A	N	I	R	T	E	M	W	T	O	N	Y	E	P
A	D	I	I	R	C	O	N	O	I	T	A	N	I	T	S	E	D	V	B
S	A	Z	N	A	R	G	M	I	R	H	C	U	R	L	E	V	A	R	T
H	J	B	N	T	D	A	P	E	D	R	O	U	T	E	C	A	V	U	N
D	K	M	H	S	E	R	D	M	E	R	G	E	T	S	E	W	Z	C	I
R	R	Y	T	G	I	R	I	O	S	H	O	P	P	I	N	G	E	V	O
X	L	O	D	R	O	G	S	V	R	Y	L	O	H	V	H	H	J	T	P
F	P	I	W	B	A	I	N	T	E	R	S	E	C	T	I	O	N	Z	A
V	R	T	Y	J	W	O	R	R	A	L	E	T	M	H	G	D	R	S	R
B	O	F	F	I	C	E	C	N	A	T	S	I	D	G	H	T	K	X	K
I	S	L	C	E	W	M	F	D	U	O	E	J	A	I	W	U	M	U	A
D	G	D	H	N	L	Y	S	R	U	V	H	M	O	R	A	D	N	C	S
D	C	O	F	Z	V	Y	A	L	F	X	P	Q	R	C	Y	O	P	R	N

ARROW
ASK
AVENUE
BORDER
BRIDGE
BUILDING
CLIMB
COORDINATES
COUNTY
CURVE
DESTINATION
DETOUR
DISTANCE
DRIVE
EXIT
GLOBE
HIGHWAY
HOSPITAL
HOUSE
INTERSECTION
INTERSTATE
LANE
LEFT
MERGE
MILE
NORTH
OFFICE
PARK
PATH
POINT
READ
RIGHT
ROAD
ROUTE
SCHOOL
SHOPPING
SHORTCUT
SIGN
SOUTH
STOP
STRAIGHT
TOWN
TRAVEL
TURN
WEST

Solution on page 379

S Words

Y	N	N	R	N	S	Y	L	N	L	N	I	X	R	R	A	L	O	S	I
W	F	E	N	O	T	S	E	M	A	S	T	U	C	K	H	I	H	G	R
K	K	H	L	I	T	Y	T	H	Q	K	O	G	N	I	K	O	M	S	M
N	B	O	N	S	U	R	V	U	E	S	D	L	I	D	U	P	H	K	G
D	L	C	C	R	J	W	E	S	D	V	S	U	B	T	R	A	C	T	I
O	E	L	F	G	M	E	P	I	A	I	R	H	W	E	K	I	K	W	T
T	L	H	O	K	Z	I	D	L	L	V	O	X	R	I	S	S	J	J	L
T	F	L	A	E	D	S	L	E	H	L	A	U	N	U	A	P	A	R	Q
I	S	T	Y	E	P	S	N	C	F	D	I	G	W	L	G	N	O	O	H
U	A	E	R	O	H	C	S	A	L	F	R	S	E	O	T	G	J	V	R
C	S	Z	N	O	E	H	M	E	R	X	I	F	F	U	S	P	E	S	O
H	P	G	P	K	P	K	W	O	I	L	P	N	O	B	A	T	T	D	K
R	E	C	G	A	Y	P	I	G	S	Y	E	F	S	O	J	R	G	N	L
A	N	M	H	S	P	S	U	C	C	E	E	D	S	H	O	E	A	A	Y
P	D	G	O	V	T	P	O	S	F	P	C	Z	G	N	G	R	I	R	O
L	X	N	O	S	D	I	O	U	A	R	A	I	G	G	H	C	A	T	Y
Z	R	P	M	S	Y	R	L	E	G	D	X	R	P	S	O	L	C	S	Y
J	Q	Q	I	A	A	I	U	L	M	H	E	F	C	S	A	I	T	L	W
G	S	W	W	Q	J	T	P	S	T	A	T	U	E	S	T	E	R	N	Z
O	H	B	Z	H	Z	C	N	G	C	S	E	S	V	M	R	L	X	E	T

SAD
SALARY
SALE
SAME
SAT
SAVAGE
SCRAP
SHAKING
SHOE
SHOP
SHOUT
SHRANK
SHRUGGED
SICK
SILENCE
SILLIER
SMOKING
SNARLED
SNIFFED
SOAP
SOCIAL
SOLAR
SOLO
SOME
SON
SOUGHT
SOUR
SPEND
SPICES
SPIDER
SPIRIT
SPONGE
SQUEEZE
STATUE
STERN
STILL
STONE
STRANDS
STRONG
STUCK
STUDIO
SUBTRACT
SUCCEED
SUFFIX
SUPPORT

Solution on page 379

Recorded Sound

D	K	H	Q	I	G	W	H	B	E	L	M	F	Y	R	L	V	G	Z	Z
A	Y	M	P	M	A	A	B	P	W	D	G	K	U	D	N	U	O	S	W
U	A	O	S	V	S	Q	A	A	A	S	U	O	Q	O	N	D	T	P	T
W	D	F	E	R	K	T	E	X	N	R	I	B	K	D	V	N	Y	E	E
T	U	R	H	R	E	Y	B	L	O	D	G	H	J	C	E	F	C	A	J
J	G	D	E	G	E	G	E	V	U	X	L	O	D	M	I	H	N	K	U
T	W	T	R	C	R	T	N	T	U	K	X	L	N	C	N	S	E	E	L
O	Y	Q	A	A	O	T	S	I	T	R	A	I	G	O	S	P	U	R	G
W	B	P	W	P	O	R	F	G	S	C	A	J	L	M	H	O	Q	M	B
V	M	N	T	W	U	B	D	T	I	T	R	O	G	P	H	P	E	M	F
L	A	Q	F	N	S	G	Y	N	R	M	G	E	I	U	M	Q	R	K	R
G	G	B	O	E	I	L	A	E	R	Y	K	C	L	T	K	A	F	T	E
O	N	H	S	T	U	H	T	M	K	C	Y	E	L	E	C	T	R	I	C
L	E	R	C	T	C	N	T	U	A	J	W	T	M	R	A	K	F	D	U
A	T	E	B	E	E	X	O	R	H	S	B	J	I	S	B	S	L	E	D
N	I	N	M	S	Z	X	T	T	F	P	N	P	G	L	Y	M	E	E	O
A	C	O	U	S	T	I	C	S	T	C	E	F	F	E	A	S	Y	I	R
I	D	T	U	A	F	M	E	N	G	I	N	E	E	R	L	U	D	V	P
D	S	Y	N	C	U	E	C	I	O	V	F	U	U	I	P	U	Q	O	P
B	S	J	V	Q	B	E	V	P	W	Q	F	O	A	W	A	S	Q	M	N

ACOUSTICS
AMP
ANALOG
ARTIST
AUDIO
BAND
CASSETTE
CDS
COMPUTER
DOLBY
EDIT
EFFECTS
ELECTRIC
ENGINEER
ENTERTAINMENT
FREQUENCY
INSTRUMENT
IPOD
KEYBOARD
MAGNETIC
MECHANICAL
MIX
MOVIE
MUSIC
PHONOGRAPH
PLAYBACK
PRODUCER
QUALITY
RECORD
RELEASE
SINGER
SOFTWARE
SOUND
SPEAKER
STEREO
STUDIO
SYNC
TAPE
TECHNOLOGY
TONE
TRACK
VOICE
WAVE
WIRE

Solution on page 379

Make a Sandwich

I	Y	S	V	S	D	D	R	S	E	O	G	K	X	I	S	D	R	L	H
F	T	C	U	R	W	P	Q	V	R	U	R	S	R	E	Y	A	L	C	O
T	Z	T	Q	Q	E	F	L	E	T	T	U	C	E	R	J	E	L	L	Y
S	S	O	L	C	S	S	U	E	L	B	A	T	R	O	P	R	X	U	A
O	L	C	C	X	T	B	T	L	M	R	P	U	T	N	Y	B	Z	B	M
V	E	O	W	R	E	O	T	A	M	O	T	U	C	E	T	C	P	T	P
Z	R	L	U	N	C	H	R	F	U	U	U	I	H	H	N	R	J	P	R
O	W	D	S	E	C	I	L	S	R	R	N	E	K	C	I	H	C	N	Q
G	D	H	B	N	N	Q	K	K	D	C	A	D	O	T	T	A	B	J	O
S	C	H	E	E	S	E	E	O	I	V	T	N	D	I	L	E	L	R	X
M	S	E	D	A	H	Y	O	P	E	U	D	N	T	K	X	B	K	D	F
Q	F	I	G	K	T	F	E	G	N	I	T	A	E	G	Y	E	O	Q	H
R	I	N	W	P	T	K	E	A	M	M	I	O	S	T	S	R	S	H	B
O	L	Y	Z	S	K	T	K	E	R	U	I	D	G	N	A	S	P	N	C
U	L	U	A	H	A	J	N	R	B	S	N	E	N	O	E	A	R	Q	M
A	I	F	Q	B	K	T	F	P	J	T	H	P	I	C	K	L	E	S	T
T	N	K	L	C	S	Y	Y	K	T	A	S	M	P	A	S	A	A	P	T
G	G	E	I	Z	Z	V	E	Y	M	R	M	A	P	B	G	M	D	T	U
X	S	U	B	W	A	Y	F	D	K	D	E	Y	O	P	K	I	S	B	S
B	Q	U	K	R	R	R	G	L	A	M	E	A	T	R	A	U	N	C	S

BACON
BLT
BREAD
CHEESE
CHICKEN
CLUB
COLD
CONDIMENTS
EASY
EATING
EGG
FAST FOOD
FILLINGS
HAM
JAM
JELLY
KETCHUP
KITCHEN
LAYERS
LETTUCE
LUNCH
MAYO
MEAT
MUSTARD
PICKLES
PICNIC
PORTABLE
QUICK
RESTAURANT
REUBEN
ROAST BEEF
RYE
SALAMI
SLICES
SPREADS
STALE
SUBMARINE
SUBWAY
SWISS
TOMATO
TOPPINGS
TUNA
TURKEY
VEGETABLES
WHEAT

Solution on page 380

Interesting Creatures

U	H	Z	B	N	I	F	F	I	R	G	Q	M	L	F	E	A	R	K	C
O	E	O	B	M	N	A	I	U	G	D	B	C	V	H	G	Y	O	U	J
U	D	M	G	R	Y	E	A	G	I	Q	T	U	Z	D	F	X	D	D	R
U	G	B	Y	T	P	T	R	N	S	E	R	P	E	N	T	W	E	G	K
E	C	I	X	T	O	H	H	I	S	T	O	R	I	C	A	L	N	K	C
M	K	E	C	N	H	C	O	O	S	S	E	C	O	S	Y	S	T	E	M
V	P	R	I	S	A	I	V	E	L	G	G	R	Y	R	F	X	B	M	O
C	H	M	A	R	J	D	C	I	N	O	E	R	O	L	K	L	O	F	W
U	F	O	A	K	N	L	M	A	S	I	G	Z	T	S	A	E	B	I	S
V	Q	Z	Z	X	E	Y	D	I	L	K	X	Y	L	I	W	C	Z	L	Y
K	K	C	Z	R	I	N	S	E	C	T	S	P	P	K	E	A	S	V	D
N	Q	G	Y	L	E	P	R	E	C	H	A	U	N	W	R	L	I	O	Y
X	P	T	H	C	T	A	U	Q	S	A	S	N	L	D	E	E	F	F	R
J	A	T	K	Y	L	Y	G	E	C	R	O	G	L	L	W	D	F	R	I
S	W	U	N	I	C	O	R	N	A	I	U	U	D	Y	O	U	G	E	A
N	O	M	E	D	R	I	P	M	T	J	T	L	O	E	L	M	W	P	F
D	V	N	C	G	P	M	Y	S	A	V	I	A	N	F	F	Q	Y	T	A
K	I	L	O	M	O	Q	U	B	Z	W	Q	T	U	X	Y	E	Q	I	U
A	T	N	A	O	A	B	A	N	S	H	E	E	Y	Q	T	S	E	L	N
N	P	V	Y	B	I	L	X	G	T	W	X	S	D	I	A	M	R	E	M

ALIEN
AQUATIC
ARACHNID
AVIAN
BANSHEE
BEAST
CYCLOPS
DEMON
ECOSYSTEM
ELF
ENDANGERED
FAIRY
FAUN
FEAR
FLUFFY
FOLKLORE
GORGON
GRIFFIN
HISTORICAL
INSECT
KRAKEN
LEPRECHAUN
MARSUPIAL
MERMAID
MINOTAUR
MOLLUSKS
MYTHICAL
MYTHOLOGY
PHOENIX
REPTILE
RODENT
SASQUATCH
SATYR
SCALY
SERPENT
SIREN
SLIMY
UNGULATE
UNICORN
VAMPIRE
WEREWOLF
WILD
WIZARD
YETI
ZOMBIE

Solution on page 380

Going Swimming

A	N	L	W	I	M	S	I	B	O	I	L	N	F	P	E	U	C	W	T
H	I	A	A	Z	A	L	L	E	R	B	M	U	S	C	L	E	D	A	H
A	V	D	T	Z	R	I	T	Q	F	A	U	Z	R	Z	D	D	N	W	J
D	S	D	E	U	C	D	E	B	T	S	U	N	B	A	T	H	E	A	H
C	R	E	R	C	O	E	D	V	I	S	K	N	U	R	T	E	W	T	T
T	C	R	P	A	P	T	V	U	I	K	U	D	W	N	F	O	O	E	D
K	Q	R	O	J	O	U	F	W	A	D	I	N	G	P	O	O	L	R	X
Y	N	D	L	C	L	B	N	W	E	V	H	N	S	Z	X	D	L	W	P
L	Q	Z	O	H	O	E	G	X	I	W	W	G	I	C	D	R	A	I	N
W	H	U	C	L	M	S	E	N	D	H	F	U	I	A	R	T	H	N	A
E	H	V	E	O	V	R	G	N	I	K	C	I	P	H	C	E	S	G	F
G	T	F	A	R	C	R	E	S	A	V	X	E	N	W	A	V	E	S	S
Z	O	D	J	I	I	P	T	P	D	R	I	N	K	S	N	H	Q	N	P
C	J	G	S	N	E	L	E	A	Y	G	G	D	K	N	O	I	T	O	L
A	Z	E	G	E	E	E	B	L	G	Y	Z	Z	H	R	P	M	G	T	A
B	Y	S	D	L	Y	E	K	O	R	T	S	T	S	A	E	R	B	A	S
A	T	Q	T	R	E	A	D	L	L	A	B	N	O	N	N	A	C	O	H
N	R	U	B	N	U	S	Y	T	C	D	R	A	U	G	E	F	I	L	I
A	A	J	Z	O	C	J	L	I	F	E	S	A	V	E	R	U	E	F	T
G	P	M	U	J	G	F	Q	Y	J	N	P	C	L	V	C	A	I	F	F

BIKINI
BREASTSTROKE
CABANA
CAN OPENER
CANNONBALL
CHLORINE
DEEP END
DIVING BOARD
DIVING RINGS
DOGGIE PADDLE
DRAIN
DRINKS
EXERCISE
FINS
FLOAT
GOGGLES
HIGH DIVE
JACUZZI
JUMP
LADDER
LAPS
LIFEGUARD
LIFESAVER
LOTION
MARCO POLO
MUSCLE
PARTY
RAFT
SHALLOW END
SLIDE
SPLASH
SUNBATHE
SUNBURN
SUNSCREEN
TAN
TREAD
TRUNKS
TUBE
UMBRELLA
WADING POOL
WATER POLO
WATER WINGS
WAVE
WET
WHISTLE

Solution on page 380

Wash Your Hands

F	I	Y	D	S	H	W	M	U	X	S	V	C	A	I	H	U	B	X	H
L	U	W	N	A	A	D	D	C	P	D	W	E	Y	S	Z	N	D	E	J
R	N	N	J	O	K	N	I	S	Q	R	N	T	Z	O	O	W	A	R	M
I	N	H	L	L	E	L	U	S	E	S	E	K	R	I	S	L	O	D	Y
E	T	S	D	L	O	C	Q	S	P	F	W	H	T	L	T	F	M	I	C
Z	H	L	Z	B	E	J	I	M	A	E	K	A	T	H	O	I	E	S	T
L	H	S	M	W	L	M	L	S	T	G	N	I	T	A	E	E	N	E	T
Z	H	Y	Q	N	M	X	S	I	G	I	H	S	M	Q	L	B	E	A	E
F	S	D	U	V	M	R	B	N	M	N	S	R	E	N	T	A	I	S	S
N	C	I	L	A	R	T	E	A	V	T	E	F	P	R	P	C	G	E	R
D	O	O	F	E	V	F	T	G	T	L	I	C	O	R	R	T	Y	Q	U
X	R	T	M	X	S	N	X	R	T	H	Q	G	E	C	M	E	H	G	N
T	V	E	Q	P	O	N	S	O	F	N	R	V	O	S	O	R	A	G	A
B	Y	S	T	C	U	M	I	O	K	S	E	O	A	U	S	I	F	D	P
B	D	J	N	A	I	L	S	R	U	N	S	G	O	S	O	A	P	M	K
E	R	X	K	L	W	A	S	C	T	V	Z	E	R	M	D	I	R	T	L
L	Q	E	S	W	I	P	E	I	S	I	C	K	N	E	S	S	U	Y	P
T	B	U	L	F	L	Z	O	M	V	D	J	T	S	L	T	F	B	W	W
K	R	B	B	D	D	N	A	H	L	E	U	F	R	C	L	E	A	N	B
R	F	H	R	Y	A	H	V	M	A	W	A	S	H	G	U	I	D	C	O

BACTERIA
BATHROOM
CLEAN
COLDS
COMPULSIVE
CONTAMINATION
DETERGENT
DIRT
DISEASE
DISPENSER
DRY
EATING
FLU
FOAM
FOOD
GERM
HAND
HEALTH
HYGIENE
ILLNESS
LATHER
LIQUID
MICROORGANISMS
NAILS
NECESSARY
NURSE
PALM
PREVENTION
RAG
RINSE
RUB
SAFETY
SANITIZE
SICKNESS
SINK
SMELL
SOAP
SOIL
SUDS
SYMBOLIC
WARM
WASH
WATER
WET
WIPE

Solution on page 380

Birders

H D T Z T Z S P J B X N Z Z D Q N E A X
I Z P Y S X V Y T P O V S O N G U H S A
F Q S A W S T S E R O F N R E T T A P B
W T N H H T R E E S E X P Z S J S J R T
D X A Y M W I H W F D L I P T C R E N Q
B A Q I Y Z D K T U R N B Y A L S V Z U
G U T F G N R M E N I B O R O L I R V C
J T L I O E I I I T B S D C A A G E W I
M N Z Y L F B G U O G I A G R W H S C A
T P E V O D K R Q G N T Q E O R T B H Y
F I N C H R C A E A I S M O S E I O I A
G L V N T S A T L O K A O K R N N S R S
Y P S Q I Y L E N Y C Y T N O E G I P U
P J H V N F B S U C O F K C L U T C G Y
R A J D R I B G N I M M U H O L F A N X
Y B I U O T S E A G U L L A C C A U W G
X K Q R H N T Y E K A L T W X X M C I V
N Z Y D H E A T H R U S H K O O L O N N
O S Q B P D L J S D O O W V U H W T G Y
K H I E X I K M V A F P A M V M O Y S T

BINOCULARS
BLACKBIRD
CALL
CAMERA
CARDINAL
CHIRP
COLORS
DOVE
EGGS
FINCH
FLY
FOCUS
FOREST
HAWK
HERON
HUMMINGBIRD
IDENTIFY
LAKE
LOCATION
LOOK
MIGRATE
MOCKINGBIRD
NEST
OBSERVE
ORNITHOLOGY
OWL
PATTERN
PIGEON
QUIET
ROBIN
SCRUTINIZE
SEAGULL
SIGHTING
SKY
SONG
SPY
STALK
THRUSH
TREES
TWEET
WARBLER
WATER
WINGS
WOODS
WREN

Solution on page 380

Frozen Foods

Y	A	N	G	A	S	A	L	U	B	S	M	K	N	A	J	Z	L	J	A
X	O	L	H	S	F	T	T	S	Q	A	D	Y	M	D	T	W	C	T	B
A	U	K	F	F	W	L	R	B	D	I	S	P	O	S	A	B	L	E	R
L	I	I	R	R	T	A	R	R	P	O	P	E	O	E	L	G	C	A	C
Z	S	E	E	O	E	S	N	A	F	E	T	T	U	C	C	I	N	E	Y
H	U	G	E	Z	L	D	S	S	E	T	Z	W	I	L	O	I	V	A	R
D	T	S	Z	E	B	T	O	T	O	I	I	R	P	H	U	B	R	L	I
U	Q	P	E	N	A	Q	R	N	N	N	T	S	C	B	C	T	E	E	T
V	M	A	R	E	T	D	A	E	R	B	B	Y	E	Z	H	F	Y	A	S
U	J	G	B	F	E	Z	X	M	A	T	H	C	C	G	Q	A	Z	S	E
P	O	H	E	C	G	P	U	T	U	T	U	W	E	H	U	Z	Y	Y	F
A	T	E	A	O	E	T	N	R	L	A	U	D	I	V	I	D	N	I	C
C	B	T	N	N	V	S	K	A	S	I	B	S	R	P	C	C	Y	T	U
K	N	T	S	V	T	E	E	P	P	C	N	E	C	R	K	F	K	R	A
A	E	I	I	E	Y	H	V	M	Y	R	A	O	E	E	Z	U	A	E	Q
G	V	A	G	N	U	B	R	O	L	L	S	T	R	P	P	C	U	S	N
E	O	G	C	I	X	E	N	C	H	I	L	A	D	A	S	H	L	S	T
D	U	M	V	E	I	B	A	N	Q	U	E	T	Y	R	C	E	A	E	H
N	P	N	V	N	I	A	G	R	A	B	L	O	F	E	A	A	E	D	S
W	K	A	E	T	S	F	H	C	S	F	X	P	S	D	Y	P	M	H	V

ALFREDO
BANQUET
BARGAIN
BEANS
BEEF
BREAD
CHEAP
CHICKEN
COMPARTMENTS
CONVENIENT
COUCH
DESSERT
DISPOSABLE
EASY
ENCHILADAS
FAST
FETTUCCINE
FISH
FREEZER
FROZEN
HEALTHY CHOICE
INDIVIDUAL
INEXPENSIVE
LASAGNA
MACARONI
MEAL
NUGGETS
OVEN
PACKAGED
PASTA
PIZZA
POTATOES
PREPARED
QUICK
RAVIOLI
RICE
ROLLS
SAUCE
SPAGHETTI
STEAK
STIR
SWANSON
TRAY
TURKEY
VEGETABLE

Solution on page 380

D at End

D	B	S	Q	J	G	J	W	N	L	D	E	P	M	U	J	F	C	T	K
E	A	Y	Y	R	O	O	P	A	D	E	K	N	I	W	P	C	A	C	P
Y	O	R	I	B	O	T	X	O	S	H	I	F	T	E	D	P	M	B	B
A	C	N	T	D	D	R	U	B	I	C	T	M	X	C	P	G	W	G	U
R	D	L	D	E	D	I	V	I	D	N	D	E	U	L	G	R	D	E	K
P	B	E	T	H	D	C	I	R	E	U	T	D	I	G	A	E	B	V	C
M	D	S	T	C	H	K	U	E	T	P	D	E	V	I	S	E	D	P	I
T	E	D	L	T	D	E	X	G	P	F	D	P	D	G	Y	T	E	W	S
T	K	Y	I	A	I	D	Z	A	O	G	K	O	M	C	D	E	K	S	T
F	C	K	H	M	N	M	A	R	D	A	K	L	H	R	E	D	C	J	V
Z	I	B	D	O	I	T	O	D	A	A	M	L	X	Y	T	D	O	P	Y
W	W	T	E	L	A	T	E	D	E	C	N	A	V	D	A	E	N	B	H
Y	I	K	T	S	A	P	F	D	Q	I	H	G	Z	I	H	T	K	X	F
N	A	N	A	C	M	F	E	C	O	M	B	I	N	E	D	A	Z	P	Y
W	Z	E	E	U	T	K	F	G	U	E	S	S	E	D	D	E	O	P	L
N	P	T	H	Z	C	P	P	O	P	P	E	D	W	V	H	F	B	E	A
X	N	T	X	I	K	D	E	V	R	E	S	Q	X	Y	E	E	A	I	B
D	A	E	K	Y	I	Z	D	F	C	D	E	M	A	E	R	D	V	I	Z
W	O	D	E	H	S	I	W	E	M	Q	M	Y	R	K	A	F	R	V	G
E	J	B	T	G	R	E	I	M	K	O	V	Q	U	T	G	G	R	O	A

ACHIEVED
ADOPTED
ADVANCED
AFFORD
AMAZED
APPLIED
COMBINED
DARTED
DEFEATED
DEVISED
DIED
DIVIDED
DREAMED
GALLOPED
GLUED
GREETED
GRIND
GUESSED
HAD
HATED
HEATED
HID
JUMPED
KICKED
KNOCKED
LEAD
MATCHED
NETTED
OMITTED
POINTED
POPPED
PRAYED
PUNCHED
REGARD
SERVED
SHIFTED
SLANTED
TESTED
THUMPED
TIMID
TRICKED
WICKED
WINKED
WISHED
WOOD

Solution on page 381

On Route 66

W	J	D	H	U	M	S	B	O	W	M	X	C	H	R	A	X	Z	X	W
J	D	E	P	R	E	S	S	I	O	N	O	I	T	A	R	G	I	M	O
Y	V	K	S	E	V	Y	L	T	N	R	G	F	B	L	I	P	F	Q	K
D	R	T	E	T	A	L	E	T	F	H	O	F	O	U	Z	Q	U	A	N
T	Y	R	L	W	R	L	P	Z	W	Q	Y	A	F	P	O	A	N	E	T
R	T	E	E	O	S	U	R	A	W	D	V	R	D	O	N	S	W	S	C
Y	M	E	G	B	J	E	Y	B	N	H	A	T	B	P	A	M	S	I	O
H	R	E	N	L	K	F	I	S	Y	C	T	R	E	S	E	D	N	O	H
F	R	W	A	K	A	C	P	N	W	M	A	S	N	X	S	T	L	N	H
S	X	K	S	M	O	A	U	T	O	M	O	B	I	L	E	U	E	I	S
D	L	B	O	R	V	G	E	H	E	H	R	C	A	R	I	H	V	L	L
G	F	U	L	E	I	O	A	V	C	L	O	M	S	N	U	W	A	L	R
R	S	W	M	V	R	C	W	V	W	L	E	T	W	T	D	O	R	I	B
O	S	E	R	I	U	P	I	O	A	W	A	V	X	D	E	O	T	V	J
U	N	S	G	V	O	K	B	N	X	T	N	R	I	S	R	E	N	I	D
T	W	T	T	A	S	T	I	F	E	R	E	O	B	S	I	I	R	E	F
E	O	H	U	L	S	G	P	C	Q	C	Z	X	Z	Q	I	G	V	T	D
C	T	J	L	U	I	A	G	P	K	C	S	W	A	U	T	O	N	E	S
J	A	H	D	R	M	H	Y	T	I	S	G	N	O	S	H	X	N	S	Z
G	F	L	O	N	G	B	R	L	U	A	Q	E	D	U	E	X	I	L	E

ABANDONED
ARIZONA
AUTOMOBILE
CAR
CHUCK BERRY
DEPRESSION
DESERT
DINERS
DRIVE
DUST BOWL
FAMOUS
FREEWAY
FUN
GAS
HIGHWAY
ILLINOIS
INTERSTATE
KANSAS
KICKS
LONG
LOS ANGELES
MAP
MIGRATION
MISSOURI
MOTELS
NEW MEXICO
ORIGINAL
PAVEMENT
POPULAR
REVIVAL
ROAD
ROUTE
SCENIC
SIGNS
SONG
STREET
TELEVISION
TEXAS
TOURIST
TOWNS
TRAFFIC
TRAVEL
WEST
WILL ROGERS

Solution on page 381

Elon Musk

```
G D B I K T K E B Y D W U O A O E L D H
E W X M S E I D I S B U S O F T W A R E
J N C O M P A N Y G O L O N H C E T A S
M S I N V E N T O R E T U P M O C R G O
P N E T A G N S N N U B T P F A L C O N
Q O M L S B L T W O Z E H H E P T O N S
R J O E C U R O E I N S A I P I E T T N
D A A L L I J C B T Y D F L R H K Y J V
Z X C M R A H K R A E R R A O S C G S Y
I I R S E E P E C T L A I N G N O R W D
R S N E T R P Y V R I W C T R E R E E B
F E O T D R I Y A O R A A H A Z B N E Q
C O E L E L O C H P H B N R M I U E M H
H C U N A R O P A S A X A O M T S T D F
A Q E N I R N H S N L R D P I I I A U V
I U O O D G C E E A U Y I Y N C N N M V
R W K T U E N I T R L N A A G G E G D F
M E U S E I R E T T A B N B L M S A Y M
A R A E C N O O C Y T H Q K E E S M M H
N F V Q G M Q S I S A O S R A M B Q G I
```

AMERICAN
AWARDS
BATTERIES
BEL AIR
BUSINESS
CANADIAN
CEO
CHAIRMAN
CITIZENSHIP
COMPANY
COMPUTER
CTO
DRAGON
EBAY
ENERGY
ENGINEER
ENTREPRENEUR
FALCON
FOUNDER
GLOBAL WARMING
HYPERLOOP
INTERNET
INVENTOR
JUSTINE
MAGNATE
MARS OASIS
PAYPAL
PHILANTHROPY
PROGRAMMING
ROCKET
SHAREHOLDER
SOFTWARE
SOLARCITY
SONS
SOUTH AFRICAN
SPORTS CAR
STOCK
SUBSIDIES
TALULAH RILEY
TECHNOLOGY
TRANSPORTATION
TYCOON
VEHICLES
VTOL
WEB

Solution on page 381

In the Garden

U Z W G S M I Q P G S S S Y F H C T S W
A U O E U H D L L H R C O M P O S T Q I
A H S U T H T J D F R O C K L D C E X P
B O T A N I C A L O F U O O R E L B R D
R T R I Z J J N P A O S R D S E W I N F
H G T N C P S D E B B F I N T S T L C B
B J G R A S S Y A B U G I T S U V A C A
R D B L A M R O F L T M U L C H O I W H
D X B U S H E S E I T C K X A S N G E W
R E D E S I G N V B E F Y T U A E B K F
H O E K N B P Z T Y R T E N G K G S A D
M R V W L M A O B A F G A R D E N E R S
T G I E K T X Y N R L Q O V D A W Y G P
Y P U S V P U E M D Y W H S I L G N E F
V S O Y P E E W A S S V E G E T A B L E
Q J M W O R G A N O I V R E Y U L O K R
X Q R S G S I K N I O G B A D G W U Q U
D S C V O N A N S L P V A A I E Z V C T
W N R S T T D Y G Q G J O P R N N X G A
W H J R M H D Q Y N Y E X Z K A A J M N

BEAUTY
BEDS
BENCH
BOTANICAL
BUSHES
BUTTERFLY
COLORFUL
COMPOST
CULTIVATE
DESIGN
DIG
EDEN
ENGLISH
FLOWER
FOOD
FORMAL
FRESH
GARDENER
GLOVES
GRASS
GREEN
GROW
HERB
INSECTS
LETTUCE
MULCH
NATURE
ORGANIC
ORNAMENTAL
OUTDOOR
PATH
PONDS
RAIN
RAKE
ROCK
ROSES
SEED
SOIL
SPRING
SUN
TREES
VEGETABLE
WATER
WEED
YARD

Solution on page 381

Our Little Town

Q	Y	C	X	P	P	C	G	B	X	R	M	C	T	Y	Y	J	A	A	S
T	I	S	I	V	E	Y	L	S	L	R	J	E	H	G	L	U	D	P	A
Q	G	N	S	I	L	I	G	A	O	E	D	Y	L	D	N	E	I	R	F
H	X	Q	K	L	B	N	O	B	V	U	T	O	C	C	S	H	N	O	E
N	I	V	K	L	A	W	H	B	T	I	U	A	S	O	S	M	E	U	B
W	L	C	I	A	T	G	J	I	N	N	T	C	V	N	F	R	R	T	B
K	A	A	W	G	I	G	L	U	D	L	H	S	W	I	U	F	A	I	L
C	R	J	I	E	P	O	M	Z	L	O	N	O	E	T	R	W	E	N	G
O	U	B	N	C	S	M	K	S	O	Q	T	M	A	F	C	P	A	E	O
Z	R	O	E	R	O	T	S	L	A	R	E	N	E	G	Y	A	R	D	S
Y	U	W	B	C	H	S	P	C	O	M	F	O	R	T	A	B	L	E	S
L	T	L	I	H	C	K	L	A	F	F	O	R	D	A	B	L	E	R	I
I	O	I	S	H	C	O	A	W	K	Y	Y	B	S	E	I	T	R	A	P
M	I	N	N	H	S	S	R	E	S	I	A	R	D	N	U	F	S	U	E
A	I	G	U	E	A	T	A	M	A	I	N	S	T	R	E	E	T	Q	A
F	X	R	N	S	R	R	E	P	A	R	A	D	E	N	I	S	U	S	C
T	C	E	P	Y	F	E	I	L	T	L	S	F	N	N	U	A	H	N	E
H	S	B	R	U	B	U	S	N	M	L	A	H	Y	E	I	O	F	W	A
S	S	J	N	C	Y	G	F	Q	G	A	R	D	E	N	S	T	C	O	O
E	E	L	H	A	L	C	S	Z	D	M	H	A	T	B	T	S	I	T	V

AFFORDABLE
BOWLING
CHURCH
CLOSENESS
COFFEE
COMFORTABLE
COMMUNITY
COUNTRY FOLK
COZY
DINER
FAIR
FAMILY
FESTIVAL
FRIENDLY
FUNDRAISERS
GARDENS
GENERAL STORE
GOSSIP
HAMLET
HOSPITABLE
KINDNESS
MAIN STREET
MALL
NATURE
NEIGHBOR
PARADE
PARTIES
PEACE
PRIVATE
QUAINT
ROUTINE
RURAL
SAFE
SCHOOL
SERENITY
SHARING
SOCIAL
SOLITUDE
SUBURBS
TOWN SQUARE
TOWNSHIP
VILLAGE
VISIT
WALK
YARDS

Solution on page 381

Computers

M	K	T	W	I	T	T	E	R	H	K	S	P	G	V	M	C	S	R	G
V	K	T	U	Z	M	N	O	S	B	L	O	G	G	E	R	E	O	L	H
E	E	N	I	A	R	T	U	H	H	T	K	O	M	S	X	N	E	A	X
C	N	R	E	T	I	R	W	K	P	C	R	O	B	S	L	S	D	I	G
A	Y	A	E	N	F	R	Q	A	W	H	R	O	S	E	R	V	I	C	E
P	D	V	O	K	R	E	L	C	D	Y	D	A	T	N	C	M	V	O	M
N	A	M	R	I	A	P	E	R	I	Y	F	O	E	I	U	A	Q	S	W
S	N	O	I	T	A	C	I	N	U	M	M	O	C	S	D	J	F	N	R
T	I	V	F	N	R	K	C	W	T	U	J	K	I	U	E	E	G	W	M
U	H	Z	Y	V	I	O	Y	O	S	N	Q	C	E	B	M	R	Z	N	P
D	Z	Q	A	J	W	S	P	E	U	C	A	G	L	Y	Z	E	A	I	O
E	U	T	C	R	I	Y	T	P	P	N	R	T	K	I	B	I	N	N	T
N	R	R	V	C	E	I	B	R	U	M	T	E	S	I	C	O	T	T	K
T	T	A	H	C	S	N	O	K	A	S	O	A	E	I	Q	K	A	E	S
A	Y	F	W	B	U	G	G	W	U	T	V	U	N	N	S	X	B	R	E
Z	P	Q	E	T	R	G	N	I	P	P	O	H	S	T	E	S	C	N	D
H	E	W	K	A	F	M	V	G	S	P	C	R	A	E	A	M	A	E	R
O	F	Z	M	E	R	O	T	A	R	E	P	O	T	E	L	B	A	T	T
M	X	S	J	S	V	U	S	A	T	R	D	T	A	S	S	E	L	I	F
B	N	L	N	I	Z	C	V	Y	P	X	A	A	D	B	H	A	B	Z	L

ACCOUNTANT
ADMINISTRATOR
ASSISTANT
BLOGGER
BUSINESS
CHAT
CLERK
CLICK
COMMUNICATION
DATA
DESIGNER
DESKTOP
DOCUMENTS
EDITOR
E-MAIL
FACEBOOK
FILES
INTERNET
KEYBOARD
LAPTOP
MEMORY
MONITOR
MOUSE
MUSIC
OPERATOR
PROGRAMS
REPAIRMAN
RESEARCH
SAVE
SCREEN
SERVICE
SHOPPING
SOCIAL
SOFTWARE
STUDENT
SUPPORT
SURF
TABLET
TECHNICIAN
TRAINEE
TWITTER
TYPE
VIDEOS
WEBSITES
WRITER

Solution on page 381

Game On!

G	H	U	Q	L	M	F	H	F	U	X	D	D	I	C	E	H	H	S	D
X	Z	E	G	J	S	E	V	O	M	G	Y	E	B	O	R	Y	I	E	S
R	S	T	J	P	E	N	T	E	R	T	A	I	N	M	E	N	T	M	D
P	K	A	X	K	C	L	Q	S	D	A	X	M	R	P	E	M	O	T	N
I	B	X	P	P	E	L	B	Z	R	U	S	D	N	E	I	R	F	C	O
G	F	N	H	H	I	N	U	A	R	E	C	H	E	T	K	B	O	Q	J
C	M	W	Z	N	P	M	F	E	T	H	T	A	Q	I	C	R	N	R	L
U	H	T	A	X	Z	M	C	R	I	S	K	N	T	T	U	W	A	E	B
O	G	A	B	L	Y	K	I	L	Z	T	I	B	U	I	L	G	A	M	E
D	G	N	N	C	Q	I	D	S	Z	W	Z	B	L	O	O	J	L	I	X
S	T	F	A	C	F	R	D	L	E	S	T	U	R	N	C	N	Y	T	G
V	Y	R	I	N	E	I	I	L	Y	E	N	O	M	R	E	P	A	P	W
Z	D	L	V	N	K	U	B	G	Z	L	H	T	T	Z	M	S	N	L	T
S	X	Y	I	R	Y	B	E	L	L	B	H	C	E	S	O	S	V	A	X
H	P	J	R	M	A	T	A	O	E	R	O	I	R	A	N	E	C	S	F
X	Z	A	T	R	A	L	R	E	R	A	U	Q	S	A	O	H	M	E	F
W	C	C	C	R	O	F	U	Z	X	M	R	P	E	B	P	C	F	U	N
K	I	S	T	E	A	S	D	P	Y	H	T	N	L	P	O	I	N	T	S
V	G	S	L	T	S	N	E	K	O	T	T	H	U	A	L	X	O	S	U
T	O	Y	M	L	H	M	P	N	I	P	S	M	R	U	Y	K	L	K	K

BOX
CARDS
CHANCE
CHESS
CHILDREN
CLUE
COMPETITION
COUNTERS
DICE
EDUCATIONAL
ENTERTAINMENT
FAMILY
FRIENDS
FUN
GAME
KIDS
LEARN
LIFE
LUCK
MARBLES
MARKER
MONOPOLY
MOVES
PAPER MONEY
PARCHEESI
PIECES
PLAY
POINTS
POPULAR
RISK
ROLL
RULES
SCENARIO
SCRABBLE
SORRY
SPACES
SPIN
SQUARE
STRATEGY
TABLE
TIMER
TOKENS
TRIVIA
TURN
WIN

Solution on page 382

Making Crafts

T	P	U	A	U	W	K	A	R	Y	T	T	S	E	H	F	D	Z	G	W
O	B	E	V	F	C	M	L	T	A	L	E	N	T	M	A	H	W	E	X
E	E	Z	J	K	A	C	O	B	T	W	G	T	B	X	B	A	A	K	O
H	F	G	P	G	K	Y	A	D	I	L	O	H	Y	X	R	V	M	A	U
C	H	G	L	P	E	J	P	N	E	N	E	R	Q	D	I	Y	Z	M	L
Y	G	K	I	A	P	H	G	G	T	L	E	F	N	N	C	Q	X	W	A
R	L	L	C	E	S	O	M	K	N	D	S	E	G	A	L	L	O	C	N
W	O	C	N	R	W	S	Q	R	I	B	B	O	N	W	M	B	L	E	O
Q	V	C	E	C	O	C	L	O	A	T	J	D	S	S	Q	E	D	Y	S
K	I	J	T	H	O	C	R	S	P	E	S	E	E	C	U	A	N	F	A
L	E	M	S	I	D	B	H	O	W	P	L	C	L	N	M	D	Y	T	E
S	P	N	D	C	M	T	U	E	S	I	O	O	G	D	S	S	O	T	S
V	A	U	V	E	A	X	L	Y	T	S	T	R	N	A	R	R	E	Z	C
E	T	C	O	E	C	R	C	X	A	H	S	A	R	Q	O	K	P	Y	I
S	R	L	R	E	Y	O	E	I	E	C	H	T	D	E	S	I	G	N	M
F	A	W	I	E	N	T	U	S	K	U	X	I	I	A	S	P	H	P	A
Z	D	X	W	U	A	R	E	P	A	P	C	O	B	T	I	E	S	Y	R
U	E	A	F	J	Q	T	C	R	A	Y	O	N	F	Y	C	G	L	U	E
A	M	Q	S	N	Z	D	E	Q	N	G	V	S	T	X	S	H	G	B	C
U	E	B	Y	Y	D	D	G	S	G	M	E	T	A	L	S	Y	I	X	J

ART
BASKET
BEADS
CERAMICS
CLOTHES
COLLAGE
CRAYON
CREATE
CROCHET
CROSS-STITCH
DECORATIONS
DECOUPAGE
DESIGN
DRAW
EMBROIDERY
FABRIC
FELT
FUN
GLASS
GLUE
HANDMADE
HOLIDAY
JEWELRY
KITS
MAKE
METAL
MODELS
ORNAMENTS
PAINT
PAPER
PENCIL
QUILT
RIBBON
SCISSORS
SEASONAL
SEWING
STENCIL
STUDIO
TALENT
TAPE
TEXTILES
TRADE
WEAVING
WOOD
WREATHS

Solution on page 382

The Heisman Trophy

N	A	C	I	R	E	M	A	B	I	L	I	T	Y	H	P	O	R	T	M
E	N	O	S	A	E	S	T	S	O	P	E	V	U	J	J	F	K	I	E
X	C	A	I	J	G	V	Z	J	M	A	N	H	A	T	T	A	N	A	D
C	E	N	V	O	R	U	N	N	I	N	G	B	A	C	K	O	A	R	O
E	C	N	A	U	R	E	K	A	B	Y	R	R	E	T	I	Z	R	C	C
L	N	U	D	R	J	A	P	O	M	H	T	I	M	S	D	E	F	H	B
L	A	A	E	N	E	N	Q	A	J	S	C	H	I	A	M	Y	T	I	L
E	M	L	I	A	E	V	I	C	U	U	I	V	O	A	E	R	N	E	A
N	R	Q	N	L	I	T	E	L	R	L	I	E	T	N	E	T	I	G	N
C	O	T	R	I	A	X	O	S	E	D	H	T	H	Y	O	Z	L	R	C
E	F	U	E	S	R	R	E	V	R	K	L	O	A	N	N	R	C	I	H
R	R	I	T	T	D	D	R	A	W	E	I	L	R	A	H	C	H	F	A
U	E	N	L	S	E	E	T	Y	I	O	P	N	M	N	O	O	S	F	R
T	P	T	L	E	T	H	F	N	K	E	L	Y	N	F	U	P	J	I	D
P	I	E	A	G	L	A	A	E	Z	E	N	D	F	I	O	N	X	N	J
L	C	G	B	E	T	R	N	N	N	N	L	E	E	R	C	K	G	N	S
U	H	R	T	L	T	J	O	D	H	S	N	L	T	S	B	K	Y	X	M
C	L	I	O	L	O	R	U	O	I	S	E	L	E	C	T	I	O	N	S
S	C	T	O	O	B	F	J	B	E	N	T	R	O	Y	S	M	I	T	H
S	F	Y	F	C	J	E	E	C	N	E	G	I	L	I	D	R	A	W	A

ABILITY
AMERICAN
ANNUAL
ARCHIE GRIFFIN
ATHLETICS
AWARD
BRONZE
CHARLIE WARD
CLINT FRANK
COLLEGE
CURSE
DEFENSE
DILIGENCE
DIVISION I
DOC BLANCHARD
ED SMITH
ERNIE DAVIS
EXCELLENCE
FOOTBALL
HONOR
INTEGRITY
JOHN HEISMAN
JOHNNY MANZIEL
JOURNALISTS
LARRY KELLEY
MANHATTAN
MATT LEINART
NILE KINNICK
OFFENSE
OLDEST
OUTSTANDING
PAUL HORNUNG
PERFORMANCE
PERSEVERANCE
PLAYER
POSTSEASON
RUNNING BACK
SCULPTURE
SELECTIONS
SPORT
TEAM
TERRY BAKER
TROPHY
TROY SMITH
VOTE

Solution on page 382

Weather Predictions

K	K	I	H	U	M	I	D	T	B	E	E	N	S	D	Q	S	G	W	S
L	L	L	N	N	W	O	L	P	L	G	P	C	O	K	A	E	U	T	P
T	T	S	V	C	O	E	O	U	A	D	R	S	I	S	Y	L	A	N	A
O	J	X	L	L	N	I	T	X	C	O	Q	A	C	H	A	E	Q	T	T
A	N	Z	F	Q	S	U	S	I	O	P	Y	H	I	M	H	E	M	B	T
P	E	Y	R	D	K	S	G	I	L	P	I	S	V	A	N	O	S	N	E
I	E	L	G	A	O	V	G	I	V	L	I	Y	K	O	S	Y	O	R	R
U	O	X	W	T	E	P	N	X	L	E	E	S	I	P	M	R	A	W	N
R	L	D	K	A	P	Y	I	P	A	R	L	T	H	N	F	F	A	Y	S
D	Q	K	T	M	T	B	N	H	D	E	A	E	A	B	C	O	L	D	W
V	G	D	R	R	O	C	T	M	V	T	R	M	T	S	O	I	E	B	F
I	D	O	A	M	T	N	H	A	I	E	O	S	O	D	A	N	R	O	T
G	T	D	C	J	K	O	G	P	S	M	O	H	G	D	C	O	T	H	B
S	A	N	K	O	D	Z	I	U	O	O	R	Q	W	E	A	T	H	E	R
R	I	I	I	H	M	C	L	Z	R	M	A	M	O	D	E	L	R	S	D
P	F	W	N	Q	E	P	F	X	I	R	A	C	C	U	R	A	C	Y	X
H	X	E	G	R	P	C	U	C	E	E	R	A	O	V	I	D	B	E	Q
U	W	O	P	Q	K	J	G	T	S	H	S	M	I	N	A	I	R	H	B
S	F	W	L	E	B	J	R	R	E	T	E	M	O	R	A	B	D	Z	R
X	T	A	Z	A	Z	I	E	L	K	R	N	T	K	I	B	S	K	E	H

ACCURACY
ADVISORIES
ALERT
ANALYSIS
ATMOSPHERE
BAROMETER
BROADCAST
CHILL
COLD
COMPUTER
DAILY
DATA
DOPPLER
DRY
FLOOD
FOG
FRONT
HEAT
HOT
HUMID
ICE
LIGHTNING
LOCAL
MAP
MODEL
NEWS
PATTERNS
PRECIPITATION
RADAR
RAIN
SATELLITE
SEASON
SKY
SNOW
STORM
SUN
SYSTEMS
TELEVISION
THERMOMETER
TORNADO
TRACKING
WARM
WATCH
WEATHER
WIND

Solution on page 382

ANSWERS

Jack and the Beanstalk

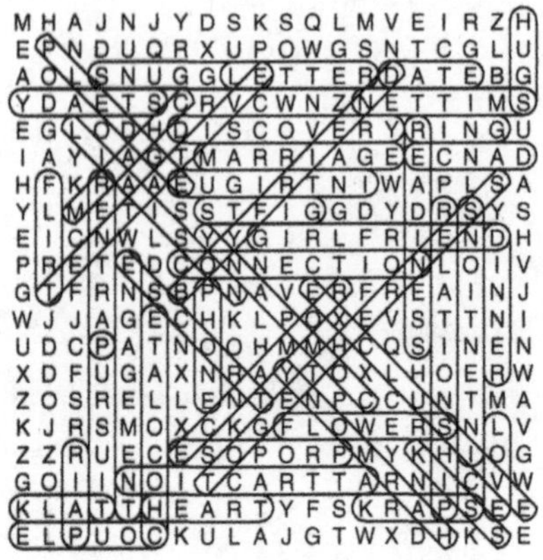

Dating

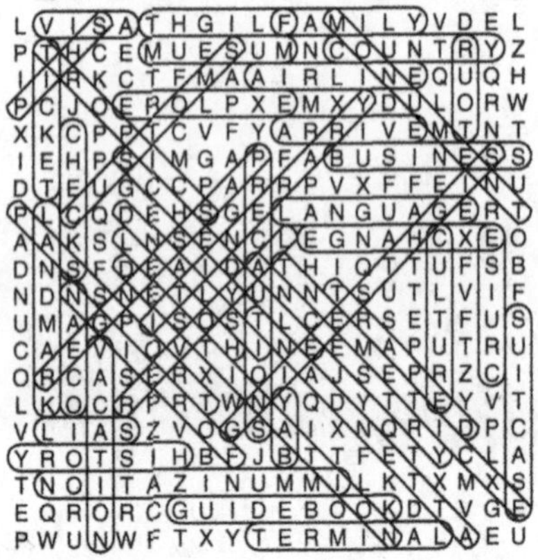

Going Abroad

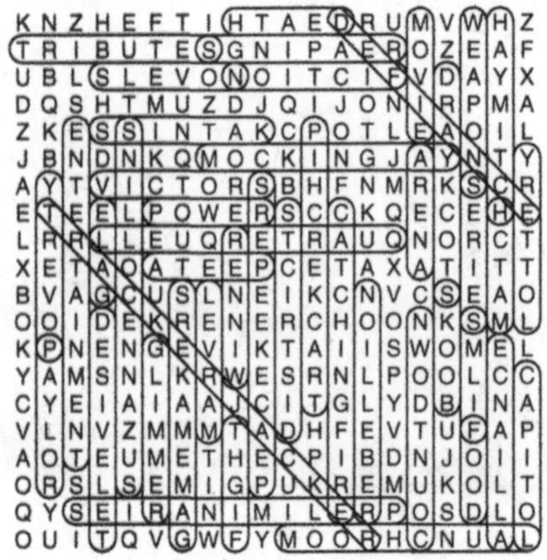

The Hunger Games

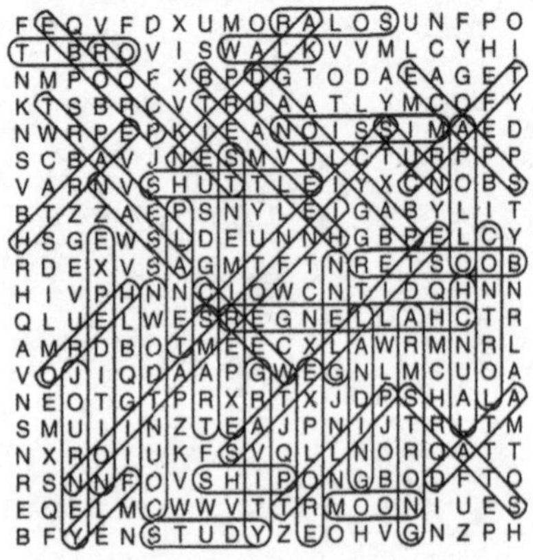

Astronaut

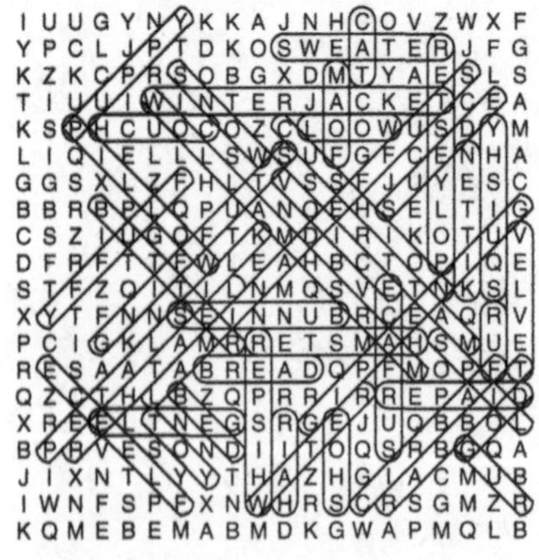

Something Soft

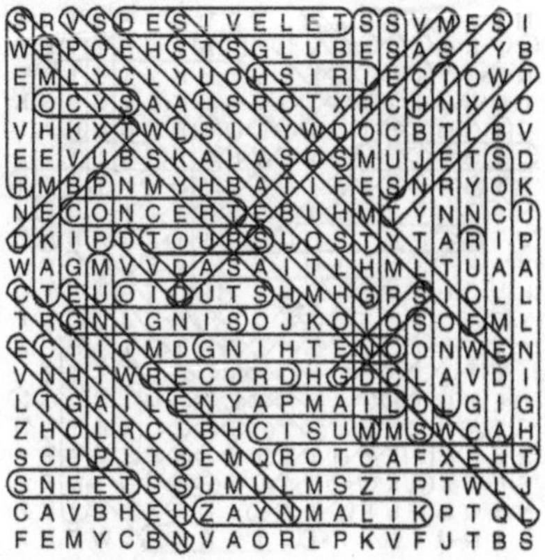

One Direction

Recycling Station

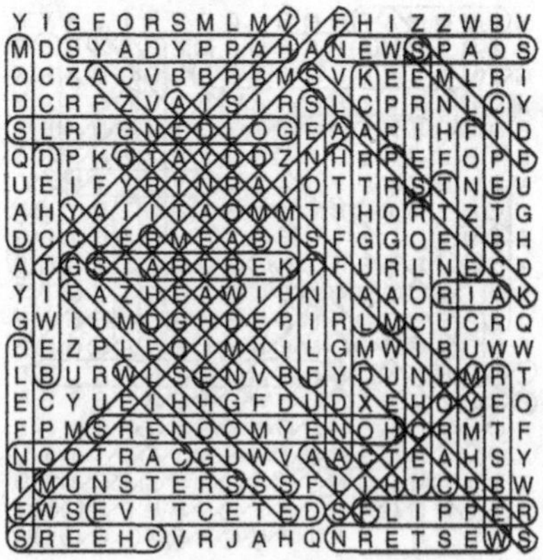

TV Through the Years

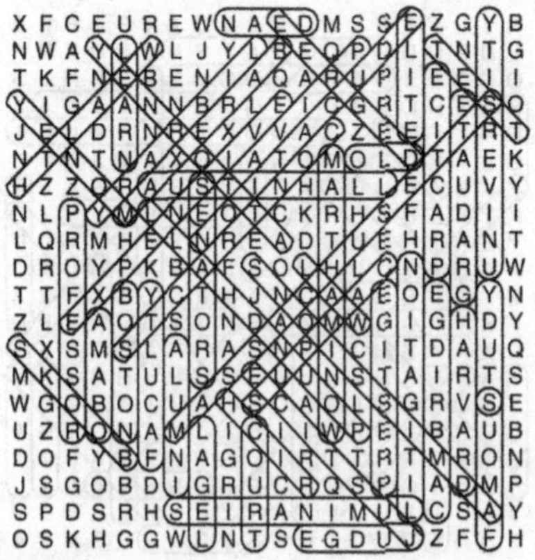

Attending Harvard Law School

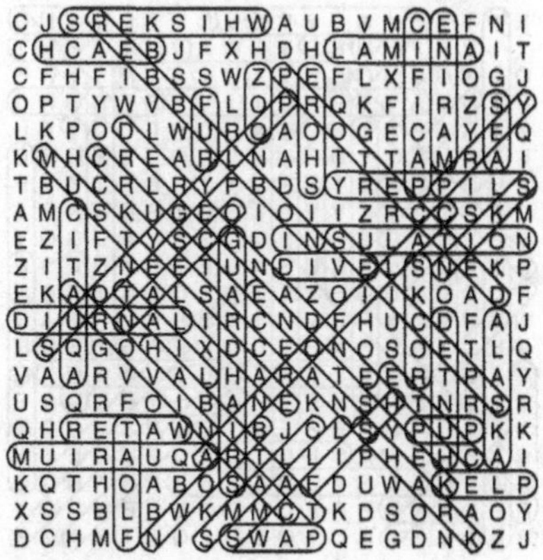

Sea Otters

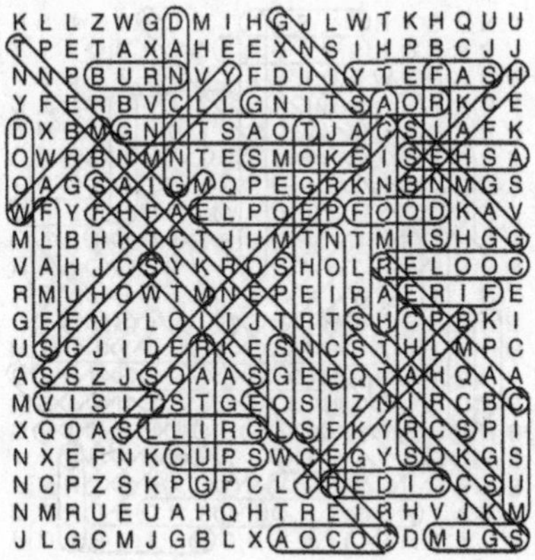

Campfires

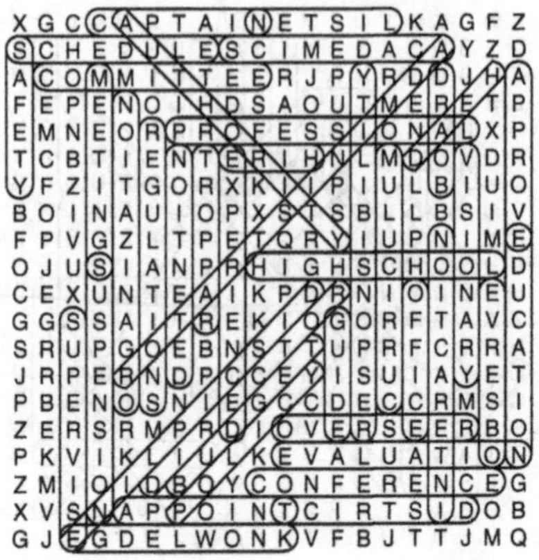

Principal's Job

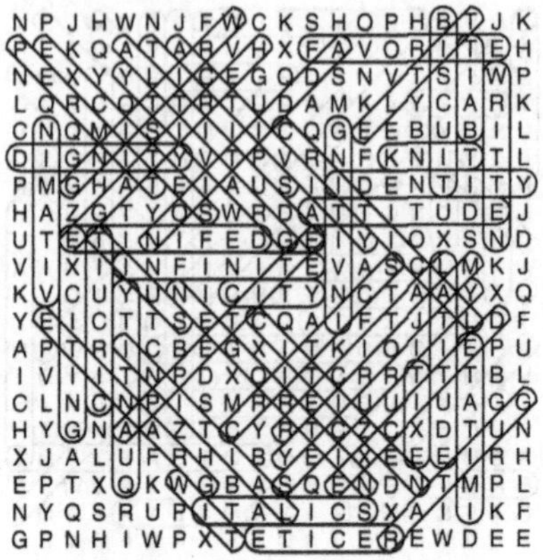

Words with *IT*

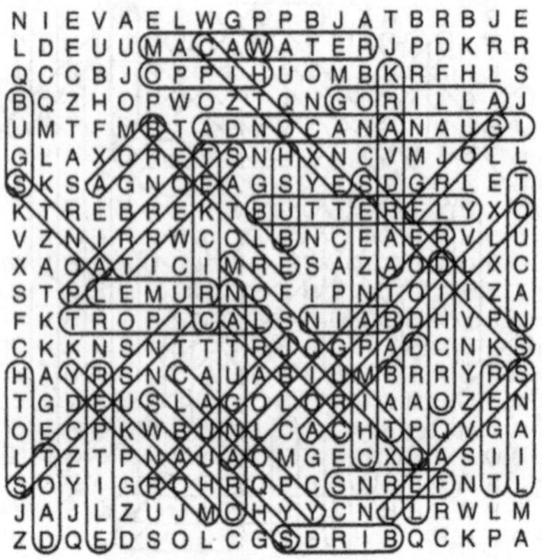

Alive in the Rainforest

Justin Timberlake

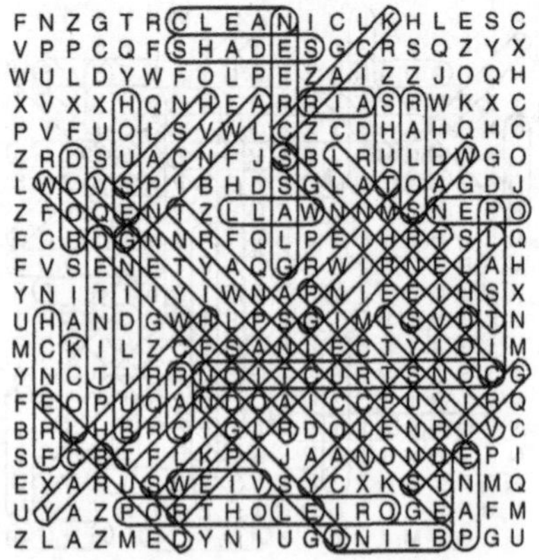

Windows

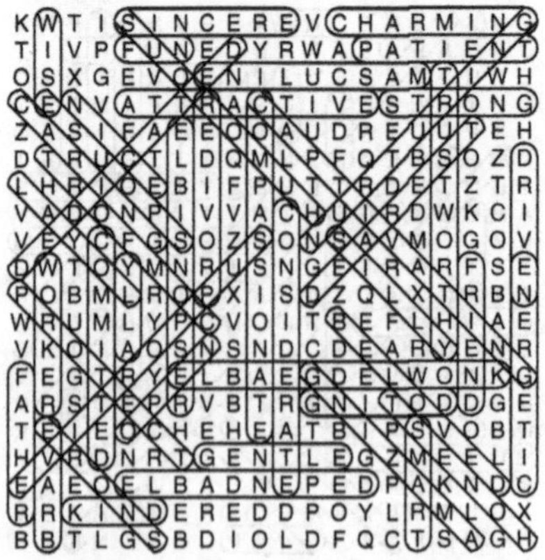

Husbands

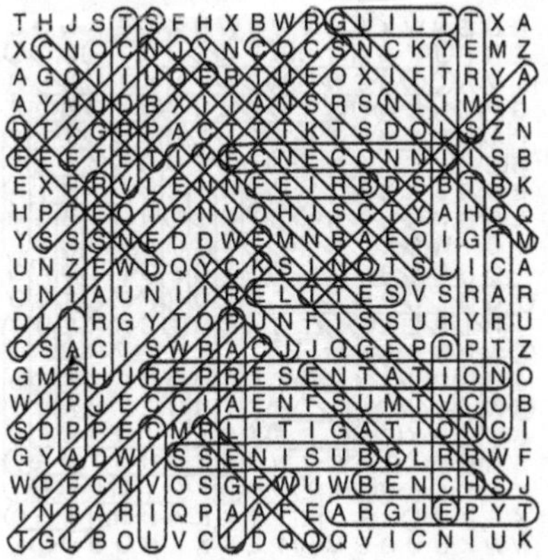

It's Legal

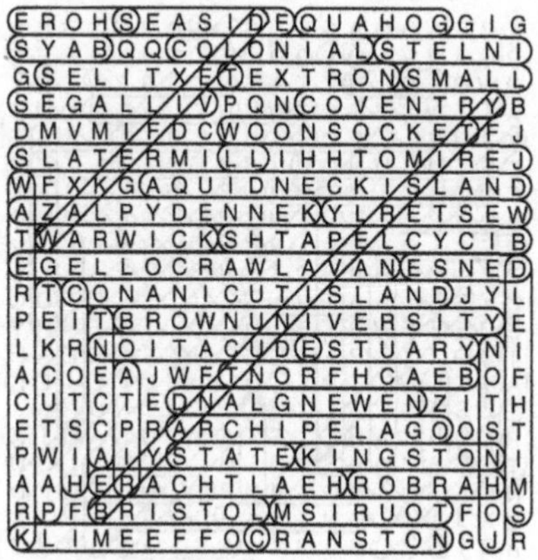

Rhode Island

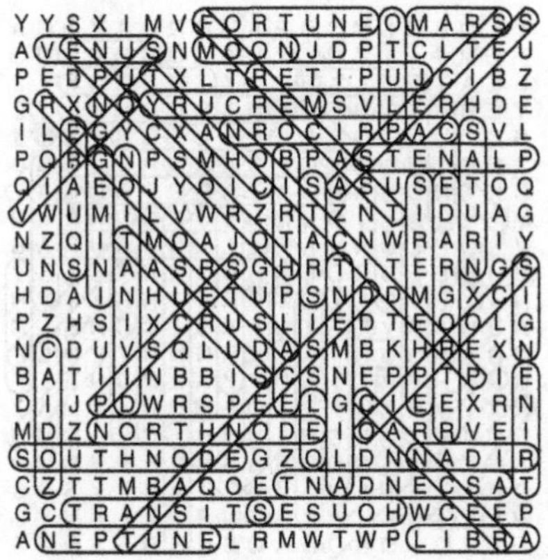

Astrology

Remember Watergate?

Small Stuff

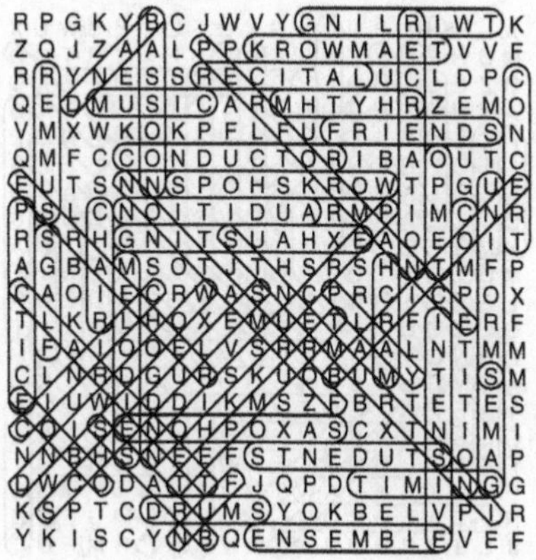

Going to Band Camp

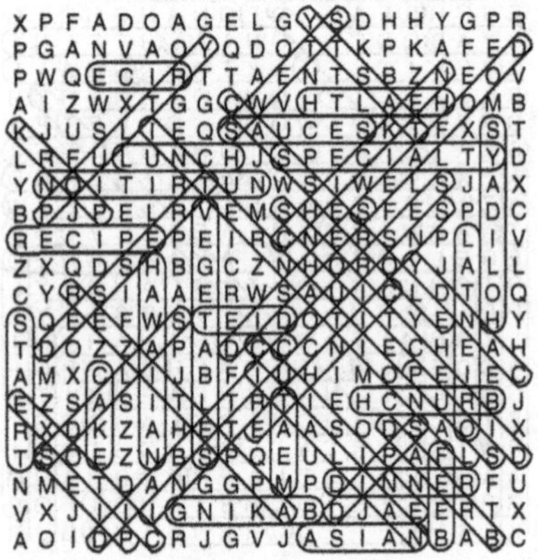

Recipe Books

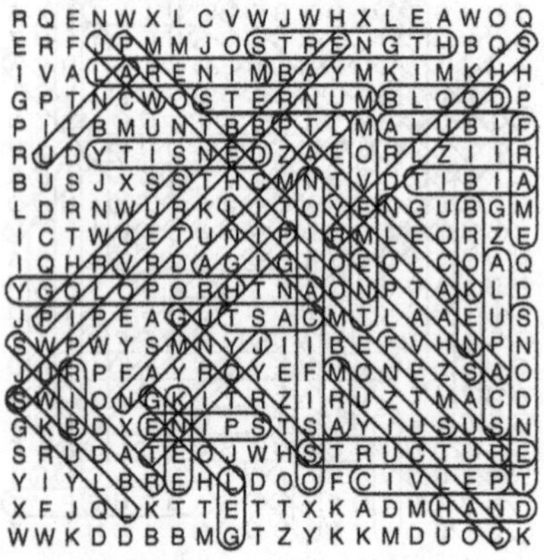

Bone Up

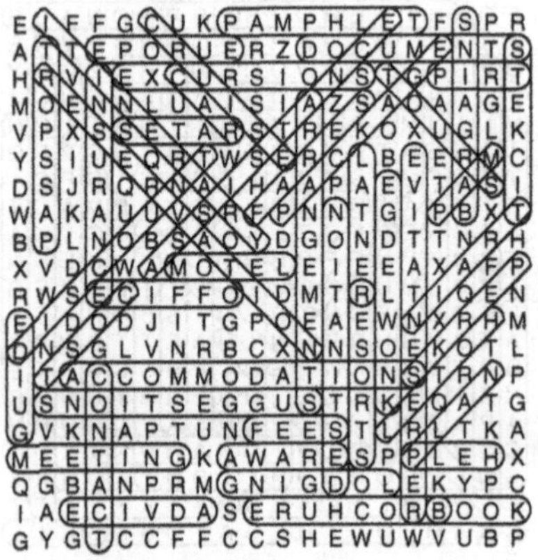

Travel Arrangements

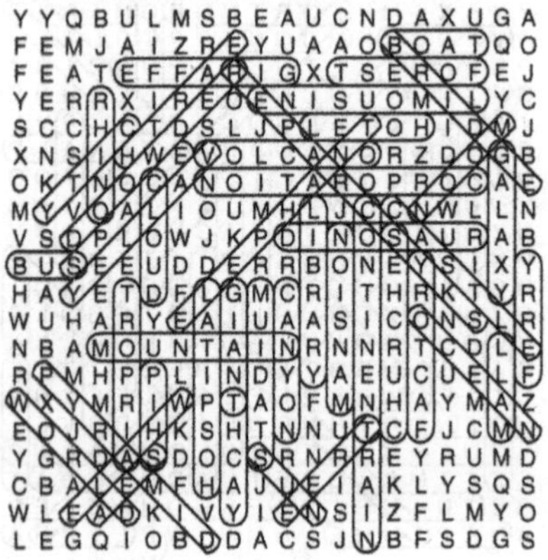

Big Stuff

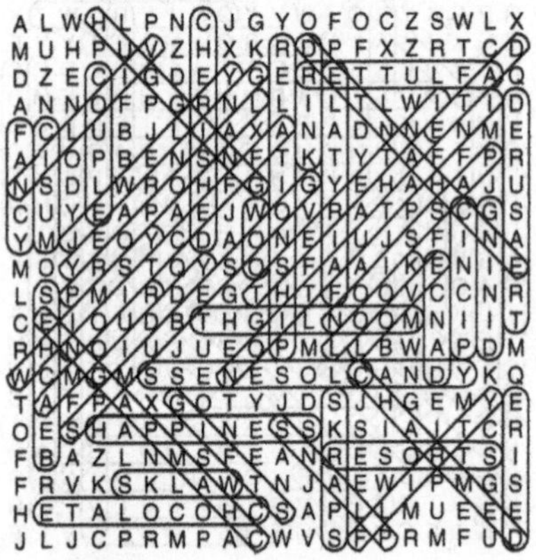

Romance Is Alive

Humanitarian Aid

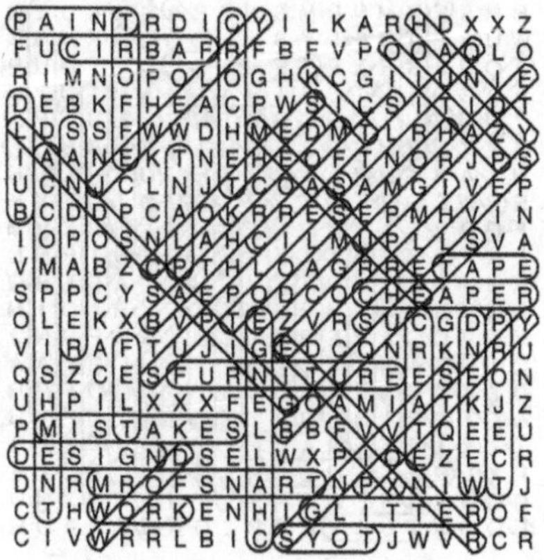

Do It Yourself

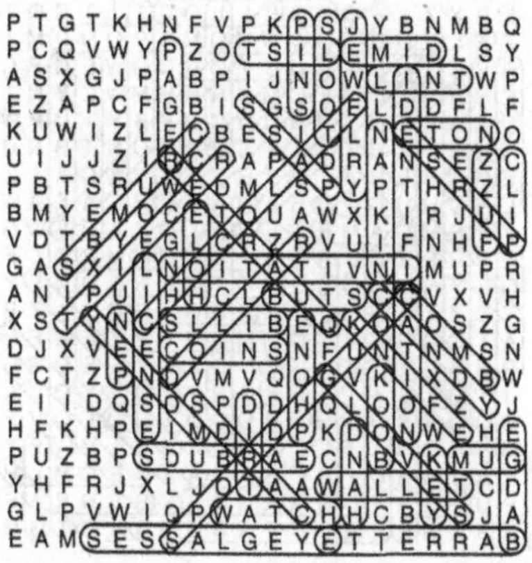

In Pockets

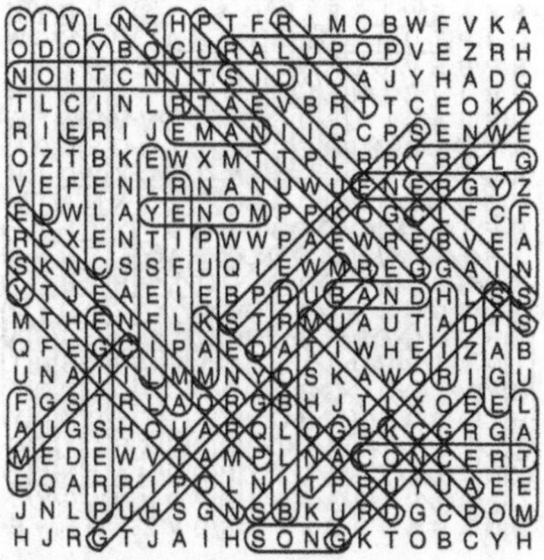

He's a Rock Star

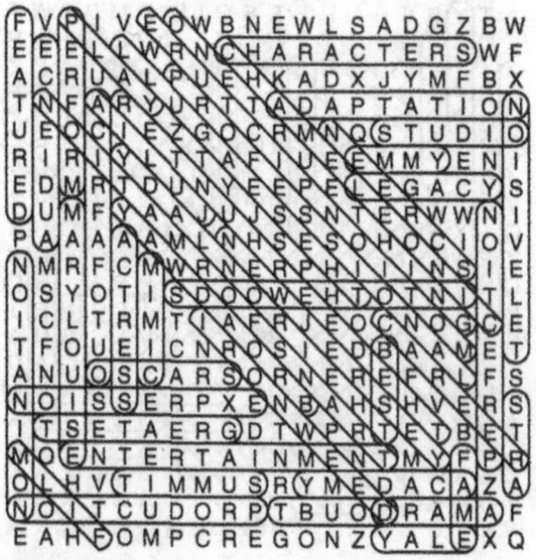

Meryl Streep

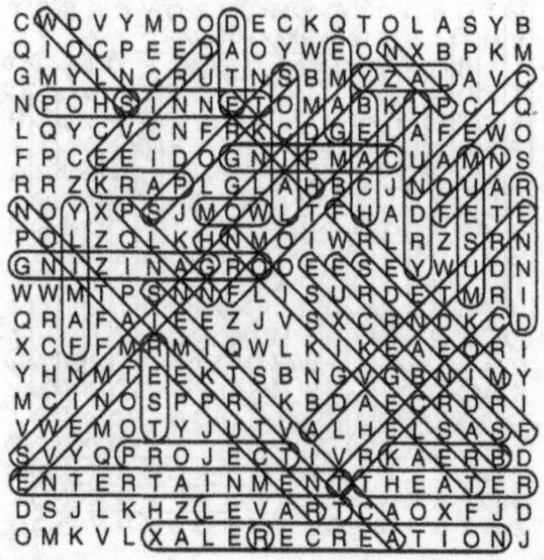

Day Off

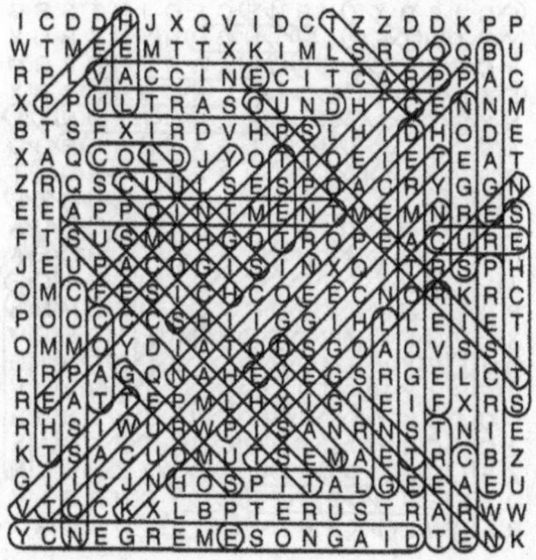

See a Doctor

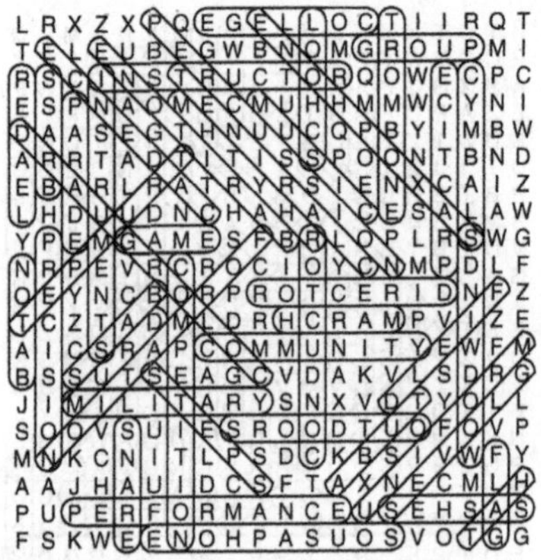

Marching Bands

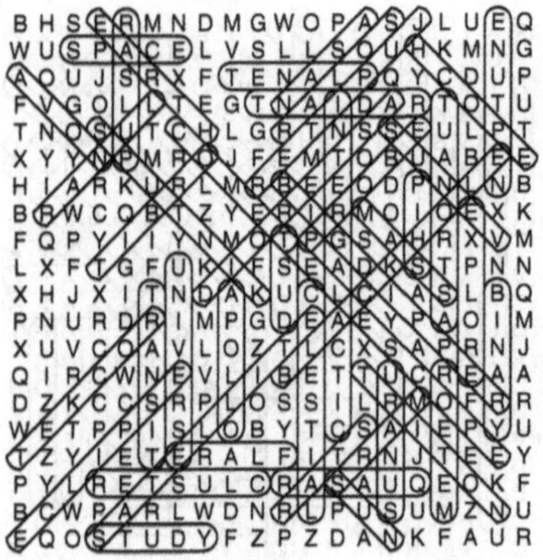

Into Space

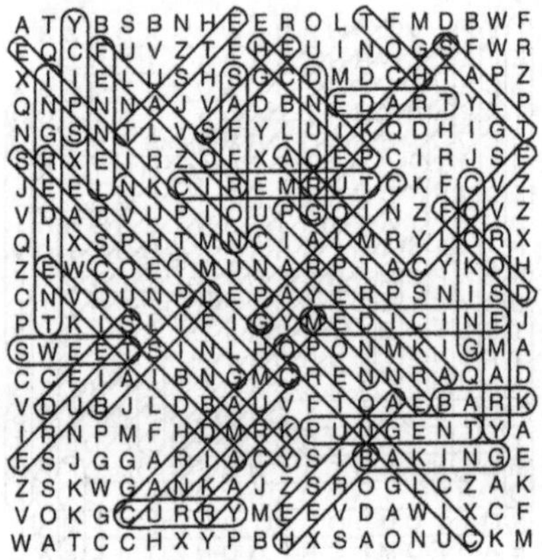

Add Some Spice

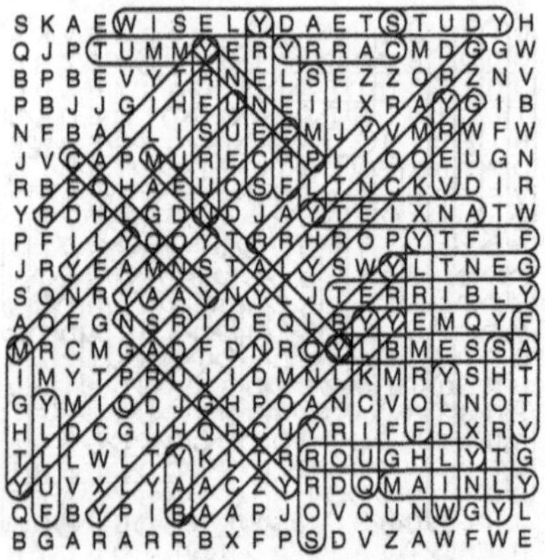

Y at End

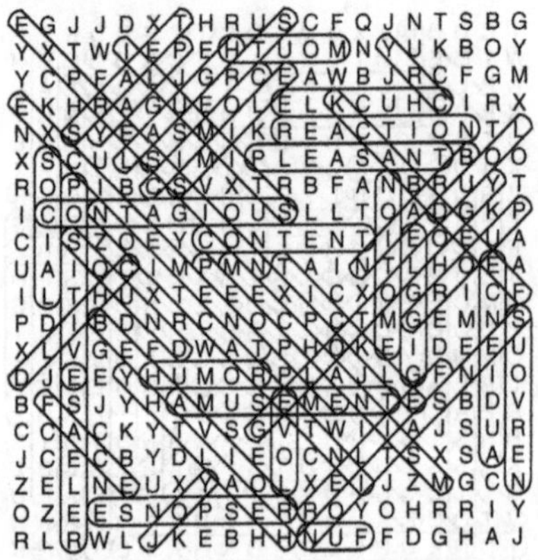

Laughing

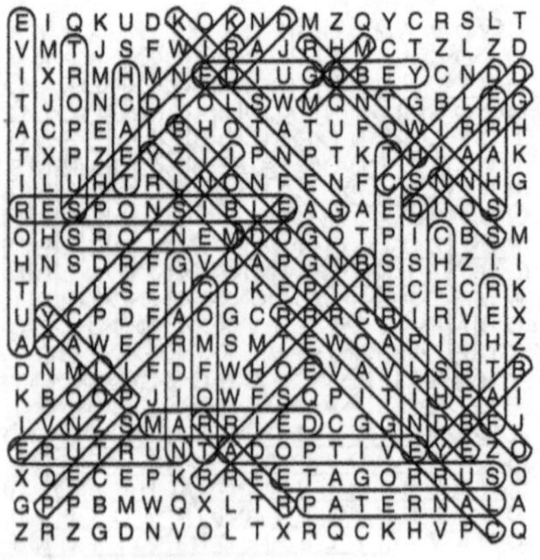

Being a Parent

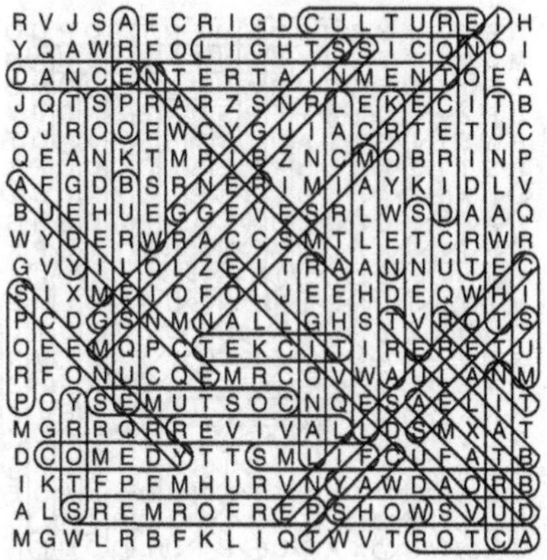

Theatergoer

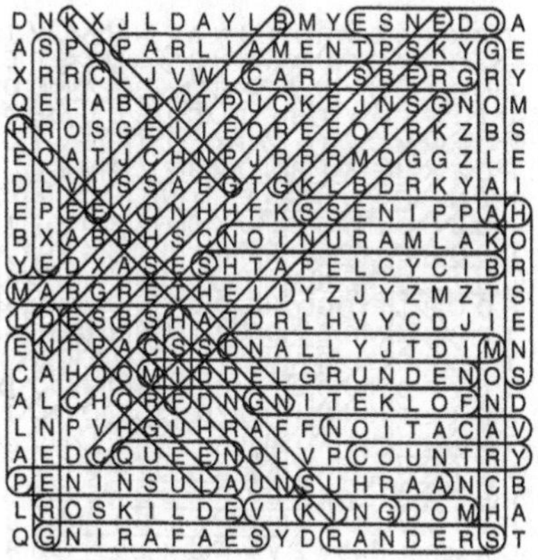

Denmark

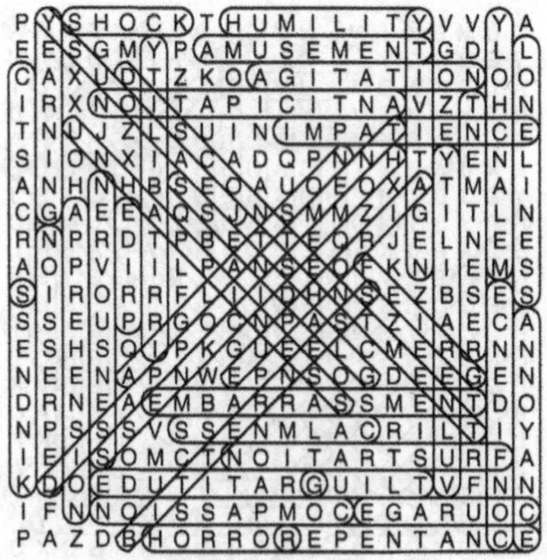

How Do You Feel?

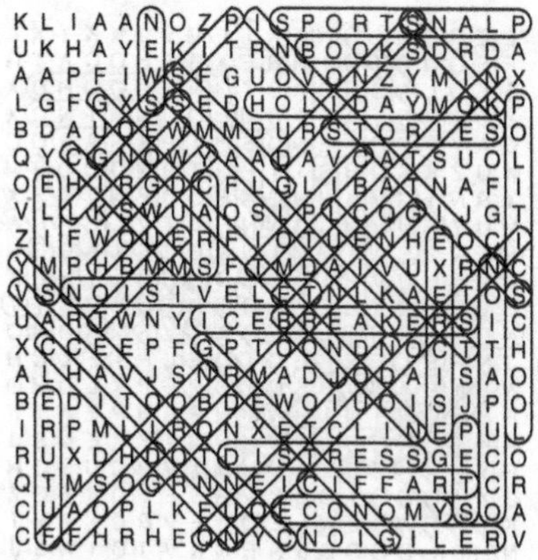

Start a Conversation

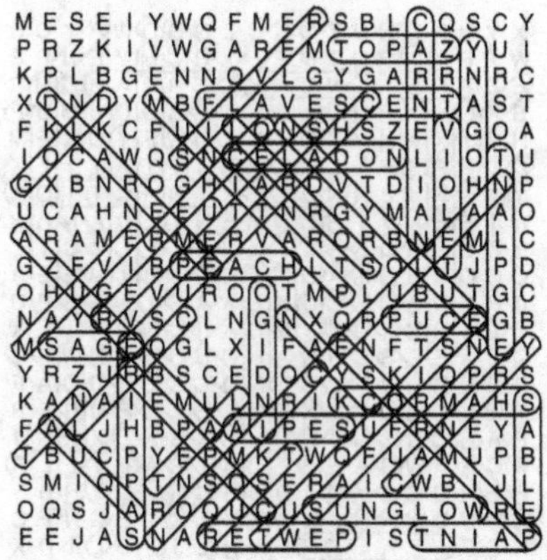

Interesting Colors

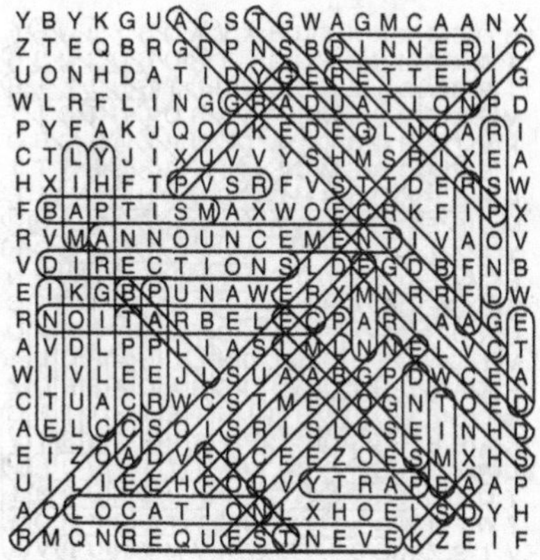

Your Invitation

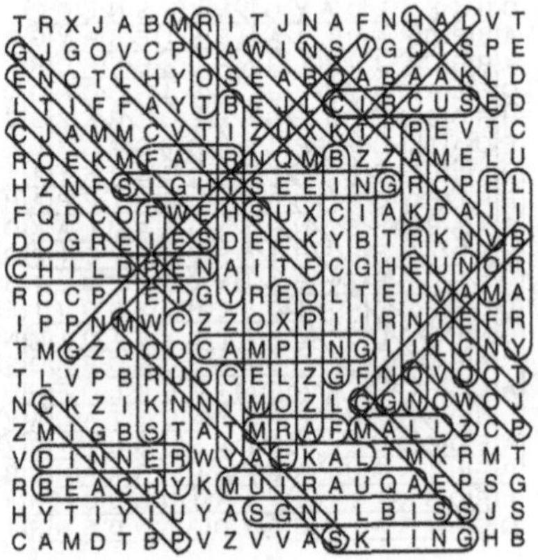

Take the Kids

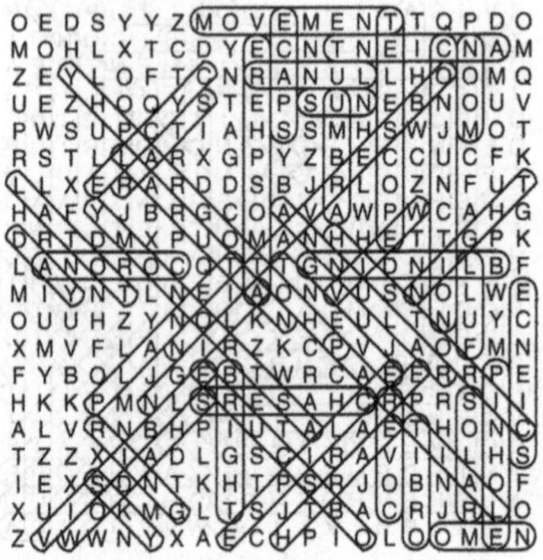

Eclipse of the Sun

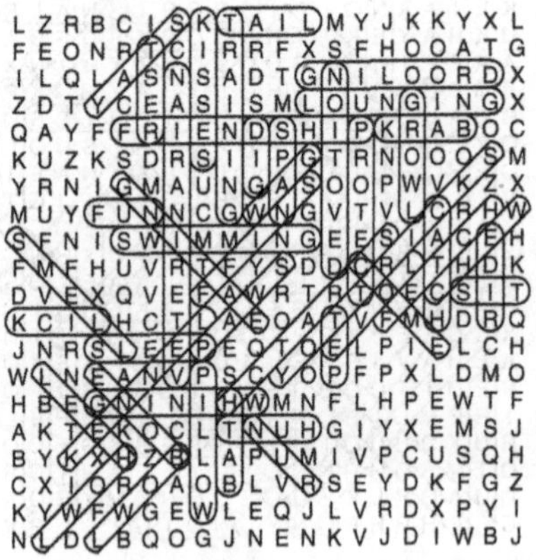

Life As a Dog

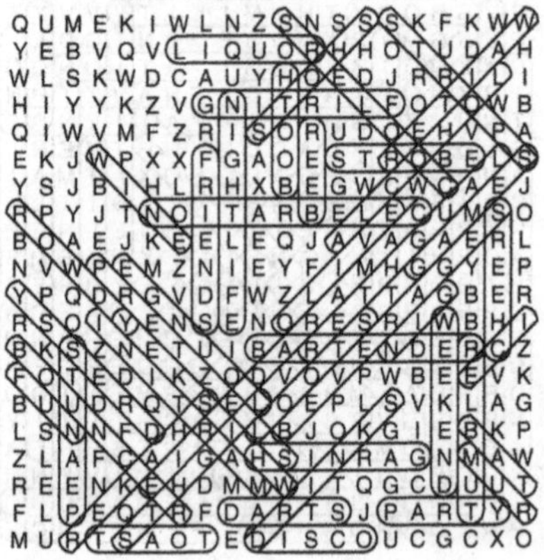

Nightclub

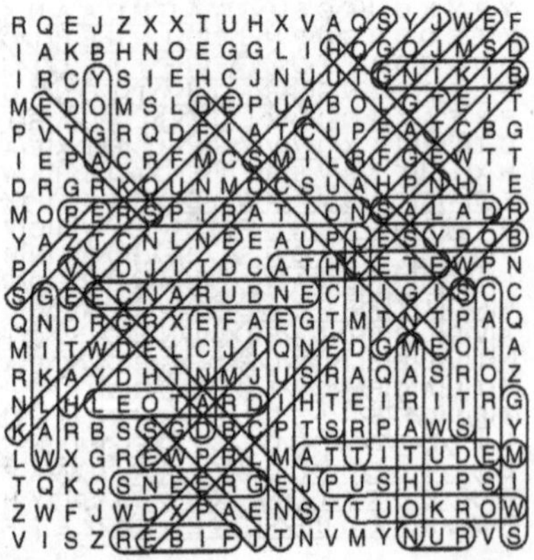

Physically Fit

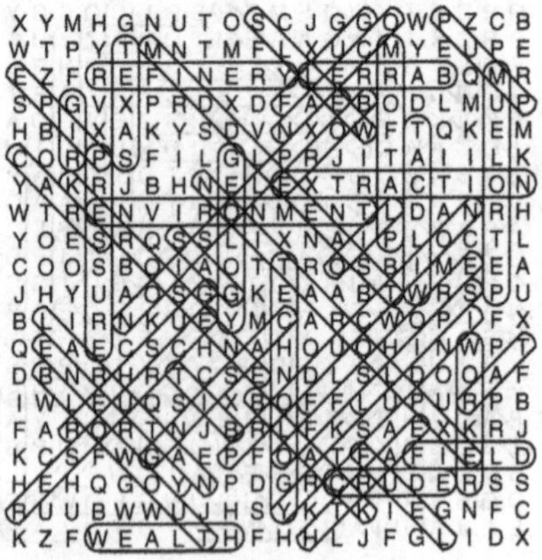

Looking for Oil

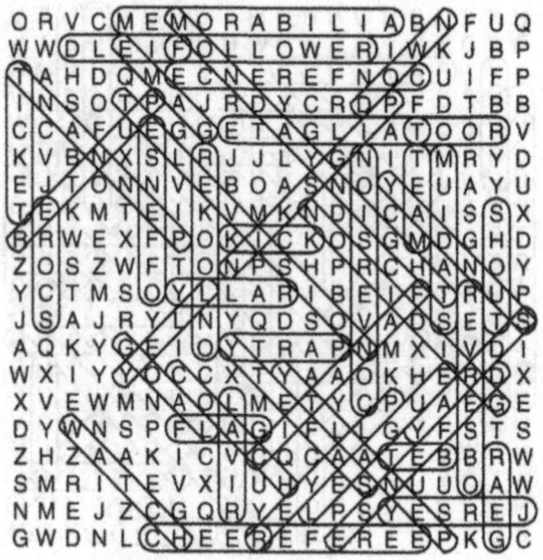

Watching Football

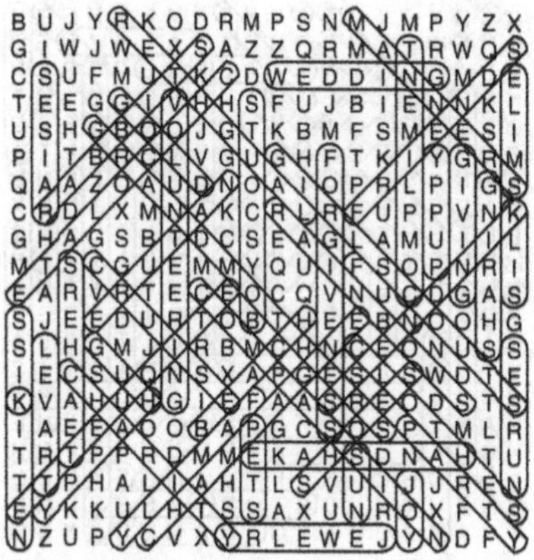

Very Nice

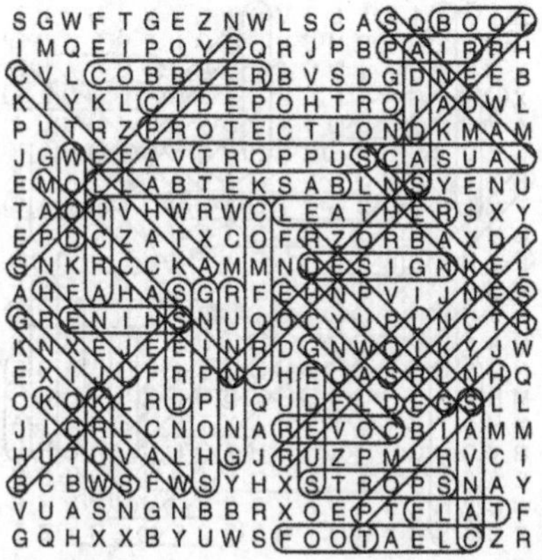

Shoes

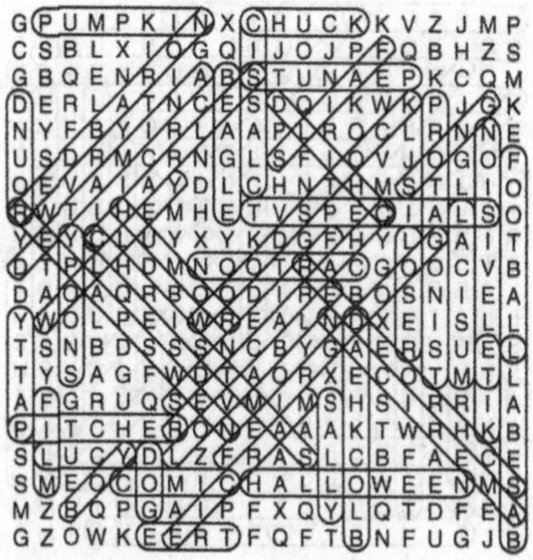

The Peanuts Gang

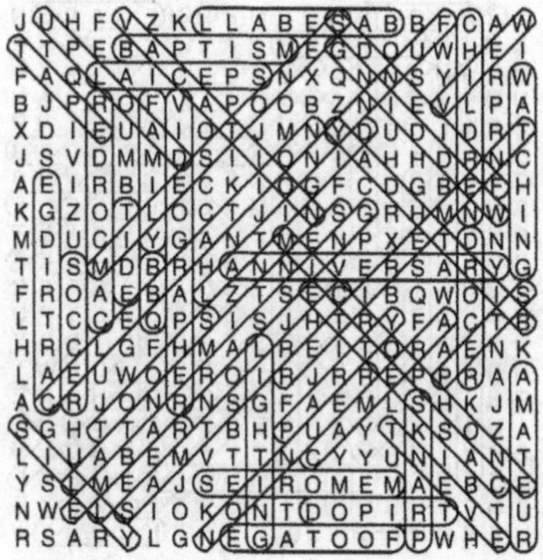

Home Movies

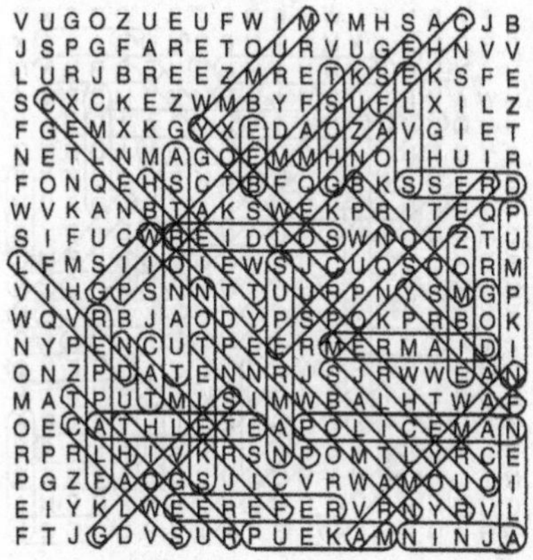

Costumes

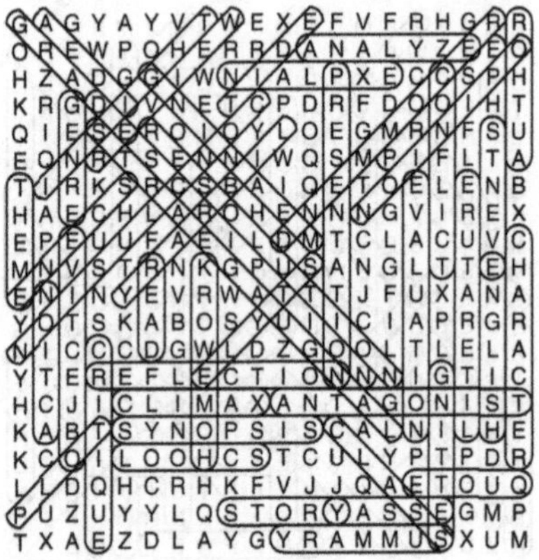

Book Report

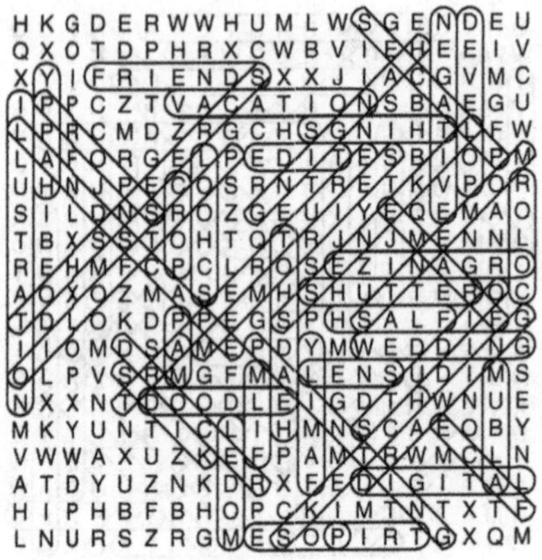

Picture This

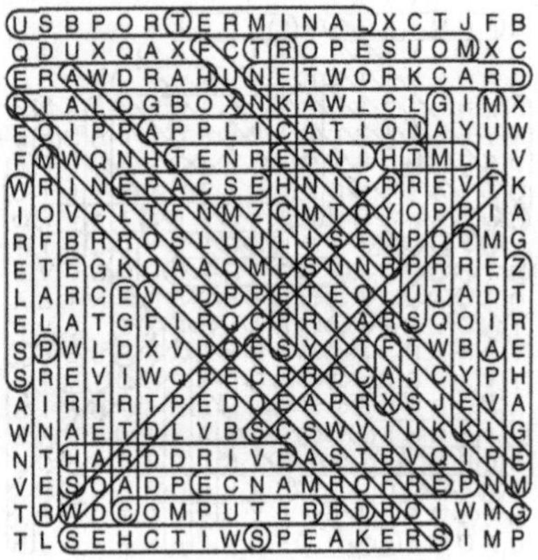

Computer Talk

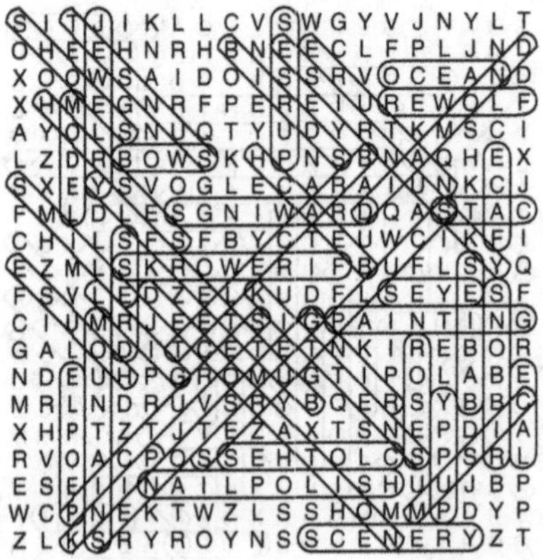

Very Pretty

Busy Bees

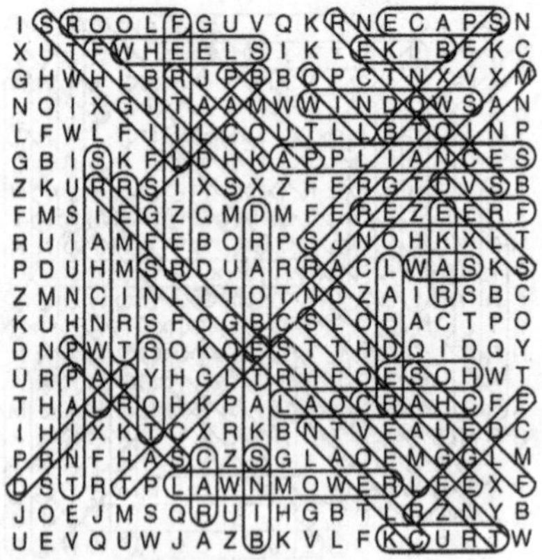

Storage Garage

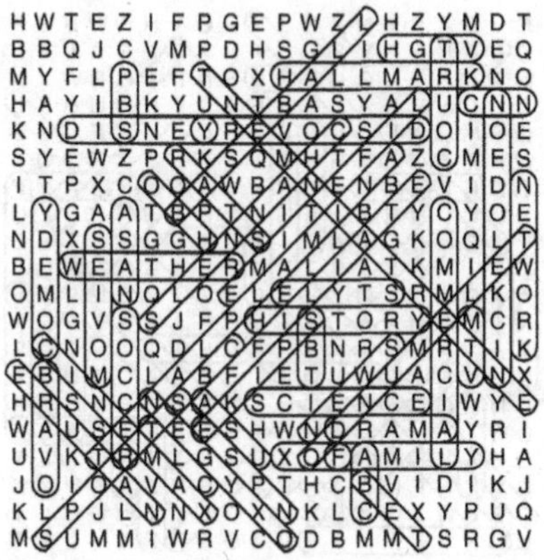

Television Channels

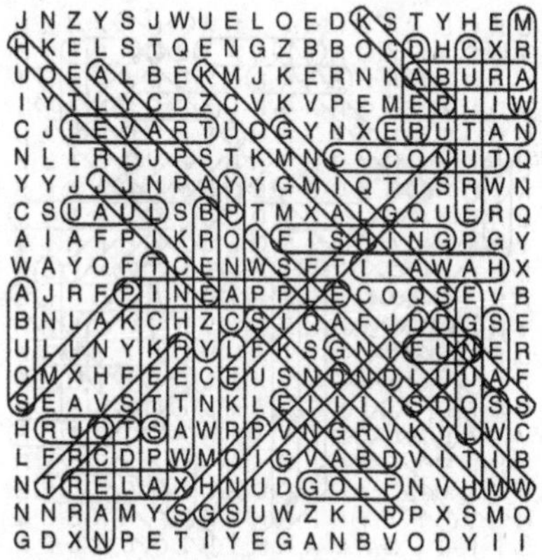

Vacation Adventure

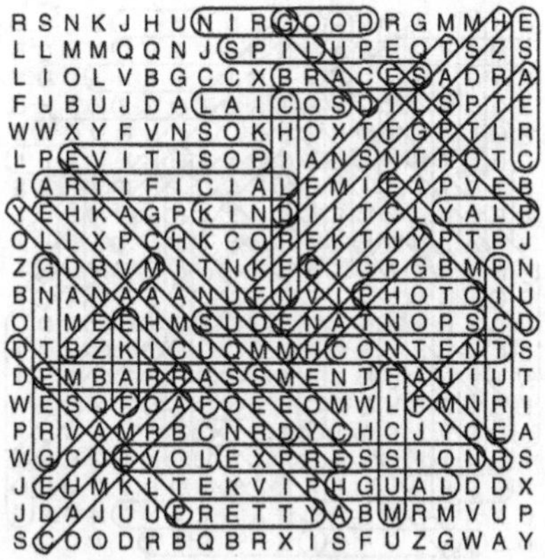

Smiles

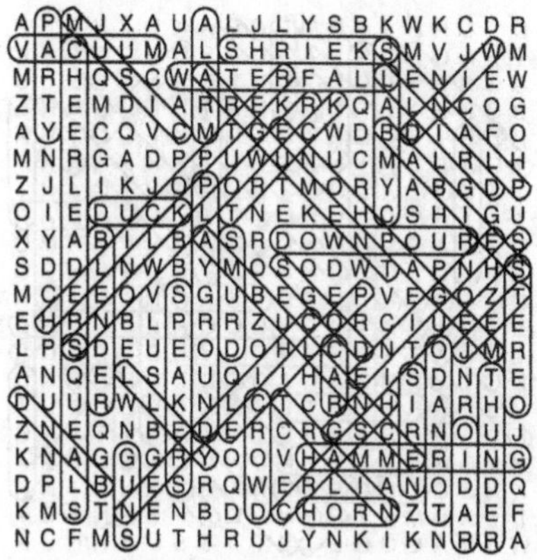

Too Loud

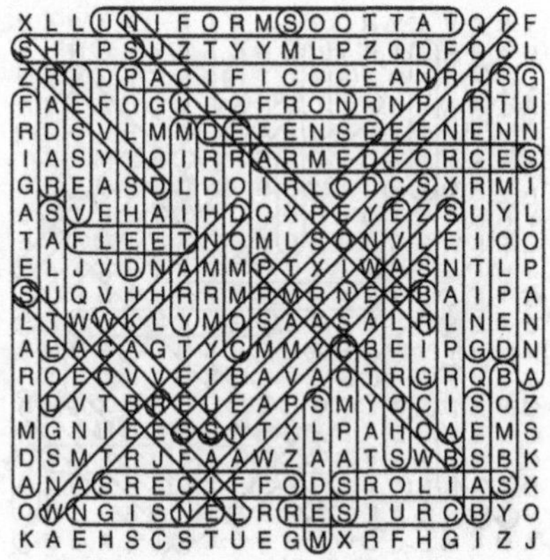

Join the Navy

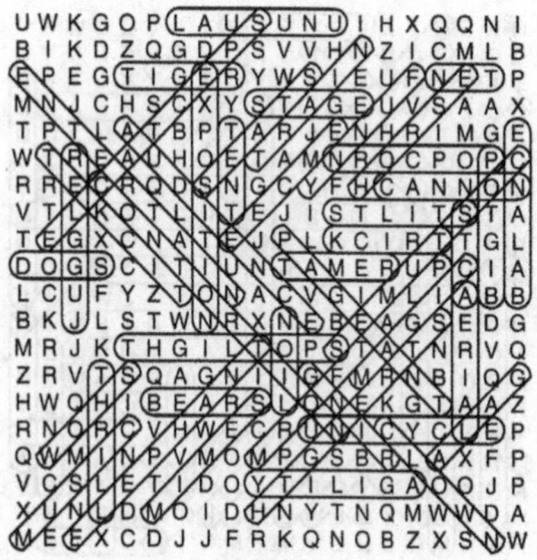

It's a Circus

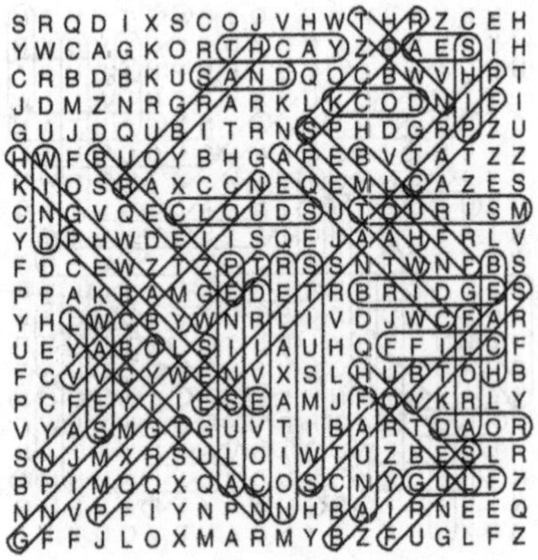

Around the Coast

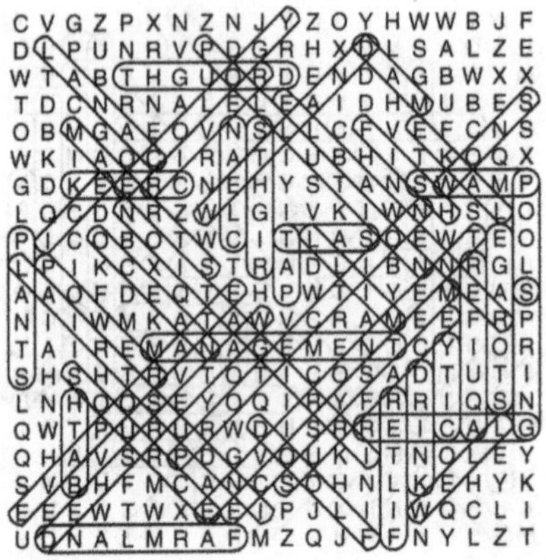

Water Supply

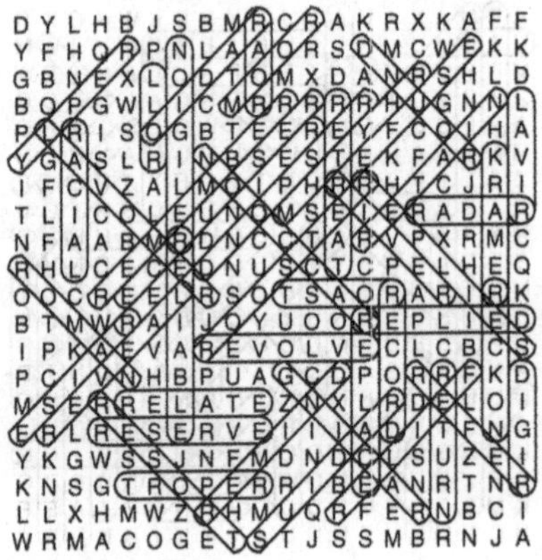

Look for *R*s

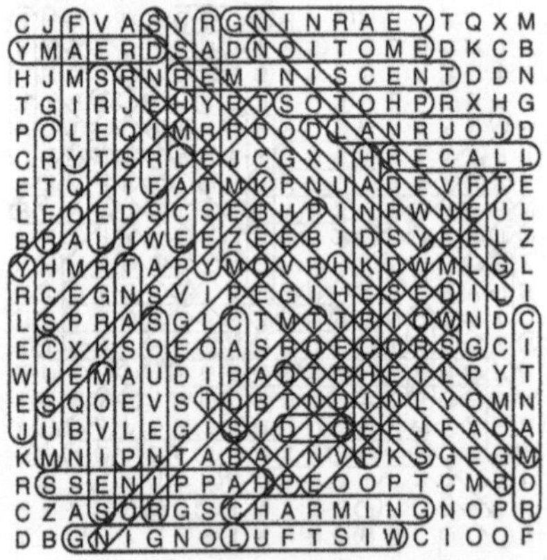

Do You Remember?

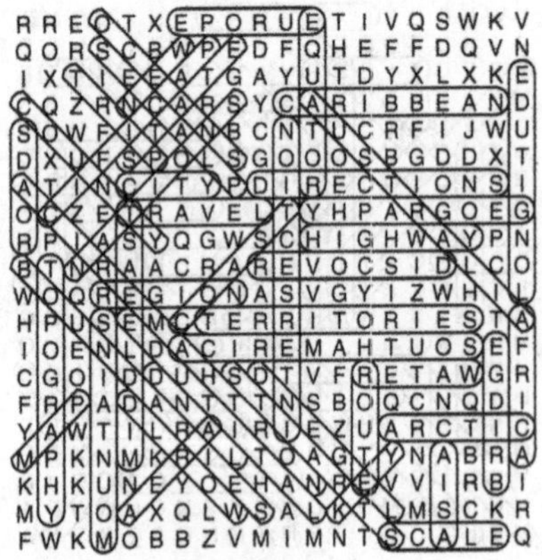

Book of Maps

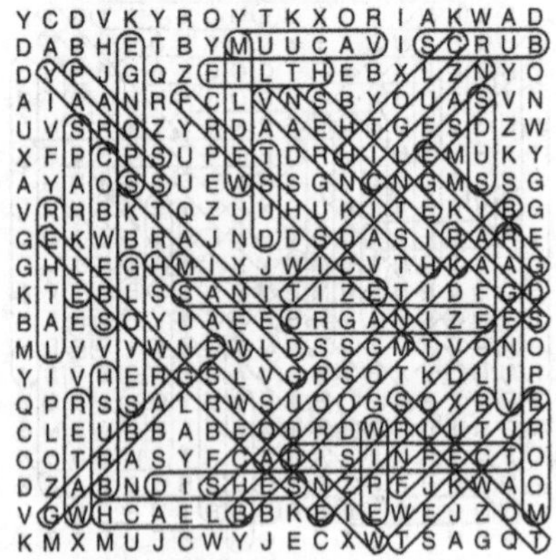

Clean House

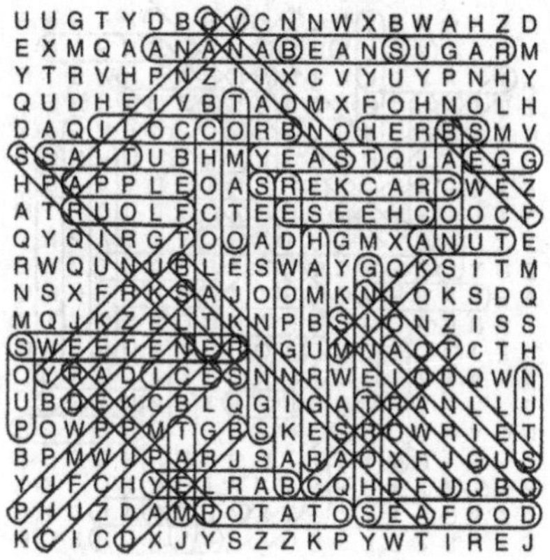

Ingredients

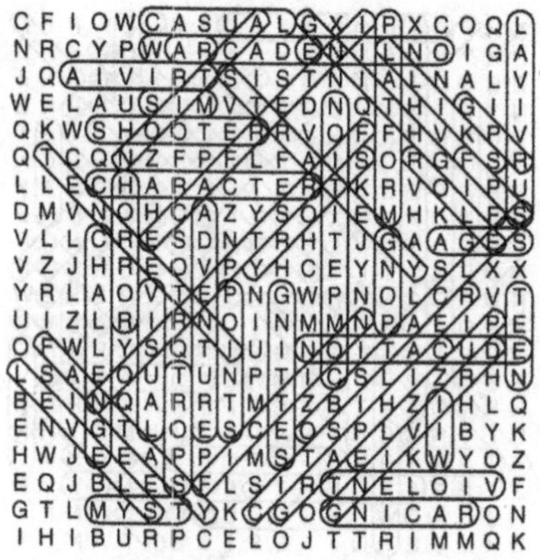

Video Games

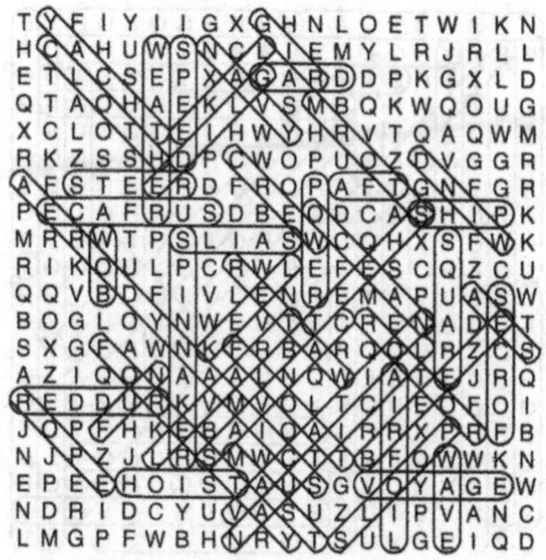

Sail Away

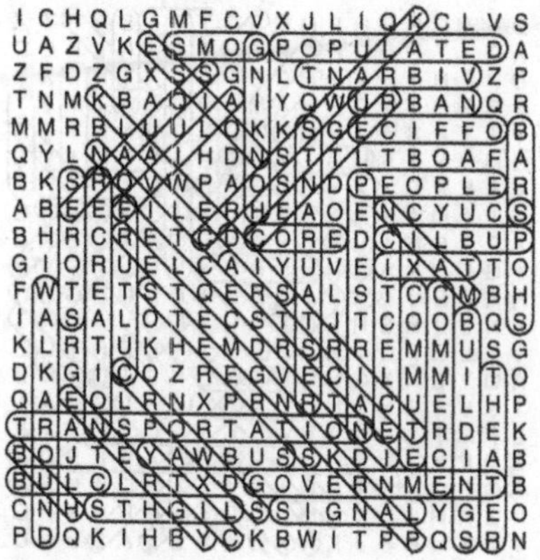

City Center

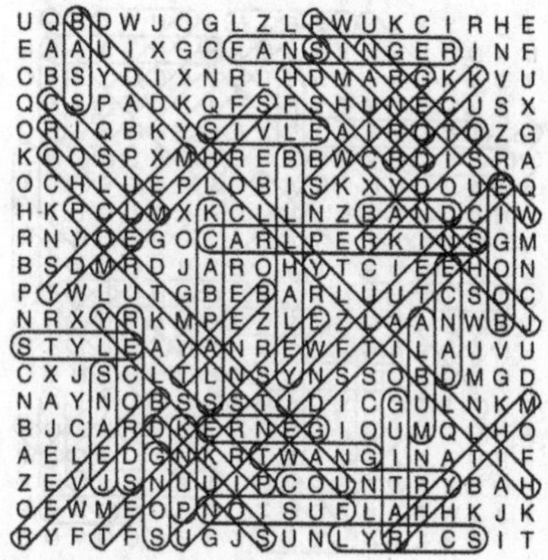

Rockabilly Music

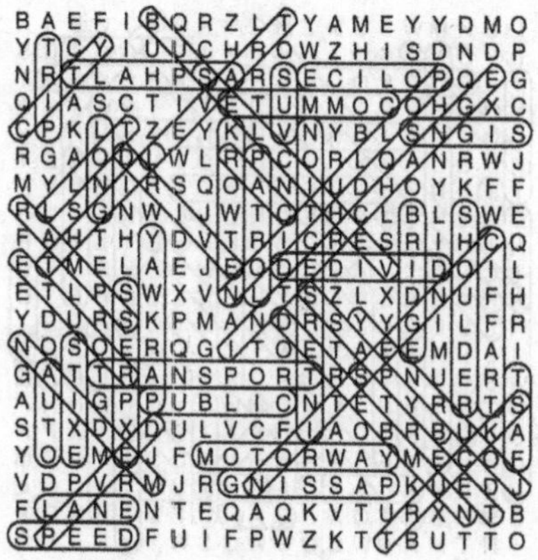

Freeways

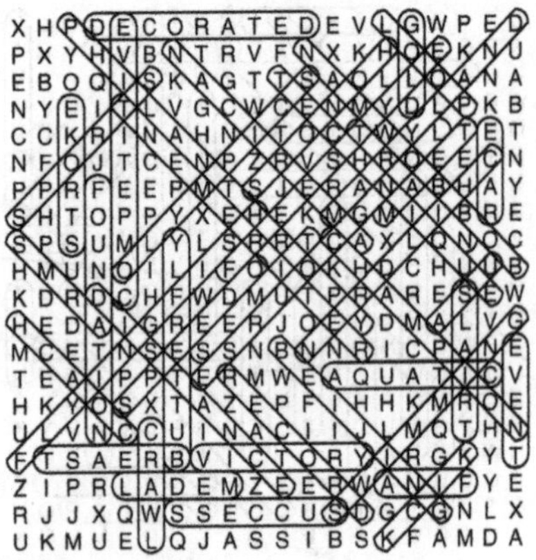

Michael Phelps

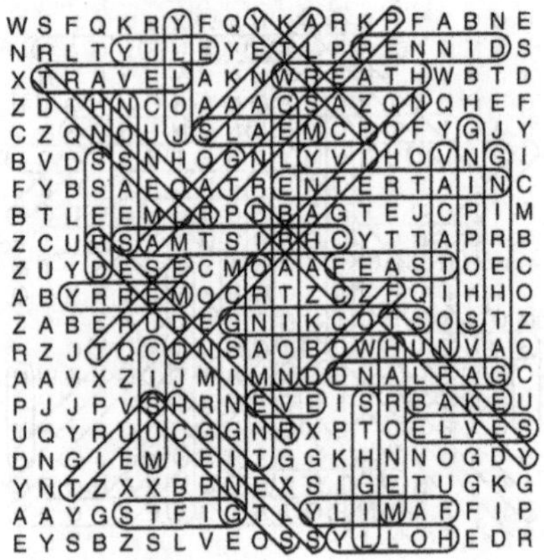

Holiday Time

Fun with Kites

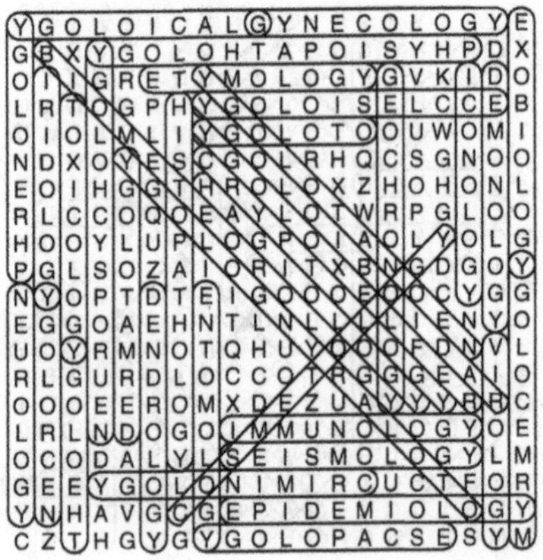

All *OLOGY*

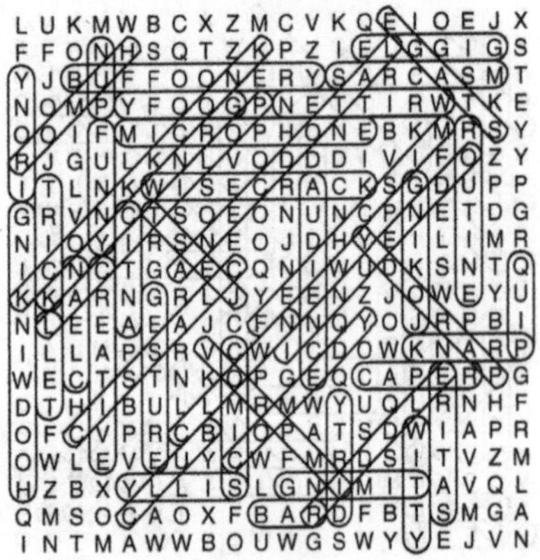

Made You Laugh

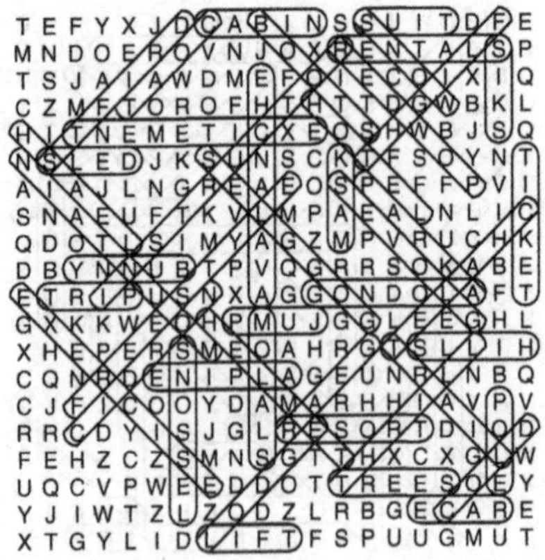

Ski Trip

Farming Crops

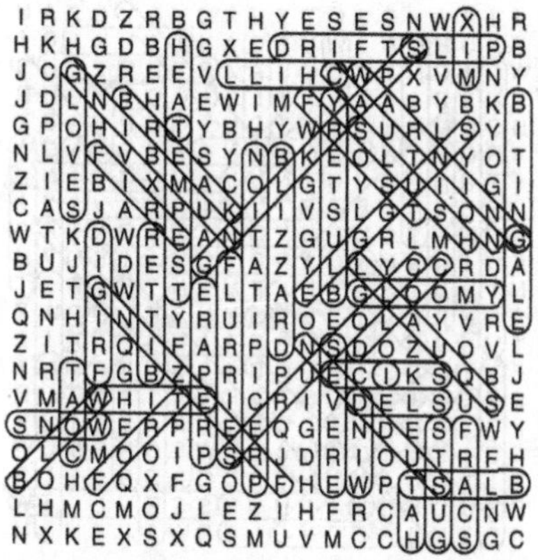

Wintry Weather

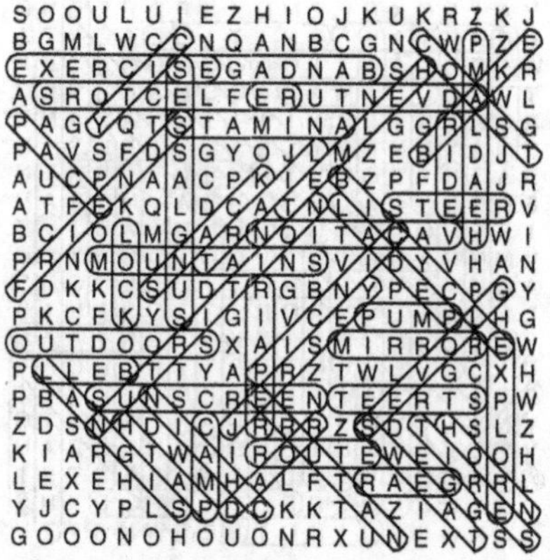

Bike Ride

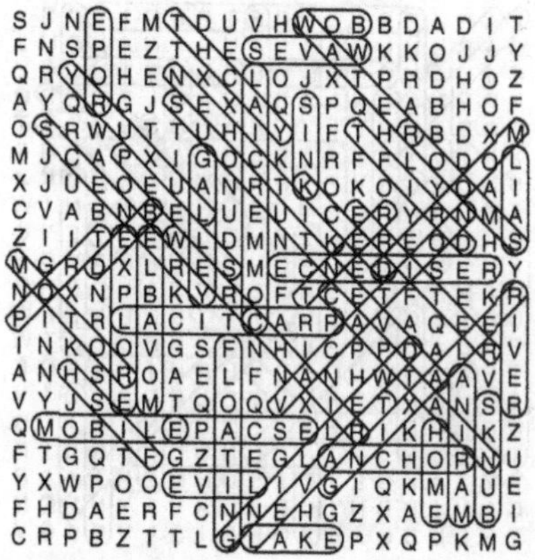

Life on a Boat

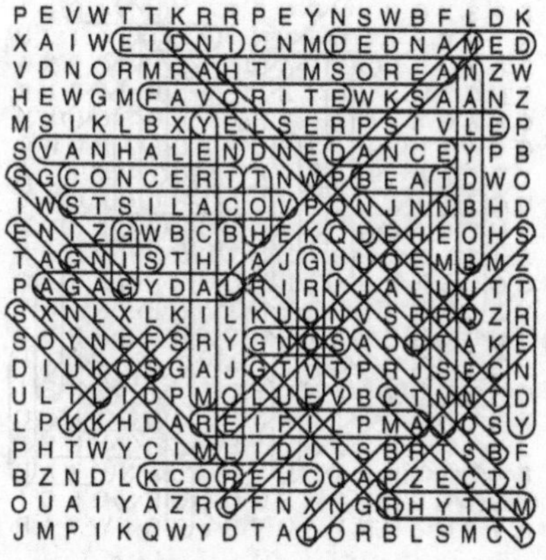

Popular Music

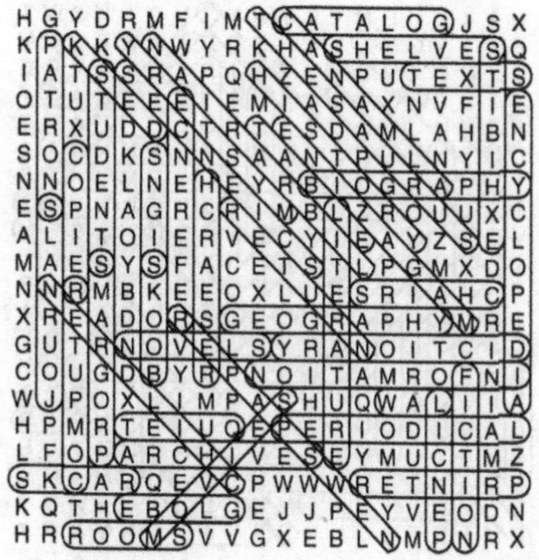

Library Visit

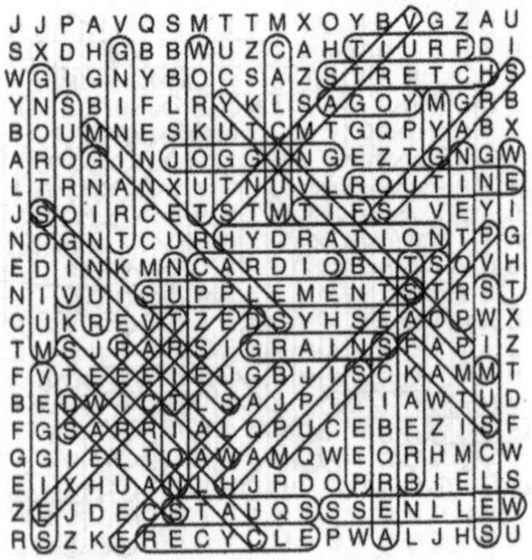

To Your Health

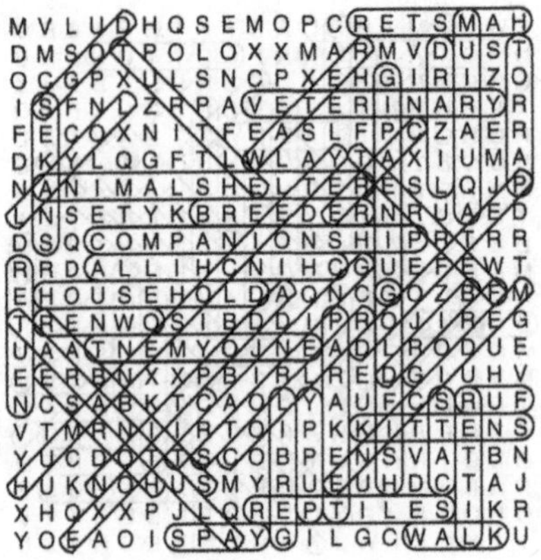

All Kinds of Pets

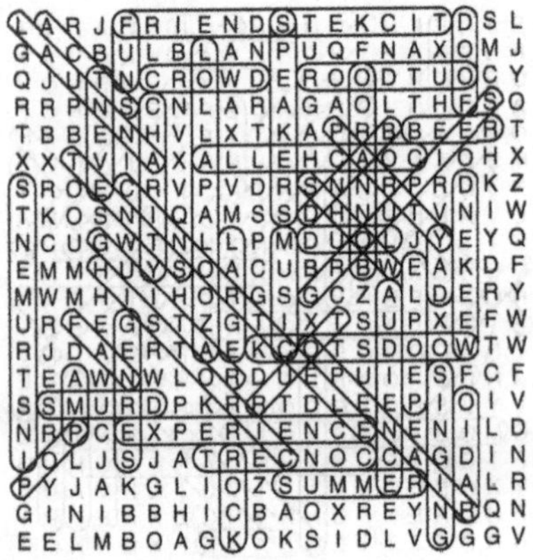

Big Music Festivals

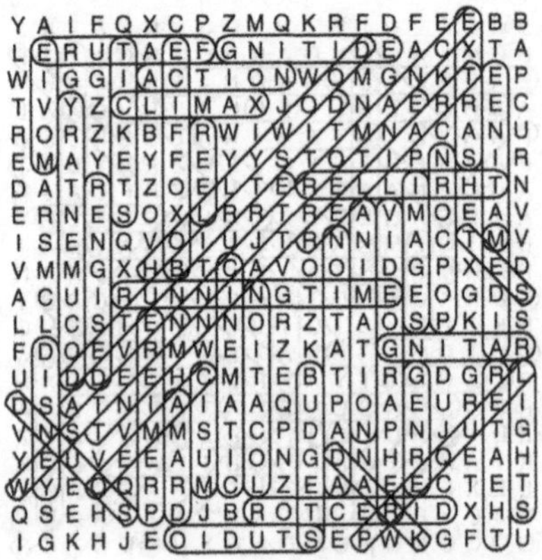

Movie Making

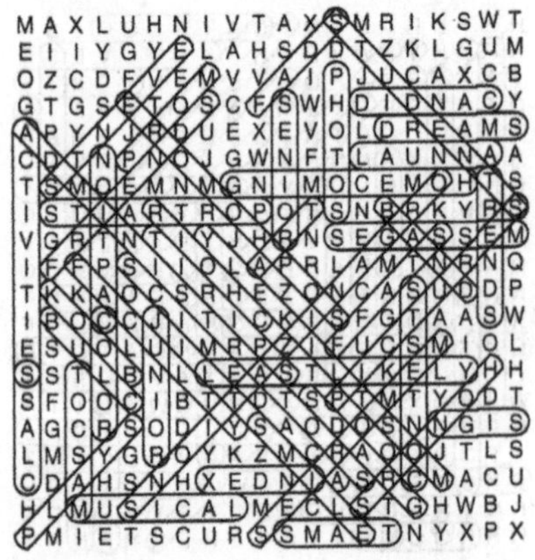

Yearbooks

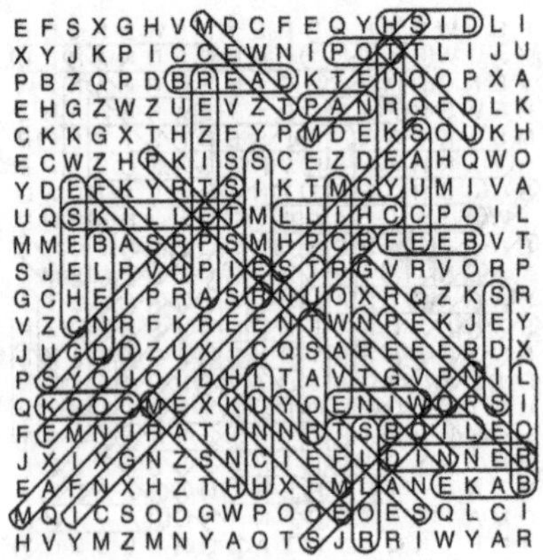

Make Something to Eat

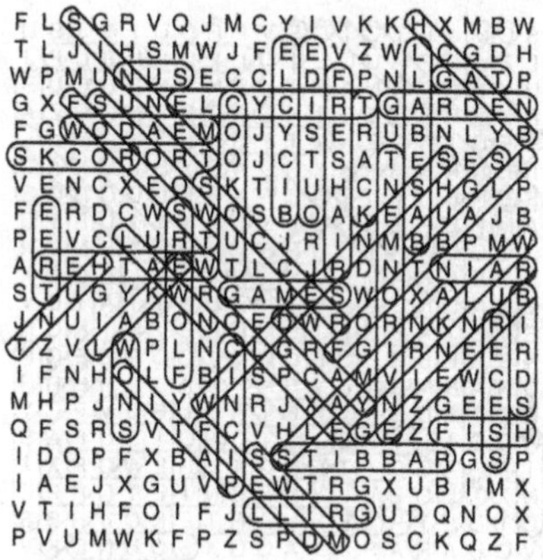

Go Outside

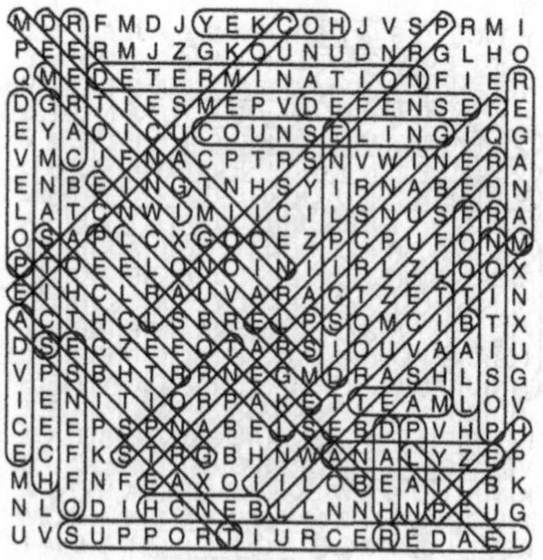

Being a Coach

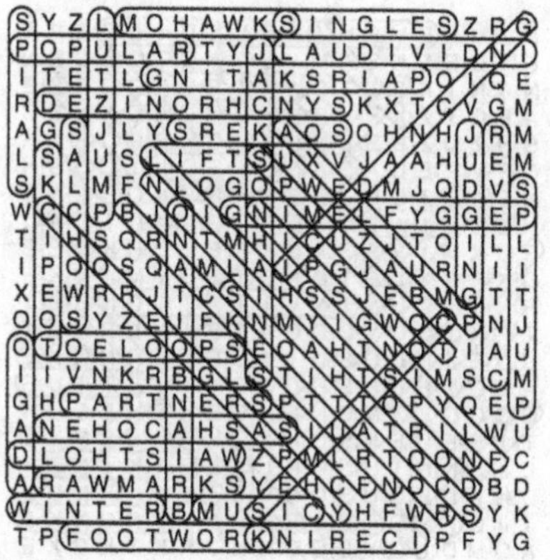

Figure Skating

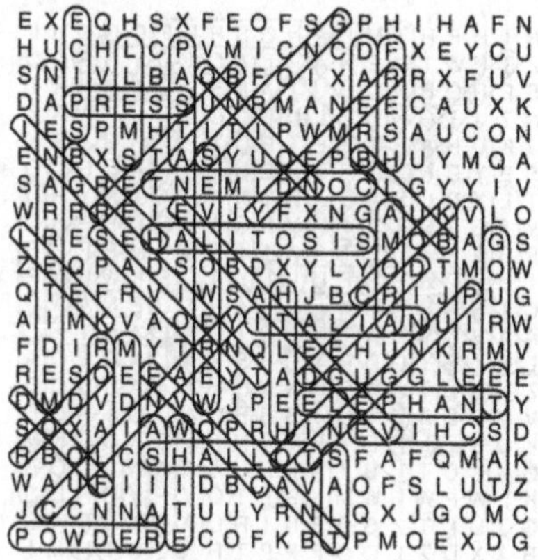

Have Some Garlic

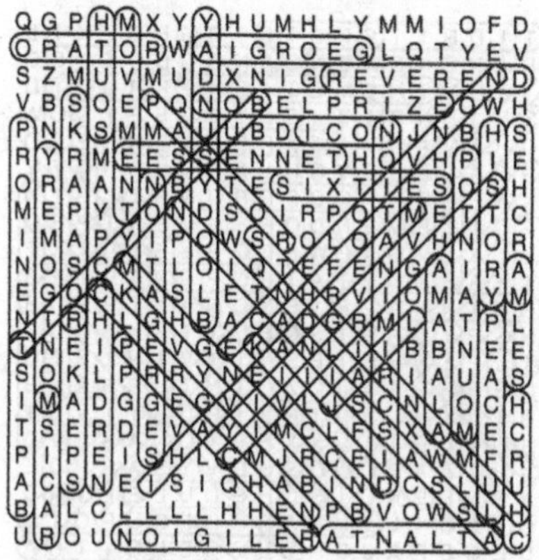

Martin Luther King Jr.

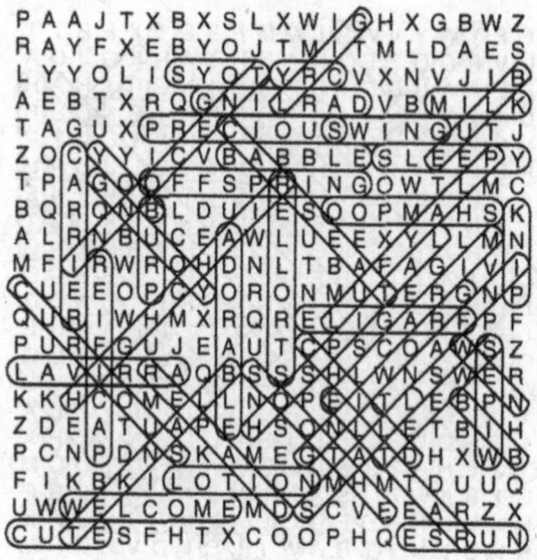

Precious Infants

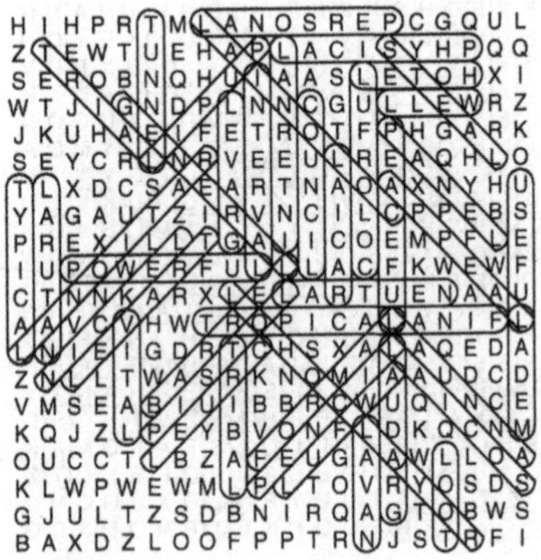

Ending in *L*

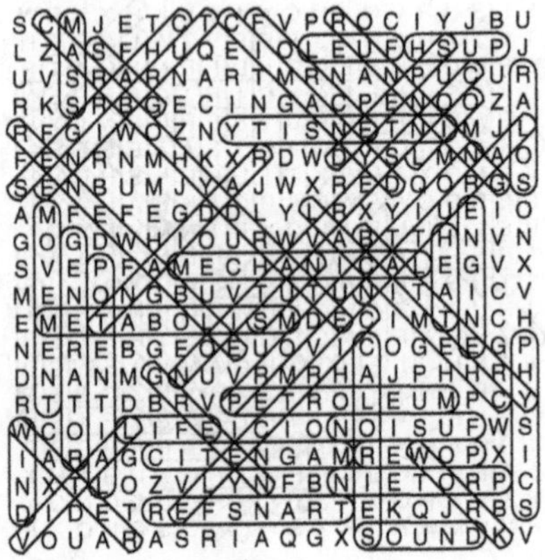

Lots of Energy

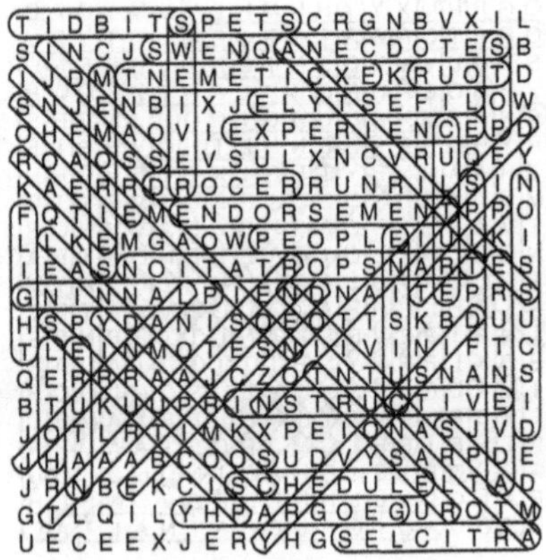

Travel Stories

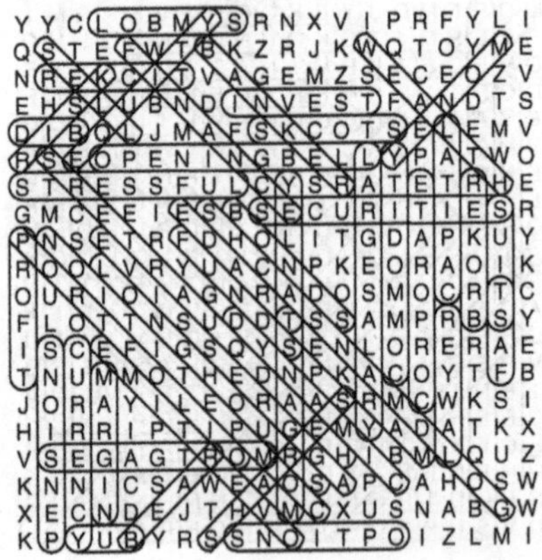

Financial Headquarters

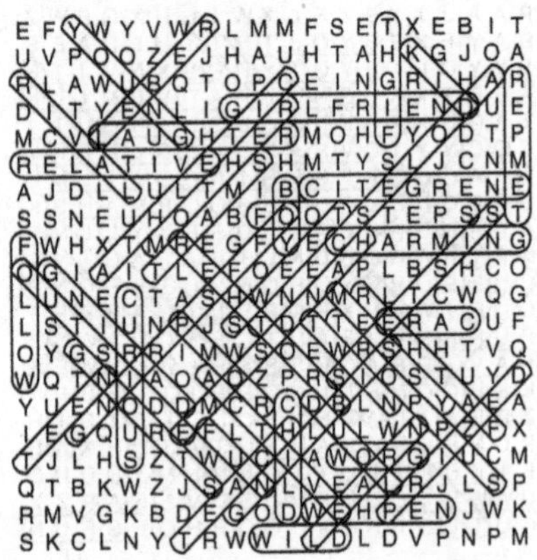

My Sons

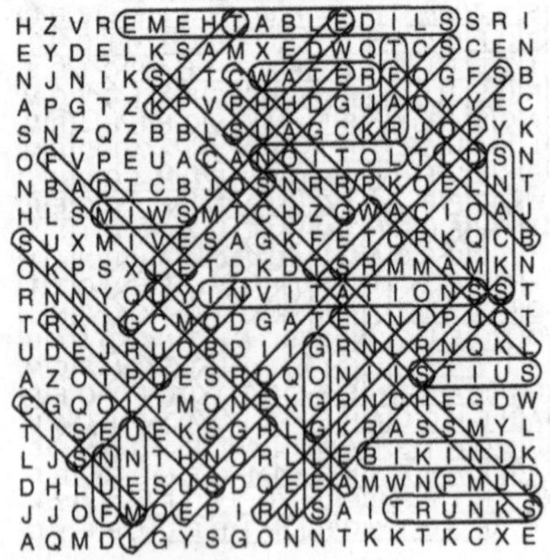

Pool Parties

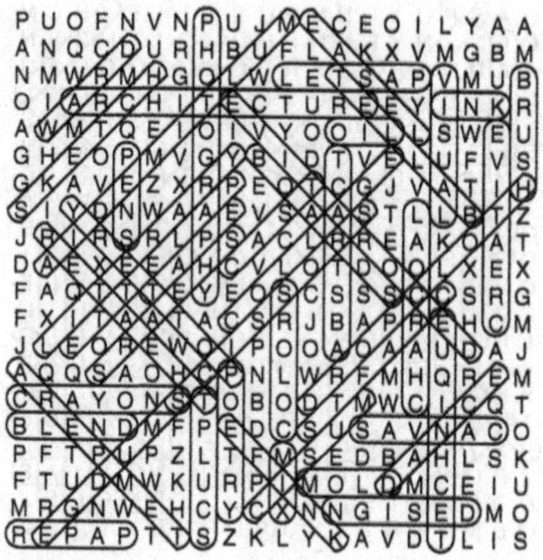

Artistry

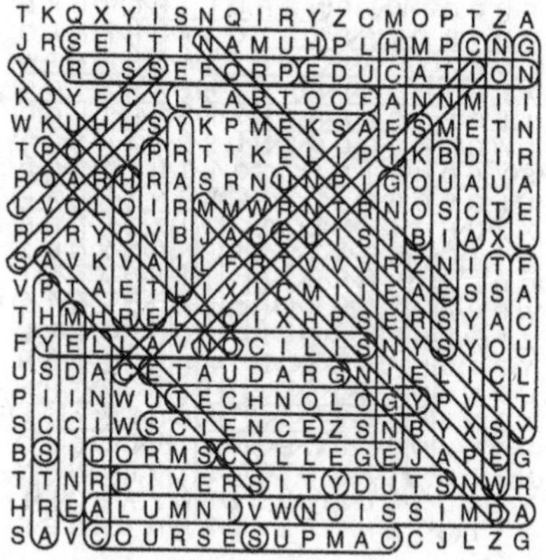

Stanford

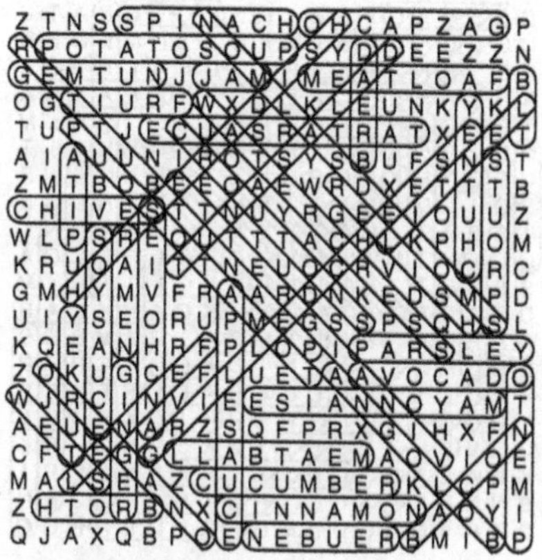

Full of Food

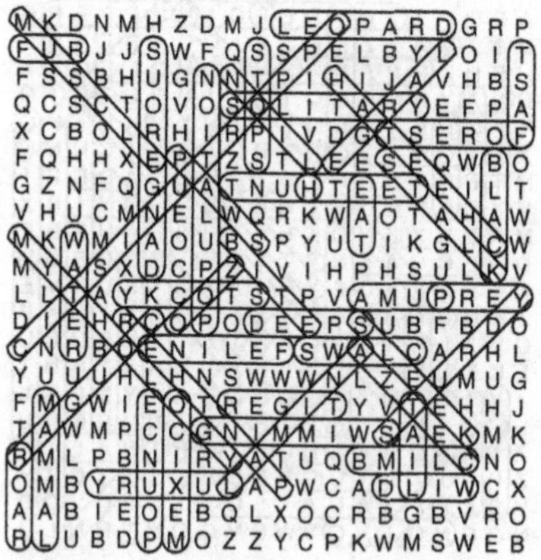

Jaguar

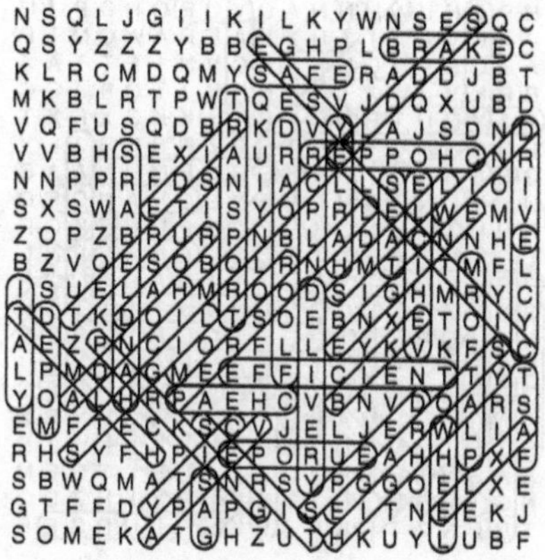

Ride a Scooter

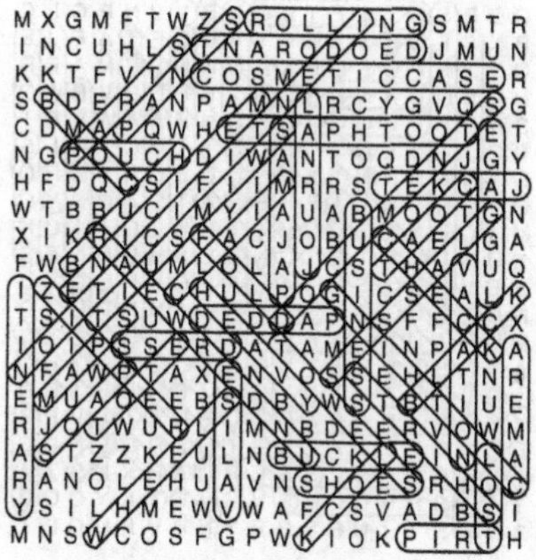

Pack Your Bags

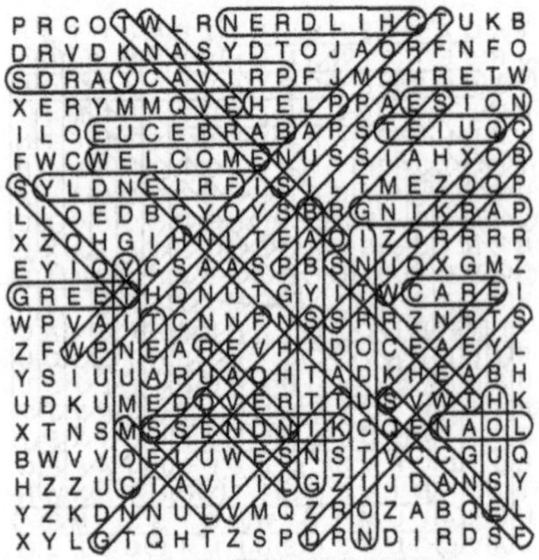

On Our Block

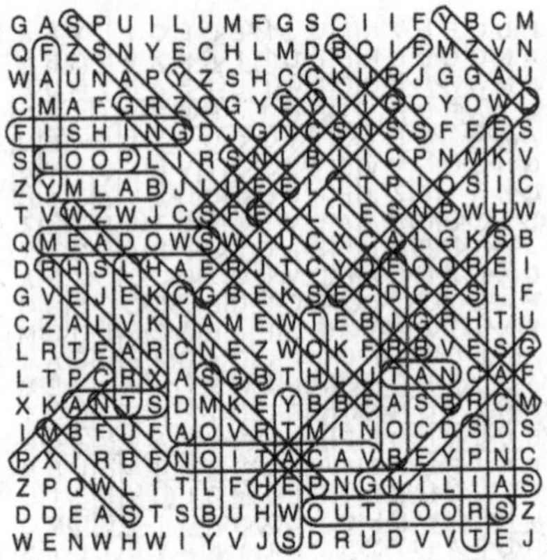

In the Summer

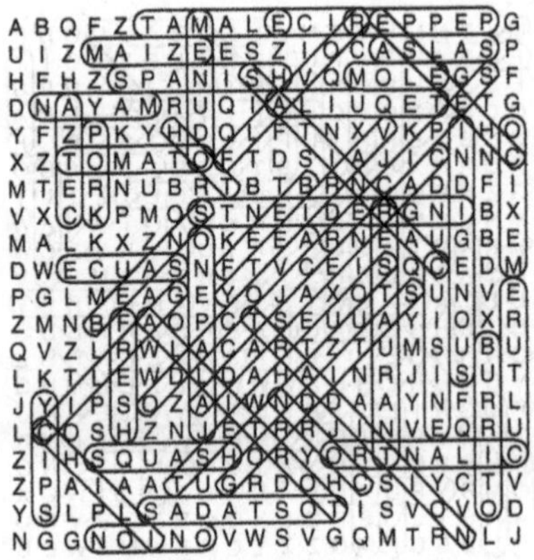

Mexican Food

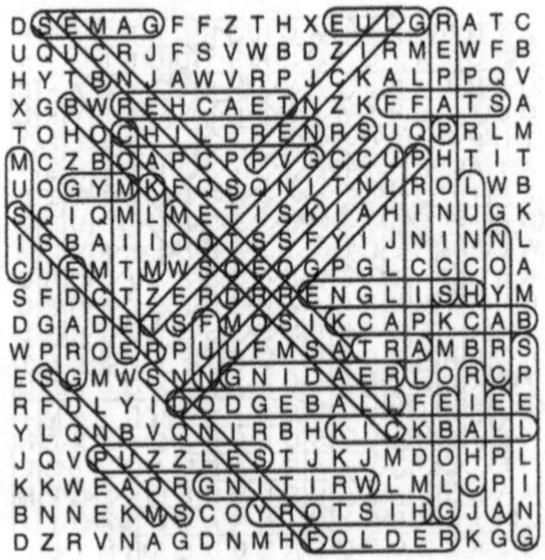

Back to School

At the Mall

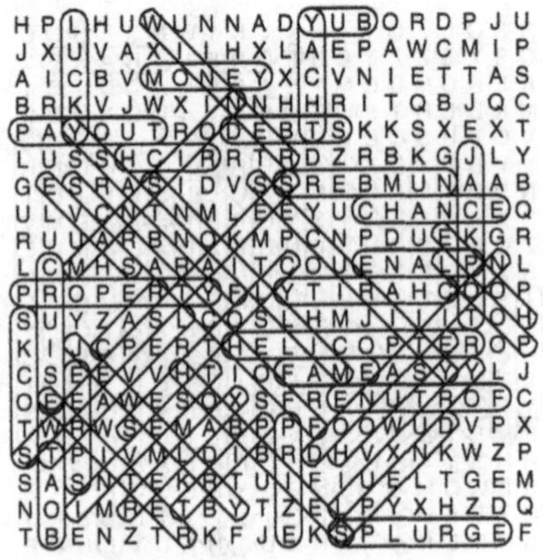

Lottery Winnings

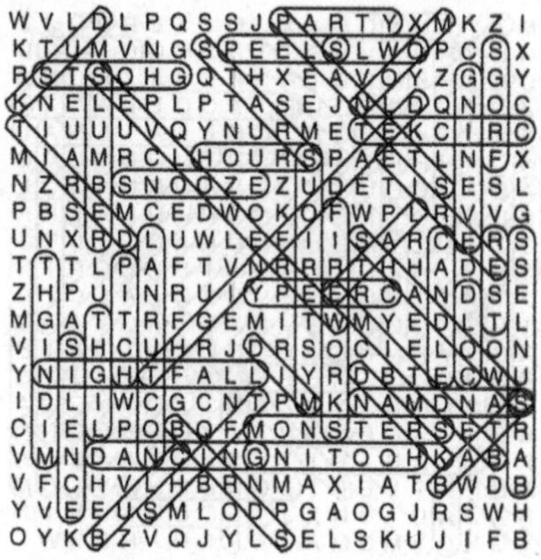

At Night

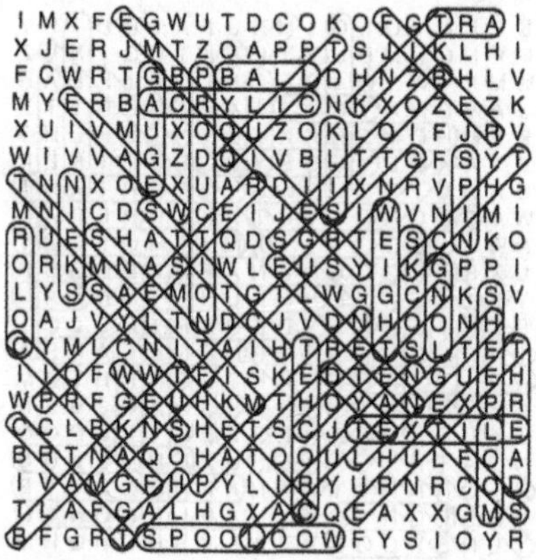

Yarn

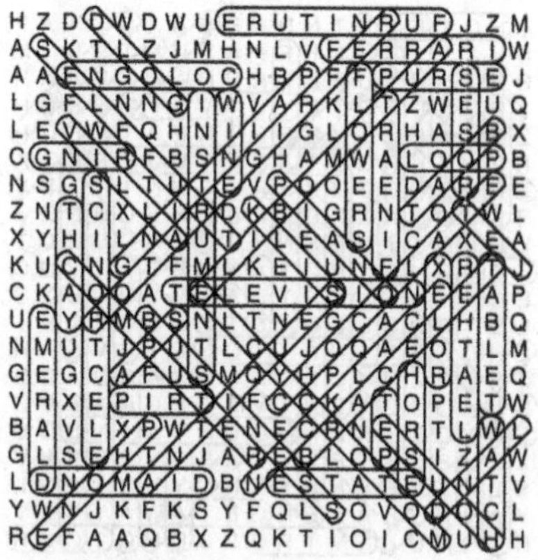

Pricey Gifts

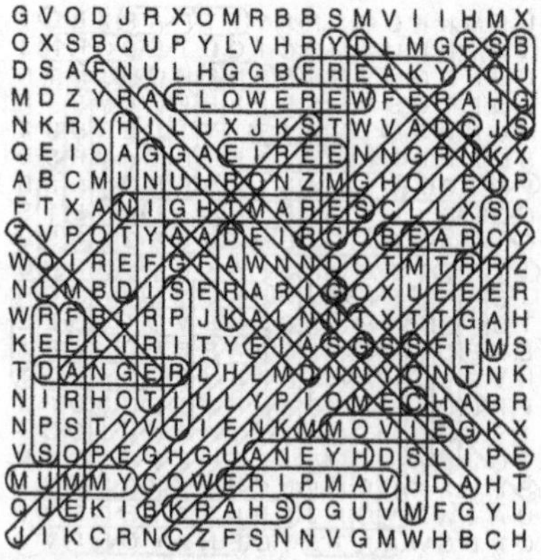

Frightening

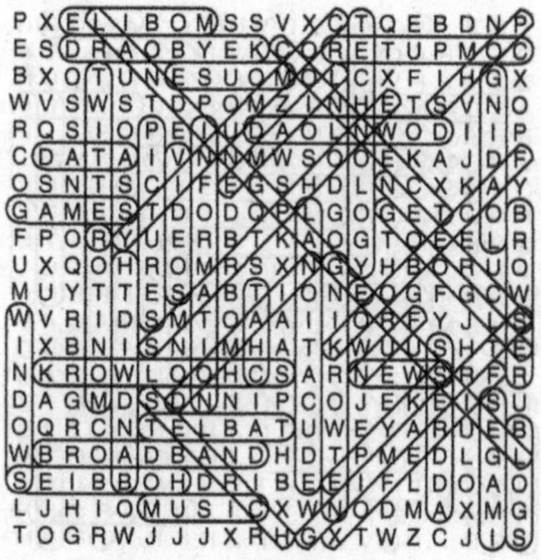

On the Internet

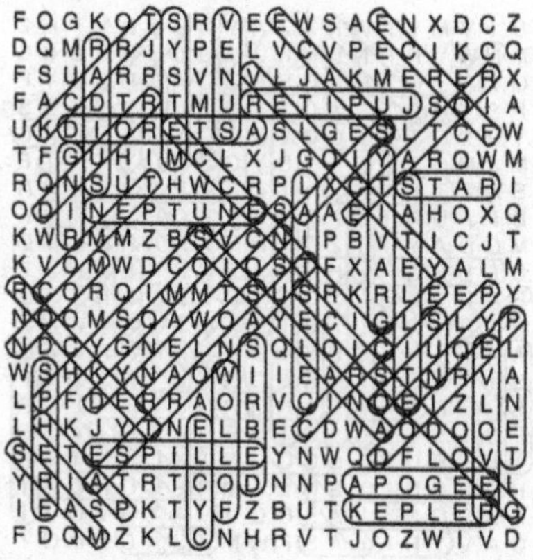

Celestial Paths

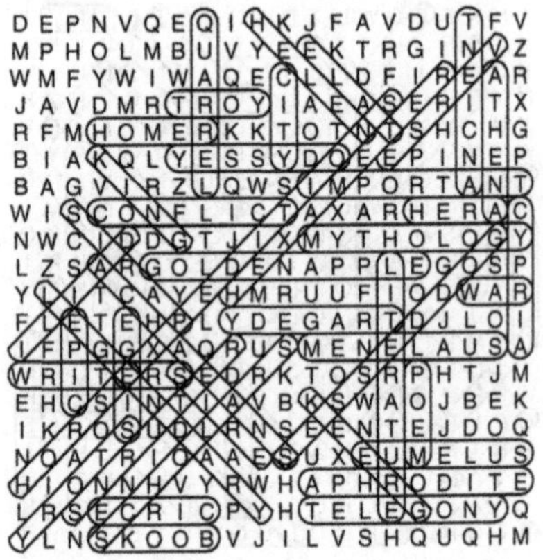

The Trojan War

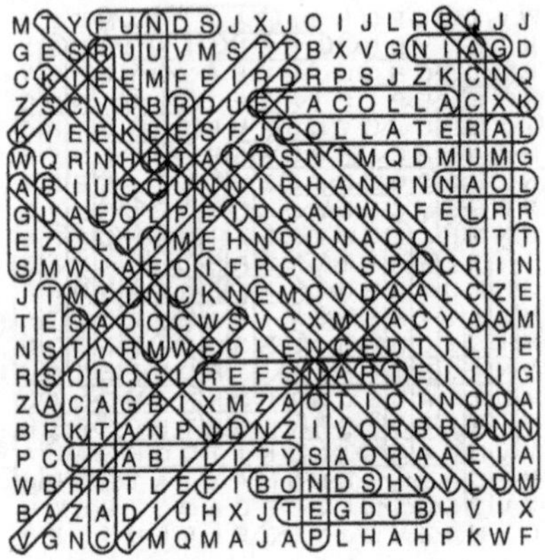

Bookkeeping

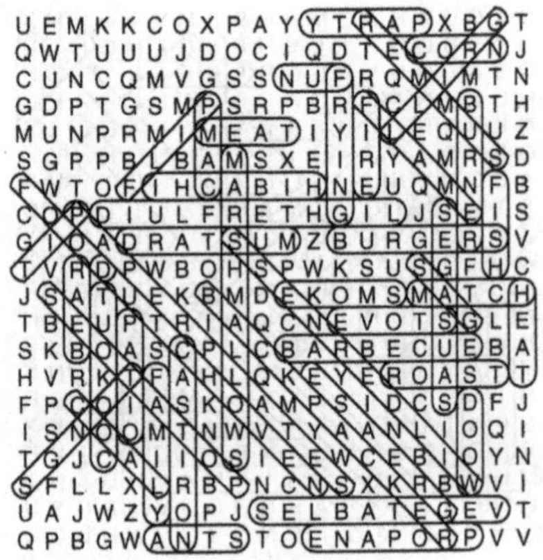

Cooking Outside

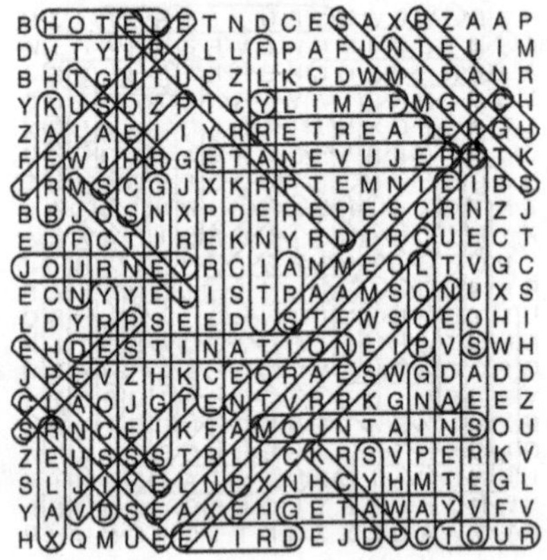

Recreational Travel

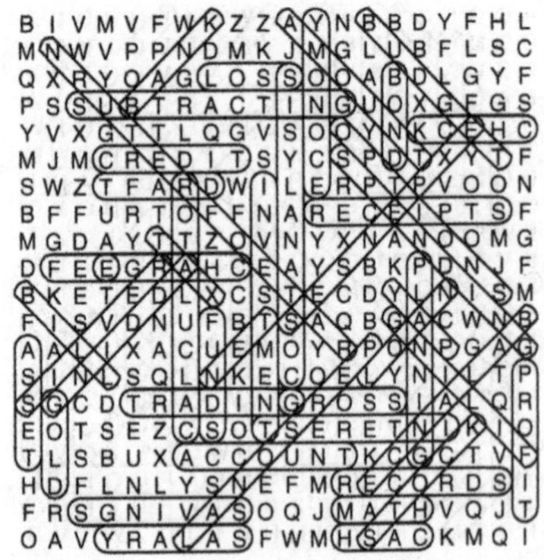

Money Management

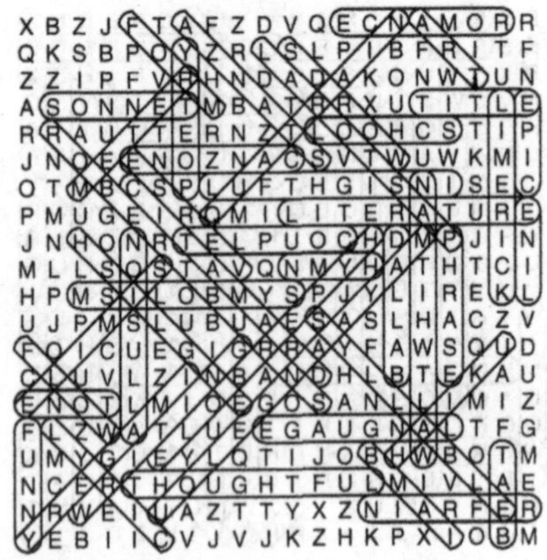

Poetry

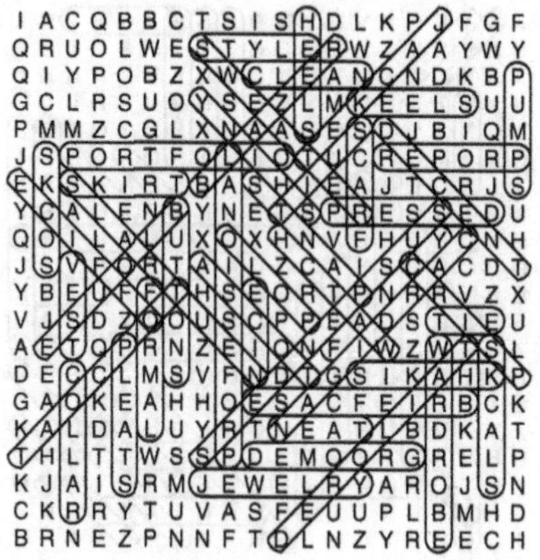

Business Look

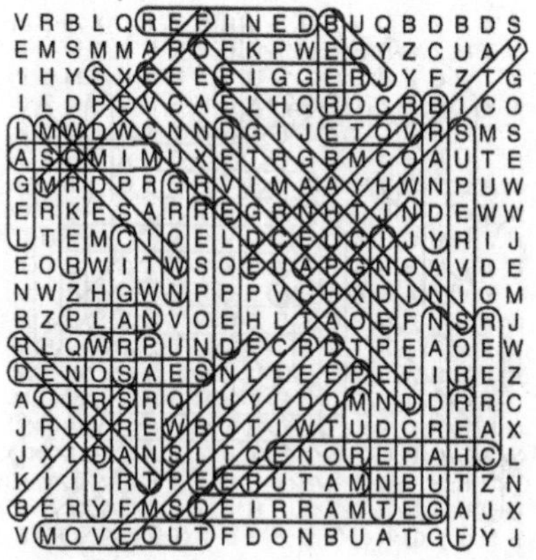

Grownups

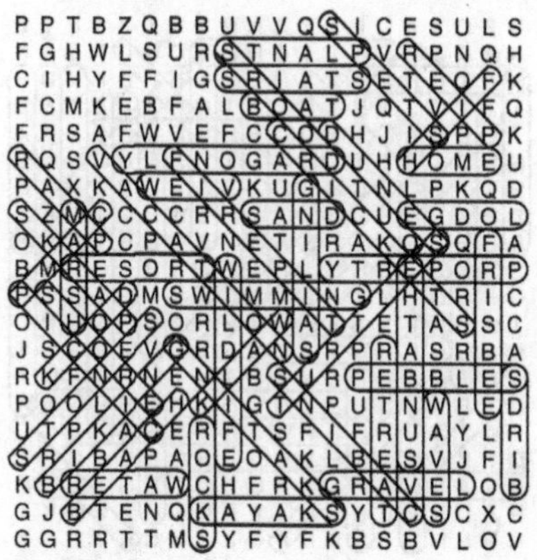

At the Lake

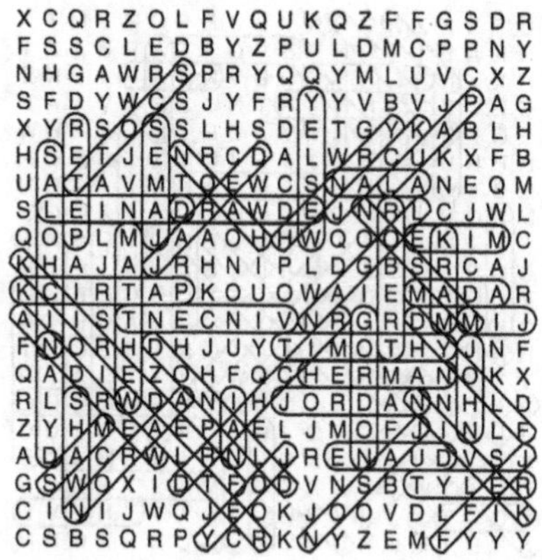

His Name

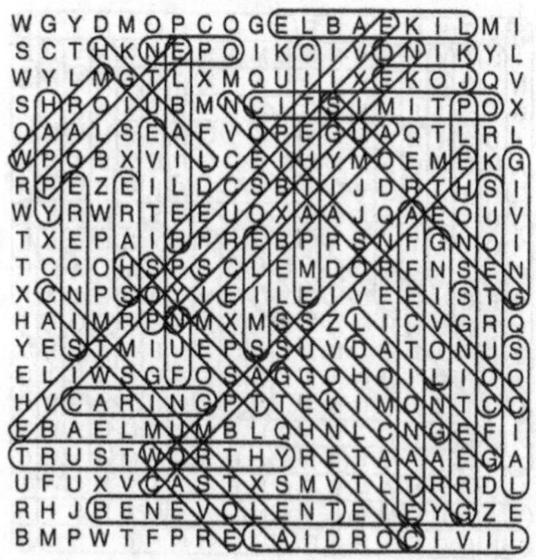

Nice Folks

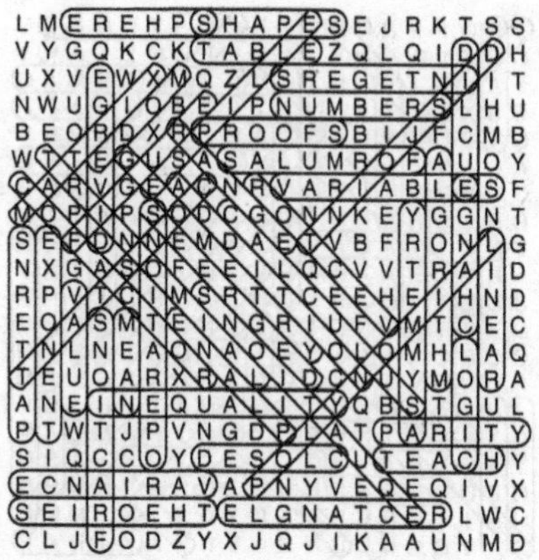

Mathematical

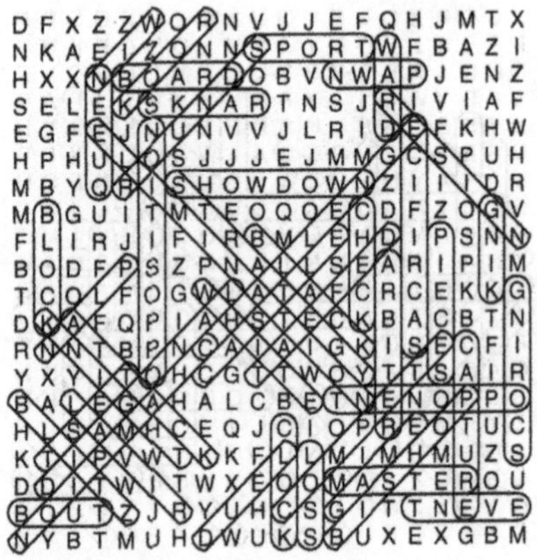

Chess Competition

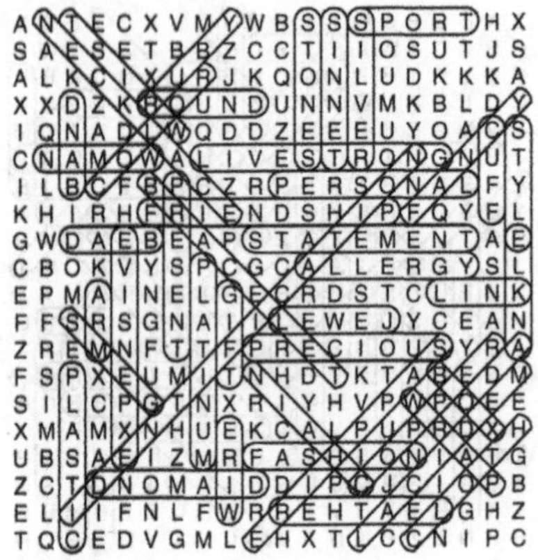

Wear a Bracelet

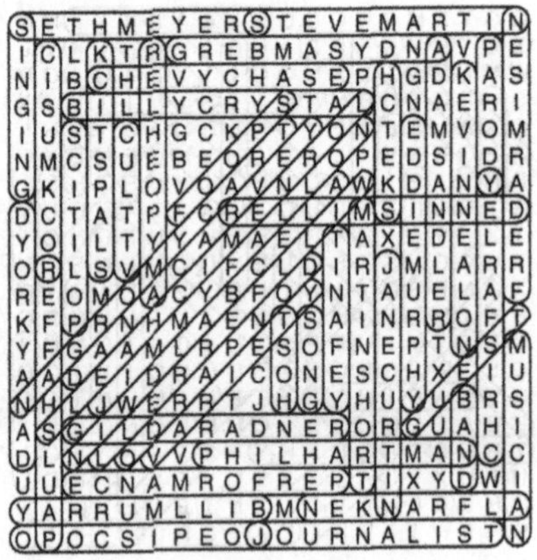

Watching *Saturday Night Live*

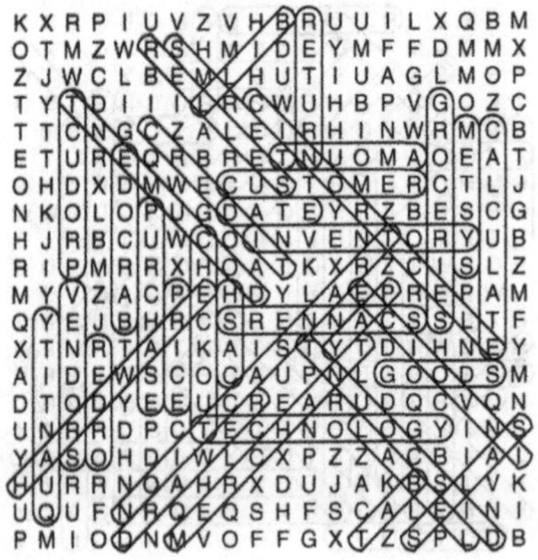

Point of Sale

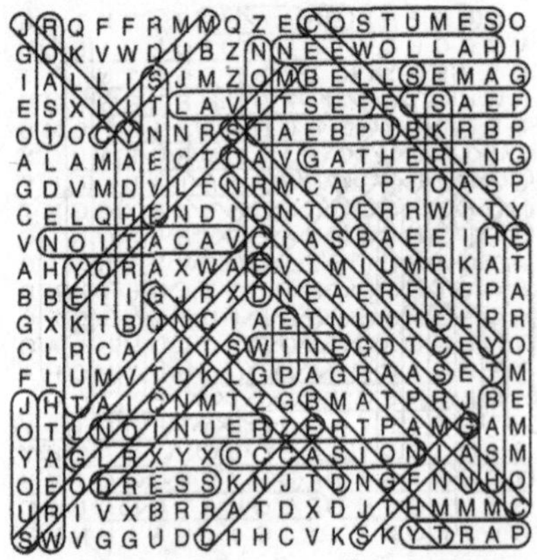

Let's Celebrate!

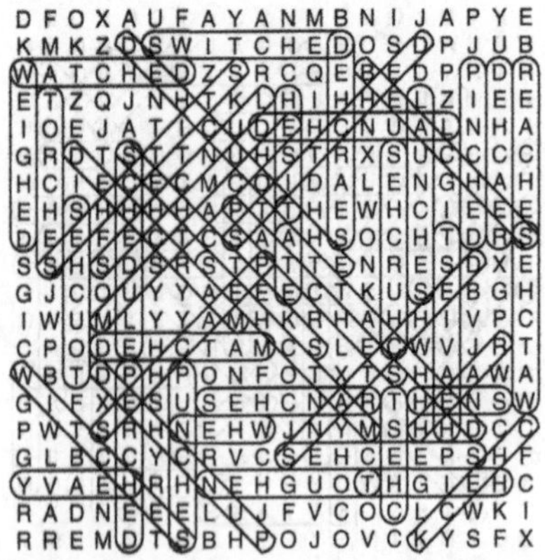

Words with *HE*

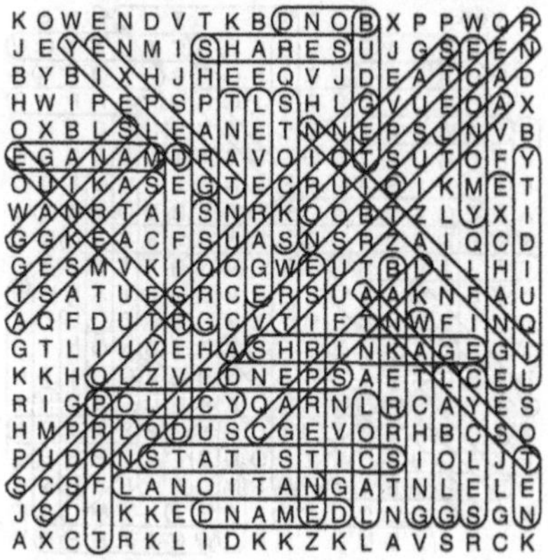

Economics

Madonna Fan

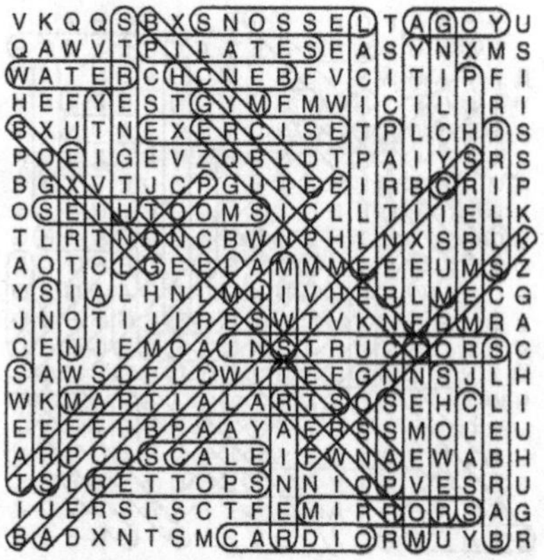

Health Club

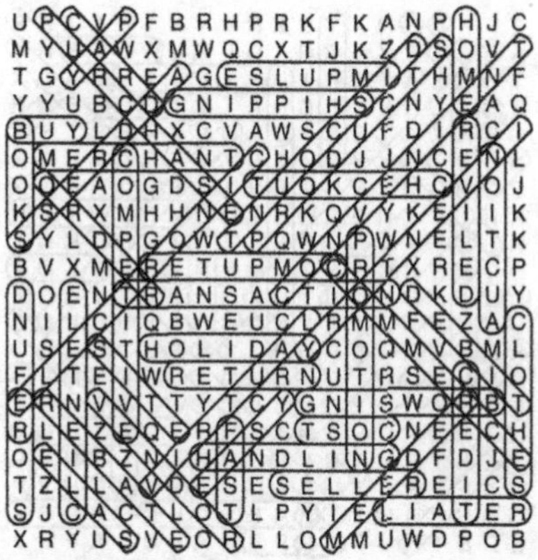

Web Commerce

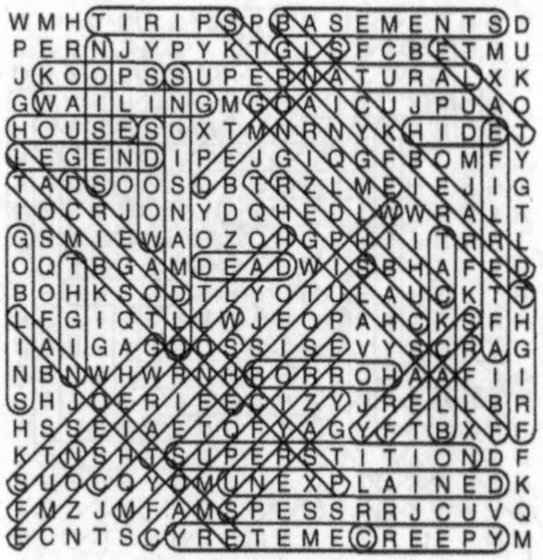

Spooky Stories

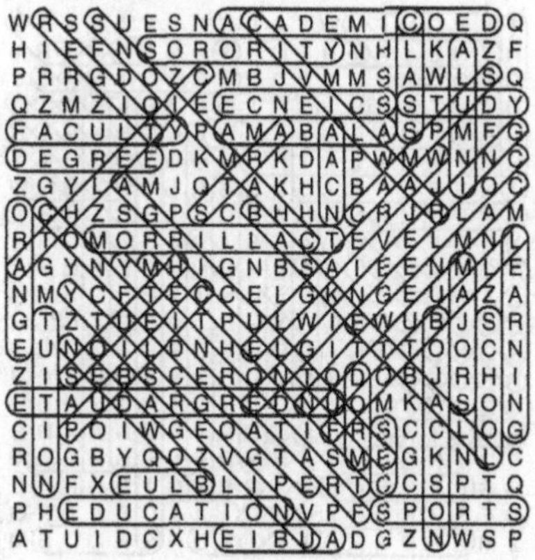

At Auburn University

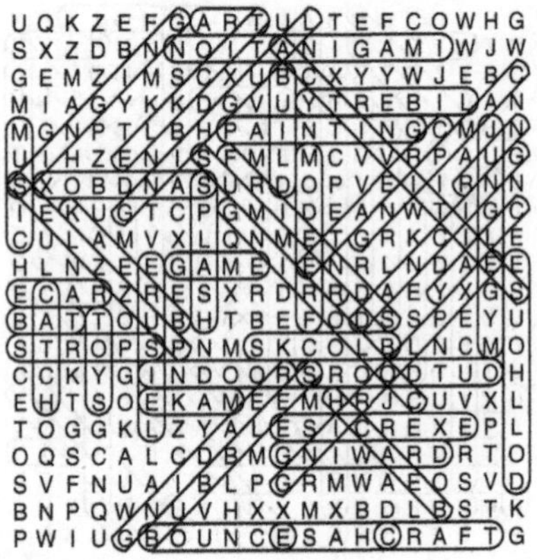

Free Time

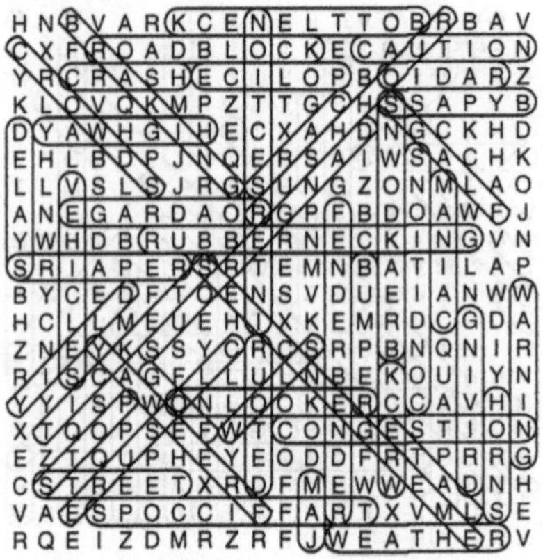

Hard Driving

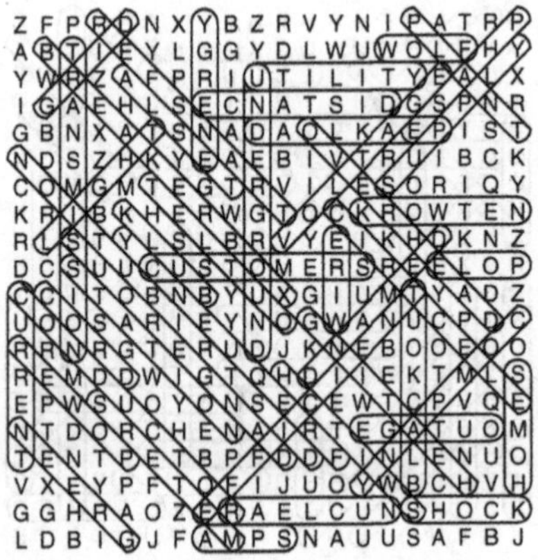

Electricity on Demand

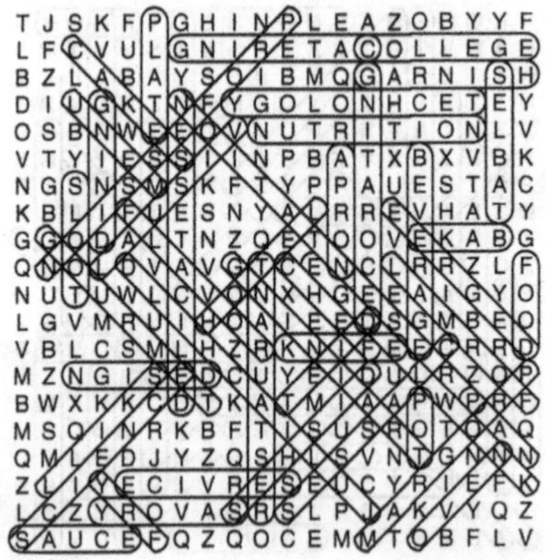

Professional Chef

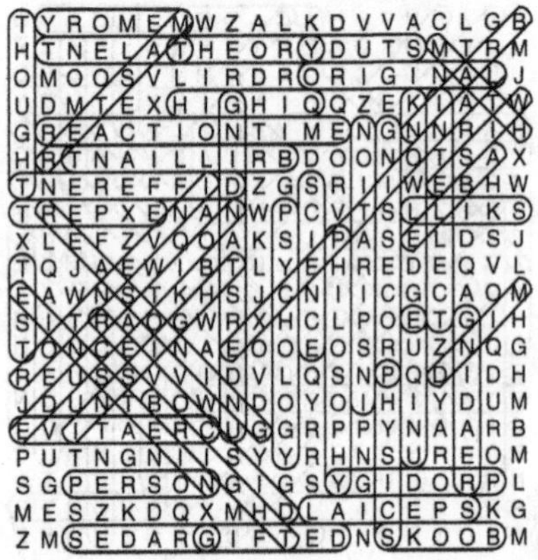

Very Smart

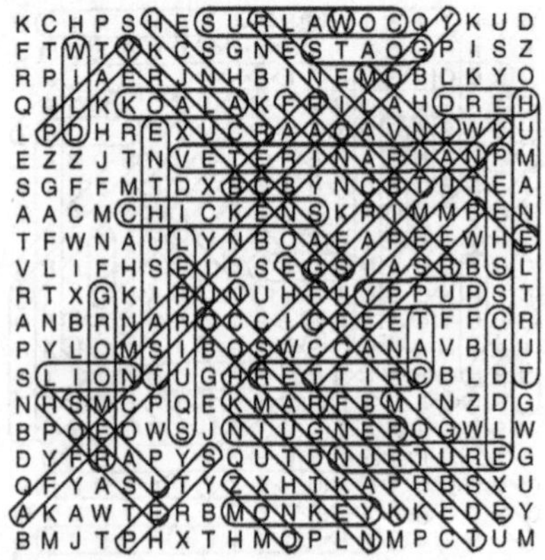

Animals

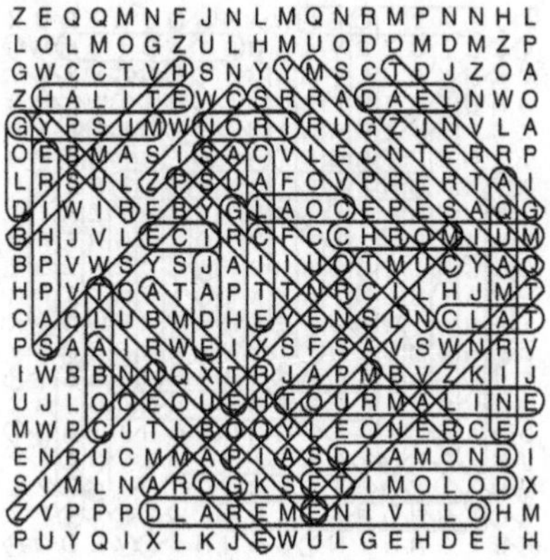

Finding Minerals

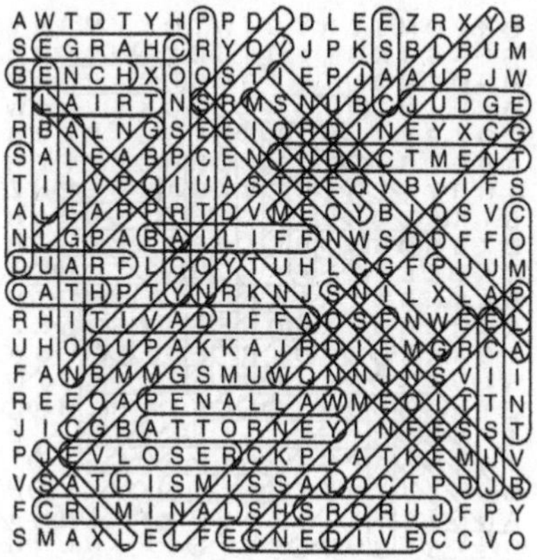

Sue Me

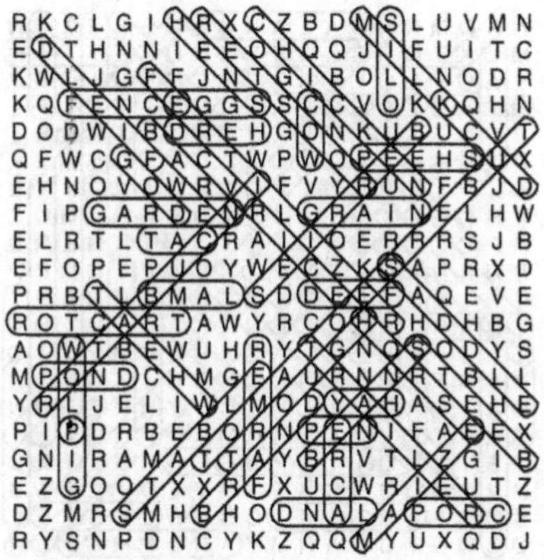

Around the Farm

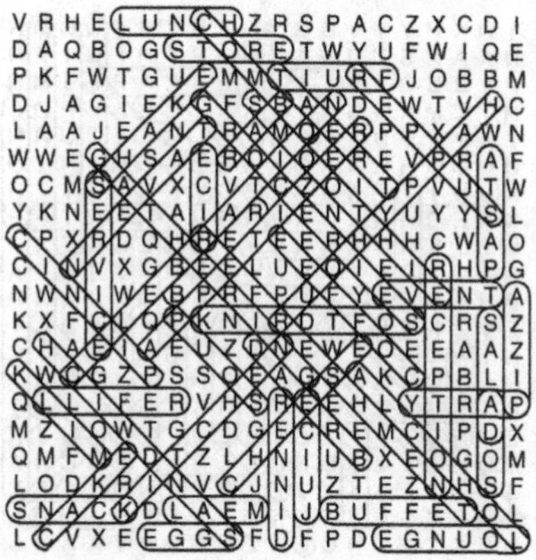

Eat and Drink

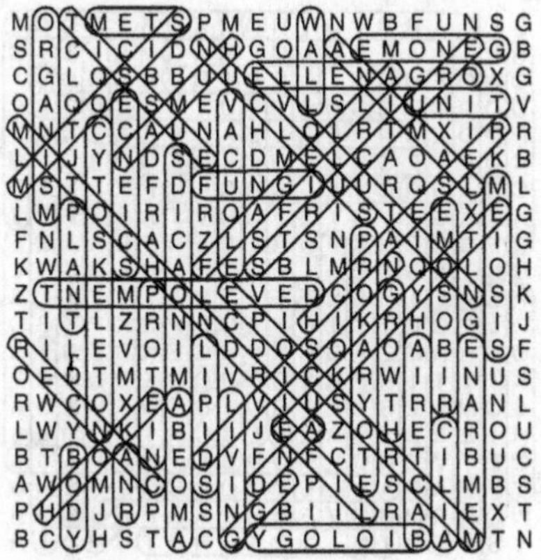

Cells

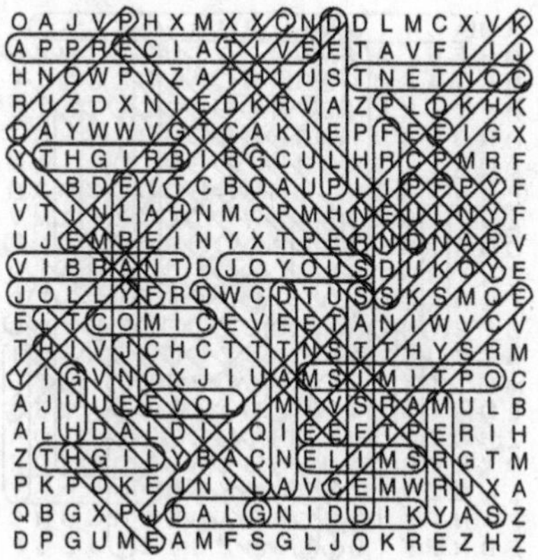

Be Happy

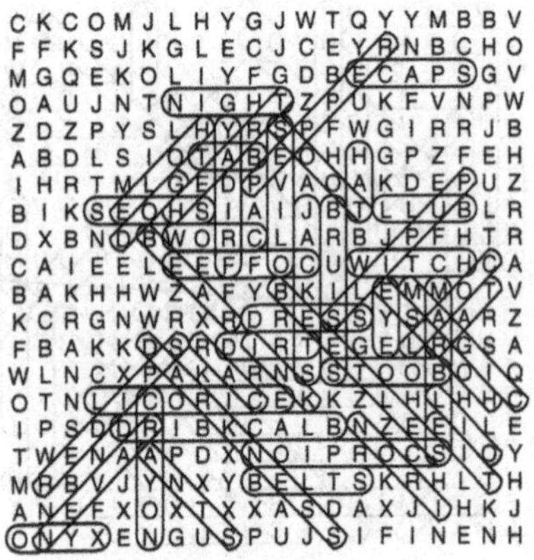

Sometimes Black

Big Events

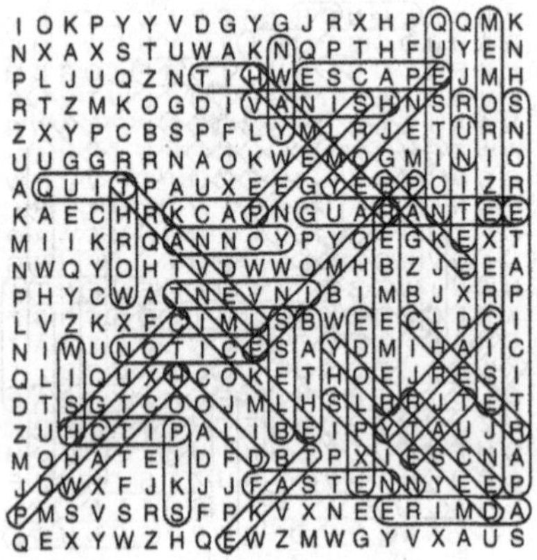

Verbs

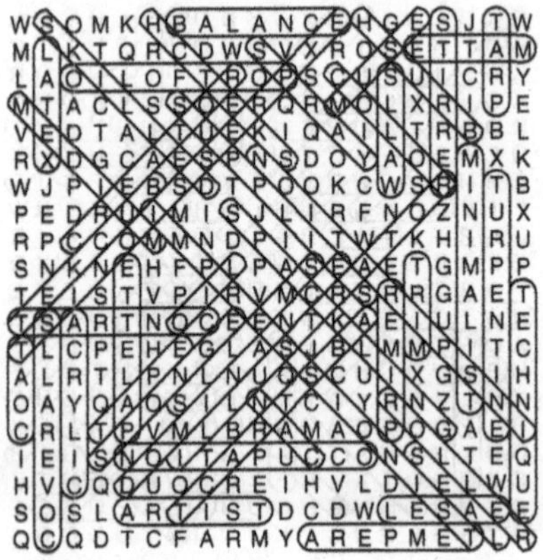

Painters

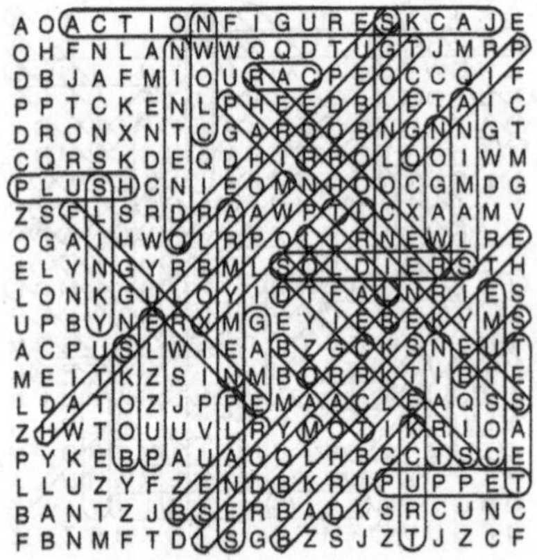

Fun Toys

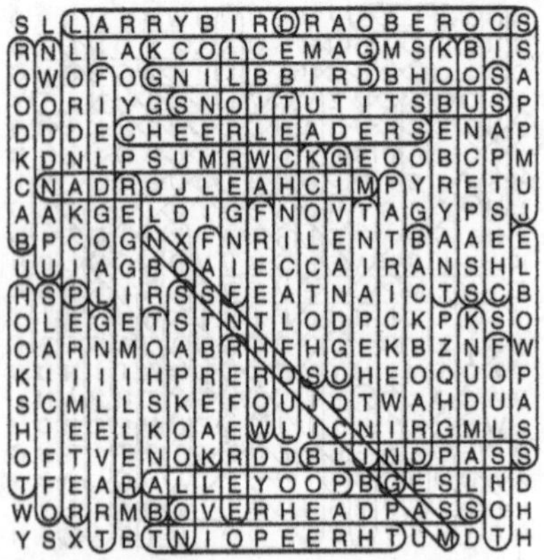

Basketball

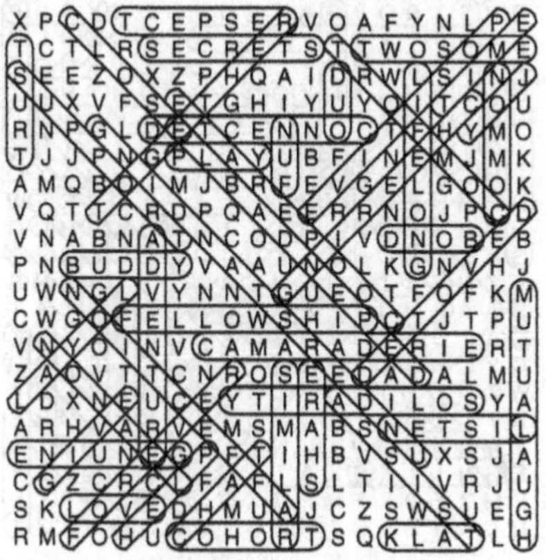

My Friends

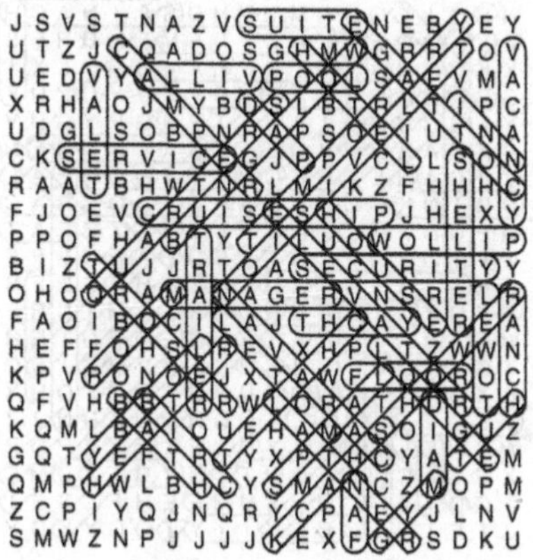

Home Away from Home

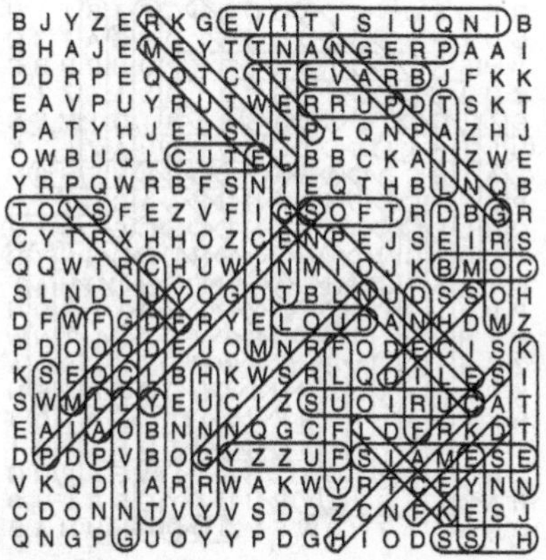

Cute Cats

Finding Flowers

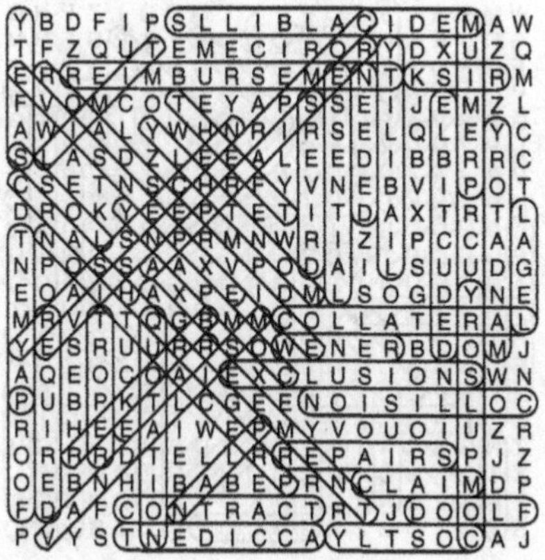

Buy Insurance

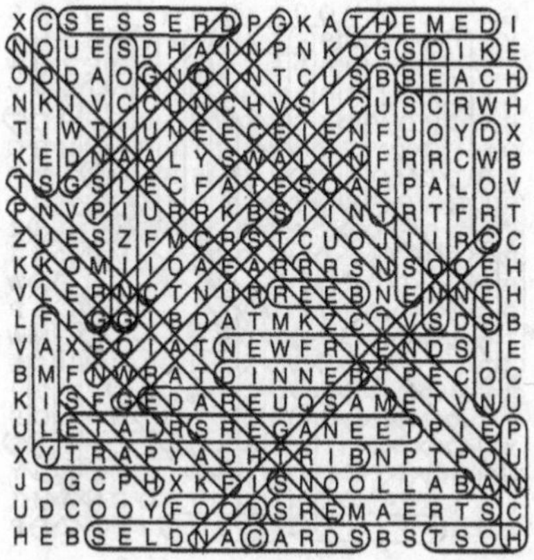

Party Time

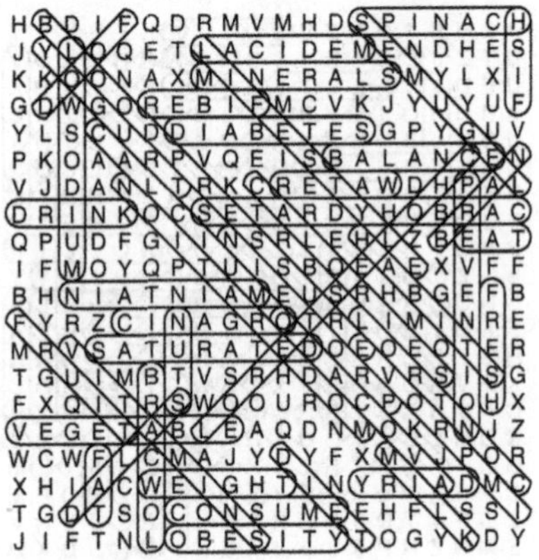

Eat Right

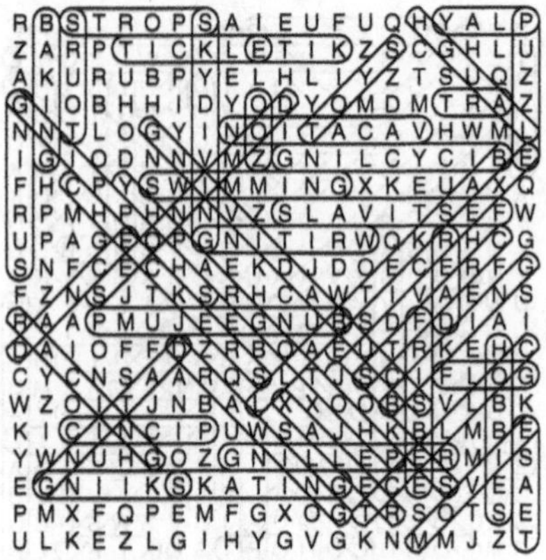

Oh, What Fun!

Horse Race

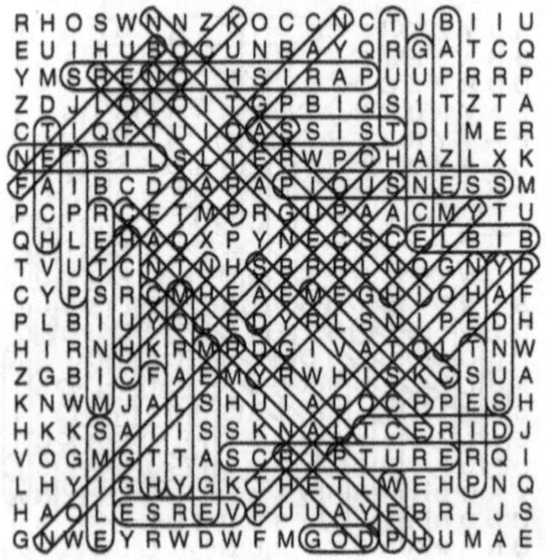

Preachers

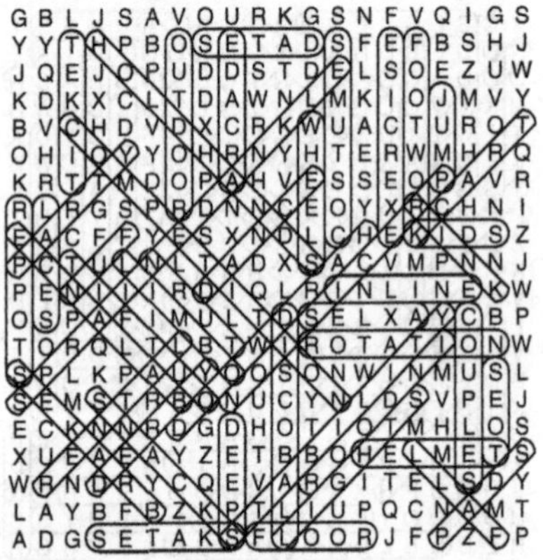

Roller Skate

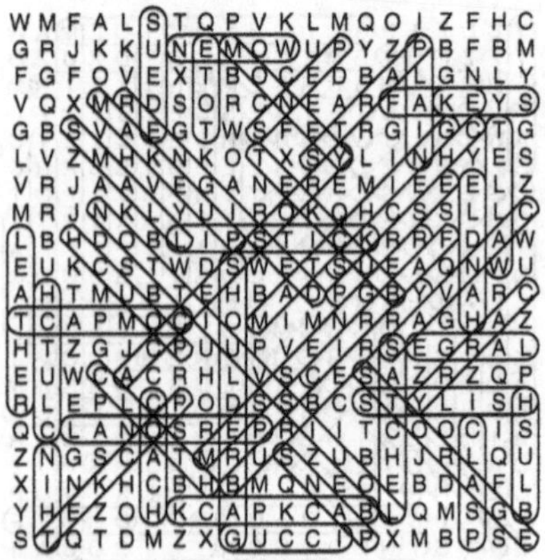

Purse

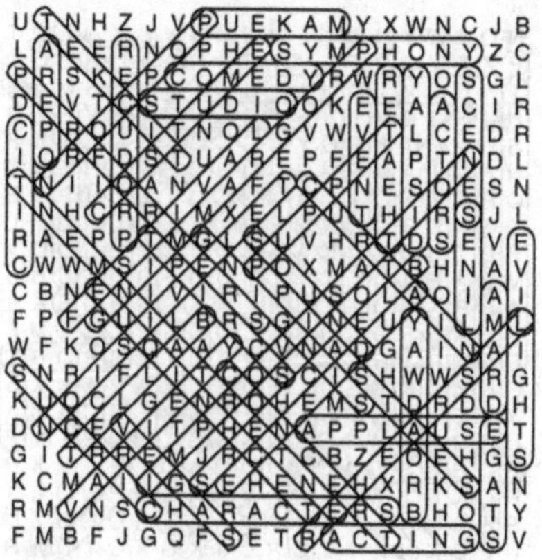

Catch a Show

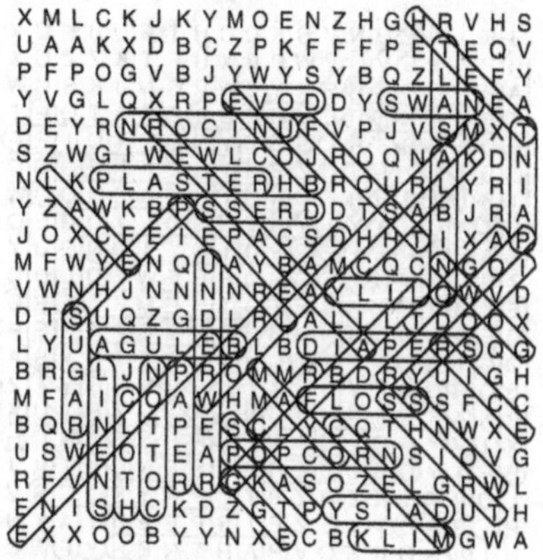

White Things

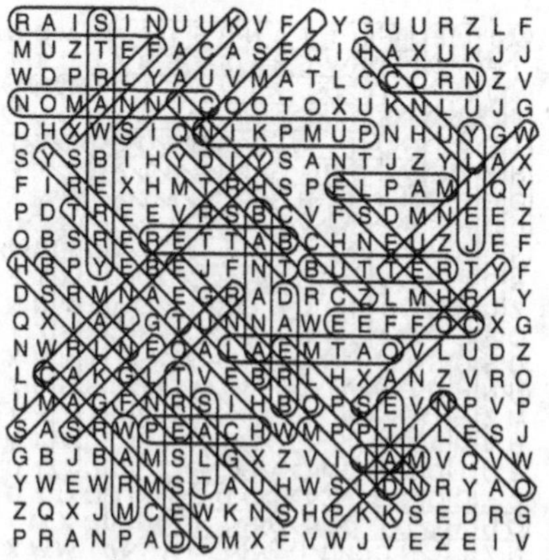

Muffin Bakery

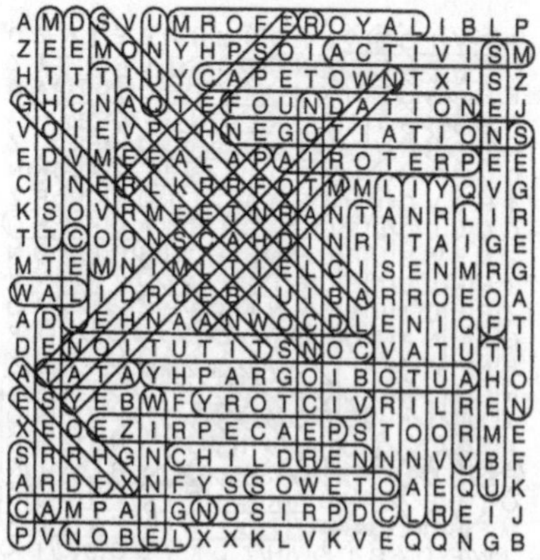

Nelson Mandela

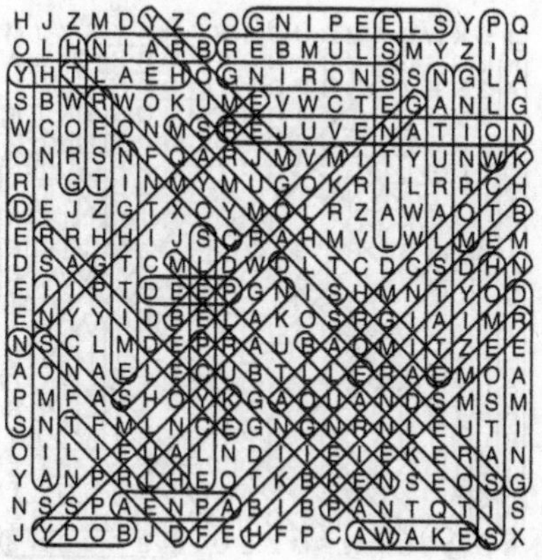

Sleep

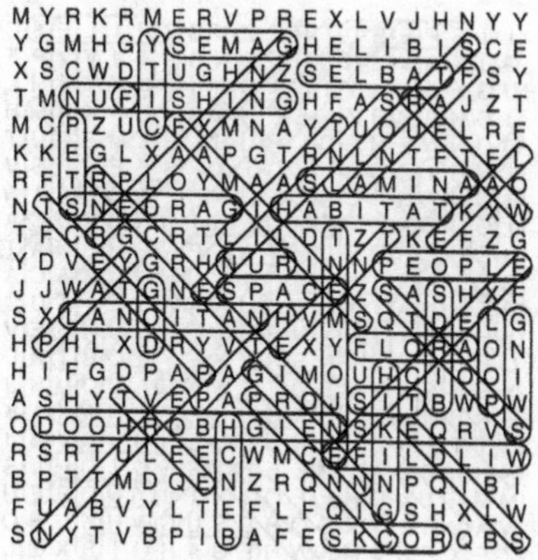

Time at the Park

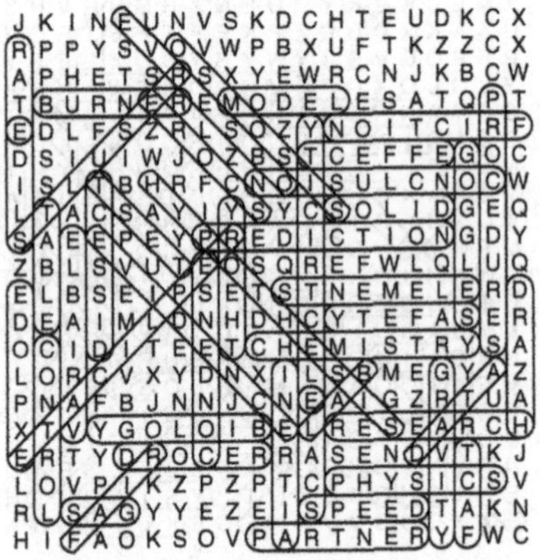

Scientific Procedures

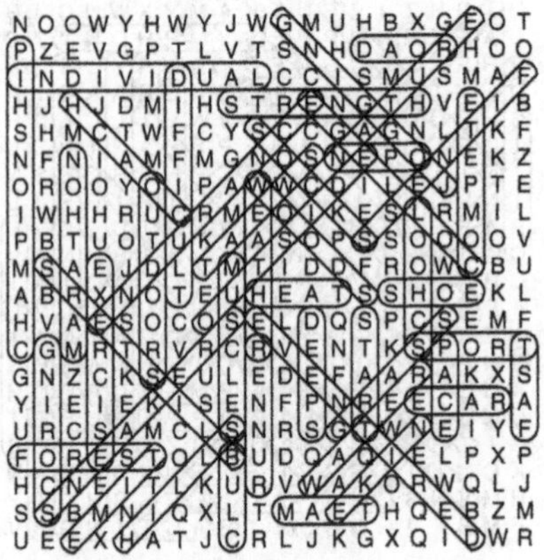

Cross-Country Race

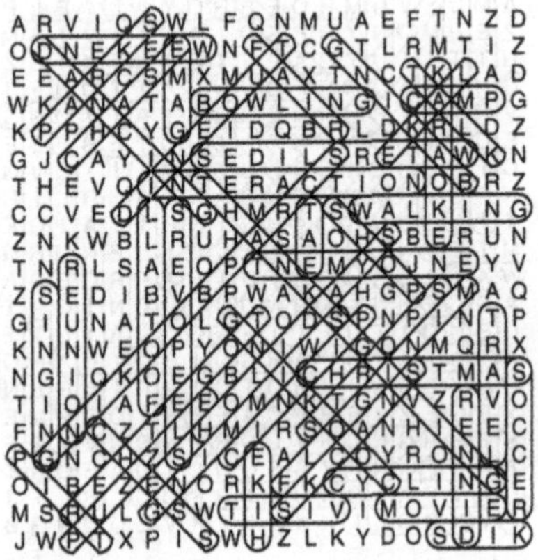

Good Times

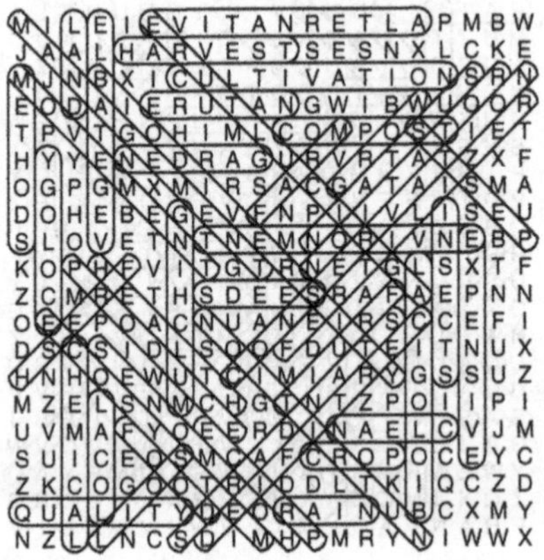

All Organic

Data Disc

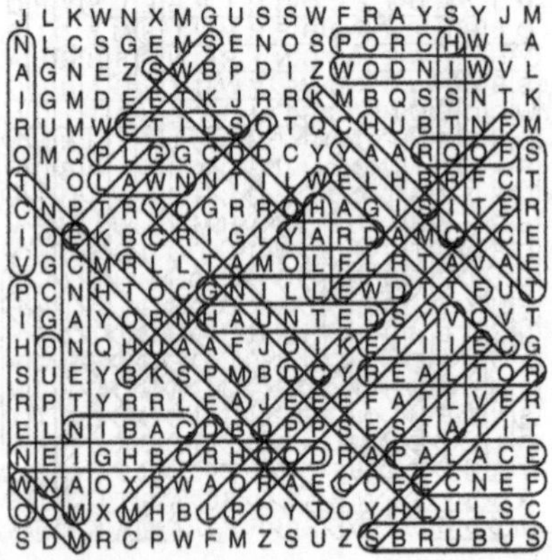

Homes

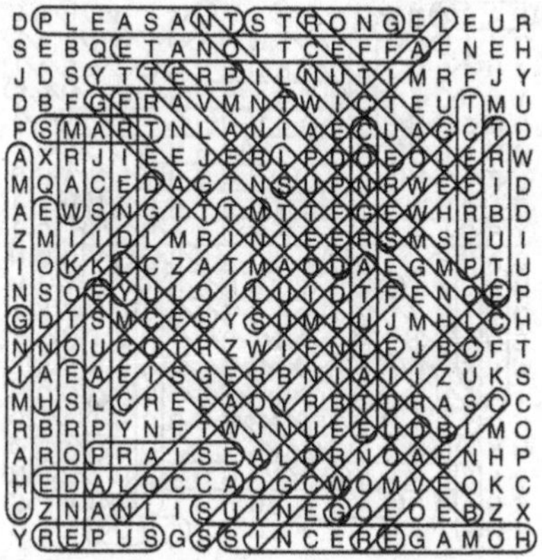

Pay a Compliment

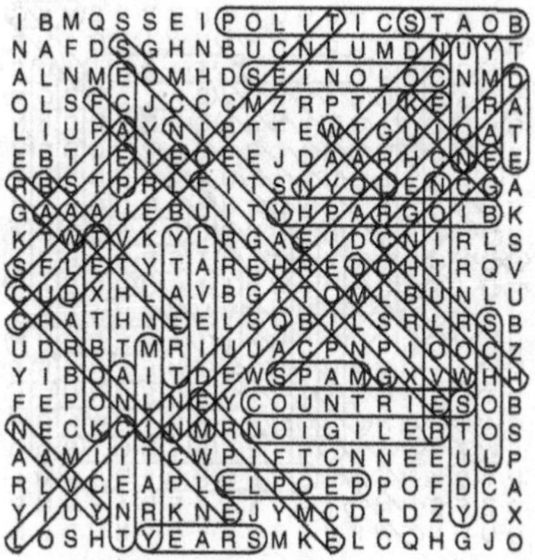

Read about the Past

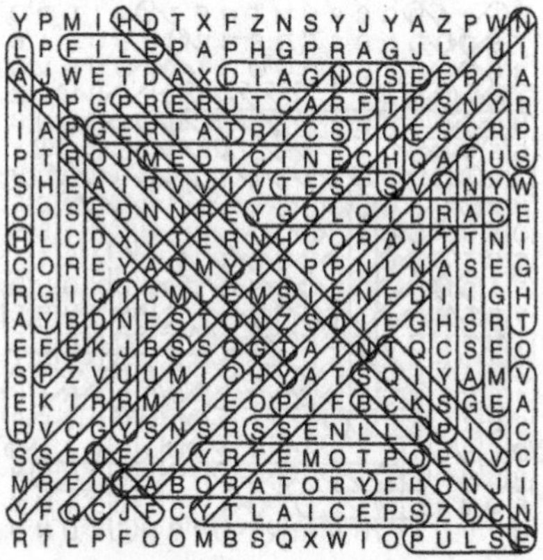

Medical Work

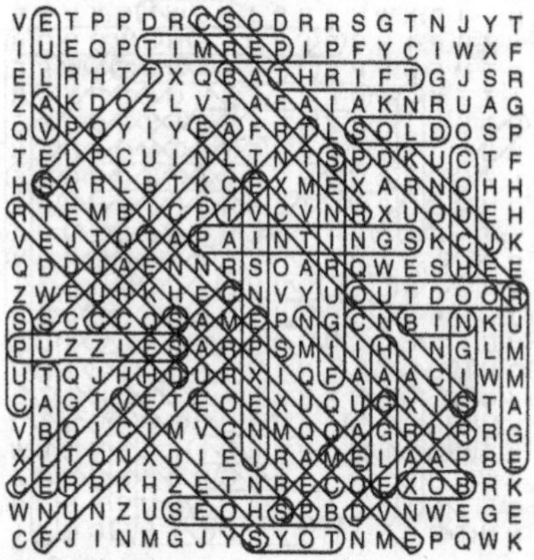

Garage Sale

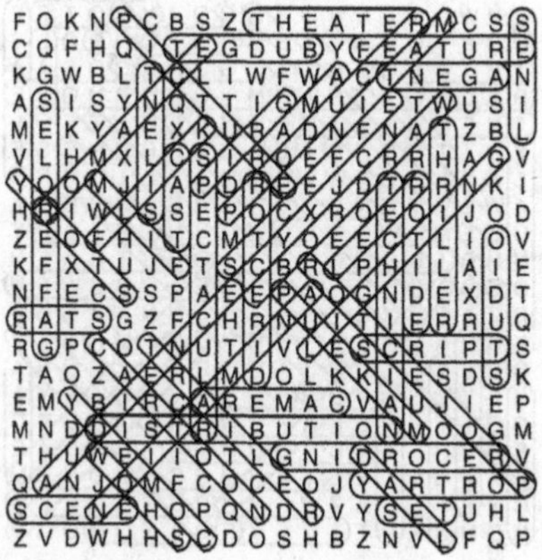

At the Movies

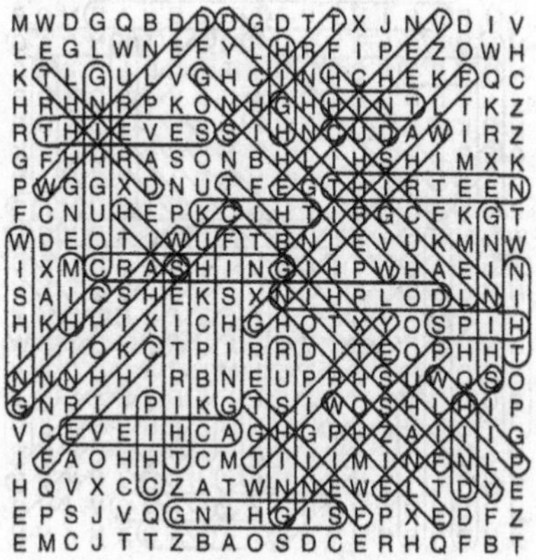

Words with *HI*

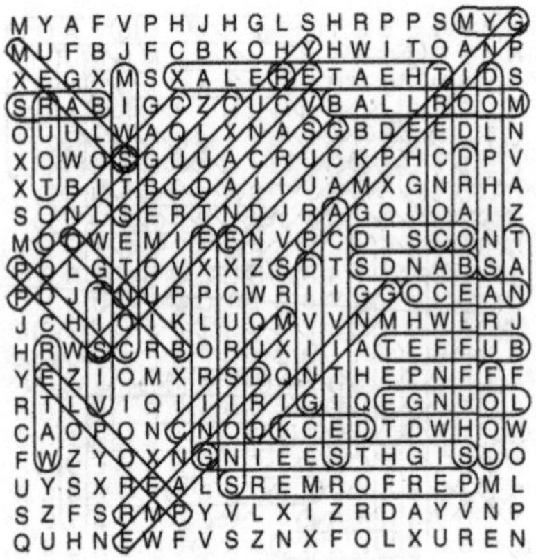

Cruise Ship Vacation

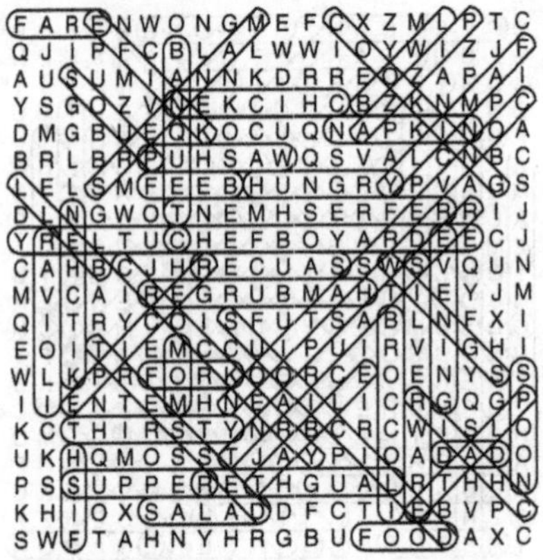

Tasty Dinners

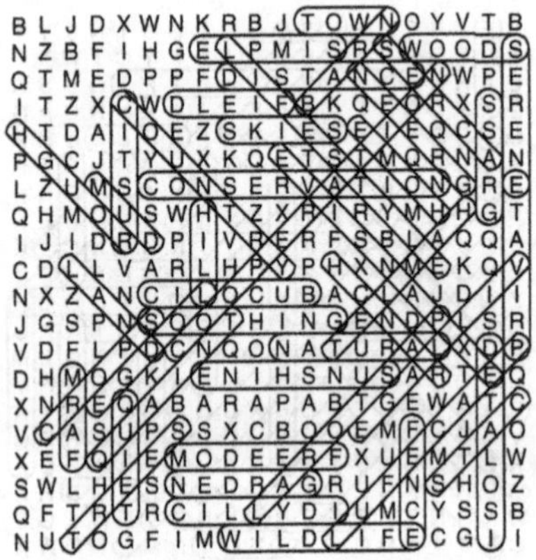

In the Country

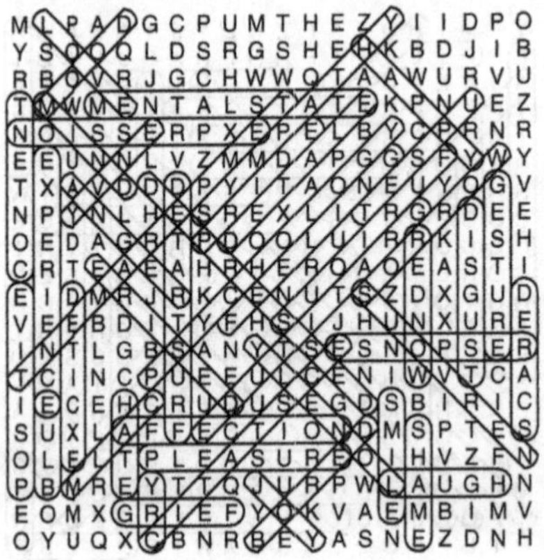

Very Emotional

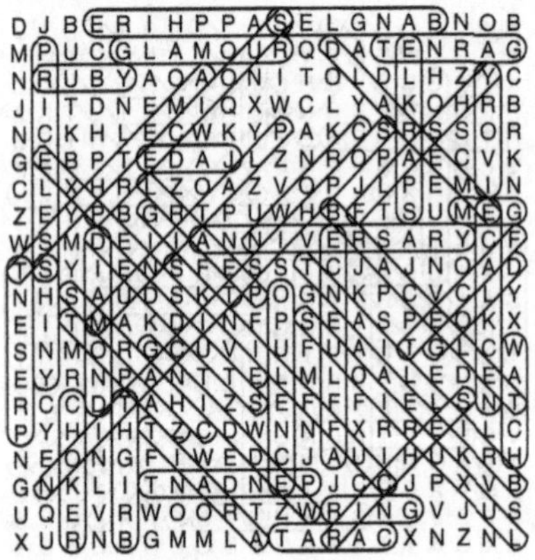

Fancy Jewelry

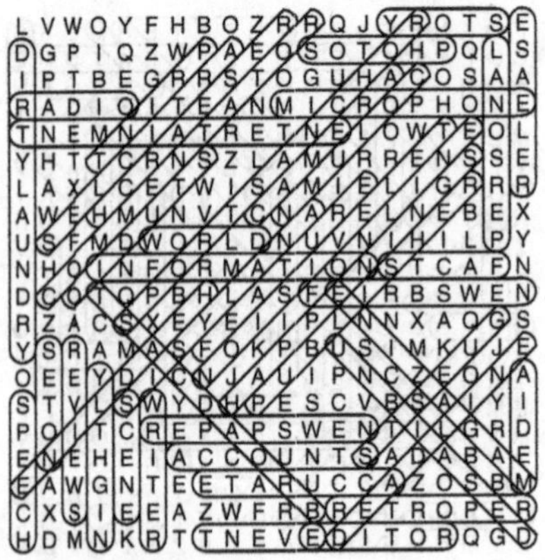

News Media

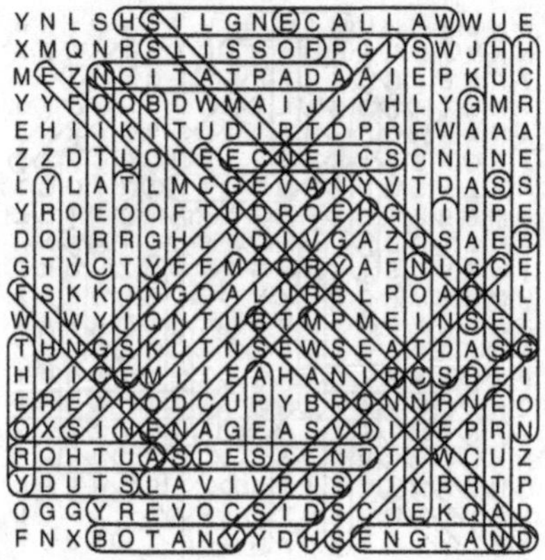

Darwin

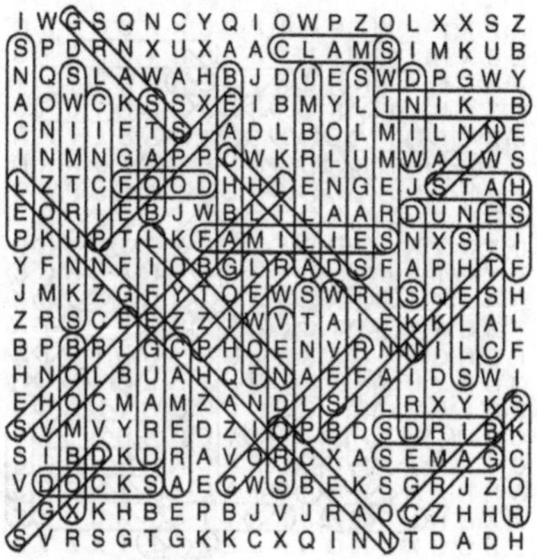

At the Beach

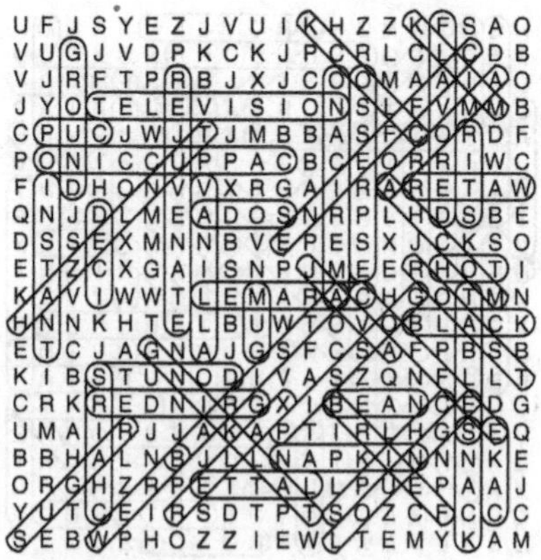

Coffee Break Time

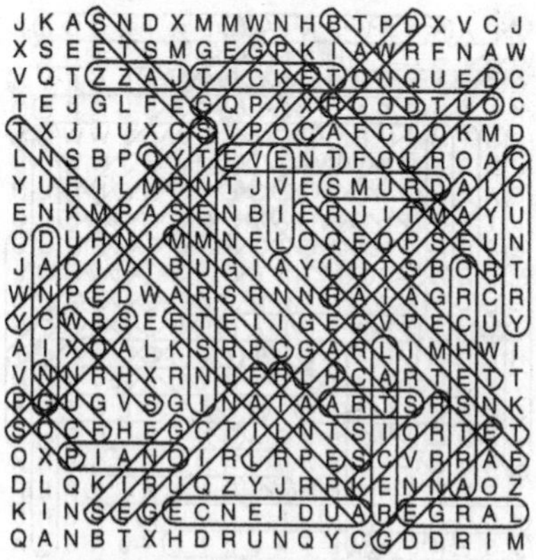

Music Performance

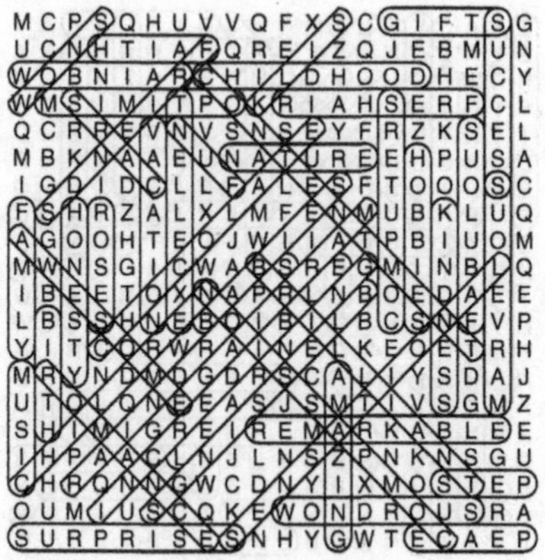

Awesome Stuff

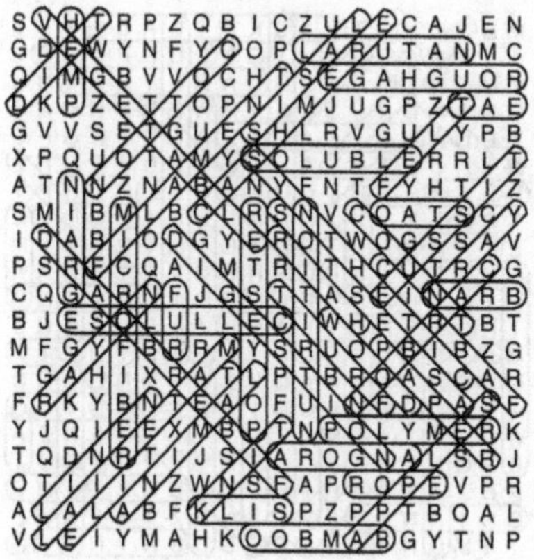

Lots of Fiber

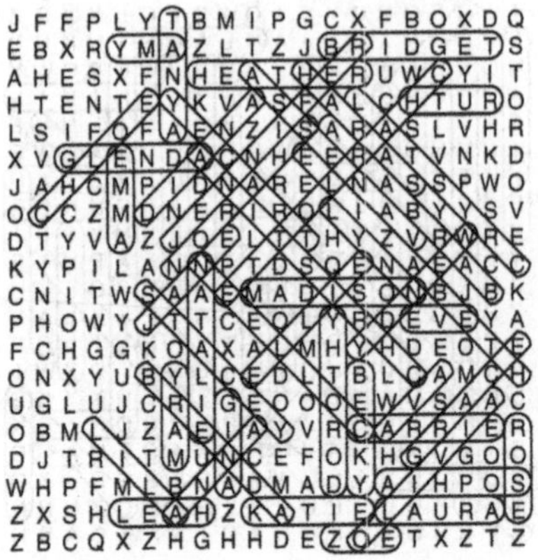

Her Name

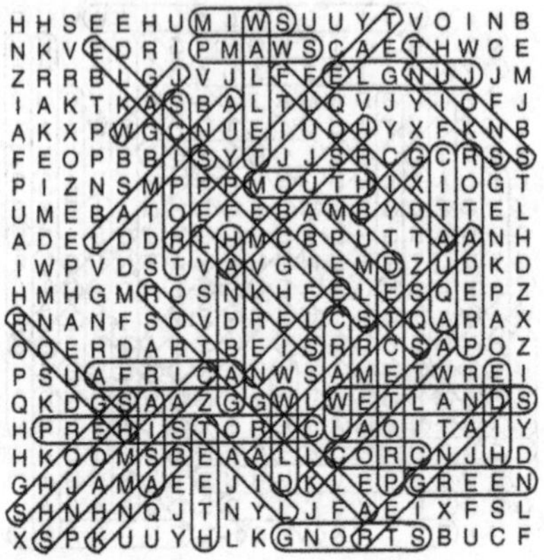

Crocodiles

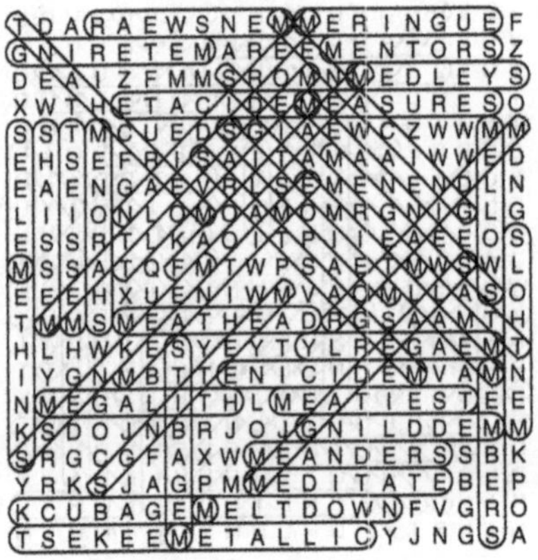

Look for *ME*

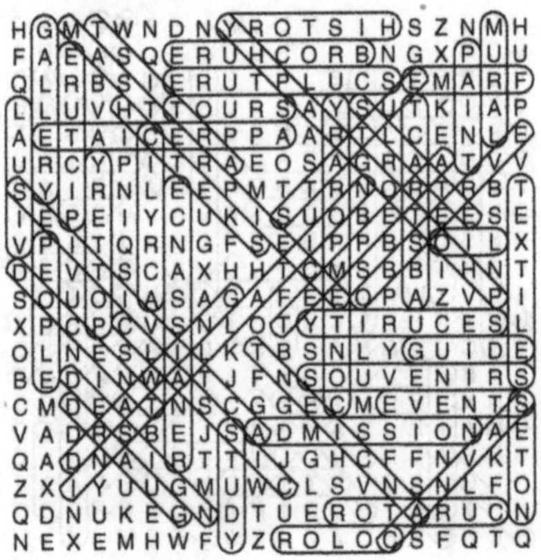

Art Museums

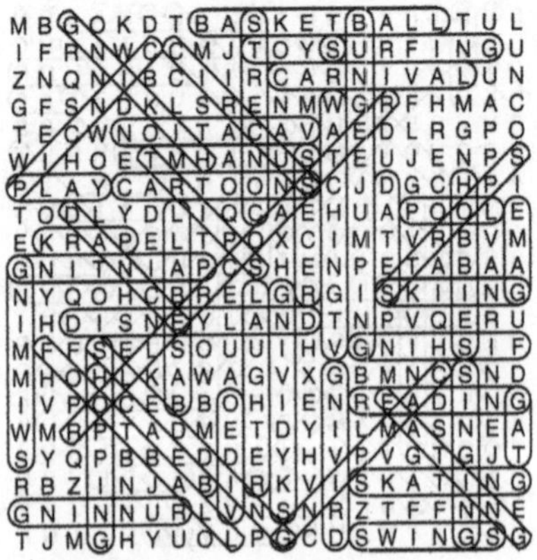

Enjoyable

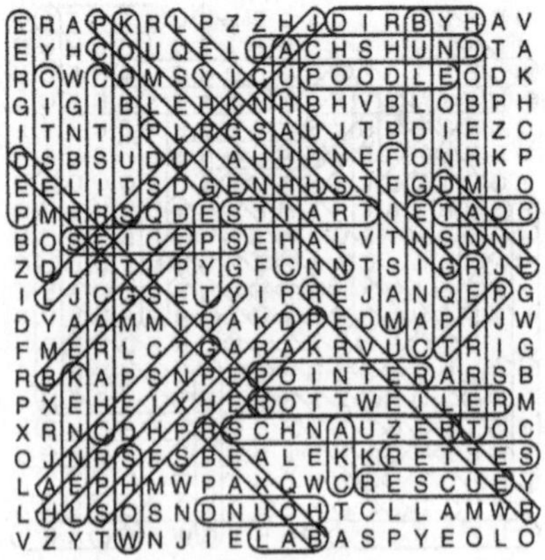

Types of Dogs

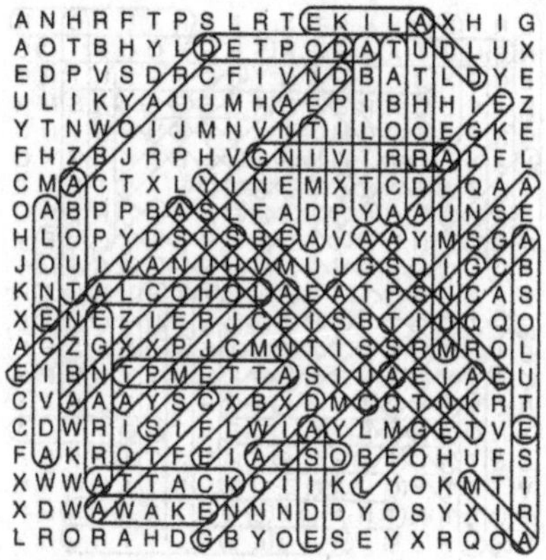

A Words

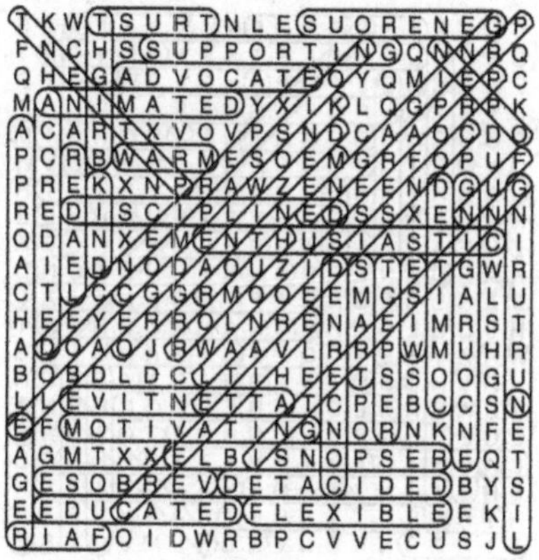

Terrific Teachers

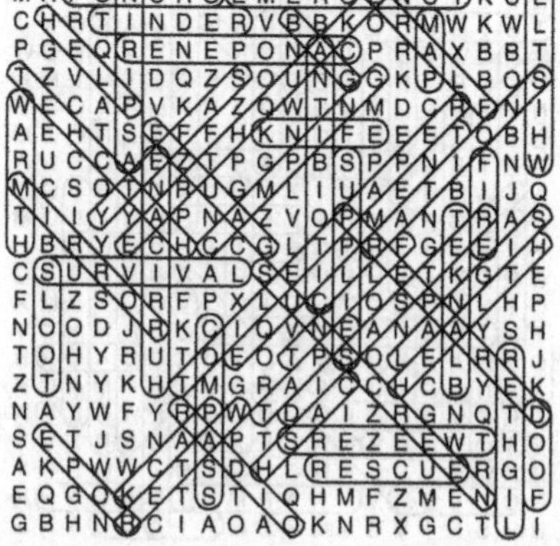

Survival Gear

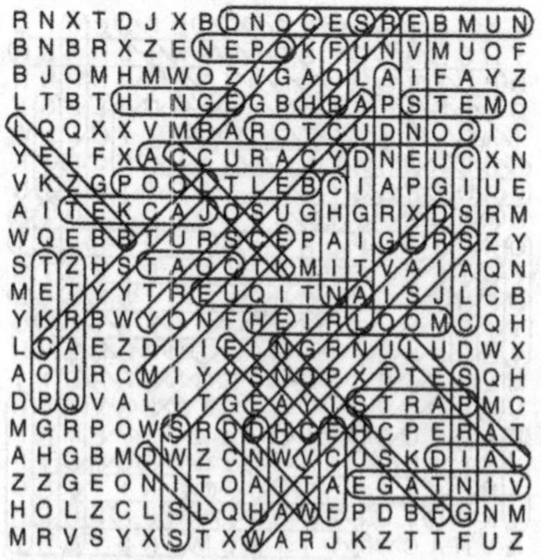

Pocket Watches

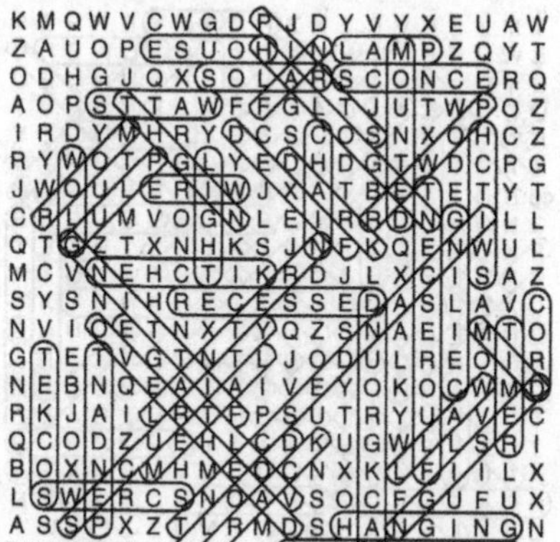

Lighting

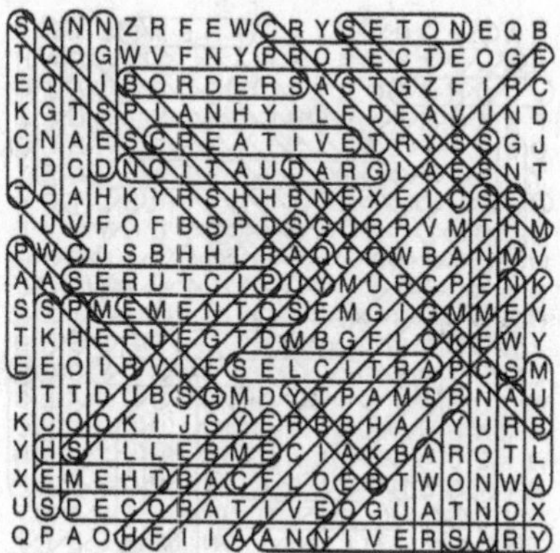

Scrapbooks

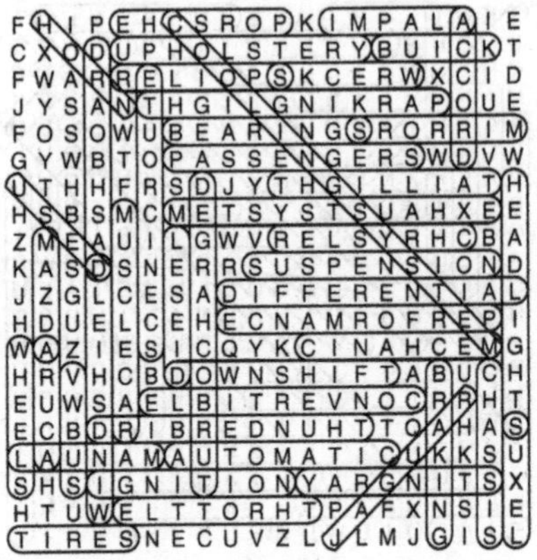

Automobiles

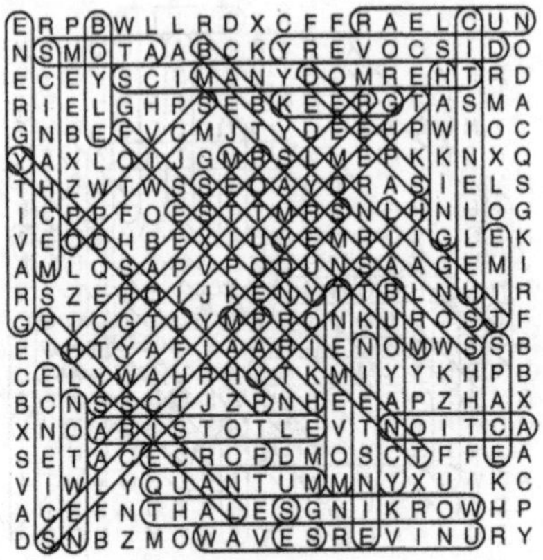

Fascinating Physics

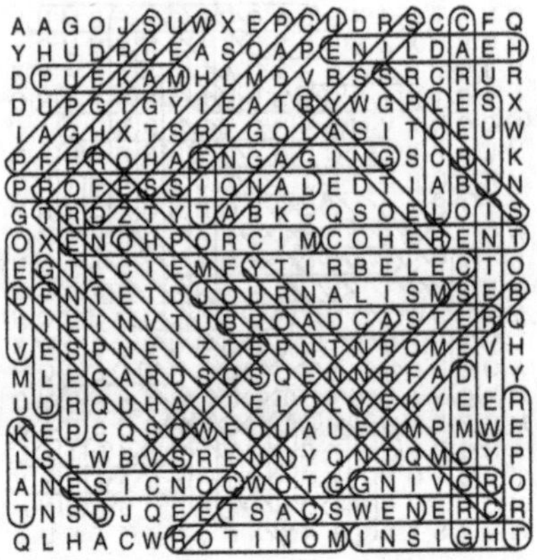

Newscaster

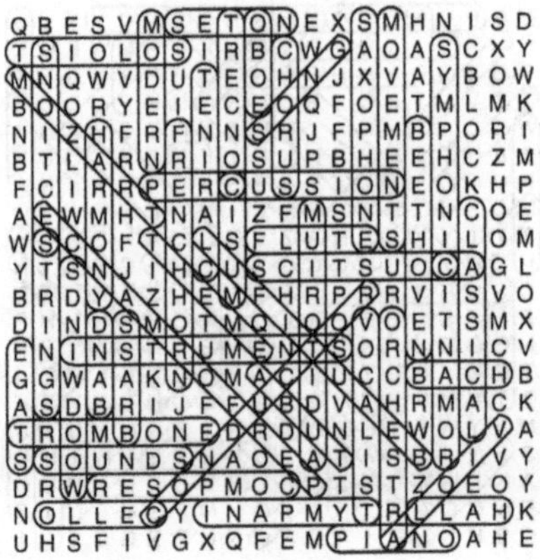

Hear the Symphony

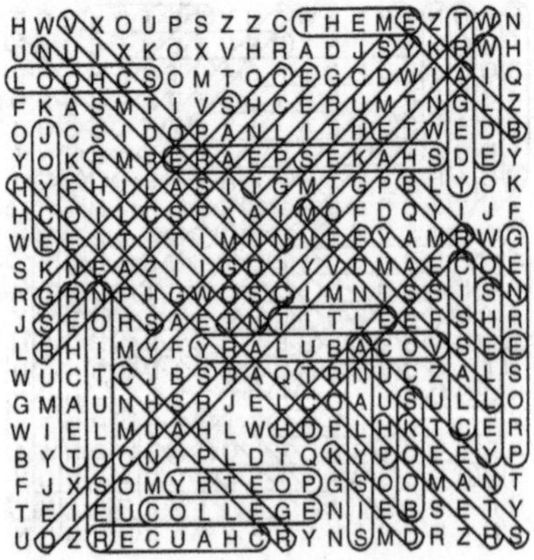

Study Literature

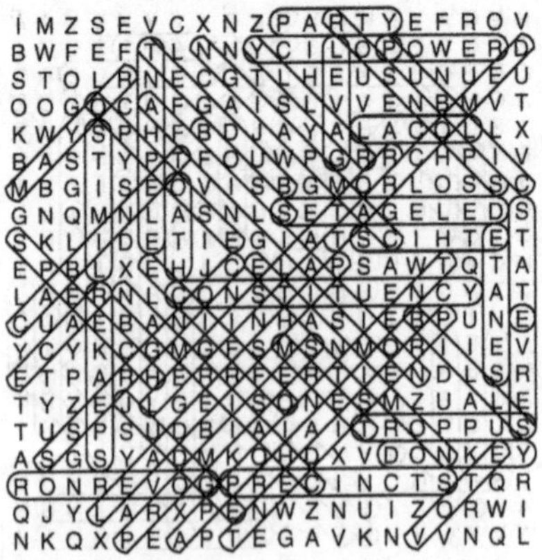

Playing Politics

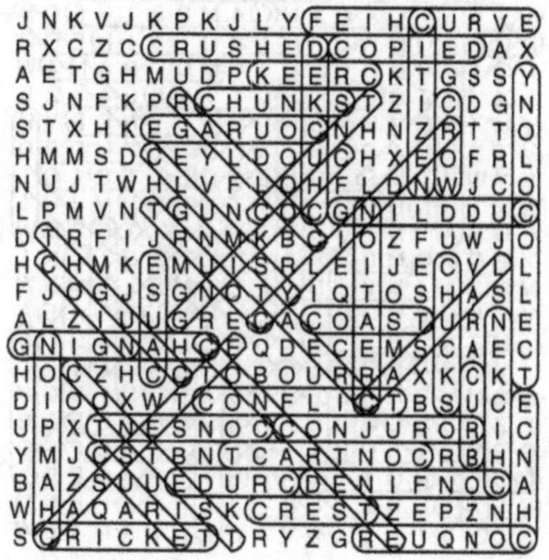

Look for *C*s

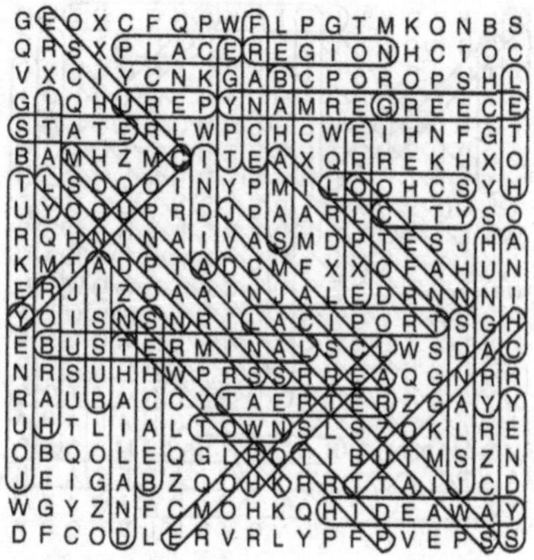

Places to Go

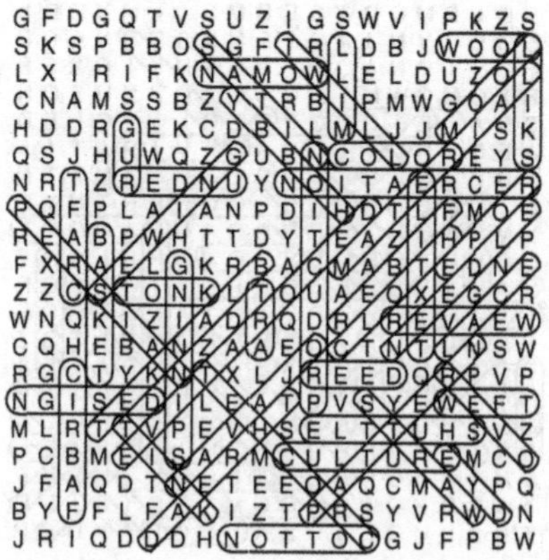

Woven

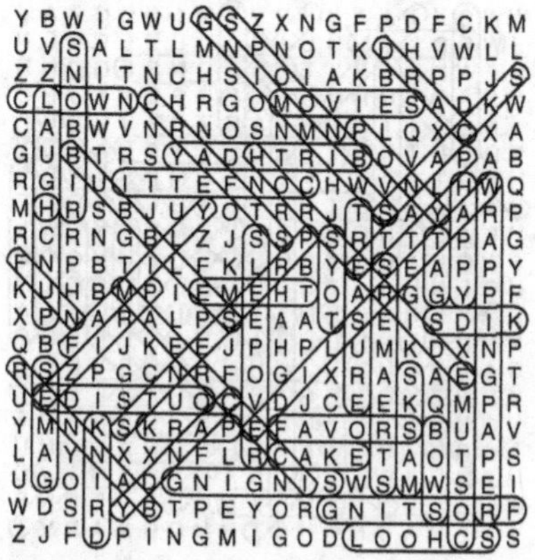

Children's Celebration

Employed

Edible Onions

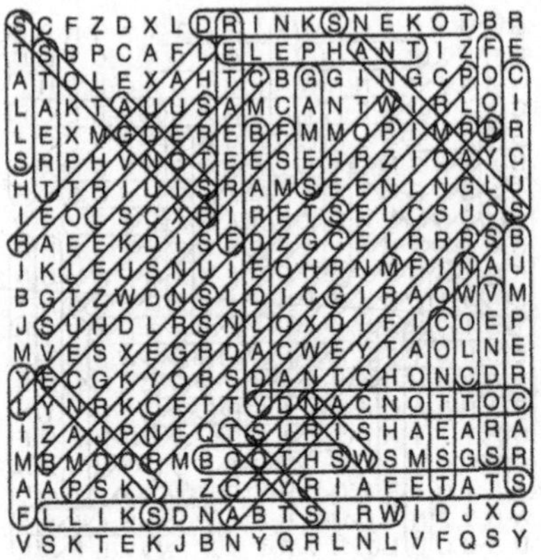

It's a Carnival

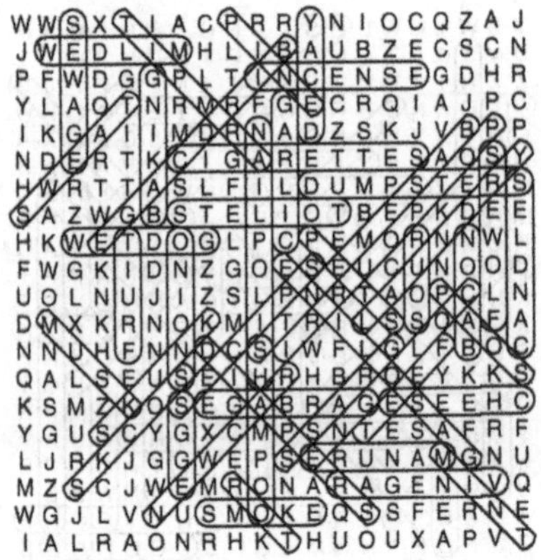

Smelly

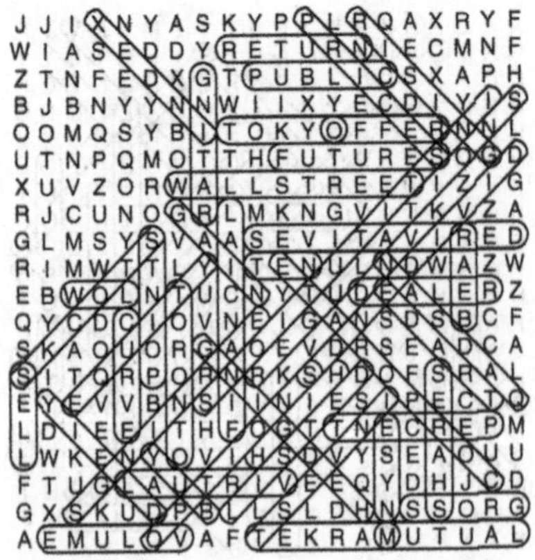

Market Trading

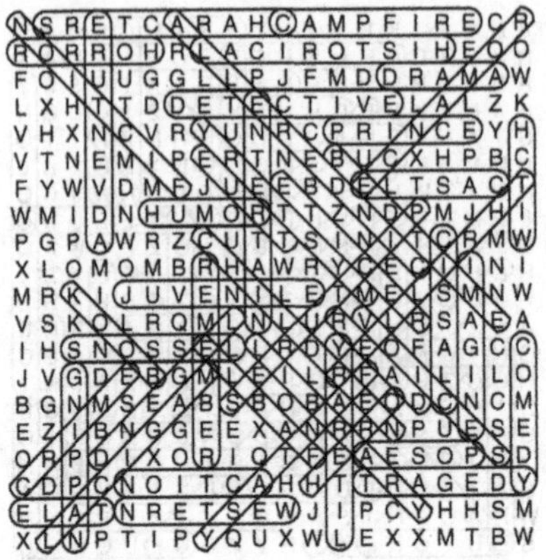

Stories

Into the Forest

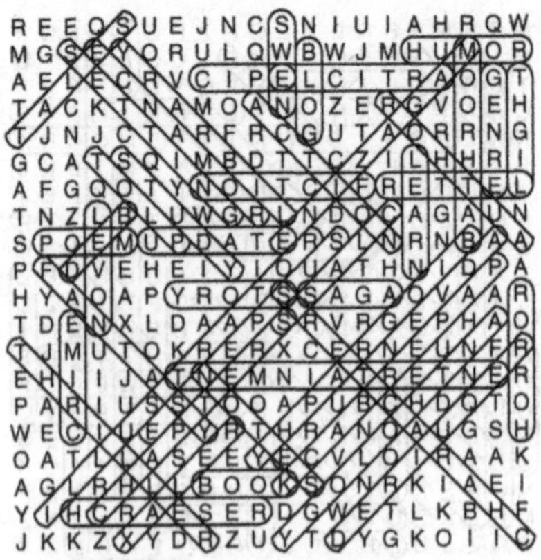

Reader

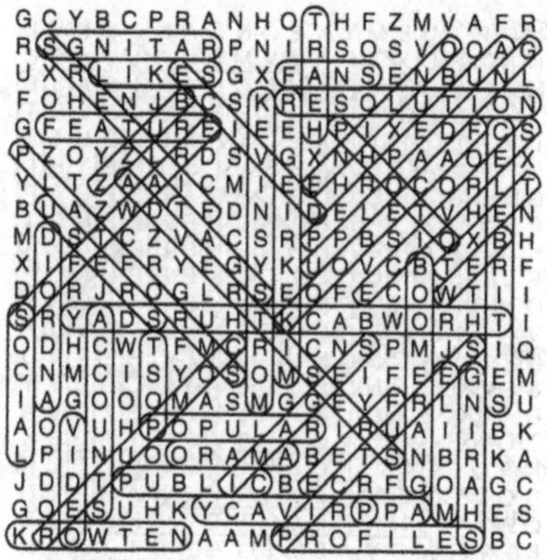

Instagram

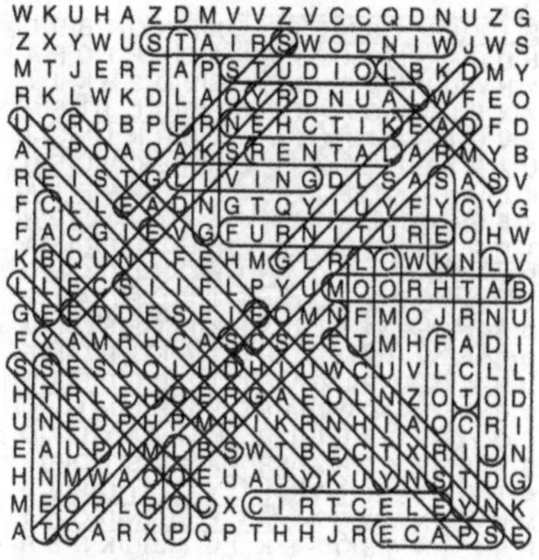

Apartments

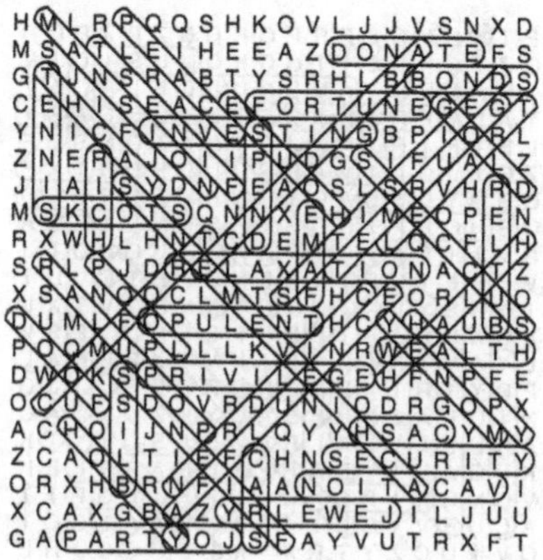

Rich Life

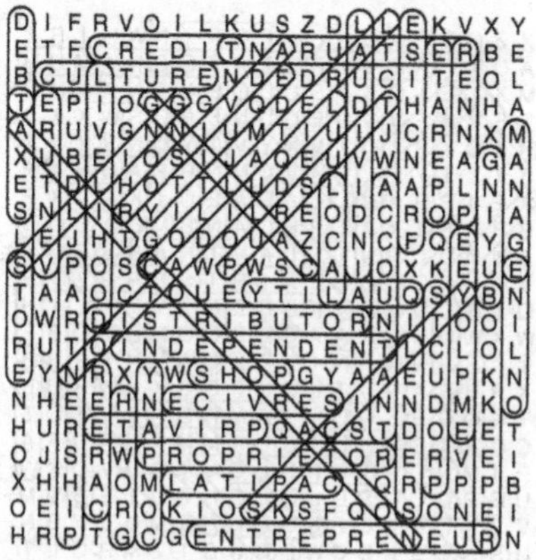

Start a Business

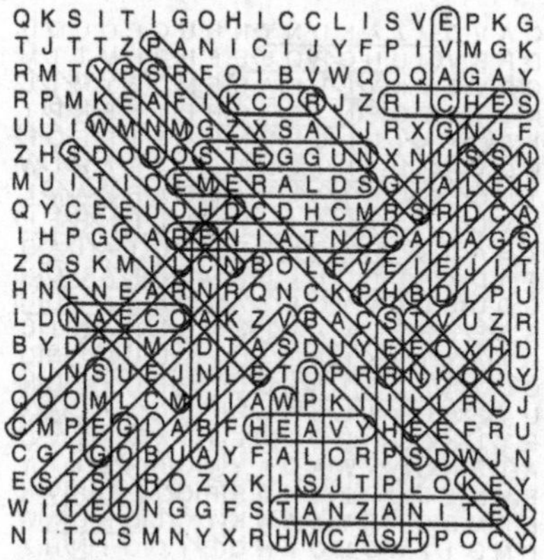

Treasure Chest

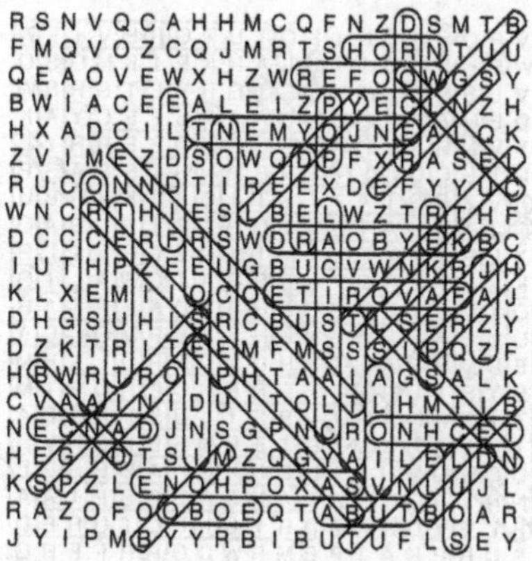

Musical

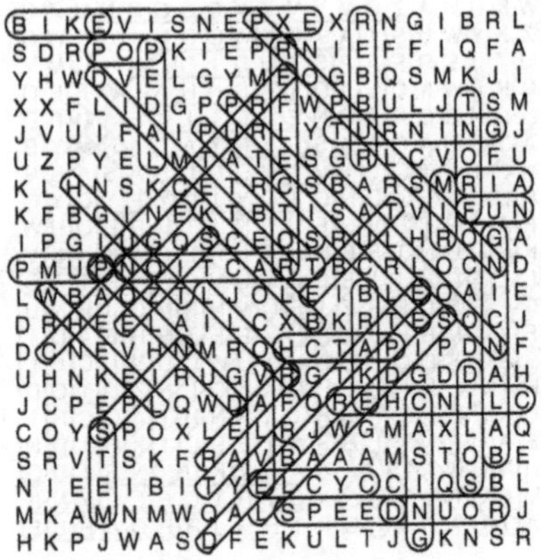

Bike Tire

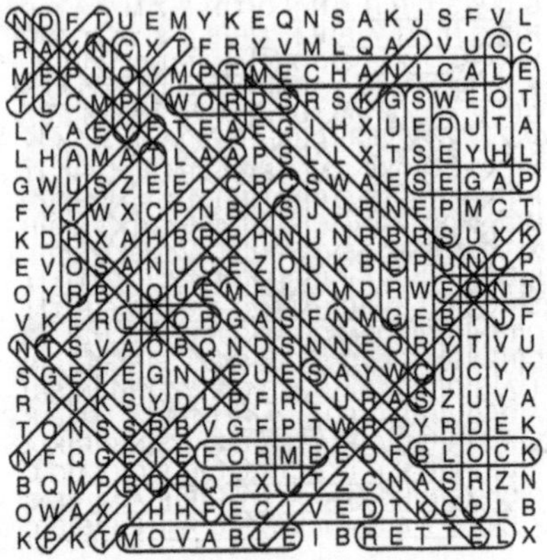

Printing Machine

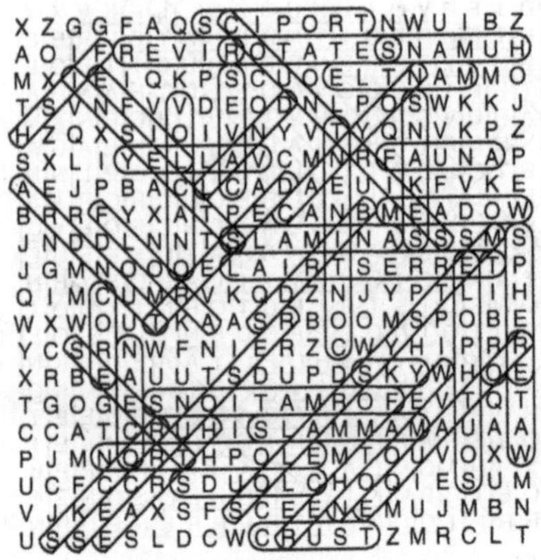

The Earth

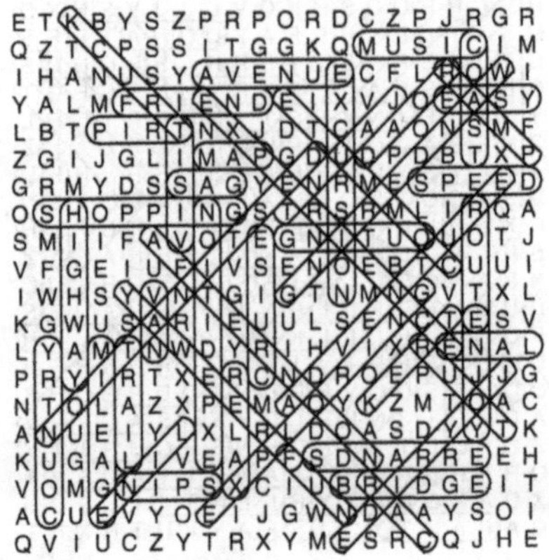

Driving Around

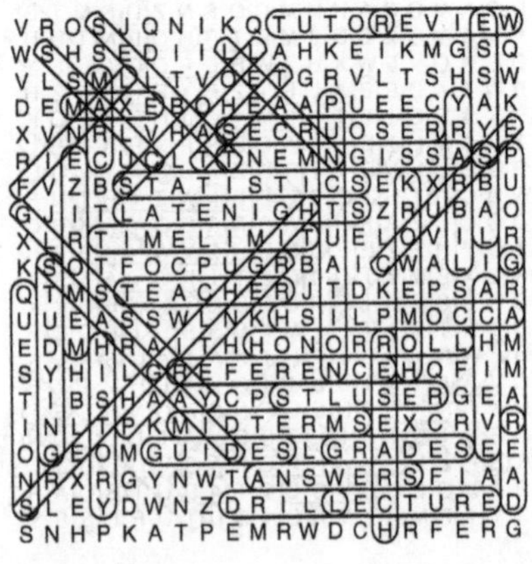

Study Time

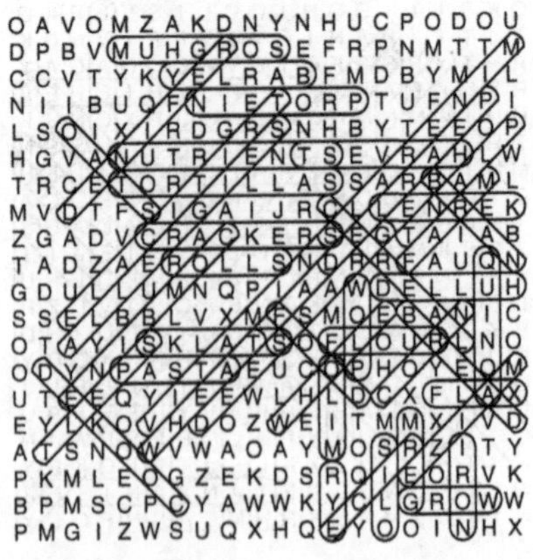

Lots of Grains

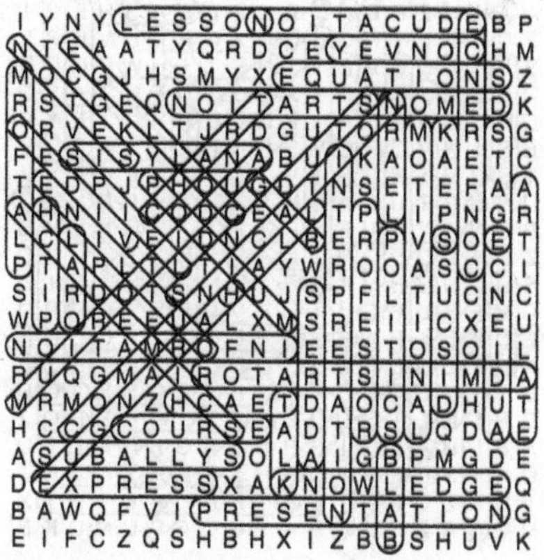

Educational Talk

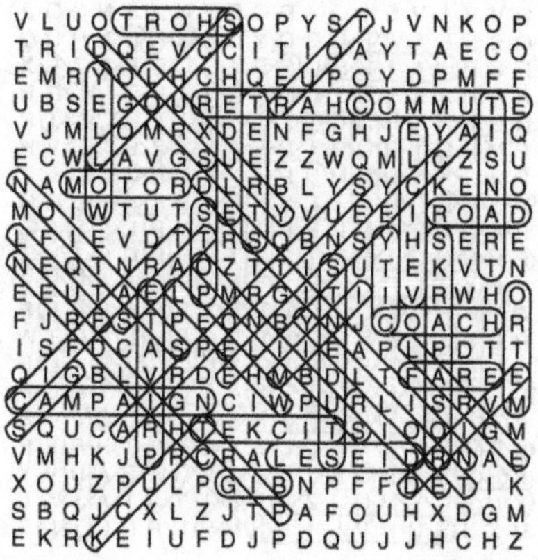

Bus Ride

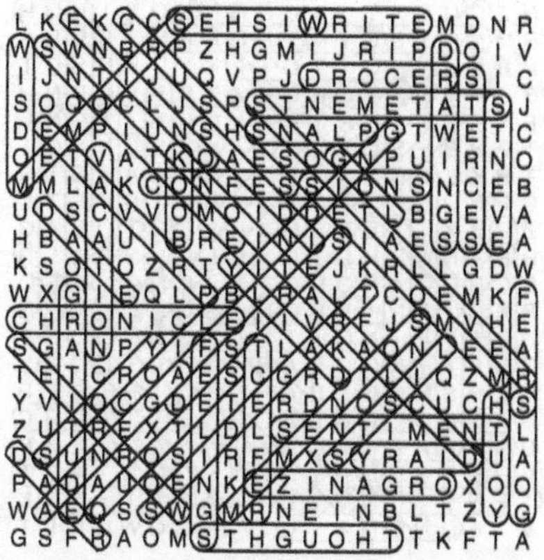

Keep a Diary

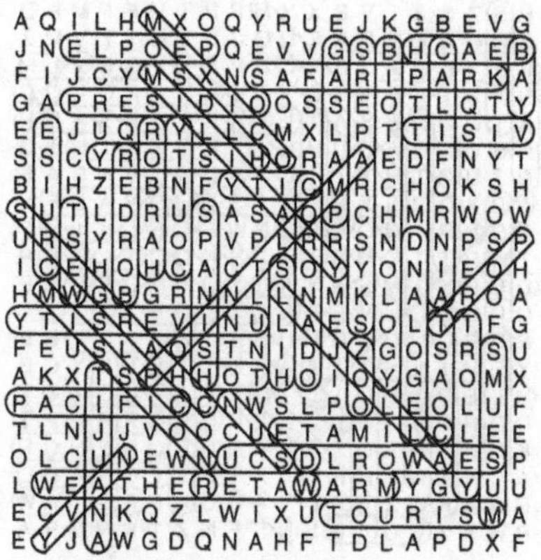

In San Diego

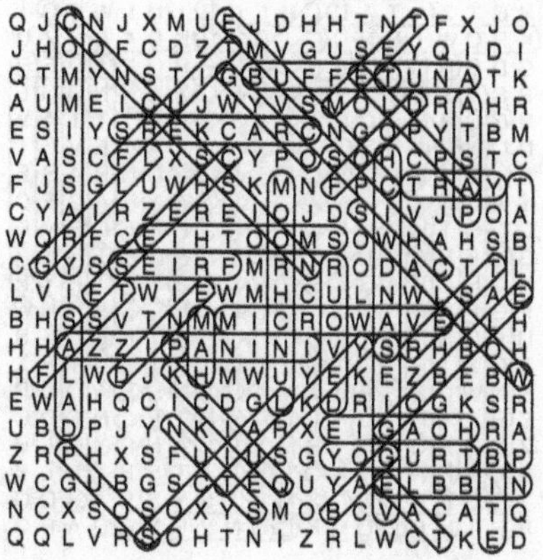

Lunchtime

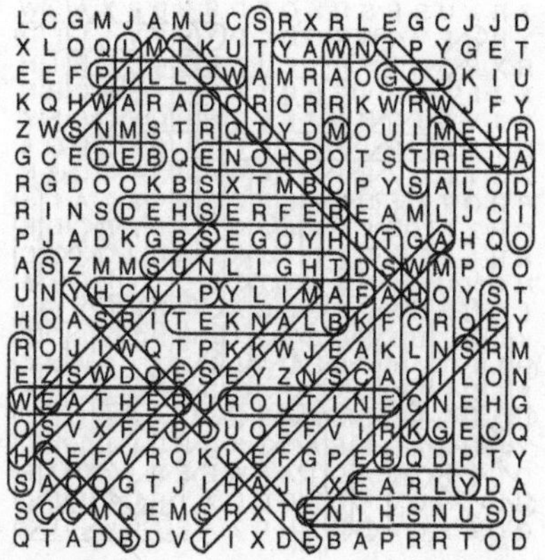

Morning Rituals

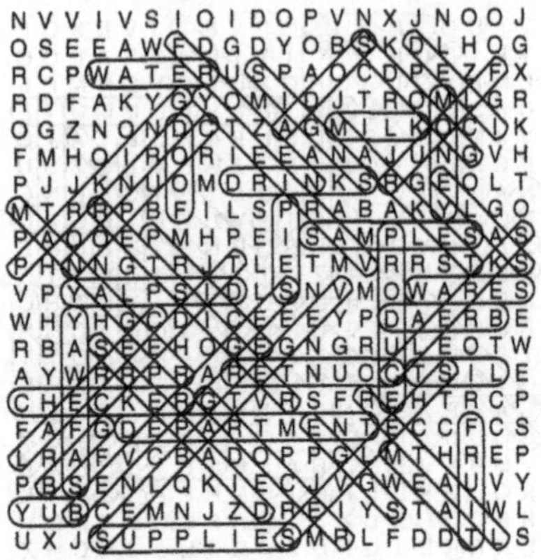

Supermarket Shopping

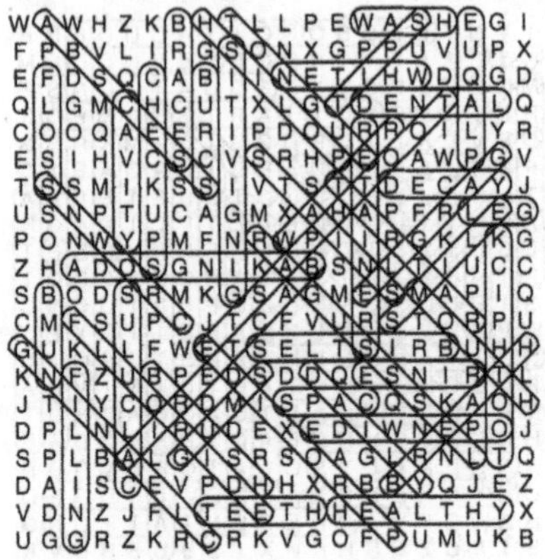

Taking Care of Your Teeth

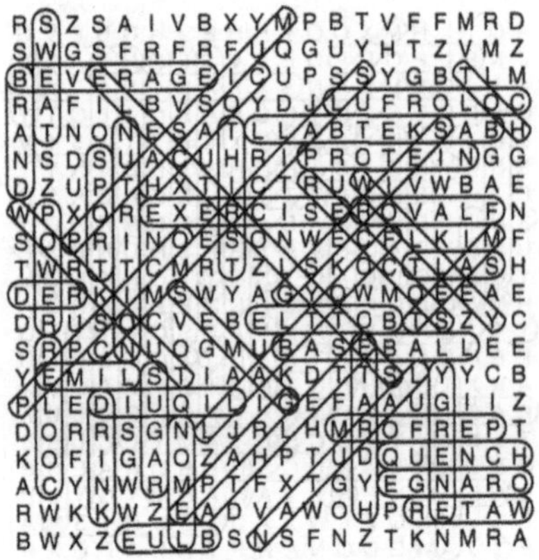

Drinking Gatorade

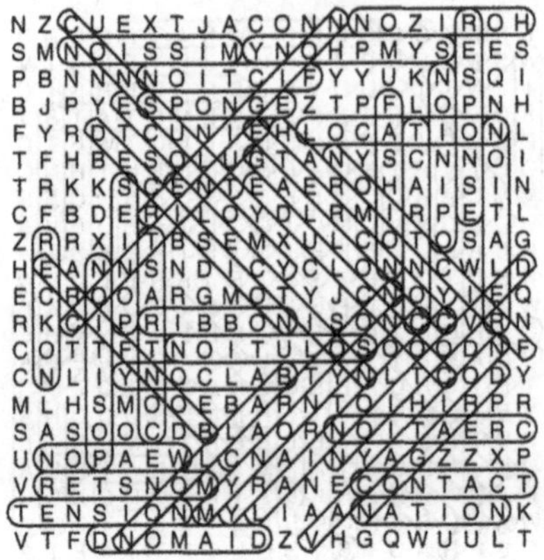

Words with *ON*

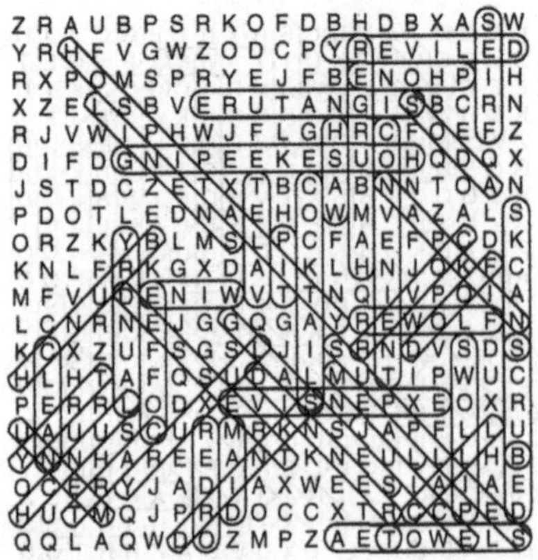

Dial Room Service

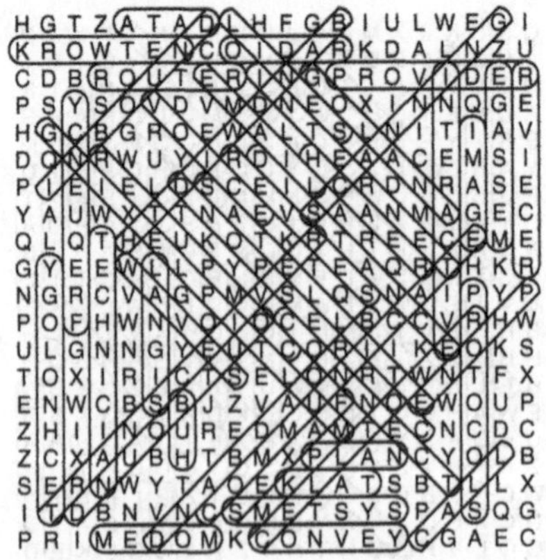

Electronic Communications

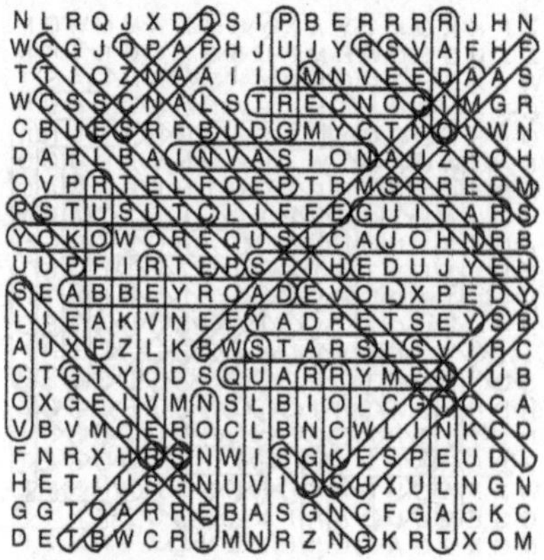

The Beatles

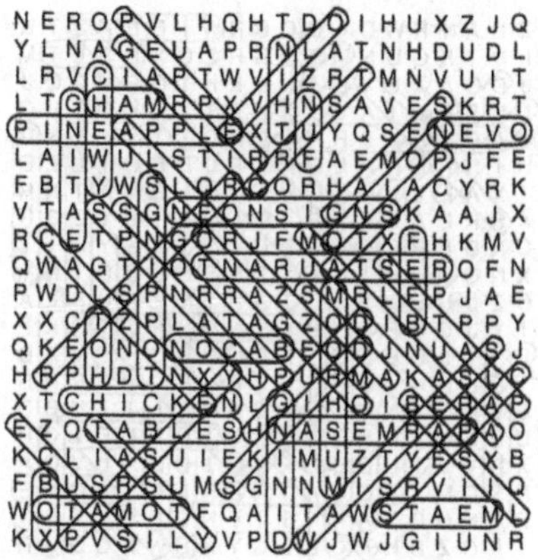

Pizza Place

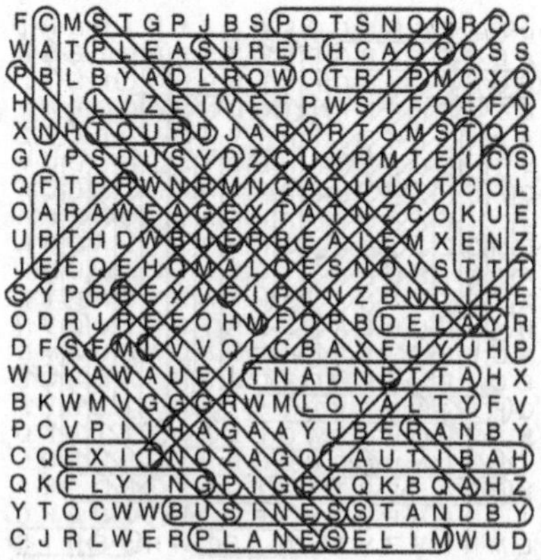

Airline Customer

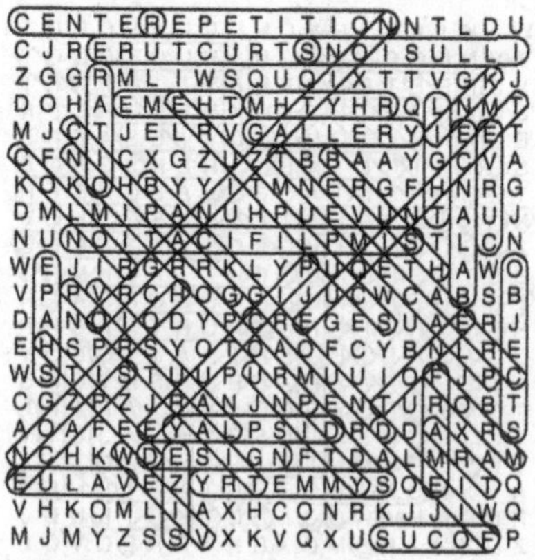

Graphic Composition

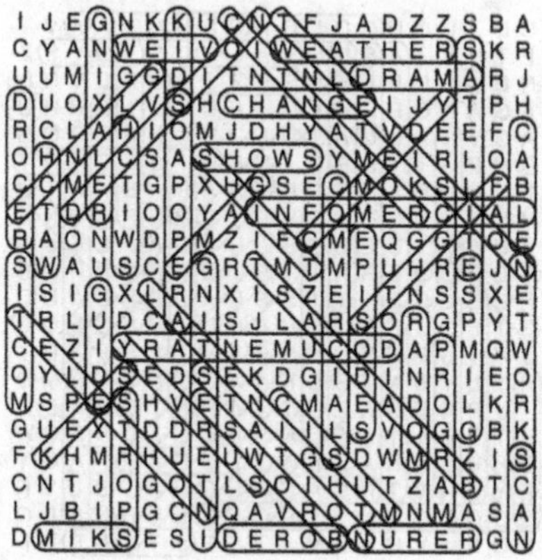

Watching Television

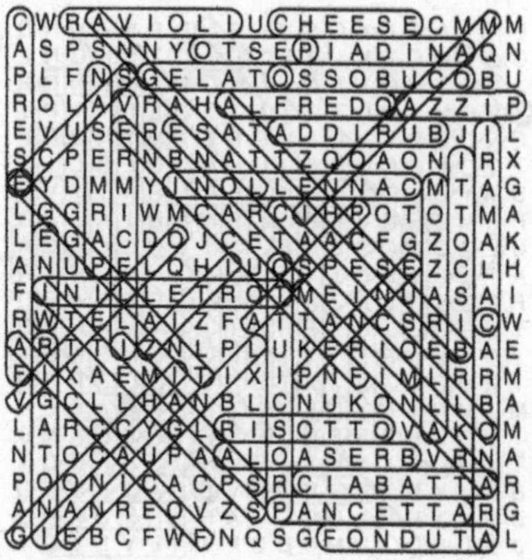

Italian Cuisine

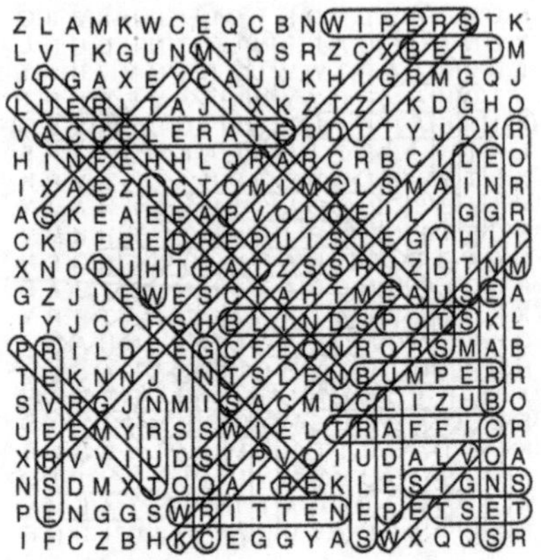

Learn to Drive

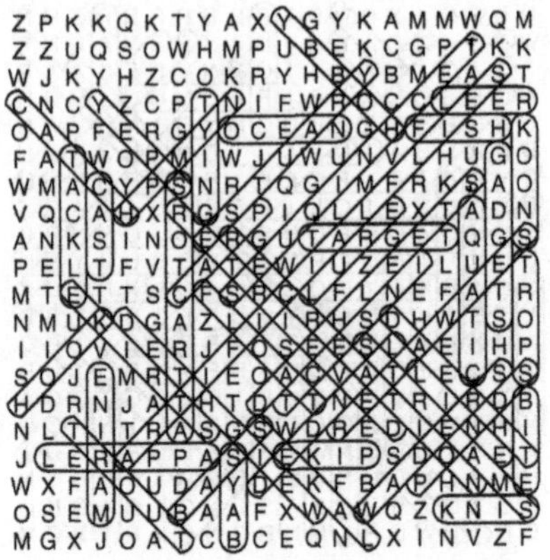

Fly-Fishing

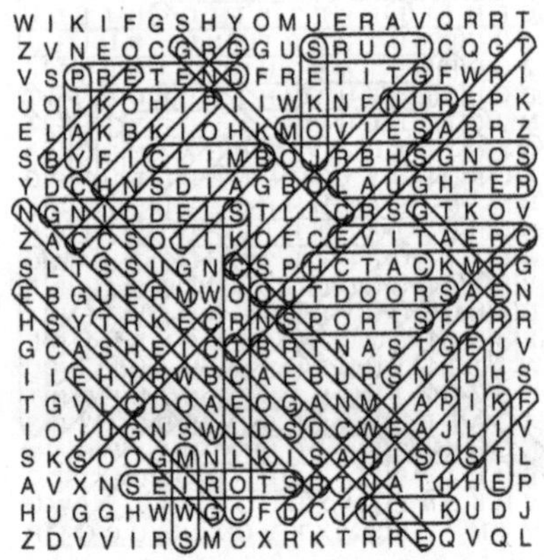

Child's Play

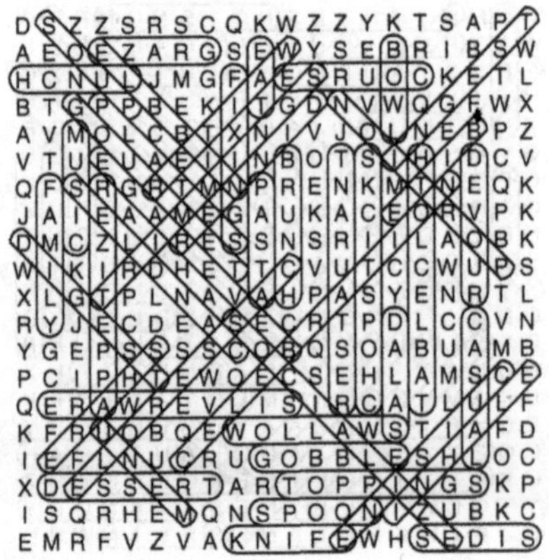

Time to Eat

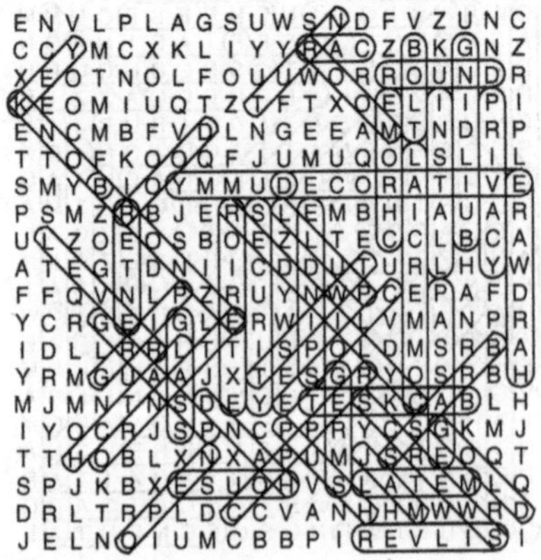

Doorknobs

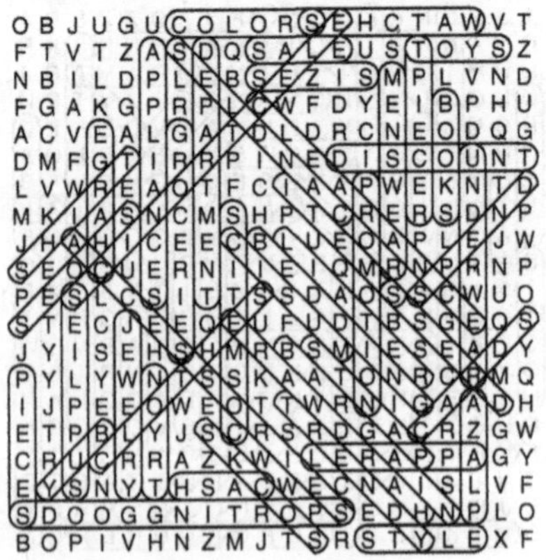

Shopping

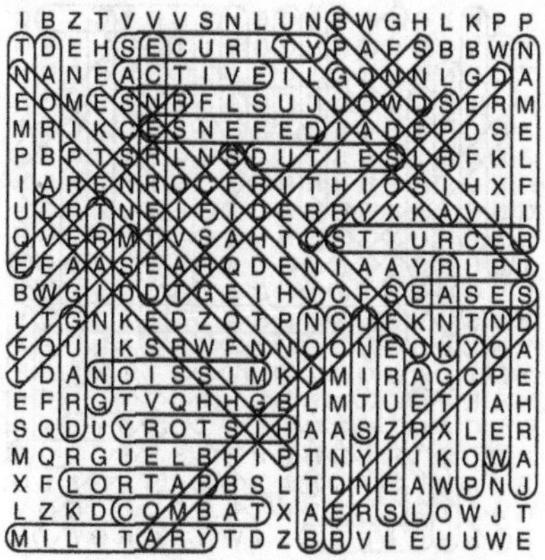

United States Marine Corps

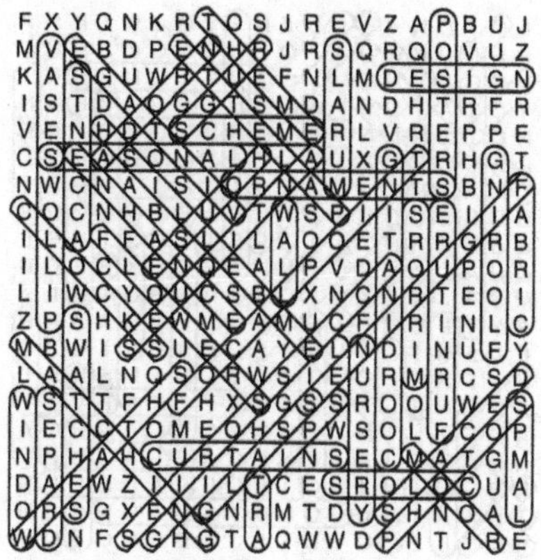

Interior Design

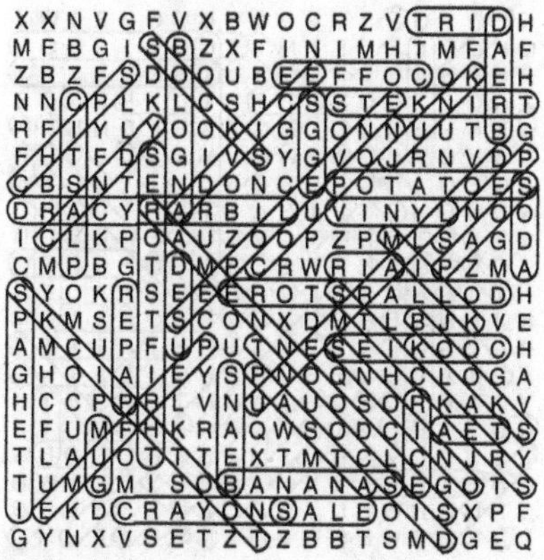

Inexpensive

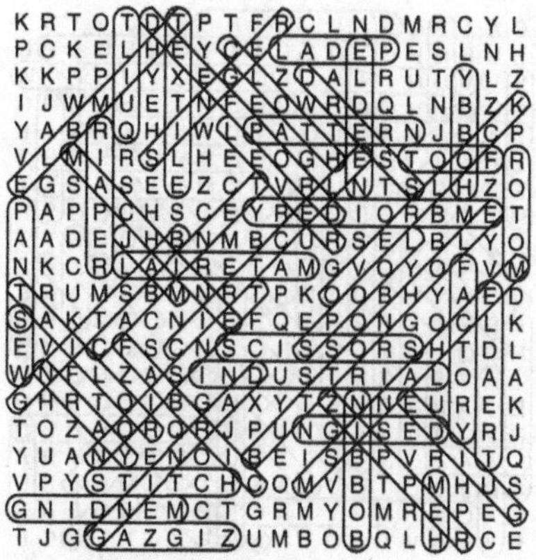

Sewing Machines

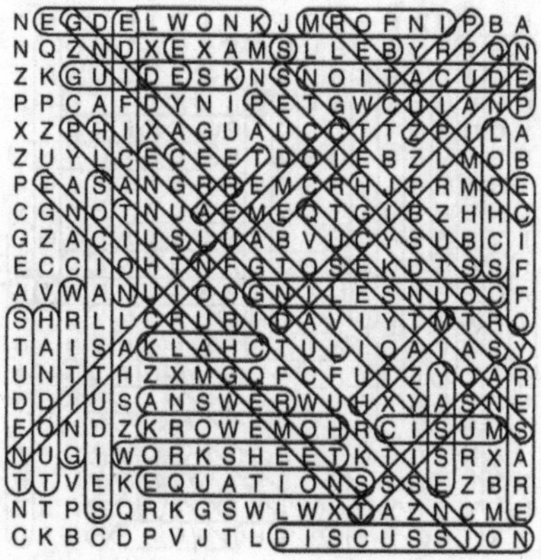

Teach Me

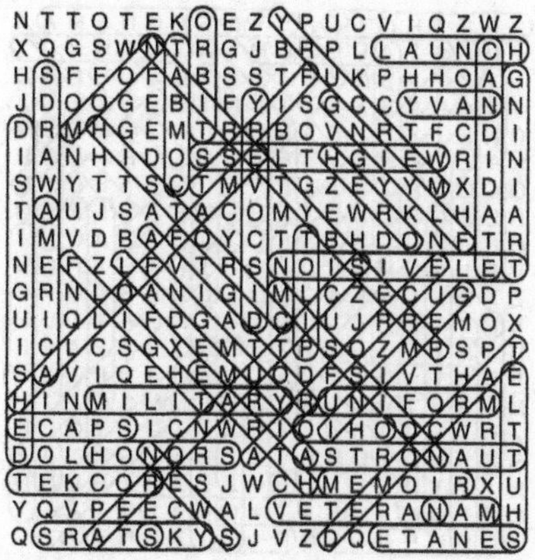

The Life of John Glenn

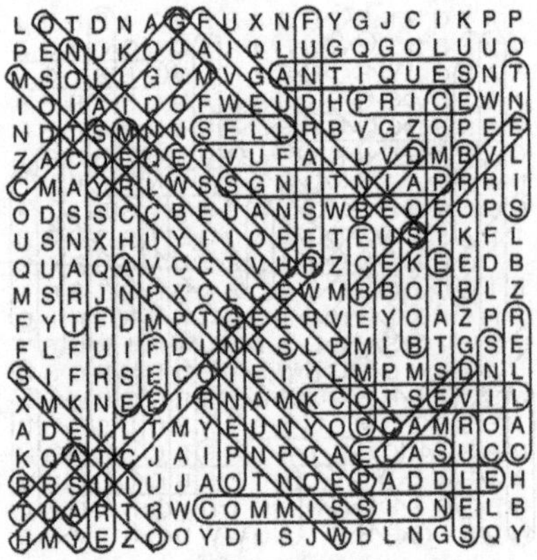

At Auction

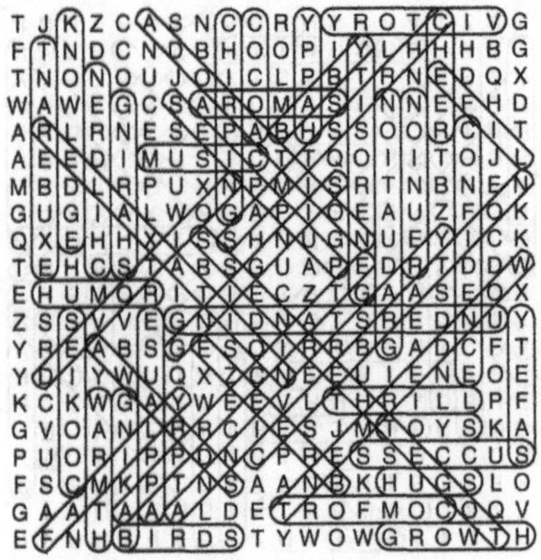

Pleasant Things

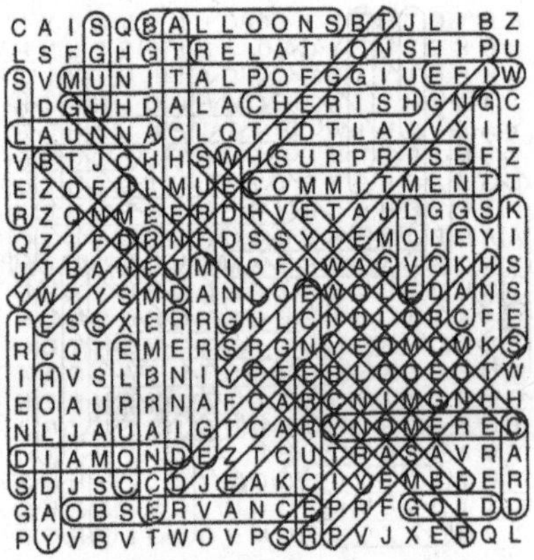

Your Anniversary

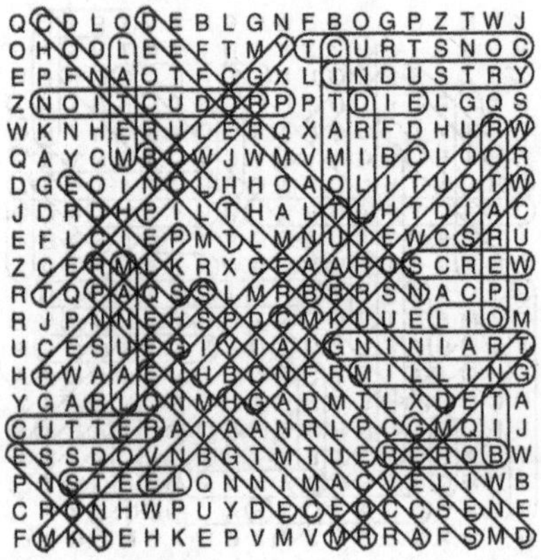

Machine Tools

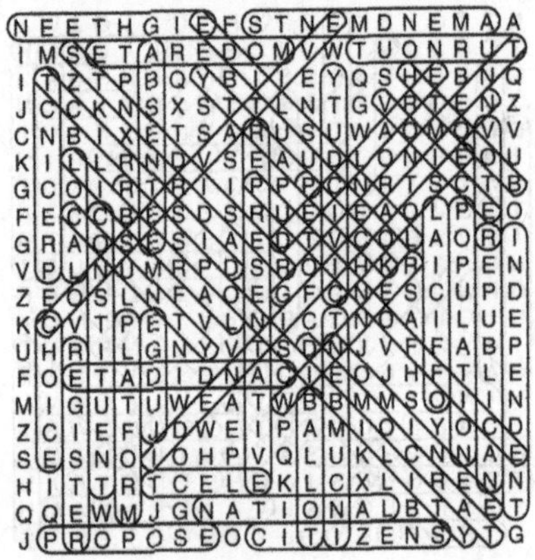

Count the Votes

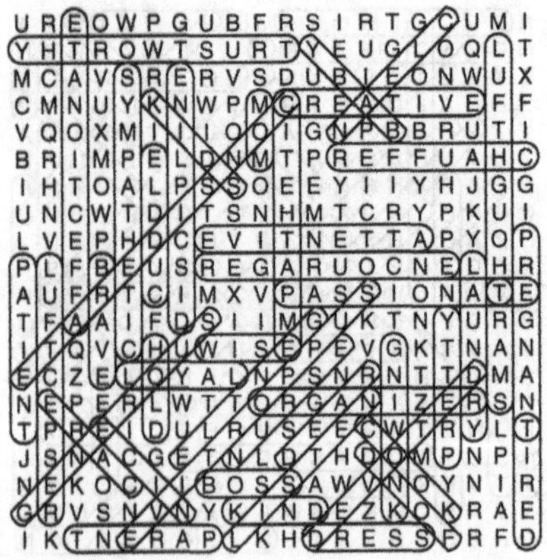

Motherhood

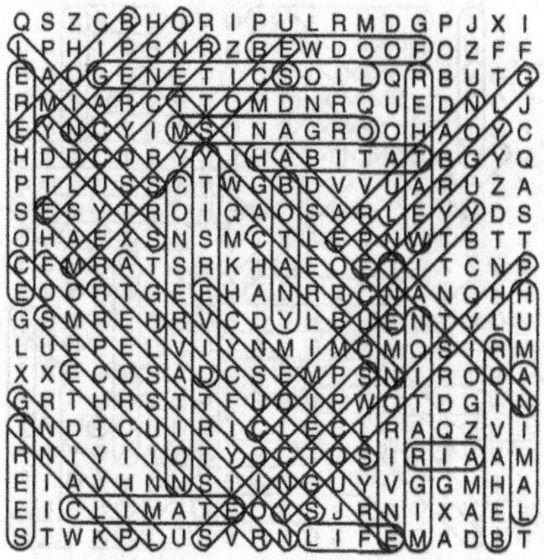

Ecological

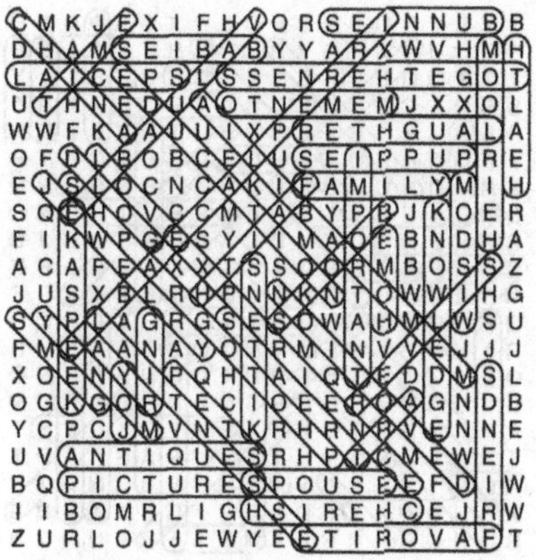

Cherished Things

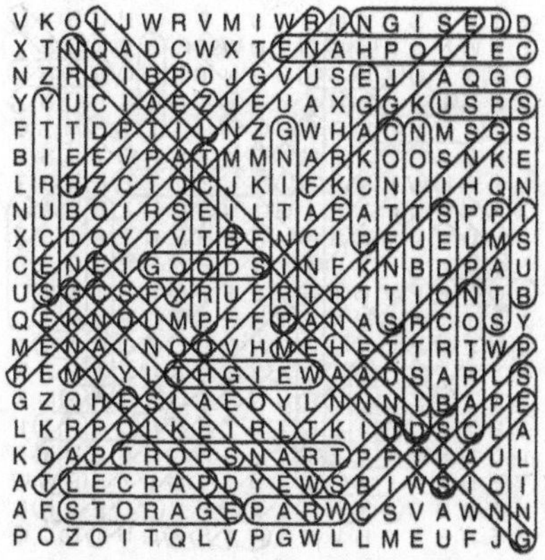

Package It

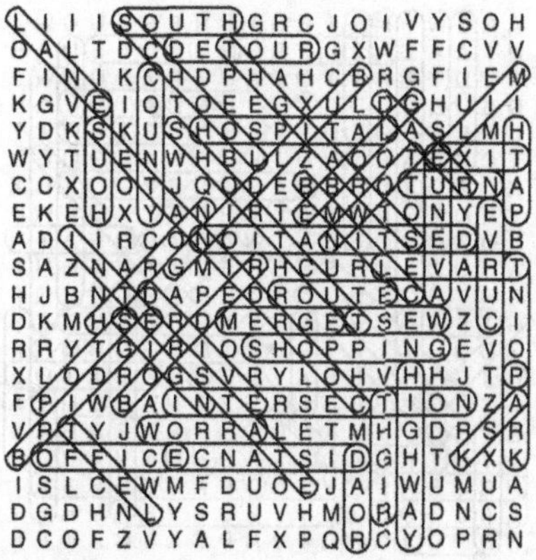

Where To?

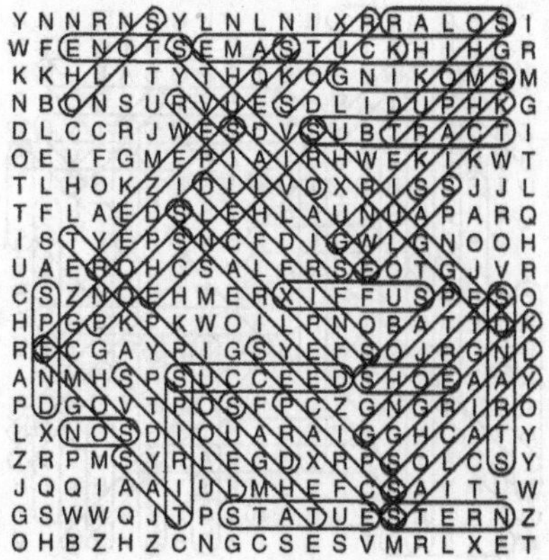

S Words

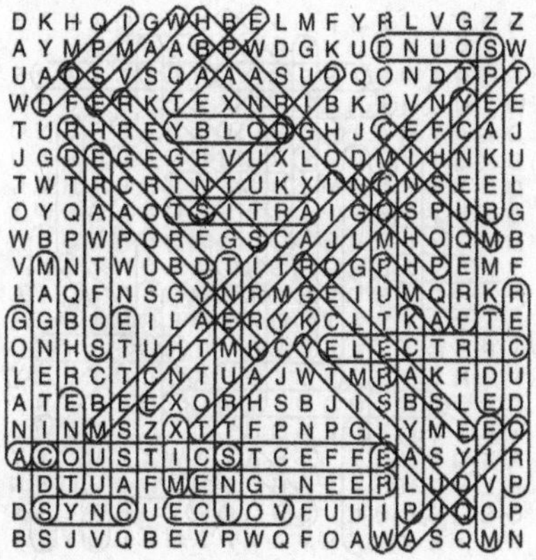

Recorded Sound

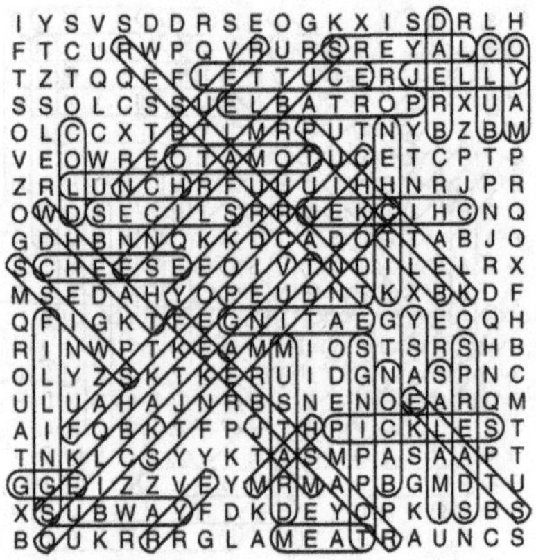

Make a Sandwich

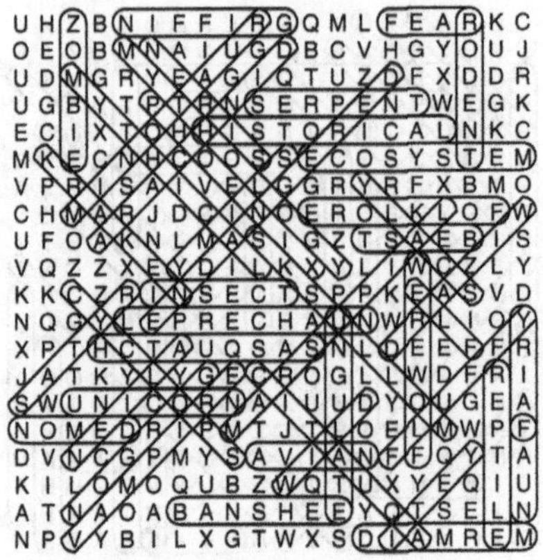

Interesting Creatures

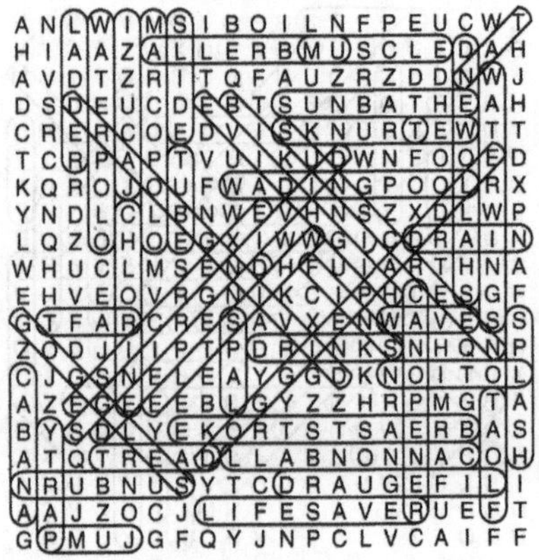

Going Swimming

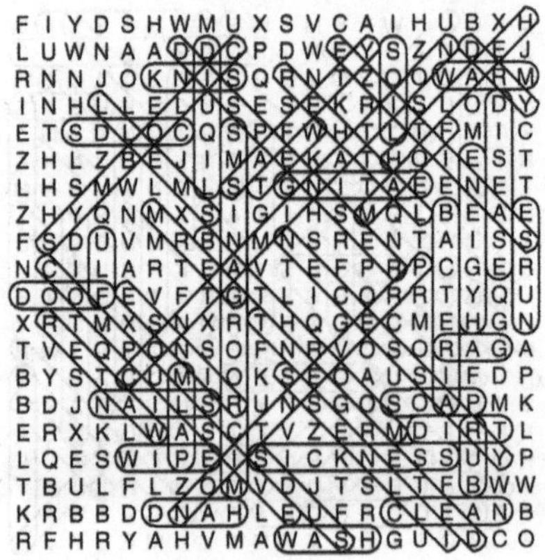

Wash Your Hands

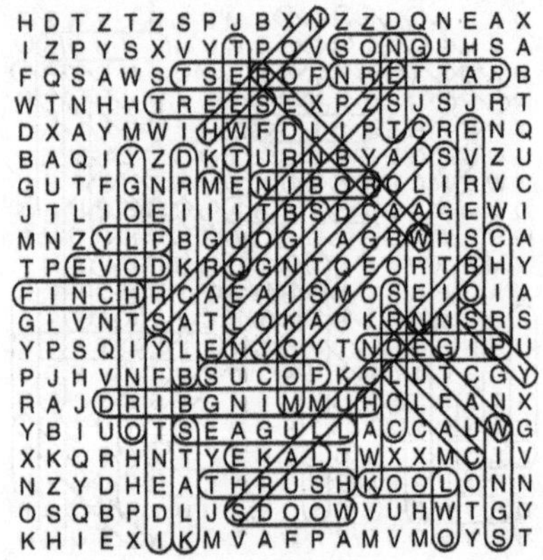

Birders

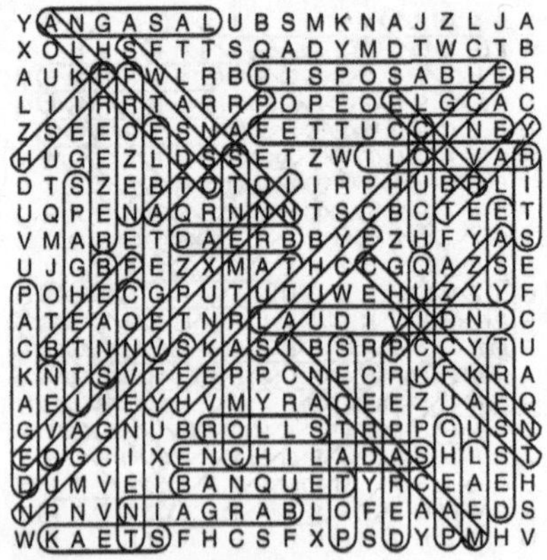

Frozen Foods

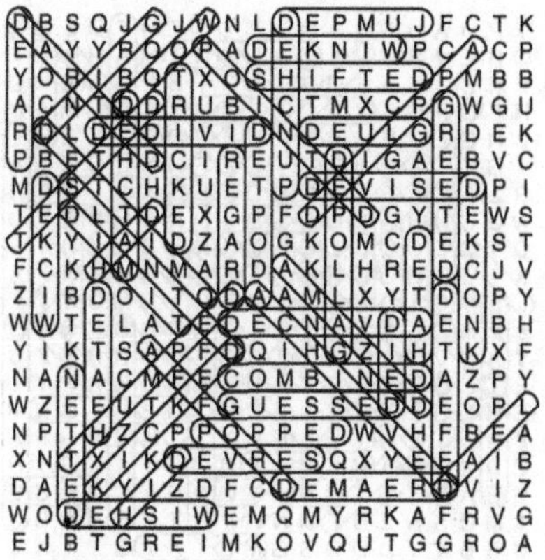

D at End

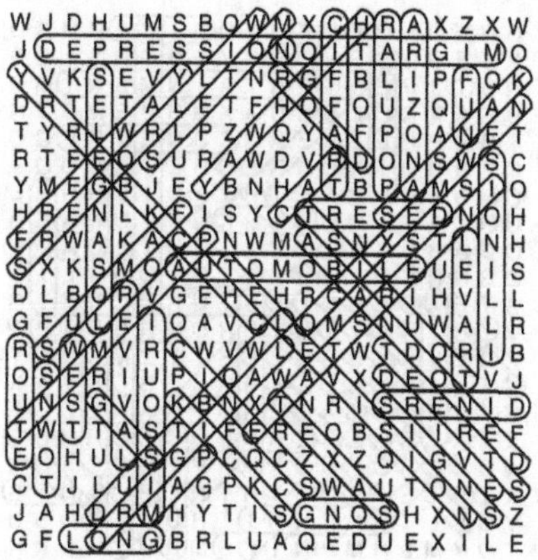

On Route 66

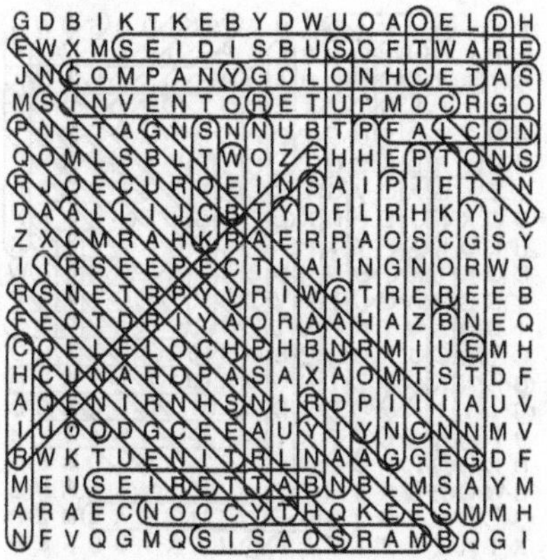

Elon Musk

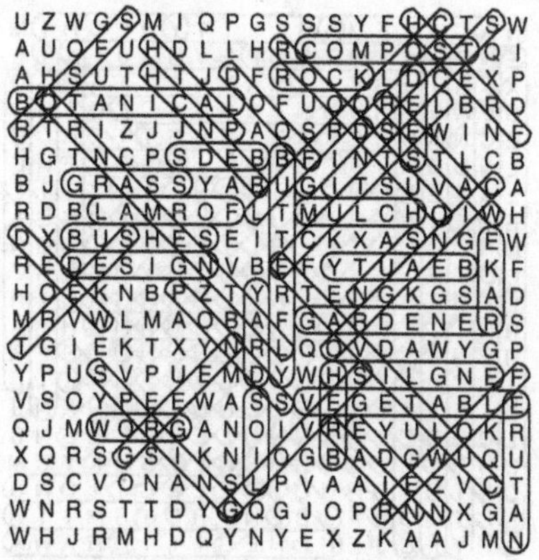

In the Garden

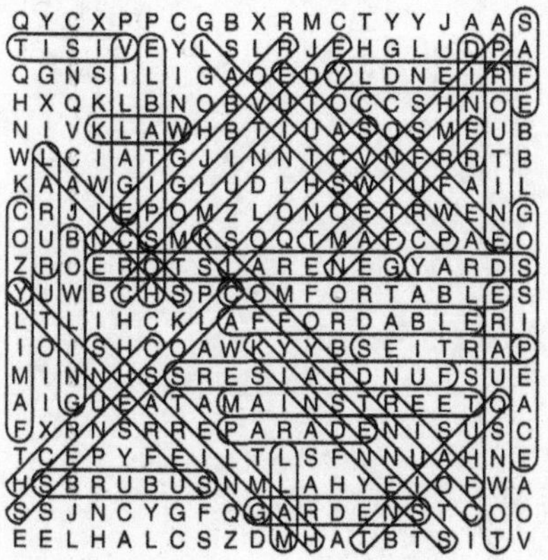

Our Little Town

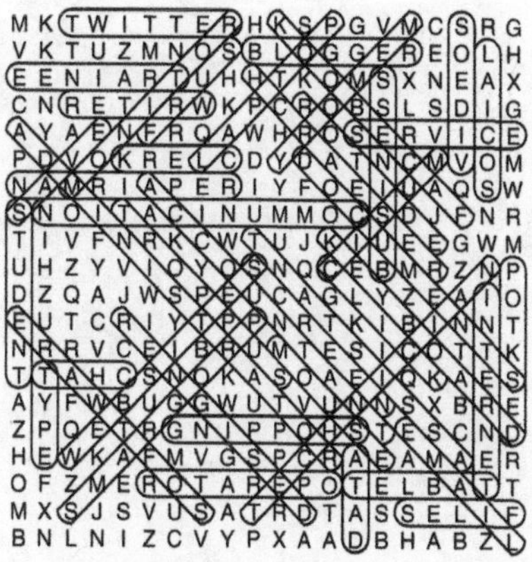

Computers

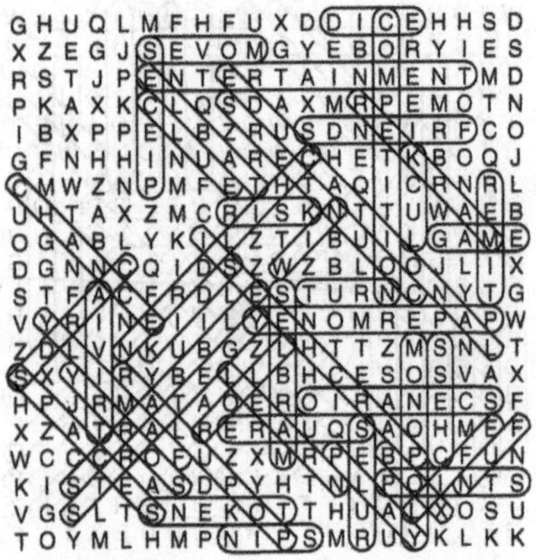

Game On!

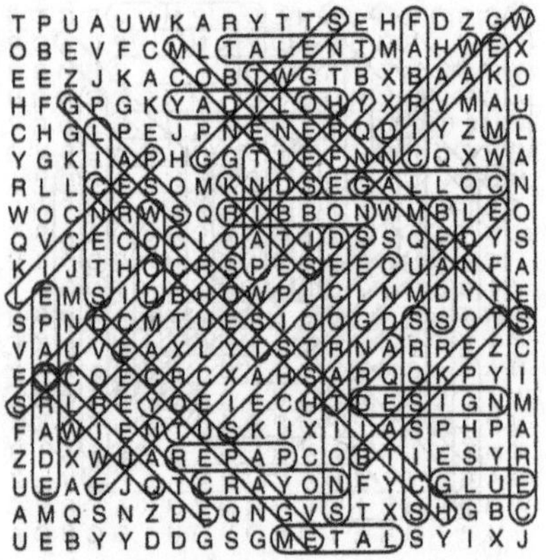

Making Crafts

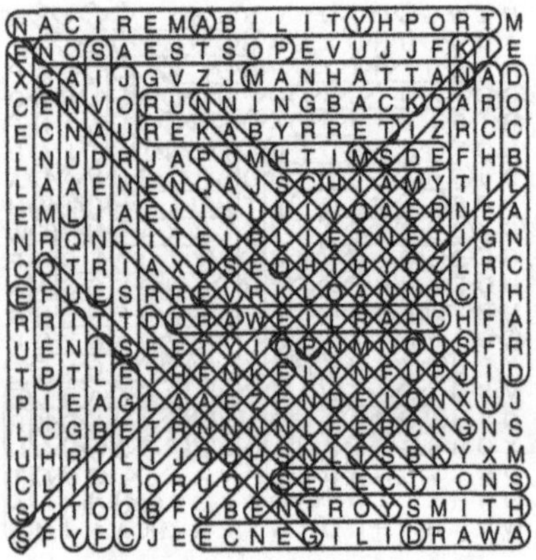

The Heisman Trophy

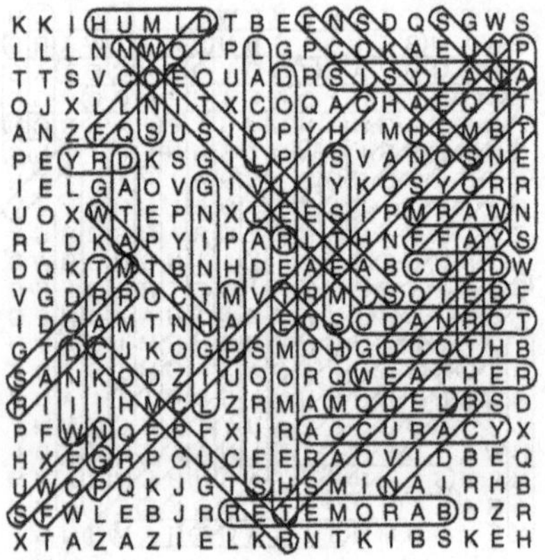

Weather Predictions